영미문학과 탈문화

김의락

오랫동안 유럽의 문화적인 전통의 주변에서 활동해 오던 지식인들이 유럽 중심의 사고의 틀을 급진적으로 해체하면서 오늘날 그 중심을 탈환하고 현실 세계의 문제점들을 보다 신랄하게 제기하는가 하면 다른 많은 이론가들을 자극하는 자극제가 되고 있음이 사실이다. 70년대 이후 서서히 형성되기 시작한 탈식민주의적인 현상이 21세기 오늘날에 와서 더욱 분명한 모습으로 다가왔다. 이런 변화는 식민지로 인한 지배/피지배의 관계에서 주체적인 해방일 수도 있을 것이고 아니면 항상 대립과 서열만을 강조해 온 제3세계를 비롯한 선진국들의 민족주의 그리고 유럽 중심의 이원론적 사고방식을 극복하고 백인 남성 중심의 제국주의적인 속성에서 벗어나며 주변화 되고 항상 소외되어 온 여성들의 정체성 찾기로 구체화되고 있는 것이다.

우용출판사
1997 www.choolpansa.com

머리말
Preface

국제무대는 과거와는 달리 생존경쟁과 협력의 바탕위에선 경쟁무대이다. 이미 모든 세계질서는 서로 영향을 주고 영향을 받게 되었으며 정보화된 전자사회는 하루가 믿기 어려울 정도로 변해가고 있는 것이 현실이다. 우리가 남의 것을 인정하고 수용하는 아량을 보이지 않을 때 그들 역시 우리 것을 인정하지 않는 무서운 시대가 되었다. 우리의 것을 더 발전시키고 국제사회에서 우리가 함께 살아가는 공동운명체의 구성원이 되기 위해선 과거의 고루한 민족주의가 아닌 세계질서에 항상 참여하고 함께 노력하는 구성원이 되어야 한다. 현대 사회는 복잡하면서도 다양성이 공존하는 열린사회이다. 그렇다고 해서 열린사회라는 개념을 객관적 판단기준 없이 그대로 수용하라는 말은 절대 아니다. 애국도 좋고 우리 것만의 정체성도 좋다. 그러나 애국과 우리 것만의 정체성이 우리만을 위한 정체성과 우리만을 위한 우리 것이 될 때 그 보다 더 바보스런 생각이 없다.

과거 우리는 주체적인 문학을 외쳤고 이를 최고로 간주한 적도 있었다. 우선 영미문학을 제대로 인식하기위해서는 아프리카의 문화에 대한 올바른 이해가 선행이 되어야 할 것으로 생각이 된다. 보다 구체적으로 아프리카는 정글로 된 대륙도 아니요 타잔이 잔인한 사자와 호랑이를 비롯한 여러 위험한 동물들과 생명을 건 모험을 하는 그런 대륙도 아니다. 아프리카 대륙에 호랑이와 사자가 엄청 많아서 우글거리는 곳은 더더욱 아니다. 토착문화와 이슬람 문화가 어우러진 곳이요, 식민지 시대 이후에는 유럽의 문화가 아프리카의 토착 문화와 어우러져 또 다른 고상한 문화로 존재하는 대륙이기도 한 것이다.

끝으로 본서 주변화와 정확한 지식과 배경이 없이 편견으로 서로 상처를 주고받았던 정서를 청산하고 모두 보다 열린 사고와 열린 연구태도를 존경하는 마음으로 변화무쌍하고 예측 불가능한 이 시대를 그대로 수용하여 더 많은 가능성을 발견하는 슬기로움을 가졌으면 하는 바람이다.

2012. 5월 연구실에서

저자 씀

목차
Contents

머리말 • 3

제 I 부

1. 다극화, 탈중심시대 그리고 낡은 중심의 해체 9
2. 부르조아 문화혁명과 실험적 요소 45
3. 19C 미국문학론과 초절주의 85
4. 현대 미국소설의 이중성과 흑인 작가론 119
5. 미국의 흑인 여성작가와 성차별 143
6. 미국의 흑인 남성작가와 작품론 159
7. 구기와 티옹오(Ngugi wa Thiong'o)세미나 특강 181
8. 몽고 베티(Mongo Beti)와 유토피아적 풍자 215
9. 까라마 라예(Camara Laye)의 공동체 사회 223

제 II 부

1. 나딘 고디머(Nadine Gordimer)에 나타난 인종차별의 어두운 그림자 235
2. 부치 에메체타(Buchi Emecheta)에 나타난 식민주의와 현대화의 충돌 247
3. 아마 아타 아이두(Ama Ata Aidoo)의 탈식민주의 사회와 여성의 폭력 267

4. 우스만 셈빈(Ousmane Sembene)세미나 : 작품론과 작가론 ············ 279

5. 페스투스 이야이(Festus Iyayi)의 유토피아와 계급의식 ····················· 307

6. 마리아마 바(Mariama Ba)의 『길고 긴 편지: *So Long A Letter*』전통사회와 현대사회 ··· 319

7. 엘에치 아마디(Elechi Amadi)의 전통과 이질적인 환경 ······················ 333

8. 베씨 헤드(Bessie Head)와 집단 무의식 ··· 343

9. 가브리엘 오카라(Gabriel Okara)와 공허한 물질만증주의 ··················· 351

10. 치누아 체베(Chinua Achebe)세미나 : 인류학적 평가와 심미적 세계 ··· 363

11. 아이 케이 알마(Ayi Kwei Armah)의 공동체 삶과 해방 이데올로기 ··· 397

12. 포올 마샬(Paule Marshall)의 스테레오타이프와 정체성의 위기 ········ 423

중요 참고문헌 소개 및 해설 ·· 447

찾아보기(Index) ·· 469

UNITED KINGDOM
LOW / HILLS / MOUNTAINS
©GraphicMaps.com
Orkney Islands
Shetland Islands
Prime Meridian
Outer Hebrides
Highlands
Scotland
Atlantic Ocean
North Sea
Inverness
Aberdeen
Ben Nevis
Edinburgh
Northern Ireland
Glasgow
Sunderland
Londonderry
Belfast
Carlisle
PENNINES
United Kingdom (UK)
Leeds
Dublin
Irish Sea
Liverpool
England
Ireland
Cambrian Mts.
Birmingham
The Fens
Ipswich
130 mi
130 km
Celtic Sea
Wales
Oxford
Bristol
London
Cardiff
Thames
Isles of Scilly
Plymouth
Exeter
Portsmouth
Dover
Atlantic Ocean
Falmouth
English Channel
Channel Tunnel
France

제 I 부

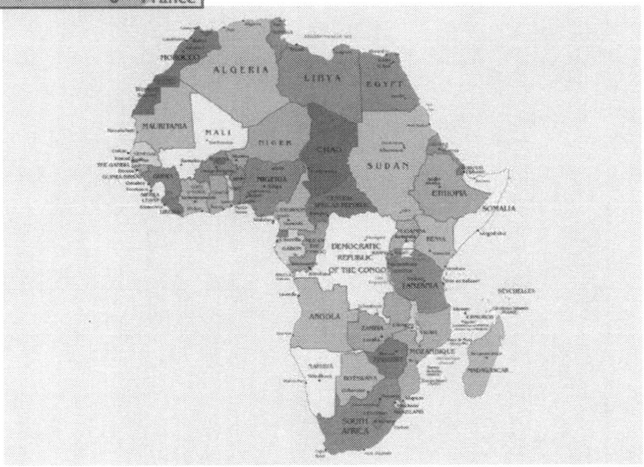
ALGERIA
LIBYA
EGYPT
SUDAN
ETHIOPIA
SOMALIA
DEMOCRATIC REPUBLIC OF THE CONGO
ANGOLA
MADAGASCAR

CANADA
Washington, D.C.
MEXICO
National capital

1

다극화, 탈중심시대 그리고 낡은 중심의 해체

탈중심시대의 특징은 다극화(多極化) 체제를 구축한 채 필요에 따라 가로와 세로로 뭉치고 흩어지면서 새로운 질서를 형성하는 것이다. 이런 시대의 판단능력은 개인과 국가의 운명을 좌우한다. 지금처럼 미국과 중국이라는 G2에 EU(유럽연합)와 일본이 가세하고 신흥국가들까지 참여하는 시대에 새로운 인식이 필요함은 당연한 것이다.

오랫동안 유럽의 문화적인 전통의 주변에서 활동해 오던 지식인들이 유럽 중심의 사고의 틀을 급진적으로 해체하면서 오늘날 그 중심을 탈환하고 현실 세계의 문제점들을 보다 신랄하게 제기하는가 하면 다른 많은 이론가들을 자극하는 자극제가 되고 있음이 사실이다. 70년대 이후 서서히 형성되기 시작한 탈식민주의적인 현상이 21세기 오늘날에 와서 더욱 분명한 모습으로 다가왔다. 이런 변화는 식민지로 인한 지배/피지배의 관계에서 주체적인 해방일 수도 있을 것이고 아니면 항상 대립과 서열만을 강조해 온 제3세계를 비롯한 선진국들의 민족주의 그리고 유럽 중심의 이원론적 사고방식을 극복하고 백인 남성 중심의 제국주의적인 속성에서 벗어나며 주변화 되고 항상 소외되어 온 여성들의 정체성 찾기로 구체화되고 있는 것이다. Elaine Showalter가 *Speaking of Gender*에서 지적하고 있듯이 1980년대 인문 과학 분야에서 일어난 놀라운 변화 중의 하나는 성(sex)이 분석의 한 범주로 등장했다는 사실이다. 이는 앞서 지적한데로 1970년대 페미니즘의 대두로 가능한 것으로 여성의 억압이 가부장제가 여성을 지배하는 체제의 결과라고 하는 급진적 페미니즘, 여성을 억압하는 궁극적인 원인으로 자본주의의 지배로 보는 마르크스주의적 페미니즘, 삶과 법률과 같은 분야에서 여성을 소외시킴으로서 여성을 억압한다는 자유주의적 페미니즘, 그리고 Sylvia Walby가 그녀의 *Theorizing Patriarchy*에서 여성 억압이 가부장제와 자본주의의 복합적인 결과라고 하는 이중체계론이라 부르는 것까지 포함하여 각기 다른 방식과 다른 해결책을 제시하고 있다.

서구 중심의 현대 문명에 대한 해체와 더불어 의미의 중심을 해체한다는 점에서 포스트모더니즘과 탈구조주의를 그리고 권위와 전통적인 질서에 저항한다는 점에서 남성들이 임의로 여성들에게 부여한 허위의 사슬인 "신비"의 베일을 벗어 버리고 거짓 이데올로기를 전복시키자고 주장하는 페미니즘의 속성을[1] 그리고 파괴적이고 전복적인 이데올로기를 지향하는 점에서 마르크스 비평과 상당한 공통점을 지니고 있다. 인도 태생의 여성 비평가인 스피박(Spivak)의 경우 페미니즘과 상당한 관련을 지니고 있음이 사실이다. 그녀는 그람시(Gramsci)의 하위 주체("subaltern")의 개념과 더불어 제3세계에 대한 편견을 신랄하게 공격하는데 주저하지 않는 인물로서 특히 프랑스의 페미니즘에 대한 지대한 관심이 있어서 크리스테바(Kristeva)의 유럽식 페미니즘을 격렬하게 비판하기도 한다. 그녀는 특히 프랑스의 페미니즘이 지니고 있는 한계로서 인종과 계급에 대한 무시와 더불어 항상 제3세계를 민족주의와 연계시켜 바라보며 또 남성 중심의 이데올로기로 보고 있으며 이를 극복하기 위한 것이 탈식민주의라고 결론 짖고 있음은 주목할 부분으로 생각된다. 스피박에 의하면 프랑스 페미니스트인 보바르(Beauvoir)의 『제2의 성; *The Second Sex*』에서 미국의 토니 모리슨(T. Morrison)과 마찬가지로 사르트르(Sartre)에서 볼 수 있는 생물학적인 여성이 아닌 주체적이고 실존적인 차원의 여성에 대한 책임을 강조하고 있다고 한다. 식수스(Cixous)의 『메두사의 웃음; *The Laugh of the Medusa*』에서 여성은 항상 헌신적이며, 여성은 역사를 위한 주체적인 존재인 것이다("Write your self. Your body must be heard. Only then will the immense resources of the unconscious spring forth" 1236). 여성에게서 주는 것이야말로 만족스런 일이며 남성이 나를 만지고 애무해 줄 때 나 자신으로서 나를 내게 주는 것이라고 한다. 비록 남성은 여성에게서 범죄자와 다름이 없지만 ("Men have committed

---

1) 17-18세기의 계몽주의 시대는 다양한 과학의 발견으로 무질서한 세계에 하나의 질서를 부여하기 위해 인간의 타고난 권리를 주장하는 천부 인권론이 대두되었다. 특히 여성들의 경우 19세기 산업 혁명으로 남성과의 모든 권리에 있어서 동등한 위치를 요구하게 되었다. 이런 운동은 광범한 문화적인 변화의 추구와 함께 문화적 페미니즘이란 말이 생겨날 정도로 모권 중심적인 생각으로 여성의 가치관에 대한 강한 생각을 내 부추 킨다. 여성들은 선사 시대에 존재했던 것으로 믿고 있던 모권 사회에 대한 향수를 드러내기도 했던 것이다. 19세기말에는 John Stuart Mill은 성의 평등은 교육과 경제적인 기회의 균등을 모두 포함한다고 하면서 여성의 가사 노동에 대한 불만을 표시하고 여성이 자유롭기 위해서는 가정 밖의 노동에 참여해야 한다고 주장한다. 그 후 결혼한 여성들의 경우 성적인 역할에서 자유로워지려는 움직임을 보였던 것이다. 마르크스 페미니즘에서는 계급 화된 사회에서 소수가 생산한 부를 독점하기 때문에 힘이 없는 여성들로서는 항상 피해자로 남는 이유로 가사노동에 대한 임금을 요구하며 파업까지 불사해야 한다고 주장하기도 한다. 그러나 1960-70년대 급진적인 페미니즘에서는 남성의 성적인 욕구를 만족시키기만 하는 여성에서 완전히 자유로워야 한다고 한다. 이후 여성들의 열등의식은 남성의 페니스를 지니지 못한다는 점에 있다는 심리적 페미니즘이 나오게 되었고 사회주의 국가에서 여성들은 노동력을 착취당하면서도, 특히 가사노동에 대한 평가절하에 대한 불만을 노골적으로 드러낸다.

the greatest crime against women. Insidiously, violently, they have led them to hate women, to be their own enemies, to mobilize their immense strength against themselves, to be the executants of their virile needs" *The Laugh of the Medusa* 1234) 식수스에게서 여성의 해방은 단순한 논리의 계급투쟁이 아니라 더 광대하다. 이리가레이(Irigaray)는 "풍요로운 애무"(fecundity of caress)라고 하는 명제에서 남성과 여성의 입장을 인정하며 여성의 주체적인 역할을 강조하고 있는데 이는 유럽 남성 중심의 사회에서 여성들의 유대를 강조하고 있기도 하다.

오늘날 아프리카 문학을 제외하고 문학을 논한다는 주장은 이제 더 이상 설득력이 없음이 사실이다. 그만큼 아프리카 소설은 유럽과 구미 그리고 전 세계인들의 의식을 사로잡고 있음이 사실이다. 과거 20년 이상 가장 흥미를 끄는 사건들 가운데 하나를 지적하라면 아마도 아프리카 소설의 등장을 우선 지적할 수 있을 것이다. 왜냐하면 아프리카 소설은 특히 생명력과 역동하는 힘, 그리고 아프리카인 들이 살아가는 삶의 애환과 아름다움과 전통 문화는 이를 접해 본 사람들로 하여금 이끌려 들지 않고는 견딜 수 없는 마력과도 같은 흡인력을 지녔기 때문이다. 특히 아프리카 문학은 서구 유럽인들의 관심을 가장 많이 불러일으킨 대상이 되기도 했다. 그런가 하면 아프리카인들의 무한한 상상력과 마술과도 같은 언어에 대한 구사력, 도덕성의 모호함, 아니면 토착문화와 관습에 대한 강렬한 이미지를 두고 서구나 구미 대륙에서 볼 수 있는 저질스런 성과 범죄에 관한 글로 신랄한 공격을 한 비평가들도 적지 않았음이 사실이기도 하다. 다른 한편으로는 1960년대 미국의 민권운동, 시민운동, 그리고 여성들의 현실 인식으로 인한 페미니즘의 대두로 미국 문학의 주류 유럽인들의 문학적인 전통 밖의 문화와 흐름에 대해서 상당히 민감한 반응을 보여 왔던 것이 부인할 수 없는 사실로 여겨진다. 가장 현저한 일례는 바로 이제까지 주변화 되어 왔던 여성 문학의 강세와 여류작가들의 대거 등장, 아프리카계 미국인들의 득세 그리고 미국의 인디언들과 라틴계 히스패닉 작가 등을 비롯한 일련의 급부상에 대한 반응은 뚜렷한 이미지를 남겼던 것이다. 이런 현상은 미국만의 경우가 아니라 식민지 주도권으로 팽창의 시대를 마감한 영국의 경우도 예외가 될 수 없었다.

아프리카인들의 경우 미국 내에서 그들은 서서히 그 모습을 크게 드러내었고 과거 아프리카 대륙으로부터 이들을 강제로 데려온 미국인들은 초조감을 감추지 못했던 것이다. 아프리카 문학이 무한한 가능성과 다양성으로 꾸준히 발전을 보였던 것은 과거 40년간 이었다. 이 시기 동안에 이들 아프리카 작가들의 등장은 기하급수적인 증가를 보였던 것이다. Chinua Achebe, Wole Soyinka, Nadine Gordimer,

Naguib Mahfouz, Ngugi wa Thiong'o, Ousmane Sembene, Buchi Emecheta, Mariama Ba, Bessie Head, Ayi Kwei Armah, Nuruddin Farah, J. M. Coetzee 등을 비롯하여 이들은 현대 세계 문학에 엄청난 파장을 몰고 오면서 커다란 공헌을 해왔다. 이들 가운데 Ben Okri는 가장 최근에 영국에서 가장 권위 있는 문학상이 부커상[2])을 차지했으며 Gordimer, Soyinka, Mahfouz는 이미 노벨문학상을 차지하지 않았던가?

톰린슨의 "세계화(globalization)"라는 개념은 문화적 제국주의 또는 프레드릭 제임슨의 후기자본주의(late capitalism)의 개념과 상당한 관련이 있다. 이는 21세기에 가장 두드러진 현상은 서로 다른 문화가 상호 협력하며 공존한다는 점이다. 우리가 주의해서 이해해야 할 사항은 여기서 필자가 기술하는 문화적 제국주의란 개념도 어느 한 나라가 다른 나라를 문화적으로 지배하고 다스리는 관계를 두고 하는 말이 아니라는 점이다. 참으로 21세기는 문화가 범세계화되어 유럽과 아프리카의 문화 아시아와 유럽의 문화가 독립하여 별개로 존재할 수 없는 그런 시대가 된 것이다. 우리가 아프리카 문화를 두고 말할 때 아프리카의 문화가 21세기에 사라진다는 의미는 아니다. 아직도 그들은 토착의 고유한 문화를 지니고 있음이 사실이기 때문이다.

우리 한국의 독자들이 아프리카 문학에 대한 관심을 가져야 한다고 그 당위성을 제기 한다면 우선 오늘날 우리가 살아가고 있는 시대는 서로 이해하고 협력을 받지 않으면 살아갈 수 없는 시대이기 때문이다. 국제화 시대에 우리는 타문화에 대한 이해의 폭을 넓혀야 할 것이며 이를 바탕으로 서로 다른 문화적 전통을 지닌 사람들과의 진정한 교류와 협력이 가능하다는 점을 강조하는 것이다. 우리만의 독자적이고 독창적인 문화를 고집한다면 절대로 발전이 있을 수 없을 것이다. 아프리카의 문학과 문화를 통해서 우리는 배울 것이 많다. 그리고 또 다른 문화를 통해서 우리는 보다 정확하게 보다 깊이 있게 우리의 문화를 이해할 수 있을 것이다.

또한 제3세계 작가들에 대한 최근의 관심은 비평계의 긍정적인 발전이지만 그에 못지않게 다른 부수적인 문제점들을 제기하고 있는 것도 사실이다. 이에 대한 원인은 아마도 다 문화적인 환경에 살아가고 있으면서도 자신들의 주체적인 입장을 잘 이해하지 못하고 있는 것이 그 원인이 될 수 있다. 오늘날 가장 훌륭한 작품들은 유럽의 식민지였던 제3세계에서 출현하고 있음이 사실이며 반면에 이에 대한 비평 또한 과거 식민지의 주체국들 이었던 미국이나 유럽에서 나오고 있음도

---

2) 1969년 영국의 부커사가 제정한 문학상으로, 해마다 지난 1년간 영국연방 국가에서 영어로 쓰여진 소설 가운데 가장 뛰어난 작품을 쓴 작가에게 수여한다. 영국 최고의 권위를 자랑하는 문학상이며, 노벨문학상·공쿠르상과 함께 세계 3대 문학상으로 꼽힌다.

사실이다. 어쨌든 이들은 자연스런 공생의 관계를 지니고 있으며 또 다른 하나의 아이러니를 낳고 있는 것이다.

그러나 서구 비평가들이 모두가 제3세계 작가들의 건설적인 노력에 긍정적인 태도를 보이고 있는 것이 아님도 사실이다. 이런 현상들은 모두 서로 다른 문화적인 관점에서 생겨난 다문화에 대한 이해를 충분히 하고 있지 않기 때문에 발생되는 불행한 사건일 수가 있다. 오늘날 유럽의 남성 중심적인 문화는 상당히 많은 관심의 대상으로 존재하지만 또 이에 대한 수정의 욕구가 강렬한 것도 사실이다. 과거 유럽의 중심적인 위치에서 군림해 온 문학 작품들은 오늘날 제3세계와 주류 문화권으로부터 많은 공격과 비판의 대상이 되고 있는 것이 현실이기 때문이다. 더 나아가 유럽인 들이 과거 동양을 보는 시각은 다분히 인종 편견적인 발상에서 나온 공정치 못한 방향에서 이루어 졌다. 성적으로 문란한 동양인이 아니면 무책임하고 비합리적인 문화권의 주체자들로서 제3세계인들은 비인간적으로 몰았던 것이 사실이기 때문이다. 그러나 이들 비평가들의 편견은 정치인들이 아닌 인류학자들이 아니면 민족주의자들의 비뚤어진 시각에서 항상 이루어져 왔고 인간의 지식은 이념적으로 여과되어지고 문화가 지식의 단위에서 평가된 느낌을 지울 수 없는 것이다. 왜냐하면 별난 예술가들의 작품들을 비롯하여 모든 활동들이 사회와 문화적인 전통과 환경 가운데서 제도화된 기득 세력에 의해 강요되었기 때문이다.

따라서 유럽인들의 시각에서 행해진 이때까지의 평가와 학문적인 증거들은 모두 그 진실성과 객관성에서 허점을 드러냈음을 부인하기 어려울 것이다. 왜냐하면 그들의 기본적인 시각이 처음부터 편견에서 시작이 되었기 때문이다. 정치적인 이념으로 그들의 편리에 의해서 맘대로 평가되고 간주되는데 아무런 걸림돌이 없었음은 더욱 불행한 일이 아닐 수 없다. 영국은 교육을 통해서 인도인들을 심미적으로 예술적인 수단으로 지배해 왔음이 사실이며 이는 1820년까지 영국이나 인도에서 영문학이 가장 큰 영향력을 지녀 왔음이 증명하고 있다. 더 나아가 영국의 식민주의자들은 회교도와 힌두교의 세력이 비교적 강력한 인도에서 기독교를 앞세워 식민지화 할 때에 그들이 극복해야 할 어려움 들을 너무도 잘 알고 있었음이 사실이다. 이들 식민지 주체자들은 또 역사 교육을 문학과 인간 중심적인 기능으로 미학적인 감각이나 윤리적인 사고의 훈련을 통해서 이들의 사회적인 통제 수단으로 지속적으로 이용해 왔던 것이다.

오늘날 비평 문학의 토대는, 특히 제3세계 문화권에서, 미국 사회에서 이들이 자신들의 전통과 관련하여 일종의 정체성을 보여줌으로서 시작이 되었음이 사실이다. 그러나 영어가 오늘날 전 세계적인 공용어로 사용되고 있는 원인이 단순히 문화적인 제국주의로 보기엔 다소 무리가 있다는 생각이 들기도 한다. 독자들의 개인적인 판단에 맡길 수밖에 없는 것이 현실이긴 하지만 어쨌든 정치 경제 사회 문화적인 요인과 상당히 긴밀한 관계를 지니고 있음을 부인하기 어렵기 때문이다. 이는 문화와 사회 그리고 역사와 텍스트 관계에서 가장 뜨거운 쟁점으로 다루어 질 수 있을 정도의 중요성을 지니고 있다고 할 수 있을 것이다. 언어는 어떤 한 민족의 가장 핵심이 되는 문화적인 정체성을 나타내기 때문이다. 어떤 언어를 사용하고 선택하는 일은 자신의 자연적, 사회적인 환경과 진실로 전 우주와 관련하여 어떤 개인적인 민족의 정체성을 보여주는 핵심이 되기 때문이다. 그렇기 때문에 제3세계 작가들은 궁극적으로 자신의 언어를 우선하여 글을 쓰기를 고집했을 것이다. 그리고 식민지의 지배로부터 그들이 폭력을 동원하여 까지 벗어나고자 했던 이유도 바로 여기에 이유가 있었던 것이다.

시대가 변화하면서 우리의 다문화에 대한 개념은 수정되지 않으면 안 될 입장에 있음도 사실이다. 왜냐하면 모든 사회 경제적인 개념이 바뀌어 가고 있기 때문이다. 유럽의 영향력 있는 카프카는 자신의 문화권에서 항상 소외된 삶을 살아가는 작가이기 때문에 소수 문학가로 우리는 평가하고 있다. 아니면 제3세계 작가들인 사무엘 베켙이나 세이머스 히니를 영국 문학에 포함시켜 주류 문화권의 작가로 내세울 때 우리는 안타까운 미소를 머금지 않을 수 없다. 이들은 자신들이 살아온 억압과 피지배의 고난을 누구보다도 더 철저히 경험하고 이를 문학작품으로 구체화하고 고발을 하고 있기 때문이다.

또 다른 관점으로 최근의 역사, 사회학, 심리학, 정치학의 하위문화와 사회에 대한 종합적인 견해를 수정하면서 서구 이론과 함께 등장한 것이 탈식민주의이다. 알제리의 프란츠 퍼논의 경우가 가장 적절한 인물로 떠오른다. 그는 1961년 요절하지만 지속적으로 문화적 경제적 식민주의에 대한 강력한 저항을 내세웠던 인물이다. 그는 서구 사회가 제3세계인들을 구속하는 상황을 단호하게 거부할 것을 주장하고 식민주의와 제국주의는 공존할 수 없고 제국주의를 자신의 영역으로부터 철수시키도록 투쟁을 하지 않으면 안 된다는 생각을 하였던 인물이다. 제국주의자들은 그에게선 범죄자나 다름이 없었던 대상들이었으며 여성을 강간하는 치한이나 다름이 없었던 대상이었다고 그는 주장하고 있다. 특히 그는 유럽 자본가 계층을 모델로 하는 지배계급과 유럽의 민족주의적인 바탕을 모델로 하는 민족주의로 인하여 신식민주의 적인 속성이 생겨날 가능성에 대해 우려의 경고를 하고 있기도 하다.

서구 백인 문화의 전통적인 지배에 대해 급진적인 반대 입장을 고수하면서 식민지 과거의 해방과 개인과 문화의 정체성을 추구한 그는 1960년 미국의 흑인 운동을 비롯한 전 세계적인 민권운동의 촉발제와 같은 역할을 한 인물이기도 하다. 그의 이론적인 바탕은 정치적인 냄새를 많이 풍기고 있음이 사실이다. 때때로 난해하고 복잡하기로 유명한 그의 저술들은 격렬한 논쟁의 대상이 되기도 한다. 그를 비롯한 많은 비평가들은 유럽의 지배적인 문화와 세력의 영향력으로부터 결코 완전히 자유로울 수 없음을 스스로 잘 알고 있는 것도 사실이다.

한국에서 유럽의 문학은 일제 강점기를 통해 유입이 되었고 해방 이후로는 미국의 영향이 지대했음이 사실이다. 한국의 경우 식민지는 유럽의 근대화와 맞물려 제도화된 느낌이 든다. 그리고 다른 제3세계 문화권에서는 유럽의 문학이 학문의 순수한 영역을 넘어 제국주의적인 차원으로 발전한 사실에 대하여 깊은 우려의 목소리를 내 보이고 있는 것이 사실이지만 한국의 경우 제도화된 사실에 그렇게 큰 인식을 하고 있지 않음이 부인하기 어려운 사실이기도 하다. 유럽의 문학이 지니고 있는 당위성과 그 미학적인 가치는 우리가 인정해야 할 것이다. 그러나 과거 제국주의적인 관점으로부터 우리가 자유로울 수 있어야 하는 것도 사실이다. 만약 우리 자신이 이런 사실로부터 자유로움을 느끼지 못할 때에는 아무리 우리가 민족주의적인 요소를 강조한다고 해도 큰 문제점에 직면하게 됨을 피할 수 없게 될 것이다. 유럽의 미학적 예술적인 가치는 우리 자신들이 느낄 수 있을 정도의 문화에 대한 예술에 대한 이해의 폭과 깊이를 확장시키는데 일조가 되는 차원에서 인식이 되는 것이 바람직하기 때문이다.

항상 유럽의 제3세계 국민들이나 지식인들 관계에서 갈등과 이해의 차이는 있어 왔다. 우리가 흔히 말하고 있는 민족문화니 아니면 우화니 하는 개념들도 서로 서로 다른 차원의 의미로 이해해 온 것이 사실이기 때문이다. 유럽인 들이 말하는 민족문화니 우화의 개념은 그 자체가 유럽식 민족주의에 바탕을 두고 있는 것이고 제3세계인들의 개념은 오히려 민속과 고유한 전통에 더 무게가 주고 있음이 사실이기 때문이다. 유럽인들은 종종 자신의 사고방식과 문화의 체계를 서구의 문학 위에 서구적인 관점을 도입하고 이를 도식화하는 경향이 많았음이 사실이다. 이들이 말하는 보편주의 또한 이제까지는 인간 중심의 인간적인 가치를 바탕으로 한 인본주의적 보편주의가 아니라 민족주의적인 급진성을 보여 왔음이 사실이다. 과거 식민 종주국과 식민지 주체들 사이에서 영국의 당근과 채찍, 확신과 불안, 책임과 죄책감이 항상 양면성을 지닌 채 등장했음을 우리는 보아 온 것이 사실이다.

그러나 다문화에 대한 이해와 수용은 앞으로 기대와 불안 가운데 맞이하게 될 21세기 우리들이 보다 신선하고도 희망적인 삶을 살아가는데 상당히 중요한 요소임을 부인할 사람은 아무도 없을 것이다. 그런 의미에서 우리는 오늘날까지 중시되어 온 이론을 위한 이론은 재평가되어야 할 것이며 어느 한쪽을 정당화하는 발상도 재고되어야 할 것이다. 앞으로 우리들의 살아가는 사회는 필연적으로 고도로 보편화된 사회로 급속하게 흘러갈 것이며 아시아적인 가치와 서구적인 가치관의 대립은 엄청난 변화를 경험하게 될 것이다. 경제적인 부국과 빈민 국들의 관계에 대한 형평성의 문제에 대한 논쟁도 인류의 고립주의나 획일적인 문화도 이제는 그 기반을 고집하기에 한계에 이르게 될 것이다. 인간이 살아가면서 지니는 이상과 기대는 익히 공통된 것이기에 더욱 그러하다. 시간적으로 공간적으로 다른 세계에 살고 있지만 우리는 똑 같은 공기를 호흡하면서 공존하고 언젠가는 모두 죽을 운명의 생명체들이기 때문이다. 보편적인 세계화를 바탕으로 한 세계적인 보편주의는 21세기 문화의 핵심으로 영원히 자리잡게 될 것으로 확신한다. 그렇다면 아프리카를 비롯한 제3세계와 관련된 탈식민주의와 다문화 비평에 대한 이해가 왜 필요하며 포스트콜로니얼리즘이란 도대체 무엇일까? 우선 탈식민주의에 대한 이해가 필요한 이유는 보다 구체적으로 Conrad의 *Heart of Darkness*나 Joyce Cary의 *Mr. Johnson*의 경우 Chinua Achebe의 *Things Fall Apart*와 Ngugi wa Thiongo의 *No Longer at Ease*를 비교해서 이해하면 유럽중심의 단일한 시각에 한정 시킬 경우와 비교해서 볼 때 보다 이를 더 풍부하게 생산적으로 이해할 수 있다는 이유가 될 수 있을 것이다. 탈식민주의는 넓게 볼 때 페미니즘의 전통적인 문학의 규범에—제국주의, 팽창주의, 유럽의 문화적인 지배와 우월성 강조, 인종에 대한 편견—대한 도전적인 양상을 동시에 지니고 있다는 점에서 이와 많은 공통점을 지닌다.

그리고 탈식민주의에서는 유럽이 중심이 되는 Eurocentrism과 서구의 시각에서 탈피하고자하는 의지가 대단하다. 이에 대한 정신적인 지주는 역시 1961년에 출판이 된 Frantz Fanon의 *The Wretched of the Earth*가 중추적인 역할을 담당하고 있는 것이다. 왜냐하면 서구의 인종적인 배경을 내세워 항상 이분화하고 차별화하는 전통과 가치관은 항상 주변화된 제3세계인들에겐 전통적인 문화적 관습과 현대화된 문화적인 관습에서 오는 혼란한 체험으로 정신적인 면에서 힘겨운 압력으로 받아들여지기 때문이다. 그러나 이들의 고통스런 경험은 또 다른 신선한 시각으로 변화되어 구체화되기도 한다. 특히 그는 문화적 경제적 식민주의로부터 독립을 위해 강력한 투쟁을 한 인물이다.

> We should flatly refuse the situation to which Western countries wish to

> condemn us. Colonialism and imperialism have not paid their score even when they draw their flags and their police forces from our territories. For centuries the capitalists have behaved in the underdeveloped world like nothing more than criminals(Wretched 101).

Conrad의 *Heart of Darkness*를 인종적인 편견에 사로잡힌 충동에서 쓰여진 작품이라고 공격을 한다거나 Shakespeare의 *The Tempest*를 유럽의 인종적인 편견을 앞세워 유럽의 팽창주의를 의식적으로 합리화한다고 반박하는 것이나 아니면 E. Said의 *Orientalism*에서 주장하는 바와 같이 19세기 유럽이 스스로 제국주의적인 지배를 정당화하기 위해서 인종적인 전제를 항상 앞세운다는 주장 등은 포스트 콜로니얼리즘이 얼마나 전통과 권위적인 의식에 도전적인 태도를 견지하고 있는지를 여실히 증명하는 부분이라고 할 수 있다.

Bakhtin의 대화 곧 dialogics에 대한 개념이나 Gramsci의 지배권 곧 hegemony, Foucault의 힘과 권력 곧 power and knowledge 등은 모두 반식민주의와 탈식민주의의 사고와 책읽기와 밀접한 관련을 맺고 있다. 사실 탈식민주의 비평의 시작은 지배문화로 부터 완전히 자유로울 수 없다는 현실의 인식과 그 한계를 극복하고자하는 의지에서 시작한다는 사실을 우리는 제대로 인식할 수 있어야 한다. 1950년부터 Frantz Fanon은 이를 위한 기수 역할을 하면서 앞장선다. Fanon은 1961년도 그러니까 탈식민주의 운동이 본격적인 궤도에 오르는 해에 일찍 세상을 떠난다. 그러나 아직까지도 그의 영향력은 대단하며 다문화 비평과 탈식민주의의 정확한 이해를 위해서는 반드시 거론이 되는 인물이다. 그러나 그 역시 지배문화의 영역을 벗어나질 못했다. 다시 말해서 그는 Feminism과 Deconstruction의 한계를 극복하지 못했으며 이를 바탕으로 탈식민주의의 영역을 확장하는데 상당한 힘을 쏟았던 인물이다. Edward Said는 어떨까? 그 역시 서구의 비평에 크게 영향을 받고 다문화 비평에 공헌한 바가 지대하다. 그러나 유럽의 해체이론이나 페미니즘의 영역을 그대로 탈식민주의에 적용하고 있다. 그러나 Said의 다문화 비평에 대한 공헌은 지대하다. 특히 동양에 대한 서양의 편견을 강조함으로써 동양은 서양에 대립되는 열등한 존재로 그리고 동양은 서구인의 사상 속에 재현된 허상으로서만 존재해온 문화적으로 볼 때 지적인 무산계급으로서 지배문화로 부터 항상 추방되어왔으며 제외된 타자(Otherness)임을 주장함으로써 서구의 문학 비평이 관념의 유희를 떠나 현실에 아픔에 동참하여야 함을 강조한다. 왜냐하면 그동안 유럽의 지배 문화가 패권을 항상 쥐고 있었기 때문에 동양을 차별화하는 것은 자신의 패권을 통해 그렇게 취급할 수 있었기 때문이라는 것이다. 그러나 Said가 주장하는 동양학은 서양문화와 대립하는 차원이 아님은 주의해서 보아야 할 사항이다. Homi Bhabha는 Derrida와 Lacan의 이론을 탈식민주의에 적용하는 다양함을 보이고 있지만 역시 지배문화의 영역을 벗어나는 일은 힘에 겹게 느껴진다. 그는 철저하게 식민주의의 주체 세력과 피지배 세력을 이분화 하는 이원론적인 관점을 철저하게 해체하고 있으면서도 데리다와 라캉의 이론을 그대로 수용한다. Abdul JanMohamed의 경우 역시 Lacan, Derrida, Marxist, Feminism, 그리고 F. Jameson의 이론까지 탈식민주의 영역으로 끌어들이고 있는 것이다. Gayatri Chakravorty Spivak의 경우 역시 Derrida, Lacan, 그리고 Feminism을 탈식민주의 역사와 상황으로 끌어 들인다. 스스로 전통을 해체하면서도 또 다른 전통 속에서 타자가 되는 것이다.

Spivak의 경우 기본적으로 타자에 대한 인식의 폭이 깊지만 그녀가 취하는 모든 방법은 철저하게 해체적이다. 그러면서도 절충주의를 취하기도 하는 것이다. 그녀가 남성 지배체제("masculine establishment") 또는 여성 지배체제("feminine establishment")라는 용어를 만들고 페미니즘과 Marxism을 도입하고 있는 사실은 이를 보충 설명해 주는 부분이라고 할 수 있다. 그녀는 그녀 자신에게서 또 다른 타자를 발견하는 동시에 제3세계 여성을 주변에 위치한 손님으로 간주하고 있는 것이다. 그녀가 자신을 타자로 볼 수 있었던 것은 일원론적인 입장이 아니라 철저히 이원론적인 견해를 고수하고 있음을 보여주는 증거이다. 그녀가 *Jane Eyre*와 *Frankenstein*을 논하는 태도에서 우리는 더욱 분명한 그녀의 생각을 읽을 수 있다. 그녀가 제1세계 백인들에 대해서 상당한 비판의식을 지니고 있었고 제1세계의 인종적인 편견에 바탕을 둔 페미니즘에 대해서도 부정적이었으며 심지어 1977년 출판된 프랑스의 Kristeva의 *About Chinese Woman*을 서로 다른 문화적인 배경을 고려하지 않는 편견에 치우친 시각이라는 강력한 비평을 서슴치 않고 표명 하고 있기까지 하다. 그러면서도 그녀는 반식민주의 편에 위치한 여성도 아니다. 그녀는 압박받는 그리고 할 말을 할 수 없는 처지의 사람들은 자신의 정체성이 존재하지 않는다고 말하고 있다. 특히 아프리카의 여성들은 끝없이 자신의 정체성을 회복하기 위해 고통을 감수하지 않으면 안 되었던 것이 사실임을 생각하면 그들이 아시아와 영국의 흑인 여성들이나 미국의 흑인 여성들 그리고 남미의 흑인들과 소외 받는 여성들 아니면 아프리카의 흑인여성들은 어느 정도로 공통적인 속성을 지니고 있다는 느낌이다.

Spivak은 제3세계 텍스트가 한 민족 특유의 상징, 풍유, 그리고 우화에 근거한 National Allegory로서 읽혀져야 한다고 강조하고 있다. 그러나 F. Jameson의 경우는 이와 상반된 입장에서 서술이 된다. 왜냐하면 Jameson의 경우 어떤 단일한 형태의 통일된 독창적인 문화("a single unified national culture")란 존재하지 않는다고 보기 때문이다. 더 나아가 Jameson은 "allegorical spirit"란 개념 자체가 지속적인 의미의 계속성이 없고 이타적인 요소로 구성이 되어있으므로 단편적인 특징을 지니고 있음을 주장한다. 이는 Walter Benjamin에게서 부분적인 영향을 그가 받았다는 우회적인 진술이 가능하다. 그러면서도 F. Jameson의 경우 서구 유럽의 사회는 개인적인 특징을 지닌 인간과 이들이 살아가는 사회를 구분하는 경계선을 말살했으며 이것은 궁극적으로 앞서 지적한 National Allegory로 발전하게 되는 중요한 원인이라고 지적하면서 제3세계는 제1세계와 제2세계의 분쟁과 싸움에서 생겨난 부산물로 간주하고 있음은 충격적인 일이 아닐 수 없다. 더 나아가 Jameson이 주장하는 National Allegory는 다분히 제3세계적인 관점이 아니라 유럽적인 시각을 의미하는 것임은 두 말할 나위가 없는 것이다. 가령 Kipling, Forster, Orwell, 그리고 Scott 등이 유럽 식민주의 선구자들의 의식을 반복함으로써 알레고리를 재연출하고 있다는 점을 염두에 두면 더욱 분명해 진다. Jameson이 제3세계를 어떤 틀에 집어넣어 이를 형식화하고 고착화하려는 의도에도 불구하고 그가 탈식민주의적 문화의 발전에 공헌한 바는 인정해야 할 것이다.

이런 복잡하고도 논쟁의 여지가 많은 틈바구니에서 제3세계의 문화와 관습을 인정하고 포용하는 상당히 중도적인 입장에 있는 인물이 Althusser이다. 그의 이념적인 특징은 객관성을 잃지 않고 다분히 중립적이며 관조적인 자세를 고수한다("interpretation of a text's meaning as the representation of some preexisting reality"). 유럽의 보편주의적인 관점이 제3세계에 대한 편견에 무게가 주어질 우려가 있다면, Jameson의 문화적인 타자의 인정은 자신이 바라보고 인식하는 객체를 단지 대체물로 인식할 위험성이 있을 것이지만, Althusser의 경우 그런 염려는 하나의 기우에 불과한 것이다. 왜냐하면 두 가지 관점을 수용하고 관용하면서 이를 부인하지 않으려는 태도를 지니고 있기 때문이다.

그러면 최근 탈식민주의 시대에서 다문화를 대변하는 대표적인 작가들이 우리의 생활 가운데 미치는 영향을 좀 더 구체적으로 살펴보기로 하자. Toni Morrison의 경우 1993년 노벨문학상을 수상하였고 Alice Walker 그리고 Gloria Naylor와 함께 상당한 영향력을 지니고 있다. 더 나아가 소수층을 대변하는 주류 사회의 관심을 끌고 있는 대표적인 작가들은 얼마든지 있다. Scott Momaday의 *House Made of Dawn*, Lee의 *Sarah Philips*, Anaya의 *Bless Me, Ultima*, Chavez의 *The Last of the Menu Girls*, Chin의 *Donald Duck*, DeLillo의 *White Noise*, Docornet의 *Entering Fire*, Erdrich의 *Love Medicine* 그리고 이외에도 Chandler의 *The Long Goodbye*, Kundera

의 *The Unbearable Lightness of Being*, Gabriel Garcia Marquez의 *One Hundred Years of Solitude* 등이 상당한 관심의 대상이 되고 있다. 미국을 벗어나면 영국의 경우 Dangarembga의 *Nervous Conditions,* Kingston의 *The Woman Warrior*, Perry Montgomery의 *Children*, Tan의 *The Joy Luck Club*, Welch의 *Winter in the Blood*는 대표적으로 소수층을 대변하고 있는 작품이다. 비교 문학의 경우 Balzac의 *Old Goriat*, Behn의 *Oronooko*, Zola의 *Germinal*이 상당한 관심의 대상이 되고 있다. 그리고 이런 모든 영향력있는 작품들은 오늘날 주류문화의 가장 핵심층에 자리를 잡고 있으며 그 영향력을 확대하고 있다는 사실은 놀랍다.

더 나아가 오늘날 미국 사회에서 남미 문화가 지니고 있는 폭발적인 힘과 신선함은 그 영향력이 대단하다. 백인 청교도 주류 문화권에서 멀리 위치한 이들의 영향력은 갈수록 그 영역이 광대해짐을 느낄 수 있기 때문이다. Carlos Fuentes와 Mario Vargas Llosa는 오늘날 가장 강력한 문화의 힘을 등에 지고 출현한 작가임에 틀림이 없는 것이다. 나이지리아의 Wole Soyinka와 이집트의 Naguib Mahfouz는 공히 노벨문학상을 수상한 인물들이다. 그리고 영국의 가장 권위있는 Booker Prize상은 오늘날 거의가 제3세계로 돌아가고 있다는 사실은 우리가 환기할 필요가 있다. 다시 말해서 과거 유럽 문화의 중심지로서 식민지의 온상으로서 그 엄청난 힘을 과시한 본토를 서서히 무너뜨리고 그 중심을 해체하고 있는 존재가 제3세계이라는 점은 놀라운 일이 아닐 수 없는 것이다. 더 나아가 오늘날 탈식민주의가 지니고 있는 개념은 상당히 과거와 차이가 있다. 특히 Frantz Kafka나 James Joyce는 제3세계 작가로 분류되어 이해되어야 한다는 점 또한 강조되지 않을 수 없다. 왜냐하면 전자는 주류 사회의 가장 하류계층에 속한 인물이기 때문이며 후자의 경우는 영국의 아일랜드에 대한 문화적인 지배에 가장 강력한 도전자이기 때문이다.

오늘날 세계에서 가장 강력한 추진력으로 부상하면서 가장 훌륭한 문학 작품을 산출하고 있는 곳은 바로 아프리카, 남미, 호주, 아일랜드, 뉴질랜드 등의 제3세계임은 틀림이 없다. 그런 반면에 가장 강력한 힘으로 부상하고 있는 문학 비평의 주체는 바로 제1세계의 주체국들인 미국과 유럽임도 부인할 수 없는 사실이다. 따라서 이들은, Mitchell이 지적하고 있는바와 같이 어떤 식으로든지 함께 공생을 하고 있음이 엄연한 사실이다.

> The commonplace is simply this: the most important literature is now emerging from the former colonies of the Western empires—from(for instance) Africa, South America, Australia, New Zealands; the most provocative new criticism is emanating from research universities in

> the advanced industrial democracies, that is, from the former centers of the "Western empires"—Europe and the United States (14).

그러면 이들 국가 간의 언어와 예술 활동의 관계를 잠시 언급해 보기로 하자. 1979년판 *The Norton Anthology of American Literature*에서 Leslie Fiedler와 Houston A. Baker가 공동으로 편집을 맡았다. 여기에서 이들은 미국의 문화적인 영향력과 관련하여 영어가 전 세계에 막대한 영향력을 행사한다는 사실을 전제로 이는 유럽과 미국의 경제적인 요인이 문화적인 제국주의에 많은 영향을 주었다는 입장을 전하고 있다. 그러나 이들의 견해가 올바른 것이든 아니면 그릇된 것이든 독자 개개인들의 판단에 맡길 수밖에 없겠지만 Salman Rushdie는 영어가 전 세계 언어가운데서 가장 융통성이 있고 사용하기가 편리함을 주장하고 있다. 더욱 관심을 끌고 있는 그의 견해는 탈식민지 시대의 문학은 영국인들이나 프랑스인들만의 순수한 영어나 불어가 아닌 인도식 영어나 불어, 아프리카식 영어와 불어, 카리브식 영어와 불어와 같은 오염되고 그들이 처한 환경과 상황아래서 변질된 형태의 언어로 사용되어 짐으로써 보다 더 다양하고 힘이 넘치는 신선한 생동감을 지닐 수 있는 원동력이 되었다고 강조하고 있다. 그리고 Ngugi wa Thiong'o의 경우 언어란 한 국가의 문화적인 정체성과 관련을 지닌 것으로 자국의 언어가 아닌 타국의 언어를 계속 사용하면서 깊은 사상을 전하게 될 때에 자신의 정체성이 불확실해 질 위험이 있음을 주장하면서도 자신은 영어를 자신의 일부로 인정을 하고 이를 적극적으로 활용을 하고 있다. 이는 보다 성숙한 인격에서 나타나는 현상으로 인식이 되는 것이다. Chinua Chebe의 경우 영어는 아프리카 문화의 중요한 한 부분이다.

> The choice of language and the use of to which language is put is [sis] central to a people's definition of themselves in relation to their natural and social environment, indeed in relation to the entire universe. Hence language has always been at the heart of the two contending social forces in the Africa of the twentieth century(Ngugi wa Thiong'o의 *Decolonising the Mind* 4)

중산계급인 부르조와들은 조화롭고도 균형잡힌 세계를 선호하는 경향이 있으며 부르조와 계급의 이상은 그들의 대상들로 하여금 마음을 진정시키도록 하고 현재와 과거에 경험한 고통을 잊게 하여 불행하고 불만스런 감정을 완화하며 이들로 하여금 현실을 제대로 인식하지 못하도록 하는데 그 목적이 있다. 그러면서도 암담한 현실 가운데서도 미래에 대한 희망과 환상을 심어주는 것을 잊지 않는다. 어떤 의미에서 보면 일종의 환각과도 같은 속임수나 다를 바가 없다. 백인 상류 사회의 일원이 언젠가는 되겠다는 환상과 이상적인 삶에 대한 막연한 기대감이 몽롱한 의식 가운데 실낱같은 희망으로 자리 잡는 것이다. 식민지 주체 세력에 맹종하고 순종하는 것은 이들이 일종의 표준이 되는 인물들임과 다를 바 없고 교육을 받을 수 있다는 만족감 때문에 가난이 가져다주는 현실적인 아픔은 잊고 사는 것이다. 이 가운데 기독교와 사회에 순응하는 분위기가 고조될 수밖에 없을 것이며 혼란스런 의식가운데 저항의식은 절망을 느끼지 못하는 가운데 서서히 수동적일 수밖에 없게 된다. 이를 통해 부르조와 계급의 인물들은 복잡하고 문제가 되는 모든 일들을 피하고 진실의 그럴듯한 가면으로 진실을 대신하게 되는 것이다.

사실 위대한 예술은 도덕적으로 건강한 사회에서 나오며 그 사회의 건강함을 나타내는 척도이다. 그렇기 때문에 예술의 최고 가치는 선량하고 위대한 영혼의 표현에 있는지도 모른다. 물질주의와 과거 기계화로 몸살을 앓던 시대에 어떻게 아름답고 훌륭한 정서의 예술 작품들이 나올 수 있었겠는가? 오래전 카알라일(Carlyle)은 현대 자본주의 사회의 파괴적인 힘을 비난했으며 그의 후배인 러스킨(Ruskin)은 예술에 대한 새로운 인식의 눈을 뜨게 하기 위해서는 그 생활환경의 변화가 필연적이라고 했다. 그 정도로 예술이란 모든 이들의 재산이라는 말이다. 그에게선 진정한 행복과 부란 물질적인 부의 축적에 있는 것이 아니라 생활과 예술의 아름다움을 즐기는 능력에 있음을 강조하고 있는 것이다. 러스킨은 예술의 타락 원인을 근대 자본주의로 야기된 소외를 첫째로 들고 있다. 산업 혁명이래로 기술적인 발전은 인간의 의식과 정신을 앞질렀고 산업화와 인간의 정신적인 성장의 균형은 무참히 깨어졌던 것이다. 그래서 르낭(Ernest Renan)은 “진리가 슬픈 것이 아닌지 누가 아는가?”라는 탄식을 했는지 모를 일이다.

그러나 유럽의 제국주의적 발상은 제3세계에 자신들의 부르조와 이념과 개념을 제3세계에 그대로 옮겨왔으며 이를 정착화 시키면서 피식민지의 토착 문화와 예술 그리고 농경 활동을 무참히 허물게 되었다. 그러나 부르조와 사회에서 예술이 겪어야 하는 소외는 극에 달할 수밖에 없었을 것이다.

헨리 제임스(Henry James)는 그의 『스승의 교훈; *The Lesson of the Master*』에서 “예술이란 것을 모르는 사회가 행복하다”는 역설적인 표현을 사용하고 있다. 정말 예술을 모르는 사회가 행복함은 과거 역사가 이를 증명하고 있다는 생각을 지울 수 없다. 꼭 식민주의와 탈식민주의 시대를 거론하지 않는다고 하더라도, 인상주의 시대에 살았던 사회에서 소외된 예술가들은 서구 문명을 탈피해서 먼 이국땅으로 도망을 갔던 것이다. 이는 부르조와 문명의 질서에 대한 저항의식과 혐오감에서 발산된 행동이었던 것이다. 과거 낭만주의 시대에 살았던 사람들은 아름다운 산과 들, 그리고 야생화를 쫒아 꿈같은 이상향을 찾아 나섰으나 보들레르같이 현실의 불만족을 벗어나 미지의 여행을 갈망한 의지는 일종의 식민주의 시대에 살았던 제3세계 작가들의 고통과 다를 바 없었던 것으로 느껴진다. 보들레르는 어디에도 존재하지 않는 이상향을 떠나가길 원하면서 다음과 같이 노래한다: "오 죽음이여, 늙은 선장이여! 이제 떠날 때가 되었습니다! 닻을 감아요! 이 땅이 우리를 구역질나게 한다오. 오오 죽음이여! 돛을 올려요! 비록 하늘과 바다는 먹물같이 검어도, 그대가 아는 우리의 마음은 희망찬 광채로 흘러넘치는 도다!"

제3세계 지식인들은 예술 프롤레타리아로서 언제든지 부르조와 사회로 돌아갈 길은 열려있었으나 부르조와를 대항하여 투쟁을 하기에는 너무도 힘에 겨웠던 것이 사실이었다. 가장 큰 원인이라면 부르조와의 갈등은 우선 생존에 대한 위협으로 구체화되었기 때문이었다. 따라서 보헤미안 같은 제3세계인들은 유혹과 반항심을 항상 공유하는 어려운 처지에 있지 않을 수 없었고 부르조와인들로서는 자신들의 이념과 생각을 낭만화하고 이를 이상화하는 것이 버릇처럼 되어있었다. 보헤미안과도 같은 삶을 살지 않으면 안 되었던 제3세계 지식인들은 사회로 부터 쫓겨났으며 서구의 식민지 지배에 대한 도전을 하는 방랑자로서 삶의 의욕이 좌절로서 나타나기까지 하였던 것이다. 1842년 보들레르는 자신이 남들에게 쓸모없는 인물임을 느끼면서 자살을 하련다라고 절규했듯이 자신이 처한 현실을 극복하지 못한 제3세계 지식인들은 많은 삶의 좌표를 상실하고 자살과도 같은 인생의 밑바닥을 체험하지 않을 수 없었다. 그러나 예술이 인간을 도취시키는 것이 아니라 인간의 정신을 마취시키는 정도에 까지 이르게 된 이런 굴욕과 좌절 가운데서도 제3세계 지식인들 가운데서는 오늘날 탈식민지 시대를 이끌어 가고 있는 지식인들을 배출하는 씨의 열매와도 같은 역할을 한 인물들이 있었던 것이다. 이는 과거 랭보같은 신경 쇠약자이며 건달 그리고 노동자로서 종업원으로서 평생을 살면서 자신의 명성이 아프리카로 전해져 왔을 때 이에 조금도 흥분한 기색없이 "시에 똥이나 싸라"는 소름끼치는 반응을 보였으면서도 플로베르 같은 세련된 예술을 낳게 하는 씨앗과도 같은 역할을 했듯이 탈식민주의 시대에도 그와 같은 역할을 하고 일찍 생을 마감한 인물이 한 둘이 아니다.

1830년대 발자크가 사회에 대해 반동적인 세계관을 지니고 예술가로서 사회의 현실적인 문제와 모순을 거침없이 제시하고 부각시킨 것이 오늘날 탈식민지 문학의 모형을 지녔듯이, 강력한 민권운동과 여권신장 운동이 1960년대 활개를 치면서 19세기말부터 20세기 중기에 이르러 미국문학은 소위 "dead white males"로부터 이제까지 표준이 되어왔던 "canonical" 작가들에 의해 지배되어온 서구문학 전통이외의 바깥에 존재해온 문화적인 관점에 상당한 관심을 가지고 민감한 반응을 보여 온 것이 사실이다. 이러한 새로운 관점의 변화는 내부적으로 볼 때 미국문학이 특히 여성작가들, 아프리카 출신의 작가들, 그리고 미국 원주민인 인디언 작가들과 멕시코 출신의 작가들과 기타 소외된 작가들에게 관심을 갖는 변화된 모습을 보이게 된다는 의미를 지니고 있다고 할 수 있을 것이다.[3)]

이는 이들 주변화 되어온 문화권에 대한 새로운 인식이 자리를 잡아가고 있음을 느낄 수 있기 때문일 것이다. 사실 최근의 조사에 의하면 프라그, 부다페스트, 스웨덴, 스위스, 이태리, 스페인, 영국, 벨기에 등등에서는 인구의 변화가 크게 일어나고 있다는 사실이다. 종교에서 부터 사회 구성원에 이르기 까지 서로 다른 문화권의 인구들이 대거 이동하면서 다문화 사회를 이루어 가고 있기 때문이다. 프랑스계 미국인 끄레베꿰르가 지적하듯이 미국의 경우도 예외는 아니다. 새로운 미국의 정체는 유럽인과 영국인, 그리고 독일인, 프랑스인, 아시아인, 멕시칸, 흑인 등이 모여서 융해되고 하나가 되어 이루어진 다문화 사회이다.

심지어 미국 대학의 학부과정에서는 과거 여러 해 동안 이런 작가들이 교과과정에 포함된 경우가 허다했으며 문학 비평과 접목시켜 연구가 된 경우도 흔했다. 더욱 관심을 끌고 있는 점으로, 어떤 경우에는 이런 현상을 놓고 심한 논쟁이 벌어지기도 했다는 사실이다. 보다 구체적인 사례로, 보수적인 비평가들은 "canonical," 다시 말해서 표준이 되어온 서구문학을 소외의 관점에서 공격을 하고 있으나 사실은 이런 염려는 아직도 미국 문학이 대학에서는 절대적으로 서구 문학 중심의 강의가 이루어지고 있다는 사실을 놓고 보면 이들의 지적은 문화적인 측면 곧 "cultural literacy"를 지나치게 앞세우는 쓸데없는 염려일 수밖에 없다는 생각을 하게 된다.

보다 구체적으로 Christopher Clausen의 경우는 Alice Walker의 *The Color Purple*가 Shakespeare의 비극보다도 대학 강의실에서 더 많이 연구되어지고 있다는 염려를 하고 있다 (52). 그러나 사실, 그런 염려가 사실이라고 가정을 한다 해도 미국문학을 전공하는 학생들이나 학자들에게 그리 나쁘다고만 말을 하기에는 다소 무리가 있다. 왜냐하면 Alice Walker의 소설은 Shakespeare의 비극보다는 오히려 현대의 삶을

3) Caribbean작가들로서 Lamming의 *In the Castle of My Skin* or *Natives of My Person*, Marshall의 *The Chosen Place, The Timeless People*, Harris의 *Carnival* (Trilogy), Hodge의 *Crick Crack Monkey*, 그리고 Thelwell의 *The Harder They Come*를 들 수 있고, 미국 인디언 원주민으로는 Scott Momaday의 *House Made of Dawn*, 라틴 문학으로는 Gabriel Garcia Marquez, Carlos Fuentes, Mario Vargas Llosa, Chavez를 들수 있으며 Arab문학으로 Jahiz의 *Epistle of Singing Girls*, Qabbani의 *On Entering the Sea*를 대표적으로 들 수 있다.

살아가는 우리들에게는 현실적이고 더 많은 것을 실제로 느끼도록 해 주기 때문이다. 그러나 어쨌든 Clausen의 염려는 그대로 수용하기에는 다소 어려운 점이 없지 않으며 독자들에 따라서는 이를 전혀 근거가 없다. 필자가 미국 주립대학에서 영미문학을 강의하면서 느낀 바로는 아직도 Alice Walker의 *The Color Purple*이 가르쳐 지고 있지 않는 주립대학들이 허다하고 오히려 Shakespeare를 모든 학생들이 필수로 선택하도록 교과과정이 편성되어있는 경우가 훨씬 더 많이 있다는 점이다. 마찬가지로 Gerald Graff는 Clausen의 주장에 대한 논평을 하면서 자신은 Northwestern대학에서 강의를 하고 특히 5년에 해당하는 1986-1990년 동안 학생들에게 Alice Walker에 대한 학기 논문 과제를 Shakespeare 과제만큼이나 거의 비슷한 수준의 83회에 걸쳐서 학기 과제물을 학생들에게 요구 했다고 한다(Beyond 21).

Graff는 계속해서 다문화적인 관점을 도입해서 이를 이해하고 문학비평을 공부하는 것은 대학이 미국사회에서 하나의 소우주와 같은 역할을 하고 있다는 사실을 생각해 본다면 그리고 미국사회가 본질적으로 다문화, 다인종적인 배경의 복합성을 띠고 있음을 생각한다면 상당히 중요한 접근 방식이 될 수 있음을 설득력 있는 어조로 역설하고 있다. 다시 말해서 많은 여성들, 아프리카 출신의 미국인들, 멕시코 계통의 이주민들, 그리고 미국 원주민인 인디언들은 실재로 미국 사회에서 뿌리를 내리고 존재하고 있으며 서구문명과 서구 문학 중심의 백인 그리고 유럽인의 관점만을 고집 하는 편견에 찬 아집으로 문화적인 실체로서 미국문학을 제한하려하는 시도는 이제 별 효과가 없음을 알 수 있다.

탈식민주의 문학을 연구함에 있어서, 비록 혹자들이 서구문명과 서구문학을 고집 한다고 하더라도 여전히 아프리카에 대한 관심을 갖지 않고는 제대로 이루어질 수 없는 것이 현실이다. 왜냐하면 아프리카의 식민지는 유럽의 역사와 문화에서도 접어둘 수 없는 너무도 커다란 흔적이기 때문이다. 아프리카는 분명히 유럽뿐만 아니라 미국 문화권에까지도 중대한 의미를 지니고 있음을 부인할 독자들을 찾기란 용이하지 않을 것이다. 비록 미국인들이 유럽의 문화적인 전통을 앞세우고 Dante, Shakespeare, Milton을 미국문화의 배경으로 고집 한다고 해도 역시 미국, 그들 조상들이 강제로 흑인들은 노예 선으로 제 본토에서 데려와서 노예화시키고 엄청난 희생을 치르게 했다는 사실과 또 이들이 미국 생활권에서 차지하고 있는 사실을 깊이 상기시킬 필요가 있다는 말이다. 다시 말해서 더욱 아이러니칼한 사실은 이들 노예들의 문화적인 뿌리가 유럽이 아니라 미국인들의 descendants인 셈이며 미국의 2억 이상의 인구가운데 흑인들이 차지하는 인구비율을 따져 볼 때도 결코 무시할 수 없는 현실이다. 현재 1997년을 기준으로 해서 볼 때 미국의 백인 인구비율은 78%이지만 2010년 정도면 50%로 줄어든다는 통계를 필자는 Washington Post에서 확인한 적이 있다. 더 나아가 백인문화권이 흑인 문화권으로부터 받은 영향과 백인 작가들이 흑인 작가들로부터 받은 영향 또한 무시할 수 없는 사실이다. 참고로 이에 관한 최근 연구는 Sundquist에 의해 연구 발표되기도 했다.[4)]

따라서 Alice Walker와 같은 아프리카 배경의 작가들에게 미국의 학생들이나 학자들이 관심을 갖는 것은 너무도 자연스런 경우로 놀라거나 염려할 만한 대상이 전혀 아님을 강조하고 싶다. 사실 아프리카계 흑인 미국인 작자들이 오늘날 미국의 문화적 배경에서 중요한 공간을 차지하고 있음을 비추어 볼 때 이를 부정하고 나서는 것은 언어도단이라고 볼 수밖에 없다. 예를 들어보면 과거 30년 동안 노벨 문학상을 수상한 Tony Morrison이나 동시에 순전히 아프리카만의 배경을 지니고 있는 Wole Soyinka, Nadine Gordimer, 그리고 Naguib Mahfouz는 이미 과거 10년 동안 노벨상의 수상자들이었다. 따라서 미국의 학생들과 학자들이 아프리카 출신의 미국인 작가 또는 아프리카 작가들에게 관심을 갖는 것은 충분히 이해가 가는 점이며 이들의 보다 열린 태도로 볼 수 있을 만큼 긍정적인 태도이다. 아프리카 문학이 미국문학에 미친 영향과 이들의 관계 및 아프리카 문학 자체가 가지고 있는 독특한 뉘앙스는 과거 30년간 그러니까 유럽 식민지가 끝난 시기에, 문학계뿐만 아니라 한 세대를 풍성하게 만들어 놓기에 족했다.

오늘날 미국 학계에서아프리카 소설에 대한 관심을 갖게 된 또 다른 여러 가지 이유가 있을 수 있다. 이는 아프리카 문학이 현대 세계문학에 뛰어난 위치에 있을 뿐만 아니라 아프리카 문화는 미국에서는 미국 문화 뿌리로 놓고 볼 때 엄청난 부분을 차지하고 있다. 아마도 미국이 이제까지 취해온 미국만의 고립주의는 아마도 미국인들은 자신들이 오늘날 일일 생활권의 세계화된 사회에서 이웃과 마주보며 살고 있음을 망각함으로서 초래한 편견이었는지도 모르겠다. 우리가 미국에서 보고 느낄 수 있는 것은 거대한 세계화, 경제적인 그리고 문화적인 빙산의 한 부분으로 전부는 아니다. 매일 우리는 옷을 입고 음식을 먹고 상품을 구입하고 생활하지만 이는 한국이나 미국 내에서만 생산되고 만들어지는 것이 아니라 세계 곳곳에서 공급되어진다는 사실은 더욱 이를 대변하고 있는 사실이다. 반면에 전 세계에서 살고 있는 대부분의 사람들은 앉아서 가장 이용이 용이한 미국의 생활권을 감상하고 느낄 수 있는 시대가 되었다. 한 가지 분명한 사실은 일상생활에서 어떤 의미에서 보면 가장 많은 혜택을 이들로 부터 받고 있으면서도 한국이나 미

---

4) 이에 관한 보다 깊이 있는 연구가 필요하면 최근에 이미 연구 발표된 Sundquist의 자료를 참고하기 바란다.

국이 주변화 된 아시아나 아프리카의 문화권에 익숙지 못하다는 점이다.

20세기 또는 앞으로의 21세기는 세계 문화와 경제가 긴밀하게 협력하는 상호의존적인 형태로 나아가게 됨을 우리는 느낄 수가 있다. 예를 들어 미국인 Marxist 문화 비평가인 Frederic Jameson의 경우, 세계화의 일환으로 그의 최근 연구 논문 가운데 많은 부분이 소위 후기 자본주의인, "late capitalism"이라는 현상에 초점을 맞추고 있다. 독일인 Ernest Mandel사상가를 옹호하면서 Jameson은 "late capitalism"은 Karl Marx의 "classical capitalism"과 Vladimir Lenin의 "Imperialism"에 이어서 자본주의 발전의 세 번째 역사적인 단계라고 주장한다. "Late capitalism"은 기본적으로 자본이 엄청난 거대한 기업의 조정으로 형성이 된다고 주장하면서 그는 다음과 같은 특성을 포함시켜서 설명하고 있다.

> the new international division of labor, a vertiginous new dynamic in international banking and the stock exchanges(including the enormous Second and Third World debt), new forms of media interrelationships (very much including transportation systems such as containerization), computers and automation, the flight of production to advanced Third World areas, along with all the more familiar social consequences, including the crisis of traditional labor, the emergence of yuppies, and gentrification on a now-global scale (*Postmodernism* xix).[5)]

여기서 그가 암시하고 있는 것은 문화가 국지적인 것이 아닌 세계화 그리고 보편화임을 강조하고 있으며 이는 계속되는 유럽과 이전의 식민지 시대를 이끈 북미에 의해 지배된 문화적인 제국주의인 "cultural imperialism"의 현상에 관한 이론적인 토대인 것으로 받아들여진다. 더 나아가 재미있는 현상으로는 Jameson이 유럽에 의해 식민지화된 지역은 반복해서 제3세계임을 강조하여 "Third-World"라고 표현을 하고 있다는 점이다. 그러나 이런 개념은 잠정적으로 말썽의 소지가 다분히 있다는 우려를 불식시킬 수가 없으며 이는 제3세계라는 말의 유래를 생각하면 더욱 분명해 진다. 다시 말해서 소위 "Cold War"라고 하는 냉전의 시기에 정치적인 상황에서 생긴 말로서 "first" world란 곧 미국과 그 동맹국을 포함하고 있으며 Soviet Union과 그 동맹국들은 "second" world 그리고 미국과 소련이 차지하기 위해 눈을 크게 뜨고 노리고 있는 지역은 "third" world인 것이다. 그러나 "제3세계"란

---

5) Jameson은 종종 제3세계를 비유럽계통을 지칭하지만 사실 이런 그의 생각을 일반적으로 독자들이 수용하기엔 문제가 되는 부분들이 많을 것이다. 더 나아가서 그의 제3세계란 개념은 오늘날에 와서는 더 이상 그 의미를 유지하기 어렵다.

말이 냉전의 틀 속에서 생겨났다는 점을 생각하면 중요성을 지니지만 그 개념에 있어서 21세기에는 이제 더 이상 적절한 말이 아니라는 생각이다.

어쨌든 보다 광범위한 시각의 전 세계적인 문화를 두고 생각할 때 여전히 미국 중심의 문화 다시 말해서 "American" popular culture는 거의 문화적인 제국주의인 "cultural imperialism" 다시 말해서 유럽의 이전 식민지나 다를 바 없는 상황으로 이해가 되며 이는 정치적이라고 하기보다는 다분히 문화적인 차원의 복합적인 이해관계가 얽힌 것으로 분석이 된다. 예를 들어 보자면, 미국의 영화, 텔레비전, 그리고 음악은 전 세계적으로 많은 사람들에 의해서 이용이 되고 불려 지며, 이제는 Jameson이 주장하는 바와 같이 "late capitalism"이 일종의 범세계적인 문화 the global culture로 변화 된 것이다. 더 나아가서는 다국적 기업의 이익이 한국이나 미국의 이익과 직결되는 그런 시대를 살고 있는 것이다.

문화적 제국주의는 간단히 말해서 한 국가의 문화가 다른 나라에 강요하는 차원을 넘어서 더 복잡한 것일 수가 있는 것이다. 적절한 예를 들어보면, John Tomlinson의 문화적인 제국주의는 다른 나라를 지배하는 차원이 아니라 자본주의 보급과 전 세계의 현대화와 직접적인 관련이 있다. 문화적인 제국주의와 관련하여 그는 아래와 같이 강변하고 있다.

> [all of them] can be interpreted in terms of a different configuration of global power that is a feature of these "new times." This configuration replaces that the distribution of global power that we know as "imperialism," which characterized the modern period up to, say, the 1960s. What replaces "imperialism" is "globalisation"(175).

Tomlinson이 즐겨 사용하는 세계화 "globalisation"이란 개념은 문화적 제국주의 이론가들의 글에서 유래한 것으로 Jameson의 "late capitalism"까지 포함하는 일종의 상호 긴밀한 연관을 갖는 일종의 범세계적인 문화 체계 global cultural system이라고 이해하면 간단하다.

사실, 20세기말까지 문화는 더 이상 아프리카와 유럽 문화가 떨어져서 별개의 것으로 존재하는 그런 제한된, 순수한 대상이 아닌 상호 수정하고 보완하는 보편적인 현상이었다. 아프리카 철학가인 Kwame Anthony Appiah는 포스트모던 시대에 살고 있는 현대인에게 문화의 순환이란 하나의 공동체임을 주장하고 있다. "we are all already contaminated by each other, that there is no longer a fully autochthonous *echt*-African culture awaiting salvage by our artists (just as there is, of course, no

American culture without African roots)" (155). 물론, 오늘날 아프리카가 세계문화의 한 부분을 차지하고 있고 아프리카 문화가 세계 경제 체제의 한 부분이라는 점이 아프리카 문화가 그 뿌리를 상실하고 그 나름 데로의 독특성을 상실했음을 의미하는 것은 더욱 아니다. 반면에 Jameson을 비롯하여 많은 학자들은 소위 Jameson의 후기 자본주의 문화 late-capitalist culture가 차지하는 우월성이 이전의 문화적인 다양성과 풍부함을 약화시키는 일종의 동질화로 볼 수 있는 homogenization으로 나아갈 수 있다는 우려를 했다. 그러나 최근의 연구에서 Jameson은 제3세계(Third World)를 후기 자본주의 late capitalism의 보편성에 얽매이어 보다 잠재적으로 생산적이고 문화적인 힘을 지닌 양상이 약화됨을 지적하면서 다음과 같이 강변을 한다: "the only authentic cultural production today has seemed to be that which can draw on the collective experience of marginal pockets of the social life in the world system." 그가 주장하는 범주는 제3세계문학을 비롯하여 동성연애자들의 문학인 gay literature, 그리고 the *roman quebecois* (*Signatures* 23) 까지도 포함하고 있다. 그러나 아무리 그가 다양한 문화적인 힘을 하나의 틀 속에 넣어서 이해하든 아니면 그가 말하는 소위 "a marginal pocket"인 제3세계 문학으로 그 범위를 넓히는 현상으로 바라보든 Jameson의 관점은 이런 다양한 문화적인 관점이 포괄적인 자본주의가 가져오는 균일화 현상을 막을 수 있으며 더 나아가서는 자본주의 시장과 상품체계에 깊이 침투해있는 주류 문화에서 소외되는 집단적인 경험을 할 수 있다는 주장으로 이해가 된다.

간단히 말해서아프리카 문학은 아프리카 문화를 알아야 할 필요가 있는 국제화된 사회에 살고 있는 현실에서뿐만 아니라 아프리카 문학이 새로운 예술적인 관점을 제공해 줌으로써 우리가 더 많은 경험의 기회를 가지도록 하는 효과를 지니고 있는 점에서 세계 문학을 하는 우리와 상당한 관련을 묵인할 수 없는 것이 현실이다. 미국 문학은 아프리카 문학으로부터 많은 이익을 얻을 수 있을 것이며 또 미국과 아프리카, 영국과 아프리카는 서로 경제 문화적으로는 국제화된 세계에 존재하지만 문화적으로는 현저한 차이를 지니고 있다. 따라서 아프리카 문학을 배우고 연구함으로써 미국 문학과 영국문학 그리고 영미 문화가 우리에게 줄 수 없는 관점을 새로이 터득할 수 있는 통찰력을 키울 수 있는 호기가 될 수가 있다. 게다가 아프리카 문학은 쉽게 미국 문학을 하는 대상들에게는 이해가 가는 문학이며 친숙하다. 예를 들어서 소설은 아프리카 작가들 가운데 이미 각별하게 유행된 장르이다. 동시에 아프리카 문학은 미국과 유럽문학과는 다르지만 영미문학을 하는 독자들은 이들 차이점에 관한 폭넓은 견해를 이해하는 것이 바람직하며 이는 영미문학의 이해를 위해서라도, 아니면 한국의 문학을 이해하는 폭을 넓히는 관점에서라도 필요한 것이다.

아프리카 소설은 영미소설과는 달리 그들 작가들이 살아가는 삶의 형태와 밀접한 관련을 맺고 있음을 상기해 볼 때에 영미소설을 공부하는 학자와 학생들은 영미문학과는 기본적으로 많이 다르게 아프리카 문학 또는 소설은 그들만의 독특한 문화적인 그리고 역사적인 관점에서 생겨났음을 인지할 필요가 있다. 다시 말해서아프리카 소설은 다른 많은 이유와 상관관계가 있다고 하더라도 우선적으로 염두에 둘 사항은 첫째로 가장 중요하게 바로 아프리카라고 일컫는 그 대륙에 관한 내용이다는 점이다. 따라서 우리는 아프리카 소설을 읽음에 있어서 우선 아프리카의 역사와 그 사회상을 알아두어야 할 필요가 있는 것이다. 우선 이런 기본적인 사항을 알고 소설을 읽으면 그 수고에 대한 대가는 곧 바로 나타난다. 그러나 기존의 인식이 아프리카는 왠지 모르게 먼 나라의 문화와 이에 관한 이야기이고 영미문학과는 무관하다는 잘못된 인식과 오해가 항상 의식 가운데 내재해 있다는 점을 부인하기 어렵다는 사실이다. Henry Louis Gates, Jr.이 지적하는 바와 같이 실제로 영미문학을 하는 독자들은 아프리카 문학을 단순히 "evidence of African 'anthropology,' of traditional and modern African customs and beliefs" (5) 정도로 몰아 부치고 있다는 점이다. Gates는 아프리카 소설은 처음부터 미국 대학에서 문학의 일환으로서가 아니라 무슨 인류학 정도로 다루어져 왔다는 지적을 하고 있다. 또 재미있는 지적은 세계 문학의 저명한 인물인 Soyinka가 1973년 Columbia 대학에서 강의를 하게 되었을 때에도 독자들은 그가 문학이 아닌 인류학을 가르칠 것이다라는 생각을 했다고 한다.

그러나 우리는 아프리카의 예술도 여전히 예술임을 알 필요가 있다. 비록 우리가 탈식민주의 문학이 전달하는 문화적인 그리고 정치적인 문제점들이 현실과 관련된 문학에서 사실상 타당하다는 논리를 부정할 수 없는 것도 사실이지만 마찬가지로 예술이 창조하는 표준과 관습적인 차원이 어느 한 사회에서 또 다른 사회로 그리고 똑 같은 사회의 틀 속에서도 한 시기에서 또 다른 시기로 극적인 변화를 할 수 있음도 인정해야한다. 사실 아프리카 문학은 아프리카라는 특이한 문화적인 전통에서 유래하여 서구문학과는 상당한 차이가 있다. 구체적으로 아프리카의 풍부한 구전되는 서사시인 Oral epics와 같은 전통은 아프리카 문화에서 폭넓은 narratives를 제공하여 아프리카 소설을 형성하는 배경에 있어서는 유럽의 문화가 영미문학에 미치는 영향과 비교할 수 있을 만큼 중요하다고 할 수 있다. 다시 말해서아프리카 문학만이 가질 수 있는 기법을 배우고 아프리카 문학이 유럽문학과 비교해서 상대성을 가지고 있는 심미적인 문제점이나 취약함을 앞세워 평가절하하려는 잘못된 유혹을 바로 잡기 위해서도 아프리카의 전통과 문화적인 배경을 알아두어야 한다.

우리 독자들이 반드시 명심해야 할 사항으로 지적하고자 하는 것은, 아프리카 소설을 하나의 심미적인 영역으로 인정하고 나면 영미문학을 공부하는 독자들은 단순히 아프리카문학을 평가절하 하는 잘못을 피할 수가 있으며 아프리카 문학 또한 영미문학과 동등한 수준의 훌륭한 문학임을 바로 보고 평가할 수 있게 된다. 사실 이런 점에서 볼 때 아프리카 문학을 인류학 정도의 수준으로 내리고 예술성을 무시한 Charles Larson, Eustace Palmer와 같은 비평가들은 큰 잘못을 저지른 셈이다. 그런 비평가들이 흔히 지적하는 관점은 아프리카 문학이 지니고 있는 심미적인 가치란 단지 영미문학의 범주와 같은 가치를 지니고 있는 아프리카 문학에 관한 기존의 영향력 있는 비평가들의 견해를 반박하는데서 생긴 것이고 대체로 아프리카 문학이 지닌 예술성에 흠집을 내는데서 그 바탕을 찾을 수 있다. 그러나 이들은 아프리카 문학이나 문화가 지니는 전통을 인식하는데 실패하고 있으며 더 나아가서는 아프리카 문학이 지니고 있는 문학에 대한 특별한 접근 방식을 잘못 이해하는데서 기인한다고 볼 수 있다. 이는 유럽 중심의 부르조와 이념인 European bourgeois ideology를 지나치게 강조함으로써 한 쪽으로 기울어진 일반화인 universalization에 그 원인이 있다. 이와 관련하여 Jameson은 미적가치로서 bourgeois aesthetic values의 편벽된 사고의 틀인 "restricted code"가 유럽에서 자본주의가 확고한 발판을 내린 순간에 그리고 자본가 계급인 bourgeoisie가 개인적인 경험의 폭을 확대하여 수용하는 것이 ("its private experience is for a time that of the world itself" Signatures 169) universal한 것으로 간주된다는 논리를 펴고 있다.

"예술을 위한 예술"은 처음부터 낭만주의자들로 부터 자유를 위한 투쟁의 수단으로 나타난 결과이며 다른 한편으로는 산업주의와 함께 보조를 같이 하면서 진행되어 오다가 산업화 사회로 인하여 자신의 독자성과 자발성을 지키기 위해 따로 떨어져 나와 존재한 노력의 산물인 것이다. 그리고 예술을 위한 예술은 상상력과도 무관하지 않는 속성을 지니고 있다. 보다 구체적으로 상상력은 비정상적인 것에서 정상적인 것을 보게 하고 혼란 속에서 질서를 알아 볼 수 있게 하는 힘이 있다. 이는 외적인 제한이나 제약에 대해 저항하고 규범을 철폐하기 위해 투쟁을 했으며 예술적이 아닌 것들과 도덕적이며 지적인 가치를 우선시하는 것으로 부터 해방을 원했던 것이다. 예술적인 자유와 해방이란 부르조와 가치기준으로 부터의 독립과 공리적인 목표에 대한 무관심을 지니고 있기 때문에 탈식민주의적인 관점에서 바라볼 경우 상당히 혼란스럽게 느껴지는 것도 무리가 아니다. 이처럼 "예술을 위한 예술은 심미학적으로 가장 복합적인 속성을 지니고 있고 있다. 탈식민주의의 견해로 보면 가장 단순한 논리인 것으로 인식이 될 수도 있겠으나, 반면에 이원론적인 입장에서 많은 논란을 불러일으키고 있음도 부인할 수 없는 사실이다. 예술이 그 자체가 목적인지 아니면 어떤 목적에 이르는 수단인지 주어진 상황에 따라 서로 다른 대답이 얼마든지 나올 수 있기 때문이다.

반면에 1914년 성 피터스부르크에서 시적인 언어의 법칙을 강조한 슈크로브스키(Sklovskij)는 문학을 과학적으로 연구하며, 직접적인 인간의 경험을 더 중요시하고, 과학적인 신빙성을 중요한 원칙의 하나로 간주하는 형식주의에 대한 최초의 서문으로 인정되는 서문에서 "지금 낡은 예술은 죽었다. 그러나 아직도 새로운 예술은 태어나지 않았다. 모든 것이 죽어 있다. 현실에 대한 느낌마저 우리는 상실하였다. 오직 새로운 예술 형식의 창조만이 우리에게 세상에 대한 각성을 되돌려 주고, 사물을 부활시키며, 비관주의를 치유할 수 있을 것이다"[6)]라고 주장한다. 로만 제이콥슨(Roman Jakobson)은 문학이 과학이어야 한다고 강조하며 티냐노프(Tynjanov)는 문학사가 과학이 되기 위하여 신빙성을 주장해야 한다라고 한다. 과학적인 연구 방법의 현대적인 개념을 제시한 인물은 아이헨바움(Eichenbaum)으로 "우리는 구체적인 원칙을 제정하여 그것이 논리적임이 입증 될 때까지 고수하여야 한다" (*The Theory of Formal Method* 38)라고 주장한다. 이것은 문학에 대한 모든 과학적인 주장이 원칙적으로 절대적일 수 없음을 시사하는 것으로 명확하고 절대적인 진리가 존재할 수 있다는 명제에 대해 확실한 주장이 어렵다는 것을 의미한 것으로 이해할 수 있을 것이다. 이들은 문학의 기교에 대해서 문학의 텍스트로부터 어떤 특수한 요인을 인출하고 이를 텍스트와는 무관하게 독립적으로 연구해야 함을 주장하기도 한다.

그러나 톨스토이의 경우 생각이 다르다. 톨스토이의 경우 글로써 표현된 모든 사상은 연쇄적인 유대 관계가 얽매여 있는 유기체로부터 분리되는 순간, 그 의미를 잃고 지극히 평범한 것으로 된다고 한다. 베른슈타인(Bernstein)은 예술 작품은 전체성에 의하여 특징 지워지기 때문에 부분으로 분리 될 수가 없다는 주장을 한다(*Asthetische Voraussetzungen einer Theorie der Deklamation* 339). 그에게서 문학 작품이란 잡다한 요소의 추가가 아니라 여러 요소가 하나의 전체로 조직되면서 동시에 작품 구조의 구성 요소가 되도록 배열된 것이다. 예술을 기호이며 구조로 생각하는 무카로브스키(Jan Mukarovsky)의 경우 베른슈타인이 말하는 "인식될 수 없는 감정의 감정적, 동적 체계의 외부적인 기호"를 문학 작품이라고 이름 지었다(*Der Strukturalismus in der Asthetik*

6). Viktor Sklovskij. "Die Auferweckung des Wortes," in Stempel, 1972. Pp. 3-18.

und in der literatur wissenschaft 26). 문학 작품이 의사 전달의 기능을 지니고 있으며 문화적인 한 부분이라고 생각한 무카로브스키에게서 예술 작품은 전달자와 수용자 사이에서 이해될 수 있는 의미를 지니고 있어야 하여 우리가 살고 있는 현실과의 관계가 필요하다. 슈크로브스키에게서 "생의 직접적인 경험을 재구성하기 위하여 사물을 느끼고 돌을 돌로 만들기 위하여 예술은 존재한다. 예술의 목적은 생의 직접적인 경험이 마치 인식되는 대신 보여진 것처럼 전달하는 것이다. 예술 세계에서 이미 창조되어 있는 것은 중요하지 않다" (*Die Kunst als Verfahren* 36). 한때 트로츠키(Leon Trotzky)는 문학과 혁명(*Literature and Revolution*)에서 슈크로브스키를 잘못 오해하여 예술을 사회로부터 독립시킨다고 주장할 만큼 그는 예술과 심리학 그리고 사회 조건과의 긴밀한 관계를 강조한다.

다시 예술을 위한 예술로 돌아와서 1830년까지 부르조와 계급은 자신들의 목적을 이루기 위해 예술에 커다란 기대를 했으며 예술을 정치적인 선전의 도구로까지 이용한다. 그러나 1830년대 이후엔 부르조와 계급은 예술가들을 불신하게 되었고 예술에 대한 기대감을 많이 버리게 되며 어느 정도의 거리를 유지하게 된다. 낭만주의자들은 문학이 순수한 감정을 표현하기를 원하며 인간성의 깊이를 참다운 예술가의 척도로 삼는다. 다시 말해서 예술의 도덕적인 효과는 예술가의 이상이 된 것이다. 부르조와 계급의 예술에 대한 중립적인 태도는 이제 적대적인 관계로 변하고 심지어 플로베르와 공꾸르 형제는 예술을 통해 사회의 미풍양속을 헤쳤다는 이유로 법정에 섰으며 찰스 보들레르(Charles Baudelaire)는 벌금형까지 받게 된다. 플로베르에게선 "인간은 아무것도 아니며 작품이 전부이다"는 선언에서도 알 수 있듯이 그의 심미주의는 반사회적이고 허무주의와 현실로 부터의 도피가 주된 관심이었던 것이 사실이다. 그러나 동전의 다른 면을 보게 되면 그에게선 "삶이란 너무나 더럽고 추해서 이를 피함으로써만이 현실을 견딜 수 있었고 이는 예술의 세계에서만 가능했다"는 이유가 설득력이 있기도 하다. 그렇기 때문에 그는 삶을 철저하게 추상적이고 비인간적이며 비자연적인 것으로 보았던 것이다. 이런 와중에서 시민계급은 예술과 어느 정도 더 친밀한 관계를 유지하게 되고 예술에 많은 가치를 두게 되었다. 현실과 독립되어 존재하는 예술에 관심을 두게 되고 가장 훌륭한 작품이란 인간 존재에 대해 어떤 식으로 의미를 만들어 낼 수 있을 것인가에 대한 질문을 끝없이 추구하는 것이다.

물론, 앞서 지적한 보편성을 지니고 있는 문학의 접근 방법들도 문학이 역사적인 맥락과 독립한 방식으로 그 자체의 법칙에 종속된다고 믿는다면 이 또한 합리화하는데 큰 어려움이 없다. 그러나 이런 태도는 또 다시 많은 서구 문학을 바라보는 관점의 전형적인 모습이고 구체적으로는 미국의 신비평과 같은 Formalist 비평 접근방식에서 분명한 그 실례로 볼 수 있으며 1930-40년대의 "예술을 위한 예술" ("art for art's sake")은 그 핵심이 되는 표현방법이 될 수 있다. 나이지리아 비평가인 Molara Ogundipe-Leslie는 앞서 지적인 Larson의 비평에 대한 반응을 보이면서아프리카 문학에 관한 이들 편벽된 평자들의 주장으로 보편주의자들의 견해 universalist treatments는 무의미하다고 다음과 같은 지적을 하고 있다.

> a belief in a literature in vacuo; the myth of a necessary evolutionary progress from a different traditional literature to the mainstream of Western tradition; the movement from a mindless African past to a "civilized" thinking present. And at the heart of the crustal is the shining faith that we are all Americans under the skin; that given time, Western education and the inevitable erasure of cultural aberrations, we shall all walk into our Anglo-American inheritance: of individualism, monogamy and the atomic family; free enterprise and free competition; the collapse of emotional order and a superficial challenge of all forms of authority; masculinity, neurosis and the loss of most human moorings--all of which, of course, are not culturally determined (89).

다시 말해서 영미문학을 연구하는 독자들에게 있어서아프리카 문학을 연구하는 것은 상당히 이해의 영역을 넓힐 수 있는 소중한 기회를 갖는 셈이 된다. 이는 영미문학이 지닌 한계성을 사회적으로 역사적으로 전혀 다른 배경을 지닌 아프리카 문학을 연구함으로써 얻는 안목으로 예술적인 표준이나 관습을 익혀서 보다 폭넓은 문학을 이해하고 감상할 수 있기 때문이다. 이와 같이 아프리카 문학은 예술이 사회 역사적인 배경과 분리되어서 생각될 수 없다는 증거를 재차 제시해 주고 있으며 미적인 표준이 단지 보편성만으로 설명되어 질 수 없으며 더 나아가서 이는 무궁무진한 것이 아니라 특정한 역사적인 조건과 발달을 통해서 야기될 수 있음을 지적하지 않을 수 없다.

Achebe는 탈식민주의 세계에 있어서 예술과 사회의 관계에 관한 강연을 하면서 분노에 찬 어조로 예술과 정치의 긴밀한 관계를 역설하면서 다음과 같이 예술을 위한 예술은 더러운 깨똥 냄새만 나지 않는 빌어먹을 놈의 개똥철학이다라는 강변을 한 적이 있다: "art for art's sake is just another piece of deodorized dogshit" (Morning 29). 이는 예술을 위한 예술이 비현실적이고 생활감정과 이기적인 개인주의적인 속성을 지녔기 때문에 받는 공격이 아닐까? Achebe가 이렇게 단호하게 목소리를 높이고 있음은 당연한 현상으로 아프리카 문학을 연구하는 학자들 까지도 한결 같이 아프리카 문학을 인류학적으로 국지화 하거나 일반화시켜 이해하려는 움직임에 대해서는 강력한 불만의 목소리를 내고 있다. 명성이 자자한 아프리카 비평가인 Abiola Irele의 경우, 아프리카 비평가로서아프리카 문학이 진지한 비평의 시선을 잡기 위해서는 서구 Formalist들의 비평 접근 방식에 순응하지 않으면 안 된다는 압력을 항상 받아왔다는 사실을 공개하면서 결국 서구의 비평적이고 편견에 찬, 궁극적으로는 Soviet criticism에 바탕을 둔 내용을 강조하는 문학에 독선적인 공격을 하는 냉전 시대 유물의 잔재를 버리지 못하고 있음을 지적하고 있다.

> an approach that makes a large concession to content, to the historical and sociological factors reflected within the literature, not only places the literature itself beyond the pale of any kind of esteem but is also inappropriate to a rigorous critical and scholarly undertaking (xiii).

결론적으로 지적하자면 아무리 정치적, 도덕적 경향을 지닌 작품이라 하더라도 그것이 예술 작품으로서 나온 것이라면 순수한 예술로 파악되어야 할 것이다. 왜냐하면 모든 예술은 작가의 구체적인 목적과 의도에 상관없이 사회적, 역사적 인과관계를 지니고 있기 때문이다. 우리는 과거 단테(Dante)의 『신곡; *Divine Comedy*』와 플로베르(Flaubert)의 『보바리 부인; *Madame Bovary*』에서도 미학의 독선적이고 배타적인 영역을 고집하지 않고 사회적 역사적인 인과관계를 얼마든지 경험할 수 있었다.

예술의 모든 측면이 사회학적으로 정의 되어질 수 있는 것은 아니지만 모든 예술이 사회적으로 조건 지어져 있음은 틀림이 없는 사실이다. 다시 말해서 예술 작품을 비롯한 인간의 모든 정신활동이 기본적으로 사회적인 성격을 지니고 있다는 의미이다. 그러므로 예술이 사회의 산물이지 않을 수 없고 역사적으로 변화를 보이는 것도 당연하다. 예술의 사회적 산물 그리고 사회를 역사적인 현상으로 관련지어 생각해 보는 것은 필연적인 인과관계를 간접적으로 대변하는 것이다. 그러나 예술과 사회 그리고 역사가 상호 조화로운 관계를 어느 정도까지 유지할 수 있을 것인가 하는 문제와 순수문학과 순수예술에 대한 배타적인 생각에 대해서는 상당히 논란의 여지가 많을 것임은 틀림이 없는 사항이라고 할 수 있다. 왜냐하면 예술의 민주화와 퇴폐성이 절실한 관심의 대상으로 다시 나타나기 때문이다. 예술의 퇴폐성을 너무 강조하다 보면 예술의 한계를 지나치게 제한할 우려가 있을 것이고 또 예술의 가치를 인정하여 그 범위를 조건 없이 철폐하고 나면 예술의 건강성에 해가 될 수 있는 것도 문제가 아닐 수 없다. 그러면서도 오늘날 우리가 누리는 문화의 산물들은 어떤 의미에서 볼 때 양자를 모두 지니고 있는 아이러니를 경험할 수 있기도 하다.

흔히 잘 알고 있듯이 역사와 관련한 언어의 연구를 우리는 통시성(Diachronicity)이라고 하고 역사와 무관하게 언어를 연구하는 것을 공시성(Synchronicity)이라고 한다. 어쨌든 어느 것이 옳고 그른지는 독자들이 판달 할 몫이겠지만 탈식민주의 시대에서 주의해서 지켜보아야 할 관계는 바로 역사와 예술의 관계에 대한 올바른 인식인 점은 분명하다. 그렇다고 해서 우리가 서구의 문화적 전통을 그대로 수용해서 우리의 현실과 거리가 있는 것을 기준이나 가치체계로 받아들인다고 할 때 지나친 서구 지향적일 수 있으며 또 주체적인 의지를 먼저 조건 없이 포기할 우려가 있음도 사실이다. 어쨌든 궁극적인 판단은 개개인의 분별에 따를 수밖에 없을 것이다.

프로이드(Sigmud Freud)의 경우 예술의 창작 행위는 죽음을 애도하는 행위라고 했다. 과거 인간의 상실과 결여에 대해 끝없이 슬퍼하고 가슴 아파하는 행위란 말이다. 이는 역사적 사회적인 경험을 우회적으로 표현한 말이다. 바흐친(M. Bakhtin)은 언어 행위란 사회적인 행위의 표시라고 했으며, 사르트르(J. P. Sartre)가 실존이 본질에 앞선다고 했을 때 이는 사회 기능이 없는 언어 행위나 순수 문학이 존재하지 않음을 말한 것이었고 롤랑 바르츠(Roland Barthes)는 글쓰기란 "언제나 이미 쓰여진"(always already written)문화 체계라 했으며 레비스트러스(Levistrauss)는 원시 부족의 개인적인 특성은 그들의 문화체계에서만 이해가 가능하다는 점을 지적했으며, 푸코(M. Foucault)는 텍스트가 역사적, 사회적 요인과 분리되어져 존재할 수 없음을 강조했으며 사이드(E. Said)는 비평은 현실의 아픔을 역사를 통해 인식하는 것이며 순수 문학이란 처음부터 존재하지 않음을 강조한다. 마찬가지로 식민주의와 탈식민주의에서 정치적 사회적인 요인과 분리되어져 존재하는 순수 예술이란 있을 수 없다. Irele의 경우, 중요한 것은 접근 방식에서 볼 때, 역사적인 그리고 사회학적인 아프리카 문학에 대한 연구가 반드시 필요하다는 점이다.

> The manifest concern of the writers to speak tot he immediate issues of social life, to narrate the tensions that traverse their world--to relate their imaginative expression to their particular universe of experience in all its existential concreteness--this seems to me to leave the African critic with hardly any choice but to give precedence to the powerful referential thrust of our literature (xiv).

마찬가지로 Emmanuel Obiechina는 그의 주목받는 서구 아프리카 소설 『*The West African Novel*』의 서문에서 재차 여러 소설의 사회 정치적인 관여를 강조하면서아프리카 소설이 정치 사회적으로 큰 변화의 소용돌이에서 생겨났음을 지적하고 있다.

> Because the West African novel has risen at a time when large-scale social and economic changes are taking place, the writers show an almost obsessive preoccupation with the influence of these conditions. This is the condition of life; these are the ways in which people feel its pressure; these pressures demand expression (35).

아마도 아프리카 문학에 대한 서구의 비평에 대한 가장 강력한 반응을 보인 것은 나이지리아 비평가인 Chinweizu, Onwuchekwa Jemie, 그리고 Ihechukwu Madubuike이다. 이들이 저술은 중요하면서도 많은 논쟁을 불러일으키고 있는 *Toward the Decolonization of African Literature*에서 이들 세 비평가들은 Palmer 또는 Larson같은 서구 비평가들의 글과 그 견해를 제대로 공격하고 서구 문명의 우위를 주장하는 근거의 비논리적인 현상을 바로잡기 위해서 자세한 견해를 내세우고 있다. Chinweizu, Jemie, 그리고 Madubuike는 특히 아프리카 문학을 이해하는데서 가장 중요한 것은 현대 아프리카 문학이 발달하는 가운데 아프리카만의 구전인 oral tradition이 한 역할의 중요성을 설득력 있게 주장하고 있다. 그러나 아프리카와 유럽문학이 가지고 있는 화법을 지나치게 강조하고 아프리카 문학이 가지고 있는 아프리카 문학의 특이함을 무시하는 태도는 유럽 식민지의 계속적인 지배를 연장시키려는 의도로 밖에 볼 수 없다. 동시에 Chinweizu의 경우에는 분명하게 아프리카 작가들이 서구의 문학 형태에 영향을 받았음을 인정하며 그렇기 때문에 아프리카 문학의 효율성을 지적하려할 때에는 서구와 아프리카 문화적인 관점이 결합된 형태의 복잡한 문화적 현상을 지닌 문학임을 인정하고 있다: “the African novel is a hybrid out of the African oral tradition and the imported forms of Europe, and it is precisely this hybrid origin which needs most to be considered” (8).

영미문학을 하는 독자들이 아프리카 문학의 잡종성(hybridity)을 제대로 인식한다는 전제는 상당히 중요하다. 특히 아프리카가 유럽의 식민지로부터 독립하여 자국의 문화적 전통 위에 자국 문학을 발전시키는데 보이는 통일된 태도를 이해하는데서 더욱 그러하다. 한 가지 재미있는 현상으로 Biodun Jeyifo는 다음과 같이 탈식민주의 글쓰기에 대한 두 가지 견해를 밝히고 있다. 한 가지는 그가 말하는 규범에 따르는 “normative”이고 또 다른 한 가지는 이의나 반론을 예상하고 미리 반박하여 예방선을 두는 형태의 “proleptic”이다. 이들 두 접근 방법은 모두 “to, or for, or in the name of the post- independence nation-state.”를 말하기 위해 애쓰는 경우로 이런 범주에 속한 탈식민주의 작가들은 식민주의로 해체된 전통을 복원시키는 일이 전제라고 강조 한다: “[Postcolonial writers are engaged in the] reassertion or reinvention of traditions which colonialism, not without considerable success, had sought to destroy or devalue." 또 다른 부류는 Jeyifo가 소위 말하는 상호 주관적인 의견이나 사고에 차이가 있는 "interstitial" 또는 의식의 한계를 인정하는 "liminal" postcoloniality로서 이 범주의 작가들은 First-World 와 Third-World 문화의 복합적인 모형을 결합시켜 자신의 독특한 모형을 만드는데 있음을 강조하고 있다: "[create self-representations that are] diasporic, exilic, hybrid, in-between, cosmopolitan" (53). 그러나 우리가 주의할 점은 이 두 관점 모두가 배타적 이라는데 있다. 특히 Jeyifo는 Achebe의 경우 *Things Fall Apart*에서 이 두 모형을 결합시키고 있음을 강조하고 있으나 최종적인 판단은 독자들이 할 몫으로 여겨진다.[7)]

어쨌든, 아프리카 소설이 아프리카와 유럽의 문학 전통을 결합시키고 있다는 사실과 그들만의 독자적이고 특이한 문학을 형성하고 있다는 논리 아니면 아프리카 문학이 지닌 잡종성을 주장하는 일은 결국은 별개의 문제인 것으로 여겨진다. 분명한 사실은 영미문학을 연구하는 독자들로서는 아프리카 문학과 소설은 분명히 영미소설과는 다른 문화적, 역사적, 사회적 배경과 심미적인 관점까지도 다른 형태의 모습을 지니고 있다는 점을 제대로 인식하는 일이다.

동시에 영미문학 독자들은 아프리카 소설이 전혀 낯선 이국인들이 만들어낸 영미소설이나 문학과는 전혀 별개의 제조품이라는 잘못된 편견을 갖고 대하는 태도를 바로 잡아야만 함은 두 말할 필요도 없다. Jameson이 그의 영향력 있는 글인 "Third-World" 문학에서 서구 비평가들은 제3세계 문화가 제1세계 (First World) 문화와 전혀 다른 점을 강조하는 Orientalism과 차별화를 철폐하고 서구 유럽과 북미의 문화를 전 세계에 일률적으로 적용해서 이해하는 Universalism사이에서 방황하는 그들 자신을 보게 될 것이라고 강조 한다("Third-World" 77). 또 Jameson은 Third-World culture에 해당하는 타자(Otherness)를 평가하는 것이 잘못 제3세계를 낯선 이방인이나 되는 것처럼 묘사하여 부정적인 동양학을 낳게 하는 위험이 있음을 지적하면서도 제3세계 문학을 통해서 First-World 문학이 또 다른 것을 배울 수 있는 기회가 될 수도 있음을 적절한 표현을 빌려 설득력 있게 강조하고 있다.

만약 서구의 비평가들이 아프리카 문학을 비평할 때에 항상 바람직하지 못한 대안을 내놓는 것이 버릇처럼 되어 있다면 이는 아프리카 문학이 가지고 있는 문화적인 환경이 큰 원인일 수도 있다. Caribbean-African 지성인인 Frantz Fanon은 식민지 상황을 식민지 지배자와 피지배자의 갈등으로 설명하고 있다 (*Wretched* 41). Fanon에 의하면 이들의 갈등은 반드시 급진적인 태도로 발전한다고 한다.

---

7) 서로 배타적인 글이 아니지만 Jeyifo는 Achebe가 그의 Things Fall Apart에서 이 두 요소를 결합시킴을 강조하고 있다.

Jameson과 Fanon의 생각에 초점을 맞추어 Abdul JanMohamed는 아프리카와 같은 식민사회 출신의 작가들은 이중적인 구속에 얽매이어 있음을 지적하고 있다. 그 자신의 작품 속에서 만약 유럽의 문화를 배척하고 자국의 토착문화에 해당하는 전통만을 고집하면 그는 원시적인 야만인으로밖에 비추어지지 않을 것이기 때문이다라고 하는 점이다. 그러나 만약 유럽의 문화를 앞세울 경우 그는 문화적으로 볼 때 자국문화가 없는 공허한 모방 행위를 하는 인물로밖에 보이지 않을 것이기 때문이다 (*Manichean* 5). 이처럼 아프리카 작가들은 어려운 이중적인 구속에서 사로잡힌 채 고민하고 있다. 만약 미국을 따라 작품을 쓴다면 유럽인들은 원시적인 형태를 벗어나 예술성이 존재하지 않는 작품으로까지 매도할 가능성이 있을 것이고, 그렇다고 막연하게 유럽의 전통을 따라 잡으면 아프리카인 들은 순수 문학을 창출할 수 있는 능력이 없는 대상으로 여겨질 수도 있다.

대개 Amos Tutuola가 아프리카인으로 영어로 작품을 쓴 최초의 인물로 인정되고 있다. 그러나 많은 서구의 비평가들은 그의 작품이 유럽의 전통을 따르지 않고 아프리카 특유의 구전인 oral tradition만을 고집한다는 이유로 엄청난 험담과 괴롭힘을 주었던 사실을 상기하면 이와 같은 복잡한 상황을 이해하기가 수월할 것이다. 이에 관한 더 자세한 내용은 Obeichina의 *Language and Theme* (16-7)에 자세하게 설명이 되어있다.

같은 맥락에서 중요한 아프리카 사상가이면 정치 지도자인 Amilcar Cabral은 아프리카와 같은 식민지화한 경험이 있는 문화는 식민지 세력에 의해 — 한국의 경우도 이와 비슷한 상황으로 이해할 수 있을 테지만 — 말살될 위험이 있음을 다음과 같이 지적하고 있다: “[to] create theories which, in fact, are only gross formulations of racism, and which, in practice, are translated into a permanent state of siege of the indigenous populations on the basis of racist dictatorship or democracy.” 게다가 Cabral은 식민지화된 당사자들의 문화는 원시적이거나 아예 문화란 것이 존재하지도 않는 것처럼 여겨지고 유럽의 문화와 비교해서 열등하다는 인식을 주어 결국에는 인종차별로 이끌어 가는 위험을 지적하고 있다. 그러나 두 문화의 우열이 정말 가능한지 아닌지 그 최종 결정은 독자 분들의 판단에 전적으로 달려있을 것이다. 더 나아가서 식민지화된 사람들은 식민지 자들의 문화에 흡수되는 것이 마치 더 민주적으로 보이게까지 함을 지적하고 이는 폭력이나 다름없다는 논리를 펴고 있다: “turns out to be only a more or less violent attempt to deny the culture of the people in question” (49).

반면에 Cabral이 주장하는 문화 파괴에 대한 의혹을 해소하기 위해서 서구 독자들은 어차피 아프리카 문학을 서구의 문화적 전통의 맥 속에서 읽던지 아니면 더 깊은 의혹으로 빠져들기 위해서라도 타 문화권의 낮선 존재를 끝까지 고집해야하는 기로에 설 수밖에 없을 것이다. 그러나 이것 또한 용이 하지만은 않다. 그러나 탈식민지 아프리카 문학이 과거 유럽의 식민지 정책과 아프리카에서 정치적인 지배를 배척할 뿐만 아니라 아프리카 문학에 대한 유럽인들의 편견의 자취를 용납하려하지 않을 것임은 더욱 분명하다. 그러나 서구 독자들로서는 서구 문학에서는 간단히 보아 넘길 많은 요소들도 아프리카 문학에서는 통하지 않는다는 점을 이해하는 것 또한 중요하다고 할 수 있다. 이는 아프리카 문학이 가지고 있는 속성가운데 하나인 정치적인 것과 문학이 관계하고 있는 부분 그리고 비록 유럽문학의 장르에 바탕을 두고 있긴 하지만 아프리카 문학이 특유한 형태로 지니는 장르가 있기 때문이다. 결국 아프리카 작가들이 보는 역사에 대한 관점은 유럽의 작가들이 보는 역사관과 많이 다르다는 점이 중요한 이해의 요소인 것으로 생각된다.

역사가 지니는 속성 가운데 구속력을 지니는 것과 단순한 개념으로서 과거에 대한 이야기로서의 속성을 지적할 수 있다. 영어의 개념은 그렇다고 하더라도 독일의 역사에 대한 개념("Geschichte")은 역사와 이야기를 모두 포함한다고 정의함으로써 그 의미가 더욱더 분명하다. 이는 역사가 그것을 말하는 언어로 특징 지워질 수 있다는 의미이다. 그렇다면 역사와 문학의 관계는 어떤 모습을 하고 있을까? 과거 역사와 문학의 관계에 대한 인식은 전무했음이 사실이다. 그러나 최근에 와서 역사와 문학의 관계는 새로운 이해의 단계로 접어들었다. 더 쉽게 말하자면 오늘날 문화 연구 가운데서 가장 중심의 위치에 있는 것이 바로 역사이다. 보다 의미심장한 것은 Richard Johnson은 역사란 과거와 현재의 관계이지 과거의 일만 의미하지 않는다고 강조하는 점이다: "historiography is concerned not with the past, but with the relation between past and present" (11).[8)]

이처럼 역사란 과거와 현재 그리고 이들의 관계와 기록을 모두 두고 하는 말이다. 따라서 인간의 기억은 이 역사에 가장 중요한 요소임이 사실이다. 기억이란 역사와 다를 바 없이 현재와 과거의 관계를 의미하는 것이지 단지 과거의 어떤 사실을 두고 지칭하는 말이 아니다. 기억은 현재와 과거의 관계를 다시 되살리고 다시 재구성하여 현재를 과거를 통해 재현하는 행위인 것이다. 따라서 과거가 현재 우리의 의식 가운데 이미 그리고 항상 왜곡된 형태로 아니면 과거는 대부분의 경우 떼 묻지 않는 추억으로 그리고 기억조차도 순수함으로 남게 될 수가 있다.

8) Richard Johnson, eds. *Making Histories: Studies in History-Writing and Politics*. Minneapolis: U of Minnesota P, 1982.

그러나 기억은 교육, 연설, 글쓰기, 영화, TV, 라디오, 영화, 비디오를 통해서 공적이고 집단적인 의식으로 변화되는 것이다. 그러면서도 기억은 언제나 잊혀지기도 한다. 잊혀지지 않는 기억은 없는 것이 사실이다.

> We find in our research many forms of forgetfulness: vital ones, that accept the passing of time and therefore show a perception of history; deadly ones, that reveal violence, even if distant, removed, hidden. So often forgetting indicates suffering, be it of the woman who "does not remember" her housework because she has never been allowed to consider it important, or the silence of those who do not want to speak about the daily oppression of fascism and the massacres of Nazism (196).[9)]

Toni Morrison의 *Beloved*는 1988년에 Pulitzer상을 받았다. 여기에서도 역시 그녀는 필자가 주장하는 문학과 역사, 그리고 과거와 현재의 기억에 대해서 많은 쟁점들을 보여주고 있다. Marsha Jean Darling과의 대담에서 Morrison은 기억, 산 자와 죽은 자, 그리고 현재와 과거에 대해 다음과 같이 밝히고 있다.

> The gap between Africa and Afro-America and the gap between the living and the dead and the gap between the past and the present does not exist. It's bridged for us by our assuming responsibility for people no one's ever assumed responsibility for. They are those that died en route. Nobody knows their names, and nobody thinks about them. In addition to that, they never survived in the lore; there are no songs or dances or tales of these people. The people who arrived--there is lore about them. But nothing survives about...that (5).[10)]

더 나아가 Morrison은 *Beloved*를 과거와의 대립을 통해 나타난 기억의 수단으로 보고 있다: "There is a necessity for remembering the horror, but of course there's a necessity for remembering it in a manner in which it can be digested, in a manner in which the memory is not destructive. The act of writing the book, in a way, is a way of confronting it and making it possible to remember" (5). 이와 같은 현상은 Morrison과 Paule Marshall을 비롯하여 카리브해 연안의 작가들의 경우에서 더욱 두드러지게 나타나고 있음이 사실이다.[11)] 카리브인 극작가이면서 비평가인 Derek Walcott

9) Luisa Passerini. "Memory," *History Workshop*. 15 (1983).

10) Toni Morrison. "In the Realm of Responsibility," with Marsha Jean Darling. *The Women's Review of Books*. March (1988).

는 St. Lucia에서 태어났다. 그의 “The Muse of History”라는 글에서 카리브인 문학을 역사와 관련 지워 다음과 같이 설명하고 있다.

> Yet the method by which we are taught the past, the progress from motive to event, is the same by which we read narrative fiction. In time every event becomes an exertion of memory and is thus subject to invention. The further the facts, the more history petrifies into myth. Thus, as we grow older as a race, we grow aware that history is written, that it is a kind of literature without morality, that in its actuaries the ego of the race is indissoluble and that everything depends on whether we write this fiction through the memory of hero or of victim.
>
> In the New World servitude to the muse of history has produced a literature of recrimination and despair, a literature of revenge written by the descendants of slaves or a literature of remorse written by the descendants of masters. Because this literature serves historical truth, it yellows into polemic or evaporates in pathos. The truly tough aesthetic of the New World neither explains nor forgives history. It refuses to recognize it as a creative or culpable force (2).[12)]

그러나 Derek의 역사에 대한 견해는 역사가 창조적이어서도 안 되고 남을 비난하거나 헐뜯는 것이어도 안 된다고 강조한다. 과거 역사의 희생자들의 기억을 통해서 픽션은 많은 도움이 될 수 있음을 덧붙이고 있기도 하다.

영국령 기니아(Guiana)출신인 작가인 Wilson Harris는 역사와 기억 그리고 역사와 문학의 관계를 “History, Fable and Myth in the Caribbean and the Guineas”에서 피식민지인들과 식민지 주체자들에 의해 자행된 대량 학살의 흔적에 대해 여러가지 질문을 제기 하고 있다. Harris는 서인도 제도에 사는 사람들을 감옥에 사는 죄수들로, 아이티인들을 부두 다신교를 숭배하는 사람들로 묘사하고 있다.[13)]

사실 과거 서구의 편견에 의해서아프리카나 제3세계는 왜곡되고 편견으로 너무

---

11) 카리브해(Caribbean Sea)는 중미, 남미, 서인도 제도를 둘러싼 바다를 모두 일컬음.

12) Derek Walcott. “The Muse of History,” *Is Massa Day Dead?: Black Moods in the Caribbean*, ed. Orde Coombs (garden City, NY: Anchor Press/ Doubleday, 1974).

13) limbo 감옥 또는 지옥과 천당 사이에 있으며 세례를 받지 않은 아이나 예수가 태어나기 전에 죽은 선한 사람들의 영혼이 죽은 뒤 머문다고 하는 곳. Haiti 아이티, 서인도 제도 중의 히스파니올라(Hispaniola) 섬 서쪽의 반을 차지하는 공화국으로 수도는 Por-au-Prince이다. Voodoo 다신교. Zombi(e) 서아프리카의 원주민이 숭배하는 뱀신, 또는 죽은 자의 영혼을 살리는 서인도 제도의 미신을 말함.

많은 상처를 입은 것이 사실이다. 가령 타잔(Tarzan)의 영화를 언급하지 않는다고 하더라도 1986년 미국의 블록버스터에서 두 편의 영화가 나왔다. 주연은 역시 Spielberg 감독으로 Alice Walker의 *The Color Purple*와 *Out of Africa*이다. 여기에서는 온갖 근거 없는 요소들이 편견과 함께 가미되어 있었다. 갖가지 언어를 사용하는 아프리카인들과 그들의 문맹자들과 선교사들의 눈을 통해 제시하고 있는 아프리카 대륙은 사실과는 너무도 거리가 멀었던 것이다. 1986년에 나온 *Out of Africa*는 Academy상을 받았으며 영화로서 크게 흥행을 한 작품이기도 하다. 여기에서는 식민주의자의 입장에서 여성의 눈을 통해 제시된다. 결론적으로 말하자면 제3세계, 특히 아프리카에 대한 일반인들의 시각은 너무도 왜곡되어 있다는 사실이다.

가나의 작가인 Kofi Awoonor는 자신의 "Voyager and the Earth"에서아프리카를 다음과 같이 풍자하고 있다.

> Africa has been divided recently into two amorphous units by the Euro-American mind. The first is the so-called tribal unit, characterized by a prehistoric social order and weird religious practices, including demonology. This world is dominated by witchcraft, taboos, superstitions, and tribal mysteries. It is overseen by a combination of sinister witch- doctors and cantankerous chieftains, whose conception of morality and ethics comes out of a paleolithic mentality, who indulge in ritual murder, poisoning, and selective cannibalism to hold down their hapless communities....
>
> The second unit is the world of the so-called detribalized African, a fumbling, confused creature who has yet to grasp the meaning of western technology and political systems. It is a world peopled by crooked politicians, naive intellectuals from European and American universities spouting unintelligible cliches with parrotlike glibness, desperate city crooks, aimless armies of lost urban dwellers sadly uprooted from the mystical serenity of a wondrous if quaint tribal world and hurled into a compassionless, malicious landscape of a European way of life (84-5).[14)]

원주민들이 지니고 있었던 전통적인 종교와 관습 따위는 온갖 거짓과 왜곡된 인식으로 많은 이들에게 전해 졌으며 심지어 아프리카의 종교와 문화는 노예제도와 식민주의로 굴절되어 그 뿌리를 흔들었던 것이다. 포르투갈, 스페인, 화란, 영국, 프랑스에 의해 이들 원주민들은 학살당하고 이런 악조건 하에서도 원주민들

---

14). Kofi Awoonor. "Voyager and the Earth," *New Letters* 40.1(1973): 84-5.

은 끝까지 그들의 신앙과 관습을 비밀리에 행하고 있었던 것이다. 특이 이들의 관습과 종교는 구전으로 전해지기도 하고 기록으로 남기도 하였다.

2

부르조아 문화혁명과 실험적 요소

프레드릭 제임슨은 최근에 르네상스 시대에서부터 현재에 이르기 까지 세계 모든 역사는 유산자 계급인 부르조와 문화 혁명("bourgeois cultural revolution")이라는 맬락에서 이해되어져야 한다고 주장한 바 있다. 그렇다고 해서 역사가 문자 그대로 부르조와와 일맥상통한다는 개념은 아닐 것이다. 아마도 사실주의 소설과 부르조와 역사와의 관계를 *The Historical Novel*(1983)에서 지적한 Lukacs의 경우는 더욱더 강력한 영향력을 행사한다고 볼 수밖에 없을 것이다. 왜냐하면 그에 의하면 사실주의 소설이 유럽의 부르조와 관점을 대변한다면 역사 소설이 바로 그런 경우라고 주장하기 때문이다. 그러나 역사의 발전이 소설과 긴밀한 관련을 지니고 있는 것만큼은 부인할 수 없는 사실이라고 할 수 있을 것이다. 그러나 아프리카 역사는 유럽의 역사와 한국의 역사와 많이 다름을 우리는 인식할 필요가 있을 것이다. 수 세기 동안 서로 다른 환경과 조건에서 시간이 흘렀기 때문이다.

다음은 독자들의 이해를 돕기 위해서아프리카 소설에 관한 개관을 하고 장르에 있어서 이들 주요 작품들에 대하여 이해를 돕는 차원에서 간단한 설명을 해 보겠다. 일부 해설은 이들 작품들을 분명히 역사적인 틀 속에서 설명되었음을 먼저 밝혀둔다. 그러나 아프리카 소설의 역사란 이와 같은 범주에 넣어 간단하게 설명할 수 있는 성질의 것이 아니기 때문에 복잡할 뿐만 아니라 상당히 그 한계를 그어서 설명하기가 어렵다는 사실을 먼저 지적해 두고자 한다. 물론 역사란 일반적으로 말하면 역시 일반적이고 또 복합적인 현상이라고 말할 수 있다. 그리고 사학자들의 경우는 과거에 있었던 일을 적절하게 설명하는데 있어서 근본적으로 분명한 정의를 내리는 것이 우선이다. 다시 말하여 이야기하고자하는 시작과 끝을 분명하게 선택해야한다. 이 분명한 두 시점에 존재하고 있는 사건에 대해서 왜 역사의 흐름에 비추어 현저한 특징을 지니고 있는지를 설명할 수 있는 사건이나 현상들을 선택하는 일도 중요한 작업이 될 수 있다.

아프리카 소설의 역사도 이에 예외적인 경우가 아니다. 유럽이나 한국의 역사와 마찬가지로 아프리카인들의 역사 또한 복잡하고 다양하다. 흑인 문화에 대한 최초의 선언은 1920-1930년대 비평가들에 의해서 최초로 "네그리투드"라는 흑인성에 대한 정체성의 문제가 본격적으로 거론되기 시작하여 1950-60년대 프란츠 퍼논에 의해서 체계화되었던 것이다. 그러나 그들의 역사가 언제 시작되었는지 그 시기를 획일화하기가 쉽지 않다. 특히 아프리카의 소설은 유럽에서 처음 시작되었기 때문에 사실 그들이 유럽에서 시작된 소설을 사용하는 셈이다. 또 소설로 인식이 되지 않았던 oral narratives를 사용하고 있음에 비추어 그들의 소설은 아프리카 문화에 관한 전통과 결부되어서 이해되지 않으면 안 된다. 게다가 Bakhtin과 다른 사상가들이나 비평가들이 인정하는 소설의 복합적이고 다성적인 기능을 강조한다면 그들의 소설 또한 다성적이고 복합적이기 때문에 독자들의 경우에서는 더욱더 이해의 폭을 넓힐 수가 있을 것이다. 그리고 복잡한 그들의 역사를 상징적으로 표현하기라도 하듯 지리학적인 배경에만 관련된 것이 아니라 언어적으로 볼 때에도 상당히 다양한 양상을 띠고 있다.

또 다른 한 면으로 이들의 소설에서 글로 쓰여진 문학이 발달된 것은 유럽 식민지가 낳은 흔적을 간접적으로 보여주는 경우이지만 유럽이 식민지화하기 이전에도 아프리카에서는 그들만이 사용한 토착어가 있었음을 알고 나면 놀라운 일이 될 것이다. 더 나아가 유럽의 직접적, 간접적인 침투가 있기 이전에도 Arab어로 쓰여진 문자의 영향이 있었음을 생각하면 이들의 역사, 문학, 그리고 문화를 간단히 단정을 내리기가 쉽지 않다.[15] 따라서아프리카 소설은 특히 복합적인 역사적 현상이라고 보는 것이 편리한 접근 방법임을 우선 강조하고 싶다. 그리고 이런 복합성은 역사 자체가 아프리카 소설가들에게 관심이 되는 중요한 쟁점이라는 사실까지도 포함해야할 것이다. 아래에서 검토될 역사적인 고찰은 부분적인 것으로 이해 될 수 있을 것이며 종합적인 접근 방법이 아님을 밝혀두고자 한다. 그리고 다음에서 보다 구체적으로 구분이 되는 세부 타이틀은 편의상 설정된 것일 뿐, 절대적인 하나의 판단이나 기준이 되지 않음을 밝혀두고 싶다. 특별히 아래에서 설명이 될 역사적인 배경이나 사실들은 보다 이해를 하기 쉽도록 하기 위해서 각기 중요한 개별 소설들을 설명하고 분석할 때에도 인용이 될 것이다. 그러나 보다 광범위한 배경이나 사실들을 확인하기 위해서는 독자들이 완본의 자세한 역사서적을 읽어야 할 것이다. 좀 더 구체적으로 유익한 참고 서적을 소개하면 일반적으로 많이 읽히는 책들

15) 보다 구체적인 글을 읽고자 하면 Obeichina의 Language and Theme을 참고하기 바란다. 그는 서아프리카에서 the growth of written literature와 관련하여 다음과 같이 시인하고 있다: "the Arabic script had already been in existence several centuries before the arrival oft he Roman script in West Africa" (1).

이 다음과 같은 것들이다. Schipper, Dathorne, 그리고 Gerard의 *Contexts of African Literature*아니면 Obiechina, Nkosi, 아니면 Gikandi의 아프리카 영어권 소설들이 좋을 것이고 또 다른 참고물들로서는 Irele, Ngate, Mortimer, 그리고 D'Almeida의 아프리카 불어권 소설들이나 Harrow의 이슬람의 아프리카 소설에 미친 영향, Kaye의 이슬람이 북미 아프리카 문학에 미친 영향이나 Jad의 이슬람이 이집트 소설에 미친 영향이 좋은 참고가 될 수 있다. 마찬가지로 Gurnah Ngara 그리고 Reimenscheinder와 Schulze-Engler가 최근 아프리카 소설에 관한ㅡ1980년대까지ㅡ토의 내용이 좋은 참고가 될 수 있을 것이다. 마찬가지로 Owomoyela의 갖가지 아프리카 문학과 역사 편람과 영국에서 탈식민지 문학의 광대한 백과사전이 Benson과 Conolly에 의해서 출판이 되었음을 알려둔다. 구체적인 서명은 필자가 제공한 인용 문헌을 참고하기 바란다.

서아프리카 소설은 영어로 쓰인 아프리카 소설의 발달에 있어서 상당히 중요한 위치를 차지한다고 볼 수 있다. Nigeria는 아프리카에서 인구가 가장 많다는 이유로 또는 Ghana는 영국의 식민지로부터 맨 처음 독립을 성취한 국가라는 사실만으로도 이들 국가 출신의 작가들이 특히 아프리카 소설의 발달에 미친 영향은 지대하다는 의미이다. Nigeria 와 Ghana가 차지하는 면적과 이들 국가들이 식민지 이전에 향유했던 풍부한 역사는 주목을 받을 만한 가치가 있으며 또 식민지 시대를 거치면서도 이들은 그들의 전통을 유지하는 꿋꿋함을 보여주었다. 예를 들어서 Nigeria 출신의 소설가들은 영어로 된 Nigeria소설의 시발점으로 간주되던 것들이 출현하기 이전에 벌써 전통적인 아프리카 이야기 체의 소설을 출판했었다. 영어로 글을 쓴 최초의 아프리카 소설가로 여겨지는 Amos Tutuola는 그들의 구전체 이야기인 소위 Yoruba oral folk tales를 토착어로 썼으며 D. O. Fagunwa는 1938년에 이미 Yoruba oral folk tales를 출판한 장본인이기도하다.

그러나 만약 우리가 서아프리카의 영어로 쓰인 소설의 역사적 시발점을 선택해야하는 입장에 있다면 Tutuola의 1938년에 영국의 유명한 Faber and Faber출판사에 의해서 1952년 처음으로 출판된 *The Palm-Wine Drinkard*를 손꼽을 수 있을 것이다. 이 책은 야자수로 만든 술인 소위 palm wine에 중독이 된 술 주정꾼이 palm wine 병마개를 따는 것만이 그에게 만족스러운 유일한 일인데 최근에 죽은 바텐더를 데려오기 위해서 the Land of the Deal을 여행하는 화자의 환상적인 모험에 관한 이야기이다. Tutuola의 책은 이와 같이 서구 문학에서 Homer의 *Odyssey* 아니면 Vergil의 *Aeneid*의 작품에서 볼 수 있는 지하 세계로의 여행을 바탕으로 하고 있다. 그리고 *The Palm Wine Drinkard*의 환상적인 요소는 서구 문학의 Franz Kafka

또는 James Joyce와도 유사하다. 그러나 Tutuola의 주인공의 갖가지 모험과 별세계에 사는 인물들과의 만남에 관한 이야기는 처음부터 그들의 전통적인 민담에서 오는 Yoruba folk tradition에 깊이 뿌리박고 있는 경우이다. Tutuola의 책은 출판하자마자 성공적이었고 만약 Tutuola가 소설분야 최초의 서구 아프리카 작가가 아니라면 비록 그의 작품자체가 소설로 단정할 수 있느냐 하는 문제가 있긴 하지만 그는 확실히 최초로 국제적인 주목의 대상이 되었던 것이 사실이다. 그의 글은 종종 서구 비평가들에의 해서 원시적인 "primitive" 스타일로 평을 받아왔다. 그 이유로 그는 지나치게 전통적인 oral narrative를 주제로 선택하고 있으며 그가 Nigeria에 있어서 언어의 굴절과 스타일 및 리듬에 너무 치우치고 있기 때문이다. 한편 Tutuola는 때때로 그의 작품이 단순히 전통적인 folk tales의 형태를 취함으로서 독창성이 결여되었다는 점과 그의 초점이 마술, 마법사, 정글 생활의 폭력을 묘사하여 서구의 독자들의 구미에 낯선 느낌을 주는 것들을 묘사한다는 이유로 Nigeria 비평가들이 호감을 갖지 않았음도 사실이다.

반면에 이와 같은 독창성에 관한 문제점들에 관하여 혹자는 낭만주의 이후 유럽에서 도입된 형태의 기법인 것으로 생각할 수도 있을 것이다. 어쨌든 Tutuola의 명성은 다소간 최근에 와서 회복이 되었고 그의 위치 또한 아프리카 소설의 발달에 중요한 인물로서 여겨지고 있는 것이 확고한 것이 사실이다. 특별히 그는 전통적인 아프리카 oral narratives와 보다 인습적인 문학으로서의 아프리카 소설을 연결함으로써 상당한 관심을 끌고 있음을 잊지 말아야한다. Obiechina는 다음과 같이 그의 예술적인 재능을 평가하고 있다.

> the uniqueness of Tutuola's work rests on his ability to assimilate elements peculiar to the oral tradition with elements peculiar to the literary tradition: in other words, to impose a literary organization upon essentially oral narrative material. He thus represents a transitional stage in the formal artistic evolution from a purely oral narrative tradition to a purely literary narrative one (*Language and Theme* 50).

그러나 대부분의 많은 비평가들이 Tutuola가 아닌 Chinua Achebe가 아프리카 문학과 아프리카 소설의 창시자로 생각하는 것은 Tutuola가 일종의 꽃이 만개한 것과 같은 완전히 성숙한 작가가 아니라 Obeichina가 지적하는 바와 같이 과도기의 작가 "transitional writer"로서의 위치 때문일 것이다. Simon Gikandi는 Achebe소설에 관한 연구에서 왜 Achebe소설이 그의 선배들을 제치고 아프리카 문학의 성장에 씨앗과 같은 존재로 여겨지는지에 대해서 논평을 하고 있다. Gikandi는 결론에서 Achebe의 중요성은 그의 작품이 식민지시대의 문화적 전통과 식민지 정치에 대한 직접적인 그리고 그의 순수한 도전에 있음을 지적하고 있다.

> to evolve narrative procedures through which the original language, which was previously intended to designate and reproduce the colonial ideology, now evokes new forms of expression, proffers new oppositional discourse, thereby countering the “permanence of vision” embedded in colonialist discourse (4).

특별히 Gikandi는 Achebe가 식민지 영어 그리고 서구의 소설 장르를 사용하여 유럽의 문화적 우월성이란 신화에 도전을 하여 식민지 시기 동안 아프리카인 들이 상실한 그들만의 중요한 요소를 회복할 수 있도록 했으며 일종의 아프리카인들의 동질성과 자긍심을 회복 할 수 있도록 하는 수고와 능력이 있었음을 지적하고 있다. Gikandi는 “I want to insist that Achebe was possibly the first African writer to be self-conscious about his role as an African writing in a colonial situation, and to situate writing within a large body of regional and global knowledge about Africa” (5-6)이라고 말하고 있다.

그러나 이유야 어떠하든, Achebe가 그를 추종한 아프리카 작가들에게선 정신적인 지주와도 같은 인물이었음은 — 서아프리카이든지 아니면 아프리카 전 대륙에서든지 — 인정하기가 그리 어렵지 않다. 그의 *Things Fall Apart*는 1958년에 출판되었는데 아직까지 베스트셀러이고 지난 거의 40년 동안 전 세계적으로 — 미국 대학에서도 상당히 많이 읽히는 책들 가운데 하나임[16] — 가장 많이 읽히는 소설일 뿐만 아니라 독자들과 비평가들로부터 상당한 찬사와 관심을 끌었던 책이기도 하다. Achebe의 아프리카 작가들 가운데 일종의 역할 모델을 하고 있음은 그의 소설들이 질적으로 볼 때에 아프리카의 관습에서 중요한 심미적인 표본이 되고 있으며 더 나아가 그의 책을 출판함으로써 얻은 상업적인 성공으로 더욱더 많은 작가들이 지대한 관심을 가지게 되었음도 우연한 일은 아닐 것이다. 게다가 그의 여러 아프리카 문학에 관한 비평과 이론적인 글들은 아프리카 소설가들 가운데 거의 표준이 될 만큼 영향력 있는 지침이 되어 있음도 주목해 볼만한 사실이다.

Achebe의 개인적인 중요성과 그의 영향이 사실 왜 서아프리카 소설, 특히 Nigeria 소설의 경우, 아프리카 소설이 발달하는데 있어서 장르의 발달에 현저한 위치를 차

---

16) 수년전 필자가 미국의 세미나에서 만난 Ngugi와 비교해 볼 때, 오래전 Arkansas 주립대학에서 Achebe를 만났을 때에 그의 사상과 인품은 상당히 개방적이면서도 단호하였다. 그러나 그가 그의 작품을 통해 보여주는 세계는 보다 깊이가 있어 보인다.

지하고 있을까하는 의문을 불러일으킨다. 한편 Obiechina는 초기 서아프리카 소설에 관한 그의 영향력 있는 책에서 사회적 역사학적인 이유로서 왜 아프리카 소설이 이 지역에서 풍부한 형태로 발달되었는지에 대해 언급하고 있다. Obiechina는 그의 글에서 서아프리카의 특이성 "peculiarities"을 지적하고 있다: "clearly determined by the West African cultural tradition and environment" (3). 그는 이어서 다른 여러 작가들의 책을 동시에 끌어들이면서 이런 관점을 똑 같이 지적하고 있는데 구체적으로는 다음과 같은 소설들이다. Timothy Mofolorunso Aluko의 *One Man One Wife* (1959), Cyprian Ekwensi의 *Jaqua Nana* (1961), Nkem Nwankwo의 *Danda* (1964), Gabriel Okara의 *The Voice* (1964), Wole Soyinka의 *The Interpreters* (1965), 그리고 Elechi Amadi의 *The Concubine* (1966). 가나의 Ayi Kwei Armah의 *The Beautyful Ones Are Not Yet Born* (1969)는 마찬가지로 Obiechina의 연구에서 중요한 참고 서적이기도하다. 더 나아가서 이런 모든 소설들이 이제 아프리카 문학에서는 고전으로 간주되고 있다. 그리고 이들은 서아프리카 소설의 발달에 있어서 무시하고 넘어갈 수 없는 위치에 있다는 의미이기도 하다.

Aluko의 *One Man One Wife*는 1940년대와 1950년대가 배경이지만 Achebe의 전통적인 사회 Igbo life의 서술을 연상시키며 전통적인 Yoruba 사회의 자세한 묘사를 하고 있다. 이는 전통적인 신앙에 대한 종교적인 양상이 풍자의 대상에 포함되기는 해도 전통적인 문화를 등지고 기독교로 전환하는 이들에 대한 일종의 풍자로 볼 수 있다. Aluko의 풍자는 비교적 가벼운 편이며 갖가지 과장과 해악을 통하여 —Obiechina의 말을 빌리면 "a Dickensian sense of the comically grotesque" (88)— Yoruba 사회의 우스운 양상을 흥미 진지하게 묘사하고 있다. Aluko의 글은 광범위하게 Yoruba의 구전 oral tradition에 관심을 집중시키며 간결하고도 솔직하게 많은 대중이 감상할 수 있도록 흥미 있게 묘사하는 것이 그 특징으로 생각된다.

Ekwensi의 *Jagua Nana*는 타이틀이 암시하듯 Nigeria에 있어서 늙은 여성이 술집과 나이트클럽을 돌아다니면서 고객을 찾아 매춘행위를 하는 등장인물의 경험에 초점이 맞추어져있다. 그러면서도 등장인물은 목사인 아버지가 바라듯이 아내가 되어 가정을 가지고 정상적인 삶을 살기를 원한다. 이런 맥락에서 이 책은 등장인물의 개인적인 체험이 초점이지만 현대 Nigeria에 미치는 정치 사회적인 쟁점을 Ekwensi를 통해 전달하려하고 있는데 그 중요성을 찾을 수 있다. 이 책을 통해서 Jagua는 그녀의 정든 마을인 Ogabu와 그녀가 결혼하기를 원하는 Freddie Namme의 본래 고향집인 Bagana로 오락가락 한다. 이렇게 해서 Jagua는 마을에서의 삶을 찾게 되는데 구체적으로는 다음과 같이 묘사되고 있다.

> totally different from the Lagos atmosphere. That driving, voluptuous and lustful element which existed in the very air of Lagos, that something which awakened the sleeping sexual instincts in all men and women and turned them into animals always on heat, it was not present here (180).

이렇게 해서 그녀는 성적인 차원에서 시골과 도시의 삶을 비교하고 설명하지만 가끔씩 그 차이점은 다른 곳으로 방향이 바뀌어 지기도 한다. 가령 Lagos의 폭력과 정치적 타락 그리고 시골에서의 이상적인 삶의 양상, 특히 전통적인 사회의 공동체 가치를 유지하면서 시골을 현대화하려는 Chief Ofubara of Krinameh의 활동에 있어서 그런 면을 구체적으로 볼 수 있다.

이처럼 Obiechina가 지적하듯이 도시와 시골 사회의 비교는 서아프리카 소설의 주요한 모티프이다. 사실 Ekwensi자신은 후기 소설 가령 *Beautiful Feathers* (1963)에서도 이런 주제를 꾸준히 유지하고 있다. 비록 그의 소설이 원래 도시 생활을 묘사하는 것이 주류이긴 했지만 말이다. Nwankwo의 Danda는 현대문화가 단연 우세한 위치에 있긴 하지만, 전통문화와 현대문화의 대립을 다루고 있다. 사실 Nwankwo의 소설은, 그의 후기 소설인 *My Mercedes Is Bigger Than Yours* (1975)를 비롯하여, 현대 Nigeria의 물질주의와 정치 사회적인 부패가운데 전통적인 가치관이 부식되는 것에 대한 풍자가 주된 내용이다. 반면에 Danda 자신은 아프리카의 oral narrative에서 흔히 볼 수 있는 사기꾼과 같은 전형적인 인물 trickster figure이며 전통적인 춤과 음악이 이 소설에서 상당히 중요한 위치를 차지하고 있음도 재미있는 현상이다. 식민주의의 쇠퇴와 독립 후의 상황에 초점을 둔 Nwankwo의 소설은 다른 아프리카 작가들과 유사하지만 그의 소설이 다른 점은 이런 작품의 극적인 효과를 불러일으키기 위해 comedy를 도입하는 점이 특이하다고 할 수 있을 것이다.

Okara의 *The Voice*는 서아프리카 소설의 또 다른 중요한 초기 경향을 반영한다. 원래는 시인으로 알려졌지만 Okara는 그의 소설은 극히 시적이고 상징적으로 이끌고 그의 생각은 사실주의적인 면보다는 강한 이미지 중심으로 전달되어진다. Achebe, Ekensi, Nwankwo처럼 Okara는 광범위하게 정치적 부패와 사회의 쇠퇴를 고발하고 있지만 어떤 특정한 사건이나 등장인물을 통하기보다는 분위기를 통해서 언어와 시적인 효과를 거두면서 작품이 진행되어 감이 특징이다. Obiechina는 다음과 같이 그의 소설이 지닌 특성을 언급하고 있다.

> The most striking feature of Okara's art is the repetition of single words,

> phrases, sentences, images or symbols, a feature highly developed in traditional narrative, especially in the fold-tale with its scope for dramatic pauses (173).

따라서 Okara는 아프리카 소설의 소위 길들여지지 않는 작가 ("wild man of the African novel")가 아니며 그의 극히 창의성이 풍부한 inventive한 언어는 — 유럽의 사실주의 관습에서 유래했을 수도 있을 것이지만 — 원래 아프리카의 oral tradition과 밀접한 관계를 속에서 이루어졌음을 기억하는 것이 그를 이해하는데 많은 도움이 될 것이다. 더 나아가 Okara의 작품이 — 사실주의기법으로 Nigeria 사회를 묘사하지 않는다고 생각할 수도 있겠지만 — 사실 작품에서 묘사되고 느껴지는 실재는 역시 아프리카의 reality ("linguistic reality of West Africa" (Obiechina 171))에 관한 내용임을 부인하기 어렵다. 이런 맥락에서 *The Voice*는 Bakhtin이 지적하는 언어의 다양한 기능을 연상시키고 있어 더욱 흥미롭다: "Language in the novel not only represents, but itself serves as the object of representation" (49). 그러나 제한된 유럽식 관점과 틀에 박힌 고정 관념으로는 그의 작품을 비롯해 아프리카 소설을 감상하는데 적합하지 않음을 항상 느끼게 하는 것이다.

Ghana의 Kofi Awoonor가 쓴 거의 시적인 형태의 소설인 *This Earth, My Brother* (1971)에서도 거의 유사한 경우를 경험할 수 있다. 그러나 주도적인 위치는 Soyinka의 *The Interpreters*를 손꼽을 수 있을 것인데 이는 그가 현대판 Modernism이나 Postmodernism을 문학의 한 장치로 끌어들여 아프리카 식의 중요한 방식을 이끌어가는 시도를 하기 때문일 것이다. 한편 복잡하면서도 단편적인 대화 구조를 도입하는 *The Interpreters*는 중요한 일종의 모방 기능 (mimetic function)을 이용하며 이를 통해서 탈식민지의 Nigeria에서의 혼란한 생활조건을 더욱 생동감 넘치게 묘사 하는데 있다. 이 책은 Soyinka의 세대에 속하는 교육을 잘 받은 엘리트들이 Nigeria와 서구 세계를 연결하고자하는 시도의 일환에 초점을 두고 있으며 이들 엘리트들이 종종 두 문화 사이에서 갈등을 겪고 고통을 당하는 모습을 볼 수 있는데 이는 한국인이나 동양인이 유럽이나 서구에서 오랫동안 교육을 받고 자국에 돌아와서 경험하는 역 문화 충격, 소위 말하는 Counter-cultural shock으로 고통을 받는 경우를 생각하면 그 충격이 어느 정도인지 짐작하기가 그리 어렵지 않을 것이다.

Soyinka는 그의 후기 소설인 *Season of Anomy* (1973)에서도 복잡한 대화 형식을 도입하고 있는데 Nigeria Civil War (1976-1970)동안 발생한 생생한 폭력과 천박한 이미지들을 통해서 그들만이 추구하는 이상적인 세계를 상실한 모습을 보여주는 일종의 살기 어려운 사회에 관한 소설인 dystopian fiction으로 볼 수 있다. 그러나 이 두 권의 책들이 모두 중요한 방식으로 아프리카의 구전 oral tradition을 따르고 있지만 Soyinka와 또 다른 많은 아프리카의 작가들이 현대 서구문학을 통해 교훈을 얻고 이를 다시 그들의 아프리카 문학을 통해 꽃을 피워 보겠다는 의도로 보아도 그리 잘못된 시각을 아닐 것이다. 특히 그가 아프리카의 oral 전통과 서구의 극작가들인 Bertrolt Brecht 그리고 Samuel Beckett의 작품 상호간의 관련이 있는 대화 곧 intertextual dialogue기법을 끌어들이려는 시도에서 그런 모습을 역력히 볼 수 있을 것이다. 사실 1986년 Soyinka는 Nobel Prize수상자로서 그가 가지고 있는 책임감 그리고 가장 많이 알려진 작가로서 또 아프리카 문학을 세계가 인식하도록 그가 공헌한 역할을 보아도 그가 많은 사람들로부터 받는 존경은 그 충분한 의미가 있다고 할 수 있을 것이다.

서아프리카 작가로서 Soyinka 작품들과 비슷한 형태의 풍자소설을 들자면 아마도 오늘날 거의 고전으로 통하는 *The Beautyful Ones Are Not Yet Born*일 것이다. 이 소설은 이제까지 출판된 소설에서도 가장 신랄하게 탈식민지 아프리카 사회에 대한 강력한 비판을 담고 있는 책이다. Frantz Fanon으로 부터 강력한 영향을 받아 정치적으로 분명한 관점을 견지하는 Armah는 탈식민지 Ghana사회가 독립운동을 통한 이상적인 사회로의 꿈을 갖추어 살아가는데 실패하고 있음과 또 서구의 자본과 상품의 유혹에 눈이 멀어 갈 길을 잃은 세대의 도덕적인 부패를 비난하고 있음이 돋보이는 작품이다. Armah의 세련된 소설들은 대개 아프리카의 oral culture로부터 영향을 받아 서구 소설의 형태와 장치를 이에 가미하고 이를 다시 아프리카와 서구 유럽의 문화적인 힘으로 발전시키는 형태로 나타난다. 게다가 *The Beautyful Ones Are Not Yet Born*이 아프리카 소설에 있어서 탈식민지 사회에 관한 비평적인 내용을 다루는 표본이 되고 있을 뿐만 아니라 그의 후기 소설인 *Two Thousand Seasons* (1973) 그리고 *The Healers* (1979) 또한 아프리카 역사소설의 발달에 크게 공헌하고 있음이 사실이다. 그는 이처럼 문학을 통해서 과거 아프리카의 긍정적인 시각을 되찾는데 성공하고 있으며 아프리카 역사를 부정적으로 보는 유럽 식민지의 시각을 바로 잡고있음 또한 주목할 만하다.

Elechi Amdi 역시 극작품과 소설을 썼으나 Soyinka와는 달리 그의 명성은 아직도 그의 소설에서 나온다. *The Concubine*은 Nigeria의 시골 사회를 묘사하고 있으며 여전히 베스트셀러로서 Ekwensi, Nwankwo, 그리고 Soyinka같은 작가들이 도시 생활에 주로 초점을 맞추고 있는 것과는 달리 풍자 위주의 시골을 다루고 있음이 돋보이는 작품이라 생각된다. 어떤 의미에서는 Achebe의 전통적인 Igbo사회 묘사를

*Things Fall Apart*에서 다루는 모습을 연상시키는 이 *The Concubine*은 있는 그대로의 언어를 전혀 각색하거나 이상화시키지 않고 Omokachi 마을의 전통사회를 담담하게 그리고 있다. 특히 이곳 시골 사람들은 그들이 살고 있는 마을에 큰 애착을 갖고 있으며 또 행복한 생활을 하고 있다. 이곳에서는 도시 생활에서 고통을 당하는 소외와 고립은 볼 수가 없다. Amdi는 그의 작품을 통하여 시종 일관된 토운을 유지하고 있는데 그의 최근 소설인 *Estrangement*에서는 제목이 시사하듯이 나이지리아 내란 Nigeria Civil War 을 전후해서 전통적으로 전원적인 삶이 해체된 내용을 암시하면서 시골에 모여 사는 인물들을 계속 묘사하고 있기도 하다.

Amadi 는 종종 강력한 지도적인 여성을 민감하게 묘사하는 작가로도 많이 알려진 인물이다. 그의 Nigeria동포인 John Munonye가 1966년 *The Only Son*에서 묘사한 것처럼 말이다. 그러나 서아프리카인 들의 삶의 역학을 가장 분명하게 제시하는 데는 서아프리카 여성 작가들의 역할이 대단했다.[17] 한편 Obiechina는 1960년대까지 서아프리카 소설 분야 작가를 논하는 글에서 어떤 여성 작가들도 언급을 하지 않았다. 당시 많은 여성 작가들이 있었음에도 누락이 되었다는 사실은 독립 초기에 아프리카 여성 작가들이 수난을 당하고 고충을 받아야 했던 민감한 상황을 대변한다고 해도 크게 과장된 생각은 아닐 것이다. 이들 여성 작가들 가운데 가장 중요한 소설가들은 Nigeria의 Flora Nwapa 그리고 Buchi Emecheta아니면 Ghana의 Ama Ata Aidoo일 것이다. 이들 작가들은 모두 서아프리카 소설의 고전으로 통하는 Achebe, Ekwensi, Nwankwo, Soyinka, 그리고 Amadi에 필적할 만한 인물들임은 두 말할 필요가 없다.

Nwapa의 Efuru는 1966년에 출판이 되었고 서아프리카 여성에 의해 출판이 된 영어로 Heinemann's African Writers Series에 의해 출판된 최초의 소설이기도하다. 이런 계기로 1950년대 말에서 1980년대까지 여성 작가들의 진출이 활발해진 것이 사실이다. 제목의 등장인물인 Efuru는 1940년대와 1950년대에 설정이 된 인물이지만 강하고 독립적인 여성으로 Nwapa자신의 동부 Nigeria에 위치한 장사나 무역거래를 하는 마을 trading town인 Oguta를 배경으로 사회에 봉사하면서 참된 삶의 의미를 찾고자 하나 그 사회가 가지고 있는 여성에 대한 편견 때문에 많은 어려움을 겪지만 이를 차분하게 극복하는 모습을 그리고 있다. Nwapa그녀 자신도 그와 같

17) 사실 몇몇 feminist critics는 Amadi 의 여성들을 stereotypical하게 묘사하는 장면은 여성을 오하는 isogynistic한 차원으로 보는 경향도 있었다(Stratton을 참고할 것). Stratton 역시 지적하기를 Munonye의 책은 자식을 키우고 헌신하는 여성의 자기희생적인 모형으로서의 아프리카 여성에 초점을 두고 있다는 논평을 한다.

은 어려움을 겪은 것이 사실이다. 그러나 그녀 또한 그런 어려움을 극복하고 서아프리카 여성 작가로서는 여성의 한계를 극복함으로서 역할 모델이 되는 명성을 얻어낸 것이다. 반면에 그녀의 두 번째 소설인 Idu (1970)은 전통적인 Igbo사회에 초점을 맞추고 있음에 비추어 보아 Efuru와 유사하며 Nwapa의 후기소설인 *Never Again* (1975), *One is Enough* (1981), 그리고 *Women Are Different* (1986)는 현대 Nigeria의 여성들이 경험하는 것들에 관심을 모으고 있다. Nwapa의 작품들은 따라서아프리카 남성 작가들과 필적한 위치를 굳히고 있을 뿐만 아니라 많은 독자들의 관심을 받을 만한 가치도 충분히 있다고 여겨진다.

Aidoo의 *Our Sister Killjoy*는 1966년에 저작권 copyright가 설정 되었으나 (Efuru가 출판되기 전임), 실제로는 1977년에 가서 출판이 된 책이다. 그러나 Aidoo는 극작가, 시인, 그리고 단편 소설 작가로서 명성을 쌓아갔다. *Our Sister Killjoy*는 거의 시적인 토운 으로 여성의 관점에서 신식민지주의를 다루고 있고 비평적인 자세에 서아프리카의 탈식민지 전통을 지적하고 있다. 게다가 이 소설은 배경이 독일과 영국에서 시작되어 그 범위를 넓혀가고 있는 것이 특징이다. 그러나 이전의 소설들은 대개 서아프리카에서 배경이 시작되어 그 곳에서 끝을 보았으나 Aidoo의 경우는 그 영역이 훨씬 광범위해졌음을 주의해서 읽을 필요가 있을 것이다. 특히 아프리카 여성의 관점에서아프리카의 여성들이 가지고 있는 문제는 유럽의 여성들이 가지고 있는 문제와 다름을 지적하며 서구 feminist들이 생각하는 비판의 기준을 무비판적으로 수용하는 것을 비난하고 있다.

*Our Sister Killjoy*의 국제 주제의 도입은 아마도 가장 성공적인 아프리카 여성 작가인 Emecheta의 글에서도 나타난다. Emecheta의 첫 번째 두 소설인 *In the Ditch* (1972) 그리고 *Second-Class Citizen* (1974)은 London에서 배경이 시작되고 내용은 아프리카 이주민 사회에서 작가가 경험한 틀 속에서 이루어진다.

후기 Emecheta의 소설인 *The Bride Price* (1976)과 *The Slave Girl* (1977)은 전통적인 Igbo사회에서 여성들의 삶을 묘사하고 있으며 그녀의 가장 많이 알려진 *The Joys of Motherhood* (1979)는 전통적인 가치관과 현대의 도시에서 — 거의 모든 사건이 일어나는 — Lagos의 가치관 사이에서 갈등을 겪는 여성 주인공이 초점이다. 최근에 Emecheta는 Nigeria Civil War에 관한 소설을 썼는데 탈식민지 Nigeria의 교육을 많이 받은 엘리트들과 가난한 Caribbean여성이 London사회에 이주해서 살아가면서 고통을 당하는 문제점에 관한 내용이다. Emecheta의 관심은 이미 남성 작가들인 Achebe와 Ekwensi가 지적하기도한 탈식민지의 Nigeria의 고통거리와 유럽에서 건너온 현대작인 가치관의 갈등이 초점이다. 그러나 그녀의 여성작가로서 특이함은 그녀의 소설이 아프리카 소설에서 남성 작가들이 할 수 없는 기능과 역할을 하고 있음일 것이다.

한편 이러한 흐름은 서아프리카 작가들이 계속 추구해온 관심이라고 할 수 있다. Jonathan Peters는 서아프리카 작품들, 특히 역사적인 관점에서 영어로 쓰인 작품을 개관하면서 Tutuola, Achebe, Ekwensi 그리고 Okara를 William Conton, Onuora Nzekwu, Timothy Aluko와 Obi Egbuna를 서아프리카의 작품의 "first wave" 라고 명칭을 부여하면서 "a limited number of themes emphasized either colonialism and its clash with autochthonous cultures or village life" (23)이라고 지적하고 있다. Peters의 경우 서아프리카 소설의 second wave는 탈식민지의 사회가 겪는 부패와 환멸이 가져오는 문제점일 것이다. 이런 움직임은 Soyinka의 *The Interpreters*에서도 볼 수 있다. 더 나아가서는 Achebe의 *A Man of the People* (1966), Amadi의 *The Concubine*, Armah의 *The Beautyful Ones Are Not Yet Born, Fragments* (1970), 그리고 *Why Are We So Blest?* (1972) 아니면 Kole Omotoso의 The Combat (1972)와 Nwapa, Aidoo 그리고 Emecheta같은 여성 작가들까지도 포함되어 이해될 수 있음은 자명한 논리일 것이다.

보다 최근의 서아프리카 소설은 Peter가 지적하듯이 보다 광범한 사회, 정치적, 역사적인 문제를 다루고 있는 일종의 third wave와 같은 역할을 하지만 서구의 독자를 겨냥한 것보다는 아프리카 자국민들을 겨냥한 내용들이 더 흔하다. 그러나 오늘날 서아프리카의 소설들은 현대 문학의 흐름과도 맥을 같이하면서도 가장 중요한 텍스트로서 활기를 띄며 계속 그 영역을 확산하고 있음을 느낄 수 있다. 구체적으로 과거 10년을 예로 들어 Achebe의 *The Anthills of the Savannah* (1987), Amadi의 *Estrangement*, Nwapa의 *Women Are Different*, Emecheta의 *The Family* (1990), 그리고 Aidoo의 *Changes* (1992)까지도 이들의 범주에 분명 해당한다고 보는 것이 어렵지 않다. 그러나 새로운 목소리들이 있음도 만만치 않다. 이들 가운데 일종의 환상적인 작품에 해당하는 fantasy 또는 탐정 소설 같은 작품들이 여럿 있다. 게다가 이렇게 독자층에 대한 작가들의 의식은 가령 Ghana의 Amu Djoleto 같이 작가들로 하여금 서아프리카의 독자층이 흔히 선호하는 글을 쓰도록 의도적인 유도를 하고 있음이 또한 사실이다. 이와 편승하여 서구 유럽의 보다 복잡하고 애매한 소설을 배척하고 이들만의 대중 편향적인 독자층들이 즐기는 정치적인 소설들이 Kole Omotoso 또는 사회주의자의 관점을 견지하는 Festus Iyayi같은 작가에 의해 쓰여지기도 했다. 반면에 Ghana의 Biyi Bandele-Thomas의 *The Man Who Came in From the Back of Beyond* 또는 *The Sympathetic Undertaker and Other*

Dreams (둘 모두 1991)는 환상적인 것 fantasy와 부조리주의 abusrdism을 추구하고 있다. 이런 류의 글을 쓰는 주도적인 작가들이 있다면 이는 Nigeria의 서구 비평가들에 의해서 복잡하고 난해함으로 명성이 자자한 Ben Okri일 것이다.

Djoleto는 1967년 그의 소설 *The Strange Man*으로 발판을 내리고 Ghana에서 식민지 교육 체제의 남용을 비판하고 있다. 그는 1975년 *Money Galore*글에서 Kafu라는 사업가들과 정치인의 활동을 묘사하면서 탈식민지 사회의 부패를 풍자함으로써 *Beautyful Ones Are Not Yet Born*을 상기하게 만든다. 그러나 보다 단순하고 경쾌한 형태로는 Aluko의 작품에 비교가 될 법도 하다. Djoleto의 최근 소설로는 *Hurricane of Dust* (1987)가 이런 맥락을 유지하고 있으며 구체적으로는 Doe Hevi ─ 노동판의 노동자로서 Ghana에서 쿠데타를 지지함 ─ 의 활동을 그린다. 그러나 그는 이로 인해 야기된 혼란을 노려 자신의 발판을 넓혀 가지만 Djoleto는 아이러니컬하게도 Doe의 혁명적인 수사학적인 궤변을 풍자하면서 군사 쿠데타가 사회정의를 실현할 수 없음을 강조하고 있다. Doe는 결국 체포되고 좀도둑질한 대가로 고통을 받는다. 사실은 이 책이 고통과 인간성의 잔인함과, 새로운 사회주의 체제하에서 군인들에 무참하게 살해된 모습일 것이며 그 경쾌한 문장의 토운 에도 불구하고 어둡고 암울한 느낌을 지울 수 없게 만드는 것이 사실이다. 한편 가장 긍정적인 형태로 묘사되는 인물이 있다면 그는 John Wudah, 정부 관료로서 겸손하고 정직하며, 근면한 일꾼이다. Djoleto의 책은 사회주의 비평과 관료인 Wudah를 긍정적으로 대비시킴으로서 아프리카 정치의 복잡성을 드러내 주는 점에서 기존의 작품들과는 많은 차이를 두고 있다고 할 수 있다.

Iyayi는 socialist realism의 Soviet식 사회주의 운동과 맥을 같이 하고 있으며 미국에서 1930년대 대공황으로 야기된 일종의 좌경화된 노동자 계급의 소설 "proletarian fiction"의 색채가 짙다고 할 수 있다. Iyayi의 소설 *Violence* (1979)는 젊은 Nigeria의 부부인 Idemudia와 Adisa가 정치가와 사업가들이 부패의 고리로 부를 축적하는 현대 Lagos에서 이들 부부가 살아남기 위해서 고통을 당해야하는 상황이 관심의 대상이다. 솔직하면서도 있는 그대로의 메시지를 전달함으로써 Nigeria의 독자층에 상당한 반향을 불러일으켰음은 당연한 사실일 것으로 여겨진다. *Violence*는 이외에도 중요한 쟁점, 정직하지 못한 감독과 책임자들에 의해서 노동자들이 착취당하는 양상과 병원이나 행정관서의 공적인 기능의 마비가 부패와 관리의 부주의함으로 빚어짐을 폭로하고 있음을 상기할 필요가 있다. 마찬가지로 Idemudia 와 Adisa의 관계를 통해서 탈식민지 Nigeria 사회의 정의가 없음 그리고 불공정함, 아니면 현대 Nigeria의 남성과 여성의 관계를 보여주기도 한다. 성실하고 정직하며 선량한 이들 부부 Idemudia와 Adisa가 겪어야 하는 고통 그리고 부유하고 사치하며 부패한 부부인 Obufun과 Queen의 대비를 돋보이는 상황이 아닐 수 없다. 타이틀이 암시하듯 부패하고 정직하지 못한 사람들이 가난한 사람들을 대상으로 행하는 물리적인 심리학적인 폭력은 두드러지게 나타나있다. Idemudia 와 Adisa가 최후에 결속을 하고 노동자의 집단적인 행동을 통해서 권익을 찾으려는 노력은 보다 낳은 이상주의적인 사회를 찾고자하는 그들의 바람을 대변하듯 하다. Iyayi는 이런 관점을 탈식민지의 부패를 공격하면서 이어서 출판된 책인 *The Contract* (1982)와 *Heroes* (1986)에서 계속 유지하고 있으며 격변하는 Nigeria Civil War를 지적함도 잊지 않고 있다.

Okri의 소설 또한 자주 내란 곧 Civil War에 대한 내용을 담고 있다. 그러나 Okri는 19세에 쓴 *Flowers and Shadows* (1980)로서 그의 작가로서의 생애를 개척하였으며 지금은 그의 명석한 두뇌와 활동으로 아프리카 문학의 떠오르는 별로 여겨질 정도의 인물이 되었으며 그의 걸작에 해당하는 *The Famished Road*이후, 특히 1991년에는 영국 연방 British Commonwealth가 최고의 작가에게 매년 수여하는 Booker Prize가 수여되었다. 게다가 *Flowers and Shadows* 이외에도 Okri초기 작품은 *The Landscapes Within* (1981)과 두 권의 단편인 *Incidents at the Shrine* (1986) 그리고 *Stars of the New Curfew* (1988)가 있다. Okri의 작품이 시적인 특질을 유지하고 사실주의적인 형태를 벗어나고 있기는 하지만 어느 정도 이런 작품들은 Achebe와 Armah같은 작가들에 의해서 시작된 탈식민지 사회에 대한 비판의 모티프를 계속 유지하고 있음을 볼 수 있다. 그러나 Okri의 소설이 유럽의 모더니즘이나 전위예술의 형태의 Avant-garde을 연상시키면서 실험적인 속성을 지니고 있음을 부인하기 힘들지만 살아있는 세계와 죽음 세계의 한계 아니면 일정한 영역을 정하지 않고 있다는 점에서 어느 정도 Tutuola의 작품을 연상시키는 양면을 지니고 있다. Okri의 소설은 앞서 지적한 바와 같이 *The Famished Road*에서 절정을 누리지만 Latin America의 작가들 가령 Gabriel Garcia Marquez같은 작가들이 즐기는—탈식민지 사회에서는 좀 별난, 이상한 모습으로 비춰질지 모르지만—"magical realism"의 형태를 지니고 있으며 아프리카 토착의 전통인 oral tradition을 사회 정치적인 비판의 목적으로 fantasy의 양상과 결합시키기도 한다.

이 작품에서는 물질적인 세계와 정신적인 세계를 오가는 한 젊은이 Azaro의 경험을 통해서 Nigeria사회와 문명의 집합체를 볼 수 있다. Azaro자신은 Fredric Jameson이 말하는 어린 시절 모험으로서 national allegory를 어린 Nigeria가 성숙해 가는 동안 부딪치는 어려움을 대비시켜 나타내 주고 있다. 어느 의미에서는 Nigeria사회가 부패와 폭력으로 겪고 있는 사회상의 고발인 셈이다. 그러나 Iyayi의 작품에서처럼, 보다 낳은 미래 사회에 대한 희망은 여전히 보존이 되면서 작품이 끝난다. Magical Realism은 역시 Syl Cheney-Coker의 *The Last Harmttan of Alusine Dunbar* (1990)에서 잘 드러나고 Okri자신의 경우에는 같은 맥락에서 *Songs Of Enchantment*에서 탈식민지 Nigeria사회에서 경험해야하는 어린 소년 Azaro의 모험을 더 심도있게 추진시켜 놓고 있다. 그의 극히 세련된 문학적 성향과 그의 풍부한 텍스트 상호간의 그리고 사회와 상호 관련 맺음은—Nigeria가 부딪치고 있는 일종의 reality일 지도 모른다는 강한 느낌을 갖게 하지만—아프리카 문학에서 새로운 형태의 세계주의를 예감케 하고 있다는 느낌을 가지게 함이 사실이다.

서아프리카의 영어소설과 비교해서 볼 때 그 발달이 상당히 뒤쳐진 상태이지만 현대 아프리카 소설의 가장 중요한 작품들 가운데 일부가 동아프리카에서 나왔음은 주목해 볼만한 사실이다. 특히 Kenya의 소설가인 Ngugi wa Thiong'o의 작품은 Achebe, Soyinka, 그리고 Senegal 작가이자 영화 제작가인 Ousmane Sembene과 현대 아프리카 문학의 태두로 불리어 지고 있음은 두말 할 필요가 없을 것이다. 사실 Ngugi의 생애는 여러 가지 면에서 동아프리카 문학이 발달하는데 표본과 같은 역할을 했다. 우선 그는 처음으로 1960년대 초에 Uganda의 Kampala에 있는 Makerere 대학 재학시절부터 학생의 신분으로 글을 썼으며 이는 그가 동아프리카 문학이 제자리를 찾기 전에 지성의 요람 속에서 그가 문학 활동을 했다는 사실에 주목할 필요가 있다. Ngugi는 그의 첫 소설인 *The River Between*을 1961년에 썼으나 그는 특히1962년 Kampala 에서 개최된 African Writers' Conference에 참석한 후에 그는 동아프리카의 작가들이 긍정적인 작가 상을 갖지 못했음을 깨닫고 글을 본격적으로 쓸 것을 다짐하고 글쓰기를 시작했다고 한다. 그 구체적인 이유로는 동아프리카 작가들의 활동이 미진하다는 판단이 그의 작가로서의 생애에 엄청난 변화를 주었으며 이를 계기고 Kenya의 Grace Ogot같은 작가에까지 영향을 주게 된다. 결국 Ngugi의 강한 사회 정치적 쟁점에 관한 관심이 현대 아프리카 소설이 발달하는데 일종의 획을 그어주는 결과를 가져왔다는 점에서 흥미롭다는 느낌이 든다.

*The River Between*은 식민지 Kenya의 Gikuyu사회에 관한 전통적인 그리고 현대의 가치관이 낳은 문제점에 대한 깊은 명상을 다루고 있다. Ngugi의 첫째로 출판된 소설은 *Weep Not, Child*로서 1962년에 쓰여 졌으나 출판은 1964년에 이루어졌다. 이 두 소설은 식민지 Kenya와 때로는 영국 식민지가 Kenya의 전통사회에 엄청난 타격과 황폐함을 초래한 것을 집중적으로 다루고 있다. *Weep Not, Child*는 1952-1956까지 Kenya의 영국 지배에 대항하는 Mau Mau의 저항에 초점을 맞추고 있으며 이 소설은

A Grain of Wheat (1967)을 비롯하여 당시 정치 사회적으로 중요한 쟁점을 다루고 있음이 주목할 만하다. 사실 Mau Mau 운동에 대해 서로 다른 작가들이 다른 시각으로 글을 쓰기는 하지만 이 시기는 동아프리카 소설의 중대한 관심이 집중된 시기였음이 사실이라고 볼 수 있다. 가령 Charles Mangua의 *A Tail in the Mouth* (1972)는 이들 운동의 양면성, 곧 자유를 지키기 위해서 이 운동에 참가한 병사들이 다시 영국의 탄압에 동조하는 이중성을 보여줌으로써, 이 운동을 풍자하는 형태로 진행시키며 묘사하고 있다. 특히 이 작품은 Ngugi가 이 운동을 반식민지 저항의 모범적인 모형, 곧 긍정적으로 보는 것에 대한 일종의 비웃는 듯한 풍자인 parody와 같은 속성을 지니고 있는 것이다. 또 한편으로는 Ngugi의 이 운동에 대한 시각이 완전히 성숙된 경우가 아님을 주장하는 측면도 있다. 보다 급진적인 반식민지 운동의 저항은 그의 후기 소설인 *A Petals of Blood* (1977), *Caitaani Mutharaba-ini* (1980), *Devil on the Cross (*1982), 그리고 *Matigari ma Njiruugi* (1986, *Matigari* 1987)에서 더욱 분명해 짐을 볼 수 있다. Meja Mwangi의 소설인 *Carcase for Hounds* (1974) 그리고 *Taste of Death* (1975)는 자유를 위해 투쟁하는 사람들과 이를 반대하는 이들 간의 충돌을 묘사하는 이중성을 보여주고 있다. Mwangi의 Mau Mau 운동 소설은 이 운동에 기본적으로 동정심을 보이고 있으나 때로는 이 운동의 원시성을 살육에 비추어 위험한 시각으로 묘사하기도 한다. Gowin Wachira의 *Ordeal in the Forest* (1968)는 인종 차별 주의자인 영국인 장교 Major Cook의 묘사를 통하여 식민지주의를 신랄하게 비난하는가 하면 또한 아프리카에 대해서 식민주의자들이 가지고 있는 편견을 수용하는 이중성을 보여주고 있다. 한편, Leonard Kibera 와 Sam Kahiga의 이야기를 모은 *Potent Ash* (1968) 그리고 Kibera의 *Voice in the Dark* (1970)은 역시 이 운동에 호의적이지만 Kenya에서 자유를 위한 투쟁과 탄압에 의한 악몽과도 같은 조건들에 초점을 맞추고 탈식민지 Kenya에서 정치 사회적인 혼란과 냉혹한 현실에 관심을 가지고 있다. 한편, Charity Waciuma의 *Daughter of Mumbi* (1969)는 식민지 Kenya에 있어서 정의를 위한 투쟁을 묘사함에 있어서 Mau Mau 운동을 지지하고 있다.

Ngugi의 첫 번째 두 소설에 이어 곧 Ogot의 *The Promised Land* (1966)가 나왔으며 여성작가에 의해서 동아프리카 소설이 나오고 Nairobi에서는 East Africa Publishing House에 의해서 첫 소설이 출판되게 되었다. *The River Between*처럼 *The Promised Land*는 Kenya에 있어서 식민지로부터 나온 현대적 가치관이 전통 사회에 어떤 영향을 미치는지 조명하고 있다. Ogot는 단편 소설 작가로서 많이 알려져 있다. 특히 그의 단편소설을 모은 *Land Without Thunder* (1968), *The Other Woman* (1976), 그리고 *The Island of Tears* (1980)가 대표적이라고 할 수 있다. Ogot의 소설들은 전통적인 Luo 이야기 기법을 국민적인 관심사에 결합시켜 동아프리카 사회에서 여성들이 겪는 고통에 대한 관심을 표시하고 있다.

또 다른 동아프리카 사회에 중요한 공헌을 한 작품으로 영어로 쓰인 것으로는 Uganda의 시인인 Okot p'Bietek의 *Song of Lawino* (1966) 장편 시로서 운문의 틀을 유지하고 있는 작품일 것이다. p'Bitek은 Lak Tar 라는 작품을 그의 원주민 언어인 Acoli어로 1953년에 출판을 하였고 1960년대 초 동아프리카 소설의 새싹을 발아하게 한 씨앗과도 같은 작품임을 알 수 있다. 그리고 이 작품은 오랜 세월동안 영국의 식민주의와 식민지 교육이 미친 영향이외에도 토착문화의 힘을 업고 출현하였음을 볼 수 있다. *Song of Lawino*는 곧 1970년대 출판이 된 *Song of Ocol*과 나란히 더 나아가서는 1971년도에 출판이 된 *Two Songs: Song of Prisoner and Song of Malaya*와 3부 작을 이루게 함으로써 주요 시인으로서 발판을 마련하고 이제는 Nigeria의 Christopher Okigbo와 필적하는 인물로 널리 알려져 있는 인물이다.[18] *Song of Lawino*는 그의 걸작품으로 전통적으로 한 여성이 그녀의 서구화된 남편 Ocol에 의해서 버림을 받는 Lawino의 슬픈 노래이다. 이는 역시 전통과 현대 문화 간의 갈등이 주된 관심사이며 또 희극적인 아이러니 comic irony를 도입하여 전통적인 Acoli oral culture를 소개하기도 한다. 사실 p'Bitek의 모든 작품들은 아프리카의 oral culture의 영향으로 두드러지게 나타난다. 더 나아가서는 식민주의자들이 아프리카를 비뚤린 시각으로 보는 원시적이고 미개한 나라라는 인식에 도전하는 것이 상당한 비중을 많이 차지하고 있기도 하다. 1974년 그는 Acoli oral culture의 풍부함을 전통적인 Acoli 노래로 된 것을 영어로 번역하여 편집한 책인 *The Horn of My Love*으로 출판되기도 했다. p'Bitek는 마찬가지로 아프리카 문화, 종교, 철학에 관한 연구를 *African Religions in Western Scholarship* (1971) 그리고 *Artist the Ruler* (1984)를 통해 출판하기도 했다.

1971년 쿠데타로 Uganda에서 Idi Amin이 집권을 하던 때에 Uganda의 문학은 암흑기였으며 p'Bitek은 이미 Kenya로 망명을 가서 Ngugi와 Uganda 작가인 Taban lo Liyong와 Nairobi Oegkr에서 교수직을 맡기도 하였다. 당시 동아프리카에서는 Makerere대학이 지성의 중심지였던 시대이다. 이후에도 그는 작품 활동을 계속하여 동아프리카 소설에서는 최고의 인물로 부상했고 그의 장편소설인 *Petals of Blood*는 유럽에서 배운 가장 세련된 형식의 narrative technique를 구사하고 있다. *Caitaani*

18) Okigbo는 Nigeria의 Civil War에서 목숨을 잃었고 또 그 자신은 동아프리카 소설 속의 등장인물로도 나타나는데 Uganda의 지성인으로 통하는 Ali A. Mazrui의 The Trial of Christopher Okigbo (1971)이 바로 그 작품이기도하다.

*Mutharaba-ini*는 Ngugi에게선 상당한 변화를 보인 작품으로 영국이 중심이 아닌 Gikuyu중심의 폭넓은 Gikuyu의 oral tradition에 초점을 맞추어 진행시키고 있다. *Matigari*는 이런 맥락을 계속 유지하며 folk tradition과 초자연적인 이미지를 사용하여 탈식민지 Kenya에 있어서 혁명적인 변화에 관심을 집중시키고 있다.

Ngugi의 주요한 정치적인 관심은 자본주의와 탈식민지 Kenya체제에서 이루어진 착취의 양상에 있다고 할 수 있을 것이다. 그러나 Ngugi의 작품은 마찬가지로 특히 Kenya사회에서 여성들이 직면하는 어려움에 관심이 지대하며, 이런 점에서 그의 작품은 Ogot와 다른 많은 동아프리카 작가들과 상통하는 면이 있기도 한 것이 사실이다. 또 다른 한편으로 볼 때 사실 Ogot는 그녀의 작품이 비교적 서아프리카에서 주목을 받지 못하긴 했지만 Kenya에서 인기를 누렸던 것도 사실이다.[19] 1980년에 그녀는 영어로 된 두 번째 소설로 탈식민지 사회 Kenya에서 여성들이 정치적으로 무력한 것에 초점을 맞추고 *The Graduate*를 출판하였다. 가장 의미심장한 것은 Ogot가 1980년대 Ngugi에 이어서, Luo language로 여러 권의 책을 출판한 사실일 것이다. 이들 작품으로는 *Ber Wat*(1981), *Aloo Kod Apul-Apul*(1981), *Miaha* (1983, *The Strange Bride*, 1989), 그리고 *Simbi Nyaima*는 Kenya에서 많은 독자층에서 많이 읽혀졌으며 아프리카 언어로 글을 쓰는 분위기를 많이 촉진시킨 경우이기도하다.

Ngugi와 마찬가지로 Ogot는 Kenya의 신식민지 지배를 비판하지만 그녀의 주된 관심은 탈식민지 Kenya에서 남성들의 여성에 대한 편견에 있다. 이런 맥락에서 그녀는 전 생애를 통해서 동아프리카 여성 작가들 가운데 여성의 권익을 옹호하는 여성 지도자적인 인물로 볼 수 있다. 다른 여성 작가로서는 Waciuma가 있다. 그녀의 작품으로는 *Daughter of Mumbi* 이외에도 Kenya에서 아동문학에 상당한 관심을 가지고 활동을 하고 있었다. 마찬가지로 주목을 받는 작가의 작품으로는 Kenya의 Rebeka Njau의 *Ripples in the Pool* (1978)로서 아프리카에서 전해 내려오는 자연그대로의 의학과 치료법이 유럽에서 건너온 의학과 비교되어 설명되어지고 있다. 특히 Njau는 식민지 기간 Kenya인들이 식민지 자들에게 약탈당한 토지에 대해서 심리적으로 당한 엄청난 고통을 시적인 언어와 초자연적인 이미지를 도입해서 차분하게 이끌어 가고 있는 모습이 더욱 돋보이고 있다. Njau는 마찬가지로 소위 multiple genre라고 불려지는—특히 아프리카 여성 작가들 가운데—기법을 통해서 단편이나 극작품까지도 저술하였음은 기억해 둘 만한 사항으로 여기어 진다.

---

19) Stratton은 이런 상황을 Ogot에 대하여 설명하면서 별개의 논평을 하고 있다. 그의 책을 참고할 것.

만약 Njau의 *Ripples in the Pool*의 접근 방법이 Ngugi의 *Matigari*에서 도입된 fantastic imagery로 — 심지어 아프리카 작가들 가령 Ben Okri같이 magical realism의 등장을 포함해서 — 전환으로 예견된다면 Mwangi같은 작가들은 보다 직접적으로 그들이 처한 현실 reality를 보도록 작품을 쓴다. 사실 Neil Lazarus는 Mwangi, 그의 동료인 Kenya의 Thomas Akare, 그리고 Zimbabwe의 Dambudzo Marechera들에 의해 자주 사용되는 자연적인 형태의 글을 1970년 이래로 아프리카 문학이 정치적으로 기울게 하는 가장 중요한 발전의 하나로 높이 평가받고 있는 것이 사실 이기도 하다 (209). 1970년대 중반에 두 권의 Mau Mau소설이 쓰여진 것 이외에도, Mwangi는 *Kill Me Quick* (1973), *Going Down River Road* (1976), 그리고 *The Cockroach Dance* (1979)를 포함하여 탈식민지 Nairobi에서 도시의 빈민들이 겪는 어려움에 초점을 맞추고 있다. Mwangi의 작품은 특히 그들 자신의 토착어에 바탕을 둔 묘사가 현저하게 두드러진다. 그의 최근 소설인 *Weapon of Hunger* (1989)는 그의 사회적인 관심을 탈식민지 아프리카 역사에서 많이 다루어진 도덕적, 정치적 혼란의 상징으로서 내란 civil war의 생생한 묘사를 통해서 보여주고 있다.

Mwangi의 소설들은 특히 아프리카 고유의 토착어 vernacular language로 쓰여진 사실만으로도 Kenya에서 상당히 독자들의 인기를 얻고 있으며 또 과거 20년간 상업적으로 대중 문학으로서의 자리를 굳혔다. Mangua의 *Son of Woman* (1971)은 일반적으로 이런 경향의 일환으로 작품이 전개되며 유럽의 문학 형태에 영향을 받은 범죄 이야기와 첩자들을 재미있게 그리고 있다. 그러나 진정한 Kenya의 민중 문학의 황제를 지적하라고 하면 David Maillu일 것이다. 그는 그의 글 쓰는 솜씨뿐만 아니라 그가 이후에는 Maillu Publishing House로 개명이 되었지만 동아프리카에서 지도적인 출판사인 Comb Books를 건립한 것도 이에 한 몫을 차지하게 한 원인이 되기도 한다. Maillu의 여러 권의 작품들은 가끔씩 비평가들에의 해서 질적인 비판을 받기도 했지만 이는 그의 작품이 주로 교훈적인 경향이 있는 일종의 Didacticism을 중시하는 반면에 문학적인 기교를 잘 섞어서 구사하는 능력이 부족하다는 이유에서였다. 반면에 Emmanuel Ngara는 Maillu의 작품이 더 많은 비평의 대상이 될 만한 훌륭한 작품이며 그의 사회문제를 보는 관점은 아프리카가 식민지 이후 직면한 문제들을 잘 조화시키고 있음을 지적한다 (55). *My Dear Bottle* (1873) 그리고 *After 4:30* (1974)에서 Ngara는 Maillu가 여성들이 겪는 고통과 Kenya의 노동자 계급이 겪는 어려움을 설명하면서 Ngara는 Maillu의 형태적인 한계를 시인하고 Maillu의 정치적인 작가로서 성공하지 못하는 이유로서 그가 복합적인 사회주의자로서의 안목이 부족해서 생긴 원인임을 지적한다. 결론적으로 Ngara는 Maillu를 다음과 같

이 평가하고 있다: “[he] may with some justification be condemned as a ’pornographic jester,’ but his style should not obscure the fact that he raises questions capable of pricking the conscience of those in positions of power and authority” (58).

Maillu의 작품은 1960년대에 인기를 계속 누렸으며 최근에는 그가 점점 아동문학 쪽으로 많이 기울고 있는 느낌이다. 물론 1970년대에 범죄의 양상이나 다른 형태의 오락물로 이해할 수 있는 소위 “entertainment” 문학으로 기운 것은 Kenya에서 당시 작가로서 정치적인 글을 쓸 경우 감수해야했던 고통이 너무 지대한 것도 무시할 수 없는 현상일 것이다. 결국 그런 연유로 1980년대 말에 그는 망명을 하도록 강요를 받았으며 이런 이유로 인하여 과거 20년간 Kenya의 소설이 정치적으로 현저하게 쇠퇴함을 볼 수 있었다. Marjorie Oludhe Macgoye 같은 작가들에 의한 대중소설로서 1980년에 출간된 *Coming to Birth*는 분명 심각한 사회 소설이었지만 곧 1987년에는 *Street Life*가 대중 취향의 소설로 분위기를 바꾸었다. Uganda소설도 마찬가지로 1971년 쿠데타로 Amin이 정권을 잡은 이 후에 여러 권의 문학작품이 나오긴 했지만 그 증후군으로 극심한 몸살을 앓았다. Peter Nazareth의 *In A Brown Mantle* (1972)은 Amin의 전임자인 Milton Obote의 통치체제를 비난하는 작품이었고 Eneriko Seruma의 *The Experience* (1970), *The Heart Seller* (1971) 그리고 Alumidi Osinya의 *Field Marshall Abdulla Salim Fisi, or, How the Hyena Got His!* (1976) 는 Amin정권을 신랄하게 풍자하고 있는 작품이기도 하다.

Somalia작가 Nuruddin Farah는 동아프리카의 영어로 쓰인 문학에서 빼놓을 수 없는 작가이다. 비록 Farah가 다루는 Somalia의 문화가 아프리카 작가들과는 본질적으로 거리가 있는 외국의 것이긴 하지만 Farah의 복합적인 그리고 세련된 소설은 강력한 Somalia oral poetry를 서구의 Modernism 기법과 결합하여 잘 조화시키면서 동아프리카문학을 더욱 빛내고 있는 것이 사실이다. 더 나아가 그의 남성/여성 gender에 관한 지속적인 관심과 쟁점은 아프리카 남성 작가들로부터 명성을 얻어 소위 “feminist”로서 최고의 자리를 차지하고 있다. Farah의 첫 소설인 *From a Crooked Rib* (1970)은 1950년대 식민지 Somalia에 배경을 두고 있으며 여주인공인 Ebla는 남성의 소유물로서 살지만 진정한 자신의 삶을 찾기 위해 도주하면서 엄청난 어려움과 고통을 경험한다. 그러나 대개 Farah의 작품은 탈식민지 시대를 다룬다. 특히 *A Naked Needle* (1976)은 젊은이 Koschin과 Mogasdishu의 한 거주자가 Muhammed Siyad Barre 장군이 집권한 Somalia에서 일어난 1969년 쿠데타의 경험을 인상주의적인 방식으로 도입하고 있다.

Farah의 현재 중요한 작품으로는 *Variations on the Theme of an African Dictatorship*

아니면 3부작으로 일컬어진다. 여기에는 *Sweet and Sour Milk* (1979), *Sardines* (1981), 그리고 *Close Sesame* (1983)이 포함되어 있다. 이들은 극히 문학적이고 서구의 모더니즘을 연상시킬 만큼 무한한 인유 allusion을 실험적인 방식으로 도입하는 기법을 구사하고 있다. 그러나 Farah의 소설이 정치적인 것에 관심을 가지고 있음도 부인하기 어렵다. 이들 세 권은 모두 1970년대 Somalia에서 일종의 살기 어려운 곳 dystopia를 배경으로 하고 있다. 이와 같이 Farah의 비평적인 관점은 원주민 Somalia인들의 압박 받는 상황이다. 직접적으로는 Farah자신이 망명을 강요받은 적이 있음을 상기하면 이해하기가 더욱 용이 할 것이다. 어쨌든 그의 *Variations on the Theme of an African Dictatorship*은 범세계적으로 이상을 상실한 세대들의 방황을 나타내는 세련된 문학작품이라고 할 수 있다.

Farah의 3부작 주제들 가운데 하나는 1970년대 Somalia 의 암담한 현실을 지지하는 Soviet에 대한 충격이다. 그의 *Maps* (1986)에서 Farah는 Siyad Barre의 미국으로의 전향은 ― 냉전시대에 특히 ― Somalia의 암담한 조건을 완화시키는데 도움이 되지 않음을 지적한다. *Maps*는 마찬가지로 이전의 작가들 보다 modernism에서 postmodernism으로 이동하면서 더 다양한 화법 narrative style을 도입하고 있다. 주인공 Askar는 아프리카 문학의 일종의 "national allegory"로서 그의 경험은 대체로 탈식민지 Somalia인들이 경험하는 것을 대변하는 것으로 볼 수 있다. 이처럼 다양다재한 Farah의 문학 활동은 1990년대 Somalia의 혼란한 상황 가운데서도 더 나아가 그가 망명하면서까지 식지 않고 계속되었다.

다른 영어로 쓰인 소설 ― 동아프리카 소설의 범주로 구분될 수 있는 것으로 ― 은 Zambia의 Dominic Mulaisho가 쓴 *The Tongue of the Dumb* (1971), Tanzania의 M. G. Vassanji가 쓴 *The Gunny Sack* (1969)가 있다. 게다가 남동부에 위치한 Zimbabwe 출신의 작가들이 중요한 소설을 썼다. 이들 가운데는 Rhodesia의 영국식민지였던 Zimbabwe로서는 영국의 소설가 Doris Lessing의 어린 시절 고향이기도 하였으며 그의 후기 작품에서는 식민지시대 Rhodesia에 그 배경을 두고 있는 것들이 많음도 우연한 일이 아닐 것이다. *Martha Quest* (1952), *A Proper Marriage* (1954), *A Ripple from the Storm* (1958), 그리고 *Landlocked* (1965) 같은 소설에서는 Lessing이 Marxist-feminist의 관점에서 식민지의 이데올로기를 신랄하게 비판하고 있다. 이와 유사한 식민주의의 비판은 Zimbabwe의 흑인 작가들에 의해서도 이루어진다. 최근에 젊은 작가로서 1960년대와 1970년대 혹독한 식민지 통치기간 동안 유럽으로 부터 독립운동을 벌이는 Zimbabwe운동에 상당한 관심을 가진 층이 많았다. 그 가운데서도 Dambudzo Marachera는 격렬하면서도 환상적인 *The House of Hunger* (1978)를 씀으로서 1979년 Guardian Prize for Fiction이란 상을 받기도 했다. 이 소설은 식민지 Salisbury의 빈민가의 가난에 초점을 맞추고 있으며 그의 두 번째 소설인 *Black Sunlight* (1980)는 London에서의 유사한 상황을 묘사하고 있다. Marachera는 단편 소설도 썼으며 극작품, 산문, 시까지도 섭렵하였다. 그러나 그의 생애는 1987년에 35세의 나이로 사망함으로써 종지부를 찍었다. 다른 Zimbabwe작가로서는 Shimmer Chinodya의 *Harvest of Thorns* (1989)다. 이는 백인의 지배로부터 Zimbabwe가 독립을 하기 위해 벌이는 투쟁이 험난한 점에 초점을 두고 있다. Tsitsi Dangarembga의 발전소설인 female bildungsroman으로서 *Nervous Conditions* (1988)는 지난 10년간 출판된 아프리카 여성들의 삶에 간한 사회조건을 조명한 것으로 가장 중요한 작품이라고 할 수 있다. 다른 한편으로 볼 때 Zimbabwe 시인인 Chenjerai Hove는 최근에 소설로 방향을 바꾸어 글을 쓰고 있다. 그의 1988 소설 *Bones*는 강력하게 시골 여성이 경험하는 자유를 위한 투쟁이 Zimbabwe의 독립을 위한 투쟁에 어떤 영향을 미치는가에 초점이 맞추어져있다. 그의 1991년 소설 *Shadows*는 순수한 연인이 가난과 압제와 또 그들이 함께 평생을 살 수 있기 위해 겪어야하는 갈등들과 어떻게 투쟁하는지 다루고 있다.

남아프리카의 역사는 유럽에서 건너온 백인들이 가장 많이 사는 국가로 그 정치 사회적으로 볼 때 중요한 방식에 있어서 대부분의 아프리카 국가들과는 사정이 많이 다르다. 이런 상황을 고려해 볼 때 남아프리카에서 인종차별 갈등이 빚어내는 고통과 다른 여러 가지 어려움들까지도 무리는 아닐 것이다. 다시 말해서 소수 인종인 백인들이 다수 인종인 흑인들을 무참하게 탄압하고 국가의 정치, 경제, 그리고 사회 모든 분야를 총괄하려는 데서 문제가 생기는 것이다. 그러나 엄격한 인종의 분리와 백인의 흑인에 대한 절대적인 우월의식에서 기인한 인종차별주의는 비록 1948-1990년까지 남아프리카 정부의 정책이기도 했지만 이들 국가들에서는 인종차별이 오랜 유산물이 되다시피 했다. 그러나 1991년 Nelson Mandela가 인종차별 정책을 벗고 최초의 순수한 자유선거를 통해서 민선 대통령이 됨으로서 인종차별 (apartheid)의 굴곡에서 벗어나기 시작했다.

세계 2차 대전이후 남아프리카 문학의 역사에서 절정을 누린 인종차별 정책은 그 정책이 추구한 잔인함과 그 방법에 있어서 신랄한 비판의 대상이 되었다. 한편 남아프리카 역사를 보면 문학의 활동은 20세기 초로 거슬러 올라가지만 이 기간 그들의 토착 언어로 상당히 많은 작품들이 출판이 되었고 특히 Sotho어와 Zulu어로 많이 출판이 되었음은 주목할 만하다. 대부분의 이들 초기 작품들은 이곳에서 활동한 유럽 출신의 선교사들에 의해서 출판이 되었던 점은 더욱 아이러니가 아닐 수 없다. 그러나 최소한 Thomas Mofolo의 Sotho언어로 된 소설인 *Chaka*—1910년대에 출판하기 위해 제출이 되었으나 최초로 출판이 된 것은 1925년에야 가능했다—는 오늘날까지 문학계의 주목을 받고 있는 역작이라고 할 수 있다. 사실 Daniel Kunene의 1981년 Heinemann African Writers Series에서 번역서로 출간이 된 이후 *Chaka*는 남아프리카 문학의 중심 위치를 벗어나질 않았다. 다른 작품들로는 Mofolo의 19세기 초 Zulu왕에 관한 이야기로 된 책이 식민지 역사로 얼룩진 남아프리카 역사의 탄압 상을 엿볼 수 있도록 할 만큼 아프리카의 과거를 재연해서 보여주는 느낌을 받게 한다. 이처럼 남아프리카 문학은 인종 차별에 대한 직접적인 공격을 하는 대신 역사와의 관계를 통해서 그들이 의도하는 바를 정확하게 전달하는 것이다.

남아프리카 문학의 중요한 인물들 가운데 한 사람은 역시 Peter Abrahams이다. 그는 1930년대 정치에 개입해서 1939년에 망명길에 올랐으며 그 이후 그는 작가로서 정열을 쏘아 부었으며 망명 생활 2년 후 에는 영국에 정착을 하여 결혼하고 *Daily Worker*의 편집자로서 다른 삶을 개척하였다. 그의 첫 두 소설은 *Song of the City* (1945)와 *Mine Boy* (1946)은 산업화된 자본주의하에서 계급의 착취에 반대하는 상황에 관점을 지킴으로서 분명하게 Marxist자들이 즐겨 사용하는 주제를 더욱 발전시키고 있다. 특히 산업화된 자본주의는 미국의 경우도 예외는 아니겠지만 인종 차별과 분리될 수 없을 만큼 긴밀한 관계가 있음을 지적하고 있다. Abraham의 세 번째 소설인 *The Path of Thunder* (1948)는 인종적인 편견의 장애물을 극복하고 애정의 결실을 가져오는데 낙관적인 입장에서 그리고 있다. 그러나 그는 이들 소설을 통해서 남아프리카가 처한 환경이 어렵고 암담하지만 인종적인 증오심을 극복하면 보다 나은 관계를 맺을 수 있다는 긍정의 목소리가 돋보이는 작품이라고 할 수 있다.

Wild Conquest (1950)가 출판되면서 Abrahams는 그의 관심을 다시 1830년대와 1840년대 남아프리카 내부에서 소위 말하는 대장정의 고된 여정 “Great Trek”기간 원주민 아프리카인 Matabele족들과 조우하면서 나타나는 인종차별의 근원을 찾기 위한 시도로 보다 역사적인 쪽으로 치우친 소설에 관심을 갖기 시작하였다. Abrahams의 작품들 가운데 가장 중요한 한편을 들라면 1954년 자서전인 *Tell Freedom*으로 남아프리카 흑인에 의해 출판이 되었다. 1956년 소설인 *A Wreath for Udomo*는 역시 중요성을 지니는데 이는 식민주의를 고발하고 신 식민주의에 대한 경고의 메시지를 전달하고 있어 다시 Achebe, Armah, 그리고 Ngugi를 연상시키는 단계를 경험할 수 있다. Haiti와 Jamaica를 모델로 해서 섬나라의 신 식민주의를 비판한 *This Island Now* (1966)에서도 이와 같은 맥락을 유지하고 있다. Abrahams의 또 다른 중요한 작품으로는 *A*

Night of Their Own (1965) 그리고 *View from Coyaba* (1985)으로 남아프리카와 Jamaica가 배경으로 각각 흑인들의 자유를 쟁취하기 위한 운동에 작가들의 역할이 어떤 것인가를 보여주고 있다.

Abrahams는 다른 남아프리카 작가들이 주로 토착 oral tradition에 한정된 작품이 아니라 그 영역을 벗어날 수 있도록 영감을 줌으로서 이들에게도 중요한 영향을 미쳤다. Es'kia Mphahlele는 남아프리카 문학이 성장하는데 중요한 인물이다. 아마도 그의 가장 중요한 단일 작품으로는 자서전인 *Down Second Avenue* (1959)로 Abrahams의 *Tell Freedom*과 같이 장르로서는 가장 중요한 영향을 미친 인물로 여겨진다. Mphahlele는 두 권의 소설 *The Wanderers* (1971에 출판이 되었으며 미국의 University of Denver에서 그가 박사학위를 받는데 도움을 준 작품이고 또 다른 하나는 *Chirundu* (1979)이다. 그러나 Mphahlele의 가장 큰 공헌은 단편소설의 장르일 것이다. *Drum*이란 문학잡지에 게재해서 출판이 된 그의 작품들은 남아프리카 문학의 발달에 큰 공헌을 하기도 했다. Mphahlele의 단편소설집은 *The Living and the Dead* (1961), *In Corner B* (1967), *The Unbroken Song* (1981), 그리고 *Renewal Time* (1988)이다. Mphahlele는 또한 비평가로서 *The African Image* (1962)와 *Voices in the Whirlwind* (1972)에서 비평에 관한 글을 많이 기고하면서 명성을 높였으며 흑인 노예운동의 ideology에 적극적인 반대를 하였고 Ngugi같이 영어로 된 문학의 절대 우위에 대한 회의적인 태도를 보임으로서 남아프리카 문학을 발전시키는데 선도적인 역할을 한 사실도 무시할 수 없는 조항일 것이다.

단편소설은 현대 남아프리카 문학에서 장르의 속성으로 볼 때 중요하다. 이는 부분적으로 *Drum*과 *Classic*같은 잡지의 영향이 지대했음을 부인하기 어려울 것이다. Mphahlele이외에도 중요한 단편 소설 작가들로는 Richard Rive, James Matthews, Njabulo Ndebele, Mbulelo Mzamane 그리고 Alex La Guma가 있다. Rive의 *Emergency* (1964)는 1960년 Johannesburg가까이 위치한 Sharpeville에서 평화롭게 시위를 하던 수십 명을 살해한 경찰을 둘러싼 사건을 다루고 있으며 이것 또한 남아프리카 문학의 발달에 공헌한 바가 크다. Rive의 또 다른 소설들의 경우도 — "*Buckingham Palace*," *District Six* (1986)과 *Emergency Continued* (1990) — 남아프리카에서 정치적 발전에 초점을 두고 있다. La Guma의 정치적 소재 취급은 아마도 가장 중요한 남아프리카 소설가로서 존경을 받을 만하다. Adbul JanMohamed는 다음과 같이 표현하고 있다: "The life and fiction of Alex La Guma perfectly illustrate the predicament of nonwhites in South Africa and the effects of apartheid on their lives" (*Manichean* 225).

Capetown의 흑인 빈민가인 악명 높은 District Six에서 태어나고 자란 La Guma

는 남아프리카의 빈민들과 압박 받으면서 생활을 해야 하는 이들이 겪어야 했던 고난을 경험해야만 했다. 그의 공산당을 지지한 부모는 어린 시절 그에게 좌익 정치를 알도록 했으며 1948년 그가 23세 되던 때에 그는 남아프리카 공산당에 가입을 하게 되고 2년 후에 그는 사회로부터 격리 당하게 되었다. 1950년에 그의 적극적인 노동조합 활동으로 정부 당국으로부터 여러 차례 감금을 당하고 결국 1966년에는 조국을 떠나 영국으로 망명을 하게 되었다. 이때까지 그는 작가로서는 국제적인 인정을 받았으며 그의 단편소설들인 *A Walk in the Nigh*t (1962), *And a Three-fold Cord* (1964)를 통해서 더욱 그러하다. *The Stone Country* (1967)는 남아프리카에 있을 때에 이미 쓰여졌다. 이들 소설들은 급진적인 정치적 변화의 가능성에 대한 신념으로 남아프리카의 도시 빈민가에서 더럽고 누추한 삶을 살아가는 사람들의 모습을 담담하게 그리고 있다. La Guma의 망명 중에 쓰인 소설로는 *In the Fog of the Seasons End* (1972) 그리고 *Time of the Butcherbird* (1979)가 있으며 소위 Fanon이 "비참한 사람들" ("the wretched of the earth")의 고난에 관심을 가지는 동시에 정치적인 신념을 가다듬는 모습을 찾아 볼 수 있다.

La Guma의 소설들이 남아프리카 사회와 그 사회가 가지고 있는 문제점을 해결하기 위한 방안들이 모두 세련된 Marxist관점에서 쓰여 졌음을 인정하기란 그리 어렵지 않다. 어떤 의미에서는 미국의 자연주의 작가들—Frank Norris, Theodore Dreiser, 그리고 Stephen Crane—을 연상시켜 주기도 한다. 그러나 미국의 작가들과 유사한 분위기를 지닌 작가들은 무산자 계급에 초점을 둔 1930년대 작가들—Mike Gold, Jack Conroy, 그리고 James T. Farrell이 될 것이다. La Guma는 그의 작품을 socialist realism으로 특징 짓고 있으며 이는 Soviet작가들—Maxim Gorky, Fyodor Gladkov, 그리고 Mikhail Sholokhove—의 영향이 지대하다. La Guma의 일반적인 문학의 흐름과 관련하여 그의 대화적 토운은 1980년대까지는 세인들에게 잘 알려지지 않은 채 묻혀있었지만 두드러지게 우수하다고 할 수 있다.

La Guma의 신문기사를 읽는 것 같은 사실적인 기법은 남아프리카 소설의 두드러진 특징이라고 볼 수 있다. 시인으로서 Sipho Sepamla 그리고 Mongane Serote 또한 소설을 썼으며 이들 작품 속에서도 시적인 기질이 소설 속에 나타남을 볼 수 있다. Serote는 1960년대 급진적인 미국 흑인세력과 Airi Baraka에 의해 영향을 받았으며 *To Every Birth Its Blood* (1981) 소설에서 그런 흔적을 볼 수 있다. 이 소설의 전반부는 주인공 Tsi의 개인적 고민을 전체 마을의 삶으로 생생하게 그리고 있으나 후반부에서는 그 범위를 한결 확대해서 인종차별의 탄압을 집단적인 저항으로 막을 수 있음을 긍정적으로 보여주고 있다. Sepamla의 A Ride on the Whirlwind

(1981)는 주인공 Mzi가 외국에서 혁명 전략을 배운 후에 정부를 전복하기 위해 남아프리카로 돌아와서 개인이 겪는 경험을 다루며 1980년대 인종간의 폭력을 다루고 있다. 이 소설은 이전의 폭력적인 정치적 행동을 보여주는 *The Root is One* (1979)을 연상시켜준다. 그러나 Sepamla의 진짜 주제는 Nigeria의 Iyayi와 많이 유사하며 정신적이고 신체적인 폭력 모두가 남아프리카 흑인 사회에서 살아가는 흑인들의 삶 속에 인종적인 편견과 관련 지워 다루어지고 있음을 주목할 필요가 있다. 그의 후기 소설들인 *Third Generation* (1986)과 *A Scattered Survival* (1989)은 남아프리카 흑인 마을의 열악한 생활조건아래서 개인 간의 관계가 두절되고 와해되는 상황을 묘사하고 있다.

최근 남아프리카 소설가운데는 Lewis Nkosi의 *Mating Birds* (1986)가 있고 남아프리카에서 개개인간의 마찰을 다루고 있다. 이 소설은 특히 남아프리카의 감옥에서 처형을 기다리는 안타까운 작가에게 초점이 맞추어져있다. 감옥을 배경으로 한 중요한 이전의 소설로는 D. M. Zwelonke의 *Robben Island* (1973)와 Moses Dlamanini의 *Robben Island, Hell-Hole* (1983)이 있고 La Guma의 경우도 감옥을 배경으로 한 작품이 있다. Nkosi의 소설은 상당히 세련된 면을 보여주지만 이는 그가 많은 문학비평에 대한 글을—*Tasks and Masks: Themes and Styles of African Literature* (1981)—썼으며 또 대학에서아프리카 문학을 가르쳤다는 사실을 알고 나면 그리 놀라운 일이 안될 것이다.

남아프리카 여성 작가들로는 소설보다는 단편 쪽으로 많이 치우친 느낌이 든다. Bessie Head는 1986년에 일찍 사망한 여성작가로서 아프리카 문학을 이끈 주도적인 인물이었다. 반면에 Head의 소설 모두가 그녀의 망명 생활 동안에 Botswana에서 그 배경으로 쓰여 졌음은 남아프리카에서 조건을 대변하듯 하다.

그녀의 첫 소설인 *When Rain Clouds Gather* (1969)가 다른 아프리카 소설처럼 현대와 전통 사회 간의 불화에 관한 이야기로서 정치력에 관심을 주고 있으나 사실은 백인 식민지에 의한 Botswana의 Golema Mmidi마을을 묘사하는 것이 아니라 남아프리카에서 인종적인 압제를 피함으로써 사회 문제 해결이 가능하다고 보는 작품임을 자각하는 것도 흥미로운 일이다. 사실 책의 주요한 등장인물인 Gilbert Balfour는 긍정적으로 묘사된 인물로서 가난을 줄이기 위해서 자신이 알고 있는 농업기술을 가지고 시골을 현대화하려고 노력하는 상황이 두드러진 특징이다.

Maru (1971)에서 Head는 계속해서 Botswana 마을의 생활을 다루지만 상당히 그녀의 소설을 취급하는 기량이 많이 향상되었음을 알 수 있다. 소설 자체가 복잡하며 이야기도 여러 층으로 놓여 있어서 아프리카에서 종족 특유의 문화와 생활 습관을 우선 생각하는 종족주의(tribalism)이나 인종차별 정책(racism)이나 여성들의 차별 같은 아프리카 사회 현상의 심리적인 상태를 탐색하고 있다. 주요 등장인물들은 모두 우화적이고 비유적인 allegorical한 특징을 지니며 정치 사회 인종적 입장에서 전통적인 아프리카인 에 관한 편견을 탐색하고 있다. 사회적인 관습에 저항하는 개인의 의지를 인정함에 있어서 Head가 생각하는 관점은 아프리카의 사회주의적인 전통보다는 유럽의 개인주의와 일치하는 모습을 찾는데 큰 어려움이 없을 정도이다. 그럼에도 불구하고 Botswana사회의 문제점을 잘 다루고 있음은 주목할 만하다.

Head의 걸작으로는 *A Question of Power*(1974)로 Botswana 사회의 심리적인 불안정 그리고 자서전적인 탐색이 주된 관심사이다. 주인공 Elizabeth가—Head 그녀 자신으로 보이는 것이 사실인데—Botswana에 망명생활을 하면서 망명자로서 심리적으로 입는 타격과 신경쇠약 가운데서도 자신의 실체를 찾기 위해 노력해야하는 남성 중심의 사회 속에서 살아가는 흑인 여성의 심리적 갈등을 묘사하고 있다. Head의 스타일은 Elizabeth의 정신적인 질환과 사회에 대한 불안감을 경험하고 있음을 보여준다. Elizabeth의 악몽과도 같은 정신적인 고통과 소외감은 Head 그녀 자신의 개인적인 경험과 보다 큰 사회적인 피해 감을 나타낸다고 보아도 손색이 없을 것이다. 그러나 이 책은 불확실한 토운 이지만 긍정적으로 개인 간의 사랑이 주는 치료효과가 있음을 암시하면서 공동체의 협력이 사회의 일원으로서 살아가는데 있어서 중요함을 강조하면서 아쉬운 결론을 맺는다.

Head의 *Serowe: Village of the Rain Wind*(1981)는 보다 더 역사적인 관점에서 1880-1970년까지 Serowe 마을의 거주자들의 면담을 통해서 자료를 수집하고 글로 쓴 작품이다. 특히 written and oral narrative를 적절하게 조화시킨 실험적인 작품으로 Botswana의 역사에 관한 주제에 중점을 두고 인간적인 관점에서 Botswana의 이야기를 사실과 허구를 적절하게 결합하여 이끌어 가고 있음이 특징이다. Head의 마지막 소설은 *A Bewitched Crossroad: An African Saga*(1984)로서 Botswana의 역사에 관한 것이 주된 내용이다. Head의 단편소설들—*The Collector of Treasure and Other Botswana Tales*(1977)와 *Tales of Tenderness and Power*(1987)—또한 중요한 작품들에 속한다고 볼 수 있다.

소설이 남아프리카 흑인 여성들에 대해서 대중적인 장르가 아니긴 했지만 남아프리카 출신의 1991년에 노벨문학상을 수상한 백인여성 Ndine Gordimer의 소설이 남아프리카에서 가장 잘 알려진 사실은 또 재미있는 현상이라 하겠다. 사실 백인 아프리카 여성의 전통적인 소설은 19세기말 Olive Schreiner의 *Story of an African Farm* (1883)으로 거슬러 올라가며 아직까지도 널리 읽혀지고 있다. 사실 Schreiner의 작품은 남아프리카의 토착적인 배경을 배제한 채 백인 거주자들에 초점을 맞추고 있음은 비난의 대상이 될 수 있다. 그럼에도 불구하고 이 작품이 많은 후기 여성 작가들에게 영향을 미친것도 사실이다. Lessing은 Schreiner에게서 가르침을 받았으며 Gordimer는 가장 중요한 남아프리카 소설가로 아직도 활동 중이며 문학적인 기교를 사회적인 책임감으로 잘 조화시킨 모범적인 작가이기도하다.

Gordimer의 첫 소설들—*The Lying Days* (1953), *A World of Strangers* (1958), 그리고 *Occasion for Loving* (1960)—은 Adbul JanMohamed가 Gordimer의 작품을 유산계급의 모습을 보여주는 작품으로 설명 "bourgeois phase" (*Manichean* 88)하듯이 풍자로 남아프리카의 삶의 조건을 묘사하고 있다. JanMohamed에게서 소설이란—*The Late Bourgeois World* (1966), *A Guest of Honour* (1970), 그리고 *The Conservationist* (1974)—Gordimer의 점증하는 사회적 정치적 난폭함에서 볼 때 "postbourgeois" 단계로 이해할 수 있을 것이다. *The Conservationist*는 첫 소설로서 권위 있는 Booker Prize를 수상하기도 했으며, 비록 그녀의 서정적인 스타일이 그녀 생애의 최고로 보는 견해도 있지만 인종적인 차별과 개인이 그런 사회구조 속에서 살아가야 하는 어려운 조건을 잘 소화해 냄으로서 이 작품을 통해서 Gordimer는 그녀의 명성을 전세계에 알리는 좋은 기회가 되기도 했다. *Burger's Daughter* (1979)와 *July's People* (1981)이 출판되던 때에 Gordimer의 소설은 이미 상당히 폭넓은 독자층을 확보하고 있었다. JanMohamed는 Gordimer의 작품을 혁신적인 변화 "revolutionary"의 시작이라고 하는데 이는 남아프리카에서 삶의 처절한 조건이 폭발단계에 왔으며 작품을 통해서 이에 대한 위기감을 고조시킨 경우이기도하였다. 이런 맥락에서 정치적인 신념이 개입된 작품으로 *A Sport of Nature* (1987) 그리고 *My Son's Story* (1990)들이다. Gordimer의 인종차별 정책이 폐지된 이후 나온 소설로는 *None to Accompany Me* (1994)로서 인종차별 정책으로 상처를 입을 만큼 입은 이 사회에서 새로운 남아프리카를 건설하려는 혼란스런 시도를 그리고 있다. 그녀는 이외에도 여러 권의 단편과 수필을 쓰기도 했다.

남아프리카 남성 백인 작가들의 전통은 1948년 인종차별이 공식화 된 후 초기에 활발했다. Alan Paton의 *Cry, the Beloved Country* (1948), Dan Jacobson의 *Evidence of Love* (1960), Jack Cope의 *The Dawn Came Twice* (1969)이 대표적인 작품으로 pessimism이 짙은 작품들이지만 인종차별의 부당함과 개방적인 가치관을 결합시킨 작품들이다. 가장 중요한 백인 남아프리카 작가로는 J. M. Coetzee로서 자의식적인 modernism기법 그리고 실험적인 스타일을 인종차별의 위험과 잘 조화시켜 뛰어난 기교와 세련된 성향으로 — 그가 University of Texas에서 박사학위를 받은 후 University of Cape Town에서 교수로서 가르쳤음 — 남아프리카의 정치 사회적인 현실을 힘이 넘치는 글로 묘사하고 있다. Coetzee의 소설은 *Dusklands* (1974)에서 시작하여 식민지 주의자들을 풍자하고 있는데 이는 postmodernism계열의 유럽 작가들 가령 Samuel Beckett나 Vladimir Nabokov를 연상시킬 정도이다. *In the Heart of the Country* (1977)에서는 남아프리카 노예주의 정신적인 상태를 의식의 흐름기법으로 탐색하고 있다.

Coetzee의 걸작으로는 *Waiting for the Barbarians* (1980)로 폭력을 사실주의적인 방식으로 도입하고 이를 거의 제국주의와 인종차별의 상징적인 이미지 형태의 초현실주의적인 요소와 결합시키고 있다. 한편 그는 아프리카 작가로서는 두 번째로 Booker Prize상을 수상했으며 *The Life and Times of Michael K* (1983) 소설은 소설과 실제 현실의 관계를 초 소설적인 방식으로 남아프리카에서 반식민지 그리고 반 인종 차별을 바라는 개개인의 노력과 정부 당국의 탄압을 위주로 탐색하고 있다. 이는 일종의 실험적인 요소가 강한 소설로 20세기 유럽의 문학을 연상시키기도 한다. *Foe* (1986)은 훨씬 더 강한 자의식을 발전시킨 소설로 18세기 Daniel Defoe의 *Robinson Crusoe*와 *Roxana*의 plot을 따라서 특이하게 예술적인 창조력을 가지고 정치적 탄압에서 오는 영향을 철학적으로 탐색하고 있다. *Age of Iron* (1990)에서는 작가에 대한 사회적인 영향이 주는 양상을 탐색하고 있으며 Coetzee의 첫 번째 인종차별 정책이 폐지된 이후의 소설인 *The Master of Petersburg* (1994)는 유럽의 전통을 19세기 Russia의 소설가인 Fyodor Dostoevsky의 삶을 다시 소설화해서 진행시키고 있다.

식민지 기간이 끝난 시점까지, 프랑스와 영국은 아프리카에서 두 주요한 식민지 세력이었고 이를 계기로 영국과 프랑스는 두 나라의 식민주의를 통해 아프리카에서 불어와 영어를 보편화시키는 계기가 되었고 이를 통해 영어와 불어로 아프리카 문학이 발전하는 계기가 되기도 한다. 비록 본 텍스트의 초점이 영어로 쓰인 아프리카 문학이지만 사실 아프리카 작가들에 의해서 불어로 쓰인 아프리카 소설을 말하지 않고는 아프리카 소설의 진면목을 밝히기 어려운 이유도 여기에 있다고 할 것이다. 이는 불어로 쓰인 상당히 중요한 작품들이 있을 뿐만 아니라 불어로 글을 쓴 아프리카 작가들이 영어로 작품을 쓴 작가들 보다 그 수에 있어서 능가할 뿐만 아니라 불어로 쓰인 작품들이 시기적으로 영어로 쓰인 작품보다 앞선 경우가 상당히 많이 있기 때문이다. 어쨌든 영어권 소설과 불어권 소설 간에는 상호 영향을 주고받았음이 사실이며 이 두 전통을 따로 분리시켜 생각하기에 너무도 많은 벽이 있어서 쉽지 않음을 우선 알아야 할 것이다.

Rene Maran의 *Batouala* (1921)는 종종 첫 번째의 불어로 쓰인 작품으로 이해된다. 비록 Maran이 처음 프랑스 식민지 섬인 Caribbean의 Martinique 출신이긴 하지만 그는 어린 시절을 아프리카에서 보냈고 아프리카에서 프랑스 식민정부 아래서 20년 이상을 근무한 인물이기도하다. 어쨌든 Maran이 영국의 Booker Prize와 필적할 만한 Prix Goncourt상을 그에게 수여할 정도로 아프리카 작가들에겐 많은 영향을 준 작가라고 할 수 있다. 흑인 노예 해방 운동을 이끈 Leopold Senghor는 Maran이야 말로 아프리카 소설의 아버지라고 칭찬을 아끼지 않고 있다. Abiola Irele는 Maran을 "the creature of the modern African novel" (*African Experience* 132)라고 지적한다. Maran의 뛰어난 문학적 기교는 프랑스의 상징주의 흔적을 보이기도하며 이 상징주의적인 틀을 아프리카의 oral storytelling 전통과 조화시켜 프랑스 식민지하의 아프리카를 생동감 있게 묘사하고 있을 뿐만 아니라 앞으로 영어나 불어로 된 소설이 어떤 식으로 발전할 것인가를 미리 예견하듯 하다.

다른 많은 불어권 아프리카 작가들은 1920년대와 1930년대 그리고 1940년대에 다수의 작품을 출판했으나 많은 비평가들은 Camara Laye의 L'enfant noire (1953, *The Dark Child* 1954)를 불어로 된 현대 아프리카 소설의 시작으로 보는 견해가 있다. 그러나 가장 중요한 불어권 아프리카문학은 노예해방운동이란 현상이었고 등장인물들 가운데, 특히 Senghor이나 Aime Cesaire는 프랑스의 초현실주의자의 즐겨 사용하는 기법을 도입하고 있어서 흑인 아프리카인들로서는 보다 긍정적인 그들의 identity를 발전시키는데 공헌을 하도록 하고 있다. 사실 의견이 분분하고 자주 비판의 테이블에 오르긴 하지만 노예해방 운동은 소설보다는 시에서 더 특이한 현상으로 보여 지며, 특히 불어권 아프리카 문학이 성장하는데 상당한 공헌을 했음을 부인하기 어려울 것이다.

Laye의 작품은 스타일로 보아 노예해방을 위한 운동에 받은 영향이 미미하다고 할 수 있지만 식민지의 흔적을 전혀 찾아볼 수 없는 전통적인 Malinke사회에서 삶의 조건을 이상적으로 묘사하는 부분을 보면 흑인 해방 운동과 전혀 무관함을 주장하는 의견에는 다소 문제가 있음을 지적하지 않을 수 없다. 사실 Senghor는 지나친 이상과 감상적인 면을 피하는 Laye가 선호하는 그런 인물인 점도 있다. 그러나 Laye가 아프리카 문화의 동질성에 관한 섬세한 묘사를 불어권 작가들로 부터 이어 받고 있으며 반식민지에 관한 정치와 관련된 부분이 많이 등장하는 것도 사실이다. Laye 자신은 *Dramouss* (1966, *A Dream of Africa* 1968)에서 보다 직접적인 방식을 도입한다. 보다 특별한 관심의 대상으로서 중요한 작가로는 Cameroon출신의 Mongo Beti로서 식민주의를 몰아내는 방식에서 유머와 풍자의 방식을 도입하여 아프리카의 동질성이란 맥락에서 크게 기여하였음을 쉽게 알 수 있게 한다. Beti는 *Le pauvre Christ de Bomba* (1956, *The Poor Christ of Bomba* 1971) 그리고 *Mission terminee* (1957, *Mission to Kala* 1958)에서 불어권의 풍자 소설의 진면목을 보여주고 있다. 1960년대 폭동 때에는 침묵으로 일관했으나 1970년대에는 탈식민지 아프리카의 정치적인 상황을 탐색하는 작가로 다시 부상하기도 했다. 이들 작품으로는 *Perpetue* (1974, *Perpetua and the Habit of Unhappiness* 1974, *Remember Ruben* 1980)가 있다.

또 다른 중요한 초기 풍자작가로는 Cameroon 출신의 Ferdinand Oyono로서 *Le vieux negre et la medaille* (1956, *The Old Man and the Medal* 1967)에서 그는 오랫동안 프랑스 식민주의를 충성스럽게 섬겼으나 점점 자신의 행동에 회의를 느끼는 Cameroon출신의 노인의 눈을 통해서 프랑스 식민주의를 풍자하고 있다. Oyono의 *Une vie de boy* (1960, *Houseboy* 1966)는 또 다른 우수한 그의 풍자소설이다. 이 책에서 프랑스 식민주의자들의 행동을 괴상하고, 양식이 없고, 심지어 음란한 모습으로 묘사하여 전통적으로 아프리카인 에 대한 야만인이라는 고정관념을 반대로 되돌려 놓고 있으며 식민주의자들을 풍자하며 재미있게 이야기를 진행시키고 있다. 이 시기 동안에 풍자의 형태 소설이 계속 진행되었지만 현대에 와서는 Congo 출신의 Henry Lopes의 *Le pleurer-rire* (1982, *The Laughing Cry* 1987)가 두드러진 작품으로 탈식민지의 아프리카 독재를 소설화시켜 삶의 조건을 이상적이면서도 풍자적인 어조로 이끌어 가고 있다.

한편, Cheikh Hamidou Kane의 *L'adventure ambique* (1962, *Ambiguous Adventure* 1963)는 또 다른 중요한 경향으로 불어권 철학 소설의 무대를 마련하게 했다. 주로 물질적인 부유함에 치우친 유럽문화의 정신적인 빈곤에 관한 명상에 많이 할애를 하고 있는 이 책은 Sambo Diallo라는 Senegal출신의 젊은이가 프랑스 식민지 학교에서 유럽의 비밀을 캐기 위한 시도로 이슬람에 헌신한다는 이야기이다. 결국 그는 철학을 공부하기 위해서 Paris로 이주하지만 유럽의 비밀을 캐기가 어려움을 알고 실망에 잠긴다. 반면에 그는 자신이 어린 시절 정신적인 가치와 유럽 자본주의 사회의 물질적인 가치관이란 중앙에 위치하여 문화적으로 모호한 입장에 있음을 깨닫게 되며 어느 문화권에 흡수되기도 어렵다는 사실을 알게 된다.

아마도 가장 중요한 철학적인 요소의 소설가로는 학자겸 철학가로서아프리카 문인들 가운데 잘 알려진 V. Y. Mudimbe일 것이다. Mudimbe는 *Entre les eaux*

(1973, *Between Tides* (1991), *Le bel immode* (1976, *Before the Birth of the Moon* 1989) 그리고 *L'ecart* (1979, *The Rift* 1993)에서아프리카와 유럽의 지적인 전통을 통해서아프리카 개개인들의 의식에 미치는 영향을 찾아보려고 한다. Mudimbe의 작품들은 사실 유럽인이나 아프리카의 평범한 독자들에겐 지나치게 세련된 대화체를 사용한다는 비난이 있었음을 부인하기 어려운 점은 그가 종종 어렵고도 여러 언어를 혼합해서 글을 쓴다는 사실을 생각하면 이를 이해하기가 더 용이 할 것이다.

논쟁의 대상이 되긴 했지만 가장 중요한 초기 불어권 아프리카 소설로는 Yambo Ouologuem의 *Le Devoir de violence* (1968, *Bound to Violence* 1971)이다. 사실 Matthieu Galey의 Ouologuem의 서평에서는 그를 "the first African novel worthy of the name"라고 약간은 과장된 칭찬을 하고 있는데 그의 *Le Devoir de violence*는 권위 있는 Prix Renaudot를 1968년에 수상했으며(219) 서구 문학계에서도 최초의 눈길을 끌었던 소설들 가운데 하나임을 부인하기 어렵다. 아이러니와 전통적인 아프리카의 입으로 전하는 시인들을 연상시키는 narrative voice를 도입하여 이 책은 신 식민지시대에 Arab의 침략자들에 의해 일찍 정복된 소설 상의 Nakem Empire가 이야기를 담고 있다.

이런 형태를 도입하는 Ouologuem은 독자들에게 프랑스의 식민지주의가 Arab의 정복과 지배보다는 앞섰음을 보여주고 있다. 게다가 Ouologuem은 Saif 왕조 — 13세기경에 살육과 공포정치로 국가를 다스렸음 — 가 프랑스 식민지 기간에도 Nakem을 그처럼 엄격하게 지배함을 암시하고 있다. Saif왕조와 그의 측근들은 프랑스 식민주의자들을 조정하여 그들 자신의 이익을 챙기고 심지어 프랑스 관리들이 식민지 통제를 하면서 그들이 겪는 어려움을 돕기까지 하는 모순된 면을 보여주고 있다. 한편 Nakem의 평범한 사람들은 명목상 그들의 지도자가 존재하지만 탄압과 압제 하에서 온갖 고통을 당하는 소위 말해서 흑인 쓰레기들 "nigger-trash"로 존재함을 보여주고 있다.

Ouologuem의 책은 많은 비평가들과 독자들의 논쟁을 불러일으켰으나 극히 프랑스어의 사용과 역사적인 영역을 이해하는데 중요성이 있다고 하겠다. 우선 그 주제를 보면 비열한 폭력과 무분별한 성적인 문란으로 부정적인 아프리카인들에 대한 유럽인들의 흑인들에 대한 고정관념 stereotype를 더욱 강화하도록 한다는 점이다. 이는 특히 Ouologuem이 유럽의 식민주의 영향보다는 토착적인 아프리카 문화가 가진 힘에 대한 아프리카 사회를 묘사하는데 있어 그 천박함을 논쟁의 대상으로 보여주고 있음이 관심거리이다. 게다가 Ouologuem의 작품이 유럽의 작가들 — Andre Schwartz-Bart, Graham Greene, 그리고 Guy de Maupassant — 의 작품을 표절한 느낌을 지울 수 없다는 내용이다. 그러나 세밀한 대조를 해서 보면 반드시 그렇지만 않으며 서로 다른 차원에서 다루어지는 내용이 많은 것이 사실이다.[20] Ouologuem의 편에서 그를 옹호하는 평자들의 — Christopher Miller — 의견 또한 만만치 않다. Ouologuem의 *Le devoir de violence*는 효과적인 문학의 전략으로 유럽의 문학 형태에 대한 도전으로 볼 수 있을 정도로 우수하다. Miller는 Ouologuem의 책이 아프리카에 대한 편견을 가지고 있는 유럽인들 의 편견에 대해 효과적인 대응을 하고 있음을 지적하고 있다.[21]

불어의 독창적인 사용으로 지적할 수 있는 것은 Ahmadou Kourouma의 *Les soleils des independances* (1968, *The Suns of Independence* 1981)가 있는데 이는 불어를 Malinke의 구문과 리듬에 적응시켜서 불어 산문의 아프리카 스타일을 다시 만들어 내는 특이함이 있다. 사실 이와 같은 불어의 각색은 불어권 아프리카 소설의 주요 요소로 Lopes, Labou Tansi, 그리고 Tierno Monenembo같은 작가들에 의해서 추구되고 있다. Iourouma의 책 또한 Ouologuem의 작품 *Le devoir de violence*처럼, 식민지 개척자와 피 식민자의 대립을 초월한 정치적인 것이 주제로 파악되며 그의 *Les soleils des independances*는 더 효과적이면서도 긍정적으로 아프리카 문화의 동질성의 탐색이란 형태로 이를 묘사하고 있다. Kourouma의 후기 작품인 *Monne, outrages et defis* (1990, *Monnew* 1993)는 *Le devoir de violence*와 유사한 점으로는 서 아프리카 역사를 다루고 있는데 있지만 Monne는 프랑스 식민지 기간에 — 19세기 말 프랑스의 정복에서부터 1950년대 독립하기 직전까지 — 한정된 것이 특이하다. *Monne*에서 Kourouma는 Les soleils des independances에서 보다 불어를 변형시키는 정도가 덜한 편이지만 그럼에도 불구하고 유럽과 아프리카 언어의 전통적인 대화체에서 오는 차이점을 보충하며 아프리카 역사에 대한 명상과 문학의 형태를 심도 있게 다루고 있다: "[an exploration of] the literate form of the novel as both the medium of an engagement with history and as a creative transformation of orality within writing in its formal realization"(Irele, "Narrative" 167).

---

20) Wolitz는 Ouologuem과 Greene의 작품을 정밀하게 비교한 후 Ouologuem의 작품이 후자의 작품보다 더 Inventive하다는 결론을 내렸다. 그러나 이들 두 작가의 작품에서 처음 시작하는 구절이 동일하다는 것은 사실이다. 그리고 구조적으로도 유사함을 발견할 수 있음도 사실이다. Eric Sellin은 특히 Ouologuem이 표절 "plagiarism"을 했음을 비난하고 있으며 Le Dernier des justes를 Bound to Violence의 청사진과 같은 것임을 강조하고 있다. 더 자세한 내용이 필요하면 "The Unknown Voice of Yambo Ouologuem"을 참고하기 바란다.

21) 20세기 서구 작가들도 가령 Collage 화법과 같은 모더니즘의 기법으로 — James Joyce, T. S. Eliot — 유사한 구조를 이용하고 있다. 이들 작가들도 사실은 Plagiarism 시비로 고통을 받은 적이 있다.

Senegal의 Nafissatou Diallo가 쓴 *De Tilene au plateau: Une enfance dakaroise* (1975, *A Dakar Childhood* 1982)는 여성이 불어로 쓴 중요한 작품으로 여겨진다. Diallo외에도 다른 여성 작가들은 Senegal의 Ken Bugul, Zaire의 Ilunga-Kabalu, 그리고 Cameron의 Werewere Liking이 있다. Liking은 그의 *Elle sera de jaspe et de corail* (1983, "She will be of jasper and coral")에서 comic satire를 노래 풍의 언어를 결합하여 전통적인 소설의 전통이 가지고 있는 융통성을 더 확대해 놓았다. 사실적인 형태의 소설이긴 하지만 특히 중요한 작가로는 Senegal의 Aminata Snow Fall로서 여성의 관점에서 그의 정치적인 색채를 경제적으로 묘사하며 정치적인 폭정으로 부터 압박 받는 아프리카 빈민들이 자유를 부르짖고 있는 모습을 주로 다루고 있다. Snow Fall의 작품은 비교적 미국에서는 잘 알려져 있지 않았으며 이는 곧 냉전의 현상으로 좌익 작가들에게는 그리 환영받지 못하는 작가임을 구체적으로 보여주는 경우이기도 하다. 사실 그의 소설들 가운데 영어로는 단 한 권의 번역만 되어 있을 뿐이다. Snow Fall의 첫 소설 *Le revenant* (1977, "The ghost")는 감옥에서 방금 자유를 찾은 젊은이가 경험하는 세계를 자세히 그리고 있으며 이런 분위기 속에서 탈식민지 아프리카의 사회 조건을 볼 수 있게 하기도 한다. Snow Fall의 걸작으로는 영어로 번역이 된 *La greve des battu* (1979, *The Beggars' Strike* 1981)으로 서구의 proletarian 문학처럼 사회의 불평등한 구조와 무책임한 사업가들에 의한 노동자들의 착취를 고발하고 있다. 이어서 Snow Fall은 *L'appel des arene* (1982, "The call of the arena"), Ex-pere de la nation (1987, "Former father of the nation"), 그리고 *Le jujubier du patriarche* (1993, "The patriarch's jujube tree")에서 이런 강렬한 정치적 신념을 유지하면서 사회조건을 정확하게 묘사하여 아프리카의 빈민들의 삶을 알리고 있다.

아마도 가장 잘 알려진 불어권 아프리카 소설은 여성 작가로서 Mariama Ba의 *Une si longue lettre* (1979, *So Long a Letter* 1918)일 것이다. 이 작품에서 그녀는 간단한 서한체 소설로서 사회적으로 정치적으로 탈식민지 아프리카에서 여성이 직면하는 쟁점 사항들을 묘사하고 있다. 특히 이 소설은 일부다처제인 polygamy와 남편에게서 버림을 받는 주인공, Ramatoulaye가 겪는 어려움을 보여준다. *Un chant ecarlate* (1981, *Scarlet Song* 1985)는 Ba가 요절한 직후에 곧 출판이 되었고 역시 일부다처제의 문제점을 고발하고 있다.

마지막으로 불어로 글을 쓰는 아프리카의 소설가는 아무리 말썽이 많아도 Senegal 출신의 Ousmane Sembene으로 그가 아프리카 문학에 공헌한 사실은 엄청나며 무시할 수 없는 인물이다. 그는 장편을 비롯해 1950년대 초기 불어권 아프리카 소설이 기반을 내리는데 공헌하였으며 문학적인 활동과 저술활동이 두드러진 작가임에 틀림이 없다. 형태적으로 볼 때 Sembene의 소설은 20세기 Soviet Union에 유행한 유럽의 사실주의 전통을 따르고 있다. 그럼에도 불구하고 Sembene는 그의 작품과 전통적인 아프리카 oral narrative와 긴밀한 관계가 있음을 그의 소설 *L'Harmattan* (9163)에 첨부된 서문에서 전통적인 "griot"[22]과 현대 작가의 역할을 조화시키고 있음을 들어 설명하고 있음이 특징이다.

Sembene 자신의 노동계급의 배경은 1950년대 Marseilles에서 부두의 노동자로서 일한 후에 작가로서 글을 쓰기 시작했음을 볼 때 분명히 1956년 출판된 *Le docker noir* (*The Black Docker* 1987)가 젊은 Senegal청년이 Marseilles에서 부두 노동자로서 고통을 받는 모습은 자연스런 현상으로 여겨진다. 그의 두 번째 소설인 *O pays mon beau peuple!* (1957, "O my country, my good people!")는 프랑스에서 Senegal의 조그마한 어촌으로 이동하면서 백인의 흑인에 대한 인종 차별과 흑인 남성과 결혼한 백인 여성에 대한 편견을 병치시키고 있다. Sembene는 1960년 *Les bouts de bois de Dieu* (*God's Bits of Wood* 1962)를 출판하면서아프리카 불어 소설가로서 부상하게 되었고 이 작품은 아직까지 아프리카 문학의 걸작으로 통한다. 이 책은 1947-1948년간 프랑스 식민지의 Dakar-Niger철로 파업을 극화한 일종의 역사 소설이라고 할 수 있다. 주요 관심은 파업을 주동하는 남성들의 입장을 지지하는 여성들의 중요한 역할에 있다. 파업자들은 흑인들이고 고용주들은 백인인데 반해서 Sembene는 파업을 인종적인 적대감이라기보다는 계급간의 투쟁으로 묘사함으로서 사회주의자들이 가지고 있는 견해를 보여주는 듯하다. *L'Harmattan*[23]이 끝없이 몰아치는 바람같이 1950년대 말 식민지인 아프리카 전역에 부흥한 독립에 대한 열기를 묘사하고 있다. 그러나 Fanon을 연상시키는 이 책은 독립 그 자체만이 진정한 자유를 가져올 수 있다고는 보지 않고 사회주의를 통한 자유를 부르짖고 있음을 주목할 필요가 있을 것이다.

Sembene의 초기 단편 소설로 *Voltaique* (*Tribal Scars and Other Stories* 1974)가 1962에 출판되었고 *Vehi-Ciosane*와 *Le Mandat*가 1964년에 영어로 번역이 된 *The Money Order, with White Genesis* (1972)와 함께 출판이 되었다. 이들 소설은 식민주의의 영향아래 Senegal 사회가 당하는 고통을 보여주고 있지만 전통적인 과거로의 회귀를 통해서가 아닌 사회주의로의 전환에 의한 아프리카의 동질성을 추구하고 있다. 1974년부터 Sembene는 그의 주된 관심사를 Xala (1976)를 통해 식민주의에서

22) 전승시인, 서아프리카 여러 부족에서 구비의 전승을 맡은 사람
23) 1963, 12월에서 3월 동안 몰아치는 아프리카의 뜨겁고 건조한 바람을 의미함.

신 식민주의로 전환을 시도하였다. Beti같은 comic satire를 도입하면서 Sembene는 탈식민지 Senegal에서 자신들의 부를 축적하기 위해 부패한 토착 관료들이며 부자들을 묘사함으로서 Senegal 에서 신 식민지가 어떻게 다시 착취되고 있는지 묘사하고 있다. 그러나 일부다처제와 같은 식민지 이전의 사회적인 관습 또한 풍자가 되었고 Sembene은 다시 아프리카의 자유는 식민지 이전으로 회귀가 아닌 사회주의의 도입을 통해서 이루어져야함을 강조하고 있다. Sembene의 최근 장편 소설인 *Le dernier de l'empire* (1981, *The Last of the Empire* 1983)는 신식민주의자들과 독립주의자 (nationalist)들 사이의 소설 상의 대립에 초점을 맞춘 satire이며 어느 쪽의 의견도 Senegal의 자유와 정의를 실현할 수 없음을 강조하고 있다. 마찬가지로 1980년대 출판이 된 소설로 *Niiwam and Taaw*[24)]이 있다.

Sembene의 후기 소설은 시각적인 이미지의 사용을 통해 영화에서 사용하는 기법을 도입하고 있는데 그가 영화 제작자였음을 상기하면 이상할 것이 하나도 없을 것이다. 그의 작품은 강력하게 사회주의자들이 추구하는 정치적인 관점이며 특히 아프리카 사회에서 여성들이 겪어야 하는 어려운 상황을 많이 다루고 있으며 이를 통해 그는 불어권 작가를 비롯해 아프리카에서 활동하는 작가들에게까지 많은 영향을 미치게 된다. 많은 불어권 작품들이 언어적인 실험에 치우친 반면에 Sembene의 경우 비교적 솔직한 형태의 산문을 택했으며 그런 이유가 보다 많은 아프리카 독자들의 구미에 맞은 것으로 생각된다. 그러나 불어권에 생활한 대부분의 독자들이 불어를 잘 알지 못한 사실을 고려해서 Sembene는 영화 제작으로 방향을 돌리기 시작한 것이다. 사실 그는 영화제작에서 크게 성공을 하였음은 물론이고 아프리카 영화의 아버지로도 불리어 질만도 하다고 하겠다.

아프리카는 지리학적으로나 문화적으로 다양한 거대한 대륙이며 특히 인위적으로 대륙을 구별 하거나 세분화하여 아프리카가 지닌 모든 문화적인 역량을 모두 포용하고 정의하는 데는 많은 한계가 따른다고 할 수 있다. 우선 영어와 불어는 아프리카를 지배해온 식민지 언어로만 보는데도 문제가 있을 수 있다는 생각이 든다. 가령 예를 들어서, 한때 아프리카에서는 상당히 중요한 Lusophone 아프리카 문학이 있었다. 그러나 아프리카 문학은 Portuguese어로 된 것이었다. 또 영어, 불어, 아니면 포르투칼어로도 해당하지 않는 Swahili어로 된 아프리카 문학이 있다. 결국 유럽의 식민주의로부터 유래한 전통이나 아니면 아프리카 토착 문화에서 오는 전통 그 어느 것으로도 한계 지워 설명되어질 수 없는 아프리카 문학의

24) 1987, 이것이 다시 영어로 번역이 되어 1991년에 *Niwaam and Taaw* 출판됨.

존재를 우리가 인정해야하며 또 그 폭을 넓혀서 이해하는 것이 바람직하다는 말이다. 이는 아프리카 문학이 지닌 풍부한 속성이외에도 Arab어로된 문학까지 포함해서 생각해야할 문제이기도하다. 그리고 아프리카와 Sahara지역에서도 문화적인 차이가 존재하지만 주의해야할 점은 Algeria, Morocco, 그리고 Egypt까지도 아프리카인들과 분리해서 설명되어서는 곤란하다는 점일 것이다.

Portuguese 아프리카 문학도 아프리카 문학에는 미치지 못하지만 상당한 관심을 모았다. 사실은 Portuguese어를 알고 있는 독자층들이 많지 않다는 점과 또 영어나 불어로 된 문학 작품들에 비하면 그 한계성을 인정하지 않을 수 없지만 사실은 이들 문학 작품이 영어나 불어로 번역이 되어 출판이 된 것이 거의 없음도 실질적인 이유가 될 수 있을 것이다. 그러나 Lusophone 아프리카 소설도 그 나름대로의 깊은 전통이 있음을 인정해야한다. Gerald Moser는 이 문학의 시작을 19세기 중기로 잡고 또 최초의 아프리카 문학으로 볼 수 있음을 지적한다. 한편 Portuguese어는 현대 아프리카의 Angola와 Mozambique의 공식적인 언어로 아프리카 소설에 중요한 공헌을 하였음을 부인하기 어려울 것이다. 1969년에 Luis Bernardo Honwana의 단편집인 *We Killed Mangy Dog and Other Mozambique Stories* (원래는 *Nos matamos o cao tinhoso*, 1964)는 권위 있는 Heinemann African Writers Series에서 영어로 번역이 된 최초의 Lusophone 아프리카 소설이 되었다. Honwana는 Portuguese언어와 그의 원주민 언어인 Ronga의 리듬을 조화시켜 글을 쓰고 있으며 이는 Mozambique 출신으로는 가장 영향력 있는 작가로 부상하는 실마리가 되기도 했다. Angola는 중요한 여러 작가들을 배출하기도 했는데 이들 가운데 많은 작가들은 정치적으로 불안한 분위기와 내전으로 고통을 받으면서 자란 1960년대에서 1980년대까지를 섭렵하는 작가들이 주종을 이룬다. 특히 주목할 만한 작가로는 Jose Luandino Vieira라고 하는 언어학적으로 단편의 정치적인 우화를 즐겨 쓰고 있다. Uanhenga Xitu는 Portuguese와 Kimbundu언어를 조화시켜 1974년에 Manana를 출판하였으며 Manuel Rui는 일종의 단편으로 볼 수 있는 Luanda 도시에 초점을 두고 *Sim camarada!* (1977, *Yes, comrade* 1992)을 출판하였고, Pepetela는 1980년대 좌익 정치적인 소설인 *Mayombe* (1984)을 출판하기도 했다.[25)]

Mofolo나 Fagunwa 아니면 최근의 인물인 Ngugi같은 인물이외에도 여러 작가들이 아프리카의 토착어로 많은 주요한 작품을 쓰기도 했다. 가령 Henry Masila Ndawo는 Xhosa에서 1909년 초 *uHambo lukaGqoboka*를 출판하였으며, 1940년에는 A. C. Jordan의 *Inggumbo yeminyanya*가 출판이 되었다. 아마도 가장 중요한 아프리카어 문학은

25) 더 자세한 정보를 필요로 하면 필자가 뒷부분에 도서 목록에서 제시한 Russell Hamilton의 책을 참고하기 바란다.

Swahili로 출판이 된 것일 것이다. Swahili어로 된 작품들은 최소한 17세기까지 거슬러 올라간다. 소설가, 시인, 그리고 수필가인 Shaaban Robert는 Swahili어가 1940-1950년대에 문학어로 많이 쓰이도록 공헌했으며 특히 오늘날에는 Swahili어로 문학을 하는데 정부가 많이 후원을 해서 Euphrase Kexilahabi같은 작가들을 배출한 Tanzania에 그 강한 흔적을 볼 수 있다. 그러나 좌익 정치적인 관점 때문에 영어로 번역되는 어려움이 아직도 있다. 이처럼 Tanzania의 Swahili전통은 Wole Soyinka 또는 Ayi Kwei Armah같은 강력한 작가들에 의해 범 아프리카 문학 공용어로 추천하는 의견이 나오고 있을 정도로 강력함은 주목해야 할 것이다.[26)]

북아프리카 지역가운데 상당한 국가들은 이전 프랑스 식민지의 지배를 받던 지역들로서 불어로 된 아프리카 문학에 상당한 영향을 미치기도 하였다. 가령 Jean Dejeux는 Algeria인들에 의해 불어로 된 최초의 소설이 1920년에 출판되었고 400권 이상의 소설과 단편집들이 1945-1989년 사이에 출판되었음을 강조하고 있다. Mohammed Dib, Kateb Yacine, Rachid Boudjedra, Tahar Ben Jelloun, Driss Chraibi 등의 작가들은 Islam의 문화를 유럽의 식민지를 통해 얻은 경험과 결합시켜 좀 더 생동감 있는 북아프리카 문학의 장을 여는데 공헌을 하였음도 부인하기 어려울 것이다. Ben Jelloun의 *La nuit sacree* (1987, *The Sacred Night*, 1989)는 권위 있는 Prix Goncourt를 1987년에 수상했다. 그러나 가장 중요한 북아프리카 문학은 Arab어로 쓰인 것으로 독립이후에는 아랍 문학이 성장하는데도 중요한 영향을 미친 것이 사실이기도 하다. Abdelhamid Benhedouga의 *Rib al Ganub*는 1971년에 (“Wind from the South”) 출판되어 첫 번째 아랍어로 된 (Bois 105) Algeria소설로 lgo되고 있다. 이 외에는 Ghamouqat, Merzak Bagtache, 그리고 Ezeddine Madani등이 불어와 아랍어로 작품을 쓰기도 하였다.[27)]

마지막으로 중요한 북 동부 아프리카 소설을 살펴보기로 하자. Hama Tuma의 영어로 소설집으로는 *The Case of the Socialist Witchdoctor and Other Stories* (1993)가 출판되었고 1970년대와 1980년대에 Soviet의 지원을 받는 Mengistu정권 하의 Ethiopia의 상황을 풍자로 고발하고 있으며 Farah의 “African Dictatorship” 3부 작과 필적할 만한 위치에 있는 작품이다. 그러나 북 동부 아프리카 소설은 아랍어로 쓰여 졌고 특히 서 아프리카에서는 Sudan의 소설가인 Tayeb Salih가 쓴 *Mawsim al-hijrahila1- shamal* (1966, *Season of Migration to the North* 1969)이 있다. Egypt에서도 19세기에 전성을

26) Bertoncini를 참고할 것. 더 자세한 정보가 필요한 독자들은 Albert Gerard와 Robert Cancel의 책을 참고하기 바란다.

27) 보다 깊은 연구를 위해서는 *Research in African Literature*에서 편집을 맡고 있는 Patricia Geesey의 글이 도움이 될 것이다.

누린 아랍 문학의 영향이 두드러지게 나타난다. Alifa Rifaat 와 Nawal el Saadawi같은 여성 작가들은 이슬람 문화와 사회를 Feminist관점에서 조명하고 있다. 그러나 국제적으로 1988년 노벨문학상을 수상한 Egypt의 Naguib Mahfouz를 빼고는 아랍권 문학을 논할 수 없을 것이다. 유일한 아랍어 작가로서 Mahfouz는 상당히 다작을 한 작가로서 40여권의 소설과 단편집을 썼으며 이들 가운데 상당한 양이 영어로 번역이 되어 출간되었음은 주목할 만한 일이다. 그는 또한 극작품을 비롯하여 30편의 영화각본 시나리오인 Screenplay도 제작했다. 그의 소설은 Egypt의 과거에 관한 역사적인 관점과 식민지와 현대화된 Egypt의 사회에 관해 관심을 가지고 있으며 Mahfouz의 작품은 유럽의 많은 작가들로부터 영향을 받아 실험적인 요소가 많은 사실주의적인 색채가 짙은 소설이다. Cairo Trilogy라고 불려지는 *Bayn al-Quasrayn* (1956, *Palace Walk* 1990), *Qasr al-Shawq* (1957, *Palace of Desire* 1991), 그리고 *Al-Sukkarh-yah* (1957, *Sugar Street* 1992)등이 있다. 이들 소설에서 Mahfouz는 세계1차 대전을 경험한 Cairo의 한 가정의 3세대를 추적하고 있다. 이렇게 함으로서 그는 Egypt의 문화와 사회를 급격한 역사의 전환기에 어떤 모습으로 변화되어왔는지 묘사하고 있는 것이 무척 흥미롭게 보여지는 것이다.

3

19C 미국문학론과 초절주의

쏘로우(Thoreau)의 글을 읽으면 독자들은 자연 가운데서 체험할 수 있는 황홀경을 곧 바로 발견할 수 있다. 자연이라는 대상은 인간 세상에 존재하는 정신적인 것과 물질적인 것들을 비롯하여 모든 이원론적인 것들을 하나로 묶어 주는 힘이 있기 때문이다. 그에게서 자연은 어머니의 젖을 먹고 어린아이가 새로운 힘을 얻듯이 영육 간에 힘을 주며 생존할 수 있게 하는 양육자나 다름이 없기 때문이다. 이렇듯 쏘로우는 생활 가운데서 자연의 중요성을 강조함으로써 미국인들에게 미국적인 자연의 고귀함을 다시 불러 일으켜 준 증인과도 같은 역할을 한 것이다. 그는 새로운 미국의 문화로서 자연을 가꾸고 보존케 함으로써 자연을 아끼고 보존하려는 수없이 많은 사람들에게 넘치는 자연애의 영감을 불러일으켰던 것이다. 그는 19세기 미국의 물질주의적인 생활방식과 기계문명에 반발하면서 자연과 인간의 교감이 얼마나 귀한 것인지를 깨우쳐 주게 된 것이다.

작가인 그에게서 미국의 자연은 과거 미국의 문명의 강장제나 다름이 없었으며 미국의 문화를 발전시키는데 지주와도 같은 역할을 했음을 강조한다. 1862년에 쓰여진 그의 "Walking"에서 작가는 자연이 파괴되면 지구가 온전치 못함을 강조했다 ("in Wildness is the preservation of the World.")[1] 그에게서 자연은 인간뿐만 아니

1) Walter Harding은 그의 *The Days of Henry D. Thoreau.*에서 인간은 자신의 도덕과 정신적인 온전함 그리고 힘을 보존하기 위해서 자연으로 돌아가야 한다고 하면서 "a plea to save some of the wildness of the earth for future generations and has rightfully been recognized as one of the pioneer documents in the conservation and national-park movement in this country"(286).

** 이하에서 인용되는 쏘로우의 모든 글은 다음의 책을 참고하였음을 미리 밝힌다:

Henry David Thoreau.

A Week on the Concord and Merrimack Rivers. Orleans: Parnassus Imprints, Inc., 1987.

The Essays of Henry David Thoreau. Ed. Richard Dillman. Albany: NCUP, Inc., 1990.

The Heart of Thoreau's Journals. Ed. Odell Shepard. Boston and New York: Houghton Mifflin Co., 1927.

Walden and Other Writings by Henry David Thoreau. Ed. Joseph Wood Kruth. New York: Bantam Books, 1962.

라 인간이 그토록 수고하며 이룩해 온 문명에 이르기까지 자연이 은혜를 베풀지 않은 것이 하나도 없다. 마치 나무의 뿌리가 나무에 모든 양분을 섭취하도록 하는 것과 같이 인간은 자연을 등지고는 살아남을 수가 없는 것이다.[2] 고대 문명이 자연 가운데서 생성되었듯이 미국도 신대륙의 자연이 지닌 힘을 먹고 자란 셈이었다. 인간을 보호하고 문명이 발전하도록 한 원동력은 다름 아닌 자연이었던 것이다. 자연이 아니었더라면 인간은 외부의 힘에 의해 파멸되지 않을 수 없었을 것이기 때문이다. 이처럼 개인이 아니면 사회가 자연과 동떨어진 상태가 되면 개인과 사회는 약화될 수밖에 없을 것이고 생명력을 상실하게 된다는 것이다. 그의 "Walking"에서 작가는 대담한 시작을 하고 있다.

> I wish to speak a word for Nature, for absolute freedom and wildness, as contrasted with a freedom and culture merely civil, — to regard man as an inhabitant, or a part and parcel of Nature, rather than a member of society (117).

이와 같이 작가는 인간과 자연의 긴밀한 관계를 시종일관되게 대문자인 "Nature"로 표기하며 인간을 자연 가운데 살고 있는 거주자(inhabitant)나 사회의 일원이 아닌 자연의 일원(member)으로 말하고 있는 것이다. 자연은 인간의 진정한 가정과도 같이 포근한 집이며 인간사회를 키워 주고 양육해 주는 주체가 바로 자연임을 강조하고 있는 것이다. 자연 가운데 인간은 신을 보고 자연은 성지나 다름이 없는 곳이다. 그는 세속적인 세상을 떠나 하루에도 최소한 4시간 이상 동안 자연 가운데 산책을 하던지 자연과의 교감을 가지지 않으면 자신의 건강을 유지할 수 없었다고 고백을 하고 있는 것이다(118 이하 참고할 것).[3] 작가는 자연이 지닌 원천적인 힘을 자신의 혈액 속에 빨아들이고 자신에게 힘을 북돋우어 주기를 바라는 것이다. 이렇게 해서 인간과 자연은 하나가 될 수 있는 것이다. 인간의 피부가 햇빛에 그슬려 검붉게 된 것은 훨씬 더 자연스러운 현상이며 실내에 있어서 자연의 빛을 받지 못하여 피부가 하얀 상태로 된 것을 싫어했다. 사실 독자들이 너무도 잘 알고 있듯이 인류문명의 혜택을 가장 많이 누리며 살아가고 있는 현대인들에겐 새로운 유형의 고통을 경험하게 되는데

---

2). 쏘로우는 자연이 지닌 잠재적인 힘을 평가하면서 독자들에게 로마의 운명에 비유하는 열성을 보이고 있기도 하다: "From the forest and wilderness come the tonics and barks which brace mankind.... The story of Romulus and Remus being suckled by a wolf is not a meaningless fable. The founders of every state which has risen to eminence have drawn their nourishment and vigor from a similar wild source. It was because the children of the Empire were not suckled by the wolf that they were conquered and displaced by the children of the north who were"(129).

3). 쏘로우는 자신에게 힘의 원천이 되는 자연은 인간과 문명보다 훨씬 훌륭한 친구임을 지적한다: "Give me a wildness whose glance no civilization can endure"(129).

이것이 바로 햇볕을 받지 않고 살아갈 때 발생하게 되는 백납병이다. 산과 들판을 돌아다니면서 자연과 혼연일체가 되면서 피부가 그슬려진 상태는 원초적인 생명력을 상징하며 그러기 위해서는 인간은 자연 속의 거주자가 되어야만 하는 것이다.

그는 인간 사회에 알려지지 않은 자연 상태에서 자라서 맺은 야생의 열매를 찾으러 다녔고 인간의 삶은 자연과 하나이며 가장 생명력이 왕성한 곳이 바로 가장 자연적인 상태이며 인간의 손길이 미치지 않은 상태가 인간의 정신을 가장 신선하게 하는 것으로 믿었던 것이다.[4] 그는 항상 새로운 상태로 생명의 근본이 되는 자연이 살아 있는 곳을 찾고 다녔으며 장래의 희망이 될 수 있는 것은 인간이 재배하여 손길이 미친 경작지도 아니오, 아름답게 가꾸어진 잔디밭도 아니며 문명의 손길이 미쳐 깔끔한 도시와 마을은 더욱더 아니며 인간의 손길이 미치지 않아 손상되지 않은 늪지대와 야생의 자연 상태가 될 것이라고 한다. 인간의 손길이 미쳐 정리 정돈된 정원에서 인간이 얻을 수 있는 힘보다는 야생의 늪에서 더 많은 힘을 얻을 수 있으며 인간이 만든 앞마당의 정원은 자연에 대한 일종의 별 볼일 없는 임시변통(a poor apology)이라고 한다. 왜냐하면 그곳에는 자연 가운데 느낄 수 있는 참다운 생명은 더 이상 존재하지 않기 때문이다.[5]

막힘이 없는 자연과 토양은 인간을 먹여 살리는 음식이나 다를 바 없고 인간이 살아가는 생활공간을 구해 줄 수 있는 것은 의로운 사람도 아니요, 단지 자연일 뿐이다. 인간 사회가 지닌 분위기는 인간에게 자유로운 마음을 주기는커녕 오히려 인간 정신을 구속할 뿐이며 만일에 자유를 준다고 해도 그런 자유로운 분위기는 인간을 질식시키는 결과를 가져오는 것이다. 따라서 인간이 자신을 보내 주고 이 세상이 있기까지 힘의 근원으로 존재하는 자연 앞에 서려면 자연과 하나가 되는 삶을 살아가야 하는 것이다. 그러기 위해서 인간은 토양을 고갈시켜서는 안 되며 이를 지키지 않으면 인간은 생존의 기반을 상실하게 된다고 경고하고 있는 것이다. 자연 그대로의 상태에서 낙엽이 지고 풀이 자라고 말라서 거름이 됨으로써 가능한 지질이 비옥하고 기름진 옥토("mold")가 인간의 문명과 인간이 소중히 여기는 문화로 인해 소진되고 나면 이제 인간이 생존하기 위해 만들어 내야 하는 비료나 퇴비는 그들의 조상들이 묻혀 있는 무덤에서 뼈를 추려 내어 소진된 토질을 살려야 할 지경이라고 혹독하게 비판하고 있는 것이다.[6]

---

4) "Life consists with wildness. The most alive is the wildest. Not yet subdued to man, its presence refreshes him"(130).

5) 쏘로우는 늪지대를 신성한 곳으로 묘사하고 그곳에는 인간이나 동물의 골수가 지닌 정기와 같은 힘이 존재함을 "I enter the swamp as a sacred place, a 'sanctum sanctorum.' There is the strength, the marrow of Nature"(131).

쏘로우의 문학은 자연의 정신에서 출발하고 거기에서 끝이 나는 것이다. 문학 작품이 오랜 세월 동안 인간의 관심을 끌고 있는 것도 자연의 원시적인 배경이 그곳에 숨 쉬고 있기 때문이며 인간의 흔적이 스쳐 지난 것은 무엇이든 고리 타분하다고 한다. 성서나 신화[7] 그리고 고대 일리아드(Iliad)나 셰익스피어(Shakespeare)의 햄릿(*Hamlet*)에서 독자들이 감동하는 것은 인간의 문명이나 인위적인 겉치레가 가미되지 않는 자연 그대로의 생동감이 있기 때문이라고 한다. 작가에게서 가장 훌륭한 교과서는 대초원이나 동부의 정글같이 울창한 삼림에서 자라는 야생화인 것이다. 그는 중세 영국의 유명한 초서(Chaucer), 스펜서(Spencer), 그리고 밀튼(Milton)의 작품은 인간의 힘에 의해 길들여진 흔적을 느낀다고 한다. 그러니 그곳에는 자연에서 느낄 수 있는 신선함이 존재하지 않는다. 그러나 자연 가운데는 넘치는 생산적이고도 따뜻한 사랑이 있고 언제나 새로운 차원의 상상력을 불러 일으켜 주는 것이다.

쏘로우는 고대 인간의 문명과는 상관없었던 때에 나왔던 이야기에 신대륙인 미국의 이야기를 덧붙이고 싶다고 한다. 왜냐하면 미국의 신화란 원시적인 자연림과 풍부한 산림 그리고 비옥한 토양이 있어서 세계의 모든 시인들에게까지 영감을 불러일으키기에 충분하다고 생각하기 때문이다.

작가에게서 인간이 가치 있다고 생각하는 것은 모두가 길들여지지 않은 자연적인 것, 곧 야생의 구속받지 않는 것들을 말한다. 인간을 보호하고 하나로 묶어 주는 것 그리고 인간에게 유산으로 모든 것을 물려주는 것이 자연인 것이다. 자연은 인간에게 모든 것을 주지만 그에 대한 대가나 보답을 요구하지 않는 그저 무조건적인 사랑을 베푸는 어머니 같은 존재인 것이다. 따라서 문명화된 세상에서 살아가는 현대인들이 즐겨 만드는 정원이나 인위적인 환경은 오히려 인간을 천하게 만들뿐인 것이다. 따라서 그는 다음과 같이 자연을 찬양하는 것이다:

> Here is this vast, savage, howling mother of ours, Nature, lying all around with such beauty, and such affection for her children as the leopard; and yet we are so early weaned from her breast to society, to

---

6). 쏘로우는 인간이 소중히 여기는 문화의 어리석음을 탄식하며 다음과 같이 지적하고 있다: "Alas for human culture! little is to be expected of a nation, when the vegetable mould is exhausted, and it is compelled to make manure of the bones of its fathers"(132).

7) 신화와 관련하여 쏘로우는 토양이 인간의 문명화된 힘이 미치지 않았을 때만 가능했던 결실임을 "Mythology is the crop which the Old World bore before its soil was exhausted, before the fancy and imagination were affected with blight; and which it still bears wherever its pristine vigor is unabated"(134).라고 강조한다.

that culture which is exclusively an interaction of man on man (137).

그러나 쏘로우가 주장하는 자연에 대한 개념은 문명으로부터 도피하는 종류의 자연을 위한 탐색이 아니라—비록 그가 자연에 대해 더 많은 애착을 가지고 있음을 사실이긴 하지만—문명과 어느 정도로 조화를 이루는 그런 자연인 것이기도 하다. 그렇지만 작가는 인간 사회의 이상이 인간과 자연이 교류할 수 있는 시간을 줄이고 있음을 지적하고 있다. 그는 인간이 마치 과거 선지자들이 성지를 향해 나아가듯이 자연을 대하는 태도도 그와 같아야 충분한 영감을 자연으로 부터 얻을 수 있음을 지적하고 있다.

그가 27세가 되던 해인 1845년 쏘로우는 자신이 성장한 고향 마을인 매사추세츠의 콩코드를 벗어나 월든(Walden)호수 가까이에 오두막집을 짓고 자연과 하나가 되기 위해서 또 참된 삶을 살기 위해서 떠나게 된다. 이에 관한 기록된 산문이—비록 그의 생전에 상당한 기간 인식되지 못한 채로 있긴 했지만—오늘날 많은 독자들에게 큰 감동을 주는 *Walden*작품이다. 그의 *A Week on the Concord and Merrimack Rivers*는 자신의 형인 John과 함께 메리맥 강을 따라 여행을 하고 또 하이킹을 즐기면서 보낸 추억들에 대한 기록인 것이다. 이에 대한 기록은 그의 형이 면도를 하다가 파상풍(lockjaw)에 감염돼 1842년에 죽은 슬픈 사건을 기념하기 위해서 쓰여진 내용이다. 제목이 암시하듯 콩코드에서 한 주일을 보내면서 있었던 기억들로서 2주일간의 여행을 즐기면서 있었던 일이지만 실제로는 1주일로 압축시켜 놓은 것이 구조상의 특징이라면 특징일 수 있을 것이다. 작가는 픽션이나 에세이, 그리고 시를 혼란스럽게 엮어 놓은 듯한 느낌을 받지만 자세히 읽어보면 상당히 짜임새가 있고 적절하게 배열되어 있음을 감지할 수 있는 것이다. 인간의 문명과 자연이 대립되어 제시되며 인간의 문명화가 무조건 나쁜 것 만 있는 것은 아니지만 그래도 쏘로우(Thoreau)는 인간 사회가 더 건전하고 정상적인 사회로 유지되기 위해서라도 자연이 필요한 역할을 함을 주장하며 자연 상태를 선호하고 있는 것이다.

쏘로우가 보는 자연 가운데서 살아가는 인디언들에게는 보이지 않는 생명력이 충만하지만 문명화된 사회에서는 찾아보기 힘든 일이다. 따라서 그는 자연 가운데서 평화롭게 살아가는 짐승들을 사냥하면서 자연신을 믿으면서 따르는 인디언들에게 고통을 주지 말 것을 힘주어 말하고 있다. 작가는 인디언들이 자연 가운데 야만의 상태로 살아가는 것을 크게 평가했으며 저들처럼 자연과의 교류를 역설하는 것이다. 인류의 발전은 함정으로 옷 입혀져 있지만 인디언들의 삶은 그야말로 자연 그대로이며 문명화된 사회에서 살아가면서 옷에 더러운 것들로 때 묻지 않은 옷을 입고 살아가는 것보다도 인디언들의 야만인이나 다름없이 살아가는 삶의 방식이 더 좋다는 신념을 갖고 있기도 하다.

> If we could listen but for an instant to the chant of the Indian muse, we should understand why he will not exchange his savageness for civilization. Nations are not whimsical. Steel and blankets are strong temptations; but the Indian does well to continue Indian (63).

쏘로우는 인디언들이 스스로 독립된 삶을 살 수 있도록 해 주어야 하며 인간을 노예로 만드는 문명화된 삶의 방식보다는 훨씬 더 가치 있는 이들이 보호되어져야 함을 강조하고 있다. 인디언들이 백인의 문명화된 삶을 살도록 강요되어져서는 안되며 이를 보장해 주지 못했을 경우 그에 대한 책임과 대가는 엄청난 것임을 강조하고 있기도 하다.

*Walden*은 작가가 실제 월든 연못과 숲속에서 2년 2개월 2일을 그곳에서 보내며 경험한 후 7년 후에 출판이 되었다. 2년간의 그곳 생활이 봄, 여름, 가을, 겨울이라는 4계절의 순환으로 압축되어 보여 지고 있는 것이다. 그는 이곳에서 생활하면서 콩코드 사회가 강요하는 정신적인 물질적인 구속으로부터 완전히 벗어나 자유롭고 자연과 더불어 사는 생활을 하였던 것이다. 그런 자연 환경 가운데 생활하면서 작가는 이를 예의 주시하면서 자연과의 긴밀한 교류를 이루어 보기 위해 모든 현상을 체험하였던 것이다.[8] Harding이 지적하는 바와 같이 작가는 인간의 내적인 풍경과 자연이 지닌 물리적인 세계가 서로 교통하는 것을 확신하기에 이른다. 이것이 작가가 월든 호수가 에서 찾고자 했던 인간과 자연과의 교류이었음에 틀림이 없었을 것이다. 1851년 9월 7일 그의 일기에서 그는 다음과 같이 적고 있다: "My profession is to be always to find God in Nature, to know his lurking place, to attend all the oratorios, the operas, in nature" (87). 작가가 추구하는 것은 자연 가운데 신을 만나고 자연이 연주하는 오페라에 참석하는 것으로 월든에서의 삶을 그대로 잘 나타내 주고 있는 상황인 것이다. 자신의 자연 한 가운데서 오두막집을 짖고 자신에게 필요한 모든 것들, 의복이며 음식이며 그리고 거처할 곳, 모두를 자연 속에서 구했던 것이다. 문명화된 사회에서 살아가는 사람들이 하늘은 보지 못하고 땅만 보면서 살아가는 상황을 다음과 같은 질문을 통해서 공개적으로 의

---

8) Harding은 그의 *The Heart of Thoreau's Journals*에서 계절의 순환이 지니고 있는 중요성을 다음과 같이 설명하고 있다: "A year is made up of a certain series and number of sensations and thoughts which have their language in nature. Now I am ice, now I am sorrel. Each experience reduces itself to a mood of the mind"(274).

아해 한다: “Why has man rooted himself thus firmly in the earth, but that he may rise in the same proportion into the heavens above?” (116)

비록 작가가 자연과의 진정한 교류를 위한 삶을 살기 위해서 월든 이라는 콩코드에서 그리 멀지 않은 곳에 들어가서 살았지만 콩코드의 빠르게 밀려오는 문명화의 부담과 물질주의 중심의 삶에서 오는 정신적인 강압감은 느낄 수 없었으며 자유로운 생활에 독립된 삶을 살 수 있었던 것이다. 자신은 삶을 단순화하기 위해서 최선을 다했으며 물질적인 유혹에 빠지지 않기 위해 최선의 노력을 하였던 것이다: “Simplicity, simplicity, simplicity! I say, let your affairs be as two or three, and not a hundred or a thousand; instead of a million count half a dozen, and keep your accounts on your thumbnail” (101). 삶을 단순화시킨다는 사실은 곧 정신적 육체적인 부담으로부터 자유로워진다는 사실을 자신이 믿고 있었던 것이다. 자신이 말하듯 월든 생활은 자신이 삶의 본질적인 사실을 경험하고 죽을 때 헛된 삶을 살았다는 사실에 후회하지 않기 위해서였다. 이렇게 해서 작가는 사회가 부여하는 강요에서부터 자유롭게 해방될 수 있었던 것이다.

삶을 단순화하는 순간부터 인간은 자신의 내면의 목소리에 귀를 기울일 수 있게 되고 이에 대한 해답을 구하기 위해서 인간은 자연과 교통을 할 수 있다는 논리이다. 따라서 이상적인 사람은 문명과 자연 어느 쪽으로도 극단에 치우치지 않고 중용을 잘 지키면서 조화로운 관계를 유지하는 것이라고 한다: “[The ideal man] occupied such a middling position, drawing on both the wild and the refined” (92). 작가는 자연 속에서 농사를 지을 때에도 농기구를 사용하지 않고 손과 발로 서서히 했다고 한다. 이는 자신이 경작한 농작물과 더 친밀감을 느끼기 위해서였다. 그가 택한 방법은 상당히 원시적이긴 했지만 이는 그가 문명과 자연의 조화로운 관계를 유지해 보려는 의지였다고 생각할 수 있을 것이다.[9] 또한 자연 가운데 살아가는 사람은 낚시를 할 권리가 있다는 것이다. 낚시나 사냥 또는 꼭 필요한 때에 벌목을 하는 행위는 자연의 일부로 살아가는 것이나 다를 바가 없다는 것이다. 그는 인간과 자연의 상호 의존 관계를 먹이 연쇄와 관련지어 다음과 같이 설명을 하고 있다: “The perch swallows the grubworm, the pickerel swallows the perch, and the fisherman swallows the pickerel; and so all the chink in the scale of being are filled” (313).

인간이 거주하는 지역이 자연으로 둘러싸여져 있지 않다면 삶에 활기가 없어진

9) 이와 관련하여 작가는 다음과 같이 기록하고 있다: “Mine was, as it were, the connecting link between wild and cultivated fields; as some states are civilized, and others half-civilized, and others savage or barbarized, so my field was...a half-cultivated field”(221-22).

다고 한다. 자연과의 친교는 아무리 많아도 지나치지 않으며 신의 존재에 대해 인간의 능력으로 그 심오한 깊이를 헤아릴 수 없듯이 자연도 마찬가지라고 한다: "we require that all things be mysterious and unexplorable, that land and sea be infinitely wild, unsurveyed and unfathomed by us because unfathomable" (339). 그에게서 자연은 무궁무진한 것이 아니라 항상 피해를 입고 그 연결 고리에 문제가 생길 수 있는 언제나 상처를 받을 수 있는 존재이다. 그러니 우리 자신의 인간성을 유지하고 보전하기 위해서도 자연은 보존되어야 한다고 한다. 더 나아가서 우리 자신이 자연을 보존하면 그곳에서 신을 만나고 체험할 수 있는 성지가 될 수도 있으니 말이다.

청교도들이 거대하면서도 무시무시한 자연을 인간의 문명을 이루어 보기 위해 변형시키려 한 이래로 오늘날의 미국이 있기까지 자연은 그저 인간이 남용하고 남벌하기 위해 존재하는 저주스런 대상이었던 것이다. 이들은 종교를 앞세워 자연을 정복하는 것이 신의 명령인 것처럼 받아들이기도 했으며 당연히 그렇게 생각도 했었다. 이들은 그들의 이기적인 목적으로 자연을 희생의 제물로 삼았던 것이다. 그러나 기술의 급속한 발달로 인간과 자연은 걷잡을 수 없는 파괴와 소외의 길을 걸어왔음이 사실이며 급기야는 이들도 자연의 소중함을 인식하게 이른 것이다. 이제는 자연이 저주의 영역이 아니라 인간 영혼을 새롭게 하고 인간을 보호하고 영적으로는 신을 체험할 수 있도록 하는 성지나 다름이 없이 인식되기에 이른 것이다. 쏘로우 (Thoreau)는 자연을 옹호하고 자연을 사랑하는 자연아 였다. 그러나 게리 스나이더 (Gary Snyder) 역시 현대 미국의 문명과 문화 더 나아가서는 물질주의를 강력하게 비난하고 나선다. 스나이더의 경우 그는 기독교를 저버리고 불교로 개종하며 물질과 정신의 조화를 이루기 위해 노력하였다. 인간의 정신적인 세계와 외부의 물질적인 세계는 하나임을 그는 강조하고 있다. 스나이더에 의하면 인간의 호흡은 인간의 내부에서 발산된 외부의 세계인 것이다. 그러니 정신, 영감, 그리고 목소리는 외적인 세계와 내적인 세계가 하나가 되는 교감을 나타내는 것이다.[10)]

---

10) 스나이더는 그의 *Earth House Hold*에서 다음과 같이 밝히고 있다:

"The phenomenal world experienced at certain pitches is totally living, exciting, mysterious, filling one with a trembling awe, leaving one grateful and humble. The wonder of the mystery returns to direct one's own senses and consciousness: inside and outside; the voice breathes, "Ah!"..... a new voice enters, a voice speaks through you clearer and stronger than what you know of yourself; with a sureness and melody of its own, singing out the inner song of the self, and of the planet"(123).

1. 인간과 자연: *Walden*과 *Cape Cod*

흔히 많은 독자들은 Henry David Thoreau[11]를 이야기 할 때 미국인들에겐 일종의 고전에 해당하는 *Walden*[12]을 연상하는 것이 사실이다. 더 나아가 독자들은 쏘로우가 자연을 평화롭고 너무도 인자한 대상으로 자연을 관조하는가 하면 인간과 그 사회를 싫어하는 일종의 혐오증 같은 감정을 지니고 있는 것으로 생각하는 경향이 있다. 그러나 작가는 자연을 항상 긍정적이고 전원적인 대상으로만 묘사한 것이 아니며 인간을 혐오하는 문명 기피 주의자도 아님을 인식하는 자세가 필요하다. 특히 *Cape Cod*[13]에서 작가는 인간이나 문명사회에 대한 혐오나 아니면 자연의 변함없는 평화로움과 전원적인 이상만을 강조하지 않음을 깊이 인식할 필요가 있는 것이다.

이들 두 작품 모두는 의미 없는 물질 추구를 하는 상실된 삶의 의미와 정신적인 삶의 추구를 위한 정열을 작가를 포함하여 *Walden*을 방문하는 소수의 방문객들에게 한정 시켜서 제시하고 있는 현상이 아니라 *Cape Cod*의 혹독한 자연환경 속에서 살아가는 따뜻한 마음을 지닌 수 백 명의 원주민들을 통해 자신의 정열을 쏟아 내고 있는 것이다. 쏘로우가 이들 원주민들에게 보여주는 경외심

---

11) Thoreau는 1845년부터 1854년까지 9년을 자신의 *Walden*을 쓰고 수정하면서 보냈다. 1845에서 1847년까지 2년간은 월든 호수에서 살았고 같은 시기에 거의 매일 자신의 *Journal*을 쓰지만 출판은 하지 않았고 이어서 *A Week on the Concord and Merrimack Rivers*와 수필인 *Kataadn and the Maine Woods*를 썼다. 그리고 1848년에 Cape Cod를 여행하면서 *The Shipwreck*이란 수필을 쓰게 된다.

12) 쏘로우는 월든 호수가 위치한 숲속에서 1845년 7월 4일에서1847년 9월 6일까지 2년 2개월 2일 동안 생활하였으며 Walden이 출판된 것은 그가 월든을 떠난 후 많은 시간이 흐른 1854년이다.

13) 1849년 쏘로우는 채닝(Channing)과 함께 기차로 Bridgewater에서 Sandwich까지 여행을 하였고 걸어서 Provincetown까지 여행을 한다. 그리고 1850년에 그는 Provincetown으로 혼자 돌아오고 보스턴에서 증기선을 타기까지 Chatham남쪽까지 걸어서 여행을 하였으며, 1855년에 그곳에 잠시 머물렀고 1857년에는 마지막 고별 방문을 하면서 상당히 오랫동안 머물렀다고 한다. 홀로 Plymouth에서 Sandwich까지 기차로 여행을 하기도 했으며 나중에는 Provincetown까지 걸어서 도보 여행을 하기도 하였다. 그가 이런 일련의 모든 여행을 글로 쓴 것이 첫 번째 세 번 여행에 관한 것으로 *Cape Cod* 라는 타이틀로서 1865년에 출판이 되었다.
작가는 45세의 나이로 1845년 일찍 1862년에 세상을 떠났으며 생전에는 자신의 형과 보트여행을 기록한 *A Week on the Concord and Merrimack Rivers* (1849) 과 월든 호수가 에서 생활을 기록한 *Walden, or Life in the Woods* (1854)이 있고 사후의 유고로는 *The Maine Woods* (1864)와 *Cape Cod* (1865)가 있다. 본서에서는 공히 두 권의 텍스트를 아래의 문헌을 인용하고 있다. Henry David Thoreau. *Cape Cod.* Orleans, Massachusetts: Parnassus Imprints, Inc., 1984. 그리고 쏘로우의 *Walden and Civil Disobedience.* New York: W. W. Norton & Company, Inc., 1966.

은 이들이 자연과 괴리된 생활을 하는 것이 아니라 자연과 합일된 조화로운 삶을 추구하면서 살아간다는 점 때문이다. 작가 자신이 *Walden*에서는 한 번도 경험해 보지 못한 가혹한 자연 환경 가운데서 경험한 사실들을 통해서 이와 같이 성숙된 자연에 대한 태도의 변화를 보이고 있는 것이다. *Cape*에서 살아가는 원주민들은 자연 환경에 순응하기 위해서 스스로 자연 환경에 걸맞는 생활 태도의 변화를 보이고 때로는 악의에 찬 자연이나 변덕스런 바다의 횡포에 묵묵히 적응하면서 자신들의 조건을 수용하면서 생존을 유지하고 있는 것이다. 이를 지켜본 작가는 서서히 자신의 경험을 인정하고 수용하게 된다는 점에 주의를 할 필요가 있는 것이다. 이처럼 작가의 태도는 분명히 변화하고 있는 것이다.

*Walden*에서 작가는 숲 속의 벌목꾼이 자연과 일체가 되어 살아가는 모습을 보면서 고상한 느낌을 받았던 것이 사실이다. 그러나 *Cape Cod*에서 살아가는 사람들은 언제 거센 파도와 바람, 모래와 그 이상의 거친 자연의 요구에 생명을 내 놓아야 할 지 모르고 항상 위협을 받으면서 자연 가운데 살아간다. *Cape Cod*에서 작가가 생각하는 이상적인 인간의 이미지는 수정을 받아 특별한 환경에서 인간의 생명에 위협을 받는 그런 상황이 더 이상 아니다. 이곳에서 경험하는 자연은 *Walden*에서 보는 바와 같이 작가가 콩코드에서 그가 체험한 부드럽고 온화한 자연이 아니라 잔잔하다가도 갑자기 흉폭해지는 앞을 예상할 수 없는 그토록 거친 그리고 야만스럽기만 한 자연이다. 월든의 잔잔한 호수 가도 아니고 숲속의 평온함도 찾아 볼 수 없으며 깊은 호수 아래에서 평화롭게 자유를 즐기면서 유빙하는 물고기를 감상할 수 있는 자연은 더욱 아니다. *Cape*에서의 호수는 죽음의 호수요, 이곳의 바람은 살인적인 바람이다. 작가가 맨 처음 이곳의 혹독한 자연을 대면했을 때에는 당혹스러웠고 진실로 걱정이 되는 자연이었으나 얼마 동안의 시간을 보내면서 드디어 자신이 인식하기 시작한 자연은 자신이 알지 못한 자연을 즐기기 시작한다는 사실이다. 이중적이고 무시무시한 자연 속에서 살아가는 이곳의 주민들을 보면서 작가는 대서양의 해안가의 거친 자연을 존경하는 태도로 바뀌는 것이다. 이곳의 주민들이 더욱더 거친 자연 속에서 강인하게 살아가는 것과 비례해서 쏘로우 자신도 정신적으로는 더 강한 상태로 변화되고 있는 것이다.

다시 말해서 Thoreau의 자연에 대한 태도는 그가 대서양의 해안가 바닷바람과 부딪히면서 그리고 해안의 모래가 휘날리는 그 자연의 무관심하고 그야말로 적나라한 자연("naked Nature")과 마주하면서 자신을 성숙하게 할 기회를 가지게 되는 것이다. *Cape Cod*에서의 자연은 때로는 평온하기도 하지만 잠재적으로는 항상 격렬한 폭발력을 지닌 자연으로 *Walden*에서 볼 수 있는 자연의 잔잔한 여운을 분위기와는 판이하게 다른 변덕스러움과 잠재적인 위험을 지닌 자연이다. 대서양의 광활한 바닷바람이 그에게 주는 느낌과 이곳에서 말없이 살아가는 원주민에게 미치는 영향을 평가하면서 작가는 콩코드에서의 자연은 얼마나 에덴동산과도 같은 자연인가 하는 깨달음을 느끼는 것이다.

이와 같이 Thoreau가 생각하는 이상적인 자연아와 같은 상태의 인간에 관한 이미지도 역시 *Cape Cod*에서 자신이 가혹한 그리고 조그마한 아량조차도 찾아볼 수 없는 냉혹한 자연 조건 하에서 살기 위해 스스로 결심한 그런 사람들에 대한 경외심의 결과로서 성숙한 모습을 나타내고 있음이 사실인 것이다. Walden에서 작가는 전원적인 분위기의 자연의 변덕스러움은 조금도 찾아 볼 수 없는 평안하고 잔잔한 여울 같은 자연 속에서 살았지만 *Cape Cod*에서는 원주민들이 살아 남기위해 자연과 목숨을 건 격렬한 투쟁을 해야 하는 잔인한 길을 택해야 하는 것이다. 그러나 이런 모습을 지켜본 작가는 자연과 인간의 관계는 단지 고상한 관계가 아니라 때로는 험악하고 삶을 위협하지만 이런 조건이 더욱더 인간과 자연이 상호 긴밀한 관계를 유지할 수 있도록 한다는 성숙된 의식을 갖게 되는 것이다.

2. *Walden* 그리고 이상과 현실

*Walden*은 쏘로우 자신이 Massachusetts의 Concord에 위치한 월든 호수가 숲속에서 1845년에서 1847년까지 기거하면서 행하고 보고 그리고 생각한 것에 대한 기록이다. 자연 가운데 어떻게 콩밭을 잘 가꾸고 어떻게 참된 삶을 살 수 있을 것인가에 대한 자신의 견해를 옮겨 놓은 기록이다. 자신의 의미 있는 삶을 위해 월든에 들어갔음을 다음과 같이 표현하고 있다:

> I went to the woods because I wished to live deliberately, to front only the essential facts of life, and see if I could not learn what it had to teach, and not, when I came to die, discover that I had not lived (61).

작가 자신의 월든에서의 실험적인 삶은 7월에 시작하는데 이는 사회의 구속과 제한으로부터 자신이 해방을 얻고 인간과 그 사회보다는 훨씬 더 고상한 친구나 다를 바 없는 자연과의 친밀한 교제를 나누고자하는 의도에서였다.

Thoreau가 보는 덧없는 인간의 삶은 그야 말로 세속에 치우친 삶이다. 그래서 자신은 무언의 절망적인 삶("lives of quiet desperation," 5)에서 해방되려면 물질적인 삶에 우선하는 정신적인 삶을 위해 모든 것을 단순화하라고 주장하는 것이다: "Most men...through mere ignorance and mistake are so occupied with the factitious cares and superfluous coarse labors of life that its finer fruits cannot be plucked by them"(3)/ "Simplify, simplify" (62). 그러나 작가 자신이 강조하는 참된 삶을 위해서 인간이 취해야할 점은 기존의 삶의 방식을 모두 포기하라는 강요가 아니라 단지 삶에 대한 태도의 수정을 의미하는 것이다.

인간이 느끼는 소외와 정신적인 공허감은 인간이 자연과 동떨어진 생활을 하기 때문이며("There can be no very black melancholy to him who lives in the midst of Nature and has his senses still," 88) 인간과의 관계에서는 찾기 불가능한 달콤함("sweet and beneficent society in Nature," 88)을 자연 가운데서 자신은 의식할 수 있는 것이다: "Every morning was a cheerful invitation to make my life of equal simplicity, and I may say innocence, with Nature herself" (59). 작가 자신은 항상 자연을 마치 신을 "God"로 표기하듯이 "Nature"라는 대문자로 표시하고 있으며 일상적인 목욕을 종교적인 의식("religious exercise," 60)으로 표현하는 것이다. 그야말로 자연은 그가 섬기는 사원이요, 숲, 냇물, 동물들, 하늘, 그리고 대양과 같은 자연 가운데 작가는 신이 존재하고 있음을 설명한다.

다시 말해서 Thoreau의 정신적인 풍성함은 자연과의 유쾌한 교제로 부터 비롯되는 것이다. 코드에서의 삶은 작가에게선 어머니 자궁 속의 삶과 다를 바 없는 원형적인 삶이며 월든 호수의 잔잔한 물결과 인자한 부드러움은 생각만 해도 가슴이 설레는 것이다. 이곳은 먹고 입고 그리고 더울 때면 목욕까지 할 수 있는 물이 있지만 자연은 인간에게 어떤 것도 요구하는 법이 없다. 자신이 사회의 숨막히는 구속에서 벗어나 참다운 삶을 살고 싶었을 때 그는 이제 자연 가운데서 세속적인 근심과 염려를 더 이상 생각하고 싶지 않은 것이다. 그가 1853년에 쓴 일기에서 다음과 같이 적고 있다: "I love Nature partly because she is not a man but a retreat from him...If this world were all men, I could not stretch myself, I should lose all hope" (*Journal* IV 445).

그렇다고 해서 쏘로우가 인간과 인간 사회에 대해 실망을 많이 하여 등을 보인 것은 절대 아니다. 그가 월든에서 생활하기 2개월 전에 그의 친구들에게 자신의 오두막집을 짓는데 도와 달라고 요청을 했다. 그가 인간을 혐오했다는 주장은 근거가 희박하다는 말이다. 그의 이웃은 배척의 대상이 아니라 둘도 없는 친구였으니 더욱 그러하다고 할 수 있다. 작가가 목수들을 불러서 그의 오두막집을 지어 달라고 하지 않고 친구들을 불렀던 것은 자신이 공동체 사회의 일원이었음을 깨닫고 있었다는 증거가 되기 때문이다: "We belong to the community" (31)./"No man was ever more honored in the character of his raisers than I. They are destined, I trust, to assist at the raising of loftier structures one day" (30). 쏘로우가 교제한 친구들은 Emerson, Channing, Alcott, 그리고 콩코드의 농부들이었다. 이들은 모두 자연과 하나가 되는 삶을 사는 모범적인 인물들이었던 것이다.

작가에게서 삶이란 단순한 관조자 또는 관찰자는 더욱 아니었다. 그는 문화에 대한 관심도 지대했으며 삶을 온몸으로 실천하며 체험하는 방식을 택했던 것이다. 자연은 자신이 공부하기 위한 교실이나 다를 바 없었으며 자신은 공부하는 학생이었던 것이다. 모든 사람들은 학생들이 공부에만 전심전력하는 것이 전부가 아닌 것처럼 학생이면 학생으로서 처음부터 끝까지 최선을 다하는 자세가 중요하다고 생각했던 것이다: "[All pupils] should not play life, or study it merely, but earnestly *live* it from beginning to end" (35).[14] 그러나 무엇보다도 자연과의 긴밀한 친교는 그에게선 무엇보다 더 중요했던 것이다.

Thoreau는 "Visitors"에서 Ellery Channing과 Amos Bronson Alcott의 방문을 지적하면서 그가 전적으로 인간과 사회를 등진 은둔자가 아님을 알려주고 있다: "I think that I love society as much as most, and am ready enough to fasten myself like a bloodsucker for the time to any full-blooded man that comes my way" (94). "Winter Visitors"에서 쏘로우는 Channing을 시인, 농부, 사냥꾼, 군인, 기자 그리고 심지어는 철학가로 극구 칭찬하고 있다. 쏘로우에게서 시인은 대단한 존재이다. 이는 자연에서 시인은 진리를 캐내며 세련되고 깊은 영혼의 말로써 자연으로부터 진실된 사실을 알려주기 때문이라고 한다. 쏘로우가 친교를 중시한 것은 여러 곳에서 발견이 된다.[15]

그러나 나무꾼이나 사냥꾼 그리고 고기잡이를 하는 사람들도 시인이나 철학

14) Roderick Nash는 자신의 *Wilderness and the American Mind.*에서 쏘로우가 생각하는 이상적인 인간에 대한 신념은 중도적인 자세를 취하는 것이라고 주장하고 있다: "the ideal man [occupied] a middling position, drawing on both the wild and the refined"(92).

15) "We made that small house ring with boisterous mirth and resound with the murmur of much sober talk...At suitable intervals there were regular salutes of laughter, which might have been referred indifferently to the last uttered or the forthcoming jest"(177-78). 게다가 Alcott과의 친교를 언급하는 부분에서는 다음과 같이 말하고 있다: "One of the best philosophers, his words and attitude always suppose a better state of things than other men are acquainted with.... [Alcott] embraces children, beggars, insane and scholars, and entertains the thought of all, adding to it commonly some breadth and elegance"(178).

자들만큼이나 중요한 역할을 하는 것이다. "*The Pond*"에서 월든의 특성을 지적하면서 색깔, 깊이, 그리고 물고기의 종류와 삼림이 지니고 있는 아름다운 특성들을 방문객들을 언급하면서 지적하고 있다. 농부는 호미로 이랑을 일구고 고기잡이하는 사람들은 연못에서 아니면 호수가 에서 고기잡이를 하고 보다 보람있는 하루하루를 보내는 것이다:

> Once in a while we sat together on the pond, he at one end of the boat, and I at the other; but not many words passed between us, for he had grown deaf in his later years, but he occasionally hummed a psalm, which harmonized well enough with my philosophy. Our intercourse was thus altogether one of unbroken harmony, far more pleasing to remember than if it had been carried on by speech (116).

여기에서 작가가 생각하는 자연관은 인간과 자연은 하나라는 일원론에서 출발하는 것이다. 자연과 인간의 긴밀한 관계를 역설적으로 표현하고 있기 때문이다.[16)]

또 다른 자연인으로 자연과 하나가 되어 살아가는 사람은 호수 주변에서 살아가는 사람이다. "Winter Visitors"에서 이들에 관한 묘사가 있다. 한 사람은 벌목꾼으로 쏘로우 오두막집의 벽난로를 뜨겁게 달아오르게 하는 인물이요 다른 또 한 사람은 농부이다. 농부는 자신의 뜰에서 농사를 지어 생계를 해결해 가는 인물로 작가는 이 사람을 더 좋아한다. 그러나 "The Ponds in Winter"에 오면 낚시꾼에 관한 묘사가 있다. 그는 자연의 일부로서 살아가는 사람으로 그의 존재가 없었더라면 월든에서의 생활을 전달하는데 그리 쉽지만은 아니했을 것이다. 그는 책을 가지고 공부를 해본 적도 없고 그저 알고 있는 것은 체험을 통해서 자연 속에서 삶을 통해 깨달은 것이었다.[17)] 쏘로우는 여기서도 자연을 대문자로 표기하면서 숲과 호수 곧 자연과의 긴밀한 관계를 강조하고 있다. 쏘로우는 또한 캐나다에서 12년 전에 미국으로 와서 돈을 벌고 자신이 살아갈 농장을 마련하면서 건실하고 소박한 생활을 하는 벌목꾼인 Alex Therien과 가까운 관계를 지닌다. 이 벌목꾼의 삶은 그야말로 자연인과 같은 것이었다. 모든 삶이 소박했으며 ("simplified") 이런

---

16) Leo Marx는 그의 *The Machine in the Garden*에서 자연 가운데 쏘로우의 삶을 이렇게 묘사하고 있다: "Here is another pastoral interlude, a celebration of idleness and that sense of relazed solidarity with the universe that presumably comes with close attention to the language of nature"(249).

17) "[Such a man] never consulted with books, and knows and can tell much less than [he has] done.... I love to see Nature carried out in him"(188).

생활을 개선하여 세련되고 문명화된 방식을 택하지 않았다. 그는 오직 삶에 필요한 본질을 추구했던 것이다.

정상적인 학교 교육을 받은바 없는 벌목꾼이지만 쏘로우는 친밀한 관계를 지녔으며 자연 속에서 몇 시간이 자신에게 삶의 의미를 부여하는 것 같이 이들 두 사람은 공통점이 있었던 것이다: “Fisherman, hunters, woodchoppers, and others, spending their lives in the fields and woods, in a peculiar sense a part of Nature themselves, are often in a more favorable mood for observing her, in the intervals of their pursuits, than philosophers or poets even, who approach her with expectation” (140). 아침이 되면 쏘로우는 숲속의 새들과 다람쥐들과 즐겁게 놀기도 하고 장난을 치기도 하며 이들이 자연 가운데 노는 모습에 미소를 짓기도 했으며 이들이 사방으로 뛰며 노는 것을 즐거운 마음으로 관찰했다고 한다. 이들 동물들이 서식하는 자연은 쏘로우에게선 삶의 귀중한 한 부분이었던 것이다. 그리고 이들 동물들이 차지하는 영역과 이들의 서식지가 모두 인간의 손길로 문명화된 인위적인 사회보다는 분명히 즐겁고 보람 있는 공간이었음을 부인할 수 없을 것이다.

이렇듯 쏘로우가 전원적인 월든의 숲속 그것도 동물들과의 친밀한 교제를 통해 살아가는 모습은 자연이 인자한 존재로 인간에게 한없이 베푸는 풍성함의 상징임을 나타낸다고 생각할 수 있을 것이다. 호수에서 시간을 보내는 것은 천상의 삶을 연상시키기에 충분했으니 이는 거친 물결이 흉용하지도 않고 잔잔한 물결과 그저 조용하고 아늑한 전원적인 삶의 정수나 다를 바 없었던 것이다. 커누를 타고 자연 가운데 명상을 즐기며 느긋하게 휴식을 취하였다. 쏘로우는 이런 자연과 하나가 되는 삶을 통해서 정신적인 만족감과 안락함을 느낀 것이다. 자연 경관을 통해서 작가는 놀라움과 경외감 같은 감정을 가진 것이 아니라 마냥 평화롭고 평안함을 주는 느낌이었다: “until [he] was aroused by the boat touching the sand and [he] arose to see what shore [his] fates had impelled [him] to; days when idleness was the most attractive and productive industry” (129). 월든이 주는 인상은 웅장함도 아니었고 고급스런 느낌도 아니었으며 단지 소박하면서도 안락함을 느낄 수 있는 전원적인 이미지였다: “The scenery of Walden does not approach to grandeur [but is] on a humble scale” (107).

이런 전원적인 배경 하에서 쏘로우는 삶의 가장 핵심이 되는 본질(“the essential facts of life”)이 무엇인지 경험해 보기를 원했던 것이다. 쏘로우에게서 자연이 인간에게 주는 인자함과 관대함은 그저 고마울 뿐이었다. 그리고 자신이 가꾸는 정원은 늘 풍성했던 것이다. 곧 월든은 쏘로우에게선 어린아이의 요람과도 같은 대상이었던 것이다.[18] 다시 말해서 쏘로우에게선 월든에서의 삶은 신과 함께 천상에 거하는 체험이었던 것이다: “I cannot come nearer to God and Heaven/ Than I live to Walden even”(129-30).

그러나 결론의 “Conclusion”에서 쏘로우는 자신의 월든에서의 삶을 끝내고 또 다른 삶을 시작해야겠다고 한다. 그리고 자신은 월든을 떠나는 것이다. 왜냐하면 보다 더 많은 삶이 기다리고 있기 때문이다: “several more lives to live, and cannot spare any more time [for the pond life].... It is remarkable how easily and insensibly we fall into a particular route, and make a beaten track for ourselves” (213). 이와 관련하여 쏘로우는 1852년 자신의 일기에서 다음과 같이 말하고 있다:

> But why I changed? Why I left the world? I do not think that I can tell. I have often wished myself back.... Perhaps I wanted a change. There was a little stagnation, it may be.... Perhaps if I lived there much longer, I might live there forever. One would think twice before he accepted heaven on such terms (III, 214-15).

그러나 쏘로우는 이제 보다 성숙한 자연에 대한 태도로 새로운 다른 삶을 체험하기 위해 길을 떠나는 것이다. 그의 Cape Cod로의 출발은 거칠고 혹독하며 가끔씩은 폭력적인 위험한 자연이 그를 기다리고 있는 곳이다. 그곳은 콩코드의 전원적인 자연이 아닌 너무도 딴판인 자연 환경인 것이다. Cape Cod에서 살아가는 원주민들은 자연의 난폭함을 참고 견디며 살아가는 자연인들인 것이다. 자연은 인간에게 이롭기도 하지만 때로는 살인적이며 해로움을 주기도 하는 자연인 것이다. 그러나 이곳의 주민들은 거칠고 황량한 자연을 피하려 하지 않고 꿋꿋하게 인내로서 견디고 이에 적응하면서 살아가는 것이다. 이곳에서 쏘로우의 자연에 대한 태도는 이전에 자신이 지닌 것과 많은 변화를 보이는 것이다.

---

18) Marcus Cunliffe는 다음과 같이 논평을 하고 있다: “[Walden] is a memorable vision of a period and a place in America when men—some men—thought it possible to find the godhead in the nearby woods; or, with a pride that seems the more inordinate for its modesty, to be like Adam before the Fall”(131).

3. *Cape Cod* 그리고 자연과 모험

*Cape Cod*는 1849, 1850, 그리고 1855년 세 번에 걸쳐 도보여행을 한 체험들을 하나의 여행의 형태로 보여주고 있다. 그러나 1857년에 자신이 한 도보 여행은 이 책에서 빠져있음을 지적한다. 월든의 생활을 마치고 곧 그는 걸어서 *Cape Cod*가 있는 동쪽으로 여행을 한다. 그리고 이곳의 자연이 지닌 특이함과 이곳의 사람들의 생활에 대해 깊은 관심을 가지게 되는 것이다. *Walden*에서 쏘로우가 지적하듯이 심지어 가장 친한 친구와의 교제도 곧 싫증이 나고 지친다고 한다: "To be in company, even with the best, is soon wearisome and dissipating" (91). 그러나 *Cape Cod*는 그에게서 이런 주변의 지치게 하고 고리타분한 상황을 벗어나 자신이 구속되지 않는 자유를 만끽할 수 있는 장소를 제공해 주는 셈이 된 것이다: "Cape Cod seems to have provided a liberating respite from the daily scrutiny of his hometown neighbors" (xi).

*Cape Cod*가 시작이 되면서 쏘로우는 Cohasset라는 곳을 방문하고 아일랜드 이주민들을 실어 나르는 선박이 해안의 암초에 부딪혀 144명의 생명이 물거품처럼 사라진다. 처음에는 이런 광경을 머뭇거리며 바라보던 쏘로우는 해안에 대한 호기심으로 가득 찬다. 바다는 죽음으로 가득한 곳이기 때문이다: "livid, swollen, and mangled [corpses, one] the coiled up wreck of a human hulk...with wide-open and staring eyes, yet lustreless, dead lighters" (7).

다시 말해서 이제껏 콩코드의 잔잔한 전원적인 자연 속에서 살아온 그에게 거칠고 험악한 자연은 당혹스럽기만 한 것이다. 인간의 생명을 대량 앗아가는 자연은 첫 번째부터 보기엔 악의가 있어 보이는 대상이 된 것이다. St. John호가 암초에 걸려 침몰했을 때 쏘로우는 인간의 시체는 껍질일 뿐이며 그 알맹이에 해당하는 영혼은 침몰한 배의 선장 보다 더 능숙한 안내인이라고 함으로써 죽은 사람들과 화해를 모색한다. 그러나 재난의 규모가 너무도 컸기 때문에 충격에서 벗어나지 못하는 것이다: "Why care these dead bodies? [Since they are] empty hulks [whose spirits have been] cast upon some shore yet further west, guided there by a more skillful pilot."[19)]

---

19). Robert Finch는 이와 관련하여 다음과 같이 언급하고 있다: "As Thoreau journeys up the beach, initial delight in its prospect gives way to a view of it as an increasingly inhuman and inhospitable place. He comes to see the ocean as 'voracious' and 'monstrous,' and finally confesses that 'I felt I was a land animal'"(xii-xiii).

이와 같은 참사 현장을 목격한 쏘로우는 자연에 대해서 무척 당혹한 느낌을 받는데 그가 Maine을 몇 해 전 방문했을 때에도 똑 같은 경험을 한 것으로 알려진다. 대자연으로부터 그는 너무도 엄청난 사실을 발견하기에 이른 것이다.

자연은 인간에게 살 수 있는 훌륭한 공간을 주는가 하면 또 인간을 죽이는 이중성을 지닌 대상이기 때문이다: “What a place to live, what a place to die and be buried in [calling deep forests] blissful, innocent...like a serene infant” (*The Maine Woods*, 81). 그리고 Katahdin 정상에서 그는 스스로 소외와 고립을 경험한다: “Nature was here something savage and awful, though beautiful” (70). 자연을 보면서 자신은 영적인 교류를 하지 못하는 것이다. 왜냐하면 자연이 주는 그 배경은 그에게 너무도 압도적인 것이었기 때문이다. 그에게서 자연은 인간과 진정한 교류를 할 수 있는 대상이라고 느껴지기보다는 그 엄한 자연에 익숙한 동물들에게나 어울리는 자연으로 생각된 것이다. 여기서 입은 상처를 그는 월든에서의 전원적인 자연을 생각하며 마음을 달래는 것이었다.[20)]

괴물과도 같은 바다에 대한 쏘로우의 반응은 이중적이고 모호한 것이 사실이다. 월든에서 쏘로우는 자연이 주는 평화로움은 포용하기가 용이했지만 사람의 생명을 비롯한 모든 것을 한 순간에 삼켜 버릴 압도적인 힘을 지닌 바다는 접근하기가 쉽지 않음이 사실이다. 그러나 쏘로우는 St. John호를 삼켜 버린 바다는 그 거친 속성 때문에 더 아름답게 인식되는 것이다: “[The ocean’s] beauty was enhanced by wrecks like this (St. John), and it acquired thus a rarer and sublimer beauty still” (15). 바다가 육지를 휩쓸면서 밀려오고 밀려가는 것을 지켜본 쏘로우는 월든과 다를 바 즐거운 감정이 쏟아 오름을 느끼는 것이다: “The ocean did not look now, as if any were ever shipwrecked in it; it was not grand and sublime, but beautiful as a lake” (20). 그러나 때로는 바다가 주는 숭엄한 아름다움 속에서 자신이 월든에서 느꼈던 따뜻함을 감지할 수 없기 때문에 불편하기도 하는 것이다.

쏘로우가 정신적인 수고를 통해서 얻은 결실은—그토록 가혹한 자연의 존재를 수용하기로 한 의도—*Cape Cod*를 통해서 얼마든지 확인할 수 있는 사항이다. 야만적이고 야수와 같은 속성을 지닌 자연을 대하면서 느끼는 불안감에서부터 이를 인식하고 수용하는 성숙한 태도에 이르기까지 쏘로우 자신의 발전적

---

20). Leo Stoller는 쏘로우가 당시 엄한 자연을 통해 경험한 사실을 놓고 아래와 같이 논평하고 있다: “the universe pantheistically informed with a benign godhead had suddenly dissociated into its parts. For the rest of his life he was to strive in vain to reunite them”(47).

인 면을 확인할 수 있기 때문이다. 월든에서 쏘로우가 보여준 태도를 비교해 보면 케이프 코드에서 그가 보여준 파괴적인 힘을 지닌 자연의 모습뿐만 아니라 자연이 가지고 있는 위안을 주는 힘에 이르기까지 그는 모두 수용하는 놀라운 변신을 하고 있는 것이다. "The Plains of Nauset"에서 그는 수마일 떨어진 바다에서 들리는 파도의 포효 소리를 듣고 마음의 격려를 얻는 것이다: "it was a very inspiriting sound to walk by...On the whole, we were glad of the storm, which would show us the ocean inits angriest mood" (46). 쏘로우는 인간의 죽음을 자연의 한 부분으로 수용하기도 한다. 게다가 온 세상 곳곳에서 죽음의 존재가 만연한 것을 느끼는 것이다.21)

Cape Cod의 자연을 작가가 수용하는 것을 배우는 것과 자신이 끝임 없이 흉용하며 요동치는 그 자연이 지닌 속성과 어떤 관계를 유지하기 위해 관심을 갖는 것은 또 다른 문제인 것이다. John Hildebidle는 이와 관련된 언급을 다음과 같이 하고 있다: "At the top of Ktaadn Thoreau [saw] a nature with no relation to man; in the sea he finds a nature whose only human relation is one of threat and outright destruction" (129). 그러나 Hildebidle의 경우 대양 또한 인간에게 그리고 이곳을 영원한 거처로 생각하고 살아가는 원주민들에게 생계를 위한 수단을 제공하고 있음을 고려하지 않고 하는 발언으로 생각되어지는 것이다. 내륙에서만큼 비옥한 토양은 아니라 할지라도 모래로 된 토양은 수많은 원주민들이 살아갈 수 있는 터전이요, 이들이 먹고 살아가는데 필요한 수단의 바탕이 된다는 사실을 잊어서는 안 될 것이다. 쏘로우는 필자의 생각을 뒷받침할 만한 말을 다음과 같이 하고 있기 때문이다: "In the production of the necessaries of life, Nature is ready enough to assist man" (*Cape Cod* 255). 그칠 줄 모르는 생명을 위협하는 폭풍우가 가까이 항상 존재하고 있지만 이중적인 속성을 지닌 토양과 바다는 전적으로 인간을 냉대하지만 않는다는 사실이다. 쏘로우의 말을 다시 들어보자.

> Today the air was beautifully clear, and the sea no longer dark and stormy, though the waves still broke with foam along the beach, but sparkling and full of life (119).

이처럼 *Cape Cod*에서 쏘로우가 자연을 거칠고 위협적인 대상으로 인정하고 있음은 사실이지만 다른 한편으로는 인간의 생존에 필요한 모든 것을 제공하고

---

21) James MaIntosh는 바다에서의 죽음을 인간이 경험하는 큰 재해의 비극으로 보는 것이 아니라 자연의 순환으로 당연시 받아들이고 있다: "The death of men at sea need not be felt as a catastrophe; it is a phenomenon in the life of nature, a necessary occurrence in nature's progress" (222).

있는 이중성을 보이는 것이다.

그럼에도 불구하고 쏘로우 자신이 30년 이상 그토록 애써 사랑하고 아껴 왔던 월든(Walden)에서 그 평온함과 전원적인 안락함을 통해 느낄 수 있었던 이상적인 삼림을 고려해 볼 때 바다는 분명히 자신이 반평생 이상을 헌신하며 사랑하고 바친 월든 호수와 산림을 숭배한 것과 같은 정도의 기쁨은 되지 못했을 수도 있을 것이다. 바다가 주는 파도 소리와 잔잔히 들리는 갈매기의 외침 그리고 격렬한 폭풍우와 우뢰 같은 천둥이며 거센 바람은 분명히 명상을 즐길 만큼 커다란 기쁨을 주지는 못했을 것이다. 그러나 어쨌든 작가는 자연을 대문자로 표현했듯이 바다를 대문자로 표기하는 양면성을 지니고 있는 것이다:

> Yet this same placid Ocean, as vivil now as a city's harbor, a place for ships and commerce, will erelong be lashed into sudden fury...ruthlessly heaving vessels to and fro, breaking them in pieces in its sandy or stony jaws, and delivering their crews to sea-monsters (144).

쏘로우에게선 월든은 하나님과 천국("God and Heaven," *Walden* 129)의 세속적인 표현이지만 대서양은 어떤 경고도 없이 때로는 가혹할 만큼 잔혹한 시련과 고통을 인간에게 가져다주는 악의 존재로 보일 때가 있기도 한 것이다. 월든이 쏘로우 자신이 "[a place of] redemptive transformation," "[an] Eden"으로 표현하는 것과 같이 그야말로 지상의 천국과 같은 대상이라면 분명히 쏘로우가 바다에 대해서는, 특히 *Cape Cod*에서, "by contrast, a place of devastation, an earthly hell" (129)이라고 표기를 하고 있음도 사실이다. 쏘로우는 월든이 부여하는 전원적인 분위기로 인해 월든을 무척 좋아한 것 이 사실이지만 그렇다고 해서 Cape Cod를 생지옥("an earthly hell")이라고 생각하는 것은 더욱 아닌 것도 사실이다. 케이프 코드(Cape Cod)에서 바다가 주는 공포와 위협적인 분위기를 통해서 그는 자신이 알려고 하는 진리의 모든 것을 깨우쳐 보려고 노력을 많이 하였던 것이다.

Cape Cod에 대한 그의 마지막 인상은 그야말로 야생적이고 거친 파도가 부서지는 모습과 짙은 구름이 몰려오는 장면이었으며 이런 장면을 통해서 그는 자신의 존재에 대한 명상을 할 수 있는 정도로까지 발전된 모습을 보이고 있는 것이다.

> In October, when the weather is not intolerably cold, and the landscape wears its autumnal tints...especially if you have a storm during your

stay, — that I am convinced is the best time to visit the shore (318).

이처럼 그는 바다의 폭풍과 거친 용트림은 여행객들에게 이상적인 장소로 생각된다고 느끼고 있다. 비록 케이프 코드의 폭풍우가 파괴적이긴 하지만 자연 아인 그로서는 자신의 생각이 그리 놀랄 정도는 아닌 것이다. 자신이 Channing과 함께 Provincetown을 떠나 보스턴으로 나룻배를 타고 돌아가면서 Cohasset Rocks 라는 곳을 지나면서 새로 지어진 등대를 보게 된다. 그리고 작가는 이 등대에 관한 묘사를 인상적으로 다음과 같이 묘사를 하고 있는 것이다:

> Think of making your bed thus in the crest of a breaker: To have the waves, like a pack of hungry wolves, eyeing you always, night and day, and from time to time making a spring at you, almost sure to have you at last (307).

사실 2년 후 그 등대는 무시무시한 강풍에 휩쓸려 사라졌고 등대와 함께 등대지기 2사람도 함께 사라졌던 것이다. 이처럼 자연이 지닌 모호한 이중성을 인정하면서 살아가야 할 때는 생명의 위협을 감수하지 않으면 안 되는 것이다.

따라서 쏘로우는 케이프 코드에 사는 사람들은 영웅적이라고 생각을 했던 이유도 여기에 연루하는 것이다. 그들은 거친 자연과 투쟁을 해야 살아갈 수 있기 때문이다. 이들이 살아가는 열악하고 위협적인 환경을 목격한 작가는 이제 이상적인 그리고 자연과 더불어 살아가는 것이 어떤 것인가를 더 성숙한 안목에서 이해하고 있는 것이다. *Walden*에서 사냥꾼들과 농부들 그리고 낚시꾼들이 자신의 숭배의 대상이 될 만큼 각별한 존경을 느끼게 된 것은 그들이 자연과 하나가 되어 살아가는 일체감 같은 것을 느꼈기 때문이었지만 Cape Cod에서는 이들 원주민들이 거칠고 예상하기 힘든 자연의 가혹함과 더불어 살면서 자연의 이중적인 속성과 함께 상호 적응하고 반응을 보이며 때로는 거친 자연을 방어하고 보호함으로써 서로가 서로에게 많은 모순을 지니고 있지만 이를 적절하게 조화를 이루며 살아가기 때문에 더 큰 애정과 존경심을 느끼게 되는 것이다. 이들 원주민들은 쏘로우에게 그 거친 자연 속에서 어떻게 생존을 유지해 갈 수 있는지 그리고 어떻게 하면 그 거친 자연과 가깝게 지날 수 있는지를 알려주고 있어 더욱 큰 믿음이 생기는 것이다.

케이프 코드 원주민들을 이해하려고 하면서 쏘로우는 자신이 과거 월든에서 경험한 전원적인 자연을 떠올리지 않을 수 없는 것이다. 그리고 St. John호가 암초에 부딪혀 침몰한 것에 당혹감을 가졌던 그 기억까지도 말이다. Finch는 다음과 같이 말하고 있다: "Here, to a degree never encountered in the woods and fields of Concord, was massive human tragedy and evidence of frailty of man's hopes and existence..." (xii). 그러나 쏘로우는 이어서 그런 장면을 보면서 느낄 수 있었던 것은 케이프 코드 주민들은 콩코드에서 살아가는 사람들과는 많이 다름을 다음과 같이 서술하고 있다.

> In the very midst of the crowd about this wreck, there were men with carts busily collecting the sea-weed which the storm had cast up, and conveying it beyond the reach of the tide, though they were often obliged to separate fragments of clothing from it, and they might at any moment have found a body under it. Drown who might, they did not forget that this weed was a valuable manure (9).

분명히 케이프 코드 원주민들은 콩코드 주민들과는 이처럼 달랐던 것이다. *Cape Cod*의 첫 부분에서 쏘로우는 케이프 코드 주민들이 거친 바다의 살인적인 혹독함과 거친 자연 환경으로 St. John이 침몰하는 상황을 독자들에게 보여주고 있으며 또 이들 주민들은 그런 파국적인 상황에서도 얼마나 무관심한지를 동시에 제시하고 있는 것이다. 거의 모든 가정은 아버지, 어머니, 형제, 자매들이 있으며 이들은 생존을 위해 고기를 잡던지 아니면 부두에 나가서 노동을 하든지 아니면 장작을 마련하는 평범한 인물들인 것이다. 자연이 주는 재난에도 이들이 태도는 항상 침착하다고 그는 말한다: "the inhabitants of the shore are not...affected by this event" (13). William Bonner는 그의 Thoreau and the Sea라는 책에서 다음과 같이 지적하고 있다: "[Thoreau] found himself coolly analytical, as the stark presence of so many corpses dulled his sense of tragedy" (61). 쏘로우는 자연이 주는 재난이 자연의 이치라면 더 이상 이를 가지고 두려워하거나 측은해 할 이유가 없다고 생각하는 것이다: "If this was the law of nature, why waste any time in awe or pity?" (13)/ "[They] have no humane interest in the matter (St. John disaster).... Come, let's be off. We've seen the whole of it. It's no use to stay to the funeral" (11).

이와 같은 쏘로우의 언급은 자신의 태도가 과거와는 엄청나게 큰 변화를 가져왔음을 암시하는 부분인 것이다. 배가 파선하는 것은 흔한 일이고 자연이 주는 재난도 흔한 것이다. 따라서 가혹한 자연이라고 해서 자신이 살고 있는 영역을 벗어나 다른 곳으로 피하던지 아니면 이를 모면하기 위해 생계를 포기할 필요가 없음을 지적하는 것이다.

성격상 가장 두드러진 자연아 로서 케이프 코드를 대표하는 인물이라면

Wellfleet라는 굴을 따기도 하며 굴을 양식하기도 하는 "oysterman"이다. 그는 88세로 가혹한 자연에 적응하면서 살아온 원주민이다. 그는 자신에 대해 다음과 같이 말을 하고 있다: "I am nothing. What I gather from my Bible is just this: that every man is a poor good-for-nothing critter[22], and everything is just as God sees fit and disposes" (94). Wellfleet 자신은 자연의 거침에 상관없이 ― 신의 의지에 의해 생성된 것으로 생각함 ― 거의 90년을 이곳에 적응해 오면서 살아가고 있는 것이다. 쏘로우는 이 사람을 가장 세상을 즐기면서 살아가는 사람으로 보고 있다: "This was the merriest old man that we had ever seen, and one of the best preserved...His style of conversation was coarse and plain enough to have suited Rabelais" (105). 이 노인은 자신의 존재를 비롯한 모든 것을 신의 은총으로 생각하고 이를 겸손한 태도로 수용하는 자세를 지니고 있는 것이다.

쏘로우에게 특별한 것은 특히 이 노인은 자연의 속성 가운데서도 자신이 위치한 자리를 겸허하게 수용하고 인정한다는 점에 있다. 쏘로우 자신이 이곳 자연에 대해 더 많은 것을 알기 위해 책을 읽지만 이들 원주민들은 쏘로우 자신에게 책에 없는 사실들을 그들이 수십 년간 이곳에 살면서 체험을 통해 알고 있는 사실들, 가령 파도 소리를 통해서 기후를 알 수 있는 경험을 통한 사실들을 알려주는 것이다: "a peculiar roar of the sea before the wind changes.... He thought that he could tell all about the weather from the sounds which the sea made" (113). 이곳 주민들은 바다와 함께 수십 년을 더불어 살았기 때문에 바다가 우울할 때와 즐거울 때를 소리를 듣고 그리고 바람을 느끼며 알아맞힐 수가 있는 것이다. 이 굴을 따는 노인은 정식적으로 교육을 받은 일도 없으며 또 그런 사실이 자신에게 결함이 된다고 전혀 생각지 않는다. 왜냐하면 노인이 말하듯 교육을 받은 사람들로부터 많은 것을 배운 적이 없음을 알고 있기 때문이다: "[for] a learned man, I never had any learning, only what I got by nature" (109). 게다가 노인은 자신이 성경 구절을 인용하는 것에 대해서 그리고 체험을 통해 얻은 바다의 변화에 대한 지식을 말할 때에도 그것에 대해 높이 자부심을 지니고 있는 것도 또 언급할 만한 가치가 있다고도 생각지 않는 것이다. 단지 노인은 삶의 경험을 통해서 터득한 사실들을 교육을 많이 받은 사람들에게 확인 시켜 주고자 하는 노력하는 것이다. 노인은 자연 가운데서 노동을 통해서 생존할 수 있는 방법을 터득하며 케이프 코드를 무척이나 사랑하며 애착을 지니고 있기도 하다.

22) critter : 소나 말과 같은 동물이나 가축

*Walden*에서 보았던 벌목꾼인 Alex Therien 역시 자신이 일을 하면서 생활한 땅에 대한 애착심이 대단했다. 그는 콩코드 숲속에서 노동을 하며 한 가지 꿈이 있었는데 이는 곧 농사를 지으면서 살아갈 수 있는 농장을 소유하는 것이다. *Cape Cod*에서 굴 따는 노인과 마찬가지로 *Walden*의 Alex Therien은 정식 교육을 받은 일이 없음이 공통적인 사항이다. 쏘로우가 지적하듯이 진정한 의미의 자연과 더불어 살아가는 이상적인 자연인은 찾아보기 힘든 것이다. *Walden*에서 쏘로우는 Alex Therien을 이상적인 자연인으로 지적했으나 *Cape Cod*를 쓸 당시에는 이상적인 자연인에 대한 쏘로우의 자세는 많이 변한 것으로 파악이 되는 것이다. 개인적으로 쏘로우는 굴 따는 노인이 험악한 자연 환경 가운데서 이를 극복하고 자신을 적응시키면서 살아가고 있다는 점에서 월든의 전원적인 환경에서 외부와의 투쟁이나 갈등이 없이 자연과 교류를 하는 자연 아인 Therien보다 더 고상한 형태의 이상적인 자연인으로 간주하고 있다. 케이프 코드의 주민들은 자연이 주는 환경 속에서 이를 수용하고 강렬한 태양을 받아 얼굴과 온몸은 검고 붉게 타 있으며 노동을 해도 정렬 적으로 하고 있는 것이다:

> After an easterly storm in the spring, this beach is sometimes strewn with eastern wood...which, as it belongs to him who saves it, and the Cape is nearly destitute of wood, is a Godsend to the inhabitations (67).

더욱더 감동적인 이해는 이들 원주민들은 나무가 많이 부족한 지역에서 바다와 싸우며 살아가고 있지만 어쩌다 홍수가 나서 사방에서 나무들이 떠내려 올 때면 이들을 건져내고 하나님께 감사하는 마음을 지니게 되는 것이다. 그리고 이렇게 떠내려 온 통나무들은 하나님이 주신 선물("Godsend") 아니면 뜻밖의 행운으로 감사하는 마음을 지닌 사람들이란 점일 것이다. 어쩌면 새들은 바다가의 자연 환경 속에서 많은 혜택을 누리며 살아갈 것이고 인간은 많은 고통과 거친 자연 환경에 고통을 받으며 살아간다는 인식을 할 수도 있겠지만 새들은 인간이 수고한 것으로—농사일로 인한 곡물 수확이나 고기잡이—자신들이 먹고 살아갈 은혜를 입을 수 있고 또 인간은 새와 바다로부터 그들이 생계를 위한 양식을 얻을 수도 있다는 점에서 먹이의 연쇄 현상에서 볼 수 있는 것 같은 자연계의 연쇄 현상을 밀접한 연결 고리를 형성하고 있는 것이다.

난파된 배를 구조하는 선원들은 육지의 많은 사람들에게 위로가 되며 등대지키는 사람들은 항해사들이 무사히 귀환할 수 있는 결정적인 계기가 된다. 월든 연못에서는 쏘로우는 케이프 코드에서 볼 수 있는 것 같은 자연의 위협을 전혀 느끼지 못했으나 케이프 코드는 항상 생명의 위험이 잔존하는 상황이다. 등대지기는 수십 척의 배와 수 백 명의 생명들을 매일 밤 지키는데 책임이 무겁다. 그래서 이들은 항상 안전에 대한 생각을 지울 수가 없는 것이다: "the anxiety and sense of responsibility which he felt in cold and stormy nights in the winter; when he knew that many a poor fellow was depending on him, and his lamps burned dimly, the oil being chilled" (197). 그러나 정부에서는 이렇게 중요한 임무를 수행하는 등대에 기름을 충분히 대어 주지 않아 겨울에는 많은 어려움을 경험하기도 한다. 이렇게 힘든 일을 수행하는 등대지기를 직접 눈으로 확인한 쏘로우는 자기의 모든 것을 벗어 던지고 항해하는 사람들의 안전에 신경을 쓰는 이들을 보고 깊은 감명을 받는다:

> Thus he struggled, by every method, to keep his light shining before men. Surely the lighthouse keeper has a responsible, if an easy, office. When his lamp goes out, he goes out; or, at most, only one such accident is pardoned (198).

인간과 이중적인 속성을 지닌 자연의 애매한 태도를 두고 투쟁하는 인간의 모습은 더 많이 *Cape Cod*에서 확인 될 수 있다. 그러면서도 이곳 주민들은 삶의 고통과 두려움 앞에서도 유쾌한 모습을 잃는 법이 없는 것이다. 이들은 개인에 대한 탐욕도 없으며 그저 자연에 순응하고 생존을 위해 자연스럽게 적응을 하며 그들의 정신적 육체적인 강건함을 지킨 채 살아가는 것이다:

> [Thoreau] found the figure of man sailing a more interesting and a more relevant representation of qualities he cherished than that of the farmer. It was a psychic kinship with the sailor's relation to free and open space, his mobility, and his sense of command and direction (36).

특이한 것은 Cape Cod의 1/3 정도가 Provincetown의 자연과 그 곳에 살아가는 주민들에게 할애 되어 있다는 점이다. 이곳의 주민들은 겉으로 보기엔 번성하는 것처럼 보이지만 가난으로 고통을 받으면서 살아가는 사람들이기도 한 것이다:

> As for the interior of the inhabitant I am still in the dark about it. I had a little intercourse with some whom I met in the street, and was often agreeably disappointed by discovering the intelligence of rough, and what would be considered unpromising specimens (252).

분명한 것은 콩코드에서 자연과 친밀한 교제를 나누었던 것과 비교해서 볼 때 이곳의 자연과의 교제는 상당한 어려움이 따를 수밖에 없다는 사실일 것이다. 바람에 의해 불려져 온 모래들 때문에 어려움이 크고 이를 막기 위해 이들은 나무들을 주위에 심기도 하는 것이다. 남자나 여자아이들 할 것 없이 모두 쏘로우에게 감동을 주는 존재들이다. 아이들은 어른들이나 다를 바 없이 항해를 하는가 하면 항해사들이 지니고 있는 안목도 지니고 있는 것이다. 실제로 쏘로우와 Channing을 보스턴까지 데려다 준 아이는 10세였다고 한다.

> When I expressed surprise that he could distinguish her from other vessels so far, he said that there were not so many of those two-topsail scooners [sic] about but that he could tell her. Palfrey said, in his oration at Barnstable, the duck does not take to the water with a surer instinct than the Barnstable boy. [He might have said the Cape Cod boy as well] (Thoreau's brackets, 254).

이곳을 살아가는 주민들은 절대로 자신들이 살고 있는 대지를 불평하는 일이 없으며 심지어 그들이 잡은 고기들을 말릴 수 있어서 오히려 바람이 많이 불어대는 그곳이 좋다고 한다. 수 세대를 참고 견디어 온 이들에겐 오직 더 강인한 체력과 정신만이 남아 있는 것이다: "The old people appeared remarkably well preserved" (301). 이처럼 어려운 그리고 가혹한 자연 환경에서도 굽힐 줄 모르는 의지로 살아가는 이들에게서 쏘로우는 경외감을 느끼지 않을 수 없는 것이다. 모래, 바람, 그리고 억센 파도 소리와 같은 자연 현상들은 이곳 주민들에게 깊이 새겨져 있는 것이다. 이들 모두에게 Cape Cod를 떠난다는 사실은 그들이 수세대 걸쳐 이어온 정체성을 상실하는 위기와 다를 바 없을 것임으로 이들은 그곳을 떠나지 않는 것이다.[23)]

---

23) 앞서 참고한 문헌들을 간단히 소개하기로 한다:
William H. Bonner. *Harp on the Shore: Thoreau and the Sea.* NY: State U of New York P, 1985. Marcus Cunliffe. *The Literature of the United States.* NY: Penguin, 1986. Robert Finch. Introduction. *Cape Cod* By Henry David Thoreau. Orleans, Massachusetts: Parnassus Imprints, Inc., 1984. Walter Harding. *The Days of Henry Thoreau.* New Jersey: Princeton UP, 1982. John Hildebidle. *Thoreau: A Naturalist's Liberty.* Cambridge, Massachusetts: Harvard UP, 1983. Leo Marx. *The Machine in the Garden: Technology and the Pastoral Ideal in America.* NY: Oxford UP, 1964. James McIntosh. *Thoreau as Romantic Naturalist: His Shifting, Stance Toward Nature.* Ithaca, NY: Cornell UP, 1974. Henry David Thoreau. *The Maine Woods.* Princeton, New Jersey: Princeton UP, 1972.

4. *Walden*과 개인주의

Thoreau는 사회나 제도가 정하는 구속이나 형식에서 벗어나 독자적인 삶을 산 인물로서 그의 생애는 복잡하고 얽힌 물질이 중심인 사회에서 벗어나 자연과 더불어 살아가는 순수한 개인주의 자인 것이다. 그는 물질 중심의 사회가 그에게 부여하는 모든 부담으로부터 벗어나 원시적인 자연의 삶을 살아가는 것이다.

쏘로우는 천성적으로도 혼자서 많은 시간을 보내기를 좋아했다. 그는 심지어 가장 절친한 친구라도 곧 지치게 되어 고독 보다 더 좋은 친구를 만나 보지 못했음을 고백하기도 하는 것이다. 사회가 범죄자들은 다른 죄수들과 분리해서 독방에 감금하지만 쏘로우가 보기에는 그런 고독한 생활이 오히려 기쁨이 되는 것이다. 그에게서 고독이나 외로움은 없었고 고독이 주는 압박감 같은 느낌은 더더욱 존재하지 않았던 것이다. 자신의 오두막집 주변에서 그가 들을 수 있었던 소리나 모습은 그에겐 모두 천국의 것과도 같은 것이었다. 동물들이 쉽게 오두막집을 찾았고 새들은 둥지를 틀고 다람쥐까지도 쏘로우의 코트 주머니에 들어가 놀 정도로 자유로운 분위기였다. 그가 콩을 심어 수확했을 때 마모드(woodchuck)가 와서 모두 먹어 치웠어도 그는 즐거웠던 것이다. 동물들이 자신의 농작물 수확을 다 먹어 치우고 나서 짜증이 나지 않느냐는 질문을 받았을 때에도 그는 사람이 먹을 수 있는 것은 동물들이 먹을 수 있고 인간을 위한 농작물이면 동물들을 위한 농작물 일 수 도 있다는 대답을 하기도 했던 것이다.

쏘로우는 아일랜드에서 이민 온 노동자들이 월든 호수 인근에서 철로를 놓고 노동을 하면서 자연과 더불어 소박하고 간소한 삶을 살고 있는 사실에 대해 많은 관심을 지니게 된다. 그리고 이들에게 될 수 있는 데로 간소한 삶을 살도록 충고를 하는 것이다. John Field라는 노동자 가족에게 오두막집을 지은 채 간소한 삶을 살아가라고 충고하지만 이들은 쏘로우가 살던 삶의 형태를 이어받지 못하고 결국은 보다 문명화된 사회로 내가기도 하는 모습을 보고 실망을 하기도 한다.

앞서 지적한 바와 같이 쏘로우가 월든에 사는 동안 가장 친하게 지낸 사람은 프랑스계 캐나다인 벌목꾼인 Alex Therien이다. 쏘로우가 이 벌목꾼을 좋아하는 이유는 그가 월든에서 자신이 제시한 삶을 그대로 살았기 때문인 것이다. 그리고 이 벌목꾼은 조용하고 고독을 즐기며 노동을 하면서 자신의 소유로 농토를 구입하기 위해 캐나다에서 충분한 돈을 번 것이다. 1845년 이들 두 사람 모두는 28세의 나이에 건전하고 소박한 야망이 있었음이 공통점일 것이다. 그렇기 때문에 이들은 공통된 관심사로 친할 수 있었으며 서로가 서로의 모범이 되는 삶을 통해서 소박한 삶으로 일관된 생활을 했던 것이다.

사실 쏘로우는 사회와의 접촉을 극히 드물었음이 사실인 것이다. 그가 오두막집에서 생활했을 때 많은 사람들이 길을 가다가 들렀으며 이들을 맞이하는데 그는 절대로 인색한 적이 없었던 것이다. 길을 지나던 나그네들은 언제든지 쏘로우의 집에서 휴식을 취할 수 있었고 그렇다고 해서 쏘로우의 물건이 도난된 적도 한 번 없었다고 그는 말을 하고 있다. 그가 일하는 농부들을 싫어했던 것은 이들 농부들이 일을 하기 위해 소에만 관심이 지대했기 때문이라고 한다. 그는 도망 다니는 노예들을 위하여 도피처를 제공했으며 세금을 내지 않아 감금당하기도 했다.

쏘로우가 싫어한 것은 사회 속에 존재하는 개개인이 아니라 사회 속에 내재하는 조직화된 단체들인 것이다. 모든 사회단체나 조직이 사회를 부패시킨다는 것이다. 그가 개인을 싫어한 적은 한 번도 없었던 것이 사실이다. 그는 월든에서 세 개의 의자를 마련해 놓았다고 한다. 하나는 고독을 위해서 그리고 다른 둘은 친구를 위해서 그리고 셋은 모두 사회를 위해서라고 강조하고 있는 것이다: “I had three chairs in my house; one for solitude, two for friendship, three for society” (123).

쏘로우는 물질주의에 치우친 사회가 너무도 부담이 되었고 사회와 물질주의에 노예가 되기보다는 원시적인 삶을 택하게 된 것이다. 그리고 이를 위하여 그는 삶의 원리를 설정해 보기를 원했던 것이다. 그가 삶을 단순화하라고 했을 때 이는 물질적인 소유를 생존에 필요한 최소한으로 줄이라는 말일 것이요, 하루 한 끼 그리고 옷 한 벌, 양말 한 쪽이면 족한 생활이라고 믿고 실천했던 것이다. 더 많은 물질을 지니면 지닐수록 정신은 더 척박해지고 혼란스러워 진다는 것이다. 그러니 가진 것을 가능한 한 처분하고 정신을 지키라고 충고하는 것이다: “Sell your clothes and keep your thoughts” (312).

작가 자신이 사회와 거리를 두고 자연과 친교 하는 삶을 살았기 때문에 그는 개인 주의자였음에 틀림이 없다. 그의 삶 자체가 개인주의요 그의 기질 또한 개인주의였던 것이다. 그는 많은 사람들이 어떤 생각이나 일을 한다고 해서 따른 일도 없었고 자신이 생각하고 판단하는 데로 살았던 인물이었다. 그는 보다 자연스런 삶을 위해서 정장을 하고 전문직에 종사하는 것조차도 싫어했으며 그래서 스스로 교직을 포기하기도 했던 것이다: “I would rather sit on a pumpkin and have it all to myself, than to be crowded on a velvet cushion” (31).

5. 원시적 이상주의

산업의 발달과 더불어 인간과 자연의 관계가 적신호로 받아들여지고 이를 회복하기 위한 중요성이 여러 가지 방면에서 대두되기 시작했던 것이다. 개척민들이 신대륙에 정착했을 때 거대한 땅 덩어리는 무한할 정도로 풍부했으며 초기에 자연과 더불어 살아갈 수 있었던 시골생활을 하던 미국민들은 대 공황과 산업의 발달로 그들이 살던 전원적인 환경을 포기하지 않으면 안 되었던 것이다. 게다가 기술의 발달로 도시의 인구는 폭발적이 되었으며 시골 출신의 노동자들은 빈곤한 생활을 염두에 두고 도시로 도시로 거처를 옮기는 상황이 되었던 것이다. 이런 분위기에서 사람들은 공기에 오염되지 않는 인간의 손길과 문명이 미치지 않은 자연을 갈망하게 된 것이다. 사라진 과거에 대한 동경과 그리움은 인간의 심금을 울린 것이다. 물질에 노예가 되어 정신적인 모든 것들을 잃어버린 인간은 이제 삶의 의미를 되새기지 않으면 안 되게 된 것이다.

쏘로우는 인간이 어떤 환경에 처해 있어도 농사를 짓고 자연과 더불어 산다면 실망하거나 염려할 것은 아무것도 없다고 강조하고 있다. 기본적으로 쏘로우는 사회나 물질이 개인에게 부여하는 부담을 거절했다. 산업 주의와 도시 문명의 발달로 개인과 자연의 연결 고리는 그 맥을 상실했으며 인간은 자연과 분리되어 끝없는 소외와 단절의 길을 걸어온 것이다. 그가 보다 더 낳은 형태의 삶을 위한 제언은 노동을 하라는 것이다. 그리고 사람들에게 노동의 가치와 존엄성이 얼마나 중요한지를 가리키고 있기도 하다. 그러나 그런 노동이 물질적인 소유를 위해 특징지어지면 그런 노동은 저주의 대상이 될 뿐이었다. *Walden*의 "The Bean Field"라는 7장에서 쏘로우는 특히 농사일에 대한 위엄성을 다음과 같이 지적하고 있다.

> Ancient poetry and mythology suggest, at least, that husbandry was once a sacred art; but it is pursued with irreverent haste and heedlessness by us, our object being to have large farms and large crops merely. We have no festival, nor procession, nor ceremony... by which the farmer expresses a sense of the sacredness of his calling, or is reminded of its sacred origin.

쏘로우에게서 노동은 신성한 것이다. 그에게서 지혜나 보다 바람직한 형태의 삶을 살기 위해서는 물질적인 부를 포기하는 일이다.

쏘로우에게서 행복하고 이상적인 삶은 앞서 지적한 바대로 삶을 단순화시키고 복잡한 삶을 피하는 것이다. 물질이 주는 정신적, 육체적인 부담 그리고 가구와 같은 물건들은 인간의 삶을 편리하게 하기보다는 더 정신적으로 피로하게 하는 대상물인 것이다. 그래서 그는 신발 깔개도 사용하지 않았던 것이다: "[A] lady once offered me a mat, but as I had no room to spare within the house, nor time to spare within or without to shake it, I declined it, preferring to wipe my feet on the sod before my door. It is best to avoid the beginnings of evil" (221). 쏘로우에게서 가구나 부수적인 물질적인 풍요는 함정이 될 뿐이다. 이들은 결코 인간의 삶을 안락하게 할 수 있는 것들이 아닌 것이다. 그러니 이런 가구나 삶을 복잡하게 하는 것들을 버리라고 한다.

과거에 집착하여 현재와 미래를 잊어버리는 어리석음을 그는 지적하고 있으며 부모님들로부터 물러 받은 유산은 생산적인 것이 되지 못하기 때문에 모두 배척해야 한다고 하면서 유산과 같은 행위는 마치 뻐꾸기가 다른 새의 둥지에 자신의 알을 낳아 둥지를 트는 것 ("the cuckoo's nest")과 다를 바 없다는 것이다. 이것은 개개인의 가장 기본적인 의무이기도 하다고 한다. 그러나 우리 개개인이 이와 같은 행위나 관습을 버리지 않으면 우리 개개인의 정신은 미라와 같이 되어 아무것도 쓸모가 없는 것이 되어 버린다는 것이다. 따라서 이와 같은 생각들을 우리의 정신으로부터 모두 벗어 던져 버리자고 한다. 다른 사람들로부터 빚을 지는 행위나 다를 바 없는 이런 것들은 우리가 자유롭기를 원할 때 이를 방해하는 요인이기도 하며 다른 사람들의 관습이나 행위를 본뜨는 행위는 결국은 우리의 생각과 행동에 자유를 주지 못하고 다른 사람들로부터 어떤 구속과 같은 짐을 스스로 떠맡게 되는 것이라고 하는 것이다:

> Will you live or will you be embalmed? Will you live, though it be astride of a sunbeam or will you repose safely in the catacombs for a thousand years? In the former case, the worst accident that can happen is that you may break your neck. Will you break your heart, your soul, to save your neck? Necks and pipe-stems are fated to be broken (52).

지친 여행객들은 무거운 짐을 벗어 길가에 내려 둔다. 그렇다면 왜 인간은 정신적으로 피곤할 때 거짓된 짐들을 벗어버리지 않는가를 되묻고 있는 것이다: "When we are weary with the burden of life, why do we not lay down this load of falsehoods which we have volunteered to sustain, and be refreshed as never mortal was?" ("Letters," 51). 물질적인 부가 축적 될수록 인간의 삶은 더욱더 복잡

해지니 우선 우리들의 정신적인 정결함을 유지하는 것이 이상적인 삶의 길로 들어서는 것이라고 그는 주장하고 있다: "[Life problems become] more complicated as our material wealth is increased--whether that needle they tell of was a gateway or not--since the problem is not merely nor mainly to get life for our bodies, but by...discipline to get life for our souls by cultivating the lowland farm on right principles" (70). 우리 개개인의 내적인 마음의 평안을 회복하고 지키기 위해서는 반드시 우리가 너무 과중한 짐을 지고 있지 않는지 돌이켜 볼 필요가 있다는 것이다: "How prompt we are to satisfy the hunger and thirst of our bodies; how slow to satisfy the hunger and thirst of our souls?" ("Letters," 71)

쏘로우가 지적하는 진리의 영원성은 늙거나 사라지지 않는 단순한 논리이다. 자연 가운데 어떤 변화가 일어나도 이를 지켜보는 개개인은 자연의 순리 데로 순응하고 적응하기만 하면 되기 때문이다. 마치 흐르는 물이 자연스럽듯이 자연의 흐름을 역행하지 않으면 되는 것이다. 물질적인 부나 아니면 권력 그리고 명성을 따라 생명의 핵을 소모하는 것이 아니라 진리를 추구함으로서 이 영원의 길을 갈 수 있다는 것이다. 인간이 책과 현인을 자처하는 사람들의 말을 좇아 얼마나 현명해 지며 어떤 진리를 그곳에서 찾을 수 있을까 하고 쏘로우는 자문하고 있다: "How many a man has dated a new era in his life from the reading a book! The...same questions that disturb and puzzle and confound us have in their turn occurred to all the wise men; not one has been omitted; and each has answered them, according to his ability, by his words and his life (118). 순수한 인간의 정신과 마음을 바탕으로 인간은 진리를 추구할 수 있고 상상력은 이와 같은 영역을 더 넓혀 주는 역할을 하기도 하는 것이다. 쏘로우에게서 하루는 영원한 아침이며 시간이 어떻게 지나가던 그것은 상관없는 일이다:

> To him whose elastic and vigorous thought keeps pace with the sun, *the day is a perpetual morning*. It matters not what the clocks say or the attitudes and labors of men. "*Morning is when I am awake and there is a dawn in Me*" (필자의 강조임, 100).

우리 인간의 정신과 마음의 상상력은 우리 자신을 시간과 공간의 구속으로부터 자유롭게 해주며 내 자신보다는 외부의 자연 환경이 모든 것을 결정하게 하는 요인이 되기도 하는 것이다. 따라서 쏘로우는 우리 인간으로 하여금 그야말로 정신적인 창조자로서의 역할을 하도록 동기부여를 하고 있는 것이다. 우리가 생각하고 말하고 행동하는 모든 상황을 변화시키면 밤의 어두움과 고통은 대낮의 밝음과 환희로 변화되어 지는 것이다. 우리들에게 그러한 능력이 있다는 것이다. 그런 능력을 최대한 발휘할 때에 우리는 우리 자신의 천국을 스스로 만들 수가 있는데 왜 개개인은 그러한 잠재력에 주의를 기울이지 않는가? 라고 질문을 던지고 있다. 깨어있는 것이 그에게는 살아 움직이는 것이니까 ("To be awake is to be alive"(101)말이다. 인간이 아무리 실질적으로 학문적으로 많은 업적과 성공을 거두었다고 할지라도 그 이상의 능력이 무궁무진하다는 것이다:

> I know of no more encouraging fact than the unquestionable ability of man to elevate his life by a conscious endeavor. It is something to be able to paint a particular picture, or carve a statue, and so to make a few objects beautiful; but it is far more glorious to carve and paint the very atmosphere and medium through which we look, which morally we can do. To affect the quality of the day, that is the highest of arts (105).

그러나 물질적인 창조만으로는 지상 천국과 같은 이상적인 사회는 이루어지지 않는다. 정신적인 창조의 활동이 이상적인 사회를 이루는 것이다. 쏘로우에게서 우선 건강한 삶을 살기 위하다 일찍 일어나야 한다고 한다. 왜냐하면 일찍 일어나면 아침의 정기가 온 몸을 흐르기 때문이라는 것이다. 더 나아가 마음이 깨끗한 아침은 하루를 가장 신선한 마음으로 출발할 수 있는 절호의 기회이기도 하다는 것이다. 따라서 아침의 이른 기상은 전날의 개인이 지니고 있었던 근심, 염려, 걱정과 같은 찌꺼기를 제거할 수 있기 때문이라는 것이다. 그는 깊은 명상과 동양의 요가와 같은 방법을 택하여 그의 생각을 다음과 같이 실천하는 자세를 보이고 있는 것이다:

> Free in this world as the birds in the air, disengaged from every kind of chains, those who have practiced the yoga gather in Brahma the certain fruits of their works. Depend upon it, that rude and careless as I am, I would fain practice the yoga faithfully (94).

쏘로우는 마치 강물이 거품을 일구면 범람하는 것 같이 우리 개개인의 삶도 적극적이고 활력이 있어야 한다고 한다: "Pursue, keep up with, circle round and round your life, as a dog does his master's chaise. Do what you love. Know your own bone; gnaw at it, unearth it, and gnaw it still" ("Letters," 44). 삶을 즐기는 것 그리고 재미있게 살아가는 것, 정신적인 내면의 깊이를 파악하는 것 그리고 자신의 잠재력을 최대한 발휘하는 것과 도덕적인 삶이 되도록 애쓰는 것은 모두

중요한 일이라고 한다. 그러니 천상의 별을 쳐다보면서 마음껏 자신의 보트로 항해할 것이며 모든 것을 다른 사람들로부터 믿음을 얻는 것이 아니라 자신에게 의존하고 자신의 목소리에 귀를 기울이는 것이 최상의 믿음이라고 한다. 그러니 자신의 실수와 잘못된 행동과 결과로부터 가장 큰 교훈을 얻을 수 있는 것은 당연함으로 자신의 양심이 말하는 소리에 귀를 기울이는 것이 가장 훌륭한 충고자이며 선생이 되는 것이다.

이렇게 해서 쏘로우는 간결하게 월든을 떠나게 되는 것이다: "Thus was my first year's life in the woods completed; and the second year was similar to it. I finally left Walden September 6th, 1847" (304). 이 간결한 두 문장을 통해서 그는 모든 것을 압축해서 보여주고 있는 것이다. 그는 어느 한 곳에 머물러 갇히기보다는 자신이 원할 때면 언제든지 새로운 출발을 할 수 있는 그런 인물인 것이다. 보다 구체적으로 자신이 떠나야 할 이유를 말하고 있지는 않지만 그는 이제 떠나는 것이다. 어쩌면 그가 이번에는 보다 더 나은 시간을 자연과 교류하면서 보낼 수 있게 될 것이란 확신으로 내린 결론인지도 모른다.

결론적으로 많은 사람들은 내적인 자신을 다스리기 위한 인내와 자기 단련을 하는 대신에 보다 이국적이고 특별한 곳을 찾아 지구 곳곳을 방황한다. 그러나 쏘로우는 자신의 시에서 그런 노력의 헛됨을 다음과 같이 지적하고 있는 것이다:

> I met a pilgrim travel-worn, who could speak all the tongues and conform himself to all the customs of all nations; ...who had vanquished all the chimeras, and caused the Sphinx to go and dash her head against a stone — who never retraced his steps nor returned to his native land and was reputed to have traveled further than all the travelers. He bore for device on his shield these word only. — 'Know thyself.'[24)]

개개인은 사회적인 명성과 부, 지위, 재산, 그리고 아름다움에 상관없이 개개인들 패배시키고 절망으로 내 몰아가는 내적인 적과 맞서서 싸워야 하며 이를 위해 의심과 불안 그리고 공포를 정복하게 될 때에는 우리 자시는 이제 더 이상 노예가 되는 것이 아니라 주인이 된다는 것이다. 그렇게 되면 갇힌 우리의 영혼이나 구속받는 정신적인 활동들이 자유를 찾게 되어 자유로워지며 자신을 신뢰하고 의존하면서 한없는 희열과 만족을 얻는 삶을 구가할 수 있게 되는 것이다.

---

24) Henry David Thoreau. "Reform and The Reformers." *The Short Works of Henry David Thoreau.* New York: Harper, 1982. 131.

4

현대 미국소설의 이중성과 흑인작가론

제1차 세계대전과 1930년 세계 경제공황 사이 1920년대를 분수령으로 미국 흑인은 헌 사람에서 새 사람으로 변모하는 자신을 목격하게 되었다. 바로 이들이 일찍이 로크 Alain Locke가 말한 "새로운 흑인"의 대두일 것이다. 흑인은 여러 세기 동안 인간이 아닌 정해진 운명체였다. 추종만 하는 온순한 흑인에서 자기 권리를 주장하는 당당한 흑인이 된 것이다. 더불어 미국의 흑인 작가는 종전에 맛볼 수 없었던 새로운 경험을 하게 되었다. 이것은 이른바 흑인 작가의 창조력의 발동에 기인된 것으로 볼 수 있다. 그 후 흑인 문학은 두 가지 운동, 통합운동과 민권운동을 거쳐 1960년대에 이르렀다. 60년대 중반 미국 문학계에는 민권과 흑인 세력 확장운동에 힘입어 흑인작가의 글이 어느 때보다도 크게 범람하게 되었다. 흑인 예술운동의 일환으로 특히 젊은 작가들은 그들의 분노와 좌절감을 드러내었고, 나아가 정치문화에 대한 그들의 이념을 우렁차게 표현하기 시작했다. 비록 많은 작품이 지나치게 극단적인 성향을 띠었다고는 하나 이들의 부르짖음은 흑인이 세상을 보는 새로운 감각을 인식시켜, 급기야 오래 내려오던 문학적 전통에 변화가 일어나게 되었다. 특히 소설의 경우 어니스트 게인스(Earnest Gaines), 토니 모리슨(Toni Morrison), 앨리스 워커(Alice Walker) 같은 작가들은 흑인 소재를 충분히 반영한 현대소설을 발표하기에 이르렀다. 실상 흑인 문화는 소위 듀보이스(DuBois)가 말하는 이중 의식적인 특성 double-consciousness를 띠고 있다. 따라서 흑인은 양면의 문화를 지니고 있기에 반대세력을 측량하기 위한 밖으로의 시야와 역사적 투쟁의 여러 면을 수용하려는 노력 사이에 갈등이 상존 하게 마련이라 할 수 있다. Toni Morrison의 *Beloved*와 Alice Walker의 작품들을 중심으로 표현의 통로를 차단당한 채 투박한 사회 심리적 상황 속에서 이중적으로 핍박받고 있는 흑인 여성의 모습을 살펴보기로 하자.

먼저 최근 미국 사회 내에서도 폭넓은 공감대를 형성하고 있는 Toni Morrison의 경우 동시대의 작가로서 생전에 그를 평가한다는 것은 위험한 일일 수 있지만 그녀가 노벨문학상을 탔기 때문이 아니라 해도 그녀야말로 문학적 가치가 시간의 시험을 충분히 견뎌낼 수 있을 정도라는 것이 솔직한 생각이다. 모리슨은 흑인여성작가로는 처음으로 모두 다섯 권의 소설을 발표했다. 그녀의 작품에서 문체는 흑인 구전 문학의 전통을 계승한 구어체이고, 구성은 더불어 설화로 되어있으며, 주제는 대체로 흑인의 역사와 흑백관계에서 발생하는 문제가 중심이 되어 있다. 그러나 그녀의 작품은 흑인 전통에만 종속시키기에는 너무나 크며 또한 그렇게 단순하지만은 않은 복합적 요소를 가지고 있다. 흑인 문학의 전통과 백인문학의 전통의 정수를 배합한 듯 함으로 그녀의 작품이 불러일으키는 강렬한 반응은 흑인 독자에게만 한정되는 것이 아니라 전 세계 독자에게도 큰 영향을 미치고 있는 것이다. 이것은 그녀가 문학에서 흑인적 기법과 흑인 문제, 흑인의 전통을 고집함으로서 경계 너머의 보편성을 성취하는 결과를 가져온 것이라 할 수 있다. 첫 작품 *The Bluest Eyes*에 이어 *Song of Solomon, Tar Baby, The Black Book*에서 모리슨의 주제를 유감없이 다루고 있다.

1. 토니 모리슨의 삶과 애환

과거 인류의 조상들이 살았던 세기에 오늘날과 같이 복잡한 시대가 올 것을 누가 예상이라도 했겠는가? 1900년대로 잠시 돌아가 보면 미래에 대한 희망과 평화 그리고 인류의 안정에 대한 기대는 대단했었다. 파리 박람회장에 5천만 명 이상의 관람객들이 참석해서 영원한 인류의 평화를 그들은 기대 했었고 영국의 빅토리아 여왕은 전기기차를 타고 때로는 마차를 타고 다니면서 만인의 부러움을 샀을 것이다. 총천연색 활동사진이 전시되고 평균 수명은 46세였음에도 불구하고 그들은 희망적인 삶을 살았던 것이다. 영국은 전 세계에 식민지를 세우고 흑인들을 내몰아내는가 하면 가깝게는 2억 9천만 명의 인도 인구를 식민지로 삼으면서 "해가 지지 않는 나라"로 불리어졌다. 그 후 100년간 우리 지구상의 인류 인구는 거의 5배에 가까운 숫자로 늘어났다. 이제 오늘날 우리가 사는 시대는 과거 조상들은 상상도 못할 정도의 시대적으로 급변하는 시대가 되었다. 그 가운데서도 미국과 아프리카 그리고 소외층을 대변하는 작가가 있었으니 그녀가 바로 토니 모리슨이다.

토니 모리슨은 북부에서 자랐지만 남부의 전통은 그녀에게 적지 않은 영향을 주었다. 외할아버지는 Kentucky 목공 출신인 동시에 농부였으며 인종차별과 가난으로 항상 어렵게 살았다고 한다. 그래서 오하이오로 이사를 하게 된 원인이 된다. 그때부터 모리슨은 남북전쟁 이후 흑인들에 대한 무시무시한 편견을 듣고 목격하게 된다. 모리슨은 알레고리나 환타지와 같은 요소를 도입하여 문학이 정치적인 색깔을 지니면서도 그 아름다움을 마음껏 보여주고 있는 것이다. 모리슨은 문학이 지니는 경직된 이데올로기의 문제점을 지적하면서 이데올로기는 작가의 창조적인 힘을 앗아간다는 신념에 변화가 없다: "the formulation of a literary ideology tends to congeal sooner or later into instant capsules whick, administered also to the writer, may end by asphyxiating the creative process" (Myth, Literature and the African World 61). 그녀는 흑인들만의 전통을 고집하지도 않고 서구의 문학 전통을 상당히 관대하게 수용하기도 한다. 게다가 그녀는 이데올로기에 치우친 문학 운동에는 등을 돌리기까지 하는 마음이 넓은 작가이다. 자신의 정체성을 찾는데 그치지 않고 자신의 주체를 회복하고 모두가 함께 공존하는 화해를 중요시하기도 한다. 모리슨의 언어는 산문에 가까운 시적이며 음악적인 요소를 지니고 있으며 현실 세계와 이상 세계를 자유롭게 왕래하면서 독자들의 개입을 그대로 허용하고 있는 너그러움이 넘친다. 모리슨이 지적하는 바와 같이 오랫동안 흑인들의 경험을 잘 표현하고 있는 것은 그들의 블루스 음악과 춤의 형태였던 것이다.

모리슨에게선 백인에 대한 증오나 이에 대한 폭력적인 저항은 보이지 않는다. 그녀에게서 참담했던 흑인의 역사를 복원하는 일은 무엇 보다 중요한 사안이다.

흑인들의 삶과 고난은 그녀에게선 귀중한 교훈을 주는 역사인 것이다.

바흐친이 주장하듯이 언어는 화자가 자신의 고유한 말로 채울 수 있을 때에만 자신의 고유한 언어가 된다: "Language becomes one's own only when the speaker populates it with her own intentions, her own accent, when she appropriates the word, adapts it to her own sematic and expressive intention" (293). 모리슨의 경우 흑인 역사의 객관적인 사실을 제시하는데 그치는 것이 아니라 이에 상상력을 부가하여, 이를 바흐친이 주장하듯이, 단편적으로 떠오르는 가슴 아픈 과거의 말 할 수 없을 정도의 고통스런 사실들을 적절히 자신의 언어로 표현함으로써 소외되고 주변화 되어온 흑인들의 정체성을 구체화하고 복원하고 있는 것이다. 이런 치유할 수 없는 과거에 대한 아픈 기억은 다시 기억함으로써 그 고통을 함께 나눌 수 있음이 포용적이다. 사건에 대한 서술은 반복적으로 나타나고 또 확대되며 많은 인물들의 눈을 통해 현재는 과거에 의해 많은 영향을 받게 됨을 확인 시켜주기도 한다. 그녀의 시점이나 관점은 어떤 카테고리에도 구속이 되지 않고 자유롭게 화자와 주인공으로 오고 감으로써 언어를 통해서 주인공의 내면적인 독백을 표출시키는 자유간접화법을 구사하고 있음이 두드러진 특징으로 보인다. 대화를 통해서 화자의 내적인 상태를 보여주는 것이 그녀의 즐거움인 것이다: "I like the feelings of a told story, where you hear a voice but you can't identify it" ("Site" 121). 그리고 그녀가 사건을 보는 관점은 흑인들 보다는 오히려 동물인 개를 더 사랑스럽고 중요하게 여기는 백인들, 전직 교사들의 목소리를 통해 자신의 내면세계를 나타내는 시스 가족들, 흑인들의 관점, 그리고 구경꾼들의 관점 등으로 다양하며 동시에 화자의 직접적인 개입이나 작가의 개입은 상당히 절제된 형태로 나타나는 점은 주목하지 않을 수 없는 점이다.

토니 모리슨의 처녀 명은 Chloe Anthony Wofford이다. 여러 인종들이 함께 섞여 생활하는 다문화의 중심지인 Ohio주에서 다정다감한 부모 아래서 4남매 가운데 둘째로 1938년 2월 18일에 태어난다. 모리슨의 친아버지는 Georgia에서 인종차별에 못 견디고 북부로 이주하였으며 반면에 그녀의 어머니는 교육을 받은 집안사람으로 아버지보다는 많이 안정된 생활환경 가운데 자랐다고 한다. 그녀의 영향으로 모리슨은 종교적인 분위기에서 자랐고 고등학교를 수석으로 졸업한 후 Washington D. C.에 위치한 Howard대학 영문과에 입학한 그녀는 William Faulkner와 Virginia Woolf에 깊이 빠지면서 대학 시절을 보내고 흑인들의 40-50년대 여러 문제들과 갈등을 연극을 통해 발산하면서 다양한 경험을 쌓는다.

1957년부터 그녀는 Texas Southern University에서 8년간 강의를 한다. Random House 에서 편집자 일도 맡았고 그 이후 이혼을 하자 두 어린 아들들을 키우면서 갖가지 힘든 일을 하면서 살아간다. 깊은 시름에 잠긴 그녀는 아무도 쓴 일이 없는 글을 읽고 싶은 충동을 자꾸 느끼기 시작하면서 쓴 소설이 *The Bluest Eye*이다. 1968년 원고를 탈고하자 Random House편집장으로 승진한다. 그녀가 생각하기에 자신의 책이 팔린 이유는 인종적인 쟁점 때문이었다라고 생각이 들었다고 한다. 1년 뒤 New York 주립대학교로 다시 돌아와 가르치면서 글을 계속 쓴다. 이후 4년 뒤 두 흑인 소녀간의 우정을 통해 흑인의 과거 역사를 보여주는 *Sula*를 탈고하고 1977년에는 *Song of Solomon*으로 전미 도서 상을 수상한다. 1988년에는 Beloved로 전미 도서 상을 비롯해 모든 상을 휩쓴다. 시간적인 배경으로 노예해방이 선포되기 14년 전인 1849년에서 남북 전쟁이 종결이 된 1894년까지가 내용에 포함되어 있다. 노예의 굴욕적인 삶을 선택하느니 보다는 차라리 죽음을 통한 해방과 자유를 사랑하는 딸에게 물려주는 것이 더 현명하다는 결정으로 자신의 딸을 살해한다. 백인들이 자행한 만행은 흑인들이 가장 소중히 여겨온 정신적인 가치로 볼 수 있는 모성애를 유린하였으며 모리슨은 이런 과거 역사에 대한 평가를 독자들이 스스로 내릴 수 있는 공간을 마련해 주는데도 인색하지 않다. 모리슨은 『가장 소중한 사람』에서 600만 명 이상의 흑인들이 죽음으로 몰려갔으며 흑인들이 처참하게 노예선으로 끌려오는 상황이 단편적인 이미지로 과거의 경험을 Beloved의 독백을 통해서 보여주기도 한다: "I do not eat the men without skin bring us their morning water drink we have none at night I cannot see the dead man on my face daylight comes through the cracks and I can see his locked eyes" (212). 노벨문학상을 1993년 수상한 후 그녀는 어느 기자에게 자신은 그녀 자식들에게 흑인으로서 정체성을 잊지 않도록 가르친다고 했다("I teach my children that there is a part of yourself that you keep from white people-always.") 이처럼 모리슨의 경우 대체로 흑인의 아픔과 그들의 정체성에 관한 문제가 많은 부분을 차지한다. 중산층 부부들의 관계를 통해서 생존의 위협을 무릅쓴 여행을 통해서 백인과 흑인의 인종 차별에 관한 관심을 통해서 흑인들이 지니고 있는 비극적인 삶을 다양하게 조명하고 있다. 특히 모리슨이 지니고 있는 시적인 함축은 놀라울 정도이며 서사적인 힘도 빼놓을 수 없는 그녀만의 강점이다. 실제 과거의 역사적인 사실을 바탕으로 하고 있는 『재즈; *Jazz*』는 미국의 흑인들이 즐기는 고전 음악인 재즈가 미국의 문화에 미친 1920년대를 배경으로 하고 있으며 결혼 생활과 혼외정사 그리고 남부에서 북부로 이주해온 흑인들의 좌절된 모습과 삶의 애환들이 재즈 음악을 배경으로 진행된다.

참고로 흑인 미국 작가들을 소개하면 다음과 같다. James A. Baldwin의 17작품들을 비롯하여 Waldo Frank, Carl Van Vechten, Ronald Firbank, James Weldon Johnson, Sterling Brown, W. E. B. Dubois의 10작품, Richard Wright의 12작품, Imamu Amiri Baraka의 11작품, Ishamel Reed의 8작품, James Alan McPherson, Alice Walker의 11작품, John Edgar Wideman의 11작품, Zora Neale Hurston의 7작품, Jean Toomer, Langston Hughes의 8작품, Countee Cullen의 6작품, Arma Bontemps의 7작품, James Weldon Johnson의 7작품, Claude McKay의 10작품, Nella Larson, Saunders Redding의 7작품 등이 있다.

2. 외로운 여성 Pecola

*The Bluest Eye*는 Toni Morrison의 첫 번째 나온 소설로서 1940년대 말 Ohio에 살고 있는 외로운 젊은 소녀인 Pecola Breedlove에 관한 이야기로서 어린 흑인

소녀의 눈을 통해 전개되고 있다. 경제적인 공황으로 중서부의 흑인 촌락은 서구인들의 푸른 눈과 금박의 흰 피부가 모든 판단이 되는 미적인 기준에 의해 무척 혼란한 삶을 살고 있다. 주인공은 흑인 이라는 이유로 경멸을 받고 피부가 덜 검은 흑인들은 상대적으로 우월감을 지니기도 하는 것이다. 어머니의 폭력적인 행동은 어린 주인공이 푸른 눈을 지니고 싶어 하는 동력이 되기까지 하는 것이다. Soaphead를 만나 푸른 눈을 요구하자 그는 주인집의 개에게 몰래 독약을 넣은 음식물을 주면서 개가 광란을 일으키면 소원이 이루어 진 것이라고 한다. 그녀는 그런 광경을 목격하면서 자신이 진정으로 푸른 눈을 지니게 되었다고 생각한다. 이처럼 어른 피콜라는 흑백의 가치관에 의해 무참히 희생물이 되게 된다.

Pecola를 통해서 모리슨은 백인의 힘과 잔인함을 폭로하며 중산층 백인들이 지니고 있는 미의 정의에 따라 Pecola는 백인과 같은 피부의 금발을 지닌 소녀가 되기를 원하며 파란 색깔의 눈 가운데서도 가장 푸른 눈을 가지고 싶어 할 정도로 심한 강박 관념에 사로 잡혀 있다. 백인 문화의 지배하에 피콜라는 만약 자신이 흑인이 아니었다면 사람들이 그녀를 멸시하지 않을 것이란 생각을 하게 되고 자신이 파란 눈의 금발인 백인이라면 많은 사람들이 자신을 사랑하게 될 것이란 생각을 갖는다. 소설은 직접적인 서술이 아니라 여러 단계를 거쳐 진행된다. 16세의 소녀인 Pecola는 수동적인 성격으로 평범한 젊은 흑인 소녀로서 Claudia와 Frieda MacTeer와 친하게 된다. 그러나 피콜라는 가난과 인종 차별 그리고 강간으로 온갖 아픔을 경험한다. Claudia McTeer가족은 인간의 가치를 백인 문화만을 앞세워 평가하려 하지도 않으며 살림이 어렵지만 피콜라에게 온정을 베풀기도 하면 숙식을 제공하기도 한다. 크리스마스 선물을 받았을 때에도 백인의 인형을 찢어버리고 할머니 집의 부업에서 아름다운 라일락꽃에 파묻혀 듣는 바이올린 소리를 더 좋아하는 Claudia를 통해서 진정한 인간의 이상이 무엇인지 자각하게 하며 이를 통해 건전한 흑인의 의식을 공유하는 인물임을 보여주는 것이다. 차라리 그는 선물보다는 인간의 경험이나 감정에 더 큰 중요성을 두고 있으며 인간으로서 편견이 없는 공평한 느낌을 그는 원했던 것이다.

1940년대 어린 흑인 소녀는 자기 비하와 자기 증오로 성장하면서 그 비극적인 모습을 드러낸다. 미국의 초등학교 읽기 독본에 등장하는 그림과 가장 초보적인 문장을 통해서 모리슨은 효과적으로 자신의 메시지를 전달하고 있다. 모리슨은 백인과 흑인이라는 이원론적인 대칭 관계를 통해서 작품을 진행시키고 있다. 백인 사회에 살면서 흑인들은 백인들이 지니는 표준과 가치관을 자기 자신에게 그대로 적용시킴으로써 크리스마스에는 자신의 흑인 아이들에게 백인 인형을 선물로 주기도 하며 학교에서도 흑인은 항상 조롱의 대상일 뿐이다. Pecola의 희망은 더 좋은 집도 아니요, 더 많은 돈도 아니요, 더 좋은 옷도 아니며, 백인들과 같이 현명하고 자상한 부모님을 갖는 것도 아니요, 단지 푸른 눈의 백인 소녀가 지닌 금발의 모습을 자신도 가지고 싶어 하는 욕망이 전부이다.

자기 증오의 감정은 Pecola에게 가장 큰 위험으로 과거 400년 전에 흑인들이 미국으로 노예로 끌려오면서 부터 이들은 심리적인 압박감과 항상 피해 의식을 지닌 채 살아온 것이 사실이다. 흑인들의 입장에서는 그들의 문화와 정체성, 그리고 그들의 역사란 처음부터 존재치 않는 무시간의 원시인일 뿐이다. 모리슨의 입장에서는 흑인 소녀만 초점이 되는 것이 아니라 흑인 소년도 마찬가지로 백인 사회로 부터 큰 호응을 받지 못하고 있다. 단지 다른 점이 있다면 흑인 소년들은 자신에 향하는 편견과 고통이 내적으로 문제가 되기 전에 외부로 그 충격을 발산한다는 점이다. 흑인들은 자신들의 아이들에게 매일 폭력을 행사하지만 이들 폭력은 기존의 백인 사회로부터 인정을 받지 못하고 항상 소외됨으로써 오는 심리적인 불안감에서 왔음을 모리슨은 분명히 하고 있다.

이 작품의 주제는 모리슨이 암시하듯 흑인들이 무의식 가운데 백인 사회로부터 많은 어려움을 경험한다는 점이다. 흑인들은 항상 무의식 가운데 불가능한 백인들의 이상을 쫓아 왔으며 미국 사회가 이질적이고 다문화적인 요소를 지니고 있음에도 소수 민족, 특히 흑인들로 하여금 백인들의 가치관과 의식을 닮아 가도록 강요한다고 고발하고 있다. 또한 작가는 사랑이 사라진 흑인 가정이 경험하는 비극적인 상실감과 고뇌를 지적하고 있다. 사랑이 상실한 이들에겐 삶의 종국적인 목적지는 죽음밖에 없는 것이다. 미국인의 꿈은 진정코 흑인들에겐 무관한 먼 나라의 꿈인 지도 모른다. Pecola의 어머니인 Pauline Breedlove는 사회와 남편으로부터, 그리고 친정어머니로부터 사랑이 박탈당한 채로 자라 이제 자신의 딸까지도 학대하는 낯설은 모습을 보여준다. Maya Angelou의 자서전인 *I Know Why the Caged Bird Sings*에서도 볼 수 있는 바와 같이 전통적인 흑인 여성은 가정과 아이들에게 많은 사랑과 관심과 따뜻한 지도를 통해서 이들이 적대적이고 위협적인 백인 사회로부터 살아가야 할 방향을 제시해 보이는 전통적인 동양 여성과 상당히 유사한 특징을 지니고 있음이 사실이다. 모리슨은 이와 같은 흑인들의 성격을 통해서 흑인들은 자기 자신들을 스스로 해치고 비하하는 바보 같은 행위를 하고 있음을 지적하고 있는 것이다. 모리슨이 묘사하는 흑인들의 자해에 가까운 파괴적인 행위는 Pauline Breedlove가 회상하는 장면에서 더욱 더 생생하다.

> “The onliest time I be happy seem like when I was in the picture show. Everytime I got, I went. I’d go early, before the show started. They’d cut off the lights and everything be black. Then the screen wopuld light up, and I’d move right on in them pictures. White men taking such good care of their woman, and they all dressed up in big clean houses with bathtubs right in the same room with the toilet. Them pictures gave me a lot of pleasure, but it made coming home hard, and looking at Cholly hard (97).[25]

Pauline Breedlove는 그야말로 환상의 세계에 살고 있는 여성이다. 흑인 사회에 살고 있지만 흑인들과 자신들을 분리시키며 이것이 원인이 되어 자기 자신과 딸까지도 비하하고 증오하기까지 하는 것이다. TV를 통해서 흑인들에게 비친 백인들의 삶은 항상 행복하고 부유한 삶의 질이다. 그리고 남편으로부터 자신을 분리시키기까지 하며 백인의 가정주부로 들어간다. Cholly마저도 아이들을 양육하는 문제에 관심을 두지 않을 뿐만 아니라 술로 자신의 생을 파괴하는 것이다. 어머니로서 그녀는 자신의 아이들에게 흑인은 더럽고 추한 인간임을 자꾸만 강요하고 자신의 아이들을 위로하고 편안하게 하기보다는 백인 여자아이가 울고 있는 더 많은 관심을 가진다.

> It may have been nervousness, awkwardness, but the pan tilted under Pecola’s fingers and fell to the floor, splattering blackish blueberies everywhere. Most of the juice splashed on Pecola’s legs, and the burn must have been painful, for she cried out and began hopping about just as Mrs. Breedlove entered with a tightly packed laundry bag. In one gallop she was on Pecola, and with the back of her hand knocked Pecola to the floor. Pecola slid in the pie juice, one leg folding under her. Mrs. Breedlove yanked her up by the arm, slapped her again, and in a voice thin with anger, abused Pecola directly with “You crazy fool...My floor...my floor” (102).

이런 일련의 일들을 통해서 Pecola는 자신이 가치 있는 인간이라는 의식을 스스로 파괴해 가고 있는 것이다. 어린 소녀는 전혀 사랑에 대해서 느낄 수 있는 기회가 없다. 이와 같이 모리슨은 강하고 억세며 자신의 아이들을 위해 끝까지 헌신하는 아프리카 여성상을 의도적으로 허물고 있는 것이다. 오히려 Pauline Breedlove는 가족에 대한 사랑도 없고 강하지도 않은 여성으로 제시된다.

---

25) Toni Morrison. *The Bluest Eye*. New York: Pocketbooks, 1970.

> More and more, she neglected her house, her children, her man — they were like the afterthoughts one has just before sleep, the early morning and late-evening edges of her day, the dark edges that made the daily life with the Fishers lighter, more delicate, more lovely. Here she could arrange things, clean things, line things up in neat rows. Here her foot flopped around on deep pile carpets, and there was no unevensound. here, she found beauty, order, cleanliness and praise (101).

그녀는 단지 감수성이 예민하여 자신의 가족을 무시하는 예술을 하는 사람으로 느껴질 뿐이다. 모리슨은 이와 같은 흑인들의 자기 비하와 자기 파멸을 그냥 두고 있어서는 안 된다는 메시지를 동시에 전하고 있다. 작가는 등장인물들을 통해서 진정한 의미의 편견과 비뚤어진 가치관으로부터 자기 파멸의 함정을 극복하고 해방을 맞기를 진정으로 바라고 있는 것이다.

등장인물들을 잠시 살펴보기로 하자. 소설의 화자는 9세의 Claudia MacTeer로서 그녀의 어린 시절은 회상의 형식을 빌어 Autumn, Winter, Spring, 그리고 Summer로 제목이 지정되어 쓰이고 있다. Frieda MacTeer는 Claudia의 언니로서 10살이며 Pecola와 친하게 지낸다. Mrs. MacTeer는 Claudia와 Frieda의 어머니이다. Pecola의 어머니인 Pauline Breedlove는 2살 때 녹슨 못에 찔려 발을 절룩인다. 자신의 세 가족 — 아들인 Sammy, 딸인 Pecola, 그리고 남편인 Cholly Breedlove — 을 먹여 살리는 백인 가정의 가정주부이다. 그녀의 남편인 Cholly Breedlove는 4살 때 그의 어머니가 신문지에 싸서 쓰레기장에 버렸던 인물로 Aunt Jimmy라고 하는 인자하고 자비심이 강한 큰 숙모 아래서 자랐다. 어른이 되어 자주 술을 마시며 자신의 아내와 아이들을 학대하기도 한다. Marie, China, 그리고 Poland는 창녀로서 Breedlove가정이 사는 위층 아파트에 살고 있으며 Pecola와도 친하다. 이외에도 25명의 등장인물들이 소개된다.

앞서 지적한 바대로 사건의 소개는 연대순으로 기록된 것이 아니라 두 화자의 목소리와 과거에 대한 회상의 형식을 빌리고 있다. 화자는 셋으로 구분할 수 있다: Claudia, 전지적인 목소리를 지닌 화자, Pecola. 스타일로 보았을 때는 가을 (Claudia와 화자의 설명) — 겨울 (Claudia와 화자의 설명) — 봄 (Claudia와 화자의 설명) — 여름 (Claudia와 화자의 설명)순으로 전개된다. Claudia MacTeer는 어른이 되어 Pecola에게 일어난 일들을 그녀의 어린 시절에 대한 회상 형식으로 전해 주고 있다. 또 다른 화자는 전지적인 화자로서 Pecola의 삶을 결정지었던 사건을 소개한다. Claudia MacTeer는 1941년 가을에 있었던 일을 독자들에게 전달해 준다. 아버지에게 강간을 당하고 임신을 한 피콜라는 잘못 뿌려진 그리고 흑인을 대변하는 금잔화에 비유되고 금잔화가 백인을 상징하는 대지에서 싹을 피우지 못한 만큼 그녀의 아이도 죽는다. 백인을 대신하는 땅은 어떤 금잔화도 뿌리를 내리는 것을 허용하지 않는다. 어린 시절 그녀의 기억으로는 그해 가을 금잔화 꽃이 피지 않았는데 사람들의 이야기로는 Pecola가 자기 아버지의 아이를 임신했기 때문이었다라고 회상을 한다. Pecola의 아버지인 Cholly Breedlove는 지금 죽었고 그 아이도 죽었음을 과거를 회상하는 플래쉬백 기법으로 보여준다. 그해 가을 MacTeer는 Mr. Henry가 셋방을 지불할 돈이 있었기 때문에 그를 룸메이트로 받아들인다. 그리고 아버지가 살던 집을 방화한 후로 어려움을 경험하고 있는 Pecola Breedlove라는 흑인 소녀도 받아들인다. Pecola와 MacTeer는 어린 시절 모험을 즐기면서 자라는데 MacTeer의 생생한 기억은 11살인 Pecola라 첫 번째 생리를 했을 때 놀랐던 기억이다. 두 번째 화자는 Pecola가족에 대해서 설명을 하면서 Pecola부모님들이 상호 적대적이었음을 전한다. 피콜라와 그녀의 오빠인 Sammy는 아버지가 술을 심하게 마시는 것에 대해 어머니가 격분해 하면서 불평을 털어놓는 것을 들으면서 난감해 하는 상황을 설명한다. 게다가 가난은 이들의 사이를 더욱더 비참하게 만든다. Pecola는 자신이 이런 환경 가운데서도 자신이 아름다워지면 모든 상황이 변화 될 것으로 기대하면서 파란 눈의 아름다운 여자아이가 되어 달라고 기도를 한다.

Claudia의 설명은 이제 겨울로 접어들고 신입생으로 온 Maureen Peal이라는 나타나는데 그녀는 이빨이 튀어나왔지만 흑인 여자 아이이지만 밝고 부드러운 피부로 예쁘고 좋은 옷에다 긴 머리 모두가 아름다워 흑인과 백인 학생들에게 모두 인기이다. 이에 반해 Pecola는 내세울 것이라곤 아무것도 없이 남학생들로부터 항상 놀림을 받고 그때마다 Maureen이 Pecola를 도와주고 아이스크림도 사주고 위로해 주어 세상이 너무도 아름답게 느껴진다. 그러던 어느 날 Claudia와 Frieda가 싸우던 가운데 Claudia는 Maureen에게 주먹을 휘두르다 잘못하여 Pecola가 대신 맞는다. Maureen은 뛰어가면서 자신은 예쁘지만 저들은 흑인으로 더러운 사람들이라고 약을 올리고 사라지자 Pecola는 마음에 심한 상처를 입는다: “I am cute! And you ugly! Black and ugly.” 전지적인 화자는 이제 사교적이면서도 자신의 아들에게 무관심하며 특히 그녀의 검은 색의 고양이에게 큰 애정이 있는 Geraldine과 그녀의 아들인 Junior와 푸른 눈의 검정고양이를 묘사한다. 어머니로부터 사랑을 받지 못한 Junior는 악의를 가지고 Pecola를 자기 집으로 유인하고 방에 들어오자 자기 어머니의 고양이를 Pecola에게 던진다. 그녀는 순간적으로 얼굴이 마구 할퀴어지고 도망을 가려 하지만 문을 막아선다. 얼마 후 Geraldine이 돌아오고 Junior가 자신의 고양이를 죽인 것에 대해 분개한다.

이런 일이 있은 후 다시 봄으로 이야기는 넘어간다. 화자는 하숙생인 Mr. Henry가 Frieda의 젖가슴을 만진 이유로 그녀의 아버지인 MacTeer에게 심하게 매를 맞는 상황을 제시한다. 이후 화자는 Pauline Breedlove의 어린 시절을 이야기한다. 남편과의 결혼, Pecola와 Sammy의 출산, 그리고 백인 가정주부가 되기까지의 일들을 말이다. 그리고 Cholly와 그의 애인인 Darlene가 성교를 하다가 백인에게 들통이 나서 수모를 당하며 Cholly는 그녀가 임신을 했을 지도 모른다는 두려움으로 Macon이란 곳으로 떠난다. 어느 날 Kentucky에서 Pauline Williams를 만나고 그녀와 결혼을 하며 두 아이를 낳는다. 몇 해가 지나자 그는 토요일 오후 술에 취해서 집으로 돌아오고 부엌의 마루에서 자신의 11살 난 딸을 강간하게 됨으로 그녀의 삶을 송두리째 파괴한다. 다음 해에 Pecola는 아이가 만삭이 된다. 외롭고 힘든 Pecola는 자신의 유일한 친구에게 하소연한다. 학교에도 갈 수 없고 단지 위로가 된다면 영혼의 치료자인 Micah Whitcomb가 그녀의 소원대로 임신을 하였기 때문에 푸른 눈을 지니는 것을 하나님이 허락하셨다고 거짓말을 한 것을 사실로 알고 위로를 얻는다.

3. 가을, 겨울, 봄, 여름

첫 부분에서는 1940년대 미국의 초등학교 기초 읽기 독본에 나오는 문장("Here is the house.")을 보여준다. 초등학교 다니는 백인 어린아이의 아버지는 강력한 이미지의 남성이요, 어머니는 인자하고 다정한 웃음의 여성이며 깔끔한 아들인 Dick과 아름다운 딸로서 Jane은 마냥 행복하기만 하다. 첫 번째 단락에 이어 두 번째, 세 번째 단락이 반복되자 문장은 극도로 혼란하여 무슨 의미인지 도대체 알 수 없을 정도이다. 백인 어린아이 Jane이 누리는 행복한 세계는 Pecola에게선 도저히 찾아 볼 수 없는 세계이다. 흑인인 자신의 가족들은 찌들어 있지만 백인인 Jane의 가정은 행복하기만 하다. 흑백의 이분법적인 상황을 그대로 보여주고 있는 것이다. Pecola의 비극은 그녀가 백인의 문화를 비판 의식 없이 그대로 수용하고 있다는 점에 있다. Pecola는 Jane의 푸른 눈을 가지기를 마냥 원한다. 이런 일이 있은 후 Claudia MacTeer의 설명은 1941년 가을로 향한다. 그녀는 부드러운 목소리를 지닌 따뜻한 마음의 여성이다. 그녀는 Pecola

가 사고 없이 분만하길 바란다. 그러나 금잔화 꽃은 피지도 않고 아기는 죽으며 이들의 순수함은 영원히 사라지고 만다. 여기서 언급되는 씨앗이니 땅이니 하는 말들은 미래에 대한 희망과 약속을 상징한다. 그러나 그곳에는 절망과 불모밖에 있는 것이 없음이 사실이다. 꽃이 피지 않는 것은 Pecola의 순결이 상실된 것과도 관계가 있을 것이며 아버지에게 강간을 당했지만 아버지의 아기는 씨앗을 발아하지도 못하고 죽는다. 그야말로 불모의 이미지밖에 없다. 백인들의 관점으로 보면 Pecola의 임신은 검은 땅뙈기에 씨앗을 심은 것이나 다를 바 없는 것이다. 비유적인 의미로 볼 때 검은 땅은 가장 비옥한 땅이어야 한다. 그러나 Pecola의 경우는 아무것도 생산을 할 수 없는 불모의 땅이다.

가을이 되면 Claudia MacTeer는 이제 성인 여성이 되고 9세가 되던 해의 일들에 대해서 설명을 한다. 아파서 칭얼댈수록 더욱더 많은 사랑을 독차지 한 기억이며 어머니에게 간호를 받던 기억이며, 그해 가을 MacTeer 가정에서는 — 두 딸인 Frieda와 Claudia를 비롯하여 — 앞서 지적한 바대로 Mr. Henry, Della Jones, Pecola Breedlove, Cholly를 받아들인다. 그 가운데서도 Pecola와 함께 즐겁게 보낸 시절은 더욱더 소중하다. 그리고 Pecola가 많은 갤론의 우유를 마시면서 우유 컵에 새겨진 금발의 푸른 눈과 보조개가 있는 백인 Shirley Temple을 동경하듯 바라보는 것을 보고 MacTeer는 고함을 지르곤 했다고 한다. 피콜라가 처음 생리를 하면서 자신이 곧 죽을 것이라고 걱정을 하던 일이며 그녀가 그처럼 성숙한 여성이 된 것이 부러웠던 일이며 특히 그녀는 어려서 아무에게서 사랑을 받은 적이 없기 때문에 어느 누구를 사랑하고 사랑 받는 다는 사실은 큰 의미를 주었던 것이 사실이다. 특히 모리슨은 등장인물들을 자연물에 많이 비유해서 나타내고 있는 것은 주목할 만하다. 돈이 많은 흑인들을 배가 고파 먹이를 미친 듯이 쪼아대는 광란의 새들로 묘사되던지 ("frenzied, desperate birds") Cholly를 늙은 개 ("an old dog, snake, a ratty nigger")로 묘사한다. 그러나 Pecola는 어떤 색깔도 없고 특성도 없으며 다른 자연물과 비교를 전혀 하지 않고 있다. 왜냐하면 그녀가 지니고 있는 것은 아무것도 없기 때문이다.

그러면서도 흑인들의 인물이 Claudia의 과거 기억 속에 떠오를 때면 예외 없이 백인들과 비교되어 나타난다. Pecola는 백인의 푸른 눈을 지닌 우유 잔에 새겨진 Shirley Temple에게 혼이 다 빠진 상태이다. 그러나 Claudia에겐 Pecola가 소중히 간직하는 백인 인형은 아름답지 않다. 피콜라는 백인들의 미의 기준을 그대로 수용하지만 Claudia의 경우 절대로 백인들의 기준을 받아들이지 않고 이에 저항한다. 백인의 하얀 집 대문은 초록색과 대조를 이루며 너무도 아름답다.

그리고 백인 어린아이들은 Pecola의 이상향이다. 그러나 갑자기 백인의 집을 아름답게 그리는 단어 PRETTYPRETTYPREGGYP는 갑자기 단절되고 색깔이 없어지는가 하면 음울한 분위기의 Pecola집이 대조되어 나타난다.

> *HEREISTHEHOUSE*...There is an abandoned store...

Pecola의 집은 아름답지 않으며 한 때 인간의 생명으로 채워졌던 그녀의 집에는 모든 생명은 빠져나간 채 죽음과도 같은 이미지일 뿐이다.

> *HEREISTHEFAMILY*... The Breedloves did not live in a storefront because...

미국의 초등학교 초급 읽기 독본에서 인용한 이 문장은 백인 가정의 행복한 삶과 불행한 Pecola를 대조해서 보여줌으로써 Pecola가 비극적인 환경 아래서도 항상 푸른 눈을 가지고 흑인으로서 더러운 모습을 벗어버리길 원하는 것이다. Pecola는 Maureen이 Pecola, Claudia, 그리고 Frieda에게 한 행동이 얼마나 추한 행동이었는가를 깨닫지 못하고 있으며 그녀 자신이 원하는 푸른 눈의 소원 또한 얼마나 잘못되고 추한 생각인지를 느끼지 못하고 있어 안타깝다. 52세의 백인 이주민인 Mr. Yacobowski같은 사람은 Pecola의 이웃에 캔디 가게를 하면서 Pecola의 검은 피부 손을 접촉하는 것조차 싫어한다. Pecola는 손바닥에 땀으로 범벅이 된 채 흑인인 자신을 모든 사람들이 싫어한다고 생각한다. 어린아이의 손바닥에 주어진 동전을 손톱으로 긁어내듯이 가져가는 이 가게 주인을 멀리하고 그녀가 밖으로 나왔을 때 캔디 봉지에 새겨진 금발의 Mary Jane의 모습을 응시하며 만족할 줄 모르는 욕망으로 Pecola는 캔디를 빨아먹는다. Pecola 뿐만 아니라 그녀의 가족 모두는 백인들의 흑인에 대한 격언과도 같은 흑인은 더러운 인간이다 (“You are ugly people.”)라는 문구를 그대로 수용한다. Cholly와 Sammy는 그야말로 추한 행동을 통해서 자신들이 추한 흑인임을 증명해 보이고, Pauline은 백인의 가정주부로서 일을 하면서 자신의 추한 현실을 환상적인 영화를 관람하면서 도피하고 Pecola는 푸른 눈을 가지고 아름다운 백인의 모습으로 갑자기 변화 될 것을 기대하면서 자신의 현실로부터 끝없는 도피를 하고 있는 것이다.

이제 겨울이 되어 Claudia는 그녀의 아버지를 존경하며 겨울의 이미지로 그를 묘사한다. 그의 강철과도 같은 위협적인 눈초리는 절벽에 눈이 쌓여 언제든지 산사태를 불러일으킬 수 있는 이미지로 (“[a] cliff of snow threatening to avalanche") 그리고 눈썹은 잎이 없는 검은 가지로("his eyebrows bend like black limbs of leafless trees") 묘사된다. 게으르고 술주정이나 하는 Cholly와 대조시켜 볼 때 열심히 일하며 가정을 사랑하는 Mr. MacTeer는 강력한 이미지를 지닌다. Maureen은 선생님으로부터 칭찬을 많이 받지만 Pecola는 항상 무시당한다. 항상 이들 두 아이들은 대조되어 나타나며 이들이 다니는 학교의 흑인 아이들은 똑같이 Maureen의 밝은 피부 색깔 때문에 흑인 노예와 같은 고통스런 갈등과 의식으로 고민을 하게 된다. 사실 Maureen은 개와 같이 앞으로 튀어나온 이빨이며 한쪽 눈이 약간은 기울어진 검고 초록빛의 눈 그리고 갈색의 머리 등은 그렇게 아름다운 상황이 아니지만 단지 그녀의 피부가 흑인으로서 많이 밝다는 이유 하나 만으로 많은 아이들로부터 부러움의 대상이 되는 것이다.

Claudia와 그녀의 언니인 Frieda는 Maureen을 부러움의 대상으로 생각하지 않고 그녀가 지니고 있는 부러움을 그녀의 이름을 가지고 "Meringue Pie"라고 놀리고 약을 올린다. "Meringue"라는 말은 계란의 흰자와 설탕을 섞어서 구운 과자로 Maureen의 피부를 두고 하는 말이다. 여기에 Maureen은 발끈하면서 "I am cute! You are ugly!"라고 덤벼든다.

SEETHECAT...They come from Mobile. 역시 미국의 초등학교 읽기 독본에 나오는 문구로 고양이 한 마리가 백인 가정집에서 안락한 삶을 살고 있는 모습이 그림으로 나와 있다. 여기에서는 Geraldine이라는 중류층 흑인이 자신과 하류층 흑인들을 구분 지어 생각하는 강박관념에 사로잡힌 나머지 자신의 가족들조차도 학대한다. Geraldine여사도 자신이 흑인이지만 흑인들을 멸시하고 항상 백인 상류 사회에 대한 동경을 지니고 살아가는 인물이다. 입술에 립스틱을 바를 때에도 얇게 바르며 백인에 대한 동경과 선망에 대한 집요할 정도의 강박관념을 지니고 있다. 집을 장식하고 백인들의 조용한 삶을 닮으려는 의지도 대단하여 자신의 아프리카 전통을 버리고 심지어 흑인으로서 자기 혐오증 같은 것이 있다. 자기 아들인 Junior를 목욕시킬 때에도 하얀 로션을 사용하며 그녀의 남편인 Louis가 성행위를 할 때에도 마음껏 할 수 있도록 하지 않고 제한한다. 오직 푸른 눈을 지닌 고양이만이 진정한 그녀의 애정물이다. 여기에 대한 적대감은 그녀의 아들 Junior가 푸른 눈의 고양이를 죽이는 원인이 되는 것이다. Geraldine이 외출 중 우연히 Junior는 Pecola가 길을 산책하고 있는 모습을 보고 집으로 유인하여 고양이를 보여주겠다고 끌어들이지만 누추하고 보잘것없는 Pecola는 Geraldine집에 비하면 거지나 다름없이 더럽다. 그러던 어느 겨울 밤 Pecola는 슬픈 모습을 한 예수의 모습을 본다.

이제 Claudia는 봄을 회상하면서 그녀의 기억은 과거 부러지지 않는 나뭇가지로 매를 맞던 경험으로 돌아간다. 봄은 성적인 행위와 관련이 있는 계절이기도 하다. Mr. Henry는 이제 막 피어나는 Frieda의 유방을 만지고 그녀의 아버지인 MacTeer는 자신의 딸의 처녀성을 파괴했을지도 모를 그를 죽이려고 한다. Pecola의 어머니는 Fisher라고 하는 백인 집의 하인으로 있으면서 자신의 딸을 미워하는 것과 반대로 백인의 주인집 따를 너무도 사랑하는 모습을 보고 Pecola는 큰 충격을 받는다.

SEEMOTHER...The easiest thing to do would be to build... 이것 역시 백인 초등학교 읽기 독본에 나오는 그림과 문장이다. 백인인 어머니는 너무도 자상하고 아름답게 그려져 있다. 노래도 잘 부르며 Pauline과는 너무도 다르다. 그녀는 어린 시절의 불행으로 다른 사람에 대한 피해 의식과 적대감이 잔재해 있는 여성이다. 그녀의 남편과 결혼 초기에는 그야말로 무지개빛 신혼 생활로 그녀의 남편이 자신의 신체와 접촉하는 순간부터 그녀는 이 세상의 사람이 아닐 정도로 황홀했다고 한다. 그와의 성 관계는 두 다리 사이의 황홀함("laughing between my legs")이었던 것이다. 그러나 얼마 가지 않아서 이런 무지갯빛 황홀함은 생명이 없는 무미건조함으로 바뀐다. 남편은 술의 세계로 아내는 백인의 가정주부로서 현실성이 없는 삶만을 추구하는 것이다.

SEEFATHER...When Cholly was four years old...

역시 초등학교 읽기 독본에 나오는 백인 아버지의 모습은 인자하고 항상 Jane과 놀아 주는 자상한 아버지이지만 Cholly와는 상당히 대조되는 모습을 보인다. Cholly는 그의 딸을 강간하게 되고 그의 불행했던 과거는 다시 회상의 형식으로 보여 진다. 태어나 신문지에 싸여져 쓰레기통에 버림을 받음으로써 뿌리가 없는 인생을 시작한 것이다. 그 후 첫 애인인 Darlene를 임신시키고 Georgia로 가서는 창녀들과 성 관계로 자신의 욕망을 채운다. 이웃집 문 앞에서 잠을 자고 갱들과 함께 일을 하기 30일 그리고 이일 저 일을 하다가도 언제 그만 둘지 알 수도 없을 정도의 불안한 삶을 살아간다. 감옥에서 감금된 생활을 해도 불만을 모르며 세 명의 백인들을 살해하기도 했으며 항상 자유로움을 만끽하며 여성을 구타하기도 하는 자신의 세계에서는 신과 같은 존재이다. Pauline과 결혼을 한 후 Pecola와 Sammy를 낳았지만 이들을 키우는데 별 관심도 없으며 가족들의 필요에 대해 전혀 생각지도 않는다.

SEETHEDOG...Once there was an old man who loved things...

초등학교 읽기 책의 그림에서 더럽고 누추한 개와 백인 집에서 안락한 삶을 사는 개가 대조되어 나타난다. 흑인의 개는 병이 들고 영양이 실족한 상태로 사람들이 보기에도 역겨운 상태이지만 백인 가정에 사는 개는 판이한 환경에서 고통스럽게 살아가고 있다. 많은 흑인들은 돈과 건강을 갈구하지만 Pecola의 경우는 항상 푸른 눈의 백인들이 지니고 있는 모습을 원한다. 항상 흑인으로서의 자기 비하와 볼품없는 외모의 피콜라는 보기에도 불쌍할 정도로 매력이라곤 찾아 볼 수 없는 소녀이다. 그녀가 Soaphead에게 푸른 눈을 가지게 해 달라고 했을 때 불쌍한 동정심에서 소고기에다 독약을 뿌리고 이를 개에게 먹이도록 Pecola에게 시킨다. 만약 개가 죽지 않으면 하나님이 그녀에게 푸른 눈을 허락하지 않는 증거이고 개가 죽으면 하나님이 그녀에게 푸른 눈을 허락한다는 증거라고 설득하면서 말이다. 이 시점에서 우리는 다시 Maureen Peal, Geraldine, 그리고 Elihue Micah Whitcomb 모두 흑인임을 부정하는 흑인들을 만나게 된다. 이들은 Pecola가 지니고 있는 흑인의 전통 때문에 그녀를 더욱 싫어하게 된다.

Claudia는 이제 딸기와 폭풍우 그리고 그녀의 친구인 Pecola와 관련된 일련의 이야기와 상관있었던 어느 여름을 상기한다. 이야기가 단편적인 것들이긴 하지만 Pecola가 임신을 한 사실과 아기가 무사히 태어나길 기대하고 금잔화 꽃이 피어나면 아기가 무사할 것이라는 계시와 함께 기대는 무너지고 금잔화마저도 피지 않는다.

LOOKLOOK...How many times a minute are you going to look inside...?

백인 어린아이인 Jane과 함께 놀고 있는 친구를 소개하는 그림이 초등학교 읽기 독본에 소개되어 있다. Pecola에게 친구는 진정한 친구가 아니라 환상일 뿐이다. 그녀의 정신 분열증은 친구가 없는 그녀로 하여금 상상 속의 친구를 창작하게 한 것이다. Claudia와 Frieda마저도 Pecola를 피하고 있다. 어머니마저도 Pecola가 아버지로부터 강간을 당했지만 순수한 피해자임을 인정하려 하지 않는다. 오히려 Pecola를 비난한다. 그렇기 때문에 두 번째 그녀가 강간을 당했을 때에도 그녀의 어머니에게 절대로 이야기하지 않는다. 아무도 하소연 할 사람이 없는 가운데 자신의 푸른 눈에 대한 이야기를 들어줄 상상 속의 친구를 그녀 스스로 만든 것이다. 상상 속의 푸른 눈은 너무도 아름다워 아무리 햇볕이 강렬

해도 눈을 깜박이는 것조차 싫을 정도이다. 상상 속에서 그녀가 푸른 눈을 가졌다는 생각은 자신의 어두운 과거를 치료하고, 부엌에서 첫 번째 아버지로부터의 강간과 거실 긴 의자에서 책을 읽다가 두 번째로 경험한 강간의 고통까지도 잊을 수 있는 힘이 되고 있다. 그녀는 푸른 눈 가운데서도 가장 푸른 눈의 소유자가 되고 싶어 하는 것이다. 그녀는 자신이 살고 있는 사회의 흑인에 대한 편견으로 평생을 고통당하면서 살아가고 있는 것이다. 그녀의 오빠는 자신이 살고 있는 고향을 떠났고, 그녀의 아버지는 술로 사망했으며, 그녀의 어머니는 백인 가정주부로서 살아가고 있으며, 사람들은 Pecola의 이상한 행동을 비웃고 있지만, 기존의 사회가 지니고 있는 인종적인 경멸감에서 오는 Pecola의 자기혐오와 자신의 정체성에 관한 고민은 어린아이로 하여금 스스로 자신의 삶을 파괴하도록 하는 원동력이 되고 있어 비극적인 것이다.

모든 흑인 소녀들이 자신의 긍정적인 정체성과 건강한 여성으로서 살아가길 원하지만 백인들의 가치관과 의식은 이들의 건전한 생각을 파괴시키며 도전할 생각조차 지니지 못하게 한다. 1940년대의 흑인 소녀는 생존할 수 있는 길이 없는 셈이다. 피콜라야말로 날개가 부러져 날지 못하는 가련한 새인 것이다.

4. *Beloved*(1987)에 나타난 유혹과 폭력

인종간의 편견을 허물기 위해 오랜 세월을 투쟁해 온 모리슨은 1993년 노벨문학상을 수상하였으며 Beloved와 관련하여 그녀는 유아 살해, 소외, 무력감, 강간, 유혹과 폭력과 같은 초자연적인 것들을 추적하면서 흑인들도 평범한 인간이라는 사실을 강조하고 있다. 그녀의 조부모님들은 목수로서 켄터키에서 살면서 인종차별의 고통을 경험했다고 한다. 그녀의 부모님들도 예외 없이 소작농으로서 조지아 주에서 똑 같은 편견을 받는다. 1931년 그녀가 태어나고 상당히 종교적인 분위기 가운데서 자란다. 어려서부터 흑인들의 부당한 대우에 대해 강한 저항 의지를 보였다고 한다. 워싱턴에 위치한 Howard대학에 입학하여 그녀는 백인들이 거의 핵심인 미국문학을 전공하게 되고 다양한 활동을 보인다. 1953년 졸업을 한 후 그녀는 1955년 Cornell 대학에서 영문학 석사를 받고 Texas Southern University에서 영문학을 강의하고 다시 Howard 대학에서 8년간 영문학과 강사로 가르치게 된다. 1957년에 그녀는 자마이카 출신의 건축가인 Harold Morrison과 결혼을 하게 되면서 글을 쓰고자 하는 강한 충동을 느끼게 된다. 그녀가 고백하고 있듯이 아무도 시도하지 않은 형태의 글을 읽어보기 위해 글을 썼다고 한다. 그녀의 첫 소설은 1968년 *The Bluest Eye*로서 시작된다.

흑인들의 목소리가 크게 들리기 시작한 1960년대와 70년대는 1974년 *Sula*가 완성이 되면서 그녀의 명성이 서서히 알려지기 시작했던 것이다. 1975-77년 그녀는 Yale대학에서 강사로서 강의를 했으며 1977년에는 *Song of Solomon*을 출판한다. 1981년에 *Tar Baby*가 출판이 되었다. 그러나 *Beloved*가 출판이 되면서 그녀의 명성은 확실해 진다.

『가장 소중한 사람』은 그녀가 10년 이상을 1855년 켄터키 출신의 노예 여성인 Margaret Garner가 그녀의 네 자녀들 가운데 한 명을 차라리 노예로 평생을 고통 가운데 살게 하느니 죽여 버리면 그녀가 경험한 고통을 받지 않을 것이란 생각으로 행동에 옮긴 사실을 바탕으로 글을 쓰기 시작했던 것이다. 노예제도하에서 모성애는 Sethe에 대한 살해를 한 후 엄습하는 굴욕감으로부터 구체화된다. 모리슨이 Sethe를 등장인물로 내세우기 전 그녀는 2년이란 세월을 고민했다고 한다. 더 나아가 Ohio강변을 따라 펼쳐지는 흑인들에 대한 노동 착취와 흑인들의 주택, 의복, 가구 및 이들에 대한 가혹 행위 등으로 고민을 많이 했다고 한다. Margaret Garner는 자신이 살인을 한 후 주인에게로 돌아오지만 모리슨에게선 그녀의 예술적인 관점을 지키기 위해 이를 고수하지 않는 것이 다른 점이다.

노예제도가 시행된지 200년 동안 6000만 명 이상인 것으로 추산이 된다. 이들 가운데 익사해서 죽은 자들, 병들어 죽은 자들, 상어의 밥이 된 자들, 거세를 당한 자들, 강간을 당한 자들, 매질을 당한 자들, 손발이 절단이 된 자들 아니면 화형에 처해진 자들에 대한 기록들은 무시무시하기 까지 하다. 특히 1880년에서 1900년 전후는 흑인들에게선 잊을 수 없는 고통의 시기였음이 틀림이 없을 것이다.

*Beloved*가 출판이 된 후 모리슨은 백인들의 흑인들에 대한 무지함을 스스로 깨우치게 하는 전환점을 부여하게 된다. 퓨리쳐상을 수상하면서 18주 동안 전미 베스트셀러에도 올랐으며 당시 Jimmy Carter대통령으로부터 환대까지 받는 영광을 누리기까지 했다. 이때는 그녀와 각별한 친분이 있었던 James Baldwin이 사망한 때이기도 하다. 1989년 Princeton대학에서 여성학과 영문학을 가르치고 4년 후에는 스웨덴으로부터 1993년 노벨문학상 수상자로 선정되었음을 통고 받았으며 상금으로 825,000달러를 받았다.

토니 모리슨의 작품이 크게 관심의 대상이 되고 있는 것은 중요한 사회 정치적인 쟁점들을 다루고 있는 점 이 외에도 문학적인 다양성, 복합성, 그리고 세련미가 한층 돋보이는 것이 그 이유로 지적 될 수 있을 것이다. 등장인물들인 Sethe와 그녀의 아이들은 앞서 지적한 바대로 Margaret Garner의 과거 실제 경험을 바탕으로 하고 있는 역사적인 사실임이 우선 주목을 끌고 있다. Garner는 Kentucky농장에서 1856년 도주하여 자유를 찾기 위해 Cincinnati로 도피하기 위해 Ohio강을 건넌 적이 있는 노예였다. 그리고 도망치는 노예들을 잡는 사람들에 의해 다시 잡히자 Garner는 그녀의 어린 딸이 더 이상 노예 제도의 희생물이 되는 것을 원치 않음으로 목을 잘라 살해하게 된다. 이런 역사적인 사실들을 약간의 변화를 주면서 이를 작품으로 승화시키고 있는 것이다.

모리슨은 앞서 지적한 바와 같이 사건을 연대순으로 발전시키지 않고 있기 때문에 플롯 자체는 수수께끼 같은 이미지를 불식시키지 못하고 있음이 사실이다. 이는 그녀가 정면으로 서구의 문화적인 틀에 정면으로 도전하고 있음을 알도록 해주고 있기도 하다. 왜냐하면 직선적인 플롯은 모더니스트 문학에서 흔히 찾아 볼 수 있는 경향이기 때문이다. 그러면서도 아이러니컬한 것은 그녀가 유럽의 모더니즘을 재현하고 있다는 사실이다. 그러나 그녀가 Cornell대학에 있을 때 William Faulkner와 Virginia Woolf에 관한 석사 논문을 썼다는 사실을 생각해 보면 그렇게 크게 놀랄 만한 사건은 아니다.

본 작품은 실제로 당시 신문에도 보도된 것으로, 자기 손으로 아기를 죽인 Magaret Garner라는 여자 노예의 이야기에서 자료를 얻었다. 이 작품은 오하이오주의 신시내티 마을을 배경으로 해서 1873년 노예가 해방되었다고는 하나 시민으로서의 흑인의 지위가 정착하지 못한 탓으로 전보다 심한 가혹행위가 저질러진 시기에서 시작한다. 여주인공 Sethe는 현재 신시내티의 블루스턴가 124번지에 딸 Denver와 살고 있다. 시어머니 Baby Suggs는 얼마 전에 별세하고 두 아들 Howard와 Buglar는 집에 찾아드는 유령의 장난에 못 견뎌 가출한 뒤이다. Sethe는 과거의 아기를 살해한 기억을 잊지 못하고 그 기억 속에 갇혀 살고 있다. 사건은 켄터키에 있던 스위티 홈 농장에서의 탈출, 약속한 시간과 장소에 나타나지 못한 남편 Hall, 도피 중에 있었던 덴버의 출산, 신시내티로 무사히 도망 온 지 28일 만에 노예주의 추적을 받아 아기를 죽인 일을 포함한다. 사건 후 18년이 지난 어느 날 스위트 홈 농장에 함께 있던 Paul D가 블루스턴 124번지에 나타난다. Sethe처럼 고통스러운 기억을 가진 폴 디의 출현은 고통스러운 과거를 필연적으로 상기시키는 계기가 된다. 그는 124번지를 점거하여 난동을 부리는 유령을 쫓아버리나 얼마 후 젊은 여자 모습을 한 Beloved가 나타나 그녀에 의해 그 집에서 쫓겨난다. Beloved는 죽은 아기 무덤 비석에 새긴 글자이며 이

글자를 위해 Sethe는 석공에게 몸을 주어야 했다. 폴디가 나간 뒤 Sethe, Denver, Beloved는 서로 유대를 가지고 살아가지만 덴버는 Sethe가 Beloved에게 완전히 굴종할 뿐 아니라 정신적, 육체적으로 쇠퇴해감을 깨닫고는 Beloved를 마을 사람의 도움으로 몰아낸다. 그리고 폴디는 돌아온다.

이 작품의 주제를 죄의식이라고도 하고 사랑이라고도, 또 exorcism 즉 '살풀이'라고도 할 수 있다. 한편 흑인의 역사와 역사적 과거로부터의 해방이라고도 할 수 있다. 왜냐하면 Sethe나, 그 사건을 다룬 부분보다 흑인들의 가혹행위가 더 많기 때문이다. 예를 들자면, Sethe의 집 124번지를 점거하여 난동을 부리는 유령은 Beloved인 것 같으나 때때로 그것은 하나가 아니라 여러 사람의 그것도 비명에 간 흑인들의 소리를 나타내는 것이다.

이 작품을 페미니즘적 접근으로 살펴보자면 이 작품의 등장인물들이 예외 없이 모두 형언하기 어려운 경험을 가진 것을 발견할 수가 있다. Sethe의 어머니는 까닭 없이 교수형을 당했고, Sethe는 아기에게 먹일 젖을 남자들에게 빼앗긴 끝에 가죽끈으로 등에 나무무늬가 생기도록 얻어맞았다. 백인에 의해 더럽혀지지 않은 여자라고는 하나도 없었다. Sethe의 어머니는 노예선 선원들에게 더럽혀졌으며 거기서 낳은 자식들을 모두 버리고 흑인의 자식 Sethe만을 남겼다. 여기서 작가가 사용하는 '버리다'라는 낱말은 위기에 의한 소극적 유아살해의 뜻이 들어있다고 보는 것이 타당할 것이다. 또 마을 사람인 엘라는 성숙기에 노예주 아비와 자식의 노리개 노릇을 하며 지냈다. 그녀는 백인 자식들에겐 젖을 물리지 않았다. 이런 작품 속에 산제하는 일화들은 상황의 차이는 있지만 유아살해가 Sethe에게만 국한된 문제가 아니며, 또 살해행위 그 자체보다 살해 이유쪽에 더 주목해줄 것을 요구한다. 이처럼 흑인 여성들은 다른 인종의 여성들이 여성이기 때문에 겪는 고통에 더해 흑인 여성이기 때문에 더한 인권유린을 경험해야 했다. 페미니즘이라는 이론이 서양에서 생겨나고 전개되면서 까지도 소외된 제 3세계의 여성문제에까지 깊은 관심을 나타내지 못한 것은 참으로 유감스러운 일임을 우리는 모리슨에게서 확인할 수 있는 것이다.

주인공 Sethe의 이야기는 덴버의 출생, 그녀의 결혼, 등의 신경을 모두 죽이고 나무 모양의 상처를 남긴 채찍형벌, 남편이 어머니의 자유를 사기위해 삯팔이 나간일, 시어머니 서그스의 신앙이 Sethe의 행위에 의해 무너진 일들을 다룬다. Sethe의 갈등은 Beloved를 살해한 사실은 덮어두고 왜 살해해야 했는가를 말하고 싶어 하는데 있다. Sethe는 그것이 사랑의 행위였음을 Beloved에게 납득시켜야 하는 필요에 사로잡혀있다. 그녀가 가장 두려워하는 것은 Beloved가 그것을 이해하기 전에 떠나는 것이므로 Beloved에게 생명력을 빼기면서도 Sethe는 그녀에게 헌신하는 것이다. 아이러니컬하게도 Sethe의 생사 권을 쥔 것은 Beloved인 것이다. 결국 어머니가 아기를 살해할 수밖에 없었던 것은 사회, 시대적 요인인 것이다. 어머니는 아이에게 '사랑 받은'이란 이름을 지어주고 그 이름을 묘비에 새기기 위해 몸까지 줄 정도로 아이를 사랑했던 것이다. 모성 본능 이란 것이 얼마나 크고 강한지는 우리 모두가 알고 있다. 그것을 넘어설 수밖에 없도록 한 사회의 강압이야말로 인간성을 파괴하는 살상무기인 것을 다시 한 번 일깨워주는 작품이라고 할 수 있겠다.

작품의 구성을 보면 우선 제1부는 1-18장, 제2부는 19-27장으로 구성되어 있다. 본 작품은 넓게는 미국의 역사적인 맥락에서 그리고 좁게는 개인의 개안에 관한 소설로 이해 할 수도 있을 것이다. 더 나아가 흑인의 가치관이나 인종적인 범주로 제한하는 것은 작가의 의도를 오도할 위험도 있을 것이다. 왜냐하면 모리슨은 흑인들의 가치관이 미국 사회에서 일반적으로 수용되도록 하기 위해 글을 쓴 것도 아니요, 또 그런 임무가 그녀의 일이 아님을 밝힌 적이 있기 때문이다. 그렇다면 왜 어머니로서 그토록 사랑하는 자식을 죽여야만 했는가 하는 문제가 발생하기 마련이다. 이는 사회가 아니면 노예제도가 정상적인 어머니로서 존재를 부인하고 있었기 때문이었는지도 모른다. 어머니는 더 이상 어머니가 아니라 아이들을 부양하는 여성으로밖에 인식이 되지 않기 때문이다. 그녀는 철저히 백인들의 관점으로 흑인들의 이런 소외를 묘사하고 있는 것이다. 한 가지 더 지적하고자 하는 것은 모리슨의 상상력은 강물이 흐름과 같이 거의 무한할 정도로 풍부하다. 더 나아가 자신의 내적인 목소리까지도 철저히 조절함으로써 20세기 James Joyce, W. Faulkner, John Steinbeck에서 볼 수 있는 섬광과도 같은 필력이 그대로 드러나고 있다는 사실이다. 그녀는 인종, 성, 그리고 시간을 초월하여 유럽 중심의 가치관을 벗어나 보편성을 이룩하고 있는 훌륭함을 보이고 있다고 할 수 있다. 사회의 부정의 함과 역사적인 사실들을 한 치의 편견도 없이 개인적인 고통으로 제시하고 있음도 주목할 만하다.

본 작품은 1975년에서 1875년까지의 사건들을 소개하고 있다. 연대기적인 접근을 벗어나 순환적인 형태를 지니고 있고 등장인물들이 비교적 많다. 게다가 과거에 대한 회상, 현재, 미래, 그리고 의식의 흐름 기법에 익숙지 않는 독자들에겐 무척 당혹스러울 수밖에 없도록 구성지어져 있다. 13세가 된 노예의 딸인 Sethe는 무척 인간적인 주인 Garner와 그의 부인인 Lillian이 운영하는 Kentucky의 전원적인 농장이 위치한 Sweet Home에 도착한다. 이 Sweet Home 농장은 남부의 농경문화가 지닌 낙원과도 같은 이미지를 던져 주지만 Schoolteacher가 도착하고 과학과 현대화가 진행되면서 주민들에겐 오히려 불행한 경험만을 가져다주는 것이다. 모리슨은 직접, 간접적으로 Schoolteacher를 남북 전쟁 이전 남부 사회의 모형으로 제시하고 있는 것이다.

14세가 되던 다음해에 Halle Suggs를 그녀의 배우자로 받아들이고 18세가 되기까지 3명의 아이들을 출산한다. 그녀의 3번째 아이가 조산되기 여러 날 전, 남편인 Halle Suggs와 동료 노예들인 Paul D 그리고 Sixo 잔인한 농장의 감독관으로부터 도망하기로 하고 그녀의 거의 다 자란 세 아이들은 Underground Railroad에서 일하는 한 사람과 함께 떠나는데 성공하지만 어른들의 도망하려는 계획은 실패하고 Sixo는 불에 태워져 죽고 Paul D는 노예 상인에 팔려 가게 되며 Halle Suggs는 행방불명이 된다. 두 명의 백인 젊은이들은 임신한 Sethe를 가두어 놓고 그녀의 유방을 빨고 채찍질을 하며 신체가 거의 불구가 되다시피 괴롭히자, 그녀는 다시 숲으로 도망하고 Amy Denver라는 하인의 도움으로 4번째 아이를 출산한 후 흑인 나룻배 사공의 도움으로 자유의 강을 건너는데 성공하고 한동안 편안한 생활을 하지만 노예 도피 법에 의해 다시 체포될 위기를 맞이하자 그녀의 장녀인 Beloved가 아직 1살도 채 되지 않은 유아이지만 목을 잘라 죽이고 그녀의 두 아들과 마지막 갓난아기 딸인 Denver를 죽이려 하다 체포돼 교수형 선고를 받지만 석방되어 돌아온다. 그러나 흑인 사회에서 그녀를 외면하여 Quaker 박애주의자인 Bodwin의 도움으로 동떨어진 삶을 살아가고 있는 것이다. 시어머니는 죽고 아이들은 그녀를 떠나고 Denver와 그녀는 불안하고 고독한 삶을 살아가지만 그녀가 살해한 Beloved의 유령은 집을 감싸며 떠날 줄 모른다. 이때 Paul D가 그녀와 가정을 이루기 위해 도착하지만 유령에 의해 쫓겨난다. 고통으로 몸부림치는 그녀는 Quaker를 심지어 노예를 체포하러 오는 사람으로 착각하고 곡괭이로 그를 찍어 죽이려 하기까지 한다. 그러나 유령은 사라지고 Paul D도 돌아와 그녀는 어느 정도 자신감을 회복하게 된다.

본 작품의 배경은 그야 말로 광대하다. Georgia의 감옥소에서부터[26] Ohio강변의 전원적인 농장에 이르기까지 Sethe는 남부 농장에서 태어나 백인의 부엌에서 낮에는 일을 하고 밤에는 더러운 마루의 매트리스 위에서 잠을 잔다. 자라

26) 거의 미국의 전 북부, 동부, 남부를 섭렵하는 지역적인 공간을 보여주고 있다.
1. Sweet Home, Kentucky 2. Alfred, Georgia 3. Mountains above Oconee River 4. Cherokee Camp 5. Wilmington, Delaware 6. Selma, Alabama 7. Mobile, Alabama 8. Mobile Bay 9. Memphis, Tennessee 10. Wheeling, West Virginia 11. Trenton, New Jersey 12. Rochester, New York 13. Cincinnati, Ohio

서는 가족 간의 이별로 고통을 당하며 옥수수 농장에서 그녀의 남편을 만나고 18세 이후엔 그녀의 배경은 124 Bluestone Road로 바뀐다. 허름한 2층집에서 찌들은 생활을 하고 그녀가 죽인 딸의 유령으로 고통을 받고 Paul D와의 만남으로 평안을 얻기도 하는 것이다. 모리슨은 인간 사회에 있어서 악의 존재를 상당히 중요시하고 있음을 볼 수 있다. 태어난 아이는 짐승처럼 길러지고 노예제도는 이들을 잡아먹기도 하며, 팔기도 하며 때로는 사나운 개로 이들을 좇으며 채찍질을 하기도 하는 것이다. 게다가 생명을 상징하는 물과 어머니의 젖가슴이 상징하는 사랑과 관대함, 자유를 상징하는 색깔들, 여성의 강력한 힘과 남성의 무력감을 나타내는 이미지들은 가득하다.

Sethe는 그녀 자신의 아이들에 대한 애착심이 대단하다. 그러나 그녀의 자식들에 대한 사랑은 본능적으로 보호 본능을 우선시하며 그녀의 자식들과 동반 자살까지도 시도하려고 했을 때 이는 더욱 분명해 지는 것이다. 이런 그녀의 보호 본능적인 사랑은 자식들이 주체적으로 살아가도록 내버려두면 개별적인 주체로서 살아 갈 수 없다는 사실을 너무도 잘 알고 있기 때문에 더욱 그러하다. 사회가 흑인들에게 그런 신분을 부인하고 있는데 어떻게 가능하겠는가? 부모의 자식에 대한 사랑이나 자식의 부모에 대한 사랑은 기본적으로 존재하지 않는 것이 문제가 되는 것이다. 자식은 그녀에게 가장 큰 분신의 역할을 하며 Beloved를 죽일 때에도 그녀는 이를 절실히 느끼는 것이다: “I am not separate from her there is no place where I stop” (210).

특히 Sethe는 세상을 거부하고 부정적인 자기 인식과 그녀의 상실을 수용하려 하지 않는다. Beloved를 살해한 후 재판 과정을 거친 후 124번 가로 거주 영역이 제한되지만 124번 가는 그녀에겐 과거를 청산하는 동시에 과거에 직면하지 않으면 안 되는 아이러니를 낳게 되기도 하는 것이다. Paul D가 Sethe에게 왜 자신의 자식을 죽인 무시무시한 집을 떠나지 않느냐고 질문을 했을 때 자신이 치르는 대가는 크다는 대답을 할 때에도 드러난다.

> I will never run from another thing on this earth. I took one journey and I paid for the ticket, but let me tell you something, Paul D. Garner: It costs too much! (15)

게다가 그녀는 자신의 살인 현장을 피하려 하지 않고 있다. 그녀에게 가정이란 존재하지도 않았지만 124번 가는 자식을 죽이고 노예로서 자신의 신체에 자유가 없이 살았지만 그녀의 유일한 소유물이기도 한 것이다. 왜냐하면 그녀가 지적하고 있듯이 자신이 사랑할 수 있는 곳이면 그곳이 자유나 다름이 없기 때문이다: “[Freedom is] a place where you could love anything you choose” (162).

그녀의 과거에 대한 기억은 현재를 되찾게 해주는 역할을 동시에 하고 있기도 하다. 왜냐하면 과거의 장소와 사건은 현재의 공간을 움직이는 힘이 되기 때문이다. 124번 가는 막내딸인 Denver에게서도 피난처 이면서도 가공할 만한 곳이기도 하다. 어머니가 Beloved를 살해하는 현장을 목격하고 그녀는 악몽에 시달리지만 그녀의 어머니가 저지른 살인 행위의 배후에는 무엇인가 있음을 자각하고 이에 큰 관심을 가지고 있는 것이다.

> I don’t know what it is, I don’t know who it is, but maybe there is something else terrible enough to make her do it again.... So I never leave this house and I watch over the yard, so it can’t happen again and my mother won’t have to kill me too (205).

흑인으로 태어나 온갖 고통과 아픔을 경험하면서 자유와 사랑을 추구하고 자신의 정체성을 되찾으며 왜곡된 역사에 대한 무언의 경고를 통해 참된 삶을 추구하고자 하는 의지를 보여주고 있는 것이다.

5

미국의 흑인 여성작가와 성차별

1. Alice Walker의 삶

Alice Walker는 1944년 2월 9일 Georgia의 Eaton에서 가난한 농부의 8남매 가운데 막내로 태어났다. 미국 남부 역사 속에서 여러 세대에 걸친 한 가난한 흑인의 가족에 초점을 두고 있는 그녀의 세 번째 소설인 *The Color Purple*이 나오기 전에는 단편으로 *In Love and Trouble* (1973), *Everyday Use, The Revenge of Hannah Kemhuff, Strong Horse Tea, Meridian* (1976), *Good Night Willie Lee, I'll See You in the Morning* (1979), *You Can't Keep a Good Woman Down* (1981)과 시집으로 *Five Poems* (1972), *Revolutionary Petunias and Other Poems* (1973)가 있다. 대체로 미국 남부 흑인들의 삶을 묘사하는 것이 큰 관심사이다. 우피 골드버그가 주연하여 영화로도 만들어진 *The Color Purple*은 1982년에 그녀의 세 번째로 발표된 소설로 흑인으로서는 최초로 퓨리처상과 전미 도서 상을 휩쓸었던 작품이다. 미국 남부의 역사적인 배경으로 가난한 흑인 노예 가족을 비롯하여 인간으로서의 정체성과 자치 그리고 인간성의 회복이 무엇보다 더 중요한 관심의 대상이다. 그리고 스스로의 정체성을 위하여 단결을 강조한다. 영화로도 만들어진 이 작품은 에버리라는 가수가 주인공인 셀리를 위한 블루스 음악의 노래를 부르는 장면은 환상적일 만큼 아름답다. 작가는 그녀가 언어의 섬세함과 대담성을 통해 인종과 성의 차별을 하는 기존의 인식을 깨트리고 사회 정의에 대해 높은 목소리를 내고 있는 것이다.

워커는 흑인 여성이 흑인 남성과의 관계에서 스스로 자유와 해방을 얻기 위해서 여성들과 함께 하는 관계를 잘 나타내고 있다. 작가는 남편의 소유물에 불과한 흑인 여성의 정신적, 육체적인 폭력을 비롯하여 가족 내의 근친상간이나 동성애를 여과 없이 그대로 보여주는 대담함을 보여주기도 한다. 이 소설은 주인공인 Celie가 하나님에게 보내는 편지의 형태를 지니고 있으며 Celie와 Nettie의 삶에 관한 이야기로 이들은 가난과 비극적인 삶의 조건으로 몸부림치는 흑인의 삶을 제시한다. 특히 주인공은 30년이란 오랜 세월 동안 자신이 경험한 비참한 삶을 때로는 서러운 감정으로 때로는 깊은 우정으로 담담하게 묘사하고 있다. 10대에 의붓아버지로부터 성 폭행을 당하고 낳은 아이는 그가 팔아 버린다. 그리고 Mister라고 불리는 Albert와 결혼을 하여 3년간 온갖 폭행을 당하면서 비참한 결혼 생활을 한다. 그리고 자신은 스스로 "나는 매일 매를 맞기 위해서 태어났다."라고 고백을 한다. 이와 같은 상황을 Celie는 아프리카에 선교사로 나간 그녀의 자매인 Nettie에게 편지로 이와 같은 편지의 글을 쓴다. 흑인 남성들로부터 온갖 고통을 당하면서 흑인 여성들은 서로의 위로자가 된다. Celie는 하나님에게 편지를 쓰고, Nettie는 Celie에게 편지를 쓰며, Celie는 Nettie에게 편지를 보낸다. 그러나 Celie의 편지는 일기처럼 쓴 것으로 부쳐지지 않으며 Nettie의 편지는 Celie의 남편이 가로채고 트렁크에 방치한 채로 전달되지 않는다. 그러나 소설 가운데 Shug에 의해서 발견된 Nettie의 편지들이 이제 Celie에게 전달되어진다. 편지 교환을 통해 주인공은 심경의 변화를 경험하지만 주인공의 남편인 Albert가 이제껏 Nettie의 편지를 숨겨 온 것은 야비한 행동이었다. Nettie의 편지 내용을 통해서 주인공은 아프리카 흑인들의 이야기와 문화를 느낄 수 있다. 편지의 왕래 횟수가 늘어 갈수록 주인공은 흑인 여성으로서의 정체성을 찾기 시작한다. 양부인 Alphonso와의 관계에서 그녀가 낳은 아이들이 백치나 되지 않을까 걱정할 때에도 Nettie는 그런 염려는 Alphonso와 아이의 관계일 뿐임을 자각하게 한다. Albert로부터 욕설을 들어도 이젠 당당한 자세로 대담하게 답변을 하고 Shug를 통해서 여성들이 자신의 주체적인 모습을 지니는 것이 얼마나 중요한 것인지를 배운다.

Shug는 Albert의 애인으로 그의 아이를 낳지만 그와 결혼하기를 거부하고 성적으로 얽매이지 않는 독립심이 강한 여성이다. 그러면서 Shug는 Celie로 하여금 자신의 가치를 스스로 포기하지 않도록 힘을 준다. 심지어 Shug는 가수로서 Celie를 위한 노래까지 작곡하여 불러 줌으로써 이제껏 사랑을 받아 보지 못한 주인공은 서서히 자신을 회복하게 된다.

작품을 읽어 가는 독자와 함께 주인공인 Celie도 처음과는 달리 자신의 동생과 진정한 편지를 서로 주고받으며 커다란 변화의 기운을 경험한다. 그러나 마지막에는 하나님, 별, 하늘, 사람 등등 모두에게 편지를 쓰면서 이야기를 하고 있다. 편지는 갈수록 더 심오해지며 열정적이다. 특히 자매간의 우정을 통해서 Albert Mistress인 Shug Avery와 깊은 이해를 나누며 그녀로부터 힘을 얻고 Albert의 고통스런 구타로부터 해방을 얻기 위해 이혼을 하고 결국은 Celie가 자신의 아이들과 Nettie와 재결합함으로써 이야기는 종결된다. Alice Walker의 이야기는 자신의 강력한 목소리를 비롯하여 사건 진행에 대한 묘사를 잘 나타내고 있는 것이 두드러진 특성으로 생각할 수 있다.

Alice Walker는 Agnes가 사촌으로부터 겁탈 당하는 장면이나 Celie와 Shug가 잠자리를 함께 하는 장면을 여과 없이 그대로 보여준다. 아프리카 선교사로 간 Nettie의 편지를 통해서 아프리카에서 여성들의 어려움을 그대로 느낄 수 있다. 여성의 자치는 찾을 수 없고 여성은 남편의 소유물에 불과하다. Celie는 궁극적으로 자신의 아름다움을 자각하고 스스로 변화된 모습을 보인다. 작품의 마지막에서 의붓아버지가 사망하자 그의 소유인 집과 부동산들은 Celie와 Nettie앞으로 남긴다. 그리고 Nettie는 Celie의 아이들인 Olivia와 Adam과 함께 농장에 나타나 서로 즐겁게 반긴다. 이들은 일련의 과정을 통해서 주체적인 자아를 회복하게 된 것이다.

앨리스 워커는 미국의 남부 조지아 주의 어느 작은 고장에서 소작인의 여덟 아이 중 막내로 태어난 앨리스 워커는 보잘 것 없는 임금을 받고, 백인의 강압적인 제재 속에서 살았던 시대의 산물이다. 어려서 오빠가 쏜 공기총알을 맞고 크게 상처를 입은 경험은 앨리스 워커에게 인간 서로의 관계를 인식하게 만들었고, 소외감을 느꼈던 자신을 성찰하게 했다. 워커는 유년시절부터 과거에 자행되었던 인권유린 이야기를 들었고, 남부의 심한 인종차별을 경험하며 성장했다. 이때의 경험이 그녀의 첫 소설인 *The Third of Grange Copeland*에 반영되고 있다. 이 작품의 주인공은 그레인지 와 그의 아들인 브라운 필드로 그들을 둘러싸고 발전해 가는 상황과 그에 부수되는 갈등이 초점을 이루고 있다. 남성주인공의 발전이 여성에게 끼치는 영향을 보여주고 있는 것이다. 따라서 자아의식의 성취나 정체는 인종과 성(Gender)에 관련되어 나타나고 있다. 브라운 필드는 그의 아버지가 시작한 이기적이고 난폭한 악인의 인생을 꾸려나가고 있다. 난잡한 성생활을 추구하는 것은 물론이고, 부인을 학대하다 살인까지 하게 된다. 가족에게 인간다운 삶을 창조해 주려고 노력하는 부인에게 그가 돌려주는 것은 냉담한 복수일 뿐이다. 한편 백인의 무한한 듯한 권력과 야망의 무모성을 목격한 뒤 브라운 필드는 세상에 대해 고정관념을 갖게 된다. 그리고 그레인지가 가족을 버리고 소년의 어머니가 그녀와 시플리 사이에서 태어난 아이를 죽이고 자살하자, 브라운필드는 그의 아버지를 찾아 나선다. 그리고 Josie의 조카딸 Mem을 사랑하게 된다. 하지만 멤의 세련된 말씨는 브라운필드에게는 지배문화와 직결되어 분노를 일으킨다. 그래서 그는 투박하고 거친 말씨를 사용하도록 멤에게 강요한다. 그리고 멤이 가족의 생활을 개선하려고 노력하면 할수록 브라운필드의 악의는 깊이를 더해가면서 결국 아내를 살해한다. 브라운필드의 성품이 여성관계에서 나타나듯, 그레인지 에게도 두 여인과의 관계가 중요하다. 뉴욕의 한 공원에서 그레인지는 임신한 백인 여인과 태어날 아기의 아버지인 한 군인과의 대면 장면에서 백인의 인간성을 보게 된다. 또 다른 잔인성인 그것은 적대감이라기보다 무관심이었다. 그레인지는 상처받기를 거절하며, 감정을 억누르는 여인의 얼굴에서 백인 남성을 대할 때의 자신의 얼굴을 본다. 그녀는 고통스러운 경험을 제어할 뿐 아니라 그 존재마저 부인하려했다. 그레인지가 그녀를 도우려 했지만 임신한 여인은 죽고 만다. 그녀에게는 생 자체가 그녀의 우월감보다는 덜 중요했던 것이다. 따라서 자기 과거와 함께 태어나지 않은 아이를 죽임으로써, 브라운 필드가 아내를 죽일 때와 같이 미래를 살해한 것이다. 그레인지는 이후 살인과 손을 끊고 고립된 생활을 하며 가까운 흑인을 돕고 사는 두 번째 인생을 살게 된다. 그리고 브라운필드가 멤 살 해후 손녀 Ruth를 받아들이는데서 그의 제 3인생이 시작된다. 루스에게 그레인지는 흑인의 지혜와 백인에 대한 증오심을 심어주었다. 그런데 감옥에서 나온 브라운필드가 루스를 다시 차지하려고 하고 판사가 루스를 아들에게 맡기려하자 그레인지는 증오심과 더불어 정의와 변화를 위해 브라운필드를 살해한다. 워커의 첫 단편집인 『사랑할 때와 괴로울 때; *In Love and Trouble*』도 흑인 특유의 지혜와 전통적 질서체계 사이에서 일어나는 갈등을 나타내고 있는데, 흑백인을 가릴 것 없이 등장인물은 그들이 속한 체계의 한계성과 압력을 보여주고 있다. 『일상의 용도; *Everyday Use*』, 『해나 켐허프의 복수; *The Revenge of Hannah Kemhuff*』, 『수말오줌; *Strong Horse Tea*』 속에서 흑인여인은 의식적이든 무의식적이든 간에 흑인의 전통적 방식을 따르며, 비전통적인 흑인의 가치체계를 채택한 여인을 불신한다. 또한 워커는 사생아의 어머니인 Roselily로부터 『일상의 용도』의 Maggie에 이르는 두 종류의 다른 책임을 진 여인을 등장시키고 있다. 흑인 회교도와 결혼한 로즈릴리는 뒤떨어진 환경을 박차고 나올 것 같으면서도 여전히 속박의 굴레를 벗어나지 못하고 있고, 새로운 흑인 상을 알지 못하는 매기는 조각이불을 만드는 과정에서 전통을 후대에 전해준 사람들을 사랑함을 통해 유산의 의미를 이해하게 된다. 『사랑할 때와 괴로울 때』의 대부분의 흑인여인들은 고통과 혹사 심지어는 죽음에 직면했을 때에도, 때론 그들의 의식적인 의지와는 달리 그들을 구속하는 성, 인종, 그리고 연령의 인습에 도전하고 있다.

그녀의 시집인 『혁명적 피튜니아; *Revolutionary Petunias and Other Poems*』에서 워커는 미시시피에서 그녀가 전념했던 관심사를 보여주고 있다. [혁명가]라는 어휘가 경멸의 대상으로 보이는 주인공 Sammy Lou는 전형적인 남부 흑인 여성이다. 늘 기도생활을 하고 폭력을 거부하며 대통령 이름을 따라 아이 이름을 짓고, 꽃을 사랑한다. 한편 그녀는 끝까지 정의를 부르짖고 남편을 살해한 백인을 죽인다. 워커는 새미 루를 계속되는 혁명의 일부로 간주한 것이다. 『혁명적 피튜니아』는 남부 혁명의 쇠퇴에 관한 것이기도 하다. 워커는 이 작품에서 백인과 결혼해서 미시시피에 사는 흑인여인, 성차별, 인종차별, 빈곤에서 유래된 폭력을 폭로하였고, 사람의 생에 내재한 아름다움의 중요성을 터득하고 그것에 관심을 보였다. 워커는 흑인 여성의 정체성과 창조력에 큰 관심을 기울였다. 워커의 두 번째 소설 Meridian에서는 여자가 소유물이라는 신념을 가진 첫 장과 버림받은 와일드 차일드 Wild Child, 가장 민속적인 루비니 Louvinie 전설이 소설 앞부분에 소개된다. 여기서 주목할 것은 매번 여성 등장인물이나 이미지는 진실을 밝힌 것 때문에 신체의 일부가 절단되거나 파괴된다는 것이다. 자신의 정체성을 찾으려는 메리디언에게는 가시밭만이 놓여 있을 뿐이다. 다시 말해 사화가 여자에게 강요한 역할을 여자가 제대로 성취했는데도 여자에게 주어지는 것은 죽지 못해 사는 것뿐이라는 점이다. 그래서 메리디언이 얻은 결론은 사회적 역할의 묵인은 좌절과 죄책감, 즉 자신의 어머니의 불행, 자신의 야망, 아들의 어머니 상실이라는 무거운 짐에 짓눌리고 있다. 메리디언은 이 짐을 경감시키고 이해하려 하면서 정체성을 추구하지만 이 죄책감에서 간단히 도피하려고 하지도 않는다. 따라서 모든 압박을 지나 메르디언은 새로운 삶을 찾는데 그것은 기쁨보다는 투쟁의 연속이고, 개인의 역사적 짐의 경감이라기보다는 심화이다. 『선량한 여인을 억압할 수 없어요; *You Can't Keep a Good Woman Down*』의 이야기의 대부분은 선전일변도의 흑인 예술과 흡사한 극단적 성향을 나타내고 있다. 이 단편집의 여주인공들은 의식적으로 전통적 인습에 도전하고 있으며 흑인여성의 역사를 깊이 성찰한 결실이라 할 수 있다. 워커의 대표작으로 간주되는 세 번째 소설 『컬러 퍼플; *The Color Purple*』은 미국남부에서 여러 세대에 걸친 농촌의 한 가난한 흑인가족을 조명하고 있다. 워커는 이 소설에서 Womanist의 입장에서 여성의 능력이 변화를 일으킬 수 있으며, 더 나은 길을 모색할 수 있다고 주장한다. 또한 흑인여성이 흑인 남성과의 관계에서 경험하는 압박감과 스스로의 해방을 위한 자매관계까지 잘 표현한다. 워커의 특이점으로는 성적주제를 크게 노출시키며 금지된 영역에까지 탐구해 보는 것이다. 워커는 흑인 가족 내의 근친상간이나 동성애관계를 자연스럽고 해방감을 주는 행위로 보고 있다. 그리고 인종과 성차별주의에서 유래하는 폭력을 과감하게 보여주는 것이다.

워커의 경우 노예상태로 미국에서 끌려온 흑인 2세지만 에메체타는 전통 아프리카 사회에서 태어나 우여곡절 끝에 유럽 런던 사회에서 교육받고 작가가 된 여러 가지 복잡한 문화적 배경을 가지고 있다. 모리슨의 경우 이미 세계 최정상급 작가가 되었다. 이들이 소설에서 보여주는 인물상에도 약간씩의 차이가 있다. 워커는 유일한 논픽션집인 『우리 어머니들의 정원을 찾아서; *In Search of Our Mother' Gardens: Womanist Prose*』를 통해서 밝힌 것처럼 수백만 명의 흑인 여인이 이 수필의 제목을 제공했다고 기록했다. 워커의 글의 모델이 되고 있는 수많은 흑인 여인은 세 가지로 분류될 수 있다. 첫째, 심리적으로나 육체적으로 혹사당한 여인 둘째, 상반되는 본능사이에서 갈등하는 출중한 흑인여인 셋째, 어머니 쪽 조상에게서 받은 유산을 통해 자유롭게 재창조를 하는 새로운 흑인 여인. 이중에서도 워커는 여성의 독립성과 생을 바꾸려는 노력에 다소 치중했다고 할 수 있다. 반면에 모리슨이 제시하는 인물상에는 소설 빌러비드와 같은 조금은 믿기 어려운 이야기 속에서 수동적 여인의 모습을 통해 주제를 제시하려고 한다. 물론 덴버같이 조금은 진취적 모습도 볼 수 있다. 에메체타의 경우 전통의 사회규범에 따라 삶을 살아가려는 누에고에 초점을 맞추었다. 헌신하고 희생하고 인내해온 어머니 상을 통해 여성의 삶을 재조명했다. 하지만 조금의 차이 위에 이들이 추구하는 바는 일직선상에 놓여있다고 할 수 있다. 역사적으로 볼 때 흑인 여성의 숨은 재능과 노력은 인정받지 못했다. 문화사의 맥락에서 여성작가가 일찍이 배제되었던 예는 흔히 있었던 일이고 게다가 흑인 여성 작가의 경우는 심한 차별대우를 감수할 수밖에 없었다. 사실상, 흑인 여성의 존재, 경험 그리고 문화는 백인과 남성위주의 세계 속에서 관심사 밖이었고, 알려지지도 않았으며, 불가시적 이었다. 이와 같은 상황에서 이상의 작가들은 흑인 문학을 널리 보급시키고 국제적인 수준으로 격상시키고 있다는데 그 의의가 크다고 할 수 있다. 워커의 경우 자신의 용어인 여권 확장론자 Womanist, 또한 페미니즘적 견지에서 어느 현대 작가들 보다 역사적으로 현재도 흑인 여성을 짓누르고 있는 성차별 주의, 인종차별주의를 폭로하고 있다. 다시 말해 흑인 여류작가들은 소재면 에서 기존의 문학적 기준에 큰 위협으로 등장하였다. 그러나 이들은 사회가 여성에게 가하는 압박, 더 나아가 흑인 여성의 문제에 기반 한 소설작품을 통해 인간 변화의 가능성을 낙관적으로 제시한다. 그 외 페미니즘적인 관점에서 비평해 볼 의의가 있는 작품에는 샬롯 브론테의 『제인에어』, 버지니아 울프의 『댈러웨이 부인』, 죠지 엘리어트의 『미들마치』 등이 있다.

2. *The Color Purple*: 삶의 기로에선 자아상

우선 등장인물부터 살펴보자. Celie는 Georgia에 살고 있는 흑인 소녀로 교육을 받지 못했기 때문에 하나님에게 쓴 편지가 상당히 혼란스럽다. 청소년기에 접어들면서 아버지로부터 강간을 당하고 아이들이 그에 의해 살해된다. 주인공인 그녀는 하나님에게 이런 불평을 늘어놓는다. 그 누구에게도 말할 수 있는 상황이 아니기 때문이다. 갖은 고통을 통해서 그녀는 서서히 자신감을 회복하고 소설이 끝날 즈음엔 Celie는 강한 여성으로서 육체적으로 정신적으로 모두 승리하는 결과를 가져온다. 그러나 강간이란 이들에게 있어선 그리 낯선 사건이 아니라 매 3분마다 한 여성이 강간을 당한다고 토로함으로써 그 상황을 대변한다. 결국 주인공의 성장과 인내 그리고 자매간의 헌신적인 사랑으로 이를 극복한다는 이야기이다. Nettie는 Celie의 동생으로 언니로부터 많은 사랑을 받는다. Fonso는 Celie와 Nettie의 계부이다. Mr.___/ Albert는 Fonso가 Celie를 위해 선택한 남편이다. 그를 이해하기란 용이하지 않다. 강한 이미지의 악한 남성으로 이해하기 쉽지만 반드시 그렇지만도 않다. 그가 Shug를 존경할 정도로 좋아할 때 그는 무척 인간적이고 약한 남성이 되기 때문이다. 그가 악한 인간이 된 이면에는 그의 아버지가 아들을 독립적으로 키우지 않고 자신의 의지대로만 키웠기 때문이다. 아들의 입장에서는 아버지가 역할 모델이었으니 자기중심적이고 비이성적인 인간일 수밖에 없었던 것이 당연한 일일 것이다. 그가 Shug를 그렇게 사랑하지만 결혼하자는 말을 한 번도 하지 않는다. 그는 그녀를 결코 맘대로 조정하지 못하고 오히려 여성이 주도권을 잡고 있음이 아이러니컬하다. Sofia는 매우 강한 여성으로 1930년대 남부에서 자랐다. 그녀는 어떤 탄압에도 굴복하기보다는 폭력으로 대항하는 여성으로 백인 사회에 대해 절대로 굴복을 하지 않는다. Celie보다는 젊은 여성으로 Harpo가 그녀를 지배하려 했을 때에도 그녀는 격렬한 싸움을 서슴지 않는다. 흑인 여성으로서 비극적인 조건하에서도 결코 비극적이지 않은 여성이다. Celie의 어머니는 그녀의 남편이 매를 맞고 신체가 잘리며 결국은 화형에 처한 것을 보고 실성한 사람으로 임신을 하고 병을 앓는 여성이다. Annie Julia는 그녀의 남자 친구로부터 살해되며 Shug Lily Avery는 사랑과 자긍심을 Celie에게 가르치는 블루스 가수이다. 블루스를 부르는 가수이지만 처음에 다소 거만하다. 그녀의 본명은 Lily이고 Shug는 별명이다. 무대 위에선 생기가 넘치는 여성이다. 궁극적으로 Shug는 "the color purple"의 화신이 된다. 그녀는 삶과 재즈음악을 대표하는 붉은 색을 나타낼 뿐만 아니라 불행함과 좌절 그리고 실망을 나타내는 푸른색이기도 하며 이들 두 색이 합하여 결국은 자주색이 되기 때문이다. 이외에도 33명의 인물들이 등장한다.

사실 *The Color Purple*을 읽기가 그리 용이하지 않다. 그 이유로 작가는 등장인물과 배경에 대한 설명을 해주지 않을 뿐만 아니라 왜 등장인물들이 그와 같이 행동하는지에 대해 전혀 언급을 하지 않고 있기 때문이다. 전통적인 소설의 형식과는 판이하게 다른 것이 그 원인으로 지적될 수 있다. 편지에는 날짜도 없고 편지 내용을 자세히 읽지 않으면 무슨 말인지 분간하기 어렵다. 편지를 모두 읽은 후에야 겨우 편지가 사람들이 마차를 타고 다니던 시절에 쓰여 졌음을 느낄 수 있다. 한 권의 소설에서 나타나는 시간적인 공간은 40년의 세월이 지속된다. 편지와 편지의 왕래도 어느 때는 그 간격이 5년인 경우까지 있기도 하다. 그러므로 편지 내용의 실마리를 하나하나 연결해서 무슨 의미인지 알아내야 하는 어려움이 따른다. 작가는 전지 작가들이 그러한 것 같이 시간적인 배경을 메워줄 설명을 허용하지 않고 있는 것이다. 게다가 주인공인 Celie의 영어는 표준 영어가 아니다. 그녀가 교육을 받지 못한 것이 원인으로 편지를 크게 소리 내어 읽으면 무슨 뜻인지 분간할 수 있다. 그녀의 편지가 하나님에게 쓰여짐으로 무척 정직한 것도 두드러진 현상이다. 편지가 끝나도 자신의 사인을 하지 않음으로서 자신의 가치나 자긍심이 없음을 읽을 수 있기도 하다. 그녀는 자신감도 없고 또 누구로부터 사랑을 받아 본 적도 없이 단지 하나님을 상대로 편지를 쓰고 있을 뿐이다. 그녀는 노예로, 인간의 희생물로, 전통적인 성의 역할에 있어서 희생물로, 그리고 무수히 많은 사회의 희생물이다. 작품이 끝날 즈음에 그녀는 어느 정도의 자신감을 지닌 인간으로 돌아오는 것이다. 주인공은 사회적으로 참기 힘든 일들도 자신의 말처럼 나무와 같이 꿋꿋하게 참아 오면서 살아가고 있다. 그러나 그녀의 남편이 Nettie의 편지를 숨기고 그녀에게 주지 않았음을 알았을 때 그녀는 남편을 저주하며 그녀가 사랑하는 여성들과 함께 자신의 행복을 찾기 위해 Memphis로 과감하게 떠난다.

여러 해 동안 Celie는 Nettie가 살았는지 죽었는지도 모르고 기다려 온 것이다. Nettie와 Shug에 대한 그녀의 사랑으로 그녀는 결국 자신의 남편을 용서한다. 작품이 끝날 즈음 Celie는 열악한 조건하에서도 자신을 사랑하는 마음을 지니게 된다.

Letter 1에서 교육을 받지 못한 흑인 소녀인 Celie는 하나님에게 짧은 편지를 쓴다. 자신이 14세이며 요리하던 중 불에 덴 이야기이며 그녀의 아버지가 자신을 강간한 이야기를 쓴다. 멜로드라마틱 하면서도 간략한 사실의 진술로 전개

된다. 성적인 장면을 묘사할 때에도 그저 담담할 뿐이다. 주인공이 여성의 신체 부위 ― 음부와 유두 ― 를 묘사함에 있어서도 "titties" (유두, 젖꼭지), "pussy" (음부)라고 조금도 흔들림 없이 쓴다. 주인공은 순수하지만 아버지로부터 많은 학대를 받았고, 그래서 도대체 뭔지 알 수 없어서 하나님에게 질문을 하고 있다. 왜 그녀의 아버지가 자신을 강간하고 또 이 사실을 다른 사람에게 말을 하면 그냥 두지 않겠다고 협박하는지 하나님에게 물어 보는 편지를 쓴다. 그녀의 아버지도 누구에게도 그 사실을 말하지 말고 오직 하나님에게만 하라고 가르쳤던 것이 사실이다. 주인공은 이런 사실을 자신의 어머니에게 말을 하는 것이 두렵고 왜 자신이 벌을 받아야 하는지 이유를 알려 달라고 한다. 그녀는 강간이니 간통이니 하는 말조차도 알지 못하는 무식한 여성이다.

Letter 2에서 Celie는 자신을 소녀로 부른다. 15세에 임신을 하고 아버지의 아이를 갖지만 그것이 처음이 아니다. 14세에 임신한 경험이 있기 때문이다. Celie는 자신의 계부가 아이를 죽일 것이라고 두려워한다. Celie의 어머니가 죽으면서 Celie를 저주하지만 그녀는 임신한 아이가 Fonso의 아이임을 말하지 않는다. 어머니가 죽은 후 Celie는 더 이상 자신을 계부로부터 보호할 장치가 없게 된다. 어머니가 죽는 임종 장면에서 Fonso는 자신이 Celie와 관계를 가지고 있음을 말하지 않고 슬퍼한다. 이런 사실을 고백하는 두 장의 하나님 앞으로 쓰여 진 편지는 강력한 메시지이다.

Letter 3에서는 작가는 Celie의 아이를 죽인 자가 계부이며 아기를 팔아넘긴 자도 계부임을 밝히는 장면은 충격적이다. 그러나 Celie는 아기가 노예 상에게 팔려 간 것은 행복이라고 한다. 이는 자신의 계부 아래서 함께 살게 되는 것은 악몽과 다를 바 없기 때문이다. Fonso는 악인과도 같은 편집광 적인 인물임을 알 수 있다. 주인공은 아기가 일찍 죽은 사실도 행복으로 생각한다. 입을 옷도 변변치 못하게 없게 되자 Fonso는 그런 모습을 더 이상 못 봐 주겠다고 학대하며 이제는 Nettie에게로 성적인 음모를 꾸민다. Celie는 하나님에게 쓴 편지에서 자신의 동생인 Nettie는 성적인 피해자가 되지 않기를 바란다고 쓴다. 주인공은 헌신적이면서도 하나님에 대한 믿음이 대단한 여성이다. 그리고 하나님의 도움으로 자신의 동생을 지키고 보호 할 수 있기를 바란다.

Letter 4에서 하나님은 Celie의 희망을 들어준다. 주인공은 하나님에게 편지로 자신의 아버지가 16세의 이웃에 사는 여성과 결혼을 했다고 한다. 주인공의 새로운 이 계모는 Fonso의 아이들을 맡게 되자 Nettie가 Fonso로 부터 안전함을 느낄 수 있다. Nettie가 아버지로부터 안전한 삶을 보장받지만 이제 아이가 셋이나 있는 나이든 홀아비로부터 구애를 받는다. 그 홀아비는 Fonso를 닮았고 홀아비의 아내는 교회에서 집으로 돌아오다가 남자 친구에게 살해되었다고 한다. 주인공은 자신의 동생이 홀아비와 결혼을 함으로써 임신만 하고 자신의 삶이 없이 죽은 듯이 살아야 할 어머니가 되기를 원치 않는다. 이들 자매간의 애정은 무척 돈독하고 진실하다. 그리고 주인공은 하나님에게 자신의 계모의 이름과 Nettie에게 구애를 하는 남성의 이름을 알리지 않기로 한다.

Letter 5에서 주인공은 삶이 공평하지 못함을 하나님께 쓴다. Fonso는 그녀를 구타하고 남성의 존재는 항상 잔인하기만 하다. 그녀는 남성을 신뢰하지 않으며 여성을 신뢰한다. 이번 편지에서는 신체적인 학대 행위에 대해서 반복해서 쓴다. 그리고 자신의 생리에 대해서도 아무도 이야기를 해주지 않기 때문에 임신을 피하려고 해도 피할 수 없다고 한다.

Letter 6에서는 교육을 받지는 않았지만 직관력이 예리한 주인공을 본다. 이번 장에서는 주인공이 스스로 깨우치는데 결정적인 역할을 하고 있는 Shug Avery에 대해 글을 쓰고 있다. 주인공에게선 Shug가 이 세상에서 가장 아름다운 여성이다. Shug를 통해서 Celie의 삶은 아름다움과 자신감을 되찾게 된다.

Letter 7에 오면 Fonso의 아내가 아픈 동안에 Nettie가 Fonso의 성적인 노리개감이 되지 않도록 하기 위해 주인공은 자신의 몸을 Fonso에게 받친다. 그리고 주인공은 아버지가 정한 남편감을 거부할 힘조차 없는 상태이다. 그러나 Fonso는 Celie가 두 번씩이나 임신을 하였고 아이를 출산했으므로 처녀가 아님으로 관심이 없다고 하면서 Mr.____가 시간과 장소를 가리지 않고 원할 때면 언제든지 주인공을 강간하고 임신을 하여도 자신은 상관하지 않겠다고 한다. 그러나 이제까지 주인공은 Shug Avery를 통해서 자신감을 많이 회복한 상태로 세상이란 또 삶이란 절망적으로 받아들이지 않고 적극적으로 살아가야 한다는 사실에 많은 수긍을 하고 있는 입장이 된다.

Letter 8에서는 Nettie는 20세가 된 Celie를 학교에 보내어 공부를 하게 해 달라고 Fonso에게 말하고 Mr.___는 주인공을 다시 한 번 보고 데려가기 위해 말을 타고 와서 주인공을 마치 동물원의 우리 속에 갇힌 동물을 보는 것과 같이 쳐다보고 그녀와 결혼을 할 결심을 한다. Celie는 이 세상이란 절망과도 같은 처절하기만 장소이지만 절대로 Nettie에게 이런 사실을 말하지 않는다.

Letter 9에서 주인공은 하나님에게 다시 결혼과 새로운 집에 대해서 글을 쓴다. 그녀의 첫 문장은 폭력에 관한 것으로 "I spend my wedding day running from the oldest boy." 시작한다. 주인공이 결혼하는 날 12살 먹은 의붓아들이 돌멩이로 주인공의 머리를 쳤다는 것이다. 주인공은 삶이 근본적으로 폭력임을 스스로 인정하기에 이런 사건을 수용하기로 한다. 결혼 첫날밤 Mr.____곁에 누우면서 자신의 동생 Nettie의 행복을 생각하지만 사실 이들 두 사람이 떨어짐으로써 서로가 서로를 보호할 수 없는 처지가 된 것이다. 주인공은 자신의 동생만을 헌신적으로 생각하고 있다.

Letter 10에서 주인공은 Mr.___와 함께 시내로 여행을 한다. 시골 출신인 주인공은 흥분하고 이것저것 물건을 구입한다. 그러면서도 Mr.___는 흑인들을 싫어하는 표정과 언행을 그대로 나타낸다. 백인들과의 대면에서 그들에게 비위를 맞추는 행위야말로 흑인들이 생계를 유지할 수 있는 유일한 수단임을 목격할 수 있기도 하다. 주인공의 팔려 간 아이인 Olivia라고 불려지는 아기를 만나기도 한다.

Letter 11에서 Nettie는 Cecil을 가르치려고 노력하고 주인공은 동생의 그런 노력에 대해 고맙게 생각한다. 그러면서도 Mr.____의 아내로서 그리고 그가 3명이 아이들이 있다고 했지만 실제로는 4명이나 되는 아이들을 돌보는 처지가 되어도 불평을 하지 않은 채 하나님께 편지를 쓰는 내용은 자신이 너무도 피곤하다는 점이다. Nettie는 Cecil에게 배우는 것이 힘이기 때문에 힘들어도 계속 쓰고 읽는 것을 배우라고 한다. 주인공은 편지를 맺으면서 Nettie가 편지를 쓰지 않는다고 하면서 줄인다. 그러나 이 문제는 다시 Letter 49에서 다시 거론이 된다.

Letter 12에서 Mr.____의 두 누이가 신혼부부의 생활을 감시하기 위해 방문한다. 그리고 여성은 집안을 깨끗이 하여야 됨을 강조하며 Mr.___의 첫 아내에 관한 이야기를 하기도 하는 상당히 코믹한 장면을 볼 수 있다. Shug가 너무 검은 여성임을 내세워 좋지 않게 이야기 하지만 주인공에게선 동요됨이 없는 Shug에 대한 신뢰가 자리 잡고 있기도 하다.

Letter 13에서는 이미 결혼한지 5년의 세월이 흘렀고 의붓아들인 Harpo는 이제 17세가 된다. 주인공은 25세로 남편이 자신을 구타하는 행위에 대해서 왜 구타하느냐고 질문을 하지만 그의 대답은 여성은 구타하기에 그저 편해서 한다고 한다. 그리고 여성은 남자의 소유물이라는 점과 자신이 백인 사회에서 별 가치 없는 존재임에 좌절감을 맛보기도 한다. 주인공은 학대를 받아도 절대로 이를 감정적으로 폭발시키지 않고 하나님과의 편지를 통해 이를 조정하는 법을 익히고 있다. 그러면서도 의붓아들이 보는 앞에서 더 심한 학대를 받을 때는 치욕스러움을 느끼는 것이다. 이런 와중에서 의붓아들인 Harpo는 여자 친구를 사귀고 또 다른 하나의 남성의 폭력 기회를 만들게 된다.

Letter 14에서 편지는 Shug Avery가 시내로 온다는 사실에 크게 흥분해 있다. 그녀가 남편에게선 아내이기 전 노예로 대접을 받고 있지만 그녀는 크게 신경을 쓰지 않는다. Letter 15에서는 주인공은 그녀의 남편이 애인을 지니고 있음을 하나님께 편지로 쓴다. 그리고 그 애인이 Shug Avery이라는 점과 또 그와 Shug 사이에 아이가 있음도 알지만 질투를 전혀 하지 않는다.

Letter 16이하부터는 대부분이 Albert의 좀 모자라는 아들인 Harpo에게 할당이 된다. 주인공이 Harpo의 슬프고 명상에 잠긴 눈을 묘사하는 장면에서는 무척 부드럽다. Harpo의 슬픔은 사랑에서 오지만 또 다른 원인으로는 자신이 흑인이라는 비관적인 사실에서 온다. Harpo는 자신의 친어머니인 Annie Julia가 정의롭지 못하게 죽은 것을 절규하고 Celia는 그의 그런 모습을 보고 Harpo에게 무척 다정하게 대하지만 자신이 Mr.____와 그의 아들들을 사랑하고 있지 않음을 알게 된다. 주인공이 Harpo의 애인으로 결혼도 하지 않고 임신한 Sofia를 생각하고, 그녀의 고집이 센 행동과 독립적인 태도는 Harpo와 Mr.__에게 위협적이 된다. Letter 18이후 Harpo는 매년 Sofia를 길들이고 궁극적으로 자신의 노예로 삼기 위해 애를 쓴다. 주인공의 입장에서는 Harpo가 Sofia를 구타하는 장면을 보자 죄의식을 느낀다. 왜냐하면 Celia가 Letter 16에서 Harpo에게 Sofia를 때려서 그녀의 의지를 꺾어 보라고 시켰기 때문이다. 그러나 Letter 21에서는 Sofia가 이런 사실을 알고 Celia와 정면으로 대면한다. 그리고 남성이 남성을 배반하는 것과 여성이 여성을 배반하는 것을 예로 들면서 어떻게 그런 일을 하도록 할 수 있었는지 공격한다. Sofia의 입장에서는 주인공과 여성으로서의 공감대를 형성하고 있다는 생각을 가지고 있었으나 주인공이 자신을 가해하도록 Harpo에게 시켰으므로 상황이 달라진 것이다. Sofia의 입장에서는 Celia의 진정한 의도를 알 길이 없다. 그러나 이들은 서로 화해를 하고 함께 이불을 꿔 맨다.

Letter 22이하에서는 Celie가 Shug Avery를 만나고 다양한 각도로 인물을 조명하고 있으며 5일이 지나고 나서 Mr.____는 Shug Avery가 병이 들어 아프다는 사실을 알게 되고 마차로 돌아와 Shug를 극진하게 돌본다. 그와 Celie 사이에는 아이가 없었지만 Shug와의 사이에서 3아이들이 있었기 때문에 정식 부부는 아니지만 Shug는 그의 가족이라고 생각하는 것이다. 주인공은 Mr.___에게 노예와 다름이 없다. Shug가 Mr.__집에서 회복이 되자 그녀는 Celie를 헌신적인 그리고 진정한 마음으로 사랑을 한다. Celie는 극진히 그녀를 간호하고 그녀의 어떤 행동이나 말도 거슬리지 않는다. Shug또한 Celie를 위해 무엇이든 할 자세가 되어 있다. 서로 서로를 위로하며 특히 주인공에겐 아이들이 없지만 Shug자신의 아이들도 주인공의 아이들이라고 위로하고 남편이 없는 동안 이들 두 여성은 한 남성을 공유하고 있음을 인정하기도 한다. 주인공이 Shug를 돌보는 자세는 마치 그녀가 자신의 어린 아기를 돌보는 정성이다.

Mr.___의 이름이 Albert라는 사실은 Shug가 먼저 말하고 Mr.___/Albert의 아버지가 와서 그에게 피부가 검고 병이 든 Shug를 집으로 데려온 것에 대해서 힐책을 하자 Celie와 Albert의 사이가 좀 가까워진다. Letter 28이하에서는 Harpo는 잘못된 역할 모델의 자기 아버지인 Albert가 Celie를 구타하는 것처럼 Sofia를 구타할 수 없기 때문에 실패한 사람으로 생각한다. 오히려 그 자신은 훨씬 더 운이 좋다는 사실을 알지 못하는 것이다. 소유욕이 강한 Harpo와의 관계에서 Sofia는 불만족스럽다. 그녀가 떠날 때 Harpo는 어린아이의 기저귀로 눈물을 훔친다. Celie는 그들이 함께 만들었던 이불을 사랑하는 마음으로 Sofia에게 준다.

Letter 33이하에서는 주인공의 감정적, 육체적, 지리학적 고립이 제시된다. 그리고 Shug는 Celie의 극진한 간호로 자신이 건강을 되찾은 데 대해서 고마워 "Miss Celie's Song"이란 노래를 작곡한다. 이에 이제까지 진정한 사랑이라곤 한 번도 받아 본 적이 없는 주인공은 참사랑을 깨닫고 생기를 되찾는다. 항상 실내에서 노예와 같이 살아온 그녀는 자신이 인간으로서 존재 가치를 느끼지 못했으니 이를 계기로 서서히 자신의 존재 가치에 대한 인식을 하게 된다. Shug가 그 아름다운 노래를 불러 주었을 때 주인공은 이제 자신도 쓸모 없는 인간이 아닌 가치 있는 존재임을 자각하게 된 것이다. 이제 이들 두 여성은 서로 생명력이 넘치는 병치 효과를 만끽하고 있는 것이다. Shug가 육체적으로 시들어 가고 있었지만 Celie를 통해 생명을 되찾게 되며 Celie가 정신적으로 자기 비하의 천박한 늪에 빠져 있다가 Shug를 통해 서서히 자기 정체성을 회복하고 있으니 말이다. 이제 두 아이들의 어머니가 되었지만 Celie는 남편과의 성행위로 부터 오르가즘을 한 번도 느끼지 못한 결혼한 처녀와 다름이 없는 여성이라고 Shug는 강조한다. Shug는 성행위란 황홀한 쾌락이라고 한다. Celie는 자위행위를 통해서 만족을 추구하지도 않은 여성이며 잠자리에 들 때마다 눈물을 흘린다.

Letter 36이하에서는 Sofia는 그녀의 문제를 해결하기 위해서 항상 폭력을 행사하는 여성이다. 그녀가 사용하는 백인 사회와 흑인 남성 사회에 대한 폭력은 항상 유일한 수단이다. 그러나 그녀는 그 백인 사회에 대항하는 폭력의 대가로 12년 옥살이를 하지 않으면 안 되었고 그녀의 남자 친구인 Buster마저도 인종차별의 무서운 힘 앞에서 그녀를 구할 수 없는 안타까운 입장에 있다. Letter 41에서는 흑인인 Squeak이 돌아오고 Celie가 예전에 강간을 당했던 것처럼 백인 간수로부터 강간을 당한다. 미국 나무에서는 불문율로서 흑인의 피가 조금이라고 섞인 사람은 흑인이며 백인 아버지와 흑인 노예 사이에 태어난 아이라 할지라도 흑인의 피가 섞여 있으므로 노예로 취급하였던 것이다.

Letter 43에서는 Sofia가 감옥에서 출감하지만 감옥에서의 고립된 생활을 통해서 그녀는 자신의 상황을 깊이 생각할 수 있는 기회를 가질 수 있게 되었다. 그녀는 인종차별과 성 차별의 희생물이나 다를 바 없었던 것이다. 삶이란 그녀에겐 암담한 현실로 받아들여졌으며 백인 사회는 여섯 아이의 어머니인 그녀를 "소녀"로 묘사하고 있었던 것이다. 세월은 흘려 우리가 14세에 만났던 Celie는 이제 중년의 여성이 되어 있다. Letter 49에서 Celie는 이제까지 소식을 알 수 없었던 Nettie에 관한 편지를 입수하여 읽는다. 그녀가 살아 있으며 그녀의 두 아이들인 Olivia와 Adam도 건강히 잘 있음을 직감으로 느끼고 그런 사실을 하나님에게 편지로 쓴다. Nettie와 Celie가 이제 함께 만난다. Celie의 인생을 유지시켜 준 것은 그녀의 Nettie에 대한 사랑이었음을 다시 한 번 환기시키면서 말이다. 이제 주인공의 자아의식은 강해 졌으며 이제껏 남성들에 의해서 풀이 죽어 노예로만 살았던 Celie는 강한 여성이 되어 있다. Nettie도 Celie에게 편지를 쓸 때마다 첫 말이 "fight!"이다. 그녀 또한 날이 갈수록 강한 여성이 되어 이제는 흑인으로서의 자부심이 대단하다. 그리고 자신은 어느 곳에 있는 흑인들까지도 자신감을 회복 할 수 있도록 구원할 준비가 되어 있음을 선포한다: "We and the Africans will be working for a common goal: the uplift of black people everywhere."

Letter 59에서는 Celie는 과거 자신이 아버지로부터 강간당한 후 출산한 아이들인 Olivia와 Adam이 Nettie의 손에 의해 이제껏 키워져 왔지만 자라서 정신지체아가 될 가능성이 있음을 알고 자신에게 돌려 줄 것을 요청하겠다는 생각을 한다. 이 시점에서 항상 순종적이고 복종적이었던 Celie의 태도가 과감하고 도전적인 태도로 바뀌 가고 있음을 알 수 있다. Shug도 Celie에게 성경의 교훈을 환기시키고 흑인 여성으로서의 독자적인 힘을 키우면서 살아갈 것을 주문한다. Celie는 더 이상 남편인 Albert의 잠자리에 눕지 않고 Shug와 함께 자기로 다짐한다. 이제 주인공은 어떤 것에도 구속당하는 일이 없게 된 것이다. Letter 62에서는 이제 주인공은 흑인과 백인의 실체에 대해서 양자를 모두 이해하는 입장을 보이기도 한다: "I think Africans are very much like white people back home, in that they think they are the center of the universe and that everything is done for them.” 서구 유럽화는 원주민들의 개척지들을 모두 파괴하고 황폐화했으며 반면에 교육의 기회를 제공해 주었음을 인정한다.

Letter 68에서 Celie는 이제 강한 여성이 되어 과거 자신을 강간하였던 Fonso를 당당하게 대면할 수 있는 여성이다. 그녀는 Fonso에게 과거 자신의 잘못을 그녀에게 용서하고 용서를 직접 받으라고 명령한다. 그러나 그는 자신의 아내, Celie의 계모가 너무 늙어서 어쩔 수 없이 젊은 Celie를 범하게 되었노라고 변명을 한다. 이 장에서는 꽃에 관한 언급이 무척 많다: “Then all along the road there’s Easter lilies and jonquils and daffodils and all kinds of little early wildflowers.” 봄은 재생의 계절로 꽃이 피고 Celie의 삶에도 희망의 꽃망울이 몸부림친다. 이제 세상은 가능성과 희망으로 가득 찬 것이다.

Letter 73에서 Celie는 이제까지 길고 긴 편지를 하나님께 썼으나 하나님은 여기에 대한 회답이 없다. 그래서 “왜?”라는 질문을 하면서 하나님에 대한 분노로 바뀐다. 그러면서도 어렸을 때 강간과 구타를 회고하면서도 하나님에 대한 사랑으로 이를 화해시키려 노력한다. 그러나 남성에 의해 자행된 수십 년간의 고통에 대해서 하나님으로부터 반응이 없자 하나님마저도 자신을 배신했다는 생각을 하게 된다. 그러나 Shug의 하나님에 대한 생각은 Celie와 무척 판이하다. 그녀는 어려서 매춘과 음주 그리고 흡연으로 많은 죄를 지으면서 살아왔지만 삶을 아름답고 활기차게 사는 것이 하나님이 즐기시는 것이라고 하면서 삶을 부정적으로 사는 것은 하나님에 대한 죄를 범하는 행위임을 강조한다. 주인공은 Harpo가 Sofia의 삶을 비참하게 한 것에 대해서도 강한 비난을 한다. 특히 아내와 남편의 애인에 대한 관계는 본 작품에서는 특이하다. 전혀 질투와 싸움이 없고 단지 화해와 위로의 대상이기 때문이다.

Letter 82에서 아버지 Fonso가 사망하자 경제적인 혜택을 두 자매가 입게 된다. 자매의 입장에서는 평생을 살아도 남성의 전유물이나 다를 바 없는 집을 소유하기란 쉬운 일이 아니기 때문이다. Letter 87에 오면 Celie는 이제 완전히 성숙한 여성으로서 자신의 육체적인 세계와 정신적인 세계의 존재를 알게 되며 내적으로 풍부한 자신의 삶을 인식하면서 더 이상 Albert도 미워하지 않게 된다. Albert를 미워하지 않는 두 가지 이유는 첫 째가 남편이 Shug를 사랑한다는 점이고 두 번째는 Shug가 그를 사랑한다는 점이라고 분명히 말한다. Shug는 Celie에게 삶의 새로운 면을 인식하게 해준 은인이기 때문에 더욱 그러하다. 이제 Shug는 할머니가 되어 있고 주인공은 그녀를 변함없이 사랑하고 있다. 이제 Letter 89/90에 오면 Celie와 Nettie가 재회하면서 서로 가족을 소개하지만 왜 서로 편지를 그토록 오랫동안 쓰지 않았는지에 대해 서로 질문을 하지 않는다. 더 나아가 백인 여성인 Eleanor Jane은 Sofia를 위해 일하는 모습을 보여 줌으로써 상호간의 변신을 모두 보여주고 있다. 모든 사람들은 고통을 통해서 삶 가운데 중요한 것을 배운다는 사실을 인정하면서 Albert 또한 변신의 순간을 맞는다.

6

미국의 흑인 남성작가와 작품론

세계 1차 대전 이후인 1920-1930년대 흑인 작가들의 활약은 대단했다. 특히 1930년대는 Langston Hughes, Zora Neale Hurston, 1940년대는 Richard Wright, 1950년대는 James Baldwin, Ralph Ellison 그리고 1990년대는 Toni Morrison을 비롯한 많은 작가들이 상당한 주목을 받는다. Richard Wright는 1908년 9월 4일 Mississippi에서 태어나 어려서부터 온갖 인종차별을 받으며 고통 속에서 두려움과 수치를 느끼며 어린 시절을 암울하게 보냈다. 그는 어린 시절부터 온갖 학대를 받았으며 백인들로부터 구타를 당하기도 했다고 한다. 특히 그는 Jim Crow법안에 대해 분개한 감정을 토로하기까지 했다고 한다. 남부의 학대를 피해 그가 북부로 간 것은 인간다운 대접을 받기 위해서였다. 어린 시절 부친으로부터 무관심과 냉대 속에서 살았으며 그의 *Black Boy*라는 자서전에서는 그가 16년 동안 남부에서 어떻게 살았어야만 했는지를 담담하게 전해주고 있기도 한 것이다. 여러 곳을 떠돌아다니면서 삶 속의 죽음을 경험해야만 했던 것이다. 15세 때 그가 쓴 단편인 "The Voodoo of Hell's Half-Acre"는 그의 가족들을 경악케 했으며 자신이 그을 쓸 수 있는 주변의 허락을 고대하고 있었던 것이다. 미국의 대공황으로 엄청난 흑인들이 북부로 이주하지만 그들에게 일자리를 제공하는 사람이란 없었다. 그의 글이 맨 처음으로 출판이 된 것은 1937년 Daily Worker지에서 편집 일을 하면서 부터였다. 그의 글은 백인들로부터 자신이 한때 공산주의 단체에 가입했다는 사실로 비판의 대상이 되었으나 그는 개의치 않고 백인 사회가 흑인에 대한 편견을 지니고 있는 점을 흑인의 입장에서 보여주고 있는 것이다. 왜냐하면 모든 흑인들이 인간으로서 대접을 받지 못하고 수치와 굴욕적인 삶을 살아야만 했기 때문이었다. 이후 그는 정치적인 색채의 논픽션을 쓰게 되었고 그가 처음으로 *Black Power*라는 타이틀을 쓰게 된 것이다. 그리고 H. Beecher Stowe의 *Uncle Tom's Cabin*에서처럼 그의 글이 공공연히 부분적으로 삭제되는 고통을 당하기도 한 것이다.

시기적으로는 다소 차이가 있지만 Harriet Beecher Stowe의 *Uncle Tom's Cabin* (1852)과 Richard Wright의[1] *Native Son* (1940)은 공통적으로 두 주인공, Uncle Tom

과 Bigger Thomas를 통해서 노예제도나 사회악으로서 사회정의를 구현하기 위해 노력한 훌륭한 작품들이다.[2] 이들 작가들을 제외한다 해도 R. Ellison, J. Baldwin, Toni Morrison, Alice Walker도 상당히 영향력 있는 작가들임에 틀림이 없을 것이다. 재미있는 현상으로 이들 작가들 모두 공통적으로 의도하는 바는 인종에 대한 편견과 사회정의 그리고 인간으로서의 정체성이 가장 핵심이 되는 관심사라고 할 수 있다. 이들 작품 가운데 나타나는 흑인들의 피부 색깔은 전통적으로 검정 색은 악, 불명예, 무지에 대한 상징으로 그리고 흰 색깔은 공포의 원천이었다. 작품 속에서 나타나는 흰 색은 질식할 듯한 느낌과 맹목적인 것, 위협적인 것을 상징하며 검정 색을 비롯한 다른 모든 색을 삼켜버리는 경향이 있다. 그러나 Richard Wright에게서 흰 색은 아무 것도 상징하고 있지 않음이 두드러진 특징이다. 주인공인 Bigger에게서 백인들은 사람들이 아니라 거대한 자연의 힘이 지니고 있는 파괴적인 힘으로 보이기 때문이다: "to Bigger and his kind white people were not really people; they were a sort of great natural force, like a stormy sky looming overhead."

그러나 일반적으로 Richard Wright는 *Native Son*의 서문에서 산업화된 미국과 노예 제도로 인한 미국의 비극을 적나라하게 묘사하면서 포우(Poe)나 호손(Hawthorne) 그리고 제임스(H. James)같은 작가들이 오늘날에 다시 태어난다면 포우가 공포와 괴기한 배경을 찾아 고민할 필요가 없을 것이며 제임스가 작품의 주제를 찾기 위해 수고할 필요가 없을 것이라고 풍자하고 있다. 왜냐하면 미국에서 일어나고 있는 모든 일들이 작가들에게 너무도 풍부한 소재가 될 수 있을 것이기 때문이다. 이들 두 작가들은 모두 자신의 주인공들을 통해서 사회악을 일소하기 위한 해결책을 같은 맥락에서 아니면 다른 시각에서 제시하고 있다. 전자의 경우는 이상적인 기독교를 전제로 아니면 노예제도가 도덕적으로 잘못되었음을 독자들에게 알림으로써 그리고 후자의 경우는 주인공인 Bigger Thomas가 당사자로서

---

1) Richard Wright의 다른 작품들로는 *Uncle Tom's Children*(1938), *The Outsider*(1953), *Savage Holiday*(1954), *The Color Curtain: A Report on the Bandung Conference*(1956), *White Man, Listen!*(에세이 형태임, 1957), *The Long Dream*(1958), *Eight Men*(1961), *Lawd Today*(1963), *Twelve Million Black Voices: A Folk History of the Negro in the United States*(1941), *Black Boys*(1945), *Black Power*(1954), *American Hunger*(1977)가 있다.

2) 가장 최근의 흑인 여성 작가로서 Toni Morrison (1931--)을 들 수 있을 것이며 그녀의 *The Bluest Eye*(1969), *Sula*(1973), *The Song of Solomon*(1978), *Tar Baby*(1981), *Beloved*(1987), *Jazz*(1992)는 강력한 흑인의 목소리를 대변하고 있으며 1993년에 노벨문학상을 받았다. 그리고 Alice Walker(19440--)의 *Once*(1968), *Revolutionary Petunias*(1973), *Goodnight, Willie Lee, I'll See You in the Morning*(1979), *Horses Make A Landscape Look More Beautiful*(1984), *The Third Life of Grange Copeland*(1970), *In Love & Trouble*(1973), *Meridian*(1970), *You Can't Keep a Good Woman Down*(1981), *The Color Purple*(1982), *The Temple of My Familiar*(1989), *Possessing the Secret of Joy*(1992) 등도 주목할 만한 작품들이다.

비록 노예제도에 바탕을 둔 깊은 편견과 잘못된 사회의식 가운데서 자라지만 흑인도 백인과 다를 바 없는 인격체임을 지각하는데서 작가의 의식을 읽을 수 있게 되는 것이다. 그는 흑인도 백인과 다름이 없는 인간이며 특히 흑인과 백인을 구별하는 사회에 대한 저항하는 목소리가 강력하다. 19세기 이후 미국에서는 흑인들의 목소리에 대한 상당한 관심을 가지게 되었고 흑인들이 미국 사회에서 직면한 그들의 정체성에 대한 질문은 갈수록 첨예한 대립 양상으로 나타나게 된 것이다. Robert Bone의 말을 들어보기로 하자.

> When the African slave was torn from his homeland and brought to the New World, he was quickly denuded of his native culture.... The situation has not altered in any fundamental respect under the American caste system. The Negro must still structure his life in terms of a culture to which he is denied full access. He is at once a part of and apart from the wider community in which he lives. His adjustment to the dominant culture is marked by a conflicting pattern of identification and rejection. His deepest psychological impulses alternate between the magnetic poles of assimilationism and Negro nationalism. (3-4)[3)]

이는 인간으로 보다 더 많은 개인의 자유와 삶의 조건을 위한 투쟁의 목소리인지도 모른다. Baldwin은 자신의 "Everybody's Protest Novel"이라는 글에서 예술과 예술가들이 주장하는 대의가 잘 조화를 이루어야 함을 강조하고 있다.

> [The] avowed aim of the American protest novel is to bring greater freedom to the oppressed.... The "protest" novel, so far from being disturbing, is an accepted and comforting aspect of the American scene, ramifying that framework we believe to be so necessary. Whatever unsettling questions are raised are evanescent, titillating; remote, for this has nothing to do with us, it is safely ensconced in the social arena, where, indeed, it has nothing to do with anyone, so that finally we receive a very definite thrill of virtue from the fact that we are reading such a book at all. (682)[4)]

예술을 통한 단순히 저항을 위한 저항은 효과적인 저항 방법이 될 수 없으며 보다 중요한 것은 사회저항을 위한 목적과 그 대의가 잘 균형을 맞추어야 한다는 점을 지적하고 있는 것이다. Baldwin이 지적하고 있는 바와 같이 사회 저항은 독단적인 이미지가 아닌 "우리"라는 공동체 의식이 깔려 있어야 한다는 점도 주목

---

3) Robert A. Bone. *The Negro Novel in America*. New Haven, 1958.을 참고할 것.
4) James Baldwin. "Everybody's Protest Novel." *Partisan Review* 16.6 (1949): 578 이하를 참고할 것.

할 만한 부분이다. 더 나아가 소설의 목적은 독자들에게 잘못된 것을 알게 하고 이를 바로 이끌어 가는데 있음을 강조하고 있기도 하다.

본 작품을 영화와 관련하여 간단히 살펴보기로 하자. 이제까지 두 편의 영화가 있었다. 1951년 프랑스 제작자가 Argentina에서 찍은 첫 번째 영화에서 Richard Wright 자신이 스스로 Bigger의 주인공이 되었던 영화이다. 특이했던 것은 영화에 등장하는 배우들 역시 여행객들이나 Argentina 거주민들이었다는 사실이다. 영화의 마지막 장면만 미국의 Chicago 빌딩 지붕에서 촬영이 된 것을 제외하고는 모두 Argentina에서 마무리되었다. 그러나 불행하게도 당시엔 정부의 감시가 엄격하여 중요한 부분들이 삭제되는 고통을 당해야 했다. 작가가 편집자에게 보낸 편지에서 다음과 같이 밝히고 있다:

> the killing of the rat was cut, that making of the homegun was cut, the real fear of the boys' attempt at robbery was cut, most of the dialogue between the newspaper was cut. (348)

결과적으로 놓고 볼 때 영화와 소설의 차이점은 작가의 의도하는 바를 많이 침범하고 있는 원인이 되었음이 사실이었다(Michel Fabre. *The Unfinished Quest of Richard Wright*. New York: William Morrow, 1973. P. 16.)

또 다른 영화는 1986년 Diane Silver 제작사에서 책임을 지고 만들었다. 이때는 주연이 Bigger Thomas역으로는 Victor Love가 Bigger 어머니인 Mr. Thomas역은 Oprah Winfrey가 대역을 맡았다. 상영시간은 112분으로 배경은 시카고의 남부지역과 LA지역으로 한정했다. 그러나 관객들의 반응은 차가웠다. 이런 부정적인 반응은 작품과 영화의 차이에서 그 이유를 찾을 수 있었다. 이들 두 장르 사이에는 큰 차이가 있었던 것이다. 1951년도 영화는 작품을 극화하는 데는 성공적이었다. 1986년 영화는 의도적으로 소설의 중요한 부분들이 삭제되는 수난을 겪었던 것이다. 그러나 1951년의 영화는 여러 장면들이 삭제되도록 강요를 받았지만 1986년은 강압적인 것이 아니었음이 차이라면 차이일 것이다.

삭제된 영화의 장면들 가운데는 Bigger가 Dalton부부 집에 운전사로 고용이 되고 그 집에 갔을 때 흰 고양이가 그의 무릎에 앉아있는 장면이 삭제되었고 Mary Dalton을 살해한 후 아침 식사하는 장면, 그리고 도주 중에 Bessie를 살해하는 장면, Reverend Hammond의 위로하는 장면 등이 삭제된 부분들이다. 반면에 보다 더 중요한 재판 장면은 삭제되지는 않았지만 상당 부분이 영화 장면에서 생략되었고 거의 1/4정도가 축소되었다. 재판장면이 10분 정도로 줄어든 반면 감옥소에서

Bigger는 의식의 흐름기법으로 과거를 회상하는 장면이 제시된다. 물론 이와 같은 축소와 삭제를 하는 이유들 가운데는 시간의 제약이나 플롯의 단순화와 같은 불가피한 원인들이 얼마든지 있을 수 있을 것이다. 그러나 문제가 될 수 있는 것은 작품에서 제시하는 기본적인 의도가 수정되거나 변질이 된다는 점이다. 보다 구체적으로 재판 장면은 Max가 Bigger를 장황하게 변호하는 장면에서 간략하게 축소되어 전해진다:

> Killing Bigger Thomas will not solve a thing. The same conditions thus formed can exist on our street corners at this very moment, and if we will allow those conditions to exist in future generations, we will come to see the Bigger Thomas murder on every street corner. (PBS Video Cassette, 1987)

Bigger가 자신의 과거 회상 장면을 통해서 관객들에게 충분한 시간의 경과를 전했으므로 이 정도의 축소는 크게 문제가 되지는 않았다. 특히 등장 배우들이 이미 작품의 의도를 정확하게 인식하고 있었기 때문에 이를 전달하는 데는 전혀 문제가 되지 않았다. Oprah Winfrey는 그녀의 자서전에서 그녀가 Bigger의 어머니 역할을 한 것에 대해 다음과 같이 설명하고 있다:

> I think the essence of it is that we, society, create our own killer, our own menaces to the publics, if we don't take responsibility, not only for ourselves, but for everybody else. (Robert Waldron. *Oprah!* (NY: St. Martin's Press, 1987. P. 176)

다행인 것은 상당 부분의 재판과 변론이 축소되었지만 작품의 중심의도와 크게 빗나가지 않는다는 점이다. 마찬가지로 Bigger는 마지막 장면에서 Max와 만나는 장면에서 또 다시 축소되어 전해진다.

> Sometimes I wish you hadn't asked me them questions, 'cause they make me think. Thinking's made me scared a little. I sort of saw myself after that night. And I sort of saw other people, too. Mr. Max, I know the folks who sent me here to die, they hated me. They hated me like I hated them. As always...we were also sitting around and scared to death each other. I saw in them the same as I saw in me. You understand? Now, Mr. Max, I'm all right now. (PBS Video Cassette)

이런 주인공의 발언이 축소되긴 했지만 앞부분에서와 같이 Bigger는 의식의 흐름

수법을 통해 과거의 일들을 관객들에게 모두 전했기 때문에 문제가 되지 않는다.

그러나 Bigger가 Bessie를 살해하는 장면이 삭제된 것은 플롯의 단순화라는 목적에서뿐만 아니라 주제의 변질에까지 크게 영향이 미친 것이 사실이다. 이 부분이 삭제된 것은 언론의 많은 논쟁거리가 되었기 때문이었다. Richard Yarborough는 New York Times와의 인터뷰에서 이와 관련하여 "You can forgive Bigger for the accidental killing but not for the killing of Bessie. The movie keeps the moral very simple. Bigger is much more a sympathetic victim in the movie than he is in the book"(New York Times. Dec. 23, 1986)라고 말하고 있다. 보다 중요한 삭제의 목적은 제작진들이 밝혔듯이 관객들로 하여금 주인공 Bigger에게 보다 더 많은 공감을 갖지 못하게 하는 것이 목적이었음이 밝혀졌다. 더 나아가 Bigger가 아침식사로 기분이 좋지 않은 채 집을 나가 Gus와 길에서 만나고 Bessie를 우연히 만나는 장면은 소설에서는 찾아 볼 수 없는 장면이었다.

> Bigger: Hey Baby.
> Bessie: I thought you was coming by the other day.
> Bigger: I was busy. You know how it is.
> Bessie: No, I don't know how it is. I've got to catch my train. I'll be late for work.
> Bigger: I'll be by. I promise.
> Bessie: Excuse me, if I don't hold my breath. (PBS Video Cassette)

영화의 장면에서 Bessie는 처음부터 시무룩했지만 작품에서는 Bigger가 백인과 식사를 한 모습을 보고 시무룩해졌던 것도 다른 점이다. Bigger가 Mary의 머리를 잘라버리는 장면은 관객들이 그의 잔임함에 동조하는 것을 피하기 위해 역시 삭제되었다. 술에 취한 Mary는 어색해진 Bigger를 영화에서는 유혹을 한다. 그러나 작품에서는 "Something urged him to leave at once, but he leaned over her, excited, looking at her face in the dim light, not wanting to take his hands from her breast" (84)라고 묘사하고 있다. 결국 인간으로 살아가기 위해 불가피한 선택을 하게 된 Bigger는 작품 속에서 보다는 영화 속에서 훨씬 선량한 인물로 묘사가 되어있다. 게다가 제작진에서는 작품을 읽은 사람들이 영화를 보기보다는 작품에 대해서 전혀 문외한들이 관람했으면 하는 바람을 비치기도 했다고 전해진다.

주인공인 Bigger Thomas는 어렸을 때부터 미국의 꿈과 이상을 배우면서 자란다. 그러나 사회에 발을 디딘 후 그는 이런 모든 꿈과 이상이 텅 빈 구호임에 불과한 것임을 알게 된다. 미국이란 사회는 원하는 모든 것은 모두 백인들을 위해 마련된 것이라는 점과 흑인으로서 절망감과 분노는 대단했다. 그의 반항과 폭력은 백인 우월주의에 대한 도전이었으며 흑인으로서 백인사회에 대해 부르짖는 상징적 자유행위인 것이다: "I know America. I know what a great nation and people. America could be but it won't be until there is only one American, regardless of his color or his religion or anything else." 그는 종교적 신앙을 도피로 삼기도 하며 Bessie처럼 알코올에 중독되기도 하고 또 폭력과 파괴적 행위를 자기표현의 수단으로 삼기도 하며 시카고의 거대한 도시에서 자란다. 20대 젊은이로서 폭력과 사회의 불의에 대한 분노가 대단한 인물이다. Malcolm Cowley는 본 작품을 통해서 작가가 의도하는 바를 다음과 같이 적절하게 지적한다: "Listen, you white folks. I want to tell you about all the Negroes in America. I want to tell you how they live and how they feel. I want you to change your minds about them before it is too late to prevent a worse disaster than any we have known. I speak for my own people, but I speak for America too." 이와 같은 성향은 소설이 처음 시작하면서 부터 쥐를 죽이는 장면에서 폭력적인 그리고 억눌린 듯한 의식을 그대로 보여준다: "[When he] took a shoe and pounded the rat's head, crushing it, cursing hysterically: 'You sonofabitch'" (10). 주인공의 어머니는 Bigger에게 남성다움이 있었더라면 자신들이 그토록 더럽고 추한 곳에 살지 않았을 거라고 외친다: "We wouldn't have to live in this garbage dump if you had any manhood in you." 그리고 주인공은 쥐를 잡아 걸어둔 채 자신의 남성다움을 나타내 보이고 있는 것이다. 그리고 자신이 쥐를 죽였음을 강조하며 자신감을 보이고 있다. 그는 끝없이 표류하는 생활을 하면서 자신을 세상에 나타내 보일 수 있는 기회를 기다리고 있는 것이다. 단지 자신이 살아가고 있는 백인 사회의 문화가 자신이 삶의 목적과 기쁨을 찾는 행위를 금지하고 있기 때문에 실천에 옮기지 못하고 있을 뿐인 것이다.

Stowe의 경우와 같이 주인공의 행동은 작가 자신의 의식을 그대로 적절하게 나타내고 있는 것으로 생각되어진다. 왜냐하면 스토우 여사의 엉클 톰의 경우 그 자신이 가장 소중히 여기는 것은 하나님과의 관계이다. 스토우 여사의 경우 참다운 종교로 사회의 문제를 해결해 보자는 것이 기본 바탕이기 때문이다: "But another and better day is dawning; every influence of literature, of poetry, of art, in our times, is becoming more and more in unison with the great master chord of Christianity, 'goodwill to man'" (xxi). Wright의 경우 자신의 갈등을 해소하기 위한 방법으로 주인공이 살인을 하게 하는 것이다. 흑인으로서 백인들 사이에서 정체성을 찾기 위해서 그들이 할 수 있는 일은 살인을 하는 것이라고 한다. 그 결과로 이들 두 인물들은 자신의 정체성을 어느 정도 찾을 수 있는 경우를 볼 수 있기 때문이다.

탈식민주의를 대변하는 Frantz Fanon은 그의 *Black Skin, White Masks*에서 『미국의 아들』 주인공인 Bigger Thomas는 단지 세상 사람들이, 아니면 구체적으로는 백인들이 주인공으로 하여금 간절하게 기대하는 것을 주인공이 행동으로 옮겼음을 강조하고 있다.

> No one knows yet who [Bigger] is, but he knows that fear will fill the world when the world finds out. And when the world knows, the world always expects something of the Negro. He is afraid lest the world know, he is afraid of the fear that the world would feel if the world knew.... Bigger Thomas acts. To put an end to his tension, he acts, he responds to the world's anticipation.

백인을 살인한다는 사실은 주인공에게선 대단한 의미를 지니는 것이다. 왜냐하면 주인공은 평생 동안 자신에게 어떤 의미 있는 일이 일어나기를 간절히 고대해왔기 때문이다. 작가가 말하고 있듯이 주인공은 실제로 행동화하지 않았을 뿐이지 이전에도 많은 살인을 한 인물인 것이다: "He had killed many times before."

Bigger는 순수하게 미국에서 태어나고 자란 토착민(native)일 뿐이다. Jean- Paul Sartre는 인종 차별주의자들의 유색인종에 대한 탄압은 인간이나 동물을 만들어 낸 것이 아니라 토착민을 만들어 냈다고 지적한다. Wright의 타이틀에서 암시하는 바는 주인공이 미국에서 태어났다는 그 이상의 의미를 지니는 것이다. 왜냐하면 자신은 반드시 살인을 저질러야 할 그 땅의 토착민이기 때문이다. 그야말로 토착민은 항상 착취와 남용의 대상이었음을, Fanon이 *The Wretched of the Earth*에서 지적하듯이, 그리고 폭력을 통해서만 자신의 의사가 수용이 된다는 점을 암시하고 있는 것이다: "the native is an oppressed person whose permanent dream is to become the persecutor... [and] the native who decides to put the programme into practice, and to become its moving force, is ready for violence at all times. From birth it is clear to him that this narrow world, strewn with prohibitions, can only be called in question by violence." 더 나아가 퍼논(Fanon)은 식민지 주체자들인 백인들은 항상 흑인들을 동물학적인 용어로 부르고 있음을 다음과 같이 지적하고 있다. *Native Son*에서 Buckley가 법정에서 흑인들에 대한 변론을 하면서 한 말을 보면 흑인은 이미 인간이 아닌 것이다.

> Every decent white man in America ought to swoon with joy for the

> opportunity to crush with his heel the woolly black head of this black lizard, to keep him from scuttling on his belly farther over the earth and spitting forth his venom of death!

주인공도 역시 백인을 살해함으로써 말할 수 없는 즐거움을 느끼는 것이다. 작품의 마지막에서 주인공은 외친다. 자신이 백인을 죽인 것이 아니라고, 자신이 죽인 것은 자기 자신의 내면 속에서 자신을 죽이기 위해 항상 괴롭혀온 자기 자신일 뿐이라고 말이다: "But what I killed for, I am! It must've been pretty deep in me to make me kill!"

McCall은 자신의 *The Example of Richard Wright*라는 책에서 Fanon이 쓴 '*The Wretched of the Earth*'를 인용하면서 퍼논의 "Concerning Violence"라는 장의 글에서 인종적인 편견과 차별을 받고 있는 피압박자들의 입장에서 폭력이 주는 효과와 가치를 재미있게 묘사하고 있다.

> When Fanon speaks of violence, and the necessity for it, he addresses himself to a revolutionary social situation. "Violence" is impelled by consciousness. The hatred of "the native" is at the service of an idea and his destruction is a necessary prelude to a social creation. Violence...is part of the large communal act: repossession of the African home. But the violent bold baths of Bigger Thomas are at the mercy of the system which engendered them. He hacks his way to a dead end.

그러나 스토우 여사의 도덕적인 목적과는 달리 Richard Wright의 목적은 미국이 자유의 나라("the land of the free")라고 하면서도 Bigger Thomas같은 흑인을 만들어 내는 부조리함에 대해 강도 높은 사회적인 불만과 저항의 목소리를 내고 있다는 점을 주의해야 할 것이다. 더 나아가 미국 사회가 지니고 있는 사회적인 계급의식에도 저항의 토운을 늦추지 않고 있다는 점이다. "How 'Bigger' Was Born"에서 작가는 Bigger와 같은 주인공이 한 사람이 아닌 수백만이 미국에 있다는 사실을 알리고 있다: "[Wright discovered a collective Bigger Thomas who was] not black all the time; he was white, too, and there were literally millions of him, everywhere (xiv).... [These Bigger's formed] a vast, muddied pool of human life in America" (xv).

1930년까지만 해도 흑인들을 백인들로부터 떨어져 살게 하기 위해서 정치 사회적으로 울타리와 다름이 없는 제도를 실시해 온 것이 사실이었다. 작가는 이러한 한계를 흑인들의 교육을 백인들과 구분해서 주입했음을 말한다. 그리고 백인들의 이러한 의도를 작가 자신이 들고일어났음을 분명히 하고 있는 것이다. Wright의 Bigger Thomas는 시카고의 소수 민족들이 모여 사는 빈민굴(ghetto)을 대변하는 인물일 뿐만 아니라 미국이라는 거대한 사회 속에 살고 있는 수백만의 Bigger를 대변하기도 하는 것이다. 작가는 다음과 같이 지적하고 있다: "[All Bigger Thomases] white and black, were [part of] a world whose fundamental assumptions could no longer be taken for granted: a world ridden with national and class strife" (xix). 작가에게서 미국이라는 사회 조직 가운데 자행되고 있는 사회 계급은 아무리 주인공 같이 힘없고 무력한 사람들이 노력해 보아도 실효를 거둘 수 있는 성질의 것이 아니라는 점을 강조하고 있으며 이를 위해 작가는 투쟁을 불사하고 있는 것이다. 왜냐하면 작가는 모든 인종은 평등하고 자유롭게 살 수 있는 권리가 있다고 생각하기 때문이다.

이와 더불어 작가는 교육을 받지 못한 Bigger가 교육을 잘 받은 백인 사회를 어린 백인 Mary Dalton을 살해한 사람이 바로 인디언이라고 믿게 함으로서 시카고 전체를 기만하고 있는 점을 주목할 만하다. 기자가 주인공에게 몇 가지 질문을 했을 때 주인공이 보이는 태도는 다분히 적대적이고 공격적이다. 주인공 자신은 백인들보다 더 현명하다고 생각하는 것이다: "They were looking for the girl and the girl was ten feet from them, burning. He had killed her and they did not know it" (196). 백인들은 주인공이 그 여자아이를 살해했다는 사실을 모르고 있기 때문에 더욱더 자신감과 자랑스러운 느낌이 드는 것이다. 그리고 자신이 백인들과 동등하다는 느낌을 이제야 받을 수 있는 것이다: "the equal of them, like a man who had been somehow cheated, but had now evened the score" (155). 작가는 스토우 여사가 그러했듯이 백인과 흑인은 똑 같이 평등한 인간임을 강조하고 있는 것이다.

John Williams는 Richard Wright의 *White Man, Listen!*의 서문에서 작가의 사회저항을 다음과 같이 간략하게 정리해서 설명하고 있다.

> For Wright the conflict between the oppressed and the oppressor, between capitalist and proletariat, if you will, always consisted of more than ideologies. Wright saw politics, finally, no matter who played them, as a weapon of oppression. If not constantly used, politics remained in the arsenal, available for any occasion. The Marxian framework — the conflict of the classes — could certainly be converted and used to describe the conflict of the colors. (xii)[5]

5) John Williams. Preface. *White Man, Listen!* by Richard Wright. New York, 1964.

작가가 강조하고자 하는 것인 인간이 인간에게 저지를 수 있는 잔학함 그리고 백인이 흑인에게 저지를 수 있는 잔학함은 반드시 인간사회에서 사라져야 한다는 점이다. 이와 관련하여 작가는 자신의 경험한 일련의 사건들을 소개하고 있다. 미국의 남부에서 자라면서 흑인으로 경험했던 많은 아픈 기억들에 대해서 말하면서 이렇게 회고한다: "The birth of Bigger Thomas goes back to my childhood" ("How 'Bigger' Was Born" viii). 그리고 5명의 Bigger 가운데 한 명 정도의 남부의 Jim Crow법을 위반하였음을 말하며 백인들은 흑인들의 삶을 일정한 구역으로 한정시켰음을 고발하고 있는 것이다.

> [The Whites separated "him" from "them" by locking him into "Black Belts" and creating] white churches and black churches, white businesses and black businesses [— made blacks pay a terrible price.] They were shot, hanged, maimed, lynched, and generally hounded until they were either dead or their spirits broken. (xi)[6)]

흑인으로서 그것도 경기가 침체된 기간 동안 시카고에서 살면서 자신이 경험한 내용들을 기록하는데 그리 큰 어려움은 없었을 것이다. 작가가 사회적인 평등을 주장하고 있는 것은 당시 대 공황으로 인하여 공산주의의 사상이 크게 영향을 미친 사실을 감안 할 때 작가 자신이 공산주의에 관심을 지니고 있었던 것은 전혀 이상할 것이 없는 현상이었다는 생각이 드는 것이다. 그리고 백인인 Jan이 Bigger에게 백인인 자신과 다름이 없이 흑인인 Bigger도 똑 같은 인간이라고 했을 때 강한 혐오감 같은 것을 느끼는 것이다: "You're a man just like I am; I'm no better than you, [it is contrary to what Bigger has heard all his life" (70). 이와 같이 흑인으로서 Bigger는 백인인 Jan의 말을 믿지 않으려고 한다. 단지 자신이 모든 백인들에게 대해 느끼는 적대감이나 혐오감 같은 것만을 느낄 수 있을 뿐인 것이다.

소설이 진행됨에 따라서 Jan과 Max에 대한 믿음은 서서히 긍정적으로 발전하게 된다. 그래서 소설이 끝날 즈음에 Max는 중요한 장면에서 Bigger가 죽어 가면서 자신의 진정한 감정을 나누고 싶어 하는 인물이 되는 것이다.

---

6) 주인공으로서는 자신의 인간으로서 존재하는 이유를 John Crow법을 위반하는 것이었음을 지적하며 마지막으로 주인공이 처형되기 전에 작가는 다음과 같이 그를 회고한다:
"The Bigger Thomases were the only Negroes I know of who consistently violated the Jim Crow laws of the South and got away with it, at least for a sweet brief spell. Eventually, the whites who restricted their lives made them pay a terrible price. They were shot, hanged, maimed, lynched, and generally hounded until they were either dead or their spirits broken."

> It must have been good! When a man kills, it's for something.... I didn't know I was really alive in this world until I felt things hard enough to kill for 'em.... It's the truth, Mr. Max. (392)

그리고 Max가 Bigger가 죽어 가는 모습을 마지막으로 지켜보고 있었을 때 주인공이 생각하는 인물은 자신의 어머니도 아니고 형제자매도 아닌 백인 Jan이었다: "Tell... Tell Mister... Tell Jan hello..." (392). Max 그리고 Jan과의 인간관계를 그가 형성할 수 있었던 것은 흑인으로서 그가 평생 동안에 할 수 있었던 가장 큰 일이었다. 그러나 Bigger가 흑인으로서 이들 백인들을 신뢰할 수 있었던 것은 가장 큰 아이러니이기도 한 것이다. 왜냐하면 그는 평생을 백인을 증오하고 두려워하면서 보낸 인물이기 때문이다. 주인공이 그토록 증오했던 백인들과 친구가 될 수 있었던 것은 자신이 자라 온 왜곡된 환경의 변화 때문이었을 것이다.

더 나아가 작가는 등장인물들을 이용해서 기존의 사회 계급을 비판하고 있다. Bigger만 제외하고 모든 인물들이 전형적인 타입의 모습을 하고 있다. 게다가 주인공이 주위의 다른 사람들과의 관계를 통해서 보이는 행동과 말은 주인공의 사회 속에서 얼마나 많은 곤혹스러움을 경험하게 되었는지를 보여주는 셈이다. 이는 주인공이 갈등을 통해서도 확인할 수 있는 것이다: "[His] need to be something different to each [character] is in tension with his need to be himself to all" (69).

따라서 Bigger 는 Buddy에게 소설의 처음에서 쥐를 죽인 후 거만을 떠는 것이다: "Yeah; he was after me, all right" (10). 주인공은 자신이 Buick차를 모는 것이 쉽다고 하면서 어떤 일도 그에게 시간만 주면 잘 해 낼 수 있음을 보여 줄 수 있다고 한다. 그러고 나서 주인공은 Mr. Dalton에게 인터뷰를 하면서 복종하는 태도를 보인다: "[During the job interview with Mr. Dalton, Bigger]...lifted his eyes and saw Mr. Dalton watching him closely. He dropped his eyes again (51).... [to Mrs. Dalton he mumbles,] I didn't mean to disturb you, mam. I--I... I just wanted a drink of water" (61). 그리고 Bigger는 Jan의 부축을 받을 정도로 긴장이 되어 있다: "[Bigger] stiffened, [his] entire body tightened with suspense and dread (66).... [On their way into Ernie's Kitchen Shack,] Jan caught his arm and tried to pull him forward, but Bigger hung back" (72).

무엇보다도 주인공인 Bigger의 갈등은 두 개의 자아에서 오는 갈등이다. 외부의 백인들이 자신을 흑인으로서 하나의 팔고 팔리는 물건으로서 존재하는 자신일 것이고 다른 하나는 자신의 진정한 자아, 그러니까 물건이 아니라 한 인격체로서 자신의 주권을 주장할 수 있고 자아의 의지 (“[the self that] made him feel free, that his life was his, that he held his future in his hands” 179)대로 무엇이든 할 수 있다는 신념에서 오는 갈등이 그의 주된 고민인 것이다. Bigger가 자신의 백인들에게 말을 할 때에도 자신이 느낄 수 있는 것은 곧 백인들이 원하는 말을 자신이 한다는 점이다. 그렇다면 주인공은 끝없이 사회와 사회가 요구하는 제도 하에서 압박받아 왔으며 이제는 자신이 하는 말까지도 무언의 보이지 않는 고리에 의해서 조정되었음을 깨닫게 되는 것이다. 그렇기 때문에 주인공이 백인들에게 느끼는 감정은 증오뿐이 없는 것이 된다.

그러나 작가는 Bigger의 그런 상황을 통해서 주인공은 그런 제한되고 굴욕적인 삶을 정면에서 거부하고 나서는 모습을 독자들에게 보여주는 것이다. 주인공은 이미 태어날 때부터 흑인이라는 정해진 틀 속에서 태어나고 많은 백인들로부터 끝없는 편견으로 대우를 받고 살아가지만 자신은 물건이 아니라 이성을 지닌 인간임을 보여주길 원하는 것이다. 그렇기 때문에 주인공의 삶이 완성이 되는 것은 자신이 지니고 있는 내적 갈등에 대한 해결이 없이는 불가능한 것이다.

작가는 1930년대 미국에서의 흑인들에 대한 편견과 압박을 눈으로 보고 왜 Bigger와 같은 인물이 도처에 존재하고 있으며 주인공과 같은 인물에 대해 책임을 져야 할 대상은 바로 백인임을 고발하고 있는 것이다. 왜냐하면 Bigger의 살인 행위는 백인들이 그렇게 몰고 갔다는 주장이다. 이 부분은 Stowe여사와 Wright의 크게 다른 관점이기 도하다. 스토우 여사는 사회 조직이나 체계가 잘못이 있어서 노예제도와 같은 비인간적인 문제가 야기된다고 했지만 Wright의 경우는 그런 사회체계나 조직을 만들어 냈고 그런 사회 체계가 존재하도록 하는 백인들에 대한 저항을 보이고 있는 것이다. 작가는 *White Man, Listen!*에서 다음과 같이 말하고 있다.

> What Africans need, above all, is an understanding on the part of others of what has happened to them...Africans need a simple acknowledgement from the white West of what it did. And that terribly human gesture, to be frank...is about the last thing that the white West can give Africa. Can this happen? Is the West free enough of its own fears to let these people know that they will not be resubjugated? (135-36)

작가는 백인들이 스스로 죄의식을 느껴야 한다고 한다. 그리고 Native Son에서도 Dalton부부는 죄의식을 느끼고 흑인 아이들이 탁구를 할 수 있도록 탁구대를 구입해 주기도 하는 것이다. 그러나 법정에서 이들 백인으로부터 도움을 받은 흑인 아이들이 백인인 여자아이를 죽일 수 있었다는 사실에 경악해 하고 흑인으로서는 백인 아이를 죽인 사실로 혐의를 씌운 것에 대한 분노로 백인들에 대한 증오심이 더욱 더 심해지게 된다. 가는 미국의 노예제도와 흑인에 대한 편견이 미국의 흑인을 만들어 냈다고 강하게 주장하고 있는 것이다. 게다가 형식적으로는 노예제도가 폐지되었지만 백인들의 보이지 않는 마음속에서는 흑인들에 대한 무서운 편견이 그대로 남아 있음은 주목할 사항이 아닐 수 없기도 한 것이다.

스토우 여사의 톰이나 Wright의 Bigger Thomas 둘 모두는 한편으로는 공통점을 지니기도 하고 다른 한편으로는 서로 상반되는 부분을 보이기도 하는 것이다. 우선 제임스 볼드윈(James Baldwin)의 견해를 들어보기로 하자. 특히 볼드윈은 토머스는 엉클 톰의 아들과도 같은 후예임을 강조하고 있다:

> [Bigger Thomas is Uncle Tom's] descendant, flesh of his flesh, so exactly opposite a portrait that, when the books are placed together, it seems that the contemporary Negro novelist and the dead new England woman are locked together in a deadly, timeless battle. (584)

그러나 볼드윈의 견해가 어느 정도까지 정확하고 납득이 갈 만한 생각인지는 독자 여러분들의 판단이 요구된다는 생각이 든다. 왜냐하면 두 작가는 모두 서로 다른 목적의 글을 쓰고 있기 때문에 이들 두 작가들의 견해를 어떤 틀 속에 잡아 넣어 의도하는 목적으로 밀어붙이기엔 무리가 있다는 생각이 들기 때문이다. 다시 말해서 Bigger Thomas나 Uncle Tom의 경우는 어느 쪽도 다른 쪽의 모습을 거울에 비추는 역할을 하는 경우가 아니기 때문이다. 엉클 톰의 경우 남북전쟁이전에 흑인 노예가 경험하는 고통이 초점이며 스토우 여사가 톰을 묘사하듯이 그는 교양미가 넘치는 노예인 것이다: "[Tom is] characterized by an expression of grave and steady good sense, united with much kindliness and benevolence" (32). 그러나 Bigger Thomas는 시카고에서 자란 자유인의 신분을 지니고 있음을 주목해야 할 것이다. 20대의 젊은이로 폭력과 증오로 가득한 인물이기도 한 것이다. 두 작가가 모두 저항을 의식하는 작가라는 점에서 그리고 두 주인공이 자신의 정체성을 고집한다는 점에서 공통점을 보이고 있다고 해도 무리는 없을 것이다. 그러나 스토우의 톰은 이상적인 기독교인으로서 선하기만 하다. 스토우의 토운은 주인공에 대해서 한없이 동정적이기만 하며 흑인들은 톰과 같이 선한 인물이 되는 것이 바람직하다는 입장으로 너무 강경한 행동을 해서는 곤란하다는 입장에서 이들을 이해하는 태도를 고수한다. 톰이 수동적이긴 하지만 자신의 기독교에 대한 이상을 다음 노래에서 확인할 수 있음이 흥미롭다.

> Die on the field of battle,
> Die on the field of battle,
>   Glory in my soul.
> [and--]
> oh, I'm going to glory,--won't you come along with me?
> Don't you see the angels beck'ning, and a calling me away?
> don't you see the golden city and the everlasting day? (40)

그는 성경에 대한 확신과 하나님의 구원에 대한 절대적인 믿음이 대단하기만 하다. 자신의 노예 신분에도 불구하고 황금으로 된 도시인 천국에서 약속을 그는 믿고 위로를 받고 있는 것이다. 종교적인 힘이 없이는 그는 존재할 힘을 상실하게 되는 것이다. 어쩌면 톰은 가장 이상적인 기독교인으로서의 태도를 보여주고 있는지도 모른다.

St. Clare는 교활함과 위선이 흑인들을 노예로 이용하고 있으며 노예제도라는 제도가 얼마나 비겁한지를 그리고 비인간적임을 다음과 같이 고발하고 있다:

> Tell me that any man living wants to work all his days, from day-dawn till dark, under the constant eye of a master, without the power of putting forth one irresponsible volition, on the same dreary, monotonous, unchanging toil, and all for two pairs of pantaloons and a pair of shoes a year, with enough food and shelter to keep him in working order! Any man who thinks that human beings can, as a general thing, be made about as comfortable that way as any other, I wish he might try it. I'd buy the dog, and work him, with a clear conscience! (283)

톰은 기독교를 자신의 종교로 선택했으며 그 것을 기본으로 살아가며 그의 영혼은 믿음으로 한 단계 더 높은 신선한 삶으로 이끌어 가고 있는 것이다. 그렇다면 톰의 종교적인 경향은 Bigger의 살인 행위와는 좋은 대조를 이루고 있음을 알 수 있다. 톰에게서 종교가 있기에 삶이 가능한 것 Bigger에게선 백인을 죽일 수 있기에 사는 것이 가능한 것이다.

이처럼 Bigger의 성격은 톰과 비교해서 볼 때 훨씬 더 폭력적인 것임은 틀림이 없는 사실이다. 소설의 첫 장면에서 주인공이 쥐를 죽이는 장면을 앞서 언급한 바 있지만 쥐를 죽일 때 프라이팬을 들고 투덜거리는 모습을 볼 수 있다: "[He] aimed and let the skillet fly with a heavy grunt" (10). 게다가 이 주인공의 삶은 두려움과 편견 그리고 백인들에 의한 압력으로 얼룩져 있었던 것이다. 그리고 자신은 피할 수 없는 곳으로부터 도피해야 할 필요성을 항상 느끼고 있기도 한 것이다. 그래서 자신의 의사를 백인들에게 전달하기 위해서 이를 행동으로 실천하기로 하는 것이다. 소설의 시작 부분에서 Bigger의 마음속에 품고 있는 생각들이 보다 구체적으로 제시된다.

> He hated his family because he knew that they were suffering and that he was powerless to help them. He knew that the moment he allowed himself to feel to its fullness how they lived, the shame and misery of their lives, he would be swept out of himself with fear and despair. So he held toward them an attitude of iron reserve; he lived with them, but behind a wall, a curtain. And toward himself he was even more exacting. He knew that the moment he allowed what his life meant to enter fully into his consciousness, he would either kill himself or someone else. So he denied himself and acted tough. (13-4)

Bigger는 소설의 처음부터 계속해서 자기 자신을 부인하고 스스로 외부와의 벽을 쌓아 가고 있는 것이다. 그러나 자신이 스스로 내리는 외부와의 단절을 위한 그리고 백인들의 흑인들을 고립시키기 위한 "커튼" (curtain)은 주인공을 살인으로 몰고 가게 되는 것이다.

Native Son전체를 통해서 Bigger는 점차적으로 자신에 대한 개인성을 의식해 가는 것을 볼 수 있는데 이는 자신에 대한 완전한 의식으로까지 발전되어 진행된다. 주인공은 자신이 백인사회에서 완전한 이방인 ("alien white world" 18)이라는 사실을 스스로 깨우치고 있으며 자신은 진정한 자아 의지를 실현할 수 있도록 하기 위해 자유로워지기를 원하며 흑인 얼굴을 하고 있다는 이유만으로 백인사회로부터 온갖 편견을 받아야 하는 질곡으로부터 해방되기를 원하는 것이다. 이와 같은 자신의 심정은 그가 친구와 함께 대화를 하는 부분에서도 분명해 진다: "Half the time I feel like I'm on the outside of the world peeping in through a knothole in the fence" (23). 이 시점에서 주인공은 자신의 이중적인 정체성으로 인해 심한 갈등을 겪고 있음을 분명하게 보여주고 있는 것이다. 주인공 자신은 자신이 살고 있는 세계의 한 부분이 아니라 그 세계로부터 완전히 분리되어진 채로 존재하는 외로운 모습을 하고 있음을 알게 되는 것이다.

Charles De Arman은 자신의 "Bigger Thomas: The Symbolic Negro and the Discrete Human Entity"라는 글에서 다음과 같이 Bigger 자신이 느낀 바를 재미있

게 정리하고 있다.

> Throughout most of Native Son, Bigger holds within himself the tension between being a symbolic Negro, and the desire to be recognized as a discreet human entity, as a fully human being living authentically, transcending the absurdity of the world. Others see him as the symbolic Negro, and this stereotype gives rise to his isolation and also helps conceal his individuality from himself. (61)[7)]

이와 같이 백인 사회는 주인공을 완전히 커튼으로 들른 채 자신의 정체성을 알지 못하게 할뿐만 아니라 자신을 상실하도록 하는 역할을 하고 있는 것이다. 그러나 주인공은 비록 가난하고 비참한 삶을 대도시에서 살아가지만 자신의 생명이 아직도 살아 있고 자신이 존재하고 있음을 스스로 인식하고 있는 것이다. 그럼에도 불구하고 자신이 생존하고 있다는 사실 하나 만으로는 자신의 정체성을 확인하기엔 역부족이며 다른 의미를 부여할 수 있는 입장도 아닌 것이다. 게다가 무엇을 위해 살아가야 하는가 하는 삶의 목적도 있을 수 없는 것이다.

주인공의 입장에서 왜 자신이 흑인으로서 살아가야 하고 왜 자신이 아니면 다른 사람들이 자신을 흑인으로 간주해야만 하는가를 이해 할 수 있다면 주인공은 백인들에 대한 살인 행위를 절대 하지 않을 것이다. 그러나 주인공의 입장에서는 유일하게 생각할 수 있는 것은 그저 백인들인 것이다. Bigger는 왜 도시가 흑인과 백인으로 구분되어져야 하는지 아직까지 이해를 하지 못하고 있는 것이다. 그리고 왜 자신은 흑인이라는 이유 하나만으로 차별을 받고 억압을 받아야 하는지 그리고 백인들은 그들이 가고 싶은 곳은 맘대로 갈 수 있고 흑인들은 할 수 없는가를 이해할 수 없는 입장인 것이다. 당구장에서 만난 Gus에게 주인공은 자신이 가지고 있는 문제에 대한 해답을 구한다: “Why don’t they let us fly planes and run ships?” (23) 그리고 Gus는 다음과 같이 조언을 하고 있다: “Aw, nigger, quit thinking about it. You’ll go nuts” (23). 그러나 Bigger는 계속 거기에 대한 생각을 하면서 해답을 구한다. 그리고 자신이 처한 외부의 환경과 대적하기로 하는 것이다.

아이러니컬하게도 Bigger는 백인인 Dalton씨로 부터 일자리를 제공받고 나서야 비로소 자신의 삶을 살기 시작하는 것이다. 그러나 자신은 이 시점에서 자신의 진정한 삶이 어디에 있는지 알고 있지 않다. 주인공은 백인 여자아이를 살해 하는 날에도 영화관에서 살인하는 영화를 보았다. Gus가 주인공에게 부유한 백인 여자

7) Charles De Armen. “Bigger Thomas: The Symbolic Negro and the Discrete Human Entity.” Black American Literature Forum 12 (1979): 61-64를 참고할 것.

는 누구와도 섹스를 즐기기 위해 잠자리를 함께 한다고 하면서 심지어 자신의 자가용을 모는 운전사와도 함께 잠자리를 하는 구역질나는 여자들임을 강조한다. 그리고 주인공은 다음과 같은 상상을 한다. 그리고 자신의 상상은 현실로 돌아와 악몽으로 변함을 체험하는 것이다.

> Maybe Mr. Dalton was a millionaire. Maybe he had a daughter who was a hot kind of girl; maybe she spent lots of money; maybe she'd like to come to the south side and see the sights sometimes. Or maybe she had a secret sweetheart and only he would know about it because he would have to drive her around; maybe she would give him money not to tell.

더욱더 아이러니를 불러일으키는 것은 Bigger가 자신의 능력을 마음껏 발휘하고 삶의 동기까지 부여받는 등 큰 변화가 일어나고 있다는 점이다. 왜냐하면 백인들과의 대화를 비롯하여 백인들을 위해서 일을 해야 하는 것 그리고 백인들의 지붕 아래서 일을 하는 것만큼 주인공에게 공포와 스트레스를 주는 것이 없었기 때문이다. Bigger는 지금까지 왜 자신이 백인들로부터 핍박과 압박을 받으면서 살아오는지 이해 하지 못하고 있다. 단지 자신이 의식하고 있는 것은 자기 자신이 존재한다는 사실이 전부인 것이다. 게다가 주인공에게 가장 큰 압박감과 우울함은 백인들이 흑인인 자신과 자신의 종족들을 어떻게 생각하는가 하는 문제에 있기도 하다. 마치 Dalton집안의 하인이 주인공을 일컬어 "your people" (57)이라고 하듯이 항상 소외된 국외자로서 존재하는 그들의 정체성에 대한 분노와 절망감이 최대의 부담으로 작용하는 것이다. 그러면서도 백인들은 주인공이 할 수 있는 것보다 훨씬 더 나은 생활을 할 수 있다는 사실이 부럽기도 한 것이다. 그러나 주인공이 백인들의 태도를 이해할 수 있는 것은 더욱 아니다. 백인들에 대해서 이해할 수 없다는 이유 때문에 더욱더 자신은 두렵기만 한 것이다. 백인들은 자신의 삶에 있어서 최대의 적으로 존재하는 대상인 것이다.

주인공인 Bigger가 Gus에게 말하듯이 자신도 자기 자신을 통제할 수 없는 엄청난 일이 일어날 것임을 알고 있게 된다: "something awful's going to happen to me...[he cannot control that] something" (24). 자신이 느끼는 자신에 대한 존재가 다른 백인들의 눈에는 또 다른 존재로 보임으로써 자신도 어쩔 수 없는 상황에 처하게 되고 다른 선택의 여지가 없어지는 것이다. 이와 관련하여 Charles De Arman은 다음과 같이 적고 있다: "Bigger holds within himself the feeling of being a discrete entity.... He reveals, implicitly, an attempt to live 'authenticity,' to recognize the existence and demands of moral freedom" (61). 그렇다고 해서 주인공이 자신의 삶을 자유로운 길로 이끈 것은 아니다. 단지 자신의 자유를 찾기 위한 탐색의 시작일 뿐인 것이다.

자신의 자유를 향한 여행을 완성시키기 위해서 Bigger Thomas는 백인을 살해하는 행위를 시작해야 하는 것이다. 일단 백인을 살해하는 순간부터 자신은 자신만의 의미심장한 삶의 의미와 자유를 향유하게 된다. 자신이 흑인인 주인공을 고용하였으며 부유한 백인의 딸인 Mary Dalton을 죽이기 때문에 자신의 삶의 목적을 달성하게 되는 것이다: "[his being] black and at the bottom of the world was something which he could take with a newborn strength" (141). 백인을 살해하는 의식을 통해서 자신을 억눌러 온 백인들에 대한 저항을 통해서 강력한 도전을 하는 셈이다: "*Only through this fulfillment —the murder which he commits —does Bigger reach a* feeling which is a measure of the meaninglessness of his former existence" (이탤릭은 필자의 글임, 76).

이렇게 해서 주인공은 의기양양해 진다. 백인을 살해함으로서 자신은 새로운 삶을 만들게 된 것이다. 자신은 이제껏 느껴 보지 못한 삶의 의미와 보람을 가질 수 있게 된 것이다. 백인을 살해함으로서 주인공은 자신의 인생에서 처음으로 자유로움을 만끽하게 된 것이다. Bone은 이와 관련하여 다음과 같은 의미심장한 논평을 하고 있다:

> On a literal level Native Son consists of three Books, dealing with a murder, a flight and capture, and a trial. But the murder and the circumstances which surround it are in reality an extended metaphor.... The novel is not to be read merely as a gruesome crime, though it is that. It is the hidden meaning of Bigger's life, as revealed by the murder, which is the real subject of Native Son. (75)[8)]

위에서 비평가의 지적과 같이 주인공은 자신의 숨겨진 삶의 의미를 자신의 글 속에 숨겨 놓고 있었던 것이다. 그렇다면 은밀하게 억눌러 온 그 삶의 의미는 주인공이 여러 해 동안 백인들로부터 억눌려 오면서 자랐고 드디어는 그 빛을 보게 된 것이다. 백인이 살해되는 순간 주인공이 이제껏 자신과의 끝없는 갈등과 투쟁

---

8) Robert A. Bone. *The Negro Novel in America.* New Haven: 1958.
______________. "Richard Wright." *Twentieth Century Interpretation of Native Son.*" Baker, Houston A., Jr. ed. New Jersey, 1972.을 참고할 것.

이 해소되었으며 자신이 설정해 온 삶의 목표가 달성이 된 것이다.

법정에서 Bigger가 왜 백인을 죽여야만 했던가에 대한 변호를 하는 Max는 주인공으로서는 자신을 위한 새로운 삶의 시작을 의미한다고 하고 있다: “It was an act of creation!” (366). 따라서 살인 행위는 주인공의 입장에서 볼 때는 자신의 잃어버린 주체를 되찾는 행위이며 항상 타자로 존재하던 자신이 주체가 되는 순간이기도 한 것이다. 이제까지 존재하지 않았던 자신과 수동적인 삶을 살아야만 하도록 강요되었던 자신으로부터 무언가를 이루어야 하겠다는 적극적인 삶으로의 전환을 의미하는 순간이기도한 것이다. 주인공이 처형되기 직전에 보이는 모습은 백인 사회에 의해서 흑인이기 때문에 고통까지도 감수해야 하는 연민의 정을 불러일으키기에 족하다는 느낌이 절실한 것이다.

> In self-defense he shut out the night and day from his mind, for if he had thought of the sun's rising and setting, of the moon or the stars, of clouds or rain, he would have died a thousand deaths before they took him to the chair. To accustom his mind to death as much as possible, he made all the world beyond his cell a vast gray land where neither night nor day was, peopled by strange men and women whom he could not understand, but with those lives he longed to mingled once before he went.
>
> He did not eat now; he simply forced food down his throat without tasting it, to keep the gnawing pain of hunger away, to keep from feeling dizzy. And he did not sleep; at intervals he closed his eyes for a while, no matter what the hour, then opened them at some later time to resume his brooding. He wanted to be free of everything that stood between him and his end, him and the full and terrible realization that life was over without meaning, without anything being settled, without conflicting impulses being resolved.

엉클 톰의 경우를 대하면서 독자들이 느끼는 감정은 자유에 대한 간절한 동경일 것이며 Bigger Thomas에게선 주인공이 백인 세계를 항상 두려워하는 피해 의식에 사로잡혀 있음을 느낄 수 있다는 점이다. 그리고 노예제도는 분명히 잘못되었으며 또 백인사회가 주인공인 Bigger에 대해서 어떻게 삶을 살아야 한다고 지시하는 것에 대해서 혐오감을 느끼는데도 그리 오랜 시간이 불필요하다는 점이다. 주인공이 저지르는 살인 행위는 자신의 삶에 대한 통제력을 상실하는 것이 아니라 자신의 삶을 통제하는 힘을 오히려 회복함으로써 오히려 희망적인 생각을 지니게 된다는 점이다. 주인공의 살인 행위에 대한 도덕적인 심판은 독자들의 몫으로 결국은 남게 될 것이지만 그가 다시 설 수 있는 땅을 빼앗아 버리는 심판은 또 다른 문제의 원인이 될 것임은 틀림이 없을 것이라는 생각이 든다.

그러나 분명히 지적할 수 있는 것은 Bigger는 실존적인 인물이 되었다는 점이다. 그는 죽음 앞에서 외로움을 느끼지만 자신의 책임과 정체성에 대한 확실한 인식을 할 수 있게 된 것이다. 백인 사회가 그에게 복종적이도록 강요한 것, 쥐가 득실거리는 집에서 살아야만 하는 현실 그리고 백인의 자가용 운전사가 된 것만으로 다행하게 감사하도록 느껴야 하는 현실을 그는 고통 속에서 강요를 받지 않아도 되기 때문이다. 그는 자신을 살인을 한 사람으로 담담하게 받아들인다. 이는 그가 처음에 부정적이었던 인간상에서 긍정적인 인간으로 변화되었음을 시인하는 부분이기도 하기 때문이다. 사회에 저항해서 전기의자에서 처형을 담담히 수용하는 태도에서 이를 확인할 수 있기도 하다. 그가 마지막으로 남긴 무언의 저항은 전기의자에서 자신이 쓸쓸히 사라져 가지만 백인의 세계에 중대한 교훈을 던지고 있는 것이다.

7

구기와 티옹오(Ngugui Wa Thiong'o)세미나 특강: 신식민주의에 저항

Kenya는 동부 아프리카 공화국으로서 인구는 2600만 명 이상이며 225,000평방마일의 면적으로 미국의 텍사스 크기만 한 나라이다. 동쪽에서 서쪽으로 2-10마일 넓이로 인도양 해안을 따라 숲으로 덥힌 평야를 지니고 있으며 북쪽으로는 관목과 비옥한 땅, 그리고 남쪽으로는 삼림지대를, 서쪽으로는 Kenya Highlands산악지대를 형성하고 있으며 Great Rift Valley는 남북을 크게 갈라놓고 있다. Uganda와의 접경지대에는 Lake Victoria가 위치하고 있으며 Tanzania와는 남서쪽으로 이웃하고 있다. 동으로는 Somalia, 북서로는 Ethiopia와 이웃하고 있다. 수도는 Nairobi로서 100만 이상의 인구가 거주하고 있다. 언어로는 Swahili가 공식 언어이지만 영어가 상업적으로 사용되고 있기도 하다. Kenya는 인종적으로 다양하며 50개 종족이상이 모여 살고 있으며 대부분이 자신들의 토착 언어를 사용하고 있다. 이들 가운데서도 두드러진 종족 그룹들은 Gikuyu, Kamba, Gusii, Luhya, Luo, 그리고 Masai이다. 80%이상의 인구들이 시골에 살면서 농사를 짓거나 가축을 소규모로 기르고 있다. 종교로는 38% 가량이 신교도(Protestant), 26% 가량이 가톨릭으로 기독교가 우세하다. 아랍의 영향을 받은 회교도들도 상당수가 있으며 소수이긴 하지만 힌두교를 숭배하기도 한다. 약 성인 인구의 50%정도가 글을 읽고 쓸 수 있는 능력이 있으며 대부분이 앞서 지적한 바와 같이 Swahili나 영어이다. 동아프리카에서는 Kenya가 가장 산업화된 국가로서 음식, 석유, 화학물질, 시멘트, 및 주로 소비재 중심의 산업이 계속 성장하고 있는 추세이며 특히 Nairobi가 그 중심 역할을 하고 있다. 케냐가 주로 생산하는 것은 옥수수, 커피, 타, 쌀과 같은 농작물이긴 하지만 외국에서 상당량을 수입하기도 한다. 경제는 여행산업에 상당히 의존적이며 GNP는 약 380 달러이다.

현재 Kenya인들이 거주하고 있는 땅은 인간이 가장 일찍 거주한 땅 가운데 한 곳에 속하며 거의 200만년 이상 동안 인간이 거주해온 곳으로 알려지고 있다.

4000년 전에만 해도 가축과 농사를 짓는 사람들이 거주했으나 A. D. 100년경 이곳은 Arabia무역의 중심지로서 아랍인들에 이어 유럽인들이 1498년 Portugal인들이 처음으로 발을 딛고 해안지대를 16세기까지 지배하게 된다. 그러나 1729년까지 두 아랍 왕조—the Busaidi 왕조와 Mazrui왕조—에 의해 포르투갈 인들이 쫓겨나게 된다. 1837년에는 아랍의 무역 영역이 해안에서 내륙으로까지 확산된다.

영국과 독일에서 온 유럽인들은 점차로 19세기까지 동아프리카에서 그 영향을 증폭시키며 세력을 확대하지만 1887년까지 거의가 영국의 세력권으로 들어가게 되고 독일도 이에 뒤질 세라 그 영역을 넓히게 된다. 1903년까지 영국을 대규모로 이들 지역에 유입하게 되고 Gikuyu, Masai 등지에서 대규모 농업을 지을 수 있는 기반을 마련한다. 1940년대까지 대부분의 이 지역은 유럽인들에 의해 통제가 되고 인도에서 온 소규모의 무역상들도 이에 합류하게 된다.

Kenya인들은 격렬하게 영국의 식민지에 저항을 하게 되고 Nandi같은 지도자나 Waiyaki 같은 Gikuyu 지도자들은 영국 군대와 처절한 싸움을 하며 Kenya에 대한 유럽의 착취를 저지한다. 그러나 세계 제2차 대전 이후에 Kenya 인들의 저항은 더욱 효과적이 되고 Gikuyu-led Land, Freedom Army, Mau Mau같은 단체를 동원해서 조직적인 활동을 하게 된다. 1952-1956년까지 Mau Mau운동은 치열할 만큼 게릴라 전술로서 영국의 식민지에 저항을 한다. 영국이 이를 억압하기 위한 갖가지 계엄법을 제정하기는 했지만 이들의 저항을 굴복시킬 수 있는 정도가 못되었다. 거의 500여명이 교수형에 처해졌으며 감옥소나 수용소로 보내진 경우도 허다했다. 특히 영국 군대인 RAF는 Mau Mau 반란지역에 대한 삼엄한 경비를 하기도 했다.

그러나 이들의 저항은 최신 현대식 무기를 갖춘 영국의 화력에 비교가 되지 못했으며 이들은 탄약과 음식을 제대로 공급받지 못해 저항세력이 힘을 잃게 된다. 1956년 4월 26일 Mau Mau지도자인 Dedan Kimathi가 체포되어 처형이 되었으며 향후 4년간 이들을 대하는 영국 식민지는 가혹해졌다.[9] 그러나 반 영국의 식민지에 대한 저항은 1963년 12월 12일에 극에 달하고 Kenya는 공식적으로 독립하게 된다. 특히 Mau Mau운동은 Kenya인들에게는 상당히 상징적인 운동으로 여겨진다. David William Cohen은 1950년 이래 이들 운동을 다음과 같이 지적한다.

---

9) Ngugi의 극작품인 *The Trial of Dedan Kimathi*는 Kimathi를 식민지 지배로부터 자국민들을 해방시키는 인물로 묘사하고 있다.

> what Mau Mau, what it means, how it was individually and collectively experienced, whether its ideals and objectives were abandoned or carried on, and by whom for what ends have been the most captivating questions in Kenyan political life, theater, and literature. (60)

독립이 되자 말자 Gikuyu의 지도자인 Jomo Kenyatta가 처음 수상이 되고 1964년에는 그가 1978년 사망할 때까지 대통령이 된다. 이들은 식민지의 고난으로부터 모처럼 장래에 대한 희망으로 가득 찬다. 이들의 경제가 다소 회복되고 호전을 하기는 했지만 역시 빈곤에 허덕이는 사람들이 다수이다. 이후에도 상당 부분은 외국의 자본가들에 의해서 움직여지고 있다. 1990년대에는 폭동과 사회질서의 혼란으로 Kenya경제가 급격하게 쇠퇴하게 되고 민주화를 향한 이들의 열망도 확실치 않게 되었다.

1. Ngugi의 힘든 작가 생활

Ngugi wa Thiong'o는 1938년 Kenya의 Limuru에서 Gikuyu농부 아들로서 태어났다. 그의 부모님들은 1946년에 헤어지고 Ngugi와 그의 형제들은 어머니 아래서 자랐고 어머니의 열심히 살아가는 모습은 Ngugi의 평생에 큰 인상을 주었다고 한다. 그의 어린 시절은 식민지 케냐에서 Kenya와 유럽의 식민지에서 오는 사회 경제적인 차이점을 의식하는 단계였으며 독립된 Gikuyu학교와 기독교 계통의 선교단체에서 운영하는 학교에서 교육을 받았다. 1954년 그의 형인 Wallace Mwangi wa Thiong'o는 Mau Mau운동에 가담하고 1956년까지 산악지대에서 게릴라로 활동을 하였으며 어머니는 1955년 영국 식민지 정부에 의해서 투옥되고 3개월간 온갖 고문을 당했다. 같은 해 Ngugi는 Alliance High School을 우등생으로 졸업하고 문학에 대해 본격적인 관심을 갖게 된다. 그가 방학을 이용해 잠시 어머니를 방문했을 때 이미 어머니는 투옥된 상태였고 가족과 마을은 영국의 식민지 재이주 계획 하에 완전히 파괴된 이후였다.

1959년 Ngugi는 당시에 동아프리카에서 가장 권위 있는 대학인 Uganda에 있는 Makerere University College에 입학을 한다. 이곳에서 그는 글쓰기를 시작한다. 1964년 졸업할 때까지 그는 첫 번째 두 권의 소설을 완성했고 한 편의 극작품을 Uganda National Theatre에서 상연을 하고 영국의 Leeds University에서 1964년 졸업 후 다시 공부를 한다. 같은 해에 1962년에 쓰여 진 *Weep Not, Child*를 출판한다. 이 작품은 Kenya에서 정치적인 현실을, 특히 Gikuyu에서 영국의 식민지가 절정을 이룬 1940년대부터 1950년대까지 다루고 있다. 이는 자서전적인 소설로서 열악한 물질적인 삶의 조건을 다루고 있는 내용들이며 그의 경험을 통해서 묘사되어 진다. 1961년에 쓰여진 *The River Between*은 1965년에야 출판이 된다. 이 책은 1920년대 Gikuyu에서 영국의 식민지가 미친 문화적인 영향을 거슬러 설명하고 있는 양상이 마치 Achebe의 *Things Fall Apart*에서 Igbo사회의 식민주의가 남긴 흔적들을 보여주는 듯한 느낌을 받게 하기도 한다.

*A Grain of Wheat*는 1967년에 출판이 되어 Ngugi의 생애에서는 중요한 전환점이 된다. 역시 Kenya의 독립을 둘러싼 사건들을 다루고 있으며 Kenya가 독립과 신식민지주의 시대에 지니게 되는 병폐를 지적하고 있다. 그가 Leeds대학원에서 공부를 할 때 그는 Marx, Engels, Lenin 사상에 심취하게 된다.

이 작품은 분명히 이런 그의 경험이 Frantz Fanon의 *Imperialism: The Highest Stage of Capitalism*이 Ngugi가 자본주의와 제국주의의 사이에서 나타나는 복잡한 양상을 보여주기는 했지만 Fanon의 작품을 통해 여과되어 적나라하게 나타나고 있음을 금방 느낄 수 있다.

*A Grain of Wheat*는 어느 정도 전환기 소설로서 Ngugi의 초기 작품에서 보여주던 bourgeois 이념에 대한 잔재가 엿보이기도 하다. 그러나 1977년에 출판이 된 *Petals of Blood*에서는 Ngugi가 지니고 있는 Marxist 의식이 완전히 그 모습을 드러내고 있다. 더 나아가서는 탄압에 대한 격렬한 저항을 허용하고 있는 모습을 분명히 보여주고 있으며 Ilmorog라는 Kenya의 소설 상의 마을에서 탈식민지 삶을 묘사하는데 있어서 탈식민지 Kenya와 독립을 위해 싸우다 죽은 이들이 부르짖는 이상에서 오는 괴리를 허탈하게 보여주고 있기도 하다. 이처럼 *Petals of Blood*는 Ngugi의 가장 복잡한 소설로서 현대의 탐정소설이 취하는 구성과 사회적 사실주의를 적절히 혼합하여 Kenya에서 신식민지주의가 갖고 있는 폐단을 지적하고 있는 것이다.

1977년까지 Ngugi는 Nairobi대학의 영문학과에서 편집 일을 한 것 이외에도 Kamiriithu Community Educational and Cultural Centre에서 성인교육과 문화에 대한 여러 가지 활동과 교육을 담당하기도 했다. Gikuyu언어로 쓰여 졌으나 영어로는 *I Will Marry When I Want*라고 번역이 되기도 한 *Ngaahika Ndeenda*라는 풍자극은 1977년 10월에 극장에서 상연이 되기도 했으나 식민지 정부로부터 심한 제한을 받기도 했다. 12월까지 Ngugi는 체포되고 구금이 되면서 집안 수색을 받기도 하며 모든 인쇄된 자료들이 몰수되기까지 한다. Ngugi는 법원의 재판을 거치지도 않고 거의 1년 동안 한때 영국 식민지 정부에 대항한 Mau Mau과격파들을 수용한 Kenya의 Kamiti Maximum Security 감옥소에 투옥이 되기까지 한다.

그가 Kamiti감옥소에서 있는 동안 일기 형식으로 화장실에서 사용하는 종이에 Gikuyu언어로 소설을 쓰기 시작하는데 1980년에 Nairobi에서 불티나게 팔린 *Caitaani Mutharabaini*라는 소설 — *Devil on the Cross* — 이다. 1978년 Ngugi는 감옥소에서 자유의 몸이 되지만 Nairobi대학에서 그가 하던 일자리를 박탈당하고 가족들은 끊임없는 생명의 위협을 받지만 정부에 대한 그의 적대감은 사라지지 않는다. 그는 연극을 통해서 Kenya의 독립을 위한 투쟁을 계속하고 1982년에는 *Devil on the Cross*가 영어로 번역이 되어 영국에서 출판이 되고 마침내 추방을 당하게 된다. 이때부터 그는 추방 생활을 미국에서 하며 New York대학에서 강의를 맡게 된다.

*Devil on the Cross*는 Kenya에서 신 식민지 탄압과 부패를 신랄한 풍자로 보여주고 있다. 그의 첫 소설이 Gikuyu로서 쓰여 졌던 것도 그가 영어로 쓰기를 거부한 이유이며 그럼에도 불구하고 그는 영어로 글을 쓴 소설가로 가장 잘 알려진 인물이다. 그가 영어로 글을 쓰는 것을 거부한 것은 그가 유럽의 식민지 주체 국들의 언어를 계속해서 쓰는 것은 문화적인 제국주의를 더 연장시키는 것이라는 생각에서였다. 그래서 가능한 한 Gikuyu로 글을 쓰고 편집에서 교정에 이르기까지 모두 Gikuyu어 문화 잡지사인 *Mutiiri*에서 맡도록 했다고 한다. 1986년에 쓰이고 1987년에 출판이 된 그의 Gikuyu 소설인 *Matigari*는 Gikuyu의 oral narrative로서 진행이 되며 Kenya를 식민지로부터 독립하기 위한 산악지대에서 게릴라로 활동한 단체인 Mau Mau전사의 이야기이다. 사실 작품상의 Matigari라는 인물은 실제로 유명했던 Stanley Mathenge장군을 모델로 했을 가능성이 있을 수 도 있을 것이며 만약 아니라면 이는 Kenya인들을 대변하는 알레고리일 수도 있을 것이다. 그러나 이는 독자들의 판단에 따를 수밖에 없을 것이다.[10)]

Ngugi의 엄청난 소설과 극작품 그리고 단편소설 — *Secret Lives and Other Stories*를 볼 것 — 은 그가 아프리카 문학의 중추임을 다시 한 번 확인 시켜주고 있다. 또 그가 여러 번에 걸쳐 행한 연설이나 간단한 글들 — *Homecoming, Writers in Politics, Barrel of a Pen, Decolonising the Mind,* 그리고 *Moving the*

10) 실제로 많은 Kenya인들은 아직까지도 Mathenge장군과 그의 무사들이 어느 날 숲에서 나타나 신 식민지 체제하에서 고통받는 국민들을 구할 것이라는 생각을 가지고 있다고 한다. 이에 관한 더 깊은 연구는 Maina를 참고할 것.

Centre — 은 문학 비평과 정책에 관한 주요 인물로 부상시키고 있을 정도이다.

이와 같은 상황을 종합해 볼 때 그의 소설은 Kenya의 역사를 보는 듯 하며 강력한 Kenya의 전통을 강조함과 더불어 왜곡된 식민지 역사를 고발하고 있는 것이다. Ngugi에게는 Kenya의 긍정적인 미래를 건설하기 위해서는 식민지 탄압을 극복하는 일이야말로 가장 핵심이 되는 것이다. 그가 "Mau Mau Is Coming Back"이란 글에서 "How we look at our yesterday has important bearings on how we look at today and on how we see possibilities for tomorrow. The sort of past we look back to for inspiration in our struggles affects the vision of the future we want to build" (Barrel 8)라고 밝혔듯이 Kenya만의 역사를 그는 원했던 것이다.

오늘날 Ngugi의 작품은 문학계에서 광범위한 비평의 주목을 받고 있음이 사실이다. 학술잡지들 이외에도 여러 권의 아프리카 문학에 관한 책들이며 Ngugi에 관한 연구서 들이 상당하다. 그 가운데서도 가장 영향력 있는 참고도서를 지적하라고 하면 역시 Cook and Okenimpke 그리고 Robson and Killman 더 나아가서 최근에는 Jeyifo and Nwankwo라는 비평가들이 쓴 책들 일 것이다. 특별히 Carol Sicherman의 *Ngugi wa Thiong'o: The Making of a Rebel*은 상당히 광범위한 영역을 터치하고 있는 역사와 전기에 관한 훌륭한 참고 도서임을 지적하고 싶다.

2. 『십자가 위의 악마; *Devil on the Cross*』

*Devil on the Cross*는 명목적으로는 Kenya가 식민지로부터 독립이 된 이후, 탈식민지 시대에 자본주의 세력들에 의한 Kenya국민들의 탄압과 지속적인 지배 현상을 풍자적인 기법으로 폭로하는 양식을 도입하고 있다. 화자는 이런 비평적인 과제를 설명하는데 있어서 속담의 형식을 빌려 쓰고 있는 것이다: "How can we cover up pits in our courtyard with leaves or grass, saying to ourselves that because our eyes cannot now see the holes, our children can prance about the yard as they like?" (7). 화자는 탈식민지 Kenya사회의 진정한 문제점들을 묵인하는 것이 자국에 별 도움이 되지 않는다는 점을 강조하고 있다. 특히 본 작품에서 Ngugi는 Kenya국민들을 계속 착취하는 정치가들이나 부유한 사업가들의 추락을 상당히 긍정적으로 묘사하면서 Kenya문화의 자율성이 이들 국민들로 하여금 자국 문화에 대한 주체성을 지니게 할뿐만 아니라 오랫동안 유럽의 문화적 우월성으로 고통 받아 온 이들이 오랜 식민지 전통을 극복하도록 기여함을 강

조하고 있다.

*Devil on the Cross*는 Kenya인들에게 과거의 독립을 위한 투쟁을 상기시키며 식민지 지배에 대한 이들의 용감한 저항 정신을 높이 평가하며 식민지 주체인 영국의 세력을 몰아내자는 데 초점이 맞추어져 있다. 따라서 Mau Mau 운동에 대한 긍정적인 언급들도 이와 같은 맥락으로 이해 할 수 있을 것이다. 게다가 본 작품은 Gikuyu문화 전통을 끌어들이고 있으며 화자는 자신을 작품 서두에서 "Prophet of Justice," "Gicaandi Player"라고 말함으로서 일종의 사회 정의에 대한 문제점들을 다루고자 하는 작가의 의지를 읽을 수 있다.[11] 소설이 진행하면서 이 화자는 어느 정도 뒤로 물러서지만 화자의 위치는 그대로 있다. 유럽 독자들의 입장에서는 아프리카인들의 관점이 문화적으로 상당한 차이를 보이고 있음을 느낄 수 있을 것이다. 유럽의 독자들이나 한국의 독자들의 입장에서는 자신들의 문화적인 배경에 맞추어 읽으려는 유혹을 떨쳐 버리기 힘들 것이지만 이 작품이 설혹 영어나 한글로 번역이 된다고 하더라도 역시 작품의 초점은 유럽도 한국도 아니라는 점을 인식할 필요가 있을 것이다.

본 작품에서 입으로 전해 오는(oral tradition) 전통은 Ngugi가 Kenya의 노동자 계층들 가운데 상당한 숫자가 글을 읽고 쓸 수 없을 만큼 무식하다는 점을 염두에 두고 썼다는 점을 생각하면 작품의 본질을 이해하는데 많은 도움이 될 것이다. 작가가 이런 Gikuyu의 입으로 전하는 전통을 도입하고 있는 사실은 Ngugi가 ― 이미 영어로 소설을 쓴 후 많은 국제적인 명성을 얻은 후에 ― 처음으로 Gikuyu어로서 작품을 썼다는 점을 제외하고도 그 중요성을 지니고 있는 것이다. 그러나 그가 영어가 아닌 Gikuyu어로서 글을 쓴다는 의도는 영어에 대한 문외한들인 Kenya농부들을 심중에 두고 한 작업이라는 점에서 더욱 더 큰 의미가 있을 것이다. 본 작품은 다른 비평가 ― Adewoye, Ogunjimi, 그리고 Sackey 등 ― 들이 지적하는 바와 같이 입으로 전해 오는 문화와 전통 그리고 화법들이 속담, 노래, 그리고 다른 소설들과는 차이가 있을 만큼 다양한 oral performance를 도입하고 있음이 특징이라고 할 수 있다.

그럼에도 불구하고 부분적으로는 유럽인들의 지배에 대한 Kenya인들의 반응을 다루고 있다는 사실은 유럽의 문학 전통을 완전히 배제하고 있지 않음을 반영한다고 하겠다. 사실 가장 두드러진 특징들 가운데 하나는 유럽과 아프리카

---

11) Gicaandi는 Gikuyu의 oral 전통을 연주하는데 사용되는 전통 악기의 일종이다. 더 중요한 것은 Gicaandi을 연주하는 사람은 전통적인 아프리카의 권위주의적인 인물인 griot ― 서아프리카의 역사와 문화를 입으로 전하는 구비 전승 가임 ― 와는 반대되는 인물이라는 점이다.

문학 양식의 결합일 것이다. 구체적으로 Cook과 Okenimkpe은 유럽의 풍자적인 전통과 아프리카의 입으로 전하는 전통을 이 작품이 결합하고 있음을 인정하고 있다. 아프리카의 문화와 전통에 깊이 관여하는 소설을 쓰고 있다는 점은 유럽이나 한국의 독자들이 쉽게 접근하고 감상할 수 있는 기존의 소설의 틀을 깨고 있음을 반영하는 것이다. 그러면서도 본 작품의 기본적인 틀을 19세기 유럽의 발전 소설, bildungsroman의 형식을 빌어서 쓰고 있다. 이에 관하여 Barbara Foley는 19세기 유럽의 bourgeois소설의 “classical form”이라고 지적하고 있다(321). 유럽의 발전 소설의 경우, 전통적으로 볼 때, 어려움을 당하는 젊은 주인공이 정신적으로 성장하는 과정에서 여러 가지 복잡한 갈등과 고통을 겪은 후에 결국은 바람직한 사회의 일원으로 되어 간다는 이야기가 핵심이다.

*Devil on the Cross*는 젊은 여성인 Wariinga의 교육과 발전이 중심이다. 작품이 진행되는 중간에는 그녀의 전기가 어느 정도 자세히 언급이 되고 그녀의 출생에서부터 Kenya가 영국의 지배로부터 격렬한 저항을 하던 때와 이를 진압하던 때인 “Emergency” 1950년대까지 Mau Mau 저항 운동을 다루고 있는 것이다(138-53). Wariinga의 부모님들은 다른 Kenya인들과 마찬가지로 Mau Mau 게릴라 활동에 관련한 죄로 구금 중에 있고 Wariinga는 삼촌 집으로 보내진다. 나이가 들어감에 따라 Wariinga는 수학에 재능이 있는 학생으로 성장하고 기독교인이 되어 성숙해서는 성적으로 매력적인 여성이 되지만 그녀의 부패하고 부도덕한 삼촌은 그녀를 자신이 잘 아는 남성에게 자신의 은행 부채를 확보하기 위해 그녀를 팔아 버린다. 그러나 그녀는 이런 사실도 모른 채 the Rich Old Man의 생활 방식에 매력을 느끼고 유혹을 당해 버린다. 그녀는 그녀의 공부에도 흥미를 상실하고 결국 임신을 하게 된다. 그러나 이 남성은 그녀를 다시 버리고 그녀가 정숙하지 못하다고 비난하는 것이다. Wariinga는 처음으로 낙태를 하고 자살을 결심하지만 결국은 아이를 낳고 살아가기로 마음을 먹는다.

이 시점에서 Ngugi는 Wariinga의 삶에 대한 이야기를 중단하게 된다. 그리고 그녀가 Wambui라는 여자아이를 갖고 이제 생계를 위해 비서 대학에 등록을 하지만 타자와 회사 일을 하면서 성적인 대상물이 되어 생계를 유지할 수 있는 곳을 제의 받는다. 드디어 직장과 개방적인 남자 친구를 만나지만 그녀가 일하는 직장의 사장 ― 자신이 독실한 기독교 신자라고 하였음 ― 은 그의 성적인 접근을 거절하는 Wariinga를 해고시키자 그녀가 소득이 없게 된 이유로 그녀의 남자 친구까지 그녀를 버리게 된다. 설상가상으로 그녀는 자신이 입주한 셋집에서 쫓겨날 지경이 되어 집이 없이 길거리를 방황하다가 버스 앞에서 정신을 잃고 쓰러진다 (12).

그러나 어떤 젊은 학생이 그녀에게 그녀의 고향인 Ilmorog에서 도둑들과 강도들이 함께 설전을 벌이는 소위 “악마의 축제” “Devil’s Feast”에 그녀를 초대하는 안내장을 건네준다. 이에 참석하기로 하고 그곳에서 자신과 똑 같이 여성으로서의 차별을 받는 Wangari라는 가엾은 여성을 만난다. Wangari는 그녀의 땅을 은행에 빼앗기고 생계를 위해 몸을 팔아야 하는 매춘부이다. 그녀는 길을 헤매다가 도둑으로 터무니없는 의심을 받게 되지만 경찰은 그녀가 진범인 도둑을 알려준다는 이유로 석방한다. Wariinga는 이런 계기로 자신이 겪어야 하는 여성으로서의 어려움은 단지 개인적인 문제가 아니라 Kenya 전체의 문제임을 자각하게 되는 것이다. Wangari는 젊은 여성으로서 Mau Mau게릴라 운동을 도운 여성이고 Wariinga는 Kenya인들이 식민지에 저항해서 투쟁한 사실에 상당한 자긍심을 갖고 있지만 모두 탈식민지 사회에서는 Mau Mau운동들도 이제는 사라진 전통으로 묻혀 버린 상태이고 이들 운동에 참여한 인물들은 이제 범죄자로까지 몰리는 형편이 된 것이다.

Wariinga의 혁명적인 의식은 그녀가 노동자이며 Kenya의 독립을 위해 헌신하고 있는 Muturi (전에는 Mau Mau운동 가담자)를 만나면서 더 해 진다. 그녀는 또한 작곡가로서 Kenya문화의 전통을 유럽에서 완전히 분리시켜 보존하려는 Gatuiria를 만난다. 그녀는 곧 악마의 축제에 참석을 하고 이 축제에서 갖가지 사건을 벌이는 “thieves and robbers”들을 목격하고 Kenya를 착취하는 외국의 기업들을 상대로 이들이 저지르는 범죄 행위를 자랑스럽게 여긴다. 여성들에 탄압은 이 공연에서 두드러진 부분이다. 여성들이 탈식민지 Kenya에서 하는 기능은 주로 남성을 장식하는 소유물이며 그들이 할 수 있는 일이란 이들 여성을 소유하는 남성들을 즐겁게 하는 그런 물건들에 불과하다.

Wariinga는 그녀가 남성을 통해서 행복을 얻을 수 있다는 종래의 소극적인 태도를 버리고 이제 기계 공학 engineering 학위를 마치기 위해 학교로 돌아간다. 작품이 끝날 때 즈음에 그녀는 능숙한 기계공이 되어 있고 남성 근무자들로 부터 존경을 받은 인물이 되어 있다. Gatuiria와 결혼을 했으나 이제는 남편에게 의존하지 않을 만큼 자신에 대한 신뢰가 돈독하다. 새로이 모습을 들어 낸 Wariinga는 이제 Kenya에서 여성들에 대한 역할 모델이 될 준비가 되어 있는 것이다. 그러나 Ngugi는 Wariinga가 받은 교육과 현재의 직장으로 그녀가 그 사회에서 체면과 위신을 유지할 수 있다고 긍정적으로 보지 않는 것이 사실이다. 여전히 그녀는 신 식민지 시대의 자본주의가 지배하는 사회에 살면서 그녀의 기능은 Kenya와 외국의 사업가들에게 성적인 즐거움을 주는 기능밖에는 아무것도 아닌 것이다.

Wariinga가 이 시점에서 느끼는 반응은 Kenya의 여성들은 아직도 외국의 사업가들을 유치하는 미끼로 사용되고 있다는 현실이다. 그녀가 자신의 부유한 아버지 집에서 임박한 결혼을 축하하기 위한 모임에 참석하면서 Gatuiria가 Kenya의 여성들이 이용당하고 있다는 비판에 대해 외국인들이 마치 Kenya의 여성들을 장신구나 성적인 인형으로 여긴다는 반응을 보인다: "[the use of Kenyan women as] flowers to decorate the beds of foreign tourists." 게다가 여성들이 Kenya의 독립을 위해 크게 공헌을 했지만 공헌에 대한 인식은 없음을 주장한다.

> Even you, the Kenyan men, think that there is no job a woman can do other than cooking your food and massaging your bodies. The other day I told some young men that my ambition was to design and build a simple machine to ease the burden of rural women.... And you know, the men laughed! Why have people forgotten how Kenyan women used to make guns during the Mau Mau war against the British? (245)

Wariinga와 Gatuiria가 환영장에 도착했을 때 Wariinga는 놀랍게도 Gatuiria의 아버지는 다름 아닌 그녀 자신을 어렸을 때 버렸으며 그녀 자신의 어린 딸 Wambui의 아버지인 the Rich Old Man임을 알게 된다. 그리고 the Rich Old Man은 그녀에게 Wariinga가 자신의 아들과 결혼하는 것은 근친상간이나 다름이 없는 것임으로 결혼을 해서는 안 된다는 것이다. 그리고 예전의 관계로 돌아갈 것을 그녀에게 요구하고 정부가 되어 줄 것을 요구한다. Wariinga는 갑자기 the Old Rich Man과 같은 사람이 존재하는 Kenya에서 여성들이 아무리 개인적으로 교육을 많이 받고 직업을 가지고 있어도 성적인 도구와 노예에서 해방될 수 없음을 알게 된다. 그녀는 총을 꺼내고 기존의 부도덕한 사회질서와 투쟁할 것을 선언하면서 그를 사살한다. 작품이 끝날 즈음에 Wariinga의 운명은 확실치 않다. Gatuiria는 살해된 아버지 뒤에서 어느 쪽에 손을 들어야 할 지 모르고 있다. 그리고 Wariinga는 더욱더 적극적이고 도전적인 여성이 되는 것이다.

Wariinga는 처음에는 그녀가 경험한 사회 정치적인 착취에 대해서 수동적인 자세를 취했으나 그녀가 Gatuiria, Muturi, 그리고 Wangari를 만나면서 보다 적극적이 되고 여성으로서 기계공이 되기도 하고 자동차 수선공이 되기도 하는 것이다. 결국 그녀는 그녀의 개인적인 운명은 Kenya 국민들의 운명과 분리되어져서 생각되어 질 수 있는 것이 아님을 자각하게 된다. 그렇기 때문에 그녀는 더욱더 폭력적이 되고 적극적인 행동을 보이는 것이다.

Wariinga의 발전 양상은 전통적인 유럽의 발전 소설과 상당히 유사하며 중요한 방식에서는 유럽의 전통에서 많이 벗어나기도 한다. 우선 Ngugi의 소설은 개안 소설 the initiation story의 전통을 따르고 있으며 개인의 성장을 대화에 중심을 두고 전개시키는 점에서는 Emecheta의 *The Joys of Motherhood*와 유사하다고 볼 수 있을 것이다. 우선 아프리카의 개안 소설의 경우는 개인과 사회가 항상 분리되고 좌충우돌하는 유럽 소설과는 달리 개인이 사회와 통합이 되어 나아가는 현상을 볼 수 있다. 사실 아프리카 개안 소설의 경우 개인이 사회와 융화가 될 수 있는 점을 강조하고 있음을 잊어서는 안 될 것이다. Lukacs는 이를 “the reconciliation of the problematic individual [with the society]”라고 표현을 하고 있다 (132).

더 나아가 유럽 발전 소설의 경우 주인공은 남성인데 반해서 Wariinga는 여성으로서 이에 도전을 하고 있음이 흥미롭다. Ngugi는 이처럼 제국주의와 부권사회의 이념적인 복잡성을 Kenya의 여성들이 이들을 압박하는 신 식민지 사회가 자행하는 간통의 희생물임을 환기시키며 보여주고 있는 것이다. Ngugi의 또 다른 특성은 그가 인물을 묘사함에 있어서 개인적인 특성 — 유럽 발전 소설의 특성 — 보다는 보다 전형적인 대상을 회상시키는 방법으로 제시한다는 점이다. Gatuiria, Muturi, 그리고 Wangari는 주요한 역할을 하고 있을 뿐만 아니라 이들은 Wangari와 결합하여 집단적인 주인공이 하는 역할을 보여주고 있기도 하다. Muturi 의 경우 일하는 노동자들을 대변하는 알레고리컬한 인물이다. Wangari는 여성적인 측면에서 이들을 대변하는 인물이고 Gatuiria는 Kenya에서 문화적인 양상에 초점을 두고 있는 것이다. 더 나아가 신 식민지 압제자들에 대해 적절한 저항을 보이지 못하고 있는 것은 탈식민지 지성인들이 자신의 조국을 사랑한다는 말을 자주 하지만 행동으로 옮기지 않는 점을 간접적으로 투영시켜 보여주고 있는 것이다.

*Devil on the Cross*는 주인공이 마지막에 사회와 융합이 될 수 없다는 점에서 전통적인 발전 소설과는 상당히 판이하다는 점을 인식해야한다. Ngugi 의 경우 전통적인 아프리카의 문화가 반드시 유럽의 관료주의 문화를 대체한다고는 보지 않는 점은 주목해야 한다. Ngugi가 말하는 Kenya의 과거란 식민지 이전을 지칭하는 것이 아니라 마르크스주의를 따르는 반식민지의 일환으로서 저항을 의

미하는 것이다. Foley가 지적하는 바와 같이 이런 맥락에서 발전 소설이 특히 미국에서 발전하는 가운데 1930년대 미국의 노동자 계급을 대변하는 작가들이 지배적인 관료계급의 사회 관습에 반대하는 문화를 발전시키려는 시도로 있었던 형태였음을 상기하면 흥미로운 일이 될 것이다(Foley 323).

이처럼 관료주의적인 관습에 반대하는 작가들의 발전 소설의 형태는—Mike Gold의 *Jews Without Money*, Jack Conroy의 *The Disinherited*, 아니면 Henry Roth의 *Call It Sleep*—어느 정도 역설적인 양상을 지니지만, 관료주의의 이념을 공격하는 점에서 그리 놀라운 것은 못된다. Ngugi는 분명히 Kenya에서 혁명적인 변화는 가능할 뿐만 아니라 당장에 올 수도 있음을 암시적으로 나타내고 있으며 이는 마치 이스라엘의 유태인들이 그들의 메시아가 곧 올 것을 기대하는 장면을 회상시키기에 족하다. 이와 같은 Ngugi의 희망은 그의 *Matigari*에서 더욱 적나라하게 나타난다—주인공은 Christ에 비유되고 Mau Mau운동이 시작되는 것을 "재림" 곧 "Second Coming"이라고 표현을 하고 있다. 이는 Ngugi가 Fanon의 메시아사상에 크게 영향을 받았음을 증명하는 부분이다.

*Devil on the Cross*의 마지막에서 Wariinga가 혁명 정신으로 되돌아서는 태도는 그리 놀라운 사실이 못된다. 사실 주인공은 발전 소설에서 볼 수 있는 그 이상의 많은 잔혹한 억압과 착취를 당했다. 그리고 그녀는 고통을 받다가 결국은 완전히 다른 모습으로 나타나지만 그렇게 부정적으로 비치고 있지 않는 것은 독자들이 이에 공감을 할 수 있는 공간을 비워 놓았기 때문일 것이다.

Ngugi와 Gold같은 노동자 계급의 작가들과 병치시켜서 생각해 보는 것도 흥미로운 일이 될 것이다. 궁극적으로 *Devil on the Cross*는 Kenya의 노동자계급들을 교육시키려 했다는 점에서 1930년대 미국의 노동자들을 교육할 목적으로 쓰여진 작품들과 그리 큰 차이는 없을 것이다. Killam이 지적하는 바와 같이 이 작품은 혁신적이다: "Ngugi is not... concerned with finding new ways to be new; he is concerned with finding new ways to be effective" (142). 사실 본 작품이 암시하는 바는 Ngugi가 Marxism에 심취했듯이, 그리고 Thieves' Competition에서 보여주듯이 자본가들은 Kenya의 노동자들을 착취하여 부를 빼앗아 가는 대상으로, 결국 자본주의의 정체란 부패와 도둑질을 하는 조직화된 체계에 지나지 않는다는 논리이다. 여성들은 생존하기 위해서 몸을 파는 매춘부 역할을 해야 한다. 구체적으로 미국의 한 늙은 여행자는 Kenya의 젊은 여성을 돈으로, 마치 사자와 코끼리 구하듯이, 마음껏 이용한다(70-71).

Ngugi는 여러 번에 걸쳐 매춘 행위와 소위 사람을 잡아먹는 행위 "cannibalism"의 모티프를 도입하고 있다. 10대에 Wariinga가 부패한 삼촌에게 넘어가고 그는 은행 빚을 갚기 위해 그녀를 부유한 남성에게 넘긴다. 이런 거래에서 벌어지는 매춘 행위의 요소는 삼촌이 그의 조카인 Wariinga를 ― 보드라운 병아리의 몸체가 이빨이 다 빠진 노인을 위한 부드러운 음식이 된다고 하면서 ― 어린 병아리로 묘사하는 데서 분명해 진다: "soft food for a toothless old man" (142). Ngugi는 기독교와 식민지 또는 신 식민지 탄압을 주요한 요소로 다루고 있다. 환상 가운데 Wariinga에게 나타나 자본주의에 대해 설명하는 악의 화신인 Devil은 기독교의 주요한 의식이 예수님의 피를 먹고 마시는 것과 관련된 이미지를 회상케 하고 사람을 잡아먹는 것도 단순한 경제적인 행위로 수용이 될 수 있다는 생각을 갖게 한다.

Ngugi가 주장하는 노동자와 자본주의에서 오는 계급 상의 차이는 Marxist들의 주장과 일치하는 것이다. Muturi는 자본주의 체제하에서 두 종류의 사람 ― 착취자와 착취당하는 사람 ― 이 있다는 생각을 가지고 있다: "he who lives by his own sweat and he who lives by the sweat of others" (57). 더 나아가서 이 작품은 외국의 자본가들이 Kenya의 신 식민지에서 자본주의 체제를 도입한 것과 관련해서 어떤 역할을 하고 있는 지 다루고 있다. 보다 직접적으로 Marx의 신조를 따르는 Ngugi는 자본주의의 지배 영역은 무한히 확장하다가 결국은 스스로 몰락한다는 신념을 버리지 않고 있다는 점이다.

Kenya에서 자본주의의 지배는 "Thieves' Competition"에서 Mwireri wa Mukiraai가 자본주의를 옹호하는 연설을 통해서 분명히 볼 수 있다: "The system is this: the masses cultivate; a select few... harvest. Five rich men grow roots in the flesh of fifty workers and peasants" (166). 그리고 Mwireri는 계속 다음과 같이 주장하면서 도둑질을 해도 도둑질한 부가 외국인들의 호주머니로 가는 것이 아니라 Kenya사회에 남아 있으므로 문제가 되지 않는 다는 이야기이다: "Let us steal from among ourselves, so that the wealth of the country remains in the country, and so that in the flesh of ten million poor we can plant the roots of ten national millionaires" (167). 그러나 그의 연설은 고함을 치기도 하며 나중에는 살인까지 함으로서 외국인 사업가들을 위협하는 상당히 적대적이다. 이는 Ngugi가 외국인 자본가들의 지배에 환기를 시키기 위한 것이 목적일 것이다. 결국 Ngugi에게서 진정한 Kenya의 독립은 자본주의와 외국의 지배를 더 이상 허용하지 않는다는 것이 핵심일 것이다.

*Devil on the Cross*는 Marxist영향이 외에도 Modernist의 영향을 많이 받았음을 Ngugi스스로 밝히고 있다: Conrad, Gogol, Dostoevsky, Tolstoy, Gorky, Sholokhov, Balzac, 그리고 Faulkner (*Decolonising* 76).[12] 현대 문학에서는 Brecht의 모더니즘이나 James Joyce의 A Portrait of the Artist as a Young Man이 가장 중요한 경우의 모더니즘을 추구한 작가일 것이다. 이와 같은 사실에 비추어 보아 Ngugi는 European bourgeois realism이나 모더니즘을 적절하게 혼용하고 있음을 알 수 있다. 사실 Devil on the Cross는 Mikhail Bakhtin이 *Problems of Dostoevsky's Poetics*에서 자연주의와 모든 다른 사조를 끌어들여서 총체적으로 작품을 이끌어 가는 그가 말하는 Menippean satire와 상당히 유사함을 알 수 있다 (118). Bakhtin의 Menippean satire는 특히 독백, 신랄한 욕설, 아니면 심포지엄 형태로 도입이 된다 (119-20 참고할 것). 본 작품에서 "Thieves's Competition"은 심포지엄 형태로 제시되는 반면에 다른 부분들은 자본주의에 대한 신랄한 공격이나 이를 조정하는 자본가들에게 공격이 집중적으로 퍼부어 지게 된다.

더 자세하게 말하자면 *Devil on the Cross*는 여러 가지 방식을 삽입시키는 형식을 빌려 쓰고 있다. 신문광고에서부터 성경의 이야기, 그리고 Kenya의 문화를 찬사 하는 음악의 오라트리오 형식이 대표적인 것으로 지적될 수 있을 것이다. 이 외에도 갖가지 자국인 Kenya를 찬양하는 노래가 여러 형태로 삽입이 되어 있음을 볼 수 있다. 특히 본 작품은 소리를 내어 읽혀질 때에는 그 효과를 더 많이 느낄 수 있을 정도로 아프리카의 oral tradition이 깊이 새겨진 작품임을 잊어서도 안 될 것이다. 아프리카의 전통을 모르는 유럽의 독자들이나 한국의 독자들은 Ngugi가 깊이 있게 다루는 대화의 형식에 당황함을 느낄 수도 있을 것이고 반대로 유럽의 문학적인 전통이나 문화에 대한 지식이 없는 아프리카의 독자들은 Ngugi가 유럽의 영향을 얼마나 많이 받았는지 알 수 없을 것이다. 그러나 한 가지 분명한 것은 두 문화권에 익숙지 않는 어떠한 독자들도 Ngugi의 작품을 읽고 감상하며 즐기는 데는 그리 큰 부담이 없다는 점일 것이다.

3. 『꽃잎 같은 생명; *Petals of Blood*』: 착취와 고난의 여정

Ngugi의 문학 세계는 식민지 사회에서 신음하며 투쟁하는 이들의 착취와 고난을 사회 정치학적인 맥락에서 다루고 있음이 특징이다. 계급과 착취가 Kenya

12) 아프리카 소설가들에 미친 모더니즘에 관한 영향을 더 알고 싶으면 Nkosi (53-7)를 참고하기 바란다.

에서 어떤 식으로 발생하고 있는지를 강력한 목소리로 제시하고 있다. 그에게서 과거의 아픔은 현실의 경험을 통해서 새로운 차원으로 발전하는 단계이다. 그러면서도 주변화 되고 타자의 힘에 의해서 끝없이 조정 당하고 지배당해 온 자신의 실체를 회복하고자 하는 의도가 있기도 하다. 본 작품은 Ilmorog사회의 배신에 초점이 맞추어져 있다. 유럽에서 온 자본가 계급의 악랄한 착취를 위한 희생물로서 사회 경제적인 조정을 통해 계속되는 배신의 늪을 헤매고 부패한 사회와의 투쟁을 멈추지 않는다.

> It had its days of glory: thriving villages with a huge population of sturdy peasants who had tamed nature's forests and, breaking the soil between their fingers, had brought forth every type of crop to nourish the sons and daughters of men. How they toiled together, clearing the wilderness, cultivating, planting: how they all fervently prayed for rain and deliverance in times of drought and pestilence! (120)

*Petals of Blood*가 1977년 7월 출판이 되고 나서 축하하는 자리에서 Ngugi는 Kenya의 무산자 계급과 관련하여 가장 심각한 사회적 현상으로 이들로 하여금 소외감을 느끼게 하는 원인이 된다고 지적한다: "The turning of peasants into proletarians by alienating them from the land, is one of the most crucial social upheavals of the twentieth century" (94). 신 식민주의를 대변하는 Ilmorog는 여러 계층의 배신이 일어난다. Old Ilmorog와 New Ilmorog는 자본주의가 Kenya에서 세력을 확장하는 가운데 서로 불신하고 알력 다툼을 불러일으키는 것이다. 4명의 주인공들인 Munira, Karega, Wanja, Abdulla는 그들 자신이 사는 사회로부터 소외당하고 자본가 계급은 무산자 노동자들을 이용하고 버린다. Old Ilmorog에서는 Kenya 정부가 경제적으로 이용하고 Abdulla는 시골에서 무산자 계급이 비극적인 조정과 이용을 당하는 모습을 목격하고 그가 감옥에서 구금당하고 나와서 Uhuru 축제 전야에 분개해 한다.

> "The flowering of faith...the crowning glory to a collective struggle and endurance. This would now change. No longer would I see the face of the white man laughing at our efforts. And the Indian trader with his obscenities... Factories, tea and coffee estates would belong to us. Kenyan people. I remembered all those who had daily thwarted our struggle. remembered the traitors: those who worked with henderson. Vengeance is mine, saith the Lord: but I did not care: I would not have minded helping him a bit in the vengeance: at least

> weed our the parasites...collaborators." (253)
>
> ....
>
> My man fought the white man. He paid for it with blood...I'll struggle against these black oppressors (276).

이들이 사는 사회는 모두 자본주의의 확장으로 부패의 고리가 끊어 질 줄 모른다. Old Ilmorog가 파괴되지만 새로운 저항을 불러일으킨다.

제1부에서는 Munira가 학교를 개원하기 위해 지역사회를 방문하지만 그곳은 이미 환경 적으로 폐기된 상태이다. 방랑 생활을 하면서 Munira는 학교를 세우기 위해 무척 애를 쓴다: "Who would settle in this wasteland except those without limbs" (5). 그러나 소극적이고 고립된 그리고 소외된 환경 하에서 Munira는 신식민주의적인 속성의 배신이 곳곳에서 발생하고 있음을 짐작한다. 모든 사람들은 시골을 버리고 도시로 떠나며 Nairobi의 화폐경제는 젊은이들로 하여금 가족을 버리게 한다. 한 노파는 Munira에게 다음과 같은 불평을 하고 있다:

> Our young men and women have left us. The glittering metals has called them. They... only return now and then to deposit newborn with their grandmothers already aged with scratching this earth for a morsel of life. (7)

한편 Munira는 Old Ilmorog에서 발생하고 있는 일들을 예의 주시하고 International Highway의 건설이 얼마나 터무니없는가를 지각한다. 시골 지역에서는 좁은 길이 필요한데도 신경을 쓰지 않고 자본주의의 세력이 들어와 자원을 착취하기 위해 고속도로를 건설하는 행위가 부조리하게 보일 뿐이다. 그리고 시골과 도시의 불균형적인 개발을 목격하기도 한다: "In my mind I now put this wretched corner beside our cities: skyscrapers versus mud walls and grass thatch....; the center was swollen... while the outer parts were progressively weaker" (49).

Munira역시 이런 일련의 사건을 목격하지만 그 자신 역시 이기적임을 부인할 수 없다. 자신은 스스로 이익이 되지 않으면 관심조차 두지 않기 때문이다. 그의 이기적인 행동은 가르치는 데서도 드러난다: "He has taught for so many years now--teaching ready-made stuff must be in his blood" (23). Munira는 누구든지 자신을 칭찬하면 금방 넘어가는 사람이다. 특히 Mzigo가 자신에게 아부했을 때 그를 학교 교장으로 인준을 하기도 한다: "Munira's heart was glowing with pride. And so he was making something of himself after all" (87). 고립되고 소외된 채 외부와의 교제를 하지 않는 그는 자신의 아버지가 Kenya 국민들을 배신하듯이 그저 희생자로 남게 된다: "If you are tired of teaching, come back here.... My estates are many. And I am aging. Get a bank loan. Start business" (95). Munira는 자신의 아버지가 지역 사회에 신 식민주의를 가져오게 했다는 사실을 잘 알고 있다.

그러면서 Munira는 Karega로 온 것을 후회하고 과거 과격한 학생 운동을 주도했던 Chui가 Siriani School 영국 공립학교 교장으로 있는 사실이 부럽기만 하다. 이런 와중에서 Munira는 자신의 무지와 신 식민주의의 팽창에 대한 분개를 하기보다는 그런 감정을 환상적인 강간에 비유하여 생각한다: "she had the same alluring power as the beckoning coquetry of a virgin: he could touch her only by deflowering her by force and so himself flowering in blood" (76).

정부에서는 보조를 주기 전에 자꾸만 약속을 어기고 배신을 더해 갈 뿐이다. Ilmorog에 세금을 징수하는 사람을 보내던지 사기꾼들을 보내어 이런 저런 세금을 징수하고 그 돈을 이들의 호주머니로 들어가게 한다. 서로 상대방의 잘못을 탓하기만 하며 Nderi는 사회경제적으로 국민들이 필요로 하는 사안들을 무시하는 자본가 계급이다. 이들은 여성을 고용하되 또 다른 불만을 잠재우기 위한 수단이며 여성 노동 인력은 물건을 제공하는 또 다른 물건일 뿐이다. 지배자들은 이들 여성들의 노동력에만 관심이 있을 뿐 이들 아이들의 교육엔 아랑곳하지 않는다.

> We barmaids never settle in one place. Sometimes you are dismissed because you refused to sleep with your boss. Or your face may become too well known in one place. You want a new territory. Do you know, it is so funny that when you go to a new place the men treat you as if you were a virgin. They will outdo one another to buy you beers. Each wants to be the first. So you will find us, barmaids, wherever there is a bar in Kenya.... Once I went home. My father said: "I don't want a prostitute in the house!" (129-30)

이와 같이 Ilmorog의 빈곤함과는 반대로 Kamiritho는 자본주의 경제가 활기를 띠고 발전을 하며 세련되고 우아한 상가들이 들어서고 술집이 생기는 변화가이다. 이곳에서 Wanja와 Karega를 만난 Munira는 이들을 설득해서 Ilmorog로 돌아

가자고 설득을 한다: "They returned to Ilmorog, this time driven neither by idealism nor the search for a personal cure, but by the overriding necessity to escape" (106). Blue Hills와 같이 Kamiritho는 상권의 중심지로서 Ilmorog의 가뭄과 비교하는 별천지나 다름이 없다: "coughing and sneezing and watching specks of dry maize stalk whirled to the sky" (107). 온 사방에는 빈곤이 활개를 치고 가뭄으로 황폐해진지 오래다. 가뭄이 더욱더 심해지자 Karega는 Nairobi로 가서 M. P.를 만나 가뭄을 해소하기 위해 대화를 하자고 제의한다.

제2부에 오면 Abdulla를 선두로 이들은 Nderi와 Kenya의 신 식민주의자들과 싸우기로 다짐한다. 전체 지역사회가 함께 이들과 대항하기로 다짐한다. Ngugi가 지적하듯이 이들에겐 그들이 살아갈 땅은 그만큼 중요하기 때문이다: "without the soil, without land, without nature, there is no human community" (7). 소외된 Munira도 이들의 투쟁을 위한 여행을 인지하며 다음과 같이 말을 한다: "it was the exodus across the plains to the Big Big City... where I can now see that man's estate is rotten at heart" (117). 처음에 이들의 여행은 적대적인 환경에도 불구하고 희망적이다. 그러나 이들이 Blue Hills에 도착했을 때 Nderi의 약속은 다시 배신으로 변한다. 돈으로 과거 개발 계획을 수포로 돌리고 사람들을 회유하기 때문이다.

이런 계기로 Munira는 향후 10년간 자기 자신을 발견하기 위한 고뇌의 시간을 가지게 되고 Abdulla는 자유 투사로서 그리고 Wanja는 과거의 착취와 정면으로 투쟁을 하지 않을 수 없는 상황이 된다. 이렇게 해서 지역사회는 그들의 모든 수단과 투쟁을 도입해서 마지막으로 Ilmorog 사회를 구하기 위한 목숨을 건 투쟁을 하게 되는 것이다. 이 당시의 생활의 궁핍한 상황을 Ngugi는 다음과 같이 표현한다: "In those days [In colonial times], there were no vultures in the sky waiting for the carcasses of dead worker" (120).

Abdulla의 Nairobi로 여행은 이들에게 정신적인 일체감을 불러 일으켰으며 식민주의에 투쟁하는 영웅적인 인물로 아이들로 그로부터 배움을 받고 그가 전해주는 옛날이야기에도 귀를 기울인다. 그는 신 식민주의의 배신이 없는 새로운 삶에 관한 꿈을 키운다.

> To redeem the land: to fight so that the industries like the shoe factory which had swallowed his sweat could belong to the people: so that his children could one day have enough to eat and to wear under

> adequate shelter from rain: so that they would say in pride my father died that I ought to live. (136)

Wanja 역시 이들의 여행을 지지하고 그녀에게 Abdulla는 절름발이가 아닌 투쟁을 하는 영웅인 것이다. 그는 사회가 정의롭지 못함을 비판한다:

> He was a worker at a shoe-factory near his home, where strike after strike for higher wages and better housing had always been broken by helmeted policemen. He had asked himself several times: how was it that a boss who never once lifted a load, who never once dirtied his hands in the smelly water and air in the tannery or in any other part of the complex, could still live in a big house and own a car and employ a driver and more than four people only to cut grass in the compound? (136)

이들은 자신들의 땅이 얼마나 소중한 것인지를 인식한다: "Abdulla's story had made them aware of a new relationship to the ground on which they trod:... everything in the plains had been hallowed by the feet of those who had fought and died that Kenya might be free" (143).

이들이 Blue Hills로 두 번째 여행을 할 때에는 자신들이 알지 못했던 사실을 깨닫는 개안의 과정을 경험한다. 처음에 Jerrod Brown 목사의 도움을 받아야 할 입장이지만 그는 자본가 계급으로 저택에서 집을 지키는 개를 지닌 채 살고 있다. Joseph이 아파서 간호가 필요한데도 그는 이들을 돌려보냄으로써 Ilmorog대표단들을 당황하게 한다. 두 번째로 만난 사람은 Chui로서 그는 Siriana학교 교장으로 과거 과격한 학생운동을 이끈 인물이다. 이들 대표단이 과거의 같은 동지였던 그를 찾아 도움을 청하지만 흑인 가발을 쓰고 붉은색 립스틱을 바른 공포의 여성에 의해 쫓겨난다.

Kimeria는 자본가 계급으로서 이들을 착취하는 가장 악랄한 인물이다. 그 는 Ilmorog대표단이 처해 있는 어려움을 무시하고 심지어 Wanja를 성 폭행하려 하는데 그녀의 입장에서는 자신을 희생시키고 환자인 Joseph을 구하고자 하는 마음이다: "I shall not let you go until you have lain, legs spread, on that bed. Remember you are no longer a virgin.... The choice is yours to make, and freedom is mine to withhold or to give" (155). 그러나 Wanja는 이들 대표단들을 진보적인 변호사에게 소개함으로써 이들을 구하게 된다. Nderi는 자신의 참 모습이 사람들에게 드러나는 것이 두려워 대표단들에게 자신이 Ilmorog에 가서 상황을 살펴보아야겠다고 함으로써 사람들을 속인다. 그의 연설은 가난하고 일자리가 필요한 사람들의 귀를 주목하게 한다: “I want you to go back to Ilmorog. Get yourselves together. Subscribe money. You can even sell some of the cows and goats instead of letting them die. Dive deep into your pocket” (182). 이들 대표단들의 활약으로 다행히 언론의 힘을 얻어 식량지원을 받게 된다. Nderi는 심지의 자신의 회사 주식을 처분해서라도 돕겠다고 한다.

제3부에 오면 대표단들의 여행은 성공적이 된다. 그러나 Nderi의 Ilmorog에 대한 개발 계획은 역시 눈가림이나 다를 바 없는 것이다. Munira는 역시 Ilmorog의 착취 징후를 눈치 채며 다시 이들의 노력은 물거품이 되기 일보 직전이다. 이런 와중에서 Ilmorog의 2번째 수확은 긍정적인 것으로 묘사된다: “There was something about harvesting, whether it was maize or beans or peas... Even old men looked like little children, in their eyes turned to the fields” (203). Wanja는 Theng’eta에 양조 공장을 설립하여 상업적으로 기반을 확충한다. 그녀는 과거의 전통과 현대화된 전통을 연결하는 고리 역할을 한다. 그녀의 이런 역할은 기대한 것과는 달리 Kimeria, Mzigo, Nderi로 하여금 자본주의에 깊이 빠지게 함으로써 또 다른 문제를 야기 시키게 된다. 그러나 이 양조장이 팔리자 Wanja와 Abdulla는 다시 실업자 신세가 된다. 이들은 서로 서로 신뢰할 마음을 잃어 버렸으며 언제 어느 때 어떤 방식으로 서로가 서로를 배신하게 될지 모를 공포로 가득하다.

제4부에 오면 Trans-Africa Road는 미개발된 지역을 발전시킬 목적으로 문을 열었지만 오히려 이들은 자본가 계급으로서 협력과 도움을 전혀 주지 않을 뿐만 아니라 사회적인 경제적인 범죄를 서슴없이 저지른다.

> Road first... the road brought only the unity of earth’s surface: every corner of the continent was now within easy reach of international capitalist robbery and exploitation. (262)

Wanja와 Abdulla는 New Ilmorog를 세우기 위해 뛰고 있으며 Nderi는 재선을 위해서 이곳의 도로를 다시 건설하는 위선을 보인다. Abdulla는 그대로이지만 Wanja와 Munira는 슬프게도 New Ilmorog를 개발하면서 신 식민주의로 기운다. Karega는 그녀가 자본주의에 치우치는 것을 다음과 같이 비난한다: “Whatever you are, you have chosen sides. I don’t hate you, I don’t judge you.... but I know that we cannot fight Kimeria... by joining them” (327). 5년이 지나면서 Nyakinuua

가 자신의 땅이 몰수되자 이를 되돌려 받기 위해 투쟁을 하지만 아무도 그녀를 지지해 주는 사람이 없을 정도로 분위기는 삭막해졌다. 그리고 Nyakinuua가 죽자 Wanja가 그 땅을 매수한다. Evans는 Wanja에 대한 평가를 다음과 같이 하고 있다: “it would be a mistake to see Wanja simply as an innocent victim. Her potential is wasted and she is exploited, but she also exploits others, most obviously in running her own whorehouse” (59). 이제 Wanja는 Kimeria, Chui, Mzigo와 같이 자본가 계급의 서열에 포함되기를 원하는 것이다.

Karega의 경우 Ilmorog대표단이 여행을 시작하는 순간부터 서서히 성격적인 발전을 보인다. 10년이 지나고 다시 Ilmorog로 돌아와 자신의 고향이 경제적인 배신을 당한 사실을 알고서 변화를 인식한다: “And behind it all, as a monument to the changes, was Trans-African Road and two story building of the African Economic Bank Ltd” (302). Karega는 Wanja를 만나고 나서 그녀가 과거의 순수한 여성이 아니라고 “She could not now return to a previous state of innocence. But she could do something about her present circumstances” (328)라고 한다. 그리고 가장 착취를 많이 한 Chui, Kimeria, Mzigo에 대해서 복수를 결심한다. Kimeria에 대한 감정적인 복수는 이전에 Wanja가 그에게 강간을 당했을 때 “He must die,... he must die”라고 함으로써 이미 행해 진 셈이다. Wanja의 태어나지 않은 아기는 미래의 투쟁을 위한 새로운 씨앗인 셈이며 Abdulla는 Kenya인들이 저들의 동족을 속이고 배신하는 고리를 종식시키기 위해서 새로운 투쟁이 필요함을 인식하고 있다: “history was a dance in a huge arena of God. You played your part, whatever your chosen part, and then you left the arena, swept aside by the waves of a new stem, a new movement in the dance” (340). 이런 일이 있은 후 Wanja가 개인적인 위기를 맞이하게 되고 Karega는 다시 그녀를 돌보지 않음으로써 배신을 하게 되며 이에 대한 죄책감을 가지게 된다. 그러나 Karega의 배신은 이들 가운데 가장 경미하다고 할 수 있다. Wanja의 배신은 지역사회에 대한 것이지만 가장 많은 정신적인 육체적인 피해를 입은 여성이다. 그러나 이들은 정치적인 투쟁을 중단하지 않음으로서 새로운 희망을 간직하고 있기도 하다.

4. 『아이야 울지 마라; Weep Not Child』, 『밀 한 알; A Grain of Wheat』

Ngugi의 첫째 소설인 본 작품은 반 식민주의적인 투쟁에 무게를 두고 있다. *Weep Not Child*에서 Ngugi는 어려운 사회 경제적인 조건하에서 생존의 몸부림을 치는 Gikuyu의 가난에 찌들은 가정이 경험하고 수용해야 할 고난에 초점을 두고 있지만 사실은 자서전적인 요소가 많이 개입이 된 것이 사실이다.

Ngugi는 자신이 어렸을 때 기억을 적고 있다. 흑인 여성들은 자신들이 살고 있는 곳에서 전혀 농작물을 키울 수 없는 불모의 지역으로 쫓겨 나가고 이들이 다른 불모의 지역으로 이끌려 갈 때에 그들의 귀에 들리는 노래 소리는 결의에 차 있으며 희망이 있다:

> And there will be great joy
> When our land comes back to us
> ....
> And you our children
> Tighten belts around your waist
> So you will one day drive away from this land
> The race of white people.
>
> For truly, Kenya is a black man's country. (48)[13)]

식민지 Kenya가 배경으로 때로는 1952-56년 사이에 영국의 케냐 전통사회에 대한 식민지 지배가 가져오는 엄청난 충격을 자세히 소개하고 있다. 보다 구체적으로는 1940년대 말에서 1950년대를 거치면서 케냐가 정치적인 현실을 어떻게 받아들이는지를 보여주고 있다. 식민지의 착취와 원주민들의 지도력의 부재는 곧 Ngotho 가정의 파멸을 가져오는 것이다. 이를 통해 작가는 반식민지 지배와 식민지로부터 오는 복합적인 문제점들을 공식적으로 제기하고 있다고 볼 수 있다.

어린 영웅인 Njoroge는 많은 교육을 받기를 원하지만 그의 가정의 경제적인 빈곤은 이를 허락하지 않는다. 그럼에도 불구하고 학교에 가야 한다는 그의 욕망은 식을 줄 모른다: "O, mother, I'll never bring shame to you. Just let me get there, just let me" (3). 그가 어리지만 강한 것은 교육을 받고 자신의 어려운 가

---

13) Ngugi wa Thiong'o. *Homecoming: Essays*. New York: Lawrence Hill, 1972.

정에 행복을 가져오겠다는 결심을 통해서 보여진다. 이들의 관습으로 볼 때 자식들은 부모가 이루지 못한 일들을 대신하는 것으로 인식하고 있다: "Look, I've a son as good and as well-educated as any you can find in the land" (16). 아들은 단지 한 부모의 아들이 아니라 한 국가를 이끌고 갈 희망의 아들이기도 한 것이다. 그의 아버지인 Ngotho는 아들에 대한 희망이 지대하여 그가 결국은 전통을 고수하며 잃어버린 땅까지도 찾을 수 있을 것으로 생각한다: "it would lead to the recovery of the lost lands" (39). 전 지역을 걸쳐서 노인들은 자신이 잃어버린 땅을 찾기를 간절히 원하고 사람들은 백인 정부와 이에 추종하는 사람들을 상대로 투쟁을 벌인다. 그러나 순수한 사람들은 체포되고 심지어는 삼림으로 끌려가서 살인까지 되기도 하는 것이다.

Njoroge는 백인 학교로 보내진 반면에 그의 동생인 Kamau는 시내 부유한 목공소에서 도제 수업을 받는다. 두 형제 가운데 하나는 교육을 통해서 그리고 다른 하나는 직업 훈련을 통해서 새로운 희망을 키우게 되는 것이다. 소설이 시작되면서 Kenya는 침묵의 도시이다. Njoroge는 앞으로 교육을 통해서 핑크 빛 미래를 설계하는 환상 가운데 살며 모든 다른 어린아이들까지도 예외가 아니다.

이들은 누구나 행복해 질 수 있는 보편주의를 꿈꾸며 살아가고 있다. 그러나 Njoroge가 현실의 벽에 부딪칠 때에는 자신의 모든 환상들이 물거품이 되어 사라짐을 경험하게 된다. 이런 꿈은 때로는 Kenya에서 시민 투쟁과 독립을 위한 이들의 생각과도 밀접한 관계를 맺고 있다. Njoroge는 항상 자신의 아버지가 연약함을 인식하고 있으며 이를 극복하기 위해 마우마우 폭동에 대한 관심이 상당하기도 하다. 통계에 의하면 마우마우 폭동을 통해서 백인들은 100명이 사망한 반면에 흑인들은 1250만 명이 학살당했다고 한다. 이 운동을 통해서 서로가 서로를 신뢰할 수 없게 되었으며 백인들에 협력을 하는 사람들과 이에 반대하는 사람들의 의견이 격하게 대립이 되기도 한다.

> News of Jackson's death spread into people's hearts in Thabai and the surrounding ridges. Which other traitors wold be struck down next by the Mau Mau, people wondered, remembering Teacher Muniu (another revivalist, also reputed to be a police informer) who had been killed in a similar method only a few days before? The revivalists praised God and said that Jackson and Muniu, by their deaths, had only followed in the footsteps of the Lord. What greater honours could befall a Christian? But the people prayed a different prayer: yes, let all the traitors be wiped out! (85)

소설이 시작되면서 Njoroge의 이복동생인 Kori는 Jomo Kenyatta의 가르침과 그의 사회주의 운동에 매료되고 또 다른 이복동생인 Boro는 인종에 대한 편견과 열악한 근로 환경을 타파할 목적으로 사회주의 운동에 적극적으로 동참한다. 이들의 투쟁이 실패로 돌아가지만 저항은 수그러들 줄 모르고 경찰과 백인 정부의 탄압과 잔인함에 맞서는 이들의 행동은 게릴라전으로 그 양상을 바꿔 간다. 이를 통해 비상시국이 선언되고 이들 간의 화해의 목소리는 사라지게 된다.

Njoroge는 자기 아버지가 감옥에서 육체적으로 고문을 당하여 궁극적으로 정치적인 대의를 위해 자신을 희생하겠다는 결심을 한 사실을 목격하고 투쟁은 불가피하다는 생각을 떨쳐 버릴 수 없게 된다. 투쟁의 대상들 가운데는 선교사와 교사를 비롯하여 지도층 인사들이 많이 있지만 실제로 이들은 탈취한 땅을 돌려주기를 꺼려한다. 그리고 교사가 학교에서 가르치는 것도 궁극적으로는 목적이 다른 곳에 있는 것처럼 보이기까지 한다.

> The teacher came in. He was always on time....One might have thought that teaching was to them life and death.... They never talked of color; they never talked down to Africans; and they could work closely, joke, and laugh with their black colleagues who came from different tribes. Njoroge at times wished the whole country was like this. This seemed a little paradise, a paradise where children from all walks of life and of different religious faiths could work together without any consciousness. Many people believed the harmony in the school came because the headmaster was a strange man who was severe with everyone, black and white alike. If he was quick to suppress what he thought was evil. He tried to bring out the good qualities in all, making them work for the good name of the school. But he believed that the best, the really excellent could only come from the white man. He brought up his boys to copy and cherish the white man's civilization as the only hope of mankind and especially of the black races.

흑인들 가운데서도 영국의 음모에 동참하여 협력을 아끼지 않는 신 식민주의자들이 있음은 비극이다. 이들 가운데 한 사람이 Jacobo로서 그는 부유한 농부로 백인들이 흑인의 모든 것을 앗아가지는 않을 것이라고 사람들을 회유한다. 그리고 그의 딸인 Mwihaki은 Njoroge와 친하게 지내며 결국 사랑에 빠진다. Njoroge가 모든 것을 상실하게 되었을 때에 자살을 결심하지만 그녀의 존재로 다시 정신을 찾는다. 그러나 자신의 아버지는 감옥소에서 고문에 못 견디고 사망하고 네 형제들 가운데 셋은 체포되고 Mwihaki마저 잃게 되었을 때 그는 삶의 의욕을 완전히 상실한다. 비록 Njoroge가 그녀와의 아름다운 사랑에 빠져 있지만 그에게 희망보다는 절망이 더 깊었던 것이다. 그는 그녀에게 현실의 고통스러움을 다음과 같이 절규한다:

> If you knew that all your days life will be always be like this with blood flowing daily and men dying in the forest, while others cry for mercy; if you knew even for one moment that this would go on forever, then life would be meaningless unless bloodshed and death were a meaning. (106)

Njoroge가 백인 Mr. Howlands의 아들인 Stephen을 만나서 이야기를 하던 가운데 충격적인 경험을 하게 된다. 부유하고 권력 있는 백인의 아들인 Stephen 이지만 흑인의 생각과 다름이 없다. 백인으로서 현실을 바라보는 시각이 Njoroge와 다름이 없다. 이제 Stephen을 위로해야 하는 입장은 Njoroge가 된 것이다.

> Though the sky may be clear and the sun is smiling, you are still not free to enjoy the friendliness of the sky because you are aware of an electric tension in the air.... You cannot touch it, you cannot see it... but you are aware of it all the time. (110-11)

자신의 아버지가 죽기 전에 경찰에 강제로 연행이 되면서까지 자신의 집에 대한 권리를 주장하지만 허사였고 또 자신의 아내인 Njeri와 아들 Kori가 보는 앞에서 끌려가면서 자신은 수치감을 느낀다. 그리고 그는 과거에 대한 회상에 빠진다: "Was he a man any longer.... Was this cowardice?.... He stood up and rushed to the door like a man. It was too late. He came back to his seat, a defeated man, a man who cursed himself for being a man with a lost manhood" (80). 그리고 Ngotho는 성기가 잘리는 고문을 당하고 자신의 아들이 지켜보는 가운데 성기가 잘린 채로 누워 있다. 죽음을 기다리면서 코가 찢어져 둘이 되고 그의 다리엔 생명이 이미 사라진 후였다. 이런 와중에서 Njoroge는 이렇게 중얼거린다: "Could this be the father he had secretly admired and feared?" (123). 그런 후 그는 자살을 시도 하지만 그의 어머니에 의해 구조되어 집으로 돌아온다. 돌아온 Njoroge에게 자신이 할 수 있는 유일한 희망은 우는 아이를 달랠 수 있다는 위로뿐이다.

어떤 장소와 공간도 식민주의자들의 착취로부터 안전한 곳은 없었고 케냐의 방방곡곡은 그들의 회복할 수 없는 권리에 대한 한탄과 원망의 눈물로 가득했던 것이다. 이들의 투쟁은 급기야는 전투장으로 변한다:

> The Government and the settlers had to be shown that black people were not cowards and slaves. They too had children to feed and to educate. How could people go on sweating for the children of the white men to be well-fed, well-clothed and well-educated? (50-51)

영국의 Leeds에서 Ngugi는 그의 세 번째 소설인 *A Grain of Wheat*[14])를 완성한다. 이때는 Kenya가 영국으로부터 독립을 하고 나서 3년이 지난 후였다. 자신의 모습을 자신에게 보이는가 하면 타인에게도 보여 지고 개개인간의 투쟁과 공동체사회의 투쟁은 케냐 역사를 보는 듯하다. Ngugi는 여러 가지 관점에서 자신의 이야기를 하고 있다. 작가는 과거 억압당한 자신의 역사를 바로잡으며 새로운 역사를 만들고 있다. 전지 작가적인 입장에서 행동과 자신의 생각을 전하고 있으며 등장인물을 평가하기도 하며 때로는 화자의 관점을 제공하기도 한다. 이 소설은 1963년 12월 12일 Thabai 마을에서 4일간 벌어지는 Uhuru 축제에 초점이 맞추어진다. 4명의 인물들은 서로 서로 대립하며 그들의 살아가는 사회와 과거에 대해서 이야기를 나눈다. 과거에 대한 회상이 나올 때는 플래쉬백 기법이 등장하기도 하며 대립과 병치를 통해 이들의 현실을 전해 준다.

> Everybody waited for something to happen. This waiting and the uncertainty that went with it — like a woman torn between fear and joy during birth-motions — was a taut cord beneath the screams and the shouts and the laughter. People moved from street to street singing. (204)

5명의 등장인물들은 서로 다른 위치에서 시작한다. Mumbi는 Kihika의 자매이며 Gikonyo의 아내로서 가장 소외가 되지 않는 활기찬 여성이지만 외부의 힘에 의해 많은 영향을 받고 있음을 암시하고 있다. 그녀의 남편인 Gikonyo는 정직하면서도 열심히 일을 하는 선량한 사람으로 감옥에 있을 때 투쟁 전선에 나설 것을 서약하지만 탈옥한 후 자신의 아내인 Mumbi가 자신의 과거 경쟁자였던 Karanja의 아이를 임신하고 있음을 발견한다. Karanja는 어릴적 친구로 Gikonyo와 Mumbi의 행복한 삶에 대해 부러움과 질투가 있다. Karanja는 역시 Gikuyu사

---

14) Ngugi wa Thiong'o. *A Grain of Wheat*. Heinemann: London, 1976.
________________. *Detained: A Writer's Prison Diary*. Heinemann: London, 1981.

람들을 싫어하는데 이는 자신이 그들과 소외되었기 때문이다. 오히려 그는 Luo와 함께 있을 때 더 편안함을 느낀다. 그러나 그를 존경해서 느끼는 감정이 아니다. 종족에 대한 혐오감이 있어서이다.

> He also despised them and said to so when talking with Mwaura or any other men of his tribe. 'These Jaluo!' he would say, 'they always stick together: once you put one of them in charge of a place, he invited all his tribesmen whenever a vacancy occurs.' They on their part were suspicious of him. 'These Wakikuyu — never trust them. A Kikuyu will embrace you as a friend today and tomorrow knife you in the back.' In his presence, they were friendly. (157)

특히 *A Grain of Wheat*는 미소를 머금고 다가와 착취하는 기독교에 대한 적대감이 팽배해 있다: "Elders of the land...looked beyond the laughing face of the white man and suddenly saw a long line of other red strangers who carried, not the Bible, but the sword" (12).

> I said [Christ] had failed because his death did not change anything, it did not make his people find a center in the cross. All oppressed people have a cross to bear. The Jews refused to carry it and were scattered like dust all over the earth. Had Christ's death a meaning for the Children of Israel? In Kenya we want deaths which will change things, that is to say, we want true sacrifice. But first we have to be ready to carry the cross. I die for you, you die for me, we become a sacrifice for one another. So I can say that you, Karanja, are Christ. I am Christ. Everybody who takes the Oath of Unity to change things in Kenya is a Christ. Christ then is not one person. All those who take up the cross of liberating Kenya are the true Christ for us Kenya people. (95)

Mugo와 같이 Kihika는 자신을 마치 약 속의 땅으로 백성을 이끌고 가는 모세나 예수와 같이 보고 있다. 2장에서는 기독교와 군인들의 침략이 전통적인 사회의 저항으로 수용이 되고 있음을 볼 수 있다: "The movement's origin can, so the people say, be traced to the day the white man came to the country, clutching the book of God in both hands, a magic witness that the white man was a messenger from the Lord" (10). 마우마우 운동 초기에 Kihika는 Thabai에서 지지를 얻지만 그가 Wambuku와의 부정한 애정관계를 함으로서 자신의 의도가 폭로된다.

Mumbi는 새로운 Kenya의 양심을 대변하는 목소리로 나타난다. Uhuru의 축제를 준비하면서 사람들의 마음을 움직이는 연설을 하기도 하지만 때로는 남성들이 모두 잡혀간 후 농사일을 할 사람이 없어서 안타까운 입장이다. 그러나 그녀는 남성과 같이 허리를 단단히 조여 매고 일터로 거침없이 나아간다.

> the weight of her words cracked open [General R.'s] dulled inside and released imprisoned thoughts and feelings. (172)
>
> ....
>
> Mumbi's voice was a knife which had butchered and laid naked his heart to himself. (176)
>
> ....
>
> Mumbi was depressed because there was no man of the house. In the end, she tied a belt around her waist and took on a man's work. (141)

그러나 이야기의 마지막은 Gikonyo가 자신의 잘못을 다시 깨닫고 Mumbi의 훌륭한 업적을 인정하면서 끝난다. Mumbi는 자신의 정체성을 지키고 탈식민지 시대 최초의 강인한 여성상을 심어 줌으로써 본보기가 된다: “His reunion with Mumbi would see the birth of a new Kenya” (105). Mumbi는 공동의 힘이 지니는 중요성을 강조하면서 결론을 유보한 채로 끝난다. 작가는 일인칭 복수인 “we”와 2인칭 단수 및 복수로서 “you”를 반복해서 사용함으로서 이들이 지니는 공동체적인 운명을 간접적으로 암시하고 있다.

5. 『마티가리; *Matigari*』: 신식민주의의 혼돈

Matigari는 마우마우 운동의 투사로서 ‘숲에서 돌아와 독립을 쟁취했으며 이제껏 빼앗긴 땅들은 되돌려 받게 될 것이다’라고 한다. 가족들과 함께 평생을 투쟁하면서 살아온 집에서 함께 살기를 원하며 자신의 가족을 Matigari는 찾으러 돌아다닌다. 가족을 비롯하여 모든 지역사회의 일원들은 함께 투쟁을 하고 독립을 이룩했으니 자신의 땅에 대한 권리를 주장할 수 있다는 생각으로 Matigari는 돌아왔지만 자신이 돌아온 곳에는 과거 식민지 지배시절 관리들이 그대로 그 사회를 통치하면서 지내고 있음을 본다. 지역의 가죽 공장과 플라스틱 공장은 미국인들이 소유하고 있으며 여기서 일하고 있는 노동자들이 곧 파업을 할 것이란 결정을 내린 사실은 노동조건의 열악함을 대변하고 있는 목소리이다. 빈곤과 생활 조건은 나날이 악화되어 가고 집이 없는 아이들은 쓰레기통을 뒤지면서 연명하고 있다. 쓰레기통은 자신들의 생명을 이어줄 유일한 은인인 것이다.

> Each child had to pay a fee to enter. A ticket to enable them to fight it out with dogs, vultures, rats, and all sorts of scavengers and vermin, for pieces of string, patches of cloth, odd bits of leather, shoe soles, rubber bands, threads, rotten tomatoes, sugarcane chaff, banana peels, bones...anything! (11)[15)]

모든 것들이 어른 위주의 삶과 생활 패턴으로 어린아이들을 위한 것은 전무한 실정이다. 따라서 이들의 공격적인 행동은 생존을 위해 필수 불가결한 행위가 된다. 누구든지 먹을 수 있는 찌꺼기가 배출되는 장소엔 생존을 위한 싸움이 격렬해지기 일쑤이다. 심지어 쓰레기장에서 그들이 먹고 살아남기 위해 접근을 하는데도 돈을 요구한다. 쓰레기장에서도 먹을 것을 맘대로 가질 수가 없는 실정인 것이다. 여기에서 지불된 돈은 경찰을 비롯한 공무원들의 호주머니로 들어가는 것이다: "So these five were busy dividing among themselves the money they had taken from the children? So a handful of people still profited from the suffering of the majority, the sorrow of many being the joy of the few?" (12).

어린아이들이 집이 없다는 사실은 그들의 부모님들이 재산이 몰수되었던지 생계의 터전을 상실했다는 간접적인 증거가 된다. 예를 들어보면 Muriuki의 어머니는 지주에게 세를 살고 있는 집의 돈을 갚지 못해서 불에 타서 죽었다. Muriuki와 Matigari가 음식점에 함께 앉아 있었을 때 어떤 젊은 여성은 자신의 몸을 몇 실링에 파는 모습을 보기도 한다. 따라서 탈식민지 Kenya에서는 돈이 도덕을 지배하는 셈이 되어 버린 것이다: "These days it does not matter whether it's your father or your son, whether it's your brother or your sister. The most important thing is money" (29).

Gunther에게 경찰이 경찰견으로 협박하면서 경찰에게 그녀의 몸을 팔지 않겠다는 결심을 바꾸도록 위협을 하기도 한다. 그러나 조국의 독립을 위해 오랜 세월을 투쟁해 온 Matigari는 이런 위험에서 그녀를 구해 준다. 그가 자신의 고향으로 돌아왔을 때 독립이 되었다고 하나 변한 것이 전혀 없다. 새로운 지배인들로부터 착취와 배신은 여전히 독버섯처럼 일어나고 있었으므로 그는 또 다른 전쟁이 필요함을 절감하게 된다. Gunther의 아버지는 이를 위해 총알을 밀수한 혐의로 감옥소에서 처형을 기다리는 신세가 되었고 경찰은 그의 딸에게 순결을

---

15) Ngugi wa Thiong'o. *Matigari*. London: Heinemann, 1989.

자기에게 바치면 아버지를 살려 주겠다고 한다.

> We can settle this matter between us here and now. Give me your purity, and I will give you parent back to you. The young maiden remained silent. The superintendent explained further: You are carrying your father's life between your legs. (35)

아버지는 결국 처형을 당하고 가난과 생활고에 찌들은 Gunther는 자신의 몸을 팔아서라도 자신의 형제자매들을 구해야겠다고 결심을 하게 되며 모든 사람에게 몸을 팔 수 있어도 경찰에게는 절대로 몸을 팔지 않겠다고 다짐한다.

Matigari는 Muturi와 같이 Gunther에게 사람은 사람을 싫어하는 타입과 사람을 좋아하는 타입이 있는데 이런 성향에 따라 행동이 결정이 된다고 하면서 요리사가 어떻게 백인 이주자의 편에 서게 되었는지를 설명한다. 그리고 자신의 가족을 찾기 위해서 농장을 헤메인다. 왜냐하면 독립을 한 후에도 커피나 차를 생산하는 농장이나 외국인이 경영하는 공장에서 여성들이 생계를 해결하기 위해 일을 주로 하고 있었기 때문이다.

노동자들의 파업이 Matigari가 숲에서 돌아온 오후에 발생하게 되고 폭력이 난무하자 경찰과 군인들이 대거 동원되어 상황이 험악해 진다. Matigari가 돌아온 이유는 John Boy가 살고 있는 집에 대한 자신의 권리를 주장하기 위해서이다. 자신이 직접 짓고 살았던 집이었기 때문에 권리를 주장하지만 그 집을 침범한 죄로 감옥에 갇힌다. 정부에서 정한 법은 개인의 사생활을 보호할 목적으로 제정되었을 뿐 노동자들에 대한 배려는 전혀 없음을 증명하는 셈이다. 작가는 John Boy가 백인인 Williams의 밥상에서 떨어진 음식을 먹고살면서 백인과 같이 자신을 동일시하며 백인들의 편에서 그들에 협력하는지를 보여주고 있기도 하다. 이런 현상은 흑인 부르주아적 계급들에게도 적용되는 것으로 서구 유럽의 교육이 가져온 영향도 무시할 수 없다고 작가는 암시적으로 전하고 있다. John Boy도 외국에서 교육을 받았기 때문이다.

> The boy for whom we sang: He shall come back and clean up our cities, our country, and deliver us from slavery? The boy we sent off to study, saying that a child belongs to all, that a nation's beauty was born in a child, a future patriot? (48)

John Boy가 외국에서 교육을 받은 것은 자신과 자신이 살았던 지역사회와의 괴리를 가져왔으며, 유럽의 교육은 그로 하여금 개인주의적인 속성을 불러일으킨 것이다. 그는 전통적인 사회가 지니고 있는 공동체적인 정신을 극명하게 부정적으로 보고 있다. 그리고 John Boy는 자신이 엘리트 계급이라는 사실에 상당한 자부심과 거만함을 지니고 있기도 하다.

> Listen to me carefully. Mzee, I would ask you to learn the meaning of the word individual...white people are advanced because they respect that word, and therefore honour the freedom of the individual, which means the freedom of everyone to follow his own whims without worrying about others. Survival of the fittest. (48)

Matigari는 이에 대해 교육을 받은 사람들은 교육을 자신의 엘리트 의식을 불어넣는데 이용하며 식민주의자들의 편에서 그들을 돕는다고 지적한다. 감옥에서 Matigari는 다른 죄수들 가운데 정부와 사유재산 소유주에 대한 저항을 함으로써 감금된 사람들을 만난다. 이들과의 대화는 독립 이후의 신 식민주의자들에 대한 그들의 의견 교환에 있으며 심지어 음주 중에 지도자의 부도덕성을 지적한 죄로 끌려온 사람까지 있다. 농촌에 사는 장사꾼들은 허가 없이 우유를 팔았다는 죄로, 음식을 훔친 죄로, 그리고 방랑한다는 죄로 끌어 온 사람까지 다양하기만 하다. 그러나 작가의 의견은 살기 위해 발버둥치다 절망적인 상황에서 모두 감금되었음을 암시하고 있다.

어떤 학생은 정부의 지도자들이 신 식민주의자들로서 독립 이후에도 식민 정부의 제복을 입고 있다고 비난한다. 그리고 학교에서 교사들은 공산주의 이론에 대해 강의 한 죄로 감금되는 경우도 있다: “[Teachers] stated that the political and economic systems of countries like Soviet Union, China, Cuba, and many other socialist countries are based on the teachings of Marx and Lenin” (54). 학생들은 정부의 통치 체제에 무조건 복종하지 않는다는 죄로 피해를 입고 교사들은 정부 체제의 문제점에 대하여 언급한 죄로 감금이 되는데 이 부분은 상당히 Ngugi의 자서전적인 요소가 있다는 생각이 든다. 작가 자신이 정부에 대한 반체제적인 인물이었다는 이유로 오랫동안 감옥소에서 생을 보냈어야 했기 때문이다. Matigari가 감옥소에서 서로 뜻이 통하는 사람들과의 인연을 통해 신 식민주의자들을 상대로 투쟁할 것을 서약하는데 마치 예수께서 제자들과의 마지막 만찬을 베푸는 것과 같은 느낌이 들게 한다:

> And he took the bread and after breaking it he said: This is my body, which I give to you...He then took up the cup, and after blessing it he

> said: And this cup is a testament of the covenant we entered with one another with our blood. Do this to one another until our kingdom comes, through the will of the people. (57)

작가는 종교가 이념적으로 엘리트들이 이용하여 저들을 탄압하는 수단으로만 보지 않는다. 종교는 대중들이 이를 통해 탄압에 대항하는 수단이 되기도 한다. Gunther는 자신의 종교적인 믿음이 있었기 때문에 그녀가 감독관에 의해 성적인 조정을 받게 되었을 때에도 과감히 이를 극복할 수 있었던 것이다. Matigari가 감옥소에서 최후의 만찬 의식을 통해 투쟁을 결의한 것처럼 작가는 1972년 East African Presbyterian Church 연설에서도 기독교 정신에 입각한 공동체적인 가치관으로 돌아가자고 역설한 바 있다.

감옥에 온 사람들의 이야기를 들으면서 신 식민주의 하에서 얼마나 많은 사람들이 노동을 착취당하며 자본가 계급의 물질적인 부를 위해 이용되는가를 알 수 있게 된다. 법과 정의는 사라지고 빈민들에게 행해지는 저들의 행위는 말로 표현할 수 없을 만큼 잔혹하기만 하다.

> The inseparable pair have been oppressing us all this time. Every worker knows that Robert Williams and John Boy are like twins born out of the womb of the same ogre. And do you know something else? The whole police force is in the hands of these two. So are all the law courts. (65)

힘없고 가난한 자들에게 행해지고 있는 부정의 함과 만행으로 Matigari는 진리와 정의를 위해 헌신할 것을 다짐한다. 언론에서는 정부에 대항하다 감옥으로 간 자들을 범죄자로 방송하고 저들의 권력 남용을 합리화까지 한다. 잔악한 압제와 투옥으로 많은 사람들은 진실을 말하기를 두려워하고 투쟁을 하는 부녀자들은 정신병원으로 그리고 학생들이 호전적인 행동을 하면 저들의 입을 잠재웠다.

> I have stopped asking too many questions. Democracy here means, first, fending for oneself. So I'll finish my studies first, get myself a job at the bank and acquire a few things of my own. Or else I shall get myself a scholarship, to go to the USA and come back and start a private research institute. (90)

교사들은 정부가 학과목에 대한 감독과 간섭에 반항하다가 가족과 자신의 안전을 위협받고 국외로 가기도 한다. 작가는 학생들과 교사들의 투쟁을 통해서 교육을 받은 엘리트들은 자신들이 투쟁을 하지만 아직 혁명을 일으키기에는 분위기가 성숙하지 않으며 때가 도래하지 않았음을 알고 있다는 간접적인 암시를 주고 있다. 결정적인 때가 올 때마다 저들은 신변의 안전을 위해 주춤했으며 이들의 실천적인 행동이 부족했음이 사실이다. 엘리트들은 그들이 외국에서 공부를 했기 때문에 지배층들이 피지배층들을 억압하기 위해 모이면 반드시 그곳에 있다. 이들은 변화를 사실 원하지 않으며 심지어 현재의 고통은 저항이 가져온 결과라고까지 하는 것이다.

> What about the children of those who took axes and home-made guns, claiming that they were going to fight against the rule of law? Where are they today? Where is the independence that we fought for? That is what they are still shouting at the bottom of the ladder. (103)

대학의 교육도 정해진 정부의 체제하에서 순종을 하면서 살아가는 방법이 목적이고 정의와 진리를 위한 투쟁은 그에 상응한 저주가 그리고 순종은 그에 대한 보답으로 소리를 낸다. 정의와 진리를 가르치는 교육기관은 재판도 없이 구금이 되는 상황이다. 정부는 자본가 계급을 보호하고 거기에 대한 보답으로 기업은 정부에 엄청난 돈으로 보답함으로써 정부와 기업의 연결 고리는 확고하다. 따라서 노동자가 기업을 상대로 싸운다는 사실은 엄청난 힘을 지닌 정부에 대항하는 행위나 다름이 없음으로서 정부와 기업의 음모로 저들의 피해만 발생하는 결과는 당연하다.

> Before I finish, I would like to remind the masses wherever they are that strikes are banned by a presidential decree. Before, in colonial times, we used to go on strike demanding our independence. But what independence are we striking for? (109)

노동자들과 학생들 그리고 Matigari를 심지어 정신병원에 감금까지 하는 사실로 미루어 보아 정부와 모든 기관이 어떤 밀월을 즐기고 있는지 짐작하는 것은 그리 어려운 일이 아니다. 그러나 저들의 저항은 중단되지 않는다. 학생들은 정의와 진리를 위해서 다음과 같은 경고를 한다:

> You should heed the riddle told by Matigari. A thieving spirit cannot be appeased by sacrifice. I can see that now even more clearly. I shall sing with those who were detained yesterday, those goaled the day

> before yesterday and the fifty who were killed this very morning by the security forces. (21)

작가는 위의 글을 통해서 궁극적으로 노동자들과 학생들이 핍박과 압력에도 불구하고 승리할 것임을 암시하고 있다. Matigari는 무기를 구입하고 자신들이 더 이상 외국의 힘에 의해 착취당하지 않고 진정한 의미의 해방을 이루기 위해 투쟁할 것을 다짐한다. Gunther역시 자신이 성의 노예가 되지 않기 위해 투쟁할 것을 결심하고 인간성의 위엄을 되찾겠다는 의지를 보인다. Matigari의 결단력을 가지고 다시금 자신의 집을 찾기 위해 돌아오고 마을 사람들이 지켜본다. 법으로 자신의 권리를 보장받지 못하는 그는 스스로 그 집에 불을 지름으로써 부유한 계급의 재산을 파괴하고 또 다른 투쟁의 시작을 알리는 것이다. Matigari, Gunther, Muriuki가 숲으로 도망을 갈 때 경찰견에 의해 Gunther는 팔이 물리고 이를 마티가리가 치료한다. 피가 흘러 땅의 흙과 범벅이 되지만 이는 새로운 생명을 암시하는 장면이 되기도 한다. 소설이 끝날 즈음 비가 억수로 내리고 불이 난 집은 꺼진다. 불이 나고 비가 와서 꺼지는 것은 작가의 의도라면 이는 새로운 땅의 이미지로 해석이 가능할 것이다. 비가 내림으로써 모든 생명이 다시 자라기 때문이다. 결론적으로 구성은 자신의 집을 찾는 탐색 행위가 정의와 진리를 위한 탐색으로 발전되어 가는 상황이 초점으로 보인다. 궁극적으로 작가는 이런 외국의 착취 행위를 막을 수 있는 것은 집단적인 대응을 통한 투쟁에 있음을 암시하고 있다.

8

몽고 베티(Mongo Beti)와 유토피아적 풍자

Mongo Beti의 글은 아프리카 전통사회와 시골의 전통에 대한 찬양과 현대화 된 사회와 도시의 전통에 대한 적대감 같은 것이 바탕에 깔려 있다. 아프리카의 순수한 전통과 교육 방식을 보전하는 것에 대한 애착과 프랑스 교육에 대한 불만을 나타내는 것으로 이해가 가능할 것이다. 그러나 어느 쪽으로 본 작품을 이해하든 어느 정도의 타당성과 설득력은 가질 것이다. 필자의 경우는 좀 더 다른 시각에서 본 작품을 이해해 보고자 한다.

작가를 어리석고 고집이 센 작품의 화자로 이해한다는 것은 곧 바로 작품을 왜곡시킬 수 있는 위험성이 있을 것이다. 화자인 Jean-Marie Mdeza가 반드시 작가 자신인 Mongo Beti로 이해 할 수 없다고 보는 것이 바람직한 태도일 것이다. 더 나아가 본 작품이 작가의 자서전이라고도 볼 수 없다. 그러나 Jean-Marie와 Mongo Beti가 다 같이 Cameroons에서 태어났음은 사실이다. 작가 자신과 영웅적인 화자의 유사함은 마치 Achebe와 Odili와 유사한 상황과 다를 바 없음은 분명하다. 화자가 일인칭이지만 둘 사이에는 틈이 있음도 사실이다. 어쨌든 남학생으로서 무책함하고 거만하며 진실치 못한 화자는 독자들로 하여금 거리감을 느끼게 한다. 어리석으면서도 겸손하기도 하며 또 믿을 수 없기도 하다. 어쩌면 작가 자신은 Jean-Marie와 거리감을 유지하기 위해 인위적인 시도를 했을지도 모를 일이다. 작품을 통해 나타나는 아이러니는 주인공이 사용하는 언어에서도 나타난다. Jean-Marie의 스타일은 상투적이고 고리 타분(stock-phrase)한 표현들이다.

> My God, how lovely she was! Her cheekbones stood out just far enough; her nose was small and pert, her mouth proud as well as sensual. Her whole personality breathed that air of calm, detached assurance which is only to be found in those girls who know what they want and can reflect on many past occasions when they got it...
>
> She seemed to be waiting for something; but the longer I watched her,

the less certain I became of just what it was. All women spend their lives waiting for something, I thought--probably I'd read that somewhere-any they only differ in the degree of their foreknowledge.[1)]

이것은 Mongo Beti의 스타일과는 거리가 있음이 사실이다. 마치 삼류 애정 소설을 회상케 하는 장면이기 때문이다. 그러나 작가는 등장인물에 적절한 상황을 끌어들이고 있음은 인정해야 한다.

My heart began to beat violently. I was as nervous as a partisan about to raid a strongly-held enemy position (93).

Jean-Marie의 스타일은 그가 직접 값싼 소설을 읽은 것에 영향을 받았음이 어느 정도 사실이기도 하다. 게다가 비판 의식이 없이 자기 맘대로 읽고 습득한 내용을 그대로 재현하는 것도 원인이 될 수 있다. 그러나 이런 일련의 상황은 독자들로 하여금 그의 언행에 불신을 가져오게 하는 직접적인 발단이 된다고 할 수 있을 것이다. 비록 작가는 자신이 화자를 통해 말은 하고 있지만 작가의 의도가 어느 정도 작용하고 있는 것은 아닐까? 상황의 아이러니와 화자의 목소리 그리고 화자의 강변은 적절하게 표현되고 있다. Jean-Marie가 식사에 대한 서술을 어떻게 하는지 살펴보자.

This was, according to local custom, an enormous meal, chiefly because they only had two means a day. The women went to work in the fields early in the morning, and only returned late in the afternoon...

The table was loaded with food. My uncle was distinctly lacking in table manners: he crammed his mouth so full that a great bulge appeared in each cheek, and I was afraid he might burst. I trained myself not to catch his eye during meals, so as to avoid betraying my astonishment at his feeding habits. His son, on the other hand, shot constant glances of shame and reproach at him (57).

Jean-Marie가 Kala에서 사는 사람들에게 양보를 하는 것은 자기 삼촌의 식탁 예절에 대해 과장하는 듯한 인상을 주기도 하고 하루에 두 끼 식사를 한다는 사실에 대한 경멸일 수도 있을 것이다. 그러나 이것에 대해 작가는 개입하고 있지 않다.

---

1). Mongo Beti. *Mission to Kala.* Heinemann Educational Books, 1964. P. 70.

> Is there, as I am inclined to suspect, a kind of complicity, an unspoken agreement between even the severest examiner and any candidate? But if so, does this complicity not rest on the implied assumption (which the professor, at least, is consciously aware of) that all they both know is, in differing degrees, illusory and insubstantial? Pursuing this sour train of thought, I asked myself how many geography teachers in Western Europe and the areas under European influence, such as Central Africa, had any real or precise information about contemporary conditions in Russia? It was a depressing state of affairs if countless poor little bastards were forced to sacrifice their youth in assimilating a lot of fairy tales (67-8).

Mongo Beti와 화자와의 이런 거리감을 잘못 인식하게 되면 작가로 하여금 유럽식 가치관에 대한 부정적인 시각을 지니고 있다고 오해하기 쉬운 것이다. 화자는 지리학이나 지질학은 동화나 다름이 없다는 이야기를 한다. 왜냐하면 대부분의 교사들은 러시아의 지리에 대해서 잘 모르고 가르치고 있기 때문이다. 이는 Kala에 사는 사람들에게 러시아에 대한 거짓 사실을 가르치고 있는 것이나 다름이 없다. Mongo Beti는 화자인 Jean-Marie를 비판적인 시각에서 바라보고 있다.

본 작품은 기본적으로 Niam의 부정한 아내를 데려오는 임무에 초점을 두고 있는 것이 아니라 화자가 자신에 대한 여러 가지 사실을 인식하면서 스스로 성장해가는 사실과 교육에 강조를 두고 있다. 흔히들 피카레스크 소설에서 흔히 볼 수 있는 주인공의 여행 중 모험과 거짓이 아니라 자기 발견을 통한 심리적 정신적인 성장이 중요한 모티프로 작용하고 있다는 이야기이다.

소설이 시작되면 Jean-Marie는 스스로 자신의 실패에 대해서 충분히 인식을 하고 있으며 정신적으로 많은 스트레스를 받고 있다. 그의 동료인 Vimilians는 그를 백인들의 비밀을 제대로 알고 있는 교육을 많이 받아서 모든 것들을 잘 알고 있는 사람이라고 한다: "he only has to make the trip there and put the fear of God into those savages." 그렇기 때문에 16세의 소년은 35세의 중년의 아내를 데려오도록 심부름을 받게 된다. Aunt Amou는 겸손하고 지각 있는 과부로서 사물을 제대로 인식하고 파악 할 줄 알고 있는 이성을 상징하는 인물이다: "Aren't you ashamed to drag this poor boy into your dirty lies? He's just a child." Vimilian부부가 Jean-Marie를 이와 같은 임무를 수행하도록 심부름을 보내려고 했을 때 그는 스스로 다른 사람들의 가치관에 대해서도 인정할 줄 알게 되며 서서히 자기 인식을 과정을 밟게 된다. 그리고 자신을 어떤 사명을 부여받은 인물로 생각하는 것이 아니라 정복자

(conquistador)로 생각하게 된다. 그리고 자신이 타고 가는 자전거를 "대단한 기계" (a splendid machine)로 생각하게 되고 자신을 귀족으로까지 생각하게 되는 것이다.

> Occasionally stopped, and with one foot just touching the ground while the other remained, as it were, in the stir up, I gazed at the vast panorama lying open to my future exploits. (This "vast panorama" was for the most part restricted to a seedy vista of tree-trunks lining the road, oppressive in the most literal sense.) Then there was this strange name of mine, Medza. If I added one tiny syllable, only one, it would be transformed into a real Conquistador's name. Medzaro! — just like Pizarro, or near enough, anyway (19-20).

Jean-Marie는 Kala의 사람들에 대한 자기 나름대로의 생각을 지니고 왔지만 곧 이들이 변화되기를 은근히 강요하는 순서를 밟게 된다. 우선 그가 Kala마을에 도착했다는 사실은 알려지지 않으며 그곳의 주민들은 한가한 시간을 오락으로 보내고 있었다. 자신을 정복자로 생각하지만 환영조차 받지 못하는 경우를 경험하고 오락에 대한 다음과 같은 반응을 보인다.

> I was astonished by the whole thing, though in the end I remembered that when we were about six or so we used to play a similar sort of game at home. But in our case it was a childish pastime, a mere survival from former times, and not taken in t he least seriously. At Kala, to judge by this match, it was still going very strong indeed (22).

Jean-Marie의 겸손한 행동은 두드러진다. 그의 눈에 비친 Kala 마을의 주민들은 감정적이며 6세 정도의 정신 연령을 지닌 것으로 생각되었다. 그의 눈에 비친 Zambo를 보기로 하자.

> Having first taken a bird's-eye, panoramic view of the scene, I now began to examine it in detail. The first thing that caught my eye was a great hulking devil in the Kala team, who h ad such enormous muscles that I concluded he must have bought them on the instalment system. There was simply no other explanation possible. He was tall and flat-footed, with a disproportionately lengthy torso which, nevertheless, he carried very badly. His buttocks were incredibly slender, yet he retained the country native's slight pot-belly, due to a habitually rough and meagre diet. He was like a kind of human baobab tree...

> I found it hard to convince myself that this monster was really my cousin, the young man from whom old Bikokolo had promised me so wonderful a reception. By what miraculous process, I asked myself, could this man be related to me in any way? (23)

화자는 Zambo를 야만인 아니면 야수로 묘사하고 있다. 그러나 소설이 진행이 되면서 독자들은 서서히 화자의 이야기에 대해서 신뢰를 하지 않는다. 왜냐하면 Zambo는 야수 같은 인간이 아님이 증명이 되었기 때문이다. 그곳의 모든 소녀들이 그를 따랐고 그를 좋아했으며 이제 화자는 자신을 Zambo라고 부르기까지 하는 변화의 과정을 경험하게 되는 것이다. 화자는 Zambo에 대한 편견을 처음부터 가지고 있었다. 그들이 지니고 있는 근육을 비웃었으며 모든 것들을 편견에 찬 시각으로 보았던 것이다. 그리고 Kala인들의 식사조차도 보잘 것 없는 것으로 생각했던 것이다. 그러나 독자들의 입장에서는 그렇게 보이지 않는다. 심지어 화자는 Kala인들과 비교해서 볼 때 자신이 그들보다 더 못한 존재임을 스스로 깨닫게 되는 경험까지 하게 된다. 자신의 조카인 Zambo를 야만인처럼 생각만 했지만 실제로 그를 환영하는 태도는 겸손하고 온화한 인간이었음을 알게 된다.

이제 Kala에서 화자는 인간관계에 대한 새로운 인식을 알게 되고 가족 관계에서도 화목하기만 하다. Zambo와 Mama와의 관계와 Jean-Marie와 그의 아버지와의 관계는 정반대임을 눈으로 확인하게 된다. 화자의 아버지는 가정을 주먹과 무력으로 다스리고 있기 때문이다. 그렇기 때문에 화자의 가정은 평화로운 때가 한 번도 없었던 것이다: “there was never any peace or sense of security; nothing but rows, reproaches and fear.” 아버지는 항상 꾸중만 하고 어머니는 아이들을 못살게 굴며, 남자아이들은 여자아이들을 구타하고, 나이든 여자아이들은 어린아이들을 괴롭히고 청소년의 문제는 보다 심각했던 것이다.

그러나 Kala에서 화자는 그가 상상도 못했던 가정의 자율성과 사회의 자율성을 목격했다. 화자 자신의 사회에서는 항상 구속의 형태로 나타난 도덕과 가치관이 그곳에서는 항상 자율적으로 이루어지고 있었던 것이다. 화자의 사회에서는 술과 성 관계가 어린아이와 성인의 구분을 할 수 있는 척도와 표준이 되는 시각이었지만 Kala에서는 비록 원시적으로 보이긴 했지만 자신이 원시적이라고 생각했던 사람들에 비해 더 원시적임을 알고 부끄러움을 느끼는 것이다: “I'd have given all the diplomas in the world to swim like Duckfoot Johnny, or dance like the Boneless Wonder; or have the sexual experience of Petrus Son-of-God.” 여러 가지 혼란에도 불구하고 Kala인들은 화자가 백인에 대한 비밀을 알고 있는 교육을 받은 사람으로 존경하고 따르지만 정녕 화자인 당사자의 입장에서는 그들 보다 더 열등한 존재임을 알고 있기에 더욱더 수치스러움을 느낄 뿐이다.

> I wanted to be kind to this woman; she meant well enough; but how on earth was to give her the most elementary notion of such things as geography, advanced mathematics or the social science?...I honestly believed that the old lady was suffering from the effects of senility (48).
>
> ....
>
> Scarcely was dinner over when my hostess began to fire a whole fusillade of questions at me. She sat next to me and went on absolutely ruthlessly, dragging detailed explanations out of me, and going back over muddled points with a needle-sharp clarity. She obviously was aware of all my weakness and shortcomings; she was equipped to give me the most humiliating oral I had ever through in my life. To think that there are people like me whose job is passing exams all their life (62).

이들이 대화를 하는 도중에 화자는 스스로 자신이 얼마나 무능한 존재이며 열등한지 깨닫게 된다. 러시아에 대한 지리학과 뉴욕에 대한 문제점들에 대해서 말을 하지만 자신이 분명히 알고 있는 것은 하나도 없기 때문이다: "[he wants] to yell for mercy, to throw in the sponge, anything." Kala 주민들을 교육시키기보다는 오히려 화자가 배우는 꼴이 된 것이다. Zambo와 그의 아버지는 화자의 무지함에 대해 크게 실망을 한다.

> He stooped down to his work again, his face twisted into a kind of despairing grimace. It was just such an expression as is common among classics masters in the provinces, indicating that their pupils are incurably third-rate and will never be any use at anything, let alone classics. Then he stood up once more, with an air of conscientious determination (89).

경우에 따라서 Zambo는 화자인 Jean-Marie에게 그가 살고 있는 지역에 대해서도 아는 바가 없느냐고 질문을 하게 된다: "Don't you know anything in your part of the country?"

이제 독자들은 화자가 어떻게 스스로 개안해 나아가는지를 눈으로 확인하게 된 것이다. 야만스럽게 생각했던 Zambo인들은 야만스럽지도 무지하지도 않았으며 화자가 대신 야만스러움을 스스로 느끼게 되고 급기야는 스스로 손을 들게 되는 상황을 맞이하게 된 것이다: "There was a good deal of common sense in Zambo's remarks: he was more level-headed about the whole thing than I was" (145).

비록 Kala의 주민들이 Jean-Marie를 공손히 모시고 있지만 그들도 화자가 더 열등한 존재임을 알고 그를 오히려 이용하기까지 하는 것이다. 이 가운데서도 Jean-Marie를 가장 많이 이용하려는 인물이 삼촌인 Mama이다. 그리고 자신은 중요한 사명을 띠고 왔지만 중요한 역할을 한 것은 하나도 없게 된 것이다. 작품의 마지막에서는 도시 출신의 세련된 사람("city slicker")이라고 자부했던 화자는 정복자로 와서 정복을 당하게 되며 교육을 시킬 임무를 띠고 있었지만 교육을 반대로 받지 않으면 안 되는 상황을 맞이하는 코믹한 아이러니를 경험하게 된 것이다.

> Looking back, I suspect Eliza had become my symbol of absolute liberty, the freedom enjoyed by country boys like Duckfoot Johnny, the Boneless Wonder, Son-of-God, and the rest. I saw this freedom as the most precious possession I could acquire, and realized at the same time that in all likelihood I should never have it. Without being aware of it, I was no more than a sacrifice on the altar of Progress and Civilization. My youth was slipping away, and I was paying a terrible price for — well, for what? Having gone to school, at the decree of my all-powerful father? Having been chained to my books when most children of my age were out playing games? (63)

Jean-Marie는 어떤 의미에서 보면 유럽 백인 문명에 노출되어 교육을 받은 유럽의 대변인이었는지도 모른다. 그러나 Kala의 부락에서는 그의 교육을 무용지물이었던 것이다. 이는 작가로서는 유럽의 문화와 교육은 원주민들로 하여금 뿌리를 뽑게 하는 중대한 범죄 행위임을 고발하는 셈이다. 그러나 화자의 말은 신뢰성이 없기 때문에 전적으로 믿고 판단하는데 어려움이 따르기 마련이다. 화자는 자신의 아버지와의 불편함과 자신에 대한 수치감으로 Kala사회를 가장 이상적인 사회로 간주했을 지도 모르는 일이다. 화자의 경우 외부 환경에서 일어나는 일은 무엇이든지 비판 의식이 없이 그대로 받아들이는 경향이 있기 때문에 판단에 착오가 생길 수 있음을 항상 의식해야 할 것이다. 비록 그가 Kala 사회를 가장 이상적인 사회로 생각했을지라도 그곳에서도 역시 Endongolo와 그의 여동생과 같은 고아가 있으며 자유로 보기엔 방종에 가까운 현상을 Zambo를 통해서 볼 수도 있었기 때문에 그곳 역시 고난과 고통이 완전히 배제된 유토피아와 같은 사회가 아니었음을 분명하게 알 수 있는 것이다.

결론적으로 본 작품은 유럽의 문화와 교육을 막연히 비판한다고 볼 수도 없으며 유럽 문명에 부분적으로 노출된 한 젊은이의 우월감에 대한 풍자와 부족의 생활에 대한 묘사로 보는 것이 적절한 판단으로 보여 진다.

9

까마라 라예(Carama Laye)의 공동체사회

경우에 따라서 어떤 비평가들은 Laye의 『아프리카 아이; *The African Child*』를 상당히 부정적으로 보고 있기도 하며 심지어 반 식민주의 투쟁을 다루는데 실패하고 있다고 지적하기도 함이 사실이다. 그렇다면 혹자는 Jane Austen과 같은 영국의 소설가가 프랑스 혁명에 대해 다루지 않았음에 대해서 탄식을 해도 무리가 되지 않을 것이다. 소설이 아니면 소설가가 인간의 경험을 다루는데 있어서 제한이나 편견의 범주로 한정짓게 되면 그것도 문제가 안 될 수 없음이 사실이다. 어쨌든 소설가가 단순히 어떤 민족적, 인종적, 부족적 배경에 속하였거나 정치 사회적인 맥락과 관련되어 있다는 이유만으로 이런 저런 기대를 하는 것도 무리가 아닐 수 없다. 이제까지 많은 사람들은 정치 사회적인 그리고 이념적인 틀 속에 자꾸 끼워 넣고 평가하려던 경향이 있었음이 사실이다.

보다 넓은 의미에서 Laye의 경우 두 가지 사항을 작품을 통해 전하고자 한다. 우선 첫째로 그는 어려서부터 성장할 때까지 전통 사회의 배경과는 상충되는 환경에서 자랐고 이는 그의 삶이 이곳저곳으로 유랑하는 원인이 되었던 이유가 된다는 점이고 두 번째로 유럽의 현대화된 사회보다는 아프리카의 전통 사회가 지닌 우수성에 대한 암시를 잊어서는 안 될 것이다. 따라서 작가는 전통 사회를 끊임없이 이상화하고 있으며 전통 사회의 마술, 기적 그리고 순수함에 대해 향수에 어린 모습이다. 그러나 그가 자란 배경과 이질적인 환경에 대해서는 직설적으로 다루고 있지만 후자의 경우는 다분히 의식적이고 내면적인 목소리로 나타난다.

인간의 순수함에 대한 서술은 첫 번째 에피소드를 통해서 보다 분명한 형태로 전해진다. 어린 Camara Laye는 장난감보다는 독이 가득한 뱀을 가지고 놀고 있다: "I was laughing, I had not the slightest fear, and now I know that the snake would not have hesitated much longer before burying his fangs in my fingers if, at that moment, Damany, one of the apprentices, had not come out of the workship."[1] 이제

1) Camara Laye. *The African Child*. Trans. Kirkup, J., Fontana, 1959. P. 11. 이하 모든 인용문

문장의 시제가 변하여 어린아이가 성장하여 순수함을 서서히 상실해 가고 있음을 보여준다. 글이 계속 진행됨에 따라서 어린아이의 경험은 강력한 형태로 자신의 행각과 행동을 비롯하여 강한 산문의 틀을 유지한 채 전달되어진다. 그는 자기 아버지가 사용하던 마술 단지를 찾아내기도 하고 자신이 유치하다는 느낌을 지니기도 하며, 청소년이 되어 가는 자신이 사랑을 느끼는 것도 알 수 있게 된다. 학교에서 자신보다 나이가 많은 아이들과 다투기도 하며 때로는 순종하는 모습을 보이기도 한다. 할례의 경험을 비롯하여 자족하는 법을 배우기도 하며 친구와 해어지고 사별하는 아픔을 경험하기도 하는 것이다.

본 작품의 강점이라면 Camara Laye가 전통 사회의 삶을 묘사하는 힘이 넘친다. 전통사회의 의식에서부터 그 기억에 이르기까지 어린아이의 마음속에 있는 모든 것들이 너무도 분명하고 생생한 형태로 묘사되기 때문에 영감에 가까운 묘사라고 할 수 있다. 그리고 작품의 통일성과 일관된 논리는 등장인물, 장면, 배경 그리고 전통 사회의 잠재력에서부터 서서히 드러나는 것이다. 가장 기억에 남을 만한 일화는 금을 만드는 장면으로 네 가지로 비치어진다. 금을 제조하는 과정이 세밀하고 갖가지 활동과 참석자들의 반응들이 자세히 묘사되며 지역사회의 주술이나 흙과 무질서에서 아름다움을 만들어 내는 Laye의 솜씨는 장인 이상에 가깝다.

> But what else could they have been, if not magical incantations? Were they not the spirits of fire and gold, of fire and air, air breathed through the earthen pipes, of fire born of air, of gold married with fire — were not these the spirits he was invoking? Was it not their help and their friendship he was calling upon in this marriage of elemental things? Yes, it was almost certainly those spirits he was calling upon, for they are the most elemental of all spirits, and their presence is essential at the melting of gold.
>
> The operation that was going on before my eyes was simply the smelting of gold; but it was something more than that: a magical operation, that the guiding spirits could look upon with favour or disfavor; and that is why there would be all round my father that absolute silence and that anxious expectancy (26).

금세공사는 신이 나서 일을 하고 이에 더욱더 흥에 겨워진 찬양의 노래는 너무도 힘이 넘쳐 나는 노래가 된다. 이런 일련의 모든 상황들은 우리들의 눈앞에서

은 본서에 의함.

그대로 전개되고 있는 듯한 느낌을 지울 수가 없다. 진흙 더미에서 금을 찾아 모으는 힘든 일에서부터 찬양 그리고 Laye의 부친이 보이는 이에 대한 반응, 세공을 위한 준비 과정, 실제 용광로에서 녹이는 장면, 망치질과 모울딩으로 아름다운 무늬의 금을 만들어 내는 상황들, 그리고 마지막으로 벌어지는 춤마당은 흥에 겹기만 하다. 게다가 여성들의 반응들도 생생하게 묘사가 된다. 제품이 완성되는 장면을 지켜보는 아낙네들의 환희의 즐거운 비명들 그리고 남편의 건강을 걱정하는 마음, 마을의 축제와 마을 사람들과 친척들, 친구, 이웃 사람 모두는 이런 과정에 한결 같이 공동체의식을 전제로 하나가 된다.

Konden Diara에 관한 에피소드는 Camara Laye의 기법을 다시 한 번 확인시켜주고 있는 것이다. 어린아이의 공포와 신비를 강력하게 불러일으키며 의식이 벌어지는 동안 시제는 작가에 의해서 과거 진행 시제에서 현재 시제로 바뀐다. 이는 소년의 경험을 적절하게 전달하기 위한 것이다. 따라서 전체 화법은 이 시점에서 모두 어린 소년의 의식으로부터 발산이 되는 것이다. 할례가 벌어지는 의식에서는 지역사회의 공동체 의식이 생생하게 전달되며 그는 유쾌하지 못한 장면들을 그대로 전한다. 붕대, 고통, 상처, 그리고 열과 통증, 상처의 소독, 번쩍이는 낟으로 수확하는 장면 등이 여과됨이 없다.

> The young men used to toss their glittering sickles high in the air and catch them as they fell, shouting aloud for the simple pleasure of hearing their own young strong voices, and sketching a dance step or two on the heels of the tom-tom players. I suppose I should have done well to have followed my grandmother's advice and to keep a safe distance from those lively jugglers. But there was such a vivid freshness in the morning air, such scintillating vivacity in their juggling feats, in the spinning sickles that in the rising sun would blaze and flash with sudden brilliance, and there was such irresistible alacrity in the rhythm of the tom-tom that I could never have kept myself away from them (46).

금을 세공하는 장면과 할례에 관한 에피소드는 공동체 사회의 유대를 확실하게 보여주고 있다: "then my uncle Lansana or some other farmer — for the harvest threw people together and everyone lent a hand in each other's harvesting — would invite them to begin work."

> In our December, the whole world is in flower and the air is sweet:

> everything is young and fresh; the spring seems linked with the summer, and the countryside that for so long has been drenched in rain and shrouded in baleful mists now lies radiant; the sky was never seemed so blue, so brilliant; the birds are ecstatically singing; there is joy all round us--its gentle explosions are echoed in every heart. It was this season, this beautiful time of the year, that was stirring me so deeply, and the beat of the tom-tom and the festive air of our little procession moved me also. It was the best time of the year, the summer and all it stands for, all it holds and cannot hold — for how could it contain so much profusion? — and it made my heart leap with joy (46-7).

위의 글은 전통 사회가 아름다운 봄의 장면과 봄의 재생하는 기운 그리고 죽음을 상징하는 겨울이 지내고 기지개를 펴는 봄을 전형적인 방식으로 묘사하고 있는 장면이다. 이런 장면은 Chaucer의 *The Canterbury Tales*에서나 볼 수 있는 아름다운 장면이 아닐 수 없다.

Laye가 의도하는 목적을 좀 더 설명해 보기로 하자. 전통 사회에 대한 묘사가 강력한 토운을 지니는 것 이외에도 이런 전통 사회 속에서 그 자신이 어린 시절의 순수함에서 성년이 된 현재까지 어떻게 성장하고 발전해 왔는지를 보여주고 있다. 다른 한편으로는 이런 급속도로 발전하는 사회 가운데서 자연과 자원이 황폐해져 가고 험악해지는 모습을 보이는 점이다. 그러면서도 사건의 발생은 어린아이의 눈을 통해서 항상 전달된다는 점이다. 마치 어린아이가 세상의 모든 경험을 다했노라는 듯이 말이다.

> This workshop was the main building in our compound. That is where my father was generally to be found, supervising the work, forging the most important items himself, or repairing delicate mechanisms; here it was that he received his friends and his customs, so that the place resounded with noise from morning to night. Moreover, everyone entering or leaving our compound had to pass through the workshop, so that there was a perpetual coming and going, though no one ever seemed to be in a hurry (13).

그러나 때로는 성년이 된 화자와 서술 시제는 보다 직접적이다. 그리고 성년이 된 화자는 다시 소년 시절 자신이 한 경험에 대해 추가적인 설명을 하고 있다.

> Ah what was the right path for me? Did I know yet where that path

> lay? My perplexity was as boundless as the sky, and mine was a sky, alas, without any stars.... I entered into my mother's hut, which at that time was mine also, and went to bed at once (20).

위의 경우에서 Camara Laye는 자신의 이런 저런 생각들이 어린아이의 마음속까지 미치지 못했음을 은연중에 암시하고 있다. 이는 작가가 전통 사회와 우주론적인 국제화 사회의 가운데서 이러 지도 저러치도 못하고 있음을 간접적으로 나타내고 있는 것이다. 마술의 장면에서 그의 이런 두 가지 관점이 보다 분명한 형태로 나타나고 있음이 사실이다. 마술을 입은 뱀을 묘사하는 초기 장면에서 초자연적인 현상에 대해서 어떤 형태의 변명이 없다. 독자는 Mamadou가 뱀을 만나는 이야기에서 마술에 걸리는 상황이 된다. 사실에 대한 질문이 없다. 그러나 이곳에서 이야기는 어린아이의 눈을 통해서 전달되어 진다. 보다 세속화된 어른의 시선은 이곳에서는 사라진다. 그러나 그의 어머니가 마술을 부리는 장면에서는 이제 어린아이의 관점은 없어지고 어른의 관점으로 다시 돌아오게 된다.

> I hesitate to say what these powers were, and I do not wish to describe them all. I know that what I have to tell you will perhaps be greeted with sceptical smiles. And today, now that I come to think about them, even I hardly know what to make of them. They seem to me incredible; they are incredible. Nevertheless, I can only tell you what I saw with my own eyes. How could I disown the testimony of my own eyes? (58)

뱀에 관한 에피소드가 어떤 변명이나 구실에 대한 언급이 없이 마술을 부리는 재능에 대한 이야기를 하면서 왜 자의식 적으로 망설이고 있을까? 이는 혹시 작가가 나이가 들어 전통사회의 방식이 더욱더 타당성을 지니면 보다 더 우수하다는 자신의 신념에 변화가 생긴 것은 아닐까? 사실 어른의 눈을 통해 어린아이의 세계를 볼 수 있도록 한다는 사실은 어린 시절에 대한 향수가 많은 영향을 주었을 것이라는 짐작을 하기에 그리 큰 어려움이 없다.

이제 나이가 든 Laye의 말속에는 과거 향수에 대한 확실치 않은 향수 같은 것이 어려 있음을 읽을 수 있다: “But we were singing! Ah! how happy we were in those days!” 우리 자신의 삶에 방식에 대한 향수에 잘못이 있다는 말을 하기엔 다소 무리가 있을 것이다. 그러나 여기서 작가는 유럽화와 기계문명의 급속한 발달로 발생되는 충격과 여파에 과거의 향수마저도 사라져 가고 있음을 탓하고 있는 것이다. 이런 유럽의 기술문명은 전통 사회에서 소중히 간직해 온 문명들이 사라져 가

는 원인이 된 것이다. 아래의 진술을 보면 더욱 분명해 진다:

> That past is, however, still quite near: it was only yesterday. But the world rolls on, the world changes, my own world perhaps more rapidly than anyone's; so that it appears as if we are ceasing to be what we were, and that truly we are no longer what we were, and that we were not exactly ourselves even at the time when these miracles took place before our eyes. Yes the world rolls on and changes (62-3).

그리고 작가는 다음과 같이 지적한다:

> But at the moment of writing, is there any part of the rite that still remains? The secret.... Do we still have secrets? (92)

이와 같은 일련의 작가가 한 말을 토대로 어떤 평자들은 Laye가 지속적으로 제기하는 과거에 대한 향수는 현실로부터 완전히 떨어진 진정한 의미의 향수인가라는 회의의 질문을 던지고 있기도 하다. 그러나 어느 쪽의 의견이 올바른지는 독자 스스로 판단할 일이다. 작가가 말하는 과거에 대한 향수가 사실적이던 아니면 허구적이든 그것은 일률적인 평가로 몰아갈 성질의 것은 아닐 것으로 본다. 그러나 한 가지 분명한 사실은 원주민 아프리카인들에게선 유럽의 기계문명과 문명화된 사회는 낯설게 보였음에 틀림이 없었을 것이다.

5장에서 학교생활에 대한 묘사가 나온다. 그러나 어린 시절 행복했던 서정적 배경과는 너무도 판이한 적대적이고 부정적인 모습이다. 잔인함과 착취 그리고 무책임한 행동들과 무능함 이외에는 찾아 볼 수 없는 장이다. 정글의 법들이 Kourousa School에 적응이 되고 나이가 들고 힘이 센 아이들은 어리고 힘없는 아이들을 구타한다. 그리고 부모들 가운데 피해를 입은 아이의 부모는 구타한 학생들을 다시 구타하는 악순환의 고리가 만연된 상황이다. Camara Laye의 아버지는 자신의 아들을 구타한 아이를 구타하고 학생들과 교사들이 보는 눈앞에서 보여 지는 교장의 행동들도 예외는 아니다.

Laye가 암시하듯이 그의 어린 시절은 만약 엄격한 어머니가 식탁 앞에서 지켜야 할 예의를 가르치고 아들이 밤에 밖에서 여자아이와 함께 자는 지를 확인하기 위해 찾아다녔다면 행복했을까? 만약 그것이 사실이라면 그의 어린 시절은 외면적으로 볼 때 그렇게 이상적으로 묘사되는데 한계가 있었을 것이다. 물론 서술된 내용만으로 한 사람의 어린 시절에 대한 모든 평가를 내린다는 것이 모순되기는

해도 말이다: “Then more or less reassured, she would take my hand, and we would walk to the village, and with my hands in theirs we would all-my granny, my uncle and myself-make our entry into the village” (36).

그의 어린 시절에 대한 이상화에도 불구하고 Camara Laye는 자신의 장래를 그곳에서 설계하고자 하는 마음이 없다. 이처럼 자신이 한 진술과 모순이 되는 부분이 여러 곳에서 발견되는 것이 사실이다. 그가 Tindican을 방문했을 때 허리에 간단한 옷(loincloths)을 걸치고 친구들과 놀던 그의 어린 시절에 대한 회상을 다음과 같이 한다.

> So I would have gladly given up those schoolboy garments which were only suitable for town wear; and, in fact, I would very soon have discarded them if I had anything else to put on, but those were the only clothes I had with me, and no others were given to me; (42).

그런데 이상한 것은 그의 어린 시절 추억을 회상하면서도 그는 학창시절 입고 다녔던 옷에 대한 거부감이 있는 부분은 모순된 태도인 것이 사실이다. 그러면서도 그는 농부가 되기를 원하며 좀 더 상황이 진행되다 보면 농부나 일을 하는 노동자들에 대한 경멸 같은 감정을 보이는 것이다: “Now I was ambitious. But I would never realize my ambitions by becoming a manual worker; I had no more respect than most people for such workers.”

Camara Laye가 자신의 과거 삶에 대한 기억을 상상력을 수단으로 해 재창조하고 있음을 여러 곳에서 목격할 수 있다. 그렇기 때문에 추억이라는 공간 속에서 자신의 예술은 최상의 행복을 누리는 것이다. 그러나 그의 공간을 벗어날 때 자신의 연약한 모습은 곳곳에서 발견이 된다.

> Our husbandmen were singing, and as they sang, they reaped; they were singing in chorus, and reaping in unison: their voices and their gestures were all harmonious, and in harmony; they were one! — united by the same task, united by the same song. They were bound to one another, united by the same soul: each and everyone was tasting the delight, savoring the common pleasure of accomplishing a common task (51).

위의 진술에서 농사꾼들이 수확을 할 때 그 모습은 현실과 거리감이 있으며 Laye는 그 거리감을 메우지 않고 또 자세하게 보여주지도 않는 혼란이 있다. 전체적으로 볼 때 처음에 시작하는 부분과 비교해 볼 때 뒷부분의 Conakry에서의 삶이 다소 혼란스럽고 모순되는 점이 없지 않음은 사실이다. 다른 측면에서 본 다면 이와 같은 현상은 자신의 환경에서 뿌리가 뽑혀 다른 곳에 이식된 나무가 활기를 잊어 가는 상황과도 같은 것으로 이해가 되기도 한다. 그러니 이상화 한다 던지 아니면 자의식적인 발언은 더욱더 고조되는 것이 당연할 것이라는 생각이 들기도 하는 것이다. 그가 바다를 보면서 묘사하는 장면을 보기로 하자:

And then, I saw a sea....

> I saw it all of a sudden at the end of an avenue. I stood a long time looking at its vastness, watching the waves that kept rolling of the shore. Far off there appeared, in spite of the mist that hung around them, some very green-looking islands. It seemed to me the most astonishing spectacle I had ever seen; from the train, at night, I had only glimpsed what it was like; I had formed no idea of the vastness of the ocean, and even less of its movement, of the kind of irresistible fascination which comes from its inexhaustibly endless movement. Now that the whole spectacle lay before me it was only with difficulty that I dragged myself away from it (124).

역사 작가의 상상력은, 바다를 바라보면서 느낄 수 있는 경외감이 아니라, 바다에 대한 묘사를 "astonishing spectacle," "the vastness of the ocean," "irresistible fascination" "inexhaustibly endless movement"라고 밝히고 있다. Marie와의 연애사건은 과거에 대한 이상 속으로 깊이 빠져들고 있는 것이다. 연애사건은 유혹이나 강요에 의한 것도 아니며, 악의가 전혀 발견되지 않은 전형적인 것이다.

> My uncle would leave his gramophone and records for us, and Marie and I would dance. Of course we would dance very circumspectly:...Need I say that, in our shyness, we desired nothing better? But would we have danced together if it had been customary to dance in one another's arms? I hardly know what we would have done. I think we would have abstained, although, like all Africans, we have dancing in our blood. But we did not only dance. Marie would take her exercise-books out of her satchel and ask me to help her.... Marie loved me, and I loved her, but we never gave the sweet, the awful name "love" to what we felt. And maybe it was not exactly love, though there was something of that in it. What was it? What could it be? It was certainly something big,

> something noble: a marvelous tenderness, and an immense happiness. I mean unalloyed happiness, a pure happiness, a happiness still untroubled by desire (135-36).

Laye는 자신의 사랑을 "marvellous tenderness," "immense happiness," "unalloyed happiness," "pure happiness"라고 묘사하고 있다. 그리고 마지막으로 Check의 죽음은 전형적인 모습으로 제시되고 있다. 그의 죽음으로 인하여 가족들과 친구들에겐 고통스런 경험이 있어야 할 것이지만 그런 모습이 보이지 않는 것은 다소 혼란스럽다. Check을 위로하는 장면을 보기로 하자: "all we could do was to take Check's hands in ours and press them hard so that he would not feel all alone in his pain, and say to him, There, Check!...There!...Be brave...it was pass." 임종의 장면은 영국의 Charles Dickens의 소설을 연상케 한다. Check은 처음에 깊은 잠으로 빠져들고 그의 얼굴은 미소로 덮이며, 다시 깨어나 의식을 찾아 마지막 유언을 하며 그의 유언이 끝나는 목소리는 가늘어지면서 마지막 안녕 이라는 말을 남긴 채 숨을 거두는 것이다. 그때 시계는 12시를 친다. 게다가 그는 부정적인 감정을 다음과 같이 나타내기도 한다: "I feel as if I were living through those days and nights again and I do not believe I have ever spent more wretched ones.... It seems to me that there was nothing, in all those years, to surpass it; nothing in all those years of exile that meant more to me.... Oh! it was a terrible parting! I do not like to think of it."

이상에서 본 바와 같이 필자의 작가와 작품에 대한 논평은 다소 이원적이라는 느낌이 들것이다. 작품이 지니고 있는 특성과 다소 혼란스런 부분들이 함께 제시되고 있기 때문이다. 그러나 한 가지 분명한 것은 전통 사회의 삶이 보다 분명한 형태로 제시되고 있다는 사실은 분명하다. Laye의 엄격한 어머니와 자상하고 동정심이 많은 아버지에 대한 묘사는 세밀하기 때문이다. 반면에 과거에 대한 지나친 이상화는 결함으로 지적이 될 수 있을 것이다. 그리고 관점의 혼란스러움, 자의식 적인 질문과 논평들, 상투적인 표현들도 예외는 아닐 것이다.

UNITED KINGDOM
LOW / HILLS / MOUNTAINS
Orkney Islands
©GraphicMaps.com
Shetland Islands
Prime Meridian
Outer Hebrides
Highlands
Scotland
Atlantic Ocean
North Sea
Inverness
Aberdeen
Ben Nevis
Edinburgh
Northern Ireland
Glasgow
Sunderland
Londonderry
PENNINES
United Kingdom (UK)
Belfast
Carlisle
Leeds
Dublin
Irish Sea
Liverpool
England
Ireland
Cambrian Mts.
The Fens
Birmingham
Ipswich
130 mi
Celtic Sea
Wales
Oxford
Bristol
London
130 km
Cardiff
Thames
Dover
Isles of Scilly
Plymouth
Exeter
Portsmouth
Atlantic Ocean
Falmouth
English Channel
Channel Tunnel
France

제 Ⅱ 부

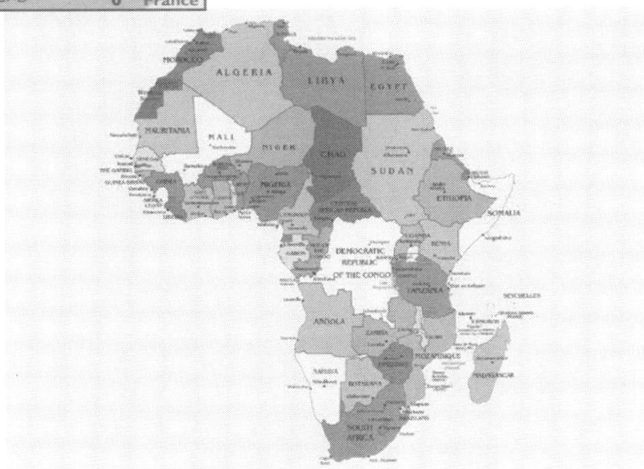
ALGERIA
LIBYA
EGYPT
MAURITANIA
MALI
NIGER
CHAD
SUDAN
ETHIOPIA
SOMALIA
DEMOCRATIC REPUBLIC OF THE CONGO
ANGOLA
ZAMBIA
BOTSWANA
MADAGASCAR
SOUTH AFRICA

CANADA
Washington, D.C.
North Pacific Ocean
North Atlantic Ocean
MEXICO
National capital
State capital

1

나딘 고디머(Nadine Gordimer)에 나타난 인종차별의 어두운 그림자

남아프리카공화국(The Republic of South Africa)은 1994년 통계자료를 보면 인구 41,000,000명으로 전체 면적이 471,000평방 마일, 그러니까 한국의 6배인 상당히 큰 나라이다. 대서양 서쪽을 따라 뻗치면서 동쪽으로는 인도양과 접하고 있으며 지리학적으로 볼 때 초원지대, 산악지대, 해안지대로 구분되어 세 곳으로 나누어져 있다. 흑인들이 대부분이며 과거에서 현재까지 인종차별의 불꽃이 사라지지 않는 곳이기도 하다.

1994년 선거에서 Pretoria가 공식적인 수도로 채택이 되었고 인구의 60%가 도시에서 살고 있으며 Johannesburg와 Cape Town은 각각 200만 명의 인구가 밀집해서 살고 있는 큰 도시이다. 수도인 Pretoria는 인구 100만 명으로 화학물질, 신발, 의류, 식료품 따위의 제조 산업이 주종을 이룬다고 한다. 전체 면적의 1/5정도만이 농사를 지을 수 있는 상황이지만 외국에서 식량을 수입하는 비율로 보면 아프리카에서는 수입량이 가장 적은 나라로 자급자족하는 경우이다.

남아프리카는 풍부한 천연자원을 보유하고 있으며 chromium과 vanadium은 세계 보유량의 3/4, 금은 세계 보유량의 2/3, platinum과 망간은 90% 이상을 이곳에서 산출한다. 더 나아가 보석과 다이아몬드 그리고 갖가지 천연물질을 이용한 물건을 만들어 팔기도 한다. 석유뿐만 아니라 가솔린에 이르기까지 자원이 풍부한 나라이다.

인종적으로는 다양하고 인종차별의 갈등이 심한 곳으로 1990년대 초에 흑인 인구는 거의 3천만 명으로 전체 인구의 75%를 차지했다고 한다. 백인 인구가 전체의14%, 대부분이 인도 출신으로 아시안 이주자들이 3%, 나머지가 14%정도로 흑인이 절대 다수이다. 흑인들 가운데서도 각자 자신들의 토착어를 사용하며 영어를 사용하는 백인들과 아시안 인들을 제외하면 거의 흑인들은 자신들의 언어인 Bantu어를 쓰고 있는 것으로 알려진다. 거의가 기독교이며 힌두교나 회교도를 따르는 사람들도 있다.

난쟁이로 알려진 Bushmen들은 8C에 남아프리카에 최초로 거주한 사람들로 이곳에 수천 년을 살아온 것으로 전해진다. 17세기 이후 유럽의 이주자들이 이곳을 점령하고 거래를 본격적으로 시작함으로써 이들 Bantu족들과 마찰을 일으키기 시작했다고 한다. 1795년에 영국이 이들 지역을 돈으로 매수하고 식민지 행정부를 건설하면서 1820년대는 유럽인들과 흑인들의 완충지대를 설정하는 등 이들 간의 마찰이 고조되었고 영국은 특히 금이 많이 생산되는 Transvaal 지역을 탐하고 유럽의 식민지 영역을 급속도로 확산시켜 나갔다고 한다. 1910년에 영국은 남아프리카 연합을 설정하고 영국 제국의 지배로 완전히 편입시켜 버린다. 그리고 서로 다른 인종간의 결혼이 금지되고 흑인들이 거주하는 지역과 장사를 하는 지역, 그리고 공공시설도 제한이 되고 교육의 기회까지도 차별을 받게 된다. 실제로 거의 모든 경제적인 관할권이 백인들의 영향에 들어가게 된 것이다.

이와 같이 아프리카에서 선진 자본주의 국가들—영국, 일본, 독일—이 활개를 치고 있는 동안에 흑인들의 저항세력이 형성이 되고 유럽에서 이들의 저항을 지지하는 세력까지 등장하게 된다. 흑인들의 조직적인 저항이 세계적으로 행해지고 이의 영향으로 1970년에는 백인 정부의 정책이 바뀌어 지게 된다. Nelson Mandela같은 ANC지도자들은 흑인 저항운동의 핵심세력으로 1960년대까지 그는 감옥에서 젊은 시절을 모두 보내야했다.

1976년에는 인종차별에 반대하는 흑인 내부세력들이 대규모 저항 운동을 펼치게 되고 600명 이상의 흑인들이 살해된다. 이와 같은 진통을 겪은 후에 1989년 F. W. de Klerk는 수상이 되고 흑인들에 대한 불평등한 인종차별 정책의 폐지를 진지하게 검토하게 되었고 Mandela를 감옥에서 석방하고 헌법을 수정하기까지 한다. 1993년에는 흑인 지도자가 백인에 의해 살해되었고 격렬한 시위가 벌어지고 Mandela가 이를 평화적으로 수습하기를 호소한다. Mandela와 de Klerk 둘 모두 노벨 평화상을 수상하였고 1994년 총선에서 Mandela가 대통령에 당선된다. 그러나 이들 두 인종간의 알력을 현재까지 계속되고 있다.

1. 작가의 생애와 배경

Nadine Gordimer는 1923년 11월 Transvaal에 위치한 광산촌에서 태어났다. 그녀의 아버지는 유태인 이민자였고 어머니는 영국인 이민자였다. 11세에 학교를 그만두고 Gordimer는 주로 그녀의 어머니에게서 교육을 받았다고 한다. 어려서 글쓰기를 좋아했고 15세에 이미 그녀의 글이 출판이 된다. 그 후 그녀는 1년 동안 Witwatersrand대학에서 공부하지만 거의 독학으로 공부를 했다고 한다. 많은 책을 읽으면서 인종 차별에 대한 의식을 점차 갖게 되고 자신이 백인으로서 "거짓말쟁이"임을 깨닫게 되고 흑인들도 자신과 똑 같은 인간임을 주장하게 된다. 이러한 그녀의 의식은 곧 바로 글로써 표출이 되고 인종차별에 대한 투쟁에 본격적으로 합류하게 된다.

그녀의 첫 소설인 *The Lying Days* (1953)는 자서전적인 발전소설로서 여성 주인공인 Helen Shaw의 정신적인 성장을 다루고 있다. 광산촌에서 태어나 자라나는 이 소설은 인종 차별이 얼마나 인간을 비인간적이게 만들 수 있는 가를 다루고 있는 것이다. 그러나 *The Lying Days, A World of Strangers* (1958), 그리고 *Occasion for Loving* (1960)은 풍자가 가벼운 정도이다. 이와 반대로 정치적으로까지 그 영역이 확장되어 나타나는 경우는 *The Late Bourgeois World* (1966), *A Guest of Honour* (1970), 그리고 *The Conservationist* (1974)로서 남아프리카에서 사회조건이 어떤 것인지를 강력하게 비난하고 있다. *The Conservationist*에서 한 흑인이 농장에서 살해된 채로 발견이 되고 경찰은 조사도 하지 않고 매장해 버린다. 그러나 홍수로 시체가 표면에 드러나면서 백인들의 음모가 폭로된다.

Burger's Daughter (1979)는 *The Lying Days*와 마찬가지로 젊은 여성이 남아프리카 사회의 두려운 분위기를 체험하면서 성장해 가는 이야기이다. 이 소설에서 Gordimer는 정치계에 대한 과격한 자세를 견지하며 주인공인 Rosa Burger를 통해서 유럽의 관료주의적인 가치관과 Rosa의 공산주의적인 행동이 지니는 가치관을 설정해서 비교하고 있다. Rosa는 아버지가 감옥에서 죽은 것이 계기가 되어 자신의 실체를 찾기 위해서 지중해로 간다. 그러나 결국 그녀는 주어진 현실 속에서 남아프리카의 인종차별 정책으로 고통 받는 이들을 위해서 자신이 그곳으로 다시 돌아가야 함을 자각한다. 이를 바라보는 Gordimer의 시각은 상당히 긍정적으로 느껴짐을 알 수 있다. *Burger's Daughter*는 인종차별 정책으로 엄청난 큰 격변이 일어날 것임을 먼저 알려주고 있기도 하다.

Gordimer는 마찬가지로 우수한 단편소설 작가이기도 하다: *Face to Face*

(1949), *The Soft Voice of the Serpent* (1954), *Six Feet of the Country* (1956), *Friday's Footprint and Other Stories* (1960), *Livingstone's Companions* (1972), *A Soldier's Embrace* (1990), *Jump and Other Stories* (1991), 그리고 *Why Haven't You Written* (1992). 그녀의 훌륭한 단편들은 1075년에 출판이 된 *Selected Stories*에 실려 있기도 하다. 이 외에도 영향력 있는 수필들이 있기도 하다: *The Black Interpreters* (1973), *The Essential Gesture: Writing, Politics, Places* (1988). 1955년에 발표된 *Writing and Being*에는 그녀의 문학과 정치에 관한 영향력 있는 글들이 실려 있다. 1991년에는 Nobel Prize for Literature를 수상했으며 전 세계적으로 그녀의 명성은 대단하다.

2. 『버거의 딸; *Burger's Daughter*』

Gordimer의 모든 소설은 남아프리카의 역사적인 맥락에서 보고 있으며 이는 그녀가 어려서 경험한 인종차별의 어두운 그림자를 통해서 이루어진 현상이라고 할 수 있다. 사실 Gordimer의 기법상의 능숙함이 유럽의 비평가들로부터 대단한 찬사를 받았음은 부인할 수 없다. 역사적인 맥락을 강조하는 Stephen Clingman의 경우 Gordimer소설에서 가장 중요한 특질은 "[Gordimer's ability to] maintain an extraordinarily close observation of the world in which she lives" (7)이라고 한다. Gordimer의 소설은, 특히 *Burger's Daughter*의 경우에 Mikhail Bakhtin이 말하는 사실이나 실존하는 현실을 발전시키는 특정한 장소 " [a] zone of direct contact with developing reality" (*Dialogic* 39)를 보여주는 장르의 모형을 보여주고 있는 것이다. 작품에 나타나는 사건인 Sharpeville나 Soweto 학살 사건은 주인공인 Rosa Burger의 개인적인 삶이 남아프리카의 역사, 특히 인종차별 정책에 대한 저항을 하는 역사와 복잡하게 얽히어 있음을 보여주고 있다. 한 가지 지적하고 싶은 사항으로 이 소설은 유럽 소설의 양식에서 볼 수 있는 발전소설, bildungsroman로서 주인공의 정신적인 성장으로 읽을 수도 있을 것이며 19세기 역사소설의 형태로 이해해도 별 무리는 없을 것이다. 다시 말해서 유럽의 발전소설과 역사 소설이 복잡하게 혼합이 된 분위기가 작품 전체를 지배하고 있음을 기억하는 것이 이해에 도움이 될 것이다.

주인공이 경험하는 개인적인 삶과 공적인 인간으로서의 삶은 첫 장면에서 서로 다른 화자의 목소리를 통해 보여 진다. 14살 난 소녀인 Rosa는 다른 여러 인물들과 남아프리카 감옥소 밖에서 죄수들에게 옷을 전달하기 위해서 기다리고 있다. 첫 장면은 3인칭의 목소리로 차분하게 진행된다. Rosa는 학교에 다니는 소녀일 뿐이지만 독자들은 곧 이 소녀가 정치적인 사건에 관여하게 됨을 알게 된다. 이 소녀는 따뜻한 음료수와 이불을 반 인종차별 저항을 하다가 감옥에 갇힌 어머니를 위해 가져온다. 그러나 2번째 장면부터는 Rosa에 대한 묘사가 더 자세하게 진행된다. 3번째 장면에서는 감옥소 바깥에서 진행되는 시위자들 가운데 한사람의 눈을 통해 서술되는 양상이지만 Rosa는 차분하게 이를 지켜보고 있다. 4번째 부분에서 Rosa의 1인칭 관점으로 한 문장이 서술되지만 그녀가 인종 차별에 대한 모순을 의식하고 있음을 그녀의 질문을 통해 알 수 있다: "When they saw me outside the prison, what did they see?" (13) 5번째 부분에서는 Rosa의 1인칭 관점이 이전의 사건들과 자신이 생리를 하면서 겪는 고통을 통해 더욱 확대되어 묘사된다.

첫 장면에서는 본 작품의 축소된 모습을 보여주는 느낌이다. 우선 주요한 사건들을 중심으로 간단한 모습들을 선보이고 있다. Rosa와 그녀의 부모님들을 역사적인 맥락에서 보여주고 공산주의 지도자인 Lionel Burger는 특히 인종차별에 반대하는 인물이다. Cathy는 주요한 반체제 인물이며 Rosa는 그녀의 부모님들이 자주 체포되기 때문에 그녀의 삶을 책임져야할 입장에 있다. 이런 상황에서 그녀는 계속 개인적인 경험을 통하여 정치적인 사건을 눈으로 보고 참여하게 되기도 한다.

플롯으로는 첫 부분에서는 역사적, 정치적인 사건을 다루며 Lionel이 최종 재판에서 사형을 선고받음을 통해 남아프리카에서 정치적인 탄압이 결국 Burger로 하여금 이런 백인들의 체제에 반대하고 나서게 하는 원인이었음을 보여준다. 2번째 부분에서는 주인공은 프랑스로 가서 그녀의 개인적인 행복과 안락함을 추구하지만 3번째 부분에서는 Rosa는 그녀가 프랑스로 도주하는 것은 무책임한 사실이기 때문에 남아프리카로 다시 돌아가서 인종 차별 정책을 벌이는 정부와 대항하는 사람들을 도와야함을 자각한다. 일부 비평가들은 Gordimer의 본 작품이 헤겔의 변증법적인 논리로 전개되어 진다고 지적하기도 한다. 공적인 책임 (thesis/정)이 개인적인 행복을 위해 도피하는 단계 (anti-thesis/반)로 그리고 이를 모두 수용하는 단계 (synthesis/합)로 진행되어 진다는 이유에서 이다.[2] 그러나 이러한 접근 방식은 흥미롭지만 작품 전체의 흐름이 서로 복잡하게 얽히어 있으므로 너무 작품을 단편화시킬 염려가 있음을 강조하고 싶다. Rosa의 경우 그녀의

2) 보다 구체적인 내용을 읽기 원하는 독자들은 Peck을 참고 할 것.

애인인 Conrad는 공적인 것에 대한 관심보다는 개인적인 일에 더 관심이 많은 인물로서 이러한 현상은 작품이 진행되는 동안 여러 번 목격할 수 있다.

관점은 1인칭과 3인칭이 서로 자리바꿈을 하면서 공적인 영역과 사적인 영역이 서로 교체되어 진행되고 있으며 이러한 상호 작용은 오히려 단일한 형태로 작품이 진행되는 경우보다 더욱더 작품이 복잡하게 나타나고 있음을 알 수 있다. Stephen Clingman이 지적하는 바와 같이 Rosa의 1인칭 목소리도 작품이 진행됨에 따라서 다양해진다(190). 특히 그녀는 서로 다른 화자에게 대화를 하고 있다: 첫 부분에서 Conrad에 대한 독백으로 두 번째에서는 Lionel Burger의 첫 부인인 Colette Swan ("Katya")에게 그리고 세 번째에서는 그녀의 죽은 아버지에게 말을 걸고 있다. 어떤 의미에서 이런 부분에서 독자들은 1인칭이나 3인칭의 관점이 아닌 2인칭의 관점을 느낄 수 가 있을 것이다. 이것은 그녀가 Bakhtin의 언어이론에서 볼 수 있는 언어를 통해서 전달되는 말은 화자와, 청자, 그리고 텍스트 모두를 통해서이다(*Speech Genres* 95)라고 하는 원칙에 영향을 받은 것으로 생각이 되어 진다.

*Burger's Daughter*에서 개인과는 관계없는 3인칭 관점에서 전달되어지는 내용이 있는가 하면 두드러지게 개개인이 스스로 화자의 목소리를 지니고 있기도 하며 더 나아가 가장 개인과 깊이 관련되는 1인칭 화법의 경우에는 다른 사람들과의 대화를 통해서 그것도 반드시 사회적인 맥락에서 전달되어지는 특이함을 지니고 있는 것에 독자들은 주의를 해야 할 것이다. 본 작품에서 다루어지는 복잡한 화법의 양상은 개인과 공적인 영역이 서로 상호 관련되어 얽히어 있음을 나타내며 어느 쪽도 독립이 되어 존재하지 않음을 꼭 기억하는 것이 독자들의 혼란을 극소화하는 방법이 될 것이다. 그리고 이런 관점이 중요한 원인으로 우선 여러 Marxist비평가들이 주장하듯이 개인과 공적인 삶에서 오는 소외감이 자본주의가 가지고 있는 특성들 가운데 하나이기 때문이며 이것이 바로 자본주의 사회가 유지되는 주요한 현상으로 설명되어지고 있기 때문이다. 특히 자본주의 사회에서 볼 수 있는 개인과 공적인 삶의 분리현상을 Georg Lukacs는 인간과 인간관계 자체를 곧 인간적인 관계가 아닌 어떤 물건이나 대상으로 격하시켜서 바라보는 추상적인 대상의 구체화, 소위 "reification"의 현상으로 묶어서 생각함으로써 자본주의 사회가 필연적으로 지니고 있는 사회의 분열현상으로 이해하고 있기 때문이다. 이런 현상은 정부의 힘에 맞서 대항할 힘을 상실케 하고 사적인 삶의 빈곤을 초래한다고 주장한다.[3)] 게다가 Frederic Jameson이 지적하듯이 이런 현상은 개인을 무력화시키고 생존 자체를 어렵게 하는 것이다.

:“[the] conceptual gap between the public and the private [under capitalism] maims our existence as individual subjects and paralyzes our thinking about time and change”(20).

간단히 말해서 개인과 공적인 삶의 분리 현상은 개인이 역사적으로 사물을 파악하고 이해하는 것을 불가능하게 만드는 것이다. Gordimer의 주장은 진실된 역사적인 관점이란 이런 개인과 사회의 분리현상에 끊임없이 맞서서 싸우는 것이다. Lukacs의 경우 개인과 사회의 관계에 대해서 19세기 bourgeois 사실주의 소설들은 중산층들이 역사적인 사명감을 가질 수 있도록 하고 있어서 관료주의가 유럽의 지배계급으로 성장하는 것을 가능하게 했다고 한다. Lukacs에게선 bourgeois문학이 1948년을 전후로 해서 쇠퇴하게된 것은 이런 개인과 사회의 연대감이 없었기 때문이라고 한다. 이런 맥락에서 보면 *Burger's Daughter*를 19세기 초 Lukacs가 주장한 그런 지적인 능력을 긍정적인 차원에서 회복하려는 의도로 쓰여 졌음을 추측해보는 것도 큰 무리는 아닐 것이다. Gordimer가 자주 Lukacs를 언급하는 사실 이외에도 그녀의 작품이 Lukacs의 영향을 많이 받았음은 여러 곳에서 찾아 볼 수 있다. Clingman의 논평을 보면 더욱 설득력 있게 들려진다. 그는 Gordimer의 작품을 설명하면서 개인과 사회의 상호 작용이 변증법적인 특성으로 나타나고 있음을 지적한다.

[her] emphasis on the realization of individual characters coupled with an understanding of the historical dynamic, a realization of public and private realms in which one is not subordinate to the other: the process of realization involves, rather, a dialectical interaction between public and private realms (13-4).

Lukacs의 경우 훌륭한 사실주의 소설가들은 개인과 사회의 관계를 특유한 방식의 상징적인 기법 “typicality”을 통해서 하나의 단일한 힘을 지닌 대상으로 성공적으로 다루고 있다고 한다. 가령 그는 Walter Scott와 Leo Tolstoy를 이와 같은 대표적인 경우로 지적하고 있다: “[They create] characters in whom personal and social-historical fates closely conjoin” (*Historical* 285). Clingman에 의하면 Gordimer의 경우 주인공인 Rosa 자신이 Lukacs가 주장하는 맥락의 대표적인 예임을 설득력 있게 설명한다(173). 사실 구조적인 상충이외에도 작품이 변증법적인 발전을 보이고 있음을 전적으로 부인한다

3) Lukacs의 reification에 관한 구체적인 내용이 필요한 독자들은 *History and Class Consciousness*를 참고하기 바란다.

는 것은 어려운 일이다. 권두 에서도 인용의 형태로 지적하고 있듯이 Rosa는 개인과 사회의 대립이 발생하는 가운데 위치한 인물이다. 이는 프랑스의 인류학자인 Claude Levi-Strauss의 인용을 하는 부분에서 더욱 분명해 진다: “I am the place in which something has occurred.”

Gordimer가 이름을 고도의 상징적인 차원에서 쓰고 있음을 살펴보기로 하자. Conrad와 Katya의 이름들이 개인적인 영역을 나타낸다면 Rosa의 이름은 개인과 사회의 영역을 공유하는 이름이다. 세례명인 Rosemarie를 그녀는 할머니인 Rosa라고 부르고 있으나 실제로는 개인적으로는 그녀의 할머니인 Marie Burger에서 그리고 공산주의 사상가이며 혁명가인 Rosa Luxemburg의 이름에서 그녀의 이름이 생긴 것이다. 게다가 Burger라는 이름은 bourgeois에서 유래한다는 점이다. 그러나 남아프리카에서 bourgeois라는 말은 중산층 이상의 특권을 지닌 백인들을 지칭함도 우연한 일은 아닐 것이다.

게다가 Lionel Burger는 인종차별주의에 반대하는 좌파적인 성향을 지닌 인물이지만 공적인 인물로서 보기엔 너무도 복잡한 성격의 소유자이다. 특히 Richard Peck이 지적하듯이 Burger를 Conrad의 유아론적인 태도 “uncommitted solipsism”(26)와는 달리 독단적인 공산주의 이론을 대변하는 비인간화된 과격주의를 추구하는 인물로 보는 것은 위험스런 생각일 것이다. Gordimer의 입장에서는 Burger를 비록 그가 정치적인 활동에 깊이 관여하고 있긴 하지만 동정과 인간성을 지닌 인물로 묘사하고 있기 때문이다. 특히 Burger와 그의 동료들은 그들의 신념을 역사적인 상황에 접목시켜 이해하고 있는 것이다. Rosa자신도 그녀의 부모님들이 러시아나 중국의 공산주의 모형을 단순히 추종하기보다는 그들이 살고 있는 환경에 맞도록 접목시켜 이해하고 있음을 말하고 있다. 게다가 Rosa는 Burger의 공산주의가 지니고 있는 인간적인 속성을 다음과 같이 강조하고 있다:

> Lionel--my mother and father--people in that house, had a connection with blacks that was completely personal. In this way, their Communism was the antithesis of anti-individualism.... The political activities and attitudes in that house came from the inside outwards(172).

Lionel Burger의 개인적인 인간성은 그가 추상적으로 정치적인 생각을 대변하는 인물에서라기보다는 남아프리카에서 인종차별에 반대하는 공산주의자로서 감옥에서 종신 복역을 선고받고 복역 중이던 Mandela에 필적할 만한 Bram Fischer에 많이 의존하고 있다는 사실에서이다. Gordimer는 그에 대한 존경의 마음을 그녀의

"Why Did Bram Fischer Choose Jail?" (Essential 68-78)에서 밝히고 있다.

간단히 말해서 Burger는 순수하게 개인과 사회를 대변하는 인물이며 Conrad는 사회나 공적인 것과는 거리가 먼 사적인 인물이다라는 사실이다. 물론 Gordimer의 인물묘사는 Conrad가 대표하는 쇠퇴하는 bourgeois 이념의 중심인 개인과 사회의 분리를 강조한다는 점에서 전적으로 적절하다고 볼 수 있을 것이다. Marxist로서 Burger는 역사란 근본적으로 계급간의 경제적인 갈등에 의해서 쫓긴다고 이해하고 있다. 남아프리카 인으로서 그는 계급이 아니라 인종이 사회의 분열을 가져오는 근본적인 원인임을 알고 있다. 더 나아가서 인종이 계급의 합리화를 가져온다는 사실을 부인할 수 없다고 이해하는 것이다. 이런 맥락에서 그는 Fischer와 동일한 생각을 가지고 있는 것이다: "[He] sees the colour problem in South Africa as basically an economic one: the white man's fear of losing his job to the overwhelming numbers of Africans"(*Essential* 73).

그러나 Burger의 인종차별을 경제적인 원인과 관련시켜 생각하는 것은 남아프리카에서 백인들이 흑인들을 압박함으로써 그들의 직업을 계속 유지할 수 있다는 논리를 넘어선 부분이다. 특히 Burger는 Gordimer와 같이 남아프리카에서 인종차별은 노예시대로 까지 거슬러 가는 역사적인 현상으로 노예제도와 자본주의가 밀접한 연관이 있음을 주장하는 많은 비평가들과 유사한 생각을 지니고 있는 것이다. 가령 노예제도가 인종차별을 통해서만 가능하다고 생각하는 기존의 믿음과는 달리 Walter Rodney는 인종차별은 경제적인 필요성에 의해서만 가능하다고 주장하는 것이며 인종차별은 노예제도의 산물이라는 주장하고 있는 것이다: "Having been utterly dependent on African labour, Europeans at home and abroad found it necessary to rationalize that exploitation in racist terms as well"(99). 마찬가지로 Eric Williams는 노예제도를 위한 경제적인 동기를 값싼 노동력의 형태로 강조하고 이를 인종적인 차별이 흑인노예를 합리화하기에 수월하다고 지적한다: "racial differences made it easier to justify and rationalize Negro slavery"(18). 결국 아프리카의 정치 지도자인 Kwame Nkrumah는 주인과 하인의 관계를 경제적인 침투와 관련해서 설명하고 있다: "it was only with the capitalist economic penetration that the master-servant relationship emerged, and with it, racism" (29). 계속해서 그는 계속해서 자본주의의 종말이 곧 인종차별의 종말을 가져온다고 주장하고 있다: "Race is inextricably linked with class exploitation; in a racist-capitalist power structure, capitalist exploitation and race oppression are complementary, the removal of one ensures the removal of the other" (27).

어떤 의미에서 보면 인종차별 정책이란 유럽 자본주의의 잔인한 형태일 수도 있을 것이다. 그러나 이는 자본주의가 행한 식민주의의 한 형태일 수도 있다. 왜냐하면 남아프리카에서 경제적인 구조가 유럽과 북미의 구조와 많은 유사점을 가지고 있음에 반하여 남아프리카에서 백인들이 그들의 정치적 경제적인 우월성을 유지하기 위해 인종차별정책을 통한 물리적인 폭력은 자본주의 체제의 극히 바람직하지 못한 현상이라고 생각하고 있기 때문이다. 특히 유럽이나 북미의 자본주의 사회에서는 중산층 계급의 사람들은 심리적이고 기술적인 조정을 통해서 그리고 편리한 시장경제 하에서 노동자들이 더 자유롭게 직장을 옮길 수 있도록 하고 있음을 생각하면 그런 이질적인 현상은 더욱 두드러진다. 이탈리아의 중요한 Marxist비평가인 Antonio Gramsci의 경우를 보면 유럽의 중산층은 그들의 힘을 정치적 문화적인 복합성을 통해서 유지했을 뿐만 아니라 또 이를 정당화했음을 주장한다. 따라서 중산층의 지배는 원칙적으로 이를 바탕으로 피지배 계급의 수용을 이끌어 내는 것임을 강조한다:

> [Bourgeois hegemony resides principally in the ability of the bourgeoisie to obtain the] "spontaneous" consent given by the great masses of the population to the general direction imposed on social life by the dominant fundamental group; this consent is "historically" caused by the prestige(and consequent confidence) which the dominant group enjoys because of its position and function in the world of production (12).

만약 필요하다면 이런 피지배 계급의 저항 없는 순종을 경찰이나 군대의 힘을 동원해서 적극적으로 아니면 수동적으로 이끌어 낼 수도 있다고 한다 (12). 유럽에서 지배계급이 그들의 힘을 행사하는 구실은 사실 자본주의 사회에서 계급의 구조를 은폐하기 위한 것이었지만 식민지시대에서는 인종 간의 갈등을 통해서 이것이 가시화 되어 졌음을 알 수 있는 것이다. 따라서 물리적이든 정신적이든 폭력과 힘의 행사가 더욱 가시적으로 나타나게 됨을 Frantz Fanon의 시각으로 보기로 하자.

> in the capitalist countries a multitude of moral teachers, counselors and "bewilders" separate the exploited from those in power. In the colonial countries, on the country, the policeman and the soldier, by their immediate presence and their frequent and direct action maintain contact with the native and advise him by means of rifle butts and

> napalm not to budge. It is obvious here that the agents of government speak the language of pure force(Wretched 38).

Fanon이 식민지하에서 잔인한 힘의 행사를 묘사하는 의도는 이를 분명하게 인종차별과 관련 지워 생각하고 있음을 알 수 있다. 사실 남아프리카인들이 유럽의 식민지로부터 그들의 독립을 얻기 위해 온갖 노력을 해 오긴 했지만 그 결과는 독립이 그들에게 완전한 독립을 준 것이라고 하기보다는 오히려 내적인 식민주의를 지속시켰음을 알 수 있다는 점이다. 한편 Michel Foucault는 그의 *Discipline and Punish*에서 유럽이 중세 시대에 물리적인 폭력을 기반으로 해서 지배세력으로 군림한 경우를 지적하면서 중세의 귀족은 시민들에게 물리적인 힘을 가함으로써 그들의 지배력을 유지했음을 강조한다. 더 나아가 Foucault는 현대 중산층이 지배하는 시대에 있어서 처벌의 형태가 고문이나 처형의 형태를 벗어나 보다 편리한 방법을 택하는 것도 지배세력이 피지배세력을 다스리는데 있어서 그들의 인간적인 존엄성이나 정의를 위해서가 아니라 하나의 수단임을 설명하고 있다. 사실 인종차별주의이던지 아니면 식민주의이던지 중산층의 지배는 중세의 사회구조와 이를 통해 힘을 유지하는 경제적인 체제를 바탕으로 한 왜곡된 형태의 모습을 지니고 있음을 알 수 있다. 사실 Gordimer도 이런 사실을, Burger가 법원에서 그의 사형선고를 받기 직전, 그녀가 인종차별의 역사적인 근원은 이런 역사의 왜곡에 있었음을 연설할 때 보여주고 있는 것이다.

> My Boer ancestors who trekked to found their agrarian republics, subjecting the indigenous peoples of tribal societies by the force of musket against the assegai, were now in their turn resisting the economic forces that made their feudalistic form of social control obsolete. The white man had built a society that tried to contain and justify the contradictions of capitalist means of production and feudalist social forms (25).

보다 넓은 의미에서 이런 인종차별이 지닌 모순은 본 작품에서 말하는 역사적인 배경과 인종차별의 핵심에 놓여있는 문제를 이해하는데 상당히 도움이 될 수 있는 논점이라 할 수 있을 것이다. 특히 Gordimer의 경우 그녀는 남아프리카의 역사적인 조건을 우회적으로 제시하는 것이 아니라 상당히 직선적이고 굴절없이 이를 제시하고 있음은 그녀의 특징적인 현상으로 지적될 수 있다. 1970년대 특히 흑인들의 자주적인 의식이 일어나고 Soweto반란이 대거 일어났던 대규모 탄압과 흑인들의 살해 현장들은 그 배경이 되는 것이다. 이들 흑인들의 운동에서 Steve Biko 같은 흑인 지도자는 남아프리카에서 그들의 해방은 식민지 이주자들로서 백인들의 탄압으로부터 그들의 인민들을 해방시키는 것이라고 주장한다. 이런 맥락에서 흑인들의 자주운동은 흑인들 이외의 다른 인종들로부터 배척을 받기도 했지만 그들의 탄압을 종식시키기 위해서는 흑인들의 연대활동이 중요함을 역설한 ANC (African National Congress)에 의해 적극적인 지지를 이끌어낸 동기가 되기도 했다.

Gordimer가 여기에서 주로 관심을 가지고 있는 사항은 인종차별의 부정적인 결과와 반 인종차별을 위한 저항의 역사일 것이다. 특히 남아프리카에서 흑인들의 자주운동과 공산주의의 대립은 본 작품을 이해하는 관건이 된다. 우선 공산주의자인 Orde Greer는 다소 남아프리카의 역사를 공산주의 차원으로 설명함으로써 젊은 흑인 과격파이며 백인을 착취의 대상으로 이해하는 Duma Dhladhla에 의해 배척을 받는다: "the white workers belong to the exploiting class and take part in the suppression of blacks" (163).

2

부치 에메체타(Buchi Emecheta)에 나타난 식민주의와 현대화의 충돌

Buchi Emecheta도 역시 Achebe와 마찬가지로 Nigeria출신의 탈식민주의 계열에 속하는 소설가로서 그녀의 역사적인 배경은 Achebe와 상당히 유사하다고 할 수 있다. 그러나 Achebe와 판이하게 다른 점으로 Achebe와는 달리 많은 남성 작가들이 등한시 해온 식민주의와 탈식민주의를 여성적인 관점에서 관찰하고 묘사한다는 점일 것이다. Emecheta의 소설이 Achebe와 마찬가지로 식민주의와 그 여파 속에서 나온 것이지만 약간은 다른 시각에서 진행되고 있음을 쉽게 볼 수 있다.

우선 Emecheta의 경우 거의가 여성적인 관점에서 사건이 일어나고 있음을 주의깊게 관찰해야할 것이다. Susan Andrade는 1929년 여성들의 Igbo War — 이를 영국에서는 "Aba Riots"라고 함 — 를 Emecheta의 *The Joys of Motherhood* (95-7)와 관련해서 지적하고 있다. 반 식민주의 반란에 수 만 명의 Igbo 여성들이 참가하여 영국의 식민주의가 몰고 온 불공정한 세금 수탈과 부패를 성토하였으며 영국 정부는 이에 대해 강력하게 대응하여 50여명의 여성들이 목숨을 잃은 사건이 있었다. 이에 반해서 남성들은 심한 상처를 입고 죽은 사람이 없었다고 한다. Judith Van Allen은 이와 관련하여 여성들의 반란은 Igbo 사회에서 여성들의 정치적인 힘이 얼마나 대단했는가를 보여준다고 지적하고 있다: "[a power was] expressed in their own political institutions--their 'meetings' (mikiri or mitiri), their market networks, their kinship groups, and their right to use strikes, boycotts and force to effect their decisions" (165). 더 나아가서 여성들이 반란을 일으켰다는 사실은 남성들에게서 보다 영국의 식민지가 여성들에게 직접적인 충격을 가져다주었다는 우회적인 증거가 될 수도 있을 것이다.

1. Emecheta와 작가 생활

Emecheta는 아프리카에서 가장 잘 알려진 그리고 가장 폭넓게 읽혀지는 여성 작가이다. 1944년 Lagos에서 태어났고 기독교 분위기의 가정에서 자라면서 Igbo 사회의 전통을 고수한 보다 구체적으로 생각해 보면 문화적으로 다양하고 복잡한 배경을 보여주고 있음이 사실이다. 사실 그녀의 부모님들은 그녀가 전통적인 Igbo 사회의 신념을 지키면서 살도록 항상 관심을 가졌지만 그녀가 자라는 남성 중심의 모든 Igbo 체제는 그녀로 하여금 그 사회의 이방인으로 느끼게 했던 것이다. 다시 말해서 유럽이 지배하는 남성 중심의 사회에서 그녀는 새로운 차원의 경험을 통한 개안을 하게 된다는 말이다.

그녀는 상당히 많은 시간을 그녀가 교육을 받는데 바쳤으며 여성 작가가 되는 것이 꿈이었다고 한다. 그러나 그녀의 야심은 실현되기 어려운 것으로 Methodist 고등학교 시절 담임선생님은 그녀가 지나친 야망을 가지고 있다는 죄로 하나님께 용서해달라는 기도를 하라고 까지 강요하게 된다(*Head Above Water* 23). 이렇게 해서 16세에 Emecheta는 결혼을 하고 학교를 떠난다. 그리고 2년 후 그녀의 남편은 런던으로 떠나 그곳에서 교육을 받는다. Emecheta는 두 아이의 어머니가 되어 남편을 따라가 그곳에서 온갖 인종적인 편견아래서 고통을 당하며 가난하게 살게 되고 곧 3아이들을 더 가지게 되면서 남편이 공부에만 전념할 수 있도록 하기 위해 아이들을 키우면서 직장을 갖게 된다. 그러나 불행하게도 22세에 그녀는 남편과 이혼을 하고 런던에서 혼자 몸이 되어 다섯 아이들을 돌보며 키운다. 갖가지 일을 하면서 어려움을 극복하고 그녀는 그녀 자신이 사회학을 전공하여 학위를 받고 소설을 쓰기 시작한다. 1972년에 그녀는 *New Statesman*저널이 그녀의 글을 출판하면서 글을 내놓기 위한 발판을 마련하고 같은 해에는 *In the Ditch*를 출판하면서 소설가로서의 확고한 자리를 마련했다. 이로부터 그녀는 글을 쓰면서 생활비를 마련했으며 처음으로 아프리카 여성으로 글을 전문적으로 쓰는 작가가 된 것이다.

*In the Ditch*는 *New Statesman*에서 발표한 글을 수집해서 모은 것이다. 이들 작품은 자서전적인 요가 짙으며 그녀가 이혼을 한 후 다섯 아이들과 살기 위해 발버둥 치면서 고학을 하던 그 당시의 경험이 초점이 된다. 주인공인 Adah는 그녀의 어려운 환경에 처하여 가난과 투쟁을 벌이고 런던 사회의 인종적인 편견에 고통을 겪으면서 성실하게 살아간다. 비교적 낙관주의적인 토운이 강한 작품으로 볼 수 있다. Emecheta는 1986년에 그녀의 자서전인 *Head Above Water*

에서 그녀가 쓴 글이 인쇄되어 나왔을 때 인상적인 느낌을 다음과 같이 적고 있다: "I had come a long way, and only people who have set their hearts on achieving something and eventually getting it will realize how one feels at a time like this"(74). Emecheta의 첫 작품은 곧이어 여러 권으로 이어졌고 식민지 Nigeria에서 — University of Calabar에서 1980년에서 1981년까지 강의하였음 — 오랜 시간을 보냈지만 당시 그녀는 런던에서 생활하면서 계속 글을 썼다.

*In the Ditch*에서 여러 비평가들로부터 부정적인 논평을 받기도 했지만 그녀가 곧 이어서 출판한 *Second-Class Citizen* (1974)에서 Emecheta는 그녀가 겪은 경험이 보다 더 분명한 형태로 제시된다. Nigeria에서 Adah의 어린 시절로 돌아가 그녀는 서구 유럽의 교육을 받기로 다짐하지만 전통적인 여성에 대한 편견 때문에 순조롭지 못하다. Adah는 결혼을 하고 영국으로 이주하고 그런 편견을 극복하고자 하지만 그녀를 둘러싼 인종적, 계급적인 편견 때문에 문제는 더더욱 복잡해진다. 한편 그녀의 남편인 Francis는 그의 가부장적인 권위를 유지하기 위해 그녀를 무참하게 학대한다. 상당한 부분이 남편의 학대를 견디어야하는 여성의 고난에 초점이 맞추어져 있음이 특징이라고 할 수 있다.

The Bride Price (1976)에서 Emecheta는 자서전적인 관점을 역사적인 분위기로 몰고 간다. 1950년대 Nigeria의 식민지 상황에 초점을 맞추고 어린 소녀인 Aku nna에 관한 이야기를 한다. Lagos에서 태어나 13세까지 그곳에서 살다가 아버지가 죽자 어머니와 동생과 함께 Ibuza라는 곳으로 다시 이주한다. 사실 현대 Lagos의 사회와 전통적인 Igbo사회의 대조가 현저하지만 이 책은 거의가 Ibuza라는 마을이 배경이다. Aku-nna는 여성들에겐 엄청난 학대의 요람인 Ibuza에 들어가 그녀의 학교 선생인 Chike와 금지된 결혼을 하고 서구의 문명화된 생활을 그들만이 즐길 수 있는 도시로 다시 이주한다. 행복한 결혼을 하지만 노예의 후손인 Chike는 이제 Igbo 사회에서는 추방된 인물로서 Aku-nna가 교육을 받도록 격려해준다. 그녀가 도주를 했으므로 전통적으로 아프리카 관습에서 자리 잡고 있는 신부에게 지불해야할 돈을 지불하지 않은 셈이다. 그리고 그녀의 계부 (stepfather)가 그녀에게 저주를 한 후 그녀는 아이를 놓다가 죽는다. 그 결과로 그녀는 전통에 항거하는 여성은 죽는다는 무서운 경고를 모든 여성들에게 알려 주는 셈이 된다: "Every girl in Ibuza after Aku-nna's death was told her story, to reinforce the old taboos of the land" (168). *The Bride Price*는 이처럼 Emecheta가 그녀 자신이 쓴 이전의 두 소설에서 보여준 낙관주의적인 태도에 엄청난 변화를 보여준다.

이런 음울한 분위기는 *The Slave Girl* (1977)에서도 계속이 된다. 여주인공인

Ogbanje Ojebeta가 태어났을 때 그녀의 부모님들은 단지 딸이라는 이유로 그녀를 각별하게 관심을 가지고 키운다. 그러나 이 어린 소녀는 7살 때에 고아가 되어 8파운드의 돈을 받고 그녀의 오빠의 손에 의해 Ma Palagada라는 주인이 살고 있는 Igbo사회에 노예로 팔린다. 상당한 부분은 그녀가 노예가 되어 겪는 이야기에 초점이 주어진다. 다행히도 노예주는 인자하여 Ojebeta는 상당히 물질적으로 어려움 없이 살아가게 된다. 아름답고 지적이고 독립적인 Ojebeta는 교육에도 관심을 갖게 되지만 Ma Palagada가 죽은 후 그녀는 그녀의 고향을 다시 찾는다. 그러나 그녀가 추구하는 자유에의 희망은 순탄하지 않음을 느낀다.

> No woman or girl in Ibuza was free, except those who committed the abominable sin of prostitution or those who had been completely cast off or rejected by their people for offending one custom or another. A girl was owned, in particular, by her father or someone in place of her father (157).

이러한 주제는 Ojebeta가 교육을 받은 남성과 결혼을 하고 Ma Palagada의 아들에게 그녀를 노예상태에서 해방시키기 위해 8파운드를 주었을 때 더욱 강렬하게 나타난다. 소설의 마지막에는 기가 많이 살아났던 Ojebeta는 다시 노예에서 해방이 되었지만 이제는 남편의 노예가 되어있음을 볼 수 있는 것이다.

Emecheta의 다음 소설인 *The Joys of Motherhood* (1979)는 비록 Igbo사회와 식민지로 귀결된 현대화된 사회에서 오는 갈등을 다루고 있긴 하지만 전통적인 Igbo사회에서 압박 받는 여성을 주제로 전개하고 있다. 이와 같은 현대화된 사회와 전통사회에서 오는 대립은 현대 Nigeria가 배경이 되며 Emecheta가 University of Calabar에서 경험한 내용이 진행되는 *The Double Yoke* (1982)에서도 계속 된다. 주인공은 남성인 Ete Kamba이고 그의 약혼녀인 Nko는 여성 주인공으로서 강한 면을 보이고 있다. 주로 “Miss Bulewao” 강의실에서 창작을 공부하는 학생으로서 Ete Kamba의 경험과 국제적인 인정을 받고 있는 아프리카 여성이 외국에서 모국으로 귀국하는 내용이 주된 소재로 등장한다. 사실 주된 줄거리는 약혼녀인 Nko와 약혼 그리고 파혼으로 Ete Kamba가 창작을 공부하는 학생으로서 쓴 내용이다. 전통적인 사회에서 여성에 대한 편견으로 현대 교육을 받는 지적인 Nko가 직면하는 어려움이 자세하게 묘사되어있다. Ete Kamba는 그의 장래 아내가 될 여성이 대학을 졸업하는 여성인 사실이 자랑스럽지만 그 자신은 전통적인 남성의 소유욕을 극복하는데 많은 어려움을 겪고 있다. Ete Kamba가 대학에서 장학금을 받자 Nko는 행복해하며 그의 성적인 접근을 허용한다. 그러나

Ete Kamba는 그녀의 이러한 성적인 허용을 그녀가 도덕적으로 문제가 있음으로 오해하고 그녀를 창녀로 몰아 부친다. 한편 Nko는 대학에서도 성적인 차별과 괴로움을 겪는다. 그녀는 마침내 그녀가 성공을 하기 위해서 교수에게 몸을 허용하기까지 한다. 그러나 Nko는 교수에게 그녀가 수석으로 졸업할 수 있도록 보장을 하지 않으면 사실을 공개하겠다고 협박할 정도로 대담해진다. 그러나 Ete Kamba가 그녀의 약혼녀인 Nko와 교수인 Ikot의 관계를 알아차리고 그들의 약혼은 파경을 맡게 된다. 다시는 그녀를 보지 않겠다고 다짐을 하지만 Kamba는 학기가 끝날 즈음 Miss Bulewao의 영향으로 다시 Nko를 이해하려고 노력한다. Nko가 교수의 아이를 임신했다는 사실을 알고 그녀는 자살을 하려고 하고 Kamba는 그녀를 위로한다.

Ete Kamba의 Nko를 이해하는 정도가 사실은 비평가들의 반응을 불러일으킨 이유도 Emecheta가 이전 소설 — *Destination Biafra* (1982) — 에서 부정적인 남성상을 제시한 이유에서일 것이다. 아마도 *Destination Biafra*는 Emecheta의 가장 솔직한 정치 소설에 해당한다고 할 수 있을 것이다. 여주인공은 유럽의 국가에서 교육을 받은 지적이고 용감한 Debbie Ogedemgbe로서 Biafran War에 징집이 되기까지 하는 아마도 Emecheta의 등장인물 가운데는 가장 강하고 용감한 인물이다. 이 책은 고통 받는 Nigeria인들을 가장 잘 대변하는 소설이라고 할 수 있다. 더 나아가서는 영국 식민지하에서 부정적인 일들을 취급하는 동시에 Debbie의 남성들과의 관계에 초점을 두고 있는 것이다.

1983년에 출판된 *The Rape of Shavi*에서 Emecheta는 그녀의 작품 영역을 더욱 확장시켜서 fantasy와 science fiction같은 형식의 서로 다른 문화 사이에서 있는 이야기를 도입하고 있다. 이 소설에서는 일당의 서구인들이 핵전쟁이 임박했다는 생각으로 항공기를 타고 영국을 탈출하지만 항공기가 Sahara사막에서 추락하고 생존자들은 Shavi라고 하는 마을로 은신을 하게 되고 서방 세계와 단절된 가운데 아프리카인들의 가치관과 관습을 지니면서 살게 된다. Shavi에서 사는 사람들은 그들이 살고 있는 지역의 지형적인 원인으로 식수가 부족하여 삶의 고통을 당하고 있지만 평화로운 삶을 살고 이들 사회는 공동체라는 강한 의식과 사회 정의 그리고 위엄을 바탕으로 생활한다. 그들의 사회는 가부정적인 권위주의가 있는 사회이지만 Shavi의 여성들은 사실 엄청난 힘을 가지고 있는데 특히 그들의 결속력과 협력하는 자세가 그 바탕이 된다. 그러나 책이 끝날 무렵에 Shavi는 폐허가 되고 서방 세계의 문명이 침투하여 그들이 한때 지녔던 전원적인 사회는 황폐한 지경이 되어 버린다. 이는 서구의 자본주의가 침투하여 소외와 물질적인 욕망을 부추겼다는 비판의 목소리를 담고 있다고 볼 수 있다.

The Family (1990, 마찬가지로 *Gwendolen*이라고 출판이 됨) Emecheta는 그녀가 첫 번째 두 소설에서 도입한 런던의 이민 사회로 돌아간다. 그러나 주인공인 Gwendolen Brillianton은 아프리카인이 아니라 흑인계 유럽 인디언 a black West Indian이다. 따라서 Emecheta는 African diaspora ― diaspora는 팔레스티나이외에 거주한 흩어진 유대인들이나 기독교가 적은 지방을 말함 ― 에 대한 인종적인 그리고 성적인 압박을 더욱 깊이 있게 파헤치고 있는 것이다. 더 나아가서는 간음이라든가 인종간의 관계에 대한 쟁점을 다루고 있기도 하다. Jamaica에서 Gwendolen은 그녀의 부모님들이 영국으로 떠난 후 그녀의 할머니와 함께 살아가는 모습이 보인다. 어린 9살의 Gwendolen은 그녀의 삼촌인 Johnny에게 강간을 당하고 그녀가 그러한 사실을 마을 사람들에게 알렸을 때 그녀의 삶은 더욱 비참해진다. Gwendolen자신이 런던으로 이주한 후 그녀의 부모님들은 그곳에서 낳은 3명의 어린 아기들을 Gwendolen이 보살피도록 하고 있다. 그녀로서는 더 심한 고통을 당하며 16살 때에는 그녀의 아버지로 부터 다시 임신을 하게 된다. Gwendolen은 어머니로부터 심한 미움을 받으며 미칠 지경이 되고 아버지는 마침내 자살을 하며 Gwendolen은 어머니와는 화해할 수 없는 관계가 되어버린다. 그러나 그녀는 그녀의 삶을 잘 조절하여 그녀의 어린 딸 Iyamide를 돌보는데 도움을 준 이전의 백인 남자친구와 우정을 쌓게 된다.

Kehinde (1994)에서 Emecheta는 책의 제목과 동일한 등장인물의 이야기를 하고 있다. 비교적 전통적인 Nigeria 출신의 여성으로서 런던에서 남편인 Albert와 오랜 세월을 살다가 당시 oil boom으로 보다 낳은 생활을 영위해 보기위해 Albert는 1970년대 Lagos를 찾는다. 그러나 Kehinde가 Nigeria에 나중에 그녀의 남편을 찾아갔을 때 그녀가 확인한 것은 남편이 다른 삶을 그곳에서 살고 있음을 알았고 서방 세계에서 20년을 산 그녀로서는 이제 더 이상 Nigeria에서는 살 수 없음을 알게 된다. 런던으로 돌아와 갖가지 고생을 하면서 학업을 계속하여 학위를 받을 때 까지 전통적인 Igbo사회와 현대화한 런던의 삶에서 오는 혼란 속에서도 그녀의 Identity를 서서히 찾고 있음은 주목할 만하다.

이런 그녀의 주요한 소설 이외에도 그녀의 자서전적인 소설로 어린시절이야기인 *Titch the Cat* (1979), *Nowhere to Play* (1980), *The Moonlight Bride* (1980), 그리고 *The Wrestling Match* (1980)가 있다. 그녀의 작품은 아프리카 여성 작가로서는 아마도 어느 누구도 미치지 못하는 비평계의 주목을 받은 작가임에 틀림이 없다. 비록 Achebe같은 남성 작가가 얻은 비평가들의 관심에는 미치지 못한다

해도 이에 필적할 만한 작가인 점을 부인하기 어렵다. Emecheta에 관한 완본에 가까운 연구서로는 Katherine Fishburn의 *Reading Buchi Emecheta* (1995)가 있다. 그러나 많은 비평의 글들이 수집되어 출판이 된 경우는 Marie Umeh가 편집을 하여 출판이 된 경우가 있고 상당한 비평가들은 Emecheta가 남성의 등장인물을 의도적으로 험담한다는 비판을 하고 있기도 하지만 대개 긍정적으로 인정을 하는 쪽이다. Katherine Frank는 Emecheta가 아프리카 문학에서 가지는 중요성에 대해서 다음과 같이 지적을 한다: "Emecheta's novels compose the most exhaustive and moving portrayal extant of the African women, an unparalleled portrayal in African fiction and with few equals in other literatures as well" (477).

2. 『엄마의 기쁨; *The Joys of Motherhood*』

Emecheta의 문학적인 성과는 작가로서 한 권의 책이 그녀의 전 생애를 대변할 만큼 다양하면서도 풍성하지만 *The Joys of Motherhood*는 확실히 그녀의 베스트셀러이고 가장 폭넓게 읽히는 책이기도 하다. 아프리카 여성 작가에 의해서 쓰인 책으로는 가장 중요한 작품임을 부인하기 어려울 것이다. 유럽인들에 의해서 저질러지는 식민지 아프리카 여성에 대한 압박을 중심 소재로 다루는 *The Joys of Motherhood*는 Emecheta가 유럽의 식민주의에서 초래되는 인종과 성의 상호관계를 광범위하면서도 민감하게 다루고 있으며 독자들이 이를 수용을 하는데도 별 어려움이 없는 그런 내용들이다. 더 나아가서 아프리카에서 여성들에 대한 중요한 문제점들을 제시하고 있음은 주의해 볼 필요가 있다.

기본적인 구성은 간단하고 비교적 솔직하다. 주인공 Nnu Ego는 전통적인 Ibuza마을에서 막강한 권력을 지닌 추장인 Nwokocha Agbadi와 그의 아름답고 요염한 젊은 정부인 여성인 Ona 사이에서 딸로 태어나지만 어머니인 Ona는 출산 중에 목숨을 거둔다. 아버지의 보호 아래서 자란 그녀는 많은 구혼자들이 있었으나 아버지인 Agbadi는 Umo-Iso마을 출신의 Amatokwu라는 남성을 배우자로 선택하도록 한다. 그러나 결혼을 해도 아이가 생기지 않자 Amatokwu는 다른 부인을 데려오고 그녀는 임신을 한다. 한편 Nnu Ego는 이 아이를 정성껏 돌보지만 남편의 학대로 그를 떠난다. 그러자 그녀의 아버지는 그의 딸을 위해 Nnaife Owulum이라는 Lagos에 사는 남성을 소개해 준다. 그는 몸이 비대하고 매력이 없는 인물로 지나치게 성적으로 욕심이 많은 남성이며 특히 그가 유럽의 백인 고용주에게 아첨하는 모습이 그녀에게 거슬린다. 한편 그녀는 담배와 성냥을 팔면서 그녀 가족의 생계를 유지한다. 그녀도 곧 임신을 하게고 아이를 출산하여 삶이 즐겁기만 하지만 곧 그 남자아이가 죽고 이에 실망한 Nnu Ego는 자살할 지경에까지 몰린다. 그러나 그녀는 회복을 하고 곧 다른 Oshia라는 남자아이를 낳게 된다.

세계 제2차 대전이 다가오자 Nnu Ego는 행상을 하면서 생계를 꾸려가기에 너무 힘든 상태가 되어 Nnaife는 영국에서 일자리를 찾아 떠나고 Nnu Ego는 임신한 채로 혼자 남아 Adim이라는 남자아이를 출산하게 되고 Nnaife는 많은 돈을 벌어 돌아오지만 그의 친형이 죽자 그의 아이들과 형수들까지 부양해야하는 부담을 앉게 된다. 이들 가운데 그의 한 형수인 Adaku는 그의 딸까지 데리고 Nnaife의 후처 second wife가 되기 위해 오며, Nnaife는 불어난 가족들을 부양하기 위해 식민지 철도회사에 잔디를 깎는 직업을 하지 않으면 안 되는 형편이 된다. Nnu Ego는 Adaku를 미워하고 사이가 좋지 않게 된다. 그리고 Nnu Ego는 쌍둥이 딸을 출산하게 되고 Adaku는 남자아이를 출산하지만 몇 주가 지나서 죽는다. Nnaife는 영국 군대로 징집이 되고 그의 아내들이 스스로 살도록 버려 둔 채 떠나고 Adaku는 음식물을 파는 장사로 돈을 벌지만 곧 집을 떠나서 생계를 위해 어쩔 수 없이 매춘부가 된다. 이렇게 해서 Adaku는 사업자금을 마련하지만 보수적인 Nnu Ego는 네 아이들과 함께 어렵게 살림을 꾸려가고 있다. 마침내 Nnaife가 돌아오지만 군에서 모은 돈은 새로 얻은 아내인 Okpo를 데려오는데 모두 쓰고 만다. Nnu Ego는 또 쌍둥이 딸들을 출산하지만 가족의 생활은 아들에게 모든 관심이 모아지고 여자아이들은 소외된다. 이에 반하여 아들들은 교육을 받기 위해 미국과 캐나다로 각각 떠난다. Nnaife가 그의 딸과 결혼하기 위해 집적거리는 Yoruba청년의 가족을 공격한 죄로 감옥에 감금이 된 후 Nnu Ego는 Nnaife 가족들로부터 법정에서 적절치 못한 증언이 Nnaife를 감옥으로 가게 했다는 이유로 심한 질책을 받는다. 곧 Nnaife가 석방이 되지만 Ibuza로 돌아가고 그곳에서 Okpo와 함께 산다. 실망에 찬 Nnu Ego는 몸이 쇠퇴하고 곧 목숨을 거둔다. 그녀의 아들들이 그녀의 장례를 위해 외국에서 돌아와서 비석을 세우면서 막은 내린다.

이 간단한 구성의 이야기는 식민지 Nigeria에서 여성이 겪어야하는 어려움과 식민주의가 Nigeria에 미친 영향에 관해 분명한 시각을 전하고 있다.

Emecheta는 전통적인 아프리카 사회에서 남성은 권위로서 여성은 남성의 소유물로 인식되는 가부장적인 성격에 관한 내용을 비롯하여 중요한 문제점들을 지적하고 있다. 더 나아가서는 아프리카의 일부다처제와 여성의 사회 발전에 대한 중요한 역할을 강조하며 동시에 Emecheta는 전통적인 아프리카 사회는 유럽의 절대적인 영향아래서 자란 여성이 사회에서 하는 일들이 여성들에게 많은 일할 수 있는 기회를 제공한 것은 사실이지만 그 부작용으로서 여성들이 사회에서 압박을 받고 소외되도록 부추겼다는 부정적인 입장을 전해준다. 궁극적으로 Emecheta는 여성의 독립적인 목소리를 낼 수 있는 긍정적인 이미지로 현대화된 식민지 사회와 전통적인 아프리카 사회에서 오는 여성에 대한 압박을 비난하는 비판적인 시각을 끝까지 견지하고 있다.

Emecheta의 전통적인 아프리카사회에 대한 가부장적인 성격 묘사는 Nnu Ego의 아버지 Agbadi의 묘사 속에서 분명히 보여 지는데 특히 그는 마치 신이나 되는 것처럼 가정을 다스린다: "[He is] cruel in his imperiousness, [and he] ruled his family and children as he were a god"(15). 이런 맥락에서 Agbadi는 Okonkwo와 유사한 점을 지닌 인물이라고 할 수 있겠다. Agbadi는 자신의 아내인 Ona에게까지 잔인한 행동을 보이며 성적인 관계를 할 때는 의도적으로 아내를 구타해서 아내가 신음을 내도록 하여 이웃의 그의 육체적인 힘을 엿들을 수 있도록 하는 그런 야만적인 인물이다. 그러한 가부장적인 권위와 전통은 Enu Ego의 아들들이 딸들보다 더 가치가 있다고 여겨지는 Lagos사회를 통해서 여전히 볼 수 있다. 더 나아가 Oshia는 장자로서 그의 확고한 위치를 인식하고 있으며 본문에서는 현대화가 아들들이 딸들에 우선한다는 생각은 분명히 잘못된 사고방식임을 강조하고 있다. 약간은 혼란스럽기는 하지만 부분적으로 아이러니칼한 상황은 Enu Ego의 경우에서는 딸들이 신부의 몸값으로 돈을 받아 그 돈으로 Oshia와 Adim같은 그녀의 아들들을 교육시킨다는 점에서 나름 데로 가치가 있음을 인정하는데 있다. 동시에 식민주의가 아프리카의 가부장적인 구조를 해체시켰음을 지적한다. Nnu Ego의 남편인 Nnaife는 Nnu Ego에 대한 지배를 주장하지만 유럽의 독자들이 보기엔 식민주의로 인해 그가 너무 공격적인 점을 인식하게 된다는 점일 것이다. 특히 Nnaife가 그의 장인인 Agbadi처럼 폭력적으로 가정을 다스리면서 군림하기란 어렵다. Nnu Ego는 Nnaife의 일이 천하다고 생각하지만 이웃인 Cordelia가 생각할 때는 반드시 그렇지만 않으며 식민지 시대 Lagos에서 경험할 수 있는 전형적인 일임을 자각하게 한다: "Men here are too busy being white away from them. The shame of it is that they don't know it. All they see is the money, shining white man's money" (51).

Emecheta가 여기에서 주장하는 것은 서구의 물질주의가 전통적인 아프리카 문화에 미친 부정적인 영향이라고 할 수 있다. 특히 Nnaife는 *Things Fall Apart*

의 Okonkwo의 아버지인 Unoka처럼 종종 가정의 경제적인 책임을 소홀히 할 뿐만 아니라 또 다 부서진 기타를 치면서 시간을 보낸다. 가정의 유지는 Nnu Ego가 담배와 성냥으로 행상을 하면서 벌어들이는 돈으로 가능할 뿐이고 그는 처음부터 끝까지 남성으로서 가정을 이끌어가는 의욕이 없을 만큼 무책임하며 불안한 위치에 있다. 실업자가 될 때에 그는 자신을 합리화하고 풀을 깎는 일자리를 얻고 돈을 벌면 Nnu Ego를 학대하고 구타한다. 이들 아프리카인들이 영국의 식민지 자들에게 복종함으로써 그들의 처지가 더욱 험하다. 이런 가운데서도 그는 가정에서 남성으로서 잃어버린 권위를 찾기 위해 애쓴다.

간단히 말해서 만약 남성이 전통적인 Igbo사회에서 가끔씩 가정의 폭군으로 군림하는 것이 사실이라면 이러한 전통적인 권위에 도전하도록 하는 식민주의의 영향은 더욱더 남성을 난봉꾼으로 만드는 것이다. 마찬가지로 Emecheta는 여성을 전통사회에서 남성의 소유물로서 취급한다는 것은 반드시 유럽의 현대화로 극복되어질 수 없는 현실임을 암시하고 있음을 볼 수 있다. Nnaife는 Nnu Ego에게 남편에게 존경의 표시를 하지 않음에 대해 힐책하자 그녀는 현대의 Lagos에서가 아니라 Ibuza같은 전통사회에서나 이해할 수 있는 발상이라고 대답을 한다. Nnaife는 이에 분개하여 신부에게 자신이 몸값을 지불했으므로 이제 Nnu Ego는 어디에 있던지 자신의 소유물 "owner"이라고 주장한다(48). 게다가 여성과 여자아이들을 소유물로 표현 되는 것 이외에도 Emecheta는 여성을 어떤 식으로 던지 물건이나 재산으로 묘사하고 있다. 가장 현저한 이야기로는 Agbadi의 막 숨을 거둔 아내와 함께 노예 여성이 매장되도록 강요당하며 이에 강력한 저항을 보이는 장면이다(23). 이 노예는 문자 글대로 재산일 뿐이며 그녀의 삶이란 ― 당시 모든 여성을 비롯하여 ― 전통사회가 요구하는 방식에 충족되도록 맞추어진 제물일 뿐이다.[1] 따라서 강요에 못 이겨 여성은 결국 마지막 최후의 수단으로 Agbadi의 아들이 그녀가 숨이 끊어지도록 일격을 가해서 의식이 없는 상태에서 매장이 되도록 해 주는데 대해서 그녀는 감사해하고 나중에 다시 태어나 Agbadi의 가족의 일원으로 되돌아오겠다고 한다. 그러나 차후에 Enu Ego가 이 노예의 화신인 것으로 이들은 이해하는 것이다.

Emecheta의 관점들은 이처럼 분명하면서도 교훈적이다. 다른 한편으로는 Emecheta가 아프리카 문학이나 비평에서 충분히 관심을 끌지 못한 부분에 관심을 두고 있으며 혹, 그녀의 작품이 서구의 미학적인 견지에서 다소 부족한 느낌

1) Emecheta는 *The Slave Girl*에서도 똑 같은 주장을 펴고 있다. Igbo사회의 노예제도의 관습뿐만 아니라 실제로 있은 매장의식과 장례 장면을 모두 포함해서 보여주고 있다.

을 독자들에게 준다면 그것은 그녀가 직접적인 서술을 택하고 있는 사실 때문일 것이며 작가로서 자질이 부족하다는 논리는 위험한 생각임을 지적하고 싶다. 사실 Emecheta는 그녀의 구성을 통해서 *The Joys of Motherhood*에서 섬세함과 복잡성을 마음껏 보여주고 있음을 우리는 분명히 볼 수 있기 때문이다. 분명히 아프리카의 전통적인 사회가 유럽의 인종간의 복잡한 문화적인 현상 그리고 현대화된 사회보다도 더 긍정적으로 묘사되고 있음은 주목할 만하다. 그러므로 Florence Stratton은 Emecheta의 사실주의적인 묘사가 여성들이 전통사회에 대항하는 차원으로 볼 때 기존의 Achebe작품—*Things Fall Apart, Jagua Nana, Petals of Blood*—과는 속성이 다름을 강조하고 있다: "[it] counters the tendency toward gender romance in works like *Things Fall Apart*" (116).

*The Joys of Motherhood*의 또 다른 복잡성은 식민지 Nigeria를 사실주의적인 기법으로 나타내지만 모든 독자들이 기대할 수 있는 차원이 아니라는 점이다. Nnu Ego는 그녀의 역사적인 맥락을 알려주는 중요한 쟁점들을 매우 우화적인 방법으로 제시한다는 점이다. 그녀의 성격 묘사는 독자들이 읽고 판단을 내릴 수 있도록 하는 매우 세련된 방식의 화법과 기법을 활용하고 있음을 상기할 때 20세기 Henry James의 소설을 부분적으로 연상케 하는 점도 없지 않다. Eustace Palmer는 Nnu Ego의 수동적인 자세와 나약함을 비난하고 그녀가 유혹을 받고 고통을 받는 것은 자신이 그런 함정을 투시할 수 있는 능력과 힘이 없었기 때문이라고 반박한다. Tuzyline Jita Allen은 Nnu Ego의 수동성은 설득력이 없을 뿐만 아니라 당시 아프리카의 전통사회를 비판하는 강력한 여권 비판의 선구적인 역할을 한 작가로서 이 작품을 효과적이지 못하도록 하는 원인이 된다고 비난하고 있다. Allen은 계속 덧 붙여서 그녀가 만든 여 주인공의 역할에 초점을 둔 것이 이 같은 원인의 한 부분인 것처럼 보인다는 지적을 하고 있다: "Emecheta seems more interested in her heroine's suitability to an idea of African womanhood than in breaking the chains which the culture has forged"(108).

그러나 만약 독자들이 유럽의 소설에서 볼 수 있는 두드러진 개인의 역할이 아닌 Nnu Ego의 우화적인 접근을 염두에 두고 있다면 이런 비평가들의 의견 또한 심각하게 수용하지 않아도 별 문제가 없을 것이다. 어쨌든 Achebe의 Okonkwo는 Emecheta의 Nnu Ego와 비교되어서 설명이 될 수 있는 인물로서 Okonkwo가 남성위주의 Igbo사회를 대변한다고 생각할 수 있을 것이다. 반면에 Nnu Ego는 Okonkwo처럼 그녀가 처한 어려움이 영국의 식민지로 인하여 야기된 Igbo사회의 부정적인 변화의 물결에 원인이 있으며 결국 아프리카의 전통적인 가치관을 말살하는 것에 식민지에 저항하는 인물을 대변한다고 할 수가 있을 것이다. Frank는 다음과 같이 지적한다.

> The pathos of Nnu Ego's plight, which lends a kind of tragic dignity to her story, is that she is faithful to principles and ideals that have no currency in the urban world of modern Lagos. She is caught in the middle between two worlds, unable to go back to that of her mother, Ona, and unable to adapt to modern Lagos as does her self-sufficient co-wife, Adaku (491).

Nnu Ego는 아프리카와 유럽의 전통에서 오는 어느 정도의 가부장적인 양상으로 고통을 받지만 그녀는 어느 한 쪽의 세계에서만 고통을 받는 여성들 보다 훨씬 더 많은 정도의 고통을 받고 있음을 역력히 느낄 수 있는 것이다. 어느 의미에서 보면 그녀는 양쪽의 세계ㅡ아프리카와 유럽ㅡ에 속한 고통을 경험하면서 살아가는 복잡한 인물임이 분명하다.

Emecheta의 Nnu Ego 등장인물에 대한 묘사는 Frank가 함축적으로 암시하는 바와 같이 두 가지 대안을 지니고 있음을 알 수 있다. 우선 Ona가 Agbadi와 결혼을 거부하는 장면과 종종 그의 접근에 격렬한 저항을 하는 모습은 Nnaife의 청혼을 순순히 받아들이는 Nnu Ego의 온순하고 유순한 수용과 상당한 비교가 됨을 잊지 말아야 할 것이다. 전통적인 Ibuza에서 살아가면서도 Ona의 경우 강한 독립심이 있다. 그러면서도 Ona의 결혼식은 영국의 식민지로 있는 기간에 Lagos에서 행해지며 Nnu Ego의 경우 영국의 식민지로 인해 독립심의 상당한 부분을 상실한 여성으로 볼 수 있다. Andrade는 식민지 이전의 Igbo사회에 살던 여성들이 식민지 이후 여성들보다 더 독립심과 자립심이 강했음을 지적하고 있다: "pre-colonial Igbo women had more independence than their colonized descendents" (101). 사실 Emecheta의 화자도 이런 관점을 분명히 하고 있다. 그러나 다른 한편으로는 Ona가 Agbadi로 부터 독립심을 보이는 것은 그녀가 자신의 아버지에 대한 충성심이 더 큰 원인이라고 생각할 수도 있을 것이며 Nnu Ego가 Nnaife의 결혼을 순수하게 받아들이는 것은 그녀의 아버지의 입장을 충분히 고려해서 받아들인 것으로 이해해도 크게 잘못된 시각은 아닐 것이다. Emecheta의 경우 Igbo 사회의 전통을 절대 미화하거나 이상화하지는 않는다. 이에 대한 더 구체적인 예로는 Emecheta가 Nnu Ego의 co-wife인 Adaku를 묘사함에 있어서 전통사회와 현대적인 사회를 현저하게 비교해서 제시하고 있는 점이다. Adaku는 그녀의 경제적인 독립을 현대화된 Lagos에서 일종의 좋은 기회로 받아들이고 있는 반면에 전통적인 Ibuza 사회에서는 불가능함을 말하고 있음을 주목할 필요가 있을 것이다.

Nnu Ego가 장사를 하는 행위는 전통적인 아프리카의 관습에서는 남성의 역할이다. 그리고 많은 아프리카 사회에서는 여성들이 남성으로부터 어느 정도의 독립을 할 수 있기를 기대하고 있다. 그러나 Adaku는 새로운 차원에서 유럽의 자본주의 경제에 더 깊이 관여하여 이런 역할을 수행하고 있는 것이다. 그 결과로 그녀는 Nnu Ego가 상상 할 수도 없는 수입을 얻고 궁극적으로 Adaku가 그녀가 속한 전통적인 사회인 Ibuza를 떠나는 이유를 뒷받침하고 있는 사실임이 분명해지는 것이다. 그러나 Adaku가 또 다른 사업을 위해서 필요한 돈을 충족시키기 위해 매춘행위로 추락하는 것은 다른 차원에서 여성들은 아직도 Lagos의 자본주의 사회에서 재산으로서의 기능만을 수행하고 있음을 읽을 수 있다. 사실 현대 유럽의 작가들도 자본주의의 폐단을 비난하는데 있어서 인간을 상품화하는 metaphor로서 매춘을 도입하고 있음을 종종 볼 수 있는 것은 우연한 일이 아닐 것이다.

Nnu Ego, Ona, 그리고 Adaku의 대조는 Nnu Ego가 반드시 수동적이지도 복종적이지도 않음을 비추어 보아 복잡하고 간단하게 단정 지울 수 없는 성질의 내용일 것이다. 종종 그녀는 Nnaife의 지배욕에 저항하기도 한다. 게다가 그녀는 Lagos의 소외된 환경에서 사회 경제적인 어려움으로 고통을 당하기도 하며 남편의 도움이 없이 자신의 용기와 성실함으로 열심히 살아가는 여성이다. 특히 그녀는 가족을 부양할 수 있으며 Nnaife가 없을 때에도 가정을 이끌어 가기 위해 돈을 벌기도 했다. Nnu Ego가 그렇다고 자신에게 강요되는 가치관과 관습을 무조건 수용하는 편도 아니다. 그녀는 경험을 통해 배우고 두 번째 쌍둥이가 태어났을 때에도 그녀는 그녀의 사회가 아들에 더 많은 가치를 두고 있음을 우울해하였으며 자신이 여성으로서 어느 누구의 부속물 ("not anybody's appendage"186)이 아니라 독립된 한 완전한 인간임을 일깨우기도 하는 것이다. 그러나 그런 가부장적인 사회에서 그녀가 생각하는 가치관이 관철될 수 없음은 그녀 자신이 더 잘 알고 있는 사실이다.

> But even in her confusion she knew the answer: 'never, not even in death. I am a prisoner of my own flesh and blood. Is it such an enviable position? The men make it look as if we must aspire for children or die. That's why when I lost my first son I wanted to die, because I failed to live up to the standard expected of me by the males in my life, my father and my husband — and now I have to

include my sons. But who make the law that we should not hope in our daughters? We women subscribe to that law more than anyone. Until we change all this, it is still a man's world, which women will always help to build" (187).

*The Joys of Motherhood*를 유럽의 사실주의적인 관습에서 읽는 독자들은 위 글이 문제성이 있는 부분일 수 있을 것이다. 왜냐하면 이 소설의 다른 부분에서 Nnu Ego의 성격묘사와 일치하지 않기 때문이다. Allen은 Nnu Ego의 목소리에 대해서 다음과 같은 지적을 하고 있다: "So incongruous is this complaint/confession with the heroine's psychological portrait that one is inclined to suspect a voice-over rather than Nnu Ego's own voice" (111). 물론 독자들이 유럽의 관점에서 사실주의적인 성격으로 Nnu Ego를 보지 않는다면 그녀의 행동이 왜 심리적으로 시종일관된 양상을 띠고 있는지 설명하기 어려운 점은 인정해야할 것이다. Emecheta자신이 가지고 있는 정치적인 생각을 대변하고 있으며 Nnu Ego를 이해할 수도 있겠지만 Ego의 태도를 보아 그녀는 Emecheta의 역할을 꾸준히 맡고 있음을 볼 수 있다.

반면에 이와 관련하여 생각해 볼 것은 Nnu Ego가 그녀의 수동적인 자세를 벗어나 경험을 통해 점차로 성장해 가는 것을 암시하고 있음을 부인하기도 어려울 것이다. *The Joys of Motherhood*를 Bessie Head의 *A Question of Power*와 비교하면서 Nancy Topping Bazin은 이들 두 권의 책에 나오는 주인공들이 모두 정신적으로 성장해 가는 경우로 보고 있다: "[Both books] move away from innocence into an understanding of the patriarchal culture in which they live" (45). Nnu Ego가 여성으로서 그녀가 처한 입장을 이해하는 과정은 기본적으로 독자들이 유럽의 발전소설인 bildungsroman이나 개안소설 initiation story로 보는데 별 무리가 없을 것이다. 따라서 이 소설은 아프리카와 유럽의 사회를 통해 볼 수 있는 문화와 문화에서 오는 다양한 대화가 중심으로 엮어지는 일종의 발전소설로 보아도 무방하다는 의미이다. Eileen Julien 은 아프리카의 개안소설은 현존하는 질서를 유지하는데 있음을 다음과 같이 지적한다: "[the African initiation story is designed to] preserve an already extant order, to preach the virtues of continuity and conformity to an established set of truths" (95). Julien 은 덧붙여서 설명하기를 아프리카의 발전소설은 유럽의 소설들과 비교해서 볼 때 역동적이고 아프리카의 전통적인 개안소설과 비교해서 볼 때 권위주의적인 요소가 적다고 지적하고 있다 (47).

이런 맥락에서 Emecheta의 소설은 주인공이 여성으로서 유럽의 발전소설과는 접근 방법에 있어서 많은 차이점이 존재하지만 아프리카의 개안소설보다는 유럽의 발전소설에 더 가까운 것임을 부인하기 어렵다. Eve Tavor Bannet는 18세기 유럽의 전통을 묘사하면서 여성이 등장하는 발전소설은 다소간 체제를 전복시키는 장르로 시작하지만 궁극적으로는 인습의 한계를 벗어나지 않음을 지적한다.[2] 이제까지 살펴본 바와 같이 Emecheta는 공개적으로 아프리카 여성이 처한 현실을 비난하고 나선다. 이런 의미에서 보면 Emecheta의 작품은 특히, 1930년대 공황이 심했던 기간을 생각하면, 유럽의 자본주의 발전 소설에 훨씬 더 가까운 작품으로 볼 수 있음이 자명하다. 노동자 계급은 자본주의의 부정의함을 인식하고 자본가 계급은 노동자 계급이 각성하고 스스로 새로운 차원으로 발전하는 것에 초조해하며 이를 못마땅해 하는 상황이 바로 앞서 언급한 내용일 것이다.[3] 그러나 본 작품이 유럽의 자본가 계급인 부르주아의 지배에 정면으로 반기를 들고 있고 부르주아의 긍정적인 역할을 부인하고 있다고 해서 반드시 유럽의 부르주아 리얼리즘의 틀을 벗어난 것으로 오해하거나 작품이 지닌 결함으로 오해해서도 아니 될 것임을 지적하고자한다.

어쨌든 Nnu Ego는 전통적인 Igbo사회에서 어머니의 아들에 대한 관계를 고려해 볼 때 어머니의 역할—어머니의 의무나 도리, 모성애 따위—이 얼마나 중요한 것인지를 설명해주고 있다. 그녀는 또한 여성이 이러한 현상 속에서 맹목적으로 따르는 공범 "complicity"임을 똑같이 비난하고 있다. 더 나아가서는 Achebe, Ekwensi, 그리고 Ngugi같은 아프리카의 남성 작가들이 모성애를 이상화하는 것에도 넌지시 비난의 화살을 돌리는 것이다. 많은 비평가들도 그런 비평의 경향이 *The Joys of Motherhood*에 내재해 있음을 지적하고 있다. Carole Boyce Davies는 여성의 비극에 초점을 맞추어 이 소설의 목적이 "to show the tragedy of woman's existence when it remains circumscribed by motherhood alone" ("Motherhood" 253)이라고 지적한다. Emecheta의 제목이 던져주는 의미가 아이러니컬한 것 이외에도 이전에 Nnu Ego는 여성이란 죽어서도 자유롭게 될 수 없다는 자기 스스로의 말을 꺾고 아기를 낳게 해 달라고 성지에 기도하러 가기를 거절하는 장면을 보면 그녀가 어느 정도의 독립을 주장하는 모습을 볼 수 있다. Bazin은 Nnu Ego가 그녀가 살아가는 동안 그녀가 겪은 고통과 탄압을 이해하기 시작하면서 그녀는 모성애와 여성으로서의 역할을 합리화하는 사회에서 자신

2) 여성의 발전소설에 대한 관심이 있는 독자는 Abel, Hirsch, 그리고 Langland의 글을 읽기 바란다.

3) 더 깊이 있는 내용에 관심이 있는 독자는 본서의 Ngugi의 *Devil on the Cross*의 해설부분을 참고하기 바란다.

의 의사를 분명히 밝힐 수 있는 것이 중요함을 강조하면서 다음과 같이 지적한다: "[Nnu Ego is] free to take action by denying fertility to the young women. She knows that the continuous pressure to bear sons that drives them to her shrine will enslave them as it did her. Freedom for them must begin with rejecting the patriarchal glorification of motherhood" (51).

서구의 여권신장을 내세우는 독자들은 실제로 *The Joys of Motherhood*를 전통적인 Igbo사회에서 여성이 아들을 많이 낳아야 된다고 강조하는 것과 여성은 사실 가정에서 남편의 아내로서 아이들의 어머니로서의 역할을 하는 것 이외에는 별로 설 곳이 없음을 비판하는데 의견을 같이하고 있다. 그러나 서구의 여권신장을 옹호하는 비평가들의 의견이 반드시 Emecheta의 관점을 제대로 정확하게 읽고 있다고 주장할 것도 못된다. Katherine Fishburn은 유럽의 비평가들이 보는 관점은 문화적, 그리고 생활방식이 아프리카와는 많이 다른 상황에서 지적되는 것임으로 실제로 아프리카의 문화를 철저하게 파악하지 않으면 제대로 이해할 수 없음을 강조한다. 유럽의 사실주의라는 틀 속에서 Emecheta의 책을 읽으면 잘못 판단을 내리기 쉬움을 지적하면서 Fishburn은 *The Joys of Motherhood*의 제목이 주는 의미를 irony로 파악하지 않고 사실로 받아들여야한다고 주장한다. 왜냐하면 전통적인 아프리카의 관점에서 보면 여성이 아이들을 많이 낳을 수 있다는 것—특히 Nnu Ego에게선 아들이 둘이다—은 성공적인 삶으로 인식이 되기 때문이다. Barbara Christian은 덧 붙여 설명하면서 전통적인 아프리카의 관습에서 보면 아이를 가질 수 없는 여성은 가장 비참한 여성이라고 지적하고 있다: "there is no worse misfortune...than being childless" (216).

독자들이 *The Joys of Motherhood*를 읽을 때 느낄 수 있는 것은 아프리카에서 여성이 어머니가 된다는 것—특히 아들을 많이 가질 수 있는 것—은 Nnu Ego에게선 삶의 기쁨과도 같음을 느낄 수가 있음이 사실이다. 비록 Nnu Ego가 그녀의 딸들이 아들에 비해 덜 소중히 여겨진다는 사실이 가슴이 아프긴 하지만 말이다. 특히 Ego의 두 아들들이 미국과 캐나다로 떠나면서 그들 부모님들을 부양하기를 거부할 때는—아프리카의 관습에서는 아들이 부모를 부양해야함—심한 고통을 받기까지 하는 것이다. 그러나 Nnu Ego의 삶에서 가장 슬픈 부분은 그녀가 그토록 사랑하고 소중하게 키운 아들들이 유럽화 되었다는 사실과 그들이 아프리카를 떠난 후 실제로 그녀와 접촉을 거의 하지 않는다는 부분이다. 구체적인 소문을 통해서 들은 그녀의 아들 Oshia가 미국의 백인 여성과 결혼을 했다는 소식은 그녀가 첫 째 아들을 사별하고 느꼈던 상실감을 갖도록 했으며 심한 정신적인 불안정까지 안겨다 주게 된다. 간단히 말해서 Nnu Ego의 비극은 Oshia와 Adim의 어머니로서 역할을 제대로 하지 못한 것이 아니라 실제로 현대화한 Nigeria에서 유럽의 식민지화로 인해 그녀가 그 역할을 제대로 떠맡지 못하게 된데 원인이 있다는 진단을 할 수 있을 것이다.

Fishburn은 아프리카의 일부다처제가 여성들에게 여러 가지로 많은 이점을 제공하고 있음을 지적하면서 Filomina Chioma Steady와 Joseph Okpaku를 인용하고 있다 (113). 사실 Emecheta의 소설이 일부다처제가 여성들에게 미치는 부정적인 영향을 보여주고 있긴 하지만 전적으로 이를 거부하는 입장은 아님을 볼 수 있다. 구체적으로는 Emecheta가 1984년 California에서 African Studies모임에서아프리카에서 일부다처제는 여성들에게 여러 가지로 많은 이점을 제공한다고 밝힌 바있으며 여기에 참석한 많은 비평가들로부터 공격을 받기도 한 사실은 독자들이 전혀 묵인할 수 없는 노릇이다 (Davies, "Feminist" 9). 그리고 그녀의 글인 "Feminism with a Small 'f'."에서 Emecheta는 분명히 일부다처제는 여러 가지로 탄압의 형태로 존재하지만 Nigeria의 여성들에게 그런 사항은 별 문제가 되지 않으며 오히려 도움이 됨을 지적하고 있다: "[women] make polygamy work for them" (176).

사실 Emecheta의 글은 서구의 페미니즘에 한정해서 그의 작품을 해석하는 것에 경고를 하고 있으며 아프리카의 여성들이 살아가는 생활구조가 유럽의 여성들의 방식과 근본적으로 다름을 지적하고 있다.[4] 특히 Emecheta는 서구의 페미니즘의 시각에서 모성애에 관한 명예훼손을 경고하고 있으며 아프리카의 페미니즘은 어머니의 공헌을 더 중요시함을 강조하고 있다:

> We need more Golda Meirs, we need more Indira Gandhis, we even need more Margaret Thatchers. But those who wish to control and influence the future by giving birth and nurturing the young should not be looked down upon. It is not a degrading job. If I had my way, it would be the highest paid job in the world (180).

Emecheta의 견해는 흑인계 미국인 작가인 Alice Walker가 그녀의 철학을 백인이 우세한 페미니즘과 구분하기 위해서 자신을 여성으로서의 여성다움을 추구하는 자로서 "womanist"라고 주장하는 장면을 회상하게 한다.[5] 사실 Emecheta의

4) 아프리카 페미니즘에 관심이 있는 독자들은 Steady의 글을 읽기 바라며 Davies도 아프리카의 페미니즘에 관한 중요한 지적을 하고 있으므로 그의 "Feminist" 8-10을 읽어보기 바란다.
5) 중요한 방식으로 Allen의 책은 feminism과 womanism의 차이점과 유사점들을 자세히 구분

글은 특히 유럽의 페미니스트들이 아프리카 여성들의 노동 착취라는 관점에서 그녀의 책을 읽을 때 저지를 수 있는 오류를 경고하는 셈이다. Andrade는 유럽의 페미니즘 이론이 문화적인 차이를 인정하고 있지 않는다고 지적하고 있다: “[Western feminist theory] neglects to examine its own inscription within a European system of thought which is saturated by imperialism” (92). Davies도 같은 맥락에서 아프리카의 페미니스트들의 관점이 유럽과는 다른 점은 서로 다른 문화적인 관점 이외에도 인종과 계급이 사회 속에서 남성과 여성의 쟁점이 되는 부분과 맞물리어 있음을 지적하고 있다: (“Feminist" 10-11).

Fishburn의 의견이 유럽의 페미니즘 시각에서 보는 Emecheta의 작품은 아프리카의 문화적인 배경을 무시한 경우라는 주장을 어느 정도 인정할 수 있을법하다. Fishburn에게선 이 작품은 전통적인 Igbo사회에서 남성과 여성의 불평등에 관한 비판이 초점이기 때문이다.

> Rather than seeing the novel as an account of the war between the sexes, might we not see it as a war between the past and the present — between the voices of tradition and those of modernization. Might we not see it, in short, as a war between Igbo and Western values? (114)

Emecheta같은 여성 작가의 역할은 아프리카 사회에서 여성에 대한 관심을 촉진 시키는데 있어서 중요하다. 그러나 독자들이 이 작품에서 이해의 폭을 여성의 개인적인 삶에 한정하고 아프리카인들 의 삶에 엄청난 영향을 미친 광범위한 공적인 정치적인 쟁점을 무시한다면 큰 오류를 범하는 셈이 될 것이다.[6] Emecheta의 작품이 유럽의 식민지화로 인해 그들 사회에 미친 남녀관계의 영향을 다루고 있지만 특히 Achebe의 *Things Fall Apart*와는 약간 다른 방식을 느낄 수 있다. Achebe는 거의가 식민주의에 초점을 맞추어져 있음에 반하여 Emecheta는 남성과 여성의 관계에 초점이 맞추어져 있음을 대개 느낄 수 있기 때문이다.

물론 *The Joys of Motherhood*가 남성과 여성 아니면 서로 다른 문화 간의 충돌로 꼭 볼 필요는 없을 것이다. 양자의 관점에서 얼마든지 이해가 가능하기 때문

해서 설명하고 있으니 참고하기 바란다.

6) Molara Ogundipe-Leslie는 아프리카 여성 작가들은 남성/여성의 관계를 놓고 정치적인 쟁점을 부각시키는 것이 아니라 다양한 속성을 지니고 있음을 지적한다: “[Such writers are] committed in three ways: as a writer, as a woman and as a Third World person; and her biological womanhood is implicated in all three” (13).

이다. Nnu Ego의 개인적인 고통은 전통적인 Igbo사회의 양상이며 동시에 영국의 식민지로 인해서 야기된 사회의 와해가 상당한 책임이 있을 것이기 때문이다. Emecheta의 소설은 종종 하나의 궁극적인 대상에 관심을 갖도록 하기보다는 보다 복잡하게 진행되는 것이 특성이다. 그렇기 때문에 현대의 모더니스트 작가들인 Joseph Conrad 아니면 Virginia Woolf가 구사하는 결론을 유보시키는 소설기법을 연상시킨다. 따라서 독자들이 Emecheta의 *The Joys of Motherhood*에 대한 성급한 결론을 내리는 데는 상당한 주의가 필요할 것이다. 더 나아가 Conrad의 주인공 Charlie Marlow의 결론을 내리지 않은 화법 "inconclusive narratives"에서 볼 수 있는 상황을 여기서도 볼 수 있음이 흥미롭다. 그럼에도 불구하고 Emecheta의 작품이 유럽과 아프리카의 관점에서 모두 접근이 가능하다는 점은 독자들의 관심을 배가시키며 촉매 역할을 하고 있음을 알 수 있다.

3

아마 아타 아이두(Ama Ata Aidoo)의 탈식민주의 사회와 여성의 폭력

Ama Ata Aidoo는 그녀의 친구인 Ayi Kwei Armah의 *The Beautyful Ones Are Not Yet Born*에서 보는바와 같이 가나 출신으로 탈식민지 소설가이며 역사적인 배경은 Armah와 다소 다른 점을 지적할 수 있지만 상당히 유사하다. 우선 Aidoo는 아프리카 남성 작가들에 의해서 관심의 대상에서 많이 소외된 탈식민지 또는 식민지 가나의 역사를 Feminism에 입각하여 관찰하고 있다. 전통적으로 가나는 여성중심의 사회라고 하는 점을 인식하면 이해하기가 더 용이할 것이다. 여성이 중심이 된 가나 사회에서는 남성이 중심이 된 유럽의 가부장적 사회구조와는 중요한 점에서 상당히 다르다는 점을 인정하는데 그리 어렵지 않다.

19세기에 영국이 가나에 대한 영향력을 확장시키고 있었을 때 영국에서는 인정할 수도 흔히 볼 수 있는 사실도 아닌 가나 여성은 믿을 수 없을 정도로 상당히 많은 자치권을 지니고 있었다. 이들은 결혼을 해도 재정적인 독립을 여성들이 기대할 수 있을 정도로까지 독립적이었다는 사실이다. 그러니 식민지는 여러 가지 방식으로 이런 아프리카인들의 고유한 전통을 허무는 결과를 초래하게 되었으며 그 결과로 남성들이 여성들에 비해서 더욱 많은 교육적인 기회를 가지게 되었고 여성들에게는 상대적으로 식민지 교육이 열악한 조건하에서 주어진 것이 사실이다. Aidoo는 Armah의 *The Beautful Ones Are Not Yet Born* 서문에서 스스로 쓴 글에서도 여성의 독립에 관한 내용의 글을 썼다. 그녀는 유럽 사회에서 남성들에 의한 여성들의 탄압은 가나 사회에서 여성들이 처한 상황과는 판이하게 다름을 주장한다.

> [Western models of the oppression of women by men are not adequate to describe the situation in Ghana. Such models are often] ridiculous... especially in the area of exactly what the African woman

> is, the assumption on the part of most westerners being that the poor African woman was a downtrodden wretch until the European missionary brought her Christianity, civilization and emancipation. This may apply in certain areas of Africa, but certainly, for most Ghanaian women, the question of their emancipation is not really a problem to discuss since it has always been ensured by the system anyway. Nor is this an idealized view. It is there for anyone who is prepared to observe a society instead of imposing on it his own prejudices and syndromes (x)

따라서 가나의 여성들이 전통적으로 아이를 낳고 어머니로서 자격이 갖추어질 때까지 여성으로서 충분히 인정되지 않았음을 사실이지만 진정한 여성이란 남성으로부터 독립할 수 있는 그런 여성임도 사실이다. Aidoo의 작품에서 볼 수 있는 것은 교육을 받은 현대 가나의 여성이 사회에서 부딪치는 문제들을 가나의 여성 독립이라는 맥락과 함께 보여주고 있는 것이 특징이라고 할 수 있다.

1. Aidoo의 작가 생활

Aidoo는 1940년 가나의 Gold Coast Colony에서 태어나 다른 현대 아프리카 소설가들처럼 유럽 식민지하의 다양한 문화가 공존하는 환경에서 자랐다. 특히 그녀의 초기 교육은 남아 선호 사상이 지배하는 시대에 살았지만 부모님들은 아들, 딸의 동등한 가치 부여를 하는 다행스런 집안에서 자랐기 때문에 교육을 받는데 어려움은 없었던 것으로 전해진다. 가나가 식민지로부터 독립을 한 초기에는 University of Ghana에서 대학 교육을 받기도 했다.

졸업 후 Aidoo는 1964-1966년까지 가나 대학교에서아프리카 연구를 하는 연구소에 근무를 하게 되고 아프리카의 oral culture에 관심을 많이 갖게 된다. 그녀의 첫 작품은 극으로 아프리카 남성과 아프리카계 미국인 여성을 둘러싼 복잡한 문화적인 문제점을 다루는 1965년에 출판이 된 *The Dilemma of a Ghost*이다. 두 번째로 나온 극작품은 Anowa (1969)으로 Aidoo가 그녀의 어머니로부터 들은 19세기 서아프리카의 역사적인 사건에서 유래한 민담에 관한 여러 가지 이야기를 다루고 있다. 여주인공인 Anowa는 가족으로부터 도피하여 Kofi Ako와 결혼하려고 노력한다. 그러나 Kofi로 부터 점차 소외되자 그녀는 그의 지배로부터 독립을 선언하고 남성인 Kofi의 소유욕이 그의 성적인 무능함에서 온 것으로 공격을 하자 그는 모욕감에서 자살을 한다.

이들 두 극 작품가운데서 서아프리카에서는 최초의 여성 소설가로서 Aidoo는 그녀의 첫 소설인 *Our Sister Killjoy* (저작권 1966)을 선보인다. 그러나 그녀의 소설은 1977년에야 출판이 가능했다. 첫 소설이 출판되기 전에 그녀는 시나 단편소설을 썼다. 그의 단편들은 No Sweetness Here (1970)에 수록이 되어있으며 주로 식민주의와 탈식민주의 가나 사회에서 경험하는 복잡한 상태를 다루고 있다. Lloyd Brown은 그녀의 단편을 다음과 같이 지적한다:

> In Aidoo's hand the short story is a literature medium, drawing upon the western conventions of the genre. It is also an intrinsic part of the writer's oral tradition, drawing upon the dramatic modes, the narrative techniques, and the communal customs of the oral artist (100).

Aidoo의 이런 다양성은 특이한 것으로 다른 작가들과 많이 다른 점이라고 할 수 있다. Aidoo가 시인으로서 재능을 보인 것은 운문의 형태로 쓰인 *Our Sister Killjoy*를 통해서 이다. 다른 그녀의 소설과 마찬가지로 고도의 시적인 형태로 쓰여 졌으며 제목이 암시하듯 개인적인 경험을 강조하지만 유럽의 modernist작가인 Virginia Woolf를 연상시킬 만큼 상당히 세련된 형태의 글을 쓰고 있음을 느낄 수 있다. 그녀는 개인적인 경험을 확대해서 정치적인 틀에 맞도록 조절하면서 글을 쓰고 있다. 그녀의 두 번째 소설인 *Changes*[1]는 주인공인 Esi Sekyi의 개인적인 삶을 그녀 자신의 첫 남편인 Oko와 두 번째 남편인 Ali Kondey의 관계를 통해서 다루고 있다. 유럽의 여권 옹호 주의자들이 사적인 관계의 다분히 정치적인 속성을 지닌 술책을 강조했다면 Aidoo의 경우 Esi의 개인적인 사랑을 통해서 이를 지적하고 있다. Aidoo는 Maya Jaggi와의 인터뷰에서 다음과 같이 지적하였다: "I've grown to see that life is not just politics or the liberation struggle, or even economic: love is political, and everything is intertwined."

작품의 초기에 Esi는 남편의 간통으로 그녀가 독립할 수 있는 가능성을 탐색하지만 오히려 그녀는 유부남이며 일부다처제를 회교의 관습으로 인정하는 Ali와 낭만적인 사랑에 빠진다. 그리고 결국 Ali의 두 번째 아내가 된다. 그러나 그녀의 결혼은 또 파산을 맞고 Ali는 또 다른 아내를 찾고 있다. 이처럼 *Changes*는 일부다처제의 문제점을 여성들에게 어떻게 좋은 방향에서 아니면 나쁜 방향에서 영향을 주고 있는지 보여주고 있다.

Aidoo에 관한 중요 연구 서적으로는 Odamtten의 *The Art of Ama Ata Aidoo*로

1) 1991/ 1992년에는 권위 있는 Commonwealth Writers Prize상을 수상하였음.

서 1994년에 출판이 되었으며 Aidoo의 주요 작품을 비교적 자세하게 다루고 있다. 나머지 주요한 작품의 설명은 다음 장에서 계속 다루기로 하자.

2. Aidoo의 『흥을 깨는 자매; *Our Sister Killjoy*』

*Our Sister Killjoy*는 주인공인 Sissie라는 젊은 가나의 여성이 가나에서 그리고 정부의 하사금으로 독일에서 교육을 받고 영국을 거쳐 조국으로 돌아오면서 경험한 사실을 바탕으로 전개하고 있다. 그러나 Sissie의 개인적인 경험은 중요한 정치적인 의도를 깔고 있다. Kofi Owusu는 Aidoo의 글을 설명하면서 다음과 같이 지적하고 있다.

> [Aidoo's book is an important] contribution to ongoing attempts to rescue the African woman from the fringes of African literature and restore flesh, blood, voice and credibility to her (342).

이와 같은 상황 하에서 여성들이 자신의 정체성을 잃어버리지 않기 위한 노력은 당연한 논리였다. 이와 관련하여 C. L. Innes는 다음과 같이 지적하고 있다: "The dilemma of the woman who has views of her own, and the determination not to dissociate the personal and the political become the central concerns of Aidoo's novel" (138).

본 작품은 대개 4부분으로 구별하여 생각 할 수 있다. 부제인 "Into a Bad Dream"에서는 가나가 배경으로 주인공인 Sissie가 독일로 떠나기 전에 준비 상황을 자세히 묘사하고 있으며 "The Plum"에서는 독일이 배경이며 Sissie가 독일 문화에 대해 반응을 보이는 것과 외로운 독일의 가정주부인 Marija와의 관계를 다루고 있다. "From Our Sister Killjoy"에서는 Sissie가 영국에 잠시 체류하면서아프리카의 망명자들과 그녀의 애인과의 만남을 보여준다. 마지막 부분인 "A Love Letter"에서는 Sissie가 그녀의 연인에게 작별 편지를 보내고 가나로 돌아오는 장면이다. 전체적으로 보면 주인공인 Sissie의 의식이 식민주의와 신 식민주의 그리고 남/여 간의 성의 문제점을 놓고 받은 충격을 의식을 통해 보여주는 과정일 것이다. 비교적 짧은 형태의 글이지만 Aidoo는 제한된 영역에서 너무도 많은 문제들을 차분한 토운으로 이끌고 있어 그녀의 사회에서 인간이 경험하는 소외와 계급에 관한 생각 등을 사회정의와 결부시켜 묘사하고 있다: "a campaign for social justice is meaningful only when all disadvantaged people in human society receive undiscriminating attention" (155).

"Into a Bad Dream"은 처음부터 유럽에 의한 아프리카에서 신식민주의의 지속에 관한 중요한 문제점들을 지적하고 있다. 화자는 흑인도 인간임을 주장하며 불평 어린 목소리로 시작한다. 그리고 유럽의 교육이 유럽인들이 흑인들보다 우월한 인종임을 교육시키는 엉터리 교육임을 계속 강조한다. 그리고 유럽인들의 관점에서아프리카가 발전하는 길은 유럽의 힘이 없이는 불가능하다는 점 그리고 유럽식 사고방식으로 아프리카를 항상 평가하는 태도에 대하여 비판을 하고 있다. 그녀에게서 이와 같은 유럽인들의 사고방식은 가나가 독립을 한 후에도 계속 그들의 식민지와 노예제도를 아프리카에서 지속하려는 의도라고 공격을 하고 있다.

이는 Frantz Fanon의 주장을 다시금 환기시켜주는 부분으로 여겨진다. Fanon은 그의 *The Wretched of the Earth*에서 만약 백인 지배계급이 단순히 백인의 가치관을 가진 흑인 지배계급으로 대체된다면 아프리카에서 흑인들의 해방은 결코 이루어질 수 없음을 밝힌 바 있다. 사실 Aidoo가 *Our Sister Killjoy*를 통해서 탈식민지 가나 사회를 묘사하는 양상은 바로 이런 점을 지적하기 위한 것일 것이다. 대문자로서 강조하면서 1960년대 가나에서의 삶은 부유한 아프리칸인들이 부유한 유럽인들과 미국인들과 함께 아프리카와 흑인들을 착취한 것을 제외하면 살기에 좋았음을 회상하는 것이다: "[Life is] JUST LIKE THE GOOD OLD DAYS/BEFORE INDEPENDENCE."

첫 부분에서 가장 두드러진 장면은 아마도 Sissie가 독일을 떠나기 전 독일 대사관에서 있은 cocktail party에 참석하는 순간일 것이다. 그곳에서 그녀는 상류층에 속한 유럽인들을 처음으로 만난다. 그리고 이곳에서 유럽을 가장 이상적인 곳으로 생각하는 그녀의 가나 친구인 Sammy를 만나기도 한다. Sammy는 유럽의 현란한 상품에 매혹되어 유럽의 물질적인 화려함과 풍부함을 문화적인 우월로 잘못 생각하는 현대 아프리카인의 모습을 대변한다고 할 수 있다: "[She seems to have been chosen specifically to assure her that] going to Europe was altogether more like a dress rehearsal for a journey to paradise" (9). 게다가 시시는 유럽의 이름을 지니도록 강요까지 받는다: "For a child to grow up/To be a/Heaven-worthy individual,/He had/To have/Above all, a/Christian name" (25). 이런 그녀의 태도에 Sissie는 불편함을 느끼며 독일을 떠난다. 처음에 Sissie는 Nigeria를 거쳐서 남아프리카로 갈 예정이었으나 인종 차별에 저항하는 시위로 좌절되며 Sissie는 비행기 안에서도 1등석 좌석을 구입했으나 흑인들이 자리 잡은 뒷좌석으로 자리를 옮길 것을 요청 받는다.

이런 와중에서 인종차별에 관한 의식은 더욱 자라고 Frankfurt에서 기차를 기다리고 있는 동안 그녀는 자신의 딸을 가리키며 독일 여성이 흑인 아이 "das Schwartze Madchen"이라고 부르는 소리를 들으며 자신과 그녀의 딸은 유럽인들의 눈에는 먼 곳에서 온 낯설은 동물로 보인다는 느낌을 지워 버릴 수 없게 된다(12-3).

"The Plums"는 Sissie와 독일 여성인 Marija와의 관계에 초점이 맞추어진다. Marija는 영어를 전혀 못하며 다른 인종과 다른 문화에는 전혀 문외한으로서 Sissie를 처음에는 인도출신으로 생각하며 Sissie가 가나 출신이라고 하자 가나가 Canada에 가깝게 있느냐고 묻기도 한다(19, 24). Marija는 또 가나 크리스천 학교에서 Sissie가 Mary라는 이름을 얻었다고 하자 유럽에서 흔한 이름이 어떻게 아프리카에서도 쓰이는지 의아해 한다. Sissie와 Marija의 이름이 유사한 것을 내세우지 않더라도 이국땅에서 그들은 서로 공감을 느낀다. Marija역시 아이와 남편이 있기는 하지만 외롭기 때문이다. 아들인 Adolf는 너무 어리고 남편인 Adolf역시 일하느라 바쁘다. 가족의 생계를 이어가기 위해 일하는데 만 몰두하는 인물이다. 따라서 그녀로서는 자신의 잠재적인 가능성을 탐구하고 찾기보다는, Flaubert의 Emma Bovary처럼, 아들을 통한 대리적인 삶을 살고 있는 상황인 것이다.

유럽의 물질적인 풍요로움은 특히 Sissie가 독일에서 놀란 경우이다. Marija와 Sissie는 서로 다른 언어를 사용하지만 Sissie에게 음식을 계속 제공하고 있다. 이 부분의 부제는 유럽을 상징하는 포동포동한 서양의 자두(plum)를 Marija가 Sissie에게 가져오는 데서 유래한다. 서양의 자두는 아프리카의 빈곤과 유럽의 부유함을 대조시키고 있다. 유럽은 소비제품을 무한대로 생산하는가 하면 가나의 경우 신 식민지 시대에 살면서 버려진 물건들이 쌓여있는 쓰레기 더미에서 필요한 물건과 음식을 찾아야하기 때문이다: "[This once proud territory now] picks tiny bits of/Undigested food from the/Offal of the industrial world"(53). 이런 맥락에서 Aidoo의 plum이 가지고 있는 상징성을 James Joyce의 *Ulysses*에서 "The Parable of the Plums" 장이 묘사하는 영국 식민지에 대한 아일랜드인들의 상태와 비교해도 별 무리는 안 될 것이다. 또 다른 의미에서 plum이 가진 상징성은 Marija가 lesbian으로서 Sissie에게 성적인 접근을 하다가 거절되는 것을 고려하면 성서의 금단의 열매와 같은 허락되지 않은 과일로도 생각될 수 있을 것이다.

그녀가 이런 보다 솔직한 차원의 lesbian 사랑을 취급한다는 점에서아프리카 소설이 가지고 있는 한계성을 깨트리고 있음을 볼 수 있다. 특히 Sissie의 경우 Marija가 성적인 접근을 해왔을 때 과거 유럽의 선교사들이 동성애는 성서에서 금지하고 있음을 배웠기 때문이며 ("C-r-i-m-e/A Sin/S-o-d-o-m-y" 67) 그녀의 문화적인 배경 또한 이를 허용하고 있지 않다. Nwanko가 지적하는 바와 같이 이는 유럽과 아프리카 여성이 가지고 있는 문화적인 차이의 상징일 수도 있을 것이다: "[the] gap between the European female and African female's response" (157).

게다가 본 작품은 Marija가 성적인 접근에 실패하자 그녀의 외로움과 좌절을 식민지 확장을 통해 텅 빈 그녀의 가슴을 채워볼 그런 의도를 지니고 있음을 암시하고 있기도 하다 (65-6). 따라서 Sissie는 잔인한 식민주의가 유럽인들과 그 희생자들인 아프리카인들 을 비인간화시켰으므로 이제 세계는 유럽인들의 불행에 대한 관심을 가져야한다고 곰곰이 명상하고 있다 (66). Marija의 외로움을 환기시키기 위해 그녀가 방문하고 있는 독일의 아름다운 경치는 과거 2차 대전의 무시무시한 유럽의 Hitler에 의한 Nazi 역사를 환기시키고 있다.

Hitler를 갱단과 연결시킴으로써 Aidoo는 유럽의 Bertolt Brecht같은 작가는 *The Resistible Rise of Arturo Ui*에서 미국의 Chicago갱단 들이 과거 히틀러를 모방하고 있음을 묘사하고 있다는 사실을 환기시킨다. 1966년에 David Caute는 *The Decline of the West*를 통해서 탈식민지 아프리카에서 벌어지는 폭력에 초점을 맞추고 있지만 유럽은 폭력의 산실이며 Nazism을 이의 원형으로 보고 있다. "The Plums"에서 독일의 아름다운 시골풍경 묘사는 Nazism의 인종 증오를 회상케 하고 가나의 노예 상태를 생각게 하는 중세의 거대한 성을 회상시킨다. 이 성은 독일에서 가장 큰 성으로 상당히 인상적이며 아름답다. 그러나 이 성은 독자들로 하여금 과거 중세 봉건시대 권력을 잡은 사람들이 결혼 첫날밤을 맞이하는 여성들의 처녀성을 먼저 빼앗는 권력의 횡포를 잊도록 강요하지는 못하며 이는 당시 사회 계급과 남성/여성을 통한 유럽의 지배를 반영하기도 한다: "How many? Virgins has/Our Sovereign Lord and Master/Unvirgined on their nuptial nights/For their young husbands in/Red-eyed/Teeth-gnashing/Agony" (19). 따라서 이 성은 유럽의 오랜 탄압과 압제를 성과 계급을 통해 보여주는 셈이다. 그러나 이 역사적인 성은 오늘날 젊은이들이 즐겨 애용하는 러브호텔로서 개조되어 사용되고 있는 것이다.

Aidoo는 "From Our Sister Killjoy"에서 그녀가 식민지 본거지인 영국을 여행할 때 계속 상징적인 토운을 유지한다. 그녀가 영국에 체류하는 동안 식민주의의 유산에 압도당하고 영국이 제공하는 물질적인 안락함을 전혀 즐길 수가 없는 지경이 되어 이제는 "흥을 깨는 사람"이란 의미의 "killjoy"라는 별명을 얻게 되는 것이다 (85). 사실 Sissie가 만나는 아프리카인들 은 그런 화려함을 즐기기엔 너무도 가난한 사람들이다. 다른 한 면으로 교육을 많이 받은 전문가들은 유럽에서 교육을 받고 이들 문화를 즐기면서 본국으로 돌아가지 않음을 Sissie는 비난하고 있다.

Aidoo는 이들 아프리카인들은 자신들의 국민을 스스로 약탈할 뿐만 아니라 우수한 아프리카인들을 그들의 나라로부터 유출시키기 위해서 의도적인 교육을 받고 이들 신 식민지 교육제도에 놀아나고 있다고 한다. 화자는 아프리카 지성인들을 유럽이 거지들에게 주는 음식 찌꺼기를 받아먹는 사람들로 묘사하고 있으며 유럽이 아프리카의 지성인들을 이용해서아프리카의 속성을 잘 파악하면서 이들을 계속 착취하려고 한다는 비판을 하고 있다: "[intellectuals as] recipients of the leftovers of imperial handouts.... For a few pennies now and a/Doctoral degree later" (86). 특히 이들 지성인들은 유럽의 우수한 교육과 문화를 수용한다고 묘사하고 있다.

의약은 주요한 모티프로서 유럽에서 의학 공부를 한 아프리카인들이 그들의 나라로 돌아가는 것이 아니라 유럽에 남기를 원하며 Sissie의 애인인 Kunle의 경우 그는 영국에서 7년간 생활하면서 유럽의 기술에 탄복을 하고 Dr. Christiaan Barnard가 흑인의 심장을 백인에게 이식수술해서 성공한 경우를 매우 긍정적으로 생각하며 이것이 흑백의 분쟁을 해소하는데 도움이 된다는 생각을 한다: "the type of development that can solve the question of apartheid" (96). 그러나 Sissie의 경우 Barnard의 수술은 인종을 이해하는 차원이 아니라 흑인들 백인의 부속품으로 보는 무시무시한 경험을 하게 된다. 화자는 분명히 Sissie의 의견에 공감을 하고 있다 (100).

Aidoo는 여기에서 Barnard의 이식수술을 부정적으로 보며 유럽에서는 개와 고양이도 흑인들보다 더 좋은 대우를 받고 있음을 상기시킨다. 그녀는 유럽에서는 백인들이 식탁에서 동물들과 식사를 함께 하는 사실을 상기시키며 백인들이 동물들에게서도 그러하듯이 그들이 완전하게 지배할 수 있는 대상이 아니면 불편해 한다는 사실을 확인시킨다: "men would sit at table and eat with animals, and yet would rather die than shake the hands of other men.... they treat animals like human beings and some human beings like animals because they are not/Dumb enough" (99).

Aidoo는 여기서 19세기와 20세기 초에 유럽이 식민지를 지배한 것의 가장 큰 요인은 기술과 과학의 발달이며 유럽인들 은 과학을 어두운 대륙 "dark places of the earth"인 식민지를 지배하는 상당히 중요한 요소로 간주하는 것이다.

문화적인 제국주의에 관련된 문제와 Sissie의 논평에 가까운 설명을 하고 있는 "A Love Letter"에서 Sissie는 그녀의 애인에게 자신의 생각을 설명한다. 여기서 의약은 또 중요한 초점이 된다. 영국에서 만난 옛 애인이 내과의사로서 왜 자신의 나라로 돌아가지 않고 영국에 머물러야하는지 물었을 때 애인은 아프리카에서는 영국이 지니고 있는 우수한 시설들이 없음이 큰 이유이며 그 다음으로 자신이 영국에서 명성을 쌓으면 영국인들이 아프리카인들 에게 대한 편견이 줄어들 수 있다는 변명을 한다. 이곳에서도 Sissie는 식민주의에 대한 신랄한 비난을 멈추지 않는다. 그리고 잔인할 만큼 유럽의 세력 확장은 모든 생명을 질식시킨다고 비난하고 아프리카인들은 유럽의 문화에 대한 호감을 버리고 자국의 문화에 대한 믿음을 키워야한다고 주장하고 있다: "[The ruthless expansion of Western civilization around the globe] chokes all life and even eliminate whole races of people in its path" (112). 시시는 영국에서 사용되어지는 영어에 전혀 흥미를 느낄 수도 없고 영국인 수도승에 대해서도 별로 친밀감을 느낄 수 없는 것이다. 작가는 이 시점에서 왜 언어가 아프리카 문학에서 중요한 바탕이 되는지를 설명하고 있다. 어떤 점에서 작가는 James Joyce의 *A Portrait of the Artist as a Young Man*에 등장하는 Stephen Dedalus를 연상시킨다.

> The language in whic we are speaking is his before it is mine. How different are the words *home, Christ, ale, master*, on his lips and on mine! I cannot speak or write these words without unrest of spirit. His language, so familiar and so foreign, will always be for me an acquired speech. (189, 제임스 조이스의 강조임)

더 나아가 작가는 식민주의가 아프리카와 서구 사회에 어떤 영향을 주었는지를 정치적인 맥락에서 분명히 밝히고 있기도 하다. 이런 작가의 제시는 상당히 시적이기까지 하다. Odamtten이 지적하듯이 "Aidoo's works have always been original and challenging, especially in her insistence on mingling the formal elements and aesthetics of orature and the concerns of contemporary Ghana, Africa, and its diaspora with the impact of Western imperialism" (117).

Aidoo가 사용하는 언어적인 측면 또한 매우 중요한 요소로 작용하고 있음을 볼 수 있다. 식민지 주체국의 언어를 사용하는 것이 자신을 노예화시킨다고 주장하면서 영어를 사용할 때 자신은 일종의 이방인처럼 느껴지기도 한다: "[a language] that enslaved me, and therefore, the messengers of my mind always come shackled" (112).

*Our Sister Killjoy*에서 문학적인 기교가 가장 두드러지게 나타나는 것은 Aidoo가 산문과 시를 혼합해서 사용하는 형태를 지적할 수 있을 것이다. 이는 소설이 다른 장르의 형태를 통합해서 보여줄 수 있다는 Bakhtin의 이론을 반영하는 것으로서아프리카 문학에서 볼 수 있는 큰 특징이다: "an African woman writer's dilemma tale--directed at an African audience but written within a Western structure that deviates from the conventional, unified shape of the novel" (Sara Chetin 146). 어떻게 보면 Aidoo는 유럽의 Conrad가 쓴 *Heart of Darkness*같은 작품을 다시 쓴 것으로도 이해 할 수 있을 것이다. Innes가 지적하듯이 "[The highly innovative formal technique of *Our Sister Killjoy*] revises the form and conventions of the novel as they have been handed down from British writers and, more specifically, rewrites Conrad's *Heart of Darkness*, as the archetypal European novel 'about' Africa" (139-40). 이는 Barnard의 심장 이식 수술을 Marlow가 Congo를 거슬러 오르면서 삶에 대한 궁극적인 해답을 찾기를 희망했으며 독일 계통의 이름인 Kurtz가 수수께끼 같은 "the horror"를 아프리카의 심장부에서 외친 것을 상기하면 Conrad가 제기한 문제에 대한 정답을 제공하는 듯한 느낌을 지워 버릴 수가 없다.

Aidoo의 소설은 극적인 효과를 거두기 위해 복잡한 화법을 구사하는 Conrad의 소설과 상당히 유사함을 독자들도 느낄 수 있을 것이다. Conrad의 경우 화법의 특징으로 화자는 주인공인 Charlie Marlow로부터 자신이 들은 이야기를 다시 독자에게 이야기하는 형식을 빌려 쓰고 있다. 따라서 독자들이 실제로 읽는 것은 주인공인 Marlow의 이야기를 제3자의 입으로 화자가 빌어서 하고 있는 상황이다. 따라서 최소한 3사람의 목소리가 한데 얽히어 독자들에게 전달됨으로 Bakhtin의 개념인 "dialogic"을 연상케 하는, 무척 복잡한 느낌을 갖게 하는 것이다. 우선 *Our Sister Killjoy*의 4번째 부분에서 Sissie의 목소리와 제3인칭 화자의 목소리는 상호 대화의 형태로 작용하고 있음을 쉽게 볼 수 있다. 3인칭 화자의 이야기는 Sissie의 목소리로 100% 보기는 힘이 들어도 거의 동일하게 느껴진다. 사실 화자의 목소리와 주인공의 목소리는 가끔씩 첫째 3부분에서 하나로 들려지면서 소위 Bakhtin의 "character zone"의 형태를 볼 수 있다. 따라서 여러 등장인물의 의견과 태도는 서로 다른 순간에 다른 화자의 목소리로 들릴 수가 있는 것이다.

> These zones are formed from the fragments of character speech, from various forms for hidden transmission of someone else's word, from scattered words and sayings belonging to someone else's speech, from those invasions into authorial speech of others' expressive indicators (ellipsis, questions, exclamations). Such a character zone is the field of action for a character's voice, encroaching in one way or another upon the author's voice (Bakhtin 316).

이런 Bakhtin에서 볼 수 있는 대화 형식을 빌은 "dialogic" 목소리는 "indirect free style"로서 3인칭 화자는 한 등장인물이나 그 이상의 등장인물의 견해를 화자의 관점과 동시에 제공하는 특징이 있다. Hernadi가 지적한바 대로 "indirect free style"의 모드에서 화자와 등장인물들은 동시에 말을 하고 있으므로 근본적으로 대화체를 벗어나지 않기 때문이다 (36).

McHale는 이런 indirect free style을 유럽과 미국의 Flaubert에서 Pynchon에 이르기까지 볼 수 있는 모더니즘 기법 "[a] characteristic Modernist device"라고 한다 (87). 사실 본 작품이 서구 유럽의 모더니즘을 연상시키는 것은 독자들이 읽으면 느낄 수 있는 사실이다. 특히 19세기 유럽의 심미주의에서 나오는 bourgeois 전통에 대항하는 형태와 심미주의를 이끌고 나아가는 두 가지 형태의 병치 현상을 느낄 때 모더니즘의 영향은 더욱 확실하며 따라서 Aidoo의 입장에서는 상당히 실험적일 수밖에 없는 모험일 것이다. 그러나 유럽이나 한국의 독자들이 단순히 Aidoo의 작품을 자신들의 환경에 억지로 끼워 맞추어 읽을 경우 이는 아프리카의 고유한 oral tradition/storytelling을 무시한 일종의 폭력행위나 다름이 없을 것임으로 그들의 문화적인 배경을 항상 염두에 두는 주의를 게을리 하지 않는 것이 좋다. 간단히 말해서아프리카의 문화적인 특성을 무시하고 독서를 한다면 Aidoo가 작품에서 신랄하게 비판하고 있는 유럽의 이데올로기로 볼 수 있는 보편화 "universalization"의 형태로 유럽이나 좁게는 한국의 심미적인 원칙들을 적용할 위험성이 있다는 점을 지적하지 않을 수 없다는 말이다.

4

우스만 셈빈(Ousmane Sembene)세미나 : 작품론과 작가론

1. Ousmane Sembene의 삶

Senegal은 서아프리카에 위치하고 있으며 76,000 평방마일의 면적에 인구 8백만 명으로 아프리카에서는 가장 서쪽에 위치하고 있는 나라이다. Gambia의 강이 ─ 200마일의 길이와 약 20마일의 폭을 지님 ─ Senegal을 대서양과 Senegal을 갈라놓고 있는 모양이다. Senegal은 분지가 많은 곳으로 해발 200피트 정도로 위치하고 있으며 대부분의 나라가 풀과 잡초로 덮여져있다. 그리고 여러 개의 강들이 식수 및 농업용수로 사용되고 있는 실정이다.

Senegal의 남부 해안은 진흙과 늪지대가 많으며 북부에는 모래가 많아 구렁을 형성하고 있다. 사막과 열대림지역에 위치한 Senegal은 전형적으로 건조하며 6월과 10월 사이에 연 강수량이 거의 충족되며 14인치의 강우량을 기록한다고 한다. 기후는 60°F를 밑돌며 100°F를 넘는 경우도 많다는 보고가 있다.

Dakar는 현대화된 도시로 인구 150만 명이 살고 있으며 수도이다. 인구의 90%가 회교도이며 언어로는 불어가 공식어이고 Wolof를 가장 많이 쓰는 것으로 기록되고 있다. 인구의 1/3정도가 글을 읽고 쓸 수 있으며 University of Dakar (1957)는 지성의 요람이라고 한다.

Senegal의 경제는 농업이 중심이고 가축과 농작물을 재배해서 생계를 유지하며 쌀, 옥수수, 콩, 조, 사탕수수, 그리고 어업 분야도 많이 활성화된 것으로 전해진다. 이 외에도 광산물들과 석유가 생산되지만 수입이 수출을 훨씬 상회하고 있는 나라이다. 다른 지역의 이들 국가들과 마찬가지로 대부분의 공업과 생산 시설이 수도에 밀집되어 있다.

현재 Senegal인 들이 거주하는 곳은 역사 이전부터 인간이 거주한 것으로 기록으로 전해지며 15세기에(1444) 첫째로 유럽인들 이 포르투갈 정복자들과 함께 이곳에 도착했으며 직물, 금, 상아 등을 거래한 것으로 알려지고 있다. 17세기 중엽에 프랑스인들이 이 지역의 주도적인 세력이 되면서 영국과 전쟁을 하고 영국에게 주도권을 빼앗겼다가 다시 미국과 인도에서 영국이 심한 어려움을 겪으면서 다시 프랑스가 주도권을 차지한다. 그때이후로 프랑스는 Napoleonic Wars에서 다시 승리하고 주도권을 회복하여 이들 지역에 그들이 미치는 영향은 오늘날까지 상당하다.

Berlin 회담에서 프랑스가 다시 통제권을 인정받고 1895년 Senegal은 다시 공식적으로 프랑스 식민지가 된다. 프랑스 식민지 아래서 Senegal은 사실 영국 식민지하에서 Nigeria, Ghana, 그리고 Kenya가 처했던 양상과 많이 달랐다. 우선 Senegal의 문화적인 역사를 보면 회교의 존재가 역력하고 유럽의 식민지가 있기 이전 거의 1000년 동안 회교가 존재했음은 주목할 만하다. 동시에 이슬람이 들어오기 이전의 토착 문화적인 전통 또한 상당히 현저한 자리를 차지하고 있음도 특징적이다. 앞서 지적한바와 같이 프랑스가 식민지 정책을 적용하는 것도 영국의 경우와는 많이 달랐던 점도 기억해야 할 것이다. 예를 들면 영국은 간접적인 통치에 역점을 두고 아프라카인들의 토착 문화에 대한 경시로 많은 반발을 유도했지만 프랑스의 경우는 보다 직접적으로 통치를 함으로써 아프리카인들 이 상이한 문화에 동화하도록 유도하고 반발 감을 극소화한 사실은 주목할 만하다.

프랑스의 지배 하에서 Senegal은 견과류를 생산하고 철도를 건설하였으며 세계 2차 대전 때에는 프랑스 편에 서기도 했다. 인종에 대한 편견으로 빚어지는 갈등도 거의 없었던 것으로 전해지며 1966년도 Senghor가 집권하면서 정치적인 불안이 수반되고 데모와 파업이 일어나면서 불만이 고조되기도 했지만 1968년 그는 다시 Senegal대통령에 오르고 1974년 그는 West African Economic Community를 결성하고 서아프리카에서 이전의 프랑스 식민지였던 6개국이 상호 경제적으로 협력하는 세력으로 나서기도 했다.

2. Ousmane Sembene의 작가로서 성장

Ousmane Sembene은 1923년 1월 1일 식민지 프랑스 시대 Senegal 에서 태어나 약간의 교육을 받은 후 1939년 프랑스 군대에 들어간다. 그러나 1차 세계대전에서 프랑스가 독일에 항복한 후 프랑스의 나치 정복자들과 대항해서 싸우는 프랑스 자유 군대에 들어가 승리를 하기도 했다. 그는 독학으로 불어를 공부하기도 했으며 1947년 Dakar-Niger철도 파업에 동참을 하고 여기서 얻은 경험은 *The Black Docker* (1987)에 잘 나타나있다. 주인공인 Diaw Falla는 젊은 세네갈 청년으로 작가가 되기 위해 노력하는 가운데 부두에서 일을 하면서 생계를 꾸려간다. 그가 책을 끝내고 출판을 하려고 하나 어렵자 백인 프랑스 여성이 도움을 주기로 한다. 그러나 책이 출판이 되었을 때는 이미 자신의 이름이 아닌 다른 유명한 작가인 Tontisane이었고 프랑스에 돌아가 그는 그 여성을 살해하고 주인공 Diaw는 살인죄로 기소되어 종신형을 선고받는다. 그러나 그의 약혼녀인 프랑스계 아프리카 여성은 생계를 이어가기 위해 창녀가 되고 책은 사회가 갖가지 병폐로 몰락하기 전에 Diaw의 선처를 요구하면서 막을 내린다.

계급, 인종, 그리고 남성/여성의 차별화에 바탕을 둔 권리침해는 Sembene의 계속되는 작품에서도 중심이 되는 내용들이다. *O pays mon beau peuple!* (1957, *"O my country, my good people!"*)에서 Sembene는 프랑스의 배경에서 Senegal에 있는 조그만 어촌으로 장소를 옮기고 흑인과 흑인에 대한 편견을 흑인 남성과 결혼한 유럽 백인 여성과 병치시킴으로서 인종차별에 관한 비판의 폭을 더 넓히고 있다. 1960년에 출판한 *Les bouts de bois de Dieu* (*God's Bits of Wood* 1962)은 아프리카 문학에서 가장 중요한 작품들 가운데 하나로 인정된다. 역사적인 소설로 프랑스 식민지로 있던 1947년 Dakar-Niger 철도 파업을 사실주의적인 수법으로 극화해서 보여주고 있다. 아프리카 여성들이 남성들의 파업을 지지하는 주요한 역할에 관심을 불러일으키고 여성을 그 사회에서 탄압의 대상과 저항의 원천적인 요소로 부각시켜 보여주고 있다. 반식민지 정책을 강하게 고수하는 Sembene은 분명히 철도 파업에 대한 식민지 통치자들의 잔인한 대처와 비인간적인 면들을 주로 묘사하고 있다. 그는 더욱이 인종적인 반대라고 하기보다는 계급투쟁의 관점에서 이를 제기함으로서 사회주의자적인 경향을 강하게 표출하고 있다. 한편 주로 강조하고자 하는 내용은 프랑스의 지배에 저항하는 세네갈 노동자들의 영웅적인 투쟁을 긍정적으로 묘사한다는 점이다. 결국 철도 파업은 상당히 성공적이었으며 노동자들의 요구도 대부분이 수용되었다.

1963년 소설인 *L'Harmattan*은 12월부터 3월까지 아프리카의 식민지로부터 독립열기를 — 1950년대 말 — 보여주기 위해서 뜨겁고 메마른 바람의 이미지를 사용하고 있음이 두드러진다. 그러나 Fanon을 연상시키는 형태로 독립 그 자체만이 순수한 자유를 가져오지 않음을 강조하고 있다. Sembene이 사회주의자임을 생각하면 이를 이해하기가 더욱 수월할 것이다. 그의 생애 초기에 그는 사회적인 문제점에 관심을 두고 많은 단편을 쓰고 출판하기도 했다. 이들 가운데 *Voltaique* (1962, *Tribal Scars and Other Stories* 1974), *Vehi-Ciosane* 그리고 Le Mandat (1964, *The Money Order, with White Genesis* 1972)가 있다. 이 소설들은 세네갈 사회가 식민주의의 여파로 허덕이고 있는 모습을 탐색하면서도 조심성 있게 작가는 아프리카 사회가 자본 계급화 함으로써 결국은 사회주의로 나아갈 것임을 주장하고 있다.

1974년까지 Sembene은 식민주의에서 신식민지주의로 관심을 바꾸며 *Xala* (*Xala* 1976)를 쓴다. 이전의 Mongo Beti처럼 희곡에서 볼 수 있는 풍자의 방식을 도입하면서 Sembene는 세네갈에서 계속되는 신식민주의적인 착취를 El Hadji Abduou Kader Beye를 통해서 탐색하고 있다. 그러나 일부다처제와 같은 식민지 이전의 사회적인 관습이 풍자되고 있다. 사실 El Hadji의 탈식민지 중산층의 일원으로서 사업활동과 그의 가부장적인 권위와 세 아내의 남편으로서 성적인 활동에 초점이 강하게 부각되기도 한다. 그의 궁극적인 관심은 아프리카의 독립이 식민지 이전의 상태가 아닌 사회주의를 통한 것이어야 함을 강조하고 있다. Sembene의 최근 장편인 *Le dernier de l'empire* (1981, *The Last of the Empire* 1983)는 탈식민지 세네갈에서 갖가지 정치적인 음모를 풍자하고 프랑스의 추종자들에 의한 신 식민지 주의자들의 어리석음을 폭로하고 있다. 1980년대 출판이 된 소설로는 *Niiwam*과 *Taaw* (1987, *Niwaam and Taaw* 1991)이 있기도 하다.

1960년에는 세네갈 국민들의 영화에 대한 관심을 불러일으키고 그의 정력의 상당한 부분을 영화제작에 바친다. 1960년대 초에는 Moscow로 여행을 하고 그곳에서 영화학교에서 공부를 하기도 했다. 그 후 아프리카로 돌아와 세 편의 단편 영화를 제작하고 한편의 장편 — *La Noire de* ("The Black Girl") — 에 감독을 맡기도 했다. 이 영화는 1967년 프랑스에서 개최된 Cannes영화제에서 수상을 하기도 했으며 그가 본격적으로 영화에 몰입하는 계기가 되기도 했다. *Mandabi* (1968 "The Money Order")에서는 그들의 토착 언어인 Wolof로 제작하고 더욱더 많은 관객을 유치하면서 세네갈 당국과 마찰을 일으키기도 했다.

그가 아프리카 영화의 대부로 인정을 받으면서 한편 그는 아프리카 문학의 진정한 거인들 가운데 한 사람으로 인정받고 있다. 그의 작품들이 상당히 많이 영어로 번역이 되기도 했으며 상당한 비평의 글들이 영어로 쓰였으며 1993년에는 비평 모음집으로 *Ousmane Sembene: Dialogues with Critics and Writers*가 나오기도 했다. 비교적 중요한 참고 서적으로 추천할만한 글로서 Clara Tsabedze의 *African Independence from Francophone and Anglophone Voices*는 Sembene과 Ngugi wa Thiong'o를 비교하는 연구서로 정치적인 쟁점에서 상당히 서로 근접한 작가들임을 느낄 수 있게 한다.

3. 『마지막 제국: *The Last of the Empire*2)』

작가 Sembene은 『저주』에서는 대중들이 가난으로 고통을 받고 있을 때 엘리트들이 자신의 재산과 기득권을 보호할 목적으로 정치적 독립을 위한 투쟁을 이용하는 것을 비난하고 있다. 반면에 『마지막 제국』에서는 정부가 공적인 구실로 횡령을 하고 국가를 수탈하고 있는지 그리고 자신의 치부를 위해서 어떻게 국가의 자원을 빼돌리는지를 고발하고 있다. 전지 작가의 관점에서 Mignane가 사라진 후 세네갈에서 일어나고 있는 일들을 보여준다. 이 과정에서 그는 어떻게 정적들을 처형했으며 얼마나 많은 비행과 축재를 했으며 또 성적으로 문란한 행위를 했는지 보여주고 있다. 비록 정치적인 독립은 이루었으나 국가 경제는 외국의 자본과 통제에서 벗어나질 못하고 있으며 이제까지 악의 뿌리였던 관료주의적인 부패의 고리를 해소하지 못하며 외국의 영향력은 국내 정치 경제에 지대한 영향을 미침으로서 위기를 맞고 있다. 본 작품은 세네갈의 Leopard Sedar Senghor가 장기 집권을 한 사실을 풍자한 소설이다. 더 나아가서 Sembene는 문학 활동과 정치적인 탄압에 관해서도 간접적인 풍자를 하고 있다. Ngugi는 자신이 Moi정부를 비판하는 극작품을 Gikuyu언어로 발표하고 감옥에서 몇 해를 외롭게 지냈다고 회상한다. 그의 어려운 처지는 Sembene에게서도 예외는 아니었다.

세네갈은 아프리카에서 글로서 자신의 자유의사를 가장 많이 허용하는 나라이긴 하지만 역시 그런 언론 출판의 자유는 임시적인 것이었다. Ngugi의 글을 보기로 하자.

---

2) Ousmane Sembene. *The Last of the Empire.* 1981. Trans. Adrian Adams. London: Heinemann, 1983.

> Everything in English would reach only a small percent of the population. Essentially, this is why the government can tolerate what is written in English. The choice of language is a question of both the content of the books and the audience. Obviously, if the book or books were praising the regime in power, I'm sure the regime wouldn't mind if they were written in Kikuyu [sic] or Ibo or Swahili or some other African language. But if a book is written in the vernacular of the people and is critical of the existing social order and is addressed to and being received by the peasantry or the working people in Kenya, then the government fears that this might give the people wrong ideas. This is why they are much more fearful of works written in African languages.... What is really happening now is that Africa literature and African thought, even at their most radical, even at their most revolutionary, are alienated from the majority. In English, this thought is not available to the majority, it is not vitalized through its commitment with the majority, the people.[3)]

작품의 플롯과 주제를 발전시키는 삼두마차와 같은 역할을 하는 인물들은 대통령인 Leon Mignane, 법무장관인 Cheikh Tidiane Sall, 그리고 국무총리이면서 대통령이 곧 될 Daouda이다. 1960-1980년까지 세네갈을 통치한 Leopold Louis Senghor 대통령 역은 Leon Mignane가 맡고 있다. Senghor는 1906년에 세네갈의 가난한 곳에서 태어나 1928년 파리로 건너가서 공부를 하고 1947년 정치에 입문하면서 우연하게 대통령이 되자 곧 독재정치를 펼친 인물이다. 소설이 시작되면 대통령인 Leon Mignane는 사라지고 없으며 재경부 장관은 그가 국가 부도를 직면해서 도망갔을 거라는 암시를 준다. 그가 인재를 발탁할 때에도 국가에 헌신적으로 일하고 도움이 되는 유능한 인재를 뽑는 것이 아니라 단지 자신이 맘대로 이용하고 부릴 수 있는 꼭두각시를 임명했다고 한다. 그리고 임명된 측근들에게도 엄청난 부패의 돈을 먹게 함으로써 도덕성에 대해 다시는 언급을 못하게 만든다. Daouda는 그가 대통령에게 충성함으로써 국무총리에 임명이 되고 국회내에서 그에게 적대적인 인물에 대해서 적대감을 가진다. 그리하여 당시 내각은 모든 것들을 자신이 원하는 데로 통제할 수 있는 분위기로 끌고 갔다.

> I am going to call on the young. The second generation of independence. he alone had raised Daouda (whom he called David) to the Prime

---

3) Interview with Feroza Jussawalla, in *Transition* 54 (1991): 145-56.

> Minister's pedestal. By tapping this second generation and channelling it into his government, Leon Mignane had broadened and strengthened his power base (11).

이런 일련의 과정을 거치면서 Mignane는 자신의 주변 인물들이 모두 그를 지지할 수 있는 조건을 만든다. 그런가 하면 국무총리가 차기 대통령을 저절로 물려받도록 만들어 놓기도 한다. Daouda 가 국민에 의해서 선출된 인물이 아니기 때문에 이는 분명히 비민주적인 그리고 독재와 다름이 없는 것이다. Mignane는 자신이 군주인 셈이다.

이런 정치체제를 국민들은 모두 인식을 하고 있었기 때문에 상당한 반감을 지니고 있었음이 사실이다. 그리고 Mignane가 사라진 상황에서 이들 간의 정치적인 반목과 적대감은 무엇보다 심각한 지경에 처한다. 정치권력에 대한 야심이 있는 인물들과의 대립은 노골화된다.

> He was fascinated as if attracted by a supernatural power. Timidly he drew near. The hand-embroidered cushion of Kashmir silk charmed him. He held out his hand to touch the fabric. His heart beat twice as fast. A tide of warm blood flooded up his arm from his fingers. When his middle finger touched the cushion's seam, his blood flowed more quickly, piercingly chill. It seized his whole body. He withdrew his hand as if scorched, breathing heavily (17).

Daouda의 행동을 통해서 느낄 수 있는 확신은 일단 자신이 섬기던 대통령이 자취를 감추자 그 자리를 인수할 강력한 의지가 보인다. 이를 위해 자신은 전통적인 종교의 관습과 배치되는 길을 택하지 않으면 안 되게 되어 있다. 자신의 권력을 강화하기 위해서 Mignane는 정부 요직에 외국인들을 대거 포진시킨다. 프랑스 전직 장교인 Adolphe는 대통령 군사 고문으로 임명하고 모든 각료들 보다 직무상 상급자 역할을 하였다. 더 나아가 Mignane는 세네갈과 유럽국들과의 유대 관계를 강조한다. 그 이유로 아프리카가 발전을 하기 위해서는 유럽과 긴밀한 관계를 유지해야 한다는 생각을 하기 때문이다. 프랑스의 대사인 Jean de Savognard가 자신의 정부에 대해 조언을 주는가 하면 Adolphe는 그의 오른팔 역할을 하는 것이다.

이런 상황에서 독립을 했다고 하난 모든 권력의 핵심은 역시 프랑스인들의 손아귀에서 놀아나는 셈이 된다. 정치의 성격상 소수 독재정치 (oligarchy)와 다를 바 전혀 없이 된다. 그리고 프랑스 대사는 더 많은 영향을 행사하기 위해서 각료의 포진을 예의 주시하기도 한다.

> Jean de Savognard wondered if the son would be of the same stamp as the father. For him to be of the same stamp meant to honor Western values and the Western way of life. He would have to use all available means to channel his country's values and priorities through these men's veins (21).

Daouda는 Mignane의 대변인이 되고 정치에 대한 경륜이 없음으로서 하는 일마다 불확실한 상태이다. 이런 이유 때문에 프랑스의 입장에서는 그에 대한 관심이 더욱더 클 수밖에 없다. 재무부 장관인 Mam Lat Soukabe는 Daouda만 제거하면 자신이 국가 통치자가 됨으로 그에 대한 적대감이 고조된다. 그러나 프랑스 대사의 입장에서 Soukabe에 대한 관심은 없다. 비록 그가 더 적절하고 능력 있는 후보자라 할지라도 관심밖에 있다. Mignane 또는 Daouda와 같이 자신들이 통제하고 영향을 미칠 수 있는 인물이면 누구든 상관이 없기 때문이다. 일부에서는 교육을 많이 받은 지도력이 있는 인물이 나와야 한다는 의견을 보이기도 한다. 그러나 현재의 권력 구조를 바꿀 수 있는 사람은 아무도 없는 것이 현실이다. Cheikh Tidiane는 1958년 de Gaulle장군이 세네갈의 식민지 투표권으로 말썽을 빚었을 때에도 자신의 아들이 적극적으로 나서는 것을 원치 않았다. Daouda가 독립을 위해 투쟁했을 때에도 전면에 나서는 사람은 없었고 그의 의도를 의심스런 눈으로 바라보았던 것이 사실이다. Mignane정부가 등장했을 때에 Cheikh Tidiane는 법무부 장관직을 사퇴하고 그의 정부를 비난했으며 군사정부는 민간정부를 이끌어 갈 능력이 없음을 강조했다. 이는 Cheikh가 민간 정부에 대해서도 많은 문제점을 인식하고 있지만 군사 정부를 분명히 반대한다는 생각을 밝힌 부분이다. 이런 계기가 되어 Mignane는 군사 정부에 의해 몰려났고 Cheikh는 다시 자신의 현재 위치에서 물러나지 않으면 안 되는 수세에 몰린다. 본인이 자발적으로 그만둔 것이지만 모든 정부의 업무가 조정 당하고 있음을 인식한다. 그리고 정부는 몰락으로 치닫게 된다.

Cheikh의 결함으로는 그가 자신의 어린 아들인 Dadou가 Mignane의 70회생일 축하를 하는데 참석했다고 꾸짖는 장면에서 드러난다. 여기서 두 부자간의 이념적인 차이가 보인다.

> Where did you get what flows in your veins? You have rejected all of me, my social milieu, my environment. How did you manage,

> with all your education, to elude the spell of Europe? I, Leon Mignane, the soldiers of both wars, although our relation with Europe have somewhat cooled, remain attached to her (36).

이런 부자간의 관계를 통해서 Sembene는 세네갈 사회에 동화 주의자들이 있는지를 보여준다. Cheikh는 그가 어린 시절 프랑스 문화에 젖어 들었으며 자신의 문화에 대해 관심이 없었음을 상기시키면서 세네갈에 대한 내용은 배우지 못했다고 고백한다. 독립이 되고 나서 정치적인 독립은 세네갈이 발전하는데 도움이 되는 것 보다 더 많은 부정적인 효과를 가져 오고 있음을 알 수 있기도 하다.

> Let us further acknowledge that colonialism no longer consists in occupying land, but in demeaning the minds, crushing the culture, and distorting the growth of a society, and imposing an armada of obtuse advisers whose role within our new administration is not to help us, but to curb every daring reform, every enterprising spirit (39).

이와 같은 연설을 통해서 Cheikh는 세네갈의 생활 방식에 대한 확신이 부족한 것이 현실적인 문제들을 해결하는데 더 많은 어려움을 더한다고 한다. 그리고 기득권층인 엘리트들은 자신의 기득권을 보호하기 위해서만 혈안이 되어 있지 현존하는 문제에는 관심조차 없음을 고발한다. 이들 엘리트들은 빈곤층들을 착취하고 이용하는 문화를 도적질하는 사람들이라고 한다. 그는 문화적인 통합과 부흥을 강조하고 이것이 실패하면 노동자들이 폭동을 일으킬 것을 경고한다. Cheikh의 아내인 Djia Umrel은 남편이 물러난 후 자신의 문화에 대한 집필을 할 준비를 하라고 한다.

더 나아가 신 식민주의 정부의 속성을 보여주기 위해서 엘리트들은 권력에 눈이 멀었음을 지적하고 그가 은퇴한 후에는 Ndaw변호사는 자신을 그의 후임으로 임명하도록 부탁을 한다. Daouda는 Ndaw가 임명되는 것을 싫어하지만 그의 정직함은 자기에게도 국민으로부터 신뢰감을 주는데 도움이 된다는 생각을 가짐으로써 긍정적으로 검토하지만 법무부 장관은 젊고도 조정하기가 용이한 Jibril Saar를 임명하게 된다. Soukabe는 Daouda를 공격하고 외무부장관인 Haidara는 Daouda가 대통령이 되자 자신이 국무총리를 넘본다. Daouda는 자신의 정적인 Soukabe를 없애기 위해서 음모를 꾸민다. 언론의 자유에 대한 제한은 그야말로 이탈리아 Mussolini가 현실화한 독재적 사회주의 정부를 각하 시킨다. 이를 통해서 얼마나 기득권들이 자신의 권력을 위한 광기로 사로잡혀 있는지 볼 수 있다. 이들은 서로 앞을 다투어 Mignane정부가 공금을 횡령한 사건을 떠벌리고 부패했는가를 폭로한다.

이런 와중에서 젊은이들은 국가 질서와 법의 정의를 위해 들고 일어선다. 빈민들의 분노가 극에 달하자 이들은 폭력 이외에는 의존할 수단이 없게 된다. 축구 경기 도중 관중들은 관료주의의 한 사람인 Correa를 공격한다. Daouda와 그의 정부는 이런 폭동에 대해 압박을 가한다. 정부의 성명이 나오는 대신 경찰과 군인들은 무력으로 이들을 저지한다. 군대 장군이 정부의 무력 사용을 거부하자 Correa는 Daouda에게 프랑스의 군대를 동원하도록 충고한다. 서로가 서로를 헐뜯고 중상하는 와중에서 이전의 식민주의자들은 아직도 세네갈의 운명을 손안에서 조정하고 있다.

Mignane정부의 부패와 그의 각료들의 부정부패의 고리에 대한 사실들이 속속 들어나고 Daouda의 은행 구좌와 집 그리고 농장들이 세네갈과 프랑스에서 발견되자 그의 측근들은 그를 옹호하는 성명을 발표하기도 한다. 엘리트들은 수도의 Dakar에서 떨어져 살며 대다수의 사람들은 굶주림과 빈곤 가운데 근근히 생명만을 유지하며 살면서 가난한 사람들을 축출하고 끝까지 이용하고 있다. 이런 와중에서도 Soukabe와 다른 각료들은 3600만 달러를 들여 대통령 전용기를 구입한다. 이곳에서도 역시 국민들의 필요는 무시당하고 지배층의 배만 채우는 면을 목격할 수 있다. 성적으로 문란한 행위들은 각료들과 그들의 비서들 간에 일어나며 여성들을 조정하는 수단은 역시 돈이다. Mignane의 경우 자신의 가족 이외에도 여러 명의 여성들이 정부로 있었다. 이들은 돈과 여성 그리고 자신의 부를 축적하는 목적 이외에는 아무것도 관심에 없었던 것이다. 정부의 관리들은 나이트클럽에서 엘리트들의 호화롭게 낭비와 문란한 생활을 하고 정부에 대한 비판은 곧 적대적인 결과를 가져온다.

> Aware of the failure of his liberal policies, all that was left him were his soothing speeches throughout the world, and his unseasonable statements of opinion, running counter to the tide of African history. his European protectors could no longer moderate his greed for honorary titles. his Authenegraficanitus ideology no longer appealed to the new generation ruling other states. As for the people, politics and culture are a matter of full or empty bellies.... The same countries that divided up Africa among themselves in Berlin in 1885, will continue penetration and pacification under other guises. Africa will be at stake for the remainder of this century, and for the first third of the next... The present struggle transcends our local problems (236-7).

정부와 개개인은 그 가뭄과 궁핍함 가운데 착복하기에 급급하고 반역적인 정부에 대한 분노가 하루가 지나면 동조하는 태도로 변하기도 하며 민주주의에 대한 이들의 꿈은 하루하루 물거품이 되어 가는 것이다. Kad와 Djia의 도움으로 Sall은 인민들의 의식을 고취시키는 연설을 Leon의 70회생일 축하 자리에서 발표함으로서 많은 이들에게 충격을 준다.

> Who sets an example for the young? A set of individuals engaged in legalized plunder of the national economy who constitute a privileged elite. These same individuals are making fortunes out of the drought; in search of authenticity, they deck their homilies in the rags and tatters of the old culture now in its death throes.... At every sunset [the young peoples] voices rise in accusation. Today anger vented in words; but tomorrow, a justified rebellion... that those in power will seek to crush. Decrees, orders and laws are fashioned into a muzzle, to protect a tiny minority; this muzzle dangles over the people's heads... The space allowed the free exercise of democratic freedoms grows smaller every day (40).

정부는 국민들의 정치, 경제, 사회, 문화적인 욕구와 필요성을 외면하였으나 민중들의 봉기로 이들은 궁극적으로 물러나게 될 것인지에 대해서 분명한 대답을 제시하지 않은 채 중간에서 종결한다.

4. 『신의 나무 조각: *God's Bits of Wood*[4]』

> "We started from a colonial system. This system is now partially hidden behind the facade of the black bourgeoisie. My work as a writer is narrowly associated with the struggle for real independence. In Africa we first thought that in 1960 with independence paradise would come. Now we know better. The whites have left indeed, but those in power now behave in exactly the same way.... We are faced with the reality of our own bourgeoisie in power which wants to be exactly like the white bourgeoisie. These people are easily accomplices of imperialism in Africa. We must have the courage to denounce their practices."[5]

4) Ousman Sembene. *God's Bits of Wood.* Trans. Francis Price. London: Heinemann, 1983.
5) 작가 Sembene이 Minka Schipper (1985, 565-6)와의 인터뷰에서 한 말로 1970년대

1950년대와 1960년대에는 프랑스에서 불어로 쓰여진 아프리카 작품들이 많이 있었다. 이들 작품들은 대개 무언의 인종간의 갈등을 표현하고 있었으며 인종과 사회 계급의 쟁점은 언제나 관심의 표적이 되었다. 특히 산업화된 현대 사회를 살아가는 아프리카인 들이 위선과 인종차별주의의 험악한 분위기 가운데 그들은 항상 프랑스의 존재를 비판의 대상으로 삼았으며 자신들의 욕구 불만을 의식하면서 살았다. 『신의 나무 조각』은 프랑스가 1950년대 제3세계가 독립을 하기 위해 투쟁하는데 외부의 어떤 세력이 영향을 미치는 것을 반대한다고 강조한 부분을 풍자하고 있다. 이들은 외세의 어떤 힘의 개입을 원치 않으면서 이를 이용하고 착취했기 때문이다. 텍스트를 통해서 독자들은 이들 두 세력 간의 힘의 겨루기를 이해하는데 있어서 어떤 기준을 정해서 판단하기가 상당히 어렵다는 것을 느낄 수 있다.

작품이 시작이 되면 프랑스의 감독관인 Isnard는 노동조합의 비서인 Doudou를 돈으로 매수하여 어떻게 해서든지 노동조합을 해체시키려는 노력을 하고 있다. Isnard는 노동자들의 파업을 심하게 인종적인 모욕으로 공격을 하는가 하면 노사가 타협점을 모색하기 위해 진지한 토론을 하고 있는 중에도 이에 찬물을 끼얹는 언행을 서슴지 않는다. 노동 파업을 이끌어 가는 노동조합을 회유하고 협박하며 뇌물로 매수를 해서라도 이들의 활동을 저지하려는 의욕을 절대로 포기하지 않는다:

> Look, Doudou, you are going to be on the management staff — it's in your own interest to get the others to go back to work. This strike isn't doing anyone any good — you or me or the company or your comrades.... Three million francs is a lot of money for a Negro lathe operator...but even three million francs won't make me white. I would rather have the ten minutes for tea and remain a Negro.... You'll get the ten minutes, and a lot of other things, but the main thing now is to get the men back to work. After that I'm sure that we can work things out. You know that you can trust my work, and I consider the Negro workers just as good as the whites. More than that, I like them" (148-9).

Isnard의 이런 발언은 이제 경제적인 쟁점에서 인종적인 쟁점으로 방향을 바

중반 정도로 추정이 되지만 정확한 날짜는 밝혀지지 않고 있다. 그의 『저주』에서 이에 대한 논의가 이루어진다.

꾸고 있는 것으로 Doudou는 Isnard의 이런 생각에 정면으로 도전한다. 흑인들을 그가 좋아하고 싫어한다는 발언에 대해 상당히 불쾌감을 감추지 못한다. 흑인은 물건이 아니라 인간으로서의 이성을 지닌 인격체이기 때문이다.

> A black man isn't an object to be liked or disliked like an orange or a pear or a piece of furniture.

Doudou는 Isnard에게 왜 "I like them?"이란 표현을 쓰느냐 라는 질문을 하고 Isnard를 당황하게 한다. 그로서는 흑인은 언제나 유치한 어린아이로밖에 보이지 않았기 때문이다. 그러나 Doudou는 한 발자국 더 나아가서 인종과 사회 계급에 관한 문제를 또 던진다. 흑인은 왜 백인들이 누리는 혜택을 누리지 못하고 있는가라는 질문이 그것이다. Doudou의 입장에서는 더 이상 대답을 회피하기도 힘이 든 상황이고 또 Doudou의 반격에 더욱더 난처한 입장이 된다.

> The discussion was beginning to imitate the supervisor... he was too concerned with the whole nature of this astounding rebuff. The structure of ideas on which he had based his life and his conduct in all these years had been shaken, and a rage so great that he doubted his ability to control it surged through him (149).

이런 그의 언질은 노사 간의 협상이 시작되기 전에 나온 발언으로 앞으로의 협상이 난관에 부딪칠 것이라는 암시를 주고 있다. 식민지 주체국의 물질적인 착취는 인종적인 요인과 사회적인 요인이 밀접하게 상호 작용하고 있음을 보여주고 있는 부분이다.

노사의 대표자들이 파업을 막기 위한 협상을 시작하는 순간부터 이들은 정치적인 쟁점으로 심화된다. 파업을 주도하는 주요한 인물들은 Bakayoko, Lahbib, 그리고 Doudou이다. 흑인들은 불어를 쓰지 않고 자신들의 토착 언어를 사용함으로써 프랑스인 들은 그들의 말이 무슨 의미인지 도저히 알 수 없게 된다. 언어를 통해 파업을 이용하고 있으며 프랑스인 들이 스스로 수치를 느끼도록 만들기도 한다.

두 번째 노사 간의 협상이 벌어지면서 Dejean이 프랑스의 상업적인 이익과 관련하여 압력을 받자 곧 타협을 하게 되고 회사 측에서는 협상을 전제조건으로 그들에게 개방적인 회사의 운영을 약속한다. 1908년에 드디어 Dakar-Niger철로가 시작되고 견과류를 주요 항구로 이동하는데 이용하게 된다. 그러나 이들

간의 갈등은 항상 잔존한다. 흑인들은 인종적인 초점에 관심을 두고 프랑스인들은 이와 반대되는 입장에서 일부다처제의 사회 전통이 지니는 문제점으로 사회 계급에 관한 관심을 자꾸만 환기시킴으로서 마침내 폭동이 일어난다.

> [Dejean] scarcely noticed that Lahbib was speaking again. 'Polygamy is a matter which is of concern to us, too; but your concern with it now has never prevented you from making use of it when the need arose.... Lahbib never finished the little speech he had been preparing for so long. Dejean had stood up and was shouting at him. 'I know that pack of lies--I've heard it all before! You are led by a bunch of Bolsheviks, and you are sitting there insulting a great nation and a great people! (182)

작가 Sembene의 입장에서는 어느 쪽으로 기울지 않고 다분히 중도적인 입장을 취하고 있다. 산업화되기 이전의 사회에 대한 낭만도 극도로 현대화하는 사회에서 세네갈이 종속적인 입장에 있음을 들어내는데 그리 적극적이지 못하다. 이런 혼란 가운데 사람들은 세속화되며 기계 문명의 침입으로 많은 노동자들은 사회와 동료들 간에 소외되어 자신의 처지를 비탄하게 생각하기에 이르렀다. 도시와 시골의 균형이 틀을 잃어 가고 기계문명으로부터 받게 되는 혜택을 앞에 두고 사람들은 갈팡질팡하게 된다. 상당한 부류의 사람들은 기계문명이 가져온 개인주의를 찬양하기도 한다. 이런 두 가지 의식은 다음의 인용 단락에서 더욱더 분명해 진다.

> And so the strike came to Thies. An unlimited strike, which, for many, along the whole length of the railroad, was a time for suffering, but for many was also a time for thought. When the smoke from the trains no longer drifted above the savanna, they realized that an age had ended — an age their elders had told them about, when all of Africa was just a garden for food. Now the machine ruled over their lands, and when they forced every machine within a thousand miles to halt they became conscious of their strength, but conscious also of their dependence. They began to understand that the machine was making of them a whole new breed of men. It did not belong to them; it was they who belonged to it. When it stopped, it taught them that lesson (32).

작가 Sembene의 입장을 보면 식민주의가 아프리카에 가져온 여파와 후유증

보다는 서구의 기계문명이 가져온 후유증이 더욱더 심각한 상태이다. 서구의 기술은 전통적인 농업 중심의 사회와 인구를 개별화하고 현대 문명화된 사회에 적응할 수 있는 인간을 만들었을 뿐만 아니라 동시에 자본주의에 있어서 무산자와 유산자에 관한 의식을 더욱더 분명하게 구분지어 놓았던 것이다. 기계는 지역사회를 발전시키기 위해서 많은 건물을 세움으로써 인종과 지역주의와 공동체 사회에 대한 의식을 말살시켰을 뿐만 아니라 기계를 통해서 만이 그들의 생존이 보장된다는 의식을 조장시킴으로써 좌절감을 느끼도록 하기도 하였다: "the machine was the source of their common welfare, and they sensed that the frustration they felt in these days was also common to them all.... Like rejected lovers returning to a trusting place.... Something was begin born inside them, as if the past and the future were coupling to breed a new kind of man." 이들 식민주의자들은 노조의 대표 격인 Bakayoko에게 기술과 현대화만이 생존의 보장책이 된다고 설득한다: "the kind of man we were is dead, and our only hope for a new life lies in the machine, which knows neither a language nor a race.... For a moment, the passage of the locomotive would calm the torment in their hearts, because their fellowship with the machine was deep and strong; stronger than the barriers which separated them from their employers, stronger even than the obstacle which until now had been insurmountable--the color of their skin" (76-7).

이제 노동자들의 파업은 여성들까지 합세하여 Dakar까지 확산이 되고 행정부가 협상을 타협하지 않으면 안 될 정도로 위기상황이 된다. 노조의 대표자인 Bakayoko는 조합원들의 단결과 국민들의 결속을 통해 이들을 정치적인 힘으로 키워 간다. 노조 사무실에 누워서 자동차의 엔진 소리를 통해 노조원들의 결속이 엄청난 힘으로 나아가고 있음을 느낀다. 이는 자신이 스스로 기계문명의 혜택을 앞세우며 그들을 착취하는 프랑스식민지 주체세력들을 상대로 기계문명은 착취를 하기 위한 수단으로 이용되는 것이 아니라 이제는 착취를 차단시키는 힘으로 전해 오는 것이다.

> Once the engine is on its way, I forget everything else. My role then is nothing except to guide that machine to the spot where it is supposed to go. I don't even know any longer whether it is my heart that is beating to the rhythm of the engine, or the engine to the rhythm of my heart. And for me, that is the way it has to be with this strike — we must all take on a sense of identity with it (208).

기술과 현대화된 문명의 영향으로 토착 문화와 농업 사회가 급속도로 해체되는 와중에서 노년층들은 기술 문명과 사회가 변화하는 것에 대해 상당히 부정적인 시각을 지니고 있다.

> A long time ago,...before any of you were born, everything that happened within a framework, an order that was our own, and the existence of that order was of great importance in our lives. Today, no such framework exists. There are no castes among people, no difference in the quality of grain or of the bread that is made from the grain; there are no weavers, no artisans in metal, no makers of fine shoes. I think it is the machine which has ground everything together this way and brought everything to a single level. Ibrahim Bakayoko said to me, not long ago: "When we have succeeded in stirring up the people of this country, and making them one, we will go on and do the same thing between ourselves and the people on the other side of the ocean (94).

이들은 또한 아랍의 회교도가 유럽인 들이 식민지를 개척하기 위해 들어온 것 보다 먼저 들어왔음을 상기시키면서 회교도들을 비난하고 있다. 이들은 종교적인 목적보다는 사회적인 이익을 착취하기 위한 관심이 더 지대했던 것이다. 회교도가 사회적으로 힘을 쟁취하려는 본색을 드러냈을 때 종교를 위장한 사회 기관으로서의 역할에 아프리카인들은 불쾌했다. 회교도들 또한 식민지 개척자들과 다름없이 착취와 이용을 병행했던 것이다. 더 나아가 프랑스 식민주의자들에게 저항을 하지 못하도록 회유까지 했던 것이다.

> But if the women should refuse to support [their striking husbands, food] would soon return to the shops. Do you really think that the toubabs will give in? I know better — I know that they will have the last word. Everything here belongs to them — the shops, and the merchandise in the shops, even the water we drink. *This strike is like a band of monkeys deserting a fertile plain* — who gains from that? The owner of the plain! It is not our part in life to resist the will of heaven. I know that life is often hard, but that should not cause us to turn our backs on God. He has assigned a rank, a place, and certain role to every man, and it is blasphemous to think of changing His design.... We cannot fight against it — why, look, they have even turned off the water (필자의 강조임, 44).

회교도들이 섬기는 신은 흑인 노동자들의 편이 아니었다. 회교도들은 은근히 노동자들에게 회교도 신은 프랑스 식민주의자들과 원주민들이 사이좋게 살아가는 것을 보는 일이라고 주장한다. 더 나아가 폭동을 동반한 저항은 역시 하나님의 뜻이 아니라고 이들을 설득한다: "God has decided that we should live side by side with the French toubabs, and the French are teaching us things we have not known and showing us how to make the things we need. It is not up to us to rebel against the will of God, even when the reasons for that will are a mystery to us" (124). 남성 노동자들에 이어 여성 노동자들이 파업을 주도하며 Dakar로 나아가고 있었을 때에도 회교도들은 프랑스 식민지 덕분에 원주민들이 평안하게 살 수 있게 된 것을 하나님께 감사해야 한다고 회유하기까지 한다.

> After the prayers and religious services all over the city, there would be a sermon whose theme was always the same: 'By ourselves, we are incapable of creating any sort of useful object, not even a needle; and yet you want to strike against the toubabs who have brought us all of these things! It is madness! *You would do better to be thanking God for having brought them among us and bettered our lives with the benefits of their civilization and their science.*' Infuriated by the workers' resistance to their injunctions, the Imams turned the full force of their wrath on the members of the strike committee, accusing them of responsibility for every crime they could think of— atheism, alcoholism, prostitution, infant mortality. They even predicted that these infidels would bring about the end of the world (필자의 강조임, 204).

파업이 세상의 종말을 가져온다는 회교도들의 주장은 일리가 없는 것이 아니지만 파업 이전에 식민주의자들은 이미 더 상상도 못할 폭력과 착취를 실행했던 것이 사실이다.

여성들의 단체 결속력은 남성들 못지않게 식민주의자들과 정면 대립을 가져왔으며 남성들에게는 보이지 않는 후원자 역할을 하였다. 프랑스 관리들에겐 가장 부담이 가는 상대가 여성이었다. 폭력에 대한 책임은 항상 원주민들의 몫이었으며 식민주의자들의 반응은 신경질적 이었다: "The windows were closed, but in spite of this the shouts and the singing, which seemed to have become a kind of hysterical chanting, invaded the room" (179).

궁극적으로 파업이 성공적으로 종결이 됨으로써 Sembene는 1947-1948년간 남성과 여성들의 유기적이고 적절한 활동은 프랑스 식민지 관리들의 횡포와 착취를 종결시키는 중요한 역할이었음을 지적한다. 그들의 피눈물 나는 수고는 헛된 것이 아니었다.

> 'We're the ones who do the work,' he roared, 'the same work the white men do. Why then should they be paid more? Because they are white? And when they are sick, why should they be taken care of while we and our families are left to starve? Because we are black? In what way is a white child better than a black child? In what way is a white worker better than a black worker? They tell us we have the same rights, but it is a lie, nothing but a lie! Only the engines we run tell the truth--and they don't know the difference between a white man and a black. It does no good just to look at our pay lips and say that our wages are too small. If we want to live decently we must fight (8).

5.『저주: *Xala*』

Sembene의 단편인 *Xala*는 현대 세네갈 사회를 신랄하게 비판하고 있으며 일종의 comic satire를 세련된 Marxist분석을 통해서 얼마나 자본주의 지향적인 탈식민지 사회에서 암적인 존재와 다를 바 없는 엘리트들의 어리석음을 폭로하고 있다. *Xala*의 구성은 세 번째 아내와 결혼함으로써 회교도의 가부장적인 전통을 이어가는 중년의 El Hadji가 경험하는 성적인 그리고 경제적인 기능상의 어려움일 것이다. 그러나 동시에 이 작품은 세네갈 회교도 전통을 풍자하고 신 식민지 사회의 자본주의를 배격하고 있다. 구체적으로는 자본주의와 회교도 전통의 두 가지 모티프를 주인공인 El Hadji에게서 찾아 볼 수 있다. 존칭을 나타내는 제목이 암시하듯 El Hadji는 외면적으로는 독실한 회교도로서 정신적인 정화를 위해 Mecca에 순례를 하지만 그 또한 마찬가지로 성공적인 사업가겸 Dakar에 위치한 상공회의소 회원으로 돈과 이윤에 눈이 멀었으며 프랑스 자본주의를 따르고 있는 인물이다.

Sembene가 토착어인 Wolof로 글을 쓰기는 했지만 *Xala*를 비롯한 대부분의 작품은 불어로 썼다. 게다가 그의 작품은 시종일관되게 사실주의적인 경향을 고수하고 있어 유럽의 사실주의적인 방식과 크게 차별이 되지 않는다. 또 불어를 많이 선용하지만 Ichechukwu Madubuike가 말하듯이 불어를 자신의 목적에 맞도록 조절해서 쓰는 작가이기도하다.

> [Sembene] skins the language, as it were, and Africanizes it from the base. For him the French language is a tool, a carrying tube, un language passe-partout. His style is economical and functional, displaying more often than not the language used by the masses in their daily activities (92).

게다가 Sembene는 세네갈의 oral 문화를 끌어들이고 서아프리카의 여러 부족 가운데서 입으로 문화를 전승하는 것이 어떤 것인지를 실제로 보여주는 작가이기도 하다. *L'Harmattan*의 짧은 서문에서 그는 다음과 같이 진술하고 있다.

> I am not constructing a theory of the African novel. Yet I remember that in that Africa of bygone days, in classical Africa, the griot was not only the dynamic center of his tribe, clan, village, but also the obvious witness to every event. He was the one who, under the palaver tree, recorded and presented everyone's actions and gestures. The conception of my work stems from this precept: to remain as close as I can to reality and the people. (qtd. in English translation in Mortimer 70).[6)]

Xala는 유럽과 아프리카의 방식을 결합해서 세네갈의 oral tradition에서 유래한 중요한 요소를 사실주의적인 수법으로 잘 조화해서 풍부한 형태의 글을 제공하고 있는 것이 사실이다. 그러나 이 작품이 유럽의 사실주의적인 전통을 벗어난 작품임을 쉽게 짐작할 수 있다. 보다 구체적인 이유로는 여러 가지 이미지, 모티플, 심지어 아프리카인들의 전해오는 이야기를 말로 하는 전통적인 특성을 상당히 많이 도입하고 있기 때문이다. 문화적으로 복합적인 배경이 Sembene의 *Xala*에서 일종의 결합으로 볼 수도 있을 것이다. 다시 말해서 전통적인 문화와 유럽의 문화가 과다하게 섞임으로서 — 세네갈의 입장에서는 이슬람에서 유래한 전통적인 사회의 관습과 유럽의 자본주의에서 유래한 새로운 경제 질서 — 오히려 작품이 의도하는 결과에 반하는 역효과를 가져왔다고 혹 독자들은 느낄 수도 있다는 말이다.

상징적인 회교도의 가부장적인 권위와 자본주의의 상품화가 가져오는 상징적인 융합은 *Xala*의 초반에서 강하게 나타난다. 상공회의소의 새로운 회장이

6) Sembene의 작품에서 oral culture의 요소에 대한 더 깊은 관심이 있는 독자는 Cham을 참고하기 바란다.

된—최초의 아프리카인으로서 회장이 되었음—El Hadji가 세 번째 결혼을 발표하고 상공회의소의 회원들도 현대화된 세계를 추구하지만 (“[their desire to] belong to the modern world” 2) 이들이 궁극적으로는 아프리카의 관습을 아직도 따르고 있다는 사실은 이를 반증하는 셈일 것이다. 그러고 나서 회원들은 신부의 집에서 열리는 결혼 피로연에 참석하는데 이곳에서 볼 수 있는 모습은 현대화된 세네갈에서 문화적인 복합성이 생생하게 묘사되어지고 있다. 유럽과 아프리카의 음악이 동시에 연주되고 유럽의 술이 회교도의 음식과 섞이며 회교도들의 의상은 유럽풍이며 심지어 전통적인 세네갈의 의상 차림에 유럽의 보석들과 장식품들이 걸려있으며 또 이를 과시하고 있다.[7] 심지어 전통적인 세네갈의 문화까지도 상품화되어 나타난다. 가령 여성 전승 시인 (griot)이 은행 지폐를 들고 있으며 그녀의 가슴에 장식을 달고 등장하는 장면은 아이러닉한 상황이 아닐 수 없다. 결혼식에 참석한 많은 이들의 대화내용을 비롯하여 El Hadji가 그의 신부에게 준 선물들도 구체적인 예가 될 수 있을 것이다.

Sembene의 화자까지도 신부인 N’Gone이 일종의 상품임을 분명히 하고 있다. 이처럼 El Hadji는 여성을 하나의 장식품으로 생각하고 있음을 뚜렷하게 밝히고 있다. 여성의 입장에서 N’Gone역시 자신을 하나의 상품으로 생각하고 아름다움을 상품화해서 경제적인 기반을 위해 한 몫을 잡기위한 생각을 버리지 않는 것이다. N’Gone의 숙모인 Yay Bienta (또는 Badyen으로 알려지기도 함)는 중매를 몇 달간 서면서 El Hadji에게 그 젊은 여성이 그의 위세를 돋보이게 할 좋은 상품임을 주장하고 있다: “Could she not be a kind of measure? A measure of length or a measure of capacity?” (7). Tsabedze가 표현 하듯이 이 결혼은 N’Gone이 상품의 대상 (“an object of trade”)으로 변했음을 알 수 있다: “human relations are commercialized, a practice that has become part and parcel of the general misuse of power and money inherent in the modern capitalist conditions of neo-colonial Africa” (102).

결혼 피로연이 끝나고 El Hadji는 첫 날 밤을 고대하지만 불행하게도 그는 새로운 신부와의 부부 관계를 성공적으로 이끌고 갈 수 있는 성적인 능력이 없다. The Badyen은 다음날 아침에 이와 같은 사실을 알고 이는 El Hadji의 서구화된 믿음 때문이다라고 생각하지만 El Hadji 자신은 자신의 전통적인 관습을 적용해서 일종의 저주인 “*xala*”에서 오는 비극이라고 말한다. 그리고 전통적인 마술을

7) 유럽풍의 의상이 적절치 못함이 코믹한 형태로 극화되어 신부가 등장할 때 그녀가 입은 유럽의 의상이 너무 딱 들어맞아 찢어지고 신부의 살결이 보이는 장면이 흥미롭다.

도입해서 자신의 성적인 힘을 되찾기 위해서 현대화된 서구의 의학을 도입하기도 한다. 그러나 이런 수단에 실패한 그는 전통적으로 세네갈의 회교도에서 성인으로 통하는 사람을 데려와서 저주를 풀려고 한다.

결국 El Hadji의 운전사는 그를 데리고 멀리 떨어진 곳에 있는 Sereen Mada라는 사람을 찾아가게 되고 저주는 풀려진다. El Hadji는 Dakar로 돌아와서 그의 신부와 성적인 관계를 모색하지만 Yay Bienta가 그에게 일러주는 말은 신부가 생리중이라는 전갈이다. 실망과 분노에 찬 El Hadji는 Bienta가 그에게 저주를 내린 장본인이 아닐까 하고 의심을 하게 된다. 그럼에도 불구하고 그는 그의 두 번째 아내인 Oumi N'Doye에게 가서 그날 밤을 보내고 활기 있는 성관계를 가진다. 그리고 새 신부였던 N'Doye와의 이혼을 생각한다.

재미있는 것은 강력한 성적인 능력이 강력한 가부장적인 권위를 지닌다고 생각하는 El Hadji는 재정적인 능력이 자본주의를 대변한다고 생각하는 그의 사상과 나란히 병치를 이루고 있는 점이다. 개인적인 어려움으로 사업에 관한 의욕도 많이 감소된 El Hadji는 성적인 능력이 다소 호전이 되긴 했지만 재정적인 측면에서 엄청난 타격을 입고 Marx와 Engels가 말하는 소위 자본주의 알레고리 — 모든 것이 물거품이 된다는 논리 ("all that is sold melts into air")를 상기하며 또 이를 경험 한다 (*Marx and Engels* 476). 외면적으로는 그럴듯했던 그의 사업도 이제 부도난 수표가 은행으로 돌아오고 모두 물거품이 된다. 팔기 위해서 철도에 선적한 탁송화물까지 팔아치우고 이제는 아무것도 없게 된다.

Sembene은 이처럼 자본주의의 속성을 El Hadji를 통해서 보여주고 있는 것이다. 이전에 거래한 은행에서도 그에게 돈을 빌려주지 않고 상공회의에서도 임원직에서 쫓겨난다. 게다가 El Hadji의 사업상 어려움은 그의 성적인 무능함과 밀접하게 연결이 되는데 이는 그가 회교의 수도사에게 그의 저주를 풀어달라고 주었던 수표가 부도 수표가 되면서 이들 수도사들이 격분하고 다시 저주를 내린다는 점이다. 모든 것을 이제 다 잃어버린 El Hadji는 거지가 되어 탈식민지 사회 세네갈에서 사회적 불평등을 보여주는 아이러니의 중심이 된다. 그는 Modu에게서 저주를 풀어주는 대신 자신이 시키는 대로 해야만 한다는 조건을 수락하고 첫 번째 아내였던 Adja Awa Astou 집이 있는 Dakar거리를 헤 메인다. 그의 옷을 벗도록 강요도 당하고 거지나 그의 동료들이 그를 저주하고 야유하도록 말없이 서있도록 강요를 받기도 하며 경멸을 무수히 받는다.

이런 강력한 마지막 장면은 이 작품이 전하고자 하는 많은 주제를 시사하는 것이다. 어떤 의미에서 보면 이와 같이 비참한 세계를 경험하는 El Hadji는 실제로 거지나 문둥병자나 신체 불구자들이 조롱 받고 저주받은 경험을 실제로 그가 체험하는 것으로 이를 다시 말해서 힘의 자리바꿈의 일종으로 앞으로 다가올 세계가 Utopia와 같은 것일 수 있다는 이미지를 시사하는 것으로 볼 수 있을 것이다. 특히 Marxist들이 주장하는 노동자계급의 혁명을 연상시키는 대목이다. 그러나 아프리카에서 이런 거지들과 게으름뱅이들 아니면 범죄자들의 행동은 일종의 아프리카 사회에서 탈락한 무산자 계급자들(lumpenproletariat)로 Fanon의 *The Wretched of the Earth*를 연상시키기도 하는 것이다.

> This lumpenproletariat is like a horde of rats; you may kick them and throw stones at them, but despite your efforts they'll go on gnawing at the roots of the tree.... All the hopeless dregs of humanity, all who turn in circles between suicide and madness, will recover their balance, once more go forward, and march proudly in the great procession of the awakened nation (130).[8)]

만약 Sembene이 *Xala*에서 무산자 계급이 잠재적인 사회혁명을 이룰 수 있는 세력으로 Fanon의 관점을 따른다면 그의 인식은 혁명이란 결코 쉽지 않지만 엄청난 고통과 또 다른 폭력이 수반되는 것임을 인식하는 차원에서 일 것이다.

이 작품에서 마지막 장면은 등장인물에 대한 주요한 몇 가지 정보를 제공해준다. El Hadji의 딸 Rama는 정치적인 과격파로서 스스로 인정하고 있지만 과격한 군중들의 행동으로 자신의 생각에 혼란을 경험하는 인물이다. 이들의 혁명적인 정신에 동감은 하지만 자신이 살고 있는 집을 이들에게 넘겨주고 혁명을 위해 불을 지르는 행동은 용납이 되지 않는 것이다. Sembene은 Rama의 공포감을 통해서 군중들의 이런 과격함이 스스로 그들의 특권을 포기하는 것임을 분명히 하고 있는 것이다. 게다가 혁명이란 철저히 사회 경제적인 변화를 요구하는 것이며 미지근하고 불완전한 것이 아님을 강조하고 있다. 특히 El Hadji의 경우 그의 아버지가 추장으로 있었던 곳에서 부족들에게 속한 땅을 자신이 훔쳐서 팔고 몫을 자신의 호주머니에 넣은 것도 그의 저주와 관련시켜 이해할 수 있는 대목일 것이다. 부족들이 그의 부정함에 항거해 올 때 그는 이들을 구속하였던 것이다.

가난에 짓눌리어 거지처럼 살고 있는 이들이 El Hadji의 이런 부정함을 고발

---

8) 이런 맥락에서 볼 때 Fanon의 아프리카에 대한 혁명적인 관점은 Marx의 유럽에서의 혁명관과는 많은 차이점이 내재해있다. Marx의 경우 lumpenproletariat는 정치적인 의식이 부족한 집단이지만 Fanon의 경우는 완전히 다르다.

함에 있어서 간접적으로 인식할 수 있는 것은 이는 부분적인 그의 부정함에서 오는 것이 아니라 본질적으로는 그의 사업이 부정직함을 바탕으로 성장했음을 지적하고 있고 더 나아가서는 자본주의 방식이 바로 그런 것임을 비난하고 있다는 점이다.

> "All your past wealth — for you have nothing left — was acquired by cheating. You and your colleagues build on the misfortunes of honest, ordinary people. To give yourselves consciences, you found charities, or you give alms at street corners to people reduced to poverty. And when we get too numerous, you call the police" (100).

El Hadji는 그야 말로 자본주의를 대변하는 인물이며 신식민지사회의 조건을 말해주는 자본주의의 특별한 형태를 대변하고 있다. 게다가 현대 세네갈 사회의 부정직한 사업의 완전한 일면을 나타내는 것이 마지막 장면이라고 하면 이는 또한 보다 나은 사회를 위한 가난한 사람들의 희망에 찬 절규임도 아울러 기억할 필요가 있을 것이다.

El Hadji는 탈식민지 중산층에서는 좀 전형적인 인물에 속하기는 하지만 Lukacs의 "typical" character와는 성격이 다르다. Lukacs의 경우 개인의 활동이 두드러지며 동시에 개인의 활동과 역사의 흐름 속에서 어떤 관계를 설명하는 것으로 특히 Walter Scott같은 역사소설가가 구사하는 개인과 공적인 삶의 상호관계를 주장하는 점이 다르다. 그러나 El Hadji의 경우 그의 성적인 능력과 사업의 활동이 서로 상호 관련 짖고 이를 Sembene이 제3세계의 유산자 계급의 역사와 개인의 이야기를 연결 지어서 생각하는 점에서 Fanon의 *The Wretched of the Earth*에 더 가깝다는 생각을 갖게 하는 것이다. 한 때는 세네갈의 독립을 위해 몸 바쳐 투쟁한 인물들도 독립 후에는 잔인할 만큼 잔인하게 부의 노예가 되어 자신의 성공을 위해서는 다른 사람들의 희생까지 요구하는 현실로 변한 것이다. 결국 고통을 받는 사람들은 무산자인 셈이다. Fanon의 주장처럼 계급에 관한 의식이 내재한 상태에서 독립을 한다고 해도 백인 유산자들이 물러나면 흑인 유산자들이 득세를 해서 결국은 백인 유산자들이 지배하던 때 보다 더 잔혹하고 냉혹해져서 살 수 없는 경우가 된다는 논리이다. 사실 El Hadji에 의해서 대변되는 탈식민지 세네갈 사회의 중산층들도 예외 없이 전임자들이 행동했던 그대로 경제적인 이권에 눈이 멀어 있음을 볼 수 있다.

El Hadji가 아프리카의 탈식민지 인물의 전형적인 모형인 점은 그를 Fredric

Jameson이 말하는 “national allegory”의 범주로 구분시켜 생각할 수 있는 근거를 제공하고 있다. 실제로 Jameson자신도 *Xala*를 아프리카 문학의 현상을 설명하는 작품으로 생각하고 있음은 이를 구체적으로 반증하는 셈이다. 우선 Jameson은 El Hadji를 세네갈의 탈식민지 중산층으로 생각하고 사회개혁을 하는데 실패한 것으로 보고 있다. 우선 Jameson은 El Hadji와 Islam을 주요한 대상으로 보고 있으며 Modu와 El Hadji가 거의 문명과 사람의 손길이 닿지 않은 Sereen Mada에 도착하는 장면과 Sereen Mada의 집을 묘사하는데 크게 관심을 갖고 있다.

> It was situated in the center of the village whose huts were arranged in a semi-circle, which you entered by a single main entrance. The village had neither shop nor school nor dispensary; there was nothing at all attractive about it in fact. Its life was based on the principles of community interdependence (Xala 64).

Jameson은 *Xala*가 특히 이 구절에서 단일화된 협동사회로서 부패한 서구의 물질주의적인 사회 속에 존재하고 있음을 지적하고 있다: “more emblematically than virtually any other text I know, the space of a past and future utopia--a social world of collective cooperation--is dramatically inserted into the corrupt and westernized money economy of the new post-independence national or comprador bourgeoisie” (81). 다시 말해서 이 마을은 집단적인 협력체제에 바탕을 둔(“community interdependence”) 사회구조를 연상시킬 만큼 철저하게 공동체적인 사회이다. 이처럼 Sembene의 *Xala*에서 유럽과 아프리카의 전통이 결합하고 있음은 현재 지배하는 유럽의 자본주의와 전통적인 아프리카의 이에 대한 반동 사이에서 자본주의가 득세하기 전 그 이전의 과거를 극복할 수 있는 utopia가 존재할 수 있는 가능성은 여전히 암시하고 있는 것이다.[9)]

물론 이러한 이상적인 미래란 이들이 추구해온 독립운동의 목표였지만 이를 실현하기란 무척 힘이 든다는 사실을 독자들은 직접 느낄 수 있는 부분이다. 세네갈은 결국 식민주의를 독립과 교환한 것이 아닌 끝까지 유럽의 지배인들에게 철저하게 종속적이고 의존적인 상태로 존립하는 것이다. 더 나아가 El Hadji와 다른 상공 회의소 회원들은 세네갈의 경제를 회복시키고 독자적인 힘을 기를 수 있

---

9) 이런 맥락에서 *Xala*는 이전의 O pays, mon beau peuple! and L’Harmattan과 상당히 유사함을 알 수 있다. 이는 정치적인 실체와 전통에 대한 회의적인 태도를 나타낸다고 Christopher Miller는 지적한다: “[They] advocate a sharp awareness of global political reality, along with a harsh skepticism directed at ’retrograde’ traditions” (Theories 22).

도록 노력하는 산업주의자라고 하기보다는 유럽의 자본을 관리하고 유지하는 취급자임에 불과한 것이다. 이를 Jameson은 매판("comprador" — 옛날 외국과의 상거래를 하는 중국인을 가리킴) 자본가 계급으로 칭하고 있다. Smebene은 분명히 이런 매판 bourgeoisie를 *Xala*에서 묘사하고 있는 것이다. 작품의 앞부분에서 화자는 El Hadji를 사업가로 소개하면서아프리카의 천연 자원을 개발하는데 있어서 유럽의 사업가들과 경쟁력이 없는 인물임을 분명히 한다. 그럼에도 불구하고 그는 자신이 행동하는 것에 대한 대가로 돈을 버는 것이다(3). El Hadji는 유럽 지배인들의 대리인에 불과한 자신을 잘 알고 있다. 그가 상공회의소의 임원직을 박탈당할 때 그가 독설스럽게 말하는 장면을 보면 더욱 확실하게 알 수 있다.

> "What are we? Mere agents, less than petty traders! We merely re-distribute the remains the big men deign to leave us.... Who owns the banks? The insurance companies? The factories? The business? The wholesale trade? The cinemas? The bookshops? The hotels? All these and more besides are out of our control. We are nothing better than crabs in a basket.... The colonialist is stronger, more powerful than ever before, hidden inside us." (83-4).

위의 인용은 세네갈의 사회 경제적인 체제가 신 식민지적인 속성을 어떻게 지니고 있는지 분명하게 밝히고 있는 것이다. 특히 영화와 서점을 사업에 포함시켜서 설명하고 있다. 이는 다시 말해서 외국의 지배 하에서 신식민주의의 중대한 요소라고 할 수 있는 문화적 제국주의의 요소를 강력하게 내 비치고 있음을 짐작하는데 그리 어렵지 않다. 다른 Sembene의 작품들과 마찬가지로 *Xala*는 오늘날 문화적인 지배현상을 낳고 있는 유럽의 지배에 대한 저항이며 이는 그 자신이 스스로 밝힌 바와 같이 문화라는 것은 곧 무기와 다를 바 없음을 나타내는 부분임을 짐작할 수 있다: "confront the colonial system and its corollaries, there is only one weapon: culture" (*Man is Culture* 19). 다른 한편으로는 *Xala*가 불어로 쓰여졌음을 생각하면 언어의 지배현상이 잠재적으로 내재하고 있음을 암시하고 있다. 구체적으로는 영화에서 등장인물들이 불어를 말하는 것을 위선이나 신식민주의의 위협적인 요소로 부각시키고 있음을 알 수 있기 때문이다.[10] 이러한 토착어와 불어의 대립은 소설의 내용에서도 분명해 진다. El Hadji

10) 이와 관련하여 Kenneth Harrow는 영화가 소설 보다 더 강력한 그리고 효과적인 역할을 한다고 지적하고 있다. 특히 Harrow는 Sembene이 이를 Wolof어로 영화를 제작한 것도 그가 이런 점을 심각하게 의식하고 있었기 때문이라고 한다: "solves the one great dilemma of the committed African writer by turning to a medium in which he communicates with the

의 딸인 Rama는 문화적인 제국주의를 배격하는 입장에서 Wolof어를 지역의 대표적인 언어로 쓰려고 노력하는 젊은 층에 속해 있음을 볼 수 있다. Rama는 Wolof어로 국민의 문맹을 타파하고 또 그녀의 약혼 남성이며 정신병 의사인 (psychiatrist) Pathe와 불어를 우연하게 한 번이라도 말하면 서로 벌금을 물기로 약속하기도 한다. 그리고 그녀가 세네갈 국민의 85%가 Wolof어를 모국어로 사용하고 있음을 강조할 때 그녀의 입장이 더욱 분명해 진다. 그녀는 불어의 사용은 단지 역사적인 사건이 ("historical accident" 86)었음을 지적하고 있는 것이다. 한편, 교통 경찰관과 같은 권위적인 인물은 역시 불어를 사용하고 있다. 사실 은행 업무를 보는 사람들도 불어를 쓰지 않고는 일을 할 수 없는 현실이고 보면 모든 경제적인 지배가 외국의 힘에 지배되고 있음을 알 수 있는 것이다.

한편 만약 프랑스의 문화가 강력하게 탈식민지 세네갈에 잔존한다면 회교의 문화적인 영향 또한 만만치 않다. 그러나 Sembene은 회교가 유럽의 세력을 배척하도록 하는 유일한 이유가 아님을 분명히 기억할 필요는 있을 것이다. 우선 회교는 프랑스 세력이 들어오기 이전에 침략자들에 의해서 세네갈에 강요된 외국의 문화라는 점을 간과해서도 안 되며 또 다른 하나는 회교가 프랑스의 세력이 세네갈에 유입했을 때에도 이를 막을 힘이 없었음을 상기해 두어야 할 것이다. 궁극적으로 회교는 다른 모든 종교와 마찬가지로 구체적이고 물질적인 실체에 초점을 두는 것이 아니라 정신적인 것이고 Sembene과 같은 Marxist를 추종하는 인물들에게서 물질적인 세계를 설명하기란 그렇게 용이하지 않는 점도 무시해서는 안 될 것이다. 보다 구체적으로 Sembene은 El Hadji를 통해서 El Hadji가 회교를 숭배하는 것처럼 보이게 하지만 언제까지나 형식적인 태도로 가장하는 것을 볼 수 있으며 회교를 가부장적인 권위를 유지하기 위한 수단으로 이용하고 있음을 볼 수 있는 것이다. 사실 Sembene은 Marx가 주장하듯이 종교를 아편으로 — "opiate of the masses" — 강조하고 있으며 이를 현실로부터 단절시키기 위해 노력하고 있음을 느낄 수 있다: "As others isolate themselves with drugs she obtained her own daily dose of religion" (22).[11)]

Harrow가 지적하듯이 *Xala*에서 회교는 여성을 탄압하기 위한 수단 — "an instrument used by the men to oppress the woman" (179) — 으로 이용이 된다는 사실

---

uneducated classes without betraying his ideals" (184).

11) 이런 논점에 관해서 더 관심이 있는 독자는 Robinson이 *Xala*를 비판하고 있는 것을 참고할 것. Robinson은 문화적인 힘 — 회교 또는 유럽의 자본주의에 대한 저항을 보여주는 힘 — 이 곧 유럽의 세력을 막을 수 있음을 강조한다 (154).

은 상기할 필요가 있을 것이다. 앞서 지적한 데로 El Hadji 또한 종교를 사업의 수단으로 이용하며 회교를 일부다처제를 합리화하기 위한 수단으로 이용하고 있는 것이다. 그러나 결혼과 사업은 *Xala*에서 분리되어 설명될 수 없을 것이다. El Hadji에게선 아이들과 아내들은 자신의 소유물에 불과한 것이기 때문이다. N'Doye의 경우를 보면 더욱 분명해진다. 그의 두 번째 아내인 Oumi N'Doye가 유럽의 상품 문화에 매력을 느꼈을 때 그녀는 자신의 상품화로 더욱 깊이 빠져들고 만다. 사실 Harrow의 경우 이를 Marx 비평가의 견지에서 다음과 같이 논평을 하고 있다: "her mercenary qualities, seen in conjunction with her style and place in the marriage, clearly accord with the classical Marxist doctrine which holds that in the bourgeois marriage the woman is exploited and her role is reduced to little more than that of a prostitute" (181). 그리고 만약 El Hadji의 첫 번째 결혼이 경제적인 요인과 무관하다고 하더라도 그의 아내는 역시 분명하게 이용당하고 있음을 볼 수 있고 남편은 언제나 아내를 학대하고 착취하는 대상에 불과하다.

어떤 경우에도 El Hadji는 그의 아내에게 진정한 애정을 보이지 않으며 단시 자신의 이기심에 따라 행동하고 그의 사회 경제적인 지위를 공고하게 하는 수단으로 아내를 소유하는 것이다. 따라서 작가는 *Xala*를 통해서 여성들이 유럽 자본주의자들의 현대화와 회교의 전통에 의해서 세네갈이 탈식민지 사회를 거치면서 키워진 사회적인 환경의 최악의 희생자들임을 암시하고 있는 것이다. 여성은 어디까지나 남성의 소유물로서 탄압의 대상으로 존재하지만 역시 저항의 선봉자들로서 그 가능성을 암시하고 있기도 하다. 사실 Frederick Ivor Case는 Sembene이 여성의 사회적인 권리에 대해 깊은 관심을 갖고 있음을 지적하고 있다: "the major ideological principle that characterizes his work is the recognition of the rights of women in society and the affirmation of their economic, social, and cultural role in the dynamic determination of the destinies of African peoples" (4).

*Xala*가 네 명의 여성을 등장시키고 있음은 특이하며 또 이들의 역할이 상당히 중요하다는 점을 생각하면 더욱 그런 느낌이 든다. 게다가 남성들과 마찬가지로 이들 여성들은 두드러진 형태로 제시될 뿐만 아니라 탈식민지 세네갈 사회를 대변하고 있기도 하다. 아마도 가장 두드러진 인물은 N'Doye일 것이다. 그녀의 모습을 통해서 느낄 수 있는 것은 인간이 천한 존재로 변할 수 있다는 사실과 여성은 그런 분위기를 조장하는 사회의 성적인 희생물이란 점이다. 특히 El Hadji의 첫 번째 두 아내들은 자신들의 실체를 벗어나 보다 큰 역할을 하고 있음을 암시하고 있다. 가령 Adja Awa Astou는 회교 문화를 대변하고 철저하게

유럽화된 Oumi N'Doye는 유럽의 관료 사회를 대변하고 있는 것이다. 이 두 여성들이 가지고 있는 반대 속성은 문화적으로 보여 지는 반대 속성까지도 동시에 포함하고 있음이 사실이다. Adja Awa Astou는 많은 문제점들—회교의 문화가 유럽의 식민주의를 막지 못함과 회교가 신 식민주의에 효과 있는 역할을 하지 못함—에도 불구하고 끝까지 El Hadji에게 충실하다. 반면에 Oumi N'Doye는 El Hadji가 그녀가 원하는 방식대로 그녀를 부양할 수 없는 지경이 되자—남성들은 돈이 있을 때에만 즐거움을 주는 존재 ("who could provide pleasure while they had money" 93)로 생각함—그를 버린다. 이렇게 그녀는 인간관계를 경제적인 요소로까지 추락시켜 생각하는 것이다. 그러나 그녀가 El Hadji를 버린다고 하여 그녀가 자유를 얻는 것이 아니라 오히려 다른 남성들에게 더 의존적이 되어야한다는 사실을 깨닫는 것은 중요한 요소이다. Adja Awa Astou와 Oumi N'Doye모두는 그럼에도 불구하고 성적으로 경제적으로 남성의 지배에 대해 강한 여성으로 나타나고 있음도 사실이다. 마지막으로 중요한 성격으로는 El Hadji의 딸인 Rama이다. 그녀는 정치적인 과격주의자로서 El Hadji의 아내들보다 탄압에 대하여 보다 직선적으로 대항하고 있으며 Rama의 견해는 개방적인 면을 지닌 과격파이라고 할 수 있을 정도로 그녀는 책의 마지막에서 자신의 집을 차지하는 추방자들을 거부하는 태도를 보이고 있다. 그러나 그녀가 권위에 대해서 순수하게 혁명적이지 못한 태도를 보이는 것은 그녀가 지닌 꿈을 이루지 못함으로서 아버지인 El Hadji의 좌절된 상황을 그대로 반영하는 듯하다.

*Xala*는 비교적 짧은 형태의 작품으로 아프리카 소설이 발전하는데 있어서 가장 핵심이 되는 내용을 복합적인 형태로 결합시켜 놓은 축소화된 작품이라고 할 수 있다. 다시 말해서 탈 민지 세네갈의 자본가계급의 실패를 묘사하면서도 이념적이고도 경제적인 유럽의 지배영역을 모두 초월하여 묘사함으로써 신식민지주의의 또 다른 양상들을—문화적인 제국주의와 언어에 관한 문제점들을 중심으로—독자들에게 전달하고 있는 것이다. 더 나아가서 전통적인 회교의 문화가 신식민주의의 문제점들을 해소하는데 도움이 되지 않았음을 반영하고 있기도 하다. 그러나 회교의 문화와 신식민주의적인 자본주의가 세네갈 여성들의 탄압에 공헌한 사실은 인정하고 있다.

5

페스투스 이야이(Festus Iyayi)의 유토피아와 계급의식

한 때 아프리카의 독립이 실패하자 가나의 소설가인 Ayi Kwei Armah는 독립운동의 첫째 목표는 백인들을 몰아내고 그 자리를 차지하는 것이라고 힘주어 역설했다: “the first object [of these movements] was the removal of the white top from the colonial bottle” (“African” 26). 그러나 흑인들이 그 자리를 차지했지만 그 식민지라는 병 속의 내용물들은 하나도 변한 것이 없이 그대로 였다(“shape and contents of the bottle itself had remained largely intact” (Lazarus 20). 불행하게도 나이지리아의 경우 똑 같은 상황인 것으로 여겨진다. 1979년 13년간의 독재 정치가, 1967-1970년의 내전을 비롯하여, 나이지리아에서 종식이 되고 군사 독재 정부가 정권을 민간으로 이양하게 되었을 때 이런 움직임은 저들의 민주주의를 향한 첫 발자국이나 다를 바 없었다. 더 불어 문학 활동의 새로운 바람이 불기 시작하였으나 정치, 경제, 사회, 문화적인 측면에 약속이 되었던 사항들은 모두 실행이 되기는커녕 모두 엉뚱한 방향으로 흘러갔던 것이다. 민주화가 해결한 것은 없었고 내란과 이들의 충돌은 사회를 무참하게 파괴했던 것이다. 나이지리아, 가나, 우간다, 카메룬, 케냐 할 것 없이 인간이 살아갈 수 있는 화합의 정서와 힘을 송두리째 모두 앗아갔던 것이다.

나이지리아인들은 이런 혼란한 상황을 경험하면서 한편으로는 허무주의적인 태도를 다른 한편으로는 좌파 성향의 정치적인 성격으로 변하면서 Festus Iyayi는 자신의 1979년에 발표된 *Violence*에서 탈식민지 나이지리아에서 사회 전반에 만연한 불공정한 것을 지탄하고 있다. Iyayi는 1947년 남부 나이지리아의 지주의 딸로 태어나 *The Contract* (1982), *Heroes* (1986)를 비롯하여 모두 세권의 소설을 발표하였다. 케냐의 Ngugi wa Thiong’o와 마찬가지로 Iyayi는 아프리카 작가는 작가로서 뿐만이 아니라 정치적으로 과격주의자가 되어야 한다는 신념을 지니고 있었다: “In our cases, in Third World countries, our problems are very urgent and all-embracing so we must be involved in different kinds of political activity" (Wendt 417). 따라서 Iyayi는 해방 운동에 적극적으로 참여하게 되었고 심지어는 1988년 정부에서 공식적으로 금한 모임인 중앙 노동조합(Central Labour Organization), 시민 해방단(Civil Liberties Organization), 인권 옹호 위원회(Committee for the Defence of Human Rights)에 까지 관여하게 되자 Iyayi는 대학에서 강의조차 못하게 되었고 감금과 체포로 얼룩진 생활을 한다.

그러나 놀랍게도 Heroes는 1988년 영국의 연방에서 주는 작가 상인 Commonwealth Writer's Prize를 수상하게 되면서 본격적인 주목을 받게 된다. 흔히 그녀의 *Violence*는 Ouologuem의 *Bound to Violence*와 많이 비교되어 연구되고 있는 것이 사실이다. Iyayi에 대한 많은 연구가 부족한 것은 자칫 잘못하면 작가의 의도를 오해할 수 있는 위험이 항상 있을 수 있다는 점이다. 그럼에도 불구하고 그녀의 진정한 의도는 나이지리아의 유산자 계급인 부르주아와 다국적 자본주의에 대한 신랄한 비판을 하고 있다는 점은 부인할 수 없는 사실이라고 할 수 있다. 그러면서도 권리와 주권을 상실한 많은 군중들의 계급의식이 성장하면서 무엇보다도 자신들만의 유토피아를 창조할 수 있다는 희망을 고이 간직하고 있다.

사실주의적인 속성의 서술을 통해서 소설은 Idemudia와 Adisa라는 두 부부의 가난과 실업의 고통스런 삶을 통해서 이를 대조시켜 보여주고 있다.

Queen과 Obufun은 부패하고 부유한 호텔의 소유자들로서 그들이 만나는 사람들은 모두 이용한다. 어느 날 Queen은 그녀의 Mercedes 벤츠를 몰고서 Idemudias가 살고 있는 빈민굴에 나타나서 그에게 콘크리트를 하역하는 일을 해보지 않겠느냐고 제의한다. Idemudia는 일자리가 없고 굶어 죽게 된 상태에서 기회를 놓치고 싶지 않아 선뜻 수용하면서 이들과의 관계를 시작하고 Iyayi는 이들의 관계를 통해서 나이지리아에서 탈식민지 상황이 얼마나 열악한 지를 폭로하고 있다.

Iyayi의 작품은 Ngugi의 경우와 다를 바 없이 마르크스주의 이념에 깊은 영향을 받았으며 이를 Frantz Fanon의 *Wretched of the Earth*를 통해 다시 한 번 여과시키는 과정을 밟는다. Queen과 Obufun의 묘사를 통해서 나이지리아 부르주아에 대한 신랄한 비판의 칼날을 멈추지 않는다. 노동자들로부터 잔인한 착취를 비롯하여 1500파운드의 시멘트를 하역하는데 쥐꼬리만큼의 5나이라[12])를 지불한다. 그러나 굶어 죽지 않기 위해서는 그녀의 터무니없는 제안을 거부할 처지가 못된다. 그런 가운데 그녀는 호텔 음식점에서 음식을 버린다: "One man has [so much to eat] that

12) 나이라: 나이지리아 화폐단위.

he throws some away. Yet here we are, hungry" (20). 그 후에 그녀는 Idemudia가 성실하게 일을 한다는 사실을 알고 더 많이 이용할 생각을 지닌다: "Surely...it would be possible to make use of that man more often" (25). 이런 열악한 환경 가운데 일을 계속하던 Idemudia는 비를 맞으면서 폐렴에 걸리고 병원에 입원을 해야 하는 상황이 된다. 병원비는 그가 버는 돈의 5배 이상이 필요하고 Queen은 이런 사실을 알고도 그에게 보상을 해 줄 생각도 죄책감도 전혀 느끼지 못한다.

참으로 Queen과 Obufun은 Fanon이 그의 *Wretched of the Earth*의 "The Pitfalls of National Consciousness"에서 중산층에 대한 경고를 한 표본이나 다름이 없다. 퍼논은 탈식민지 이후 지도력이 흑인 중산층의 손아귀에 들어가게 될 경우 이들 중산층은 결국 식민지 부르주아를 대변하는 인물들과 동일하기 때문에 전체 국가의 해방은 불가능하다고 했던 것이다. 아프리카에서 개발한 자원들은 그들이 스스로 처리할 능력이 없기 때문에 어쩔 수 없이 유럽의 힘을 빌리지 않으면 안 되는 상황이 되고 이를 통해 빈민층들은 계속 이용당할 수밖에 없는 필연적인 운명이기 때문이다.

> Because it is bereft of ideas, because it lives to itself and cuts itself off from the people, the national middle class will have nothing better to do than to take on the role of manager for Western enterprise, and it will practice set up its country as the brothel of Europe (150).

앞서 지적한 바대로 흑인 중산층들이 아프리카 대륙을 유럽인들에게 매춘시키는 인물들이라는 주장은 Iyayi의 텍스트에서는 강력하다. Iyayi가 Queen과 Obufun의 타락을 나타내는 메타포를 사용함으로써 성적인 타락과 매춘에도 관여하고 있음을 폭로하고 있다. M. Keith Booker는 Ngugi의 Devil on the Cross에서 이와 같은 매춘과 자본주의에 대해 다음과 같이 언급하고 있다.

> Prostitutes feature prominently...where they are used as especially obvious examples of the overt commodification of human beings. [And] that prostitution itself serves as an image of the way even the most "personal" of relationships under capitalism are converted into mere economic transactions ("African" 68).

본 작품에서 Queen의 주된 사업상의 도구는 그녀의 성적인 관계를 통해서 이다. 정부 계약 건이 생기면 그녀는 그녀의 남편의 친구들과 성적인 관계를 통해서 영향력을 행사한다. 그녀가 새로운 호텔에 제공할 음식물 위탁판매를 잡기 위해서 시의 공무원인 Iriso와 접촉하고 이를 허가 받기 위해 동침을 한다. 그는 코끼리 같이 느리며 멍청하기까지 하지만 그녀는 자신을 하나의 성적인 물건 취급을 하면서 제공한다. 성 관계를 끝내자 그녀는 자신은 할 일이 많은 여성이니 이제 가자고 한다: "Queen regarded him as he lay naked on the bed. She wanted to spit herself. 'Get dressed,' she said. 'Get dressed and let's go. You know I have a lot of things to do" (103). 그녀는 자신의 몸을 팔아 사업을 하는 매춘부와 다름이 없지만 항상 자부심을 잃지 않고 있다. 이를 통해 Iyayi는 나이지리아 정부가 얼마나 부패했는가를 보여주고 있으며 뇌물과 부패가 전염병처럼 확산되고 있음을 그대로 보여주고 있기도 하다.

동시에 아이러니컬하게도 Queen이 공무원과 스스로 성 관계를 갖지만 그녀의 딸인 Lillian은 그녀의 학교 세 명의 남학생들로부터 성 폭행을 당한다. 이들 두 여성의 상황을 통해서 Queen의 타락을 부각시키고 나이지리아가 성적으로도 타락했음을 보여주고 있다. Maja-Pearce가 지적하고 있듯이 성은 권력의 표현이 된 것이다: "Sex in both instances is reduced to an expression of power, to be bartered or seized according to one's relative position within the power stakes" (76). 이런 부패와 가정의 문제는 Obofun이 그녀의 딸이 강간당한데 대해서 보이는 반응에서 더욱 분명하다. 처음에는 분개하지만 진정하면서 "잊어 버려라" ("forget about it....It is annoying. Terrible. But I think I should erase it from my mind. It is better that way" 119)고 충고한다.

게다가 그가 어떻게 Idemudia의 아내인 Adisa를 사랑할 것인지를 생각 중이다. Obufun이 Adisa를 유혹하는 것은 매춘을 통해서 인간이 얼마나 동물적이 될 수 있는지를 보여준다. 그는 Adisa가 그와 성 관계를 가진다면 그녀의 남편에게 술을 팔겠다고 조건을 내세우나 그녀가 반항을 한다. 그러나 그녀가 처한 어려움이 심해질수록 그녀는 굴복하고 만다.

> He had conquered her. Yet he felt deflated. To him, there was nothing exalting in what he had achieved. The woman had been impassive, he had felt at one stage as if he was making love to a dead woman (170).

나중에 자신의 행동에 대한 참회의 순간을 느끼기 시작하면서 Obofun은 자신을 썩은 고기를 집어 드는 독수리라고 표현한다: "[he] was like a vulture picking at the flesh of a dead prey" (198).

그 다음으로 자본주의가 국가의 유산자 계급에게 미친 영향을 언급하면서 Iyayi는 Queen과 Obufun의 관계를 사업상 거래 행위로 묘사하고 있다:

> They were no longer husband and wife in the true sense of the word.... The business that had forged the gap between them also tied them together. There was nothing they could do about it. Business had to grow on them. And the more it grew, the colder and more impersonal they became to each other and yet the more tied together they also became (197).

작가는 이들 중산층들을 완전히 돈을 통해 타락한 계급으로 묘사하며 사랑과 성적인 욕망은 완전히 상품으로 변했음을 지적하고 있다. 작가는 개개인들은 사회의 구성원으로서 어떤 소속감을 지니길 원한다고 하지만 이런 일련의 타락한 사회상을 통해 개개인들은 모두 단편적인 방향으로 분열이 되고 공동체적인 의식을 지닌다는 사실이 어려워 졌음을 강조하고 있다.

그러나 Iyayi는 자본주의가 부르주아 계급에 미친 영향에 대해서만 한정하고 있지 않다. 나이지리아의 엘리트들이 자본주의와 결탁하여 하층 대중들을 상대로 행하는 비열한 행동들을 비판하고 있다. 작가의 이와 같은 생각은 Fanon의 『비참한 세상』의 "Concerning Violence"장에서 많은 영향을 받고 있음이 사실이다. 탈식민지 현상은 역사적 과정으로 폭력이란 맥락에서 이해될 수 있다는 것이 퍼논의 입장이기 때문이다. 유럽인들이 아프리카를 착취하게 되었을 때 첫 번째로 행해진 의식은 살육과 전쟁 그리고 억압적인 행동이었다. 작가는 독립 이후까지도 나이지리아의 유산계급은 여전히 군대와 경찰의 힘에 의존을 하고 있음을 보여준다. 구체적인 예로는 Idemudia가 병원에서 죽기 전 군대가 자신의 가족들에게 저질은 범죄 행위에 대해서 이야기를 하고 있다. 내전 동안에 군인들은 그의 집으로 밤늦은 시간에 들어와 가진 것과 돈을 요구했고 돈이 없다고 변명을 했을 때 9명의 병사들은 그의 아내를 집단으로 강간하고 죽게 했던 것이다. 그리고 그의 외동딸인 Itetah는 군인들에 의해 납치되어 가고 매춘을 강요당하며 강간을 당하고 결국은 죽게 된다. 그의 누이를 찾기 위해서 외동아들인 Anuoha는 군대에 입대하지만 머리에 총을 맞고 죽은 채로 발견이 된다. 그 결과로 그는 병이 들게 되고 이제는 병원에서 죽는 날만을 기다리는 신세가 된 것이다. 게다가 작가인 Iyayi는 경찰에 대한 부정적인 면을 묘사한다. 병원에 입원한 Idemudia를 문병하는 동안에 Adisa는 1년 전 이웃인 Papa Jimoh로 부터 고용주가 시켜서 고용주가 도둑질한 것을 자신이 거짓으로 차를 절도했다고 기소 당했다는 이야기를 기억한다. 자신이 절도를 했다는 증거가 없었어도 경찰은 자신을 풀어 주기를 거부했다고 한다: “To the police, of course, any case is a serious one. At least classified as such, it offers limitless opportunities for demanding better bribes” (81). 게다가 Iyayi는 물리적인 탄압과 군대와 경찰의 횡령을 나이지리아의 여러 기관과 같이 연결시켜 보여준다. Adisa가 처음으로 병원에 입원하자 이제 경찰과 병원이 같은 족속들임을 알게 된다.

> Yes, the police station had so much in common with this hospital. The same terrible cases, nervous people pacing to and fro, the same overcrowding, the same urgency, the same confusion, the same indifference from the officials (78).

공공시설 모두를 비롯하여 병원의 이런 부적절한 양상은 환자들이 자신들이 사용하는 병실 침대를 다른 환자들과 함께 쓰도록 강요당하는 것에서부터 사람들이 붐비는 복도에서 잠을 자도록 강요를 받는 대우에 이르기까지 다양하다. 의사들 가운데 한 사람은 환자를 치료하면서 정부에서는 병원을 더 많이 짓지 않고 왜 호텔만 그렇게 짓는지 불평을 하기도 한다: “why in the midst of so much disease, the government concentrated on building hotels instead of hospitals” (55). 그리고 Queen과 Obufun의 사업은 거의가 휴양 시설과 호텔을 짓는데 집중이 되고 있음을 볼 때 아이러니가 아닐 수 없다. 이는 서구의 자본주의가 아프리카에 일종의 제국주의적인 모습을 감춘 채 그 뿌리를 내리고 있음을 인지하는데 큰 무리가 없다는 이야기이다.

Ngugi와 같이 Iyayi는 2장에서 Freedom Hotel이라고 불리는 기업을 다음과 묘사하면서 시작한다.

> They thought and talked about money, how to steal to make money, cheat to make money...and concluded that the best way to make money was to steal it from the government.... Yes, steal, cheat, dupe and even murder in the name of the government. They talked and concluded that the government encouraged stealing, applauded and rewarded it (282).

물론 이런 폭력은 정신적, 육체적, 물질적으로 복잡하고 다양한 형태로 행해지는데 작가는 이를 비열하고 더러운 행위로 묘사한다. 학교 교사, 노동자, 농사꾼들은 착취와 지배층의 범죄 행위로 항상 피해자로서 존재하고 이 가운데서도 가장 잦은 착취는 물질적인 것이 된다. 정부의 돈을 횡령하고 온갖 이익을 모두 챙긴 후 퇴직하는 경우도 있다. 판사는 나이지리아 지배층을 대변하는 인물로서 이들의 범죄 행위를 다음과 같이 묘사하고 있다.

> Here is a society that offers limitless opportunities to its citizens and the accused here makes use of such opportunities by committing acts of hooliganism, terrorism, totally irresponsible and barbaric acts.... They carry firearms about and threaten the lives and property of people. With such men about and free, no man who has property can ever be safe...[In this country] a man needs industry not violence (184).

작가의 의견을 대변하는 변호사는 퍼논 식의 대답을 다음과 같이 한다.

> In my understanding acts of violence are committed when a man is denied the opportunity of being educated, of getting a job, of feeding himself and his family properly.... We often do not realize that when such men of poor and limited opportunities react, they are only in a certain measure, answering violence with violence. What I would like to see, however, is not just for a handful of men to take up arms to rob one individual. I feel and think that it is necessary that all the oppressed sections of our community ought to take up arms and overthrow the present oppressive system (185).

독립에 대한 약속으로 나이지리아 엘리트들은 자본주의의 힘과 결탁하였고 다수 하층민들을 대상으로 야만적인 착취를 했던 것이다: "Nigeria, like many other former colonial countries, is governed by an elite which was left behind by the colonial powers to carry out their wishes. Right now it is our own elites who are a barrier to our development. They're in league with the neo-colonialists" (Wendt 419).

연극 장면에서 관객들과 Idemudia자신은 깊은 영향을 경험하고 특히 폭력이 벌어지는 장면에서 관객들은 숨을 죽인다. 대개 Iyayi의 글들은 사실주의적인 속성이 강하다. 그러나 연극의 장면은 사실주의와는 거리가 먼 양상을 보인다.

> This scene and the entire play...derive their aesthetic appeal from the delicate balance between illusion and reality which they introduce into the narrative structure of the novel. The novel, itself an illustration of reality, has another illusion, a play, superimposed on it. Yet is in this

> alternation between illusion and reality that the primary appeal of that scene resides, for, in a Brechtian sense, the scene shocks us into active participation in the central message of the novel (103).

등장인물의 성격 묘사와 연극의 서술적인 구조를 통해 볼 수 있는 것은 작가의 의도는 많은 이들에게 정치적인 메시지를 전달하고자 하는 의지를 볼 수 있게 한다. 더 구체적으로 연극은 사회주의 사실주의적인 전통과 일맥상통하는 면이 많이 있기 때문이다. 1920 년대와 1930 년대 미국, 소련, 그리고 유럽에서는 단순한 언어를 선호하였고 모든 독자층들을 상대로 의식을 깨우치려는 의도를 지니고 있었던 것이 사실이다.

Iyayi의 소설은 탈식민주의 나이지리아가 성적으로 그리고 문화적으로 타락함으로써 정책의 실패에 대한 강력한 비판을 하고 있다. 그러나 Lukacs의 자연주의라는 개념은 곧 폭로성이 강한 (“reportage,” Amuta 101) 보도와 상당히 유사하다고 할 수 있는데 Iyayi의 경우 루카치와 상응한 속성을 볼 수 있어 흥미롭다. 루카치에 의하면 1948년 고전주의 시대 이전 유산계급의 형태에 상당히 많은 무게가 실린 19세기 유럽의 사실주의는 역사적인 맥락에서 볼 때 항상 자본주의의 흐름과는 반대되는 쪽으로 흘러왔다는 것이다. 더 나아가 루카치는 자연주의란 유산자계급의 장르로 보고 있다.

> most representatives of the reportage novel... had no materialist or dialectical understanding of capitalism’s laws of motion, and the contradictions that move it. They could only recognize isolated facts, or in the best case groups of facts--and pass moral judgements upon these facts (Essays 48).

이런 상황은 Booker가 지적하는 바와 같이 아프리카의 상황에 대한 중요한 의미를 제시하는 부분으로 이해 할 수 있다: “It is, after all, the decadent European bourgeoisie (not the young, dynamic bourgeoisie of earlier years) who scrambled to colonize Africa in the late nineteenth-century. This colonization itself might be taken as a sign of decadence” (“Historical” 3). 게다가 퍼논의 모델에 의하면, 물론 Iyayi의 경우와 같이, 탈식민주의 시대 흑인 중산층 계급을 대치시킨 것이 바로 유럽의 부르주아 계급이라는 점이다. 그렇다면 흑인 중산계급은 타락한 환경에서 부패를 온상으로 자란 셈이다: “skipping entirely the phase of energetic activity...that marked the earlier years of the bourgeoisie in Europe” (3). 이런 점에서 볼 때 아프리카 문학의 자본주의와 관계를 통해서만 존재가 가능한 것일까?

Violence는 외면적으로 볼 때 자연주의적인 요소를 많이 지니고 있는 것으로 보인다. 그러나 유럽의 경우 자연주의로 보이는 것들도 사실은 사실주의적인 속성을 내포하고 있는 경우는 얼마든지 볼 수 있다. 루카치의 The Historical Novel에서는 19세기 초 유럽의 사실주의는 Walter Scott의 역사 소설에서 볼 수 있는 바와 같이 전형적인 인물이 구드러짐으로써 당시의 사회적인 총체성을 반영한다고 할 수 있다는 주장이다. 다른 면에서 볼 때 루카치의 역사 소설에 대한 견해는 Jameson의 제 3세게 문학의 인물 묘사에 대한 부분과 일치점을 보인다. 제임슨의 경우 알레고리란 루카치의 전형적인 인물의 개념과 크게 다르지 않기 때문이다: "Jameson's national allegories...are not that far from the Lukacsian notion of typical characters" ("Historical" 21). 이처럼 Iyayi의 등장인물들은 나이지리아의 역사적인 세력을 대변하고 있으며 그의 인물 묘사는 루카치의 상징적이고 인물의 개념과 일치한다.

게다가 Iyayi의 분석은 텍스트에 유토피아와 같은 요소를 많이 부여하고 있음이 사실이다. Amuta가 지적하듯이 착취당하는 계급은 지배계급의 모순된 의지를 대변하는 것이라고 볼 수 있다.

> Not far off were the houses which sweat and labour had already erected.... Life there was ablaze where labour had left its positive mark, the labour of hundreds of thousands of workers, working either in the intense sunlight or in the biting cold or in the blinding rain, piling the blocks higher and higher and higher and wiping the salt and the sweat from their eyes and their foreheads with the backs of their hands, and all underpaid, underfed, and treated no better than slaves--the highest form of violence maintained and jealousy guarded by a greedy, unfeeling class of exploiters, greedy money makers, conservative and reactionary public officials who in the end took all the credit for the achievements of labour, just as the slave driver took all the credit for the achievements of the slaves (255-56).

이는 노동자들의 세력뿐만 아니라 이들의 부정적인 면과 긍정적인 면까지도 보여주는 부분으로 루카치나 제임슨에 의하면 이는 자본주의가 가져오는 "fragmentation"이 점증하고 있음을 증명하는 부분이다. 그러나 제임슨에 의하면 제3세계 문화는 자신의 유토피아적 비전을 보여주기 위해서 필요한 문화적인 에너지를 끌어내어 의미의 중심으로 나아 갈 것임을 암시하고 있다. 작가의 아프리카에 대한 이런 혁명적인 의식은 루카치와 제임슨의 이론이 지니고 있는 한계를 능가한다.

작품이 시작되면서 Idemudia는 종종 자신이 일자리를 얻지 못한다는 사실과 현재 자신의 아버지가 처한 불운한 상황을 불평한다. 과거에 대한 회상(flashback)을 통해서 그의 아버지가 과거에 세금을 지불하지 못하자 자신이 학교에서 쫓겨나고 3일 동안 감금이 되며 그의 아버지는 처벌을 받는다. 나이지리아의 세금 징수관과 경찰을 자신의 암담한 처지와 비교하기보다는 곧 그는 자신의 집에서 희생양을 발견하게 된다. 그러나 소설이 끝날 즈음에 그는 가난한 노동자들이 처한 상황을 재인식하고 Queen의 회사에 대한 파업을 계획한다. 마침내 이론과 현실이 만나는 시점이 된다.

> A man gets a job and he cannot protest. He cannot ask for higher wages, the period of his leisure is cut down arbitrarily....This was slavery, this was...yes, he remembered, it came to him slowly, this was violence. And now that his mind had established an essential link, found an apt description of the conditions of his life, he began to fill in the actual content of that violence, what it consisted of....His unfinished education, his joblessness, his hunger, his poverty, all these he found out were different forms of violence. It consisted not of physical brutal assault but of a slow and gradual debasement of his self (243).

Queen의 성적인 뇌물과 금전적인 유혹에 대해서 거절하려는 움직임을 보이는 때가 이 시점이다. 그렇다고 해서 작가가 나이지리아의 무산자 계급인 프롤레타리아를 낭만화 하지도 않는다. 그러나 작가는 Queen과 Obofun의 관계를 통해서가 아닌 Idemudia와 Adisa의 화해라는 관계를 통해서 그의 유토피아적인 세계관을 제시하려 하고 있다. 마지막에 가면 Idemudia는 Adisa가 Queen으로부터 배신을 받았음을 알게 된다. 그리고 자신과 자신의 사회가 지닌 문제점에 대한 이해를 하게 되며 아내를 위로하고 상징적인 결속으로 작품은 끝이 난다. 그러나 분명한 것은 두 커플의 화해는 여성의 희생적인 수용을 통해서 일어나며 Obofun과의 성 관계를 한 후에 Adisa는 Idemudia가 그 정사한 사실을 알고 자신을 살해할 것이 두려워 공포에 질린다. 이런 두려움에도 불구하고 그녀는 그에게 그녀가 간통을 저질렀다는 자세한 상황을 설명하기로 한다.

> How can he be angry with me for doing something I shall forever hate myself for only because of him?...But...it was a sacrifice I had to make for my husband's sake.... I have done that. Committed adultery for his sake. Surely I shouldn't be punished for that (207).

Idemudia는 그가 그녀를 용서할 것임을 분명히 한다: “only for my sake, he thought, and that makes it a sacrifice more than anything else.... What remained now was for him to show her that he understood, that he would hold no malice against her” (307). 작가는 Idemudia가 Adisa를 위해서 그의 피를 팔았다는 사실을 보여준다. 그리고 성적인 욕망이 아닌 물질적인 욕구에 의해서 그녀가 간통을 저질렀음을 마찬가지로 보여준다.

Iyayi의 사회주의는 이상적이지도 않고 또 마르크스주의 성향을 명백히 하는 것도 아닌 중도적인 입장에서아프리카의 공동체 사회에 대한 무게를 뚜렷하게 보여주고 있음이 특징이다. 궁극적으로 작가의 의도대로 사회주의 소설은 앞으로 자본주의 부르주아 이념을 무거운 망치로 허물고 심미적인 편견을 극복하여 어떤 모습으로 나타날지 아무도 모르는 것이다.

6

마리아마 바(Mariama Ba)의 『길고 긴 편지: *So Long A Letter*』 전통사회와 현대사회

1. Mariama Ba의 삶

Mariama Ba는 Senegal 출신으로 *So Long a Letter*의 주요 인물상의 초점과 그 배경이 되고 있다. 사실 이 작품은 1979년 *Une si longue lettre*라는 표제의 프랑스어로 맨 처음 출판이 되었다. 그녀 작품의 역사적인 배경은 거의 Sembene의 역사적인 배경을 연상시킬 만큼 유사한 점을 공유하고 있음이 특이하다. 비록 Ba의 소설들이 기본적으로 현대 탈식민지 세네갈에 배경을 두고 전개되기는 하지만 그녀의 작품을 읽기 전 역사적인 배경을 이해하는 것이 이해의 폭을 넓히기 위해 중요함을 지적하고 싶다. 특히 *So Long a Letter*는 1950년대 세네갈에서 있은 범국가적인 독립과 여성 해방운동의 핵심이 되는 사안이기도 한 쟁점이 되는 부분을 직접적으로 다루고 있음을 주목해야 할 것이다. 반면에 그녀의 후기 작품에 속하는 *Scarlet Song*에서는 직접 광범위하게 학생들이 주도하는 1960년대 말에 있었던 프랑스와 세네갈에 정치적인 반동으로서 행동을 크게 부각시키면서 이를 다루고 있다. 보다 구체적인 것은 저자의 배경에서 직접 다루기로 하자.

2. Mariama Ba의 작가적인 배경

Mariama Ba는 1929년 Dakar에서 태어나 프랑스 식민지 학교에서 교육을 받고 결국 고등교육은 Rufisque에 위치한 Ecole Normale Superieure에서 받게 된다. 그녀는 상당히 총명했던 것으로 전해지며 이는 1940년에 프랑스 교육 심의관들이 이 학교를 대상으로 조사한 결과에 따르며 그녀가 우수학생으로 선정이 되었다는 사실이 이를 증명하고 있다. 이와 관련하여 Janos Riesz는 그녀의 어린 시절의 재능 그리고 그녀가 성공할 가능성을 지적하면서 그녀가 글쓰기를 시작하는 것에 좀 느린 발전을 보였음을 지적한다. Camara Laye와 Mongo Beti같이 기존의 명망이 자자한 남성 작가들도 Ba가 1979년이 될 때까지 첫 소설을 출판하지도 못했음을 지적한다. 이들 남성 작가들과 비교해 보면 그녀의 소설이 출판이 되기까지는 20년이나 뒤진다는 사실이다 (Riesz 41). 이러한 그녀의 어려움은 특히 그녀의 출신 배경과도 상당한 관련이 있을 것이라는 생각이 필자의 뇌리에서 사라지지 않는다. 우선 그녀의 아버지는 탈식민지 세네갈 행정부의 보건 위생 장관이었다는 사실이다.

Ba가 이처럼 작가로서 출발한 시점과 진행이 다소 느렸음은 그녀 자신의 남편이 Senghor 하에서 정보장관으로 있었으며 9명이나 되는 아이의 어머니로서 역할도 생각할 수 있을 것이다. 사실 그녀의 작가로서 생애는 그녀가 남편으로부터 이혼을 한 후 독립을 선언할 때까지는 많은 걸림돌이 있었을 것이다. 1979년에 출판이 된 *So Long a Letter*는 아프리카 여성 문학의 발전에 상당한 영향을 주었음이 사실이며 불행하게도 1981년, 그러니까 정확히 2년 후에 그녀의 생은 비극으로 끝나고 만다. 이 때 그녀의 두 번째 소설인 *Scarlet Song*이 ― 불어로는 Un chant ecarlate로 표제가 되어있음 ― 막 탈고한 상태였다. *Scarlet Song*은 이전의 작품과 마찬가지로 급속하게 현대화하는 탈식민주의 세네갈이라는 맥락에서 남성과 여성의 쟁점이 되는 문제들을 심도 있게 다루고 있다. 두 번째 소설은 역시 백인 프랑스 여성인 Mireille de La Valle와 흑인 세네갈 남성인 Ousmane Gueye와의 낭만적인 관계를 다루고 있다. Ousmane과 Mireille는 모두 지적인 인물들로 프랑스 학교에서 만나서 사랑을 하게 되고 결국은 결혼을 하게 된다. 비록 그녀의 관료주의적인 아버지가 이들의 사랑을 중단시키려고 무척 많은 애를 쓰기는 하지만 말이다. 이들은 결혼 후 Dakar로 가서 교사로서 일을 하게 되고 서로 문화적인 배경이 다르기 때문에 많은 갈등을 통해서 고통을 당하게 된다. 한편 Ousmane은 그의 어린 연인인 Ouleymatou를 그의 두 번째 아내로서 비밀리에 맞아들이고 Mireille는 이미 세네갈 사회와의 적응 문제로 정신적인 고통을 심하게 받는 가운데 남편의 두 번째 결혼에 관한 이야기를 알게 된다. 잠시 동안 그녀는 Ouleymatou와 남편을 앞에 두고 신경전을 벌이지만 결국 정신병자로 변하게 된다. 이처럼 중심이 되는 내용은 Mireille가 탈식민지 사회인 세네갈에서 유럽과 아프리카의 문명이 대립된 상태에서 받는 큰 충격을 다루고 있음을 볼 수 있다. 대부분이 Ousmane에게 초점이 맞추어져 있고 그가 자신의 두 아내에게 하는 행동과 그를 둘러싼 사회의 여론을 끌어들이고 있는 것이다. 이런 과정에서 *Scarlet Song*은 현대 세네갈 사회에서 중요한 남성과 여성의 문제를 제기하고 흑인과 백인간의 인종적인 대립을 적나라하게 다루고 있음을 느낄 수 가 있다.

비록 Ba가 문학적으로 그 활동이 제한되었고 작가로서의 생애 또한 짧았으나 그녀는 현대 아프리카 문학이 성장하는데 중요한 자리를 차지하고 있음을 잊어서는 안 될 것이다. 만약 Ba의 소설이 다른 아프리카 작가들의 모범이 되었다면 그녀가 아프리카 여성들에게 미친 역할 모델로서 중요성 또한 지대하였음을 잊지 말아야 할 것이다. 사실 *So Long a Letter*는 여러 언어로 번역이 되었다. 그녀는 인터뷰에서아프리카 여성들은 아프리카 여성들을 하나의 고정된 형태로 이상화시킨 영역을 벗어나서 현대 아프리카 사회에서 여성들에 걸맞은 여성의 실체를 회복하는데 주저하지 말아야 한다고 강조하기도 했다.

> The woman writer in Africa has a special task. She has to present the position of women in Africa in all its aspects.... As women, we must work for our own future, we must overthrow the status quo which harms us and we must no longer submit to it. Like men, we must use literature as a non-violent but effective weapon. We no longer accept the nostalgic praise to the African Mother who, in his anxiety, man confuses with Mother Africa. (qtd. in Schipper)

Ba의 영향은 그녀가 어떤 다른 Francophone여성 작가들 보다 더 많은 비평의 표적이 되었음을 볼 때 두드러진다. *Un si longue lettre*는 1980년대 아프리카 출판 상으로 Noma Award를 수상하기도 했다.[13] 그녀의 또 다른 모습은 최근 아프리카 문학에 대한 중요한 연구서에서도 아프리카 여성작가에 대한 두 편의 비평 글이 수록되어있는데 모두 Ba에 관한 글임을 보아도 알 수 있을 것이다. 사실 1980년대에 시작된 이 연구서는 가끔씩 아프리카 문학에서 여성들의 쟁점이 되는 사항들에 비평적인 초점이 맞춰지는 어떤 표준과도 같은 책이었다. 이외에도 Ba에 관한 글들이 많이 있는 것도 사실이지만 그녀에 관한 총체적인 연구서는 — 현재까지 출판된 바가 없음 — 앞으로 기대될만한 작업이 될 수 있을 것 이라는 생각이 든다.

---

13) The Noma Award는 일본이 후원하는 연례적으로 우수한 아프리카 작가들에게 수여되는 명성이 자자한 상이다.

3. 『길고긴 편지: So Long a Letter』

Mariama Ba의 *So Long a Letter*는 확실히 불어로 쓰여진 가장 중요한 아프리카 소설들 가운데 하나일 것이다. 상업적으로나 비평적으로 아프리카 여성에 의해서 쓰여진 사실을 제외한다고 하더라도 영어로 번역이 되어 많은 독자들을 확보하고 있음을 볼 때 그녀의 영향이 어느 정도인지 짐작하기 쉽다. *So Long a Letter*의 가장 기본적인 초점은 주인공인 Ramatoulaye의 삶에 있어서 일부다처제를 선호하는 회교 관습의 영향과 그 쟁점에 있음을 곧 알 수 있다. 작품이 진행이 되면서 세네갈, 더 나아가서는 아프리카에서 전통적인 문화의 관습과 식민지 그리고 그 후유증을 비롯하여 유럽에서 들어온 현대 문화라고 하는 관습이 야기시킨 대립을 둘러싼 중요한 문제점들을 다루고 있다. 이런 맥락에서 본 작품은 Sembene의 *Xala*와 많은 공통점을 지니고 있기도 하다. Florence Stratton과 같은 비평가들은 Ba의 작품은 Sembene의 작품에 비해 훨씬 더 성(남성/여성)의 문제에 대해 심도 있게 문제를 다루고 있다고 주장한다. Ba의 소설은 특히 서한문의 형태를 지니고 있음이 특징적일 뿐만 아니라 형태와 장르에서 여러 가지 문제점들을 제기하고 있음은 주목할 만하다.

*So Long a Letter*는 Ramatoulaye가 그녀의 오랜 친구이며 지금은 미국에 있는 세네갈 대사관에서 번역사로 일하기 위해 미국으로 떠난 Aissatou에게 쓴 장문의 편지로 시작된다. 이 편지에서 갑자기 죽은 Ramatoulaye의 남편인 Modou Fall의 이야기가 나오며 이 사건을 통해서 그녀가 삶에 대한 조건들을 명상하게 되고 남편이 죽은 후 과부가 된 여성은 4개월 10일 동안 감금상태에서 보내야 한다는 회교의 관습을—강제성을 띤 명령임—따라서 고립된 생활을 하는 것이다. 그녀 자신의 문제점들을 자세히 밝히고 있는 이 편지에서 Ramatoulaye의 편지는 그녀가 특히 혼란한 프랑스 식민지에서부터 독립과 현대화의 시대로 옮겨가는 전환기의 모든 쟁점들을 부각시켜서 보여주고 있다.

Ramatoulaye는 그녀의 남편인 Modou Fall과의 모든 관계를 통해서—맨 처음 구애에서 죽음을 맞는 순간까지—회상의 형식을 빌리고 있다. 그렇게 함으로써 그녀는 그녀의 Modou와의 결혼이 그녀의 어머니 뜻—어머니는 또 다른 구혼자인 Daouda Dieng라는 보다 더 장래가 촉망된 남자를 원했음—을 거역하는 일이었음을 밝히고 있다. Ramatoulaye는 당시 18세로 유럽의 교육을 통해서 독립적이었고 어머니가 선택한 남편감을 고르는 것이 그녀에게는 원시적이고 고루한 관습처럼 보였던 것이다. 그래서 그녀는 자신 있게 그녀의 편지에서 그녀가 유럽식 교육을 받은 사실로는 어머니의 판단과 권유가 적절치 못하다고 느꼈으므로 자신이 선택한 쪽을 택하는 것이다: "[her education had made her] free from frustrating taboos and capable now of discernment" (16).

이런 점에서 Ramatoulaye의 경험은 나중에 그녀의 삶에 관한 이야기에 대한 완벽한 중개역을 하는 해설자인 Aissatou를 통해서 비쳐지는 정확한 이미지를 연상시킨다. Aissatou 그녀 자신은 곧 세네갈 사회의 전통을 위반한 결혼을 하게 된다. Ramatoulaye의 귀족적인 부모님들은 Modou를 배우자로 선택하는 것은 신분과 계급에 합당치 않다고 믿고 있는 반면에 대장장이의 딸인 Aissatou는 왕족계 혈통을 지닌 남성과 결혼을 함으로써 이 남성의 부모님들은 물건이나 만드는 장인의 딸과 자신의 아들이 결혼하는 것은 혈통에 위배된다고 분개함으로써 상호 동상이몽의 아이러니를 유발하고 있는 것이다. Aissatou의 남편은 Mawdo Ba라고 이름의 의사로서 그가 유럽에서 교육을 받았기 때문에 세네갈의 전통적인 관습을 배척하고 있다. Ramatoulaye처럼 그는 여성을 선택해서 결혼하는 것은 부모님의 기대나 사회의 관습에 따르는 것이 아닌, 그의 권리임을 주장하는 것이다. 반면에 이 의사가 Aissatou의 아버지를 직접 방문해서 그가 하는 숙련된 대장장이 일에 깊은 존경을 나타내고 이를 수용하며 아무런 문제를 야기하지 않는 점은 주목할 만하다.

이들 두 부부들은 세네갈에서 일어나고 있는 현대화 과정의 한 부분에 불과한 것으로 그들의 결혼과 밀접한 관계가 있음을 알 수가 있다. 두 남성들은 모두 Dakar에서 Mawdo는 의사로서 그리고 Modou는 프랑스에서 법을 공부한 후 성공한 무역계 지도자로서 직업을 가지고 있다. 사실 이들 두 남성들은 유럽의 교육을 받은 공통점 이외에도, 이들 두 여성들이 절친한 친구들로서 유럽 교육을 받고 교직에 종사했듯이, 친한 친구들이다. 이들 두 여성들은 교직은 현대화하는 과정에서 성직자 "priesthood"와 같이 매우 중요한 역할을 차지하고 있음을 깨닫고 있다. Ramatoulaye가 그녀가 받은 유럽식 교육을 수용하는 것과 교사로서의 역할을 묘사할 때 낭만적인 어조이다.

> Teachers--at kindergarten level, as at university level-- form a noble army accomplishing daily feats, never praised, never decorated. An army forever on the move, forever vigilant. An army without drums, without gleaming uniforms. This army, thwarting traps and snares, everywhere plants the flag of knowledge and morality (23).

Ramatoulaye는 지식과 도덕 "knowledge and morality"를 유럽 교육의 가치체계로 언급하고 있음이 분명한 반면에 세네갈의 회교 전통은 올가미와 덫 "traps and snares"로 표현하고 있음을 볼 수 있다. 사실 Ramatoulaye는 백인 여교장 아래서 교육을 받았고 아프리카의 문화를 전통의 늪 또는 수렁으로 가르치는 환경에서 상당히 자신의 문화에 대한 부정적인 교육을 전수 받았다. 그리고 그녀의 부정적인 문화는 유럽의 문화가 긍정적인 문화로 바로 잡아 줄 것이라는 역설과 이를 통해 그녀의 문화가 보다 보편적으로 수용이 되는 도덕적인 가치 "universal moral values"를 지니게 됨을 배운 것이다: "[African culture with] the bog of tradition, superstition and custom" (15). 여기에서 보편적인 "Universal"이라는 용어는 "European"에 기준을 둔 말로서 이해하면 독자들이 좀 더 받아들이기가 수월할 것이다. 따라서 Ramatoulaye가 받은 유럽식 교육을 통해서 그녀는 유럽교육이 세네갈을 해방 "emancipation"시켜 준다고 생각하고 모든 가치의 척도를 그녀가 받은 교육에 두고 있음을 알 수 있다.

Ramatoulaye에게선 여성들과 세네갈의 해방을 유럽의 교육과 실제로 같은 의미로 보고 있다. 더 나아가서 그녀는 글을 읽고 쓸 수 있는 능력을 구속으로부터 해방으로 이해하고 있음을 그녀의 편지를 통해서 금방 파악할 수 있다. 그녀의 교육을 통해서 그녀는 책의 가치와 책에 대한 애착이 대단해 졌다. 이와 같이 글로 쓰여진 문자를 통해서 그녀는 말을 할 수 있고 "Thought, History, Science, Life"와 같은 추상적인 개념들을 나타낼 수 있음에 신비적인 마력 같은 것을 느끼는 것이다. 게다가 그녀는 책을 읽을 수 있는 것은 곧 발전의 척도인 반면에 전통과는 반대되는 방향으로 흐름을 역시 스스로 감지하는 것이다. 그래서 그녀는 열렬하게 Aissatou에게 이를 강조하는 것이다: "[books] enabled you to better yourself. What society refused you, they granted" (32).[14)]

그러나 세네갈은 프랑스가 아니며 유럽의 교육을 받은 이들 두 여성들, Ramatoulaye와 Aissatou는 아직까지도 전통적인 문화의 힘이 결정적으로 작용하는 그 사회에 살아야 하는 상태임을 기억하는 것이 좋다. 현대의 교육을 받은 여성으로서 이들 두 친구들은 상당한 편견에 부딪쳐야하고 가끔씩은 세네갈에서 지배적인 회교의 전통에 의해서 그들이 악마 "devils"로 까지 간주되고 있음은 재

14) Ramatoulaye의 편지와 같이 이들 책은 프랑스로 쓰여진 것을 의미한다. 따라서 그녀가 책에 대해 큰 가치를 두는 것은 곧 프랑스 문화에 대한 존경을 말하고 있음을 알아야 할 것이다. 보다 더 깊이 있는 글을 읽으려면 Innes가 Ramatoulaye와 프랑스 문화에 대한 글을 Leopold Senghor의 글과 비교해서 읽으면 많은 도움이 될 것이다 (455). 마찬가지로 Sarvan (455)을 참고할 것.

미있는 현상이다. 다시 말해서 이들 두 여성은 완전히 그들의 전통적인 문화권을 벗어나기가 힘이 든 것이다. Ramatoulaye는 그녀 자신이 스스로 사라지는 전통을 안타까워함으로써 현대화에 대한 모호한 입장을 취하기도 한다. Aissatou의 대장장이 아버지의 예술적인 기교를 묘사하면서 Ramatoulaye는 세네갈 젊은이들이 유럽의 교육을 선호하고 전통적인 도제나 근면하고 성실한 노동을 통한 관습을 소홀히 함을 한탄하기도 한다:

> We all agreed that much dismantling was needed to introduce modernity within our traditions. Torn between the past and the present, we deplored the "hard sweat" that would be inevitable. We counted the possible losses. But we knew that nothing would be as before. We were full of nostalgia but were resolutely progressive (18-9).

사실 그녀가 발전을 바라고 있기는 하지만 Ramatoulaye는 전통적인 태도를 완전히 버리지 않고 유지하고 있음을 읽을 수 있다. 그녀가 그녀의 편지를 쓸 때에 그녀는 세네갈의 현대화는 너무도 빨리 진행되어서 그녀가 역사 속에 묻혀있음을 느낄 정도였다. 한때 Ramatoulaye, Modou, 그리고 Mawdo모두는 개척자로서 세네갈을 유럽과 같은 현대화의 길로 이끌어 가기 위한 지도자였으나 이제는 시대와 맞지 않는 옛 인물이 된 것이다.

그러나 전통은 쉽사리 사멸하지 않는다. Ramatoulaye의 경우 새로운 전통과 구전통이 충돌할 경우 새로운 전통이 우세하지만 세네갈 사회의 경우 유럽에서 들어온 악과 이를 저지하기 위한 세네갈에서 야기되는 저항의 목소리의 경우는 현대화에 그렇게 도움이 되지 않는 것이다. Aissatou가 관료적인 집안과 결혼을 하고 유럽식의 행복한 결혼 생활을 누리고 있지만 아직도 그녀의 시어머니는 그녀의 아들이 신분이 낮은 여성과 결혼한 사실에 분개하고 복수를 결심하게 된다. 시어머니는 자신의 남동생 집을 찾아가고 조상의 무덤 앞에서 Aissatou가 자신의 며느리가 될 수 없음을 맹세까지 하게 된다. 그리고 남동생에게 자신의 노후를 대비해서 그의 딸을 자신의 양녀로 달라고 한다. Nabou라고 하는 그의 딸을 그녀는 교육을 잘 시키며 기르겠다고 한다. 사실 어린 Nabou는 어느 정도의 교육을 이미 받았다. 내면의 계획으로는 Nabou를 Mwado의 두 번째 아내로 들여보내려는 음모를 꾸미고 있는 것이다.

Mwado의 어머니가 Nabou를 두 번째 아내로 맞아들이도록 그에게 제의했을 때 Mwado는 이를 거절하지만 거절하면 Nabou가 치욕스런 감정을 가지고 죽게 된다는 말을 함으로써 이를 받아들이도록 한다. Aissatou가 이 사실을 알고 혐오감을 느끼며 일부다처제에 대한 공포에 떨게 되며 Nabou의 신분상의 위치가 대장장이의 딸인 자신을 전통적인 사회의 틀 밖으로 밀쳐 버릴지도 모른다는 생각에 남편과 먼저 이혼을 하고 독립하여 책을 벗 삼아 살다가 프랑스로 건너가 통역관을 양성하는 학교에 들어간 후 현대화된 사회의 요람인 미국에 있는 세네갈 대사관에서 일을 하게 된다.

전통적인 사회의 사고방식과 관습을 더 이상 받아들일 수 없는 그녀는 이제 세네갈을 완전히 떠난 것이다. 3년 후 일부다처제의 전통이 Ramatoulaye의 결혼에까지 침투하게 되고 그녀는 자신의 늙은 남편이 자신의 딸 Daba와 대학 동창생인 Bientou를 두 번째 아내로 맞아들임을 경험한다. 따라서 그녀는 역시 이혼을 생각하게 되지만 12명의 아이들과 안락한 집 때문에 Modou가 그녀를 완전히 소홀히 하고 경제적으로도 모두 Bientou와 자신의 욕심이 많은 어머니를 즐겁게 할 목적으로 소비하지만 그대로 결혼 생활을 지속한다.

Ramatoulaye의 편지는 거의 그녀가 자신의 삶을 개척하기 위한 그녀의 투쟁과 아이들을 돌보지 않는 남편을 묘사하고 있으며 세네갈 사회의 급변하는 양상을 설명하는데 상당히 많이 비중을 두고 있다. 전통과 현대화의 갈등 속에서 Ramatoulaye는 ― 마치 Buchi Emecheta의 *The Joys of Motherhood*에서 Nnu Ego처럼 ― 교착상태에 빠져 있게 된다. 그녀의 모호한 태도가 이를 잘 설명해 주고 있는 셈이다. Modou의 일부다처제 사회관을 수용하기에도 이혼을 택하기에도 모두 애매모호한 태도를 유지하고 있는 셈이기 때문이다. Stratton은 Ramatoulaye의 진퇴양난을 다음과 같이 묘사하고 있다:

> [The source of her] disequilibrium is ...the western model of womanhood she has assimilated in the course of her colonial education, [assimilation that makes her] susceptible to victimization by indigenous patriarchal practices (145).

물론 Ramatoulaye의 보수적인 면은 전통사회에서 오는 것이 아니라 유럽의 문화와 관습에서 오는 것이다. Ramatoulaye는 그녀가 정치적 경제적으로 여성의 평등에 관심을 갖고 있음을 느끼고 있으며 또 남녀 관계의 상보적인 틀을 이해하고 있기도 하다: “irreversible currents of women’s liberation that are lashing the world... the inevitable and necessary complementary of man and woman” (88). 이를 통해서 독자들은 여성의 독립에 대한 목소리는 대단히 강력하게 대두되고 있음을 볼 수 있다. Abena Busia는 *So Long a Letter*를 Nawal el Saadawi의 Woman at Point Zero에서 처럼 여성의 자치에 대한 언급을 원칙론 적인 입장에서 밝히고 있다: "for a survival to be not only spiritual but literal, we [women] need control over our private and communal lives, and over spoken and our written words" (97). Ramatoulaye가 생각하는 시각으로 남성과의 결혼을 통해서만 여성도 행복을 이룰 수 있다는 관점은 과격한 여권 해방자들과는 차이가 있다는 생각이 든다. 마찬가지로 그가 Aissatou에게 쓴 편지에서 남성들과의 사랑 보다 여성과의 우정이 더욱 성취감 같은 것을 경험하게 해 준다는 말을 하지만 사실은 Ramatoulaye가 일부일처제의 결혼 관습을 벗어난 결혼에서는 행복해 질 수 없다는 생각은 낭만적인 사랑에 바탕을 둔 생각이라고 할 수 있을 것이다.

Ramatoulaye와 Aissatou의 관계는 여성들 간의 우정을 유지하는 하나의 모형으로서 나타나는 것이다. Virginia Woolf는 그녀의 여권을 옹호하는 글, *A Room of One's Own*에서 문학에 있어서 여성들 사이에서 보여 지는 상호간의 관계를 묘사하는 부분이 부족함에 대해서 목소리를 높이고 있다. 아주 간단하게 "Chloe liked Olivia"라는 표현도 힘이 있음을 강조하고 있다 (86). 사실 Woolf 자신은 *Orlando*와 같은 전기에서 그런 묘사를 하는 방법에 대해 말하고 있다.

이 전기를 묘사하는 글에서 화자는 여성들이 여성들에 대한 애정의 필요성을 지적하고 있다: "women are incapable of any feeling of affection for their own sex and hold each other in the greatest aversion" (220).

다른 한편으로는, Ramatoulaye와 Aissatou의 관계가 여성의 우정에 대한 가치를 암시하는 것이라면 이들 두 여성들 간의 차이점은 현대 생활에 있어서 삶의 복잡성과 여성들이 해야 할 역할의 다양성을 암시하는데 도움이 된다는 점이다. Florence Stratton은 Ramatoulaye와 Aissatou, 이들 두 여성의 짝을 이루는 "paired women" 양상을 극히 중요한 것으로 지적하고 있으며 특히 Ramatoulaye의 경우 Aissatou뿐만 아니라 그녀의 남편의 두 번째 아내인 Binetou와도 짝을 이루고 있음은 주목할 만하다. 텍스트 그 자체를 기준으로 보았을 때, 만약 Ramatoulaye가 Binetou와 사악한 시어머니인 Nabou와 닮았다면 그녀 자신과 Aissatou는 상당히 부정적인 모습으로 나타난다. 우선 이들 두 친구들은 세네갈에서 매우 다른 사회적인 신분을 지니고 있다. 두 여성 모두 탈식민지의 관료사회의 일원이면서 교육을 받은 사람들이지만 Ramatoulaye의 경우는 전통적인 세네갈 사회의 신분이 귀한 집안 출신인데 반하여 Aissatou는 대장장이의 딸로서 신분이 모호하다. 물론 글쓰기와 교육은 어느 정도 현대 세네갈 사회에서 유사한 신분을 지니고 있기는 하지만 어떤 의미에서 보면 이들 두 여성들의 우정은 유럽식 교육이 전통적인 계급사회인 세네갈의 전통을 초월하여 이를 극복함으로써 민주주의를 가져오는 효과를 낳았다고 볼 수 도 있는 것이다. 동시에 교육이 미치는 민주적인 영향은 아프리카 사회에서 분명히 제한된 소수에 한정이 되어있다는 사실로 보아 무시할 수 없는 사항이 될 것이다.

사회적인 배경의 차이점이외에도, Ramatoulaye와 Aissatou는 가끔씩 현대 삶을 살아가는 태도에 있어서 많은 차이점을 내포하고 있음을 알 수 있다. Ramatoulaye는 결혼의 가치관이나 필요성에 대한 생각을 그대로 지니고 있지만 Aissatou는 Ramatoulaye의 유럽식 낭만주의를 배경으로 한 사랑을 전적으로 수용하지 않는다. 다시 말해서 그녀는 더욱더 유럽화된 인물이라는 점이다. 작품이 끝날 즈음에 Ramatoulaye는 Aissatou의 방문을 받게 된다. 그리고 Aissatou가 미국의 생활에 오랫동안 젖어 있었기 때문에 접시와 식탁에서 음식을 먹는 것이 생활화되었음을 알고 있지만, 그녀는 돗자리를 깔고 큰 사발에다 음식을 담아 세네갈 전통의 방식에 따라서 Aissatou를 대접하기를 고집하고 있다: "[there will be a] big, steaming bowl into which you will have to accept that other hands dip" (89).

이런 상반된 식사 형태는 분명히 유럽식 개인주의[15)]와 전통사회[16)]의 대립을 우화적으로 나타낸 경우임이 분명하다. 이런 상황은 이 작품에 관한 많은 비평적인 의견을 불러일으키는 원인이 될 수 있을 것이다. 더 나아가 많은 비평가들은 성(남성/여성)에 관한 쟁점은 2차적인 것으로 생각하는 경향이 많이 있기도 하다. Irene Assiba d'Almeida는 선택의 개념은 Ba의 소설의 중심이 되며 Ramatoulaye같은 인물들은 여러 가지 조건 중에서 자신이 선택을 하는 특징을 보인다고 강조하고 있다. Janos Riesz는 *So Long a Letter*를 프랑스 식민지 교육에 대한 소설임을 주장하고 Glenn Fetzer는 세상에 관해 지식을 얻는 일종의 현상학적인 관점에서 이 작품을 감상하고 있으며 Edris Makward는 행복의 추구가 Ba의 소설의 주제임을 강조하고 있다(273).

그러나 대부분의 *So Long a Letter*의 독자들은 성(남성/여성)에 중심을 두고 이 작품을 감상하고 있다. 전통적인 일부다처제에 대한 공격을 하는 여권주의 비평가들이 있는가 하면 Katherine Frank는 전통적인 아프리카 사회에서 유럽의 도시지향적인 삶으로 변하는 과정으로 이 작품을 이해하며 궁극적으로 유럽화된 여권주의를 옹호하는 경우로 보고 있기도 하다(18-9). 아프리카의 비평가인 Femi

15) 자신의 의자, 접시, 개인 용품을 나타내는 것.
16) 넓은 돗자리에 함께 앉아서 큰 사발에 음식을 담고 손으로 함께 집어먹는 것.

Ojo-Ade가 이런 계열의 평자에 속하며 그는 Ba의 소설이 쓰레기통에 들어가야 할 종류의 글이라고 몰아 부치기도 했다. 비록 그의 주장이 너무 지나친 면이 없는 것은 아니지만 Ramatoulaye가 유럽의 문명을 집요하게 추구하며 계급의식을 지니고 있다는 지적을 할 때에는 어느 정도의 납득이 갈만한 주장으로 여겨지기도 하는 것이다: "middle-class origins are to her a source of pride and her commitment as a pioneer is, first and foremost, to that of class" (83).

어쨌든 Ramatoulaye가 계급과 성의 문제를 적절하게 다루지 못한 것은 주의해서 관심을 자져 볼 만한 대목임에는 틀림이 없다. 더 나아가서 Ramatoulaye가 엘리트이며 유럽 취향의 여성임이 사실이지만 Ba의 경우는 반드시 그녀를 긍정적으로만 보고 있지 않다는 느낌을 지워버릴 수가 없는 것이다. Ramatoulaye가 Daouda Dieng와 세네갈의 정책에 대한 Ramatoulaye가 항상 정치적으로 과격한 행동을 하기보다는 항상 자신의 안락한 삶의 형태를 우선적으로 생각하는 장면을 수사학적으로 묘사하는 장면이 그 예로 지적될 수 있을 것이다. 특히 그녀가 유럽 취향이 된 배경에는 남성이 지배하는 사회에서 여성이 수동적으로 따라야하는 현실에 근본적인 이유가 있을 테지만 그녀가 영화를 선호하고 있는 양상은 또 재미있는 현상이 아닐 수 없다: "[movie] deepened and widened my vision of the world" (52). Modou가 죽은 후 Daouda Dieng은 Ramatoulaye에게 구혼을 하지만 그녀는 자신이 이미 한 여성으로서 아내 위치에 있음을 내세워 이를 거절한다. 그녀의 거절을 지켜본 Farmata는 Ramatoulaye의 유럽식 낭만주의를 다음과 같이 비난하고 있다: "You boast of reasons. You speak of love instead of bread. Madame wants her heart to miss a beat. Why not flowers, just like in the films" (69).

Innes는 전통적인 아프리카의 회교 관습에서 오는 일부다처제를 거부하고 이 두 여성들은 유럽의 낭만주의에 바탕을 둔 결혼관을 보이고 있다고 지적하고 있다: "in rejecting the polygamous marriage authorized by Islamic tradition, Aissatou and Ramatoulaye implicitly and sometimes explicitly affirm a western view of romance as the basis of marriage" (146). 한편 Ramatoulaye의 태도가 Aissatou보다는 더 낭만적임은 분명하다. 사실 Ramatoulaye의 낭만적인 결혼관과 이에 대한 실망은 여러 가지로 유럽의 문학—Flaubert's Emma Bovary는 그녀의 남편인 Charles가 그녀 자신이 소설 속에서 읽은 낭만적인 남성상 보다 덜 낭만적인 사실에 권태를 느낀다—에 볼 수 있는 등장인물들을 연상시켜준다. 그러나 만약 Ramatoulaye의 유럽식 결혼관이 낭만적인 결혼관의 품위를 손상시켰다면 일부다처제 역시 이에 못지않은 부정적인 이미지를 낳고 있는 것이 사실이다.

Mawdo와 Modou는 모두 그들의 첫 째 아내와 두 번째 아내를 맞아들이는데 전혀 의견을 타진하지 않음으로서 일부다처제의 관습을 어기고 있는 것이다. 한편 Modou가 Bientou와 결혼 후 Ramatoulaye를 버리는 행위 역시 일부다처제의 전통적인 법률을 어기는 셈이 되는 것이다.[17)]

또 다른 독자들의 관점에서는 Ba의 이 작품이 유럽과 아프리카의 전통적인 관습의 대립보다는 오히려 이들 두 관습이 모두 적절하게 조화하여 현대 세네갈 사회에 적응이 되지 못함을 나타내는 것으로도 볼 수 있을 것이다. 왜냐하면 작품 속에서 유럽과 아프리카의 전통이 탈식민지 세네갈 사회에서 많은 갈등과 어려움을 보여주고 있음이 증명되었기 때문이다. 더 나아가서 서한문 형식의 본 작품이 편지와 기존의 소설 양식을 결합하는 복합성을 지니고 있음도 경시해서는 안 될 사항이다. 사실 복합적인 장르를 포함하는 서한문 형식의 글은 Mikhail Bakhtin의 소설에 있어서 대화적인 속성을 — 특히 Ramatoulaye가 Aissatou의 Mawdo에게 보내는 이별의 글을 인용하는 부분 아니면 그녀 자신이 Daouda에게 거절하는 글 — 강조하는 것만큼이나 Ramatoulaye가 쓴 일기문으로 볼 수 있을 것이다.

유럽의 여권 옹호 주의자들이 생각하는 편지나 일기 형식의 글들은 남성 문화를 대변하는 것이나 다를 바 없는 기존의 소설에 대항하는 여성들만의 방식임을 주장하고 있다. Miller는 Ba의 서한문 형식의 글은 전통적인 서한문 형태의 유럽 여성 작가들 — Jane Austin — 과 같은 맥락에서 이해 할 수 있으며 거의 남성 문화를 대변하는 불어권 아프리카 문학의 전통을 전복하는 힘 "subversive"를 내포하고 있음을 지적한다 (284). 앞서 지적한바 대로 이들 서한문 형태의 글들이 지닌 대화적인 속성의 경우 Ba는 남성과 여성의 관점이 중심이 된다.[18)] Kathy Dunn Jackson은 Samuel Richardson같은 작가들은 서한문 형태의 글을 빌어 여성을 나약하게 표현하지만 Ba나 Alice Walker의 경우 — The Color Purple — 강력한 여성을 보여주고 있다고 주장한다: "weak, self-pitying, romantic females" (Samuel Richardson); "female characters who become strong, independent, self-assured women" (Ba/ Alice Walker) (19).

---

17) 게다가 Mawdo가 어린 Nabou와 결혼하는 것은 그녀가 그의 사촌이라는 사실에서 거의 간통에 가까운 결혼이다. 이는 그녀가 Mawdo의 어머니 이름을 따서 작품에서 이중으로 제시되고 있는 상황을 보아도 알 수 있다. Miller는 Mawdo와 Nabou와의 관계를 다음과 같이 지적한다: "[Nabou falls] just short of incest"(281).

18) 서한문 형태의 글에서 gender에 관심이 있는 독자는 <u>Kauffman's Discourses of Desire</u>를 참고할 것.

그러나 서한문 형태는 유럽에서 흔히 볼 수 있지만 아프리카에서는 보기 힘든 형태로 Innes가 지적하듯이 Ama Ata Aidoo의 *Our Sister Killjoy*의 경우 결국 보내지지 않는 편지 — "ends with a letter which is not sent" — 였으나 *So Long a Letter*에서는 자기 자신이 이해하고 인식하는 과정을 — "takes further the device of a personal letter which is also primarily a process of self-understanding" (145) — 거치는 점에서 많이 발전된 형태로 볼 수 있을 것이다. 더 나아가서 유럽과 아프리카의 갈등 외에도 아프리카인들 간의 계급의 문제도 생각할 수 있을 것이다. 글을 읽고 쓸 수 있는 능력의 계층과 글을 읽을 능력이 없는 하류층 계층의 계급간의 갈등도 무시할 수 없는 요소이다. 전자는 엘리트 계층으로 작품의 주인공인 Ramatoulaye가 보여주듯이 상류계급에 속한다. 특히 Ramatoulaye는 그녀가 자신이 모국어가 아닌 불어로 글을 읽고 쓰는 것에 대해 전혀 개의치 않고 있다는 사실을 주목할 필요가 있을 것이다. 그러나 Miller가 지적하듯이 Ba의 경우 유럽식 서한문의 형태를 따르지 않음으로서 유럽의 전통에 반기를 들고 있다는 생각을 한다고 해도 그렇게 큰 무리가 되지는 않을 것이다: "[the book a] dialectic between borrowing from Europe and deviating from European norms" (281).

Miller가 지적하고 있듯이 Ba는 서한문의 형태를 Bakhtin이 말하는 가장 풍부한 소설의 장르를 통해 도입함으로서 남성과 여성의 관점을 상호 접목시키고 복잡한 대화의 속성으로 작품화하여 유럽과 아프리카 문화의 대립을 정치 사회적으로 탐색하도록 함으로써 소설이 필연적으로 다루어야 할 그런 쟁점들을 가장 예리하게 제시하고 있음을 볼 수 있다.

7

엘에치 아마디(Elechi Amadi)의 전통과 이질적인 환경

*The Concubine*은 강력한 사랑에 관한 이야기로서 서술 방식은 물이 흘러가는 듯하며 분명하면서도 아름다운 산문의 형태를 지니고 있음이 특징이다. 작가의 당대 사회 묘사와 초자연적인 요소로 가득한 등장인물의 서술은 힘이 넘친다. 사람들이 살아가고 있는 마을에 대한 묘사는 상당히 사실주의적인 요소를 지니고 있으며 그 바탕은 사회 논리적인 이념으로 깔려 있기도 하다.

작가는 어린 남녀의 사랑과 그 문제점 인간관계에서 오는 초자연적인 문제 그리고 전통 사회의 안정감과 신에 대한 숭배에 관한 문제들을 차분하게 드러내고 있다. 자신이 살아가고 있는 마을의 일상적인 일들과 일터로 나아가는 그리고 사냥을 위한 덫을 설치하는 일들, 저녁이면 모여서 노래하고 춤추는 일들, 악기 연주와 결혼에 대한 의식들 그리고 신에 대한 경외, 이런 잡다한 요소들이 한 곳에 어우러져 드러나고 있다. 저녁 무렵 마을 사람들이 함께 모여 춤을 추면서 즐기는 모습을 보기로 하자.

> For a time they moved round and round swaying to the rhythm in a half-stoop. Suddenly the soloist stopped and the instruments took over completely. No one talked, not even the old men who sat around the arena on their three-legged chairs. This was the time to know the top dancers. Everyone bent low. Faces were as rigid as masks. The men moved their backs and shoulders but the women moved only their waists and every bit of their energy seemed to be concentrated there. The vibrations were extremely rapid. It was admirable how they maintained the rhythm at such high speeds. For several seconds tension was at fever pitch. Then one by one the men straightened out and watched the women admiringly. They danced so well. It was difficult to choose between them. Adiele belabored the short high-pitched end

> of his Oduma, Mmam caressed the crazy edge of his female drum with his crooked fingers, and the women nearly sobbed with enthusiasm. At last the deepest Okwo beat out a peculiar sequence and the instruments came to a neat and abrupt stop.[19)]

사실 사회적인 문제를 다룬다는 사실은 세심한 주의를 기울이지 않으면 무척 지루하고도 짜증스런 일이다. 본 작품에서는 여러 가지 제사와, 심지어 요리하는 과정까지도 너무나 정교하고도 세련되게 처리되고 있어서 지루하다거나 짜증스런 느낌을 전혀 주지 않고 있음이 두드러지게 보인다. 신 앞에 드리는 제물에 관해서 젊은이는 심한 죽음의 두려움을 느끼고 깊은 고뇌에 빠진다. Ihuoma의 어머니 집에서 있은 요리에 대한 묘사 부분에서는 약간씩 사회적인 문제에 대한 언급이 엿보이기도 한다.

> There are certain critical moments in the preparation of soup when constant attention is vital for a good result. This was what kept Okachi in the kitchen behind the house when Ihuoma arrived. Ihuoma did not wait for her to appear but went to the kitchen with her youngest child (46).

어머니와 딸의 이어지는 대화는 수프에 대한 이야기와 요리하는 과정을 너무도 자연스럽게 터치하고 있는 것이다.

> At last vegetables went in, closely followed by Okro and a delicate species of mushroom reputed to taste like chicken. Other condiments followed, in their proper order. An expert knowledge of this order was necessary for real success in soup making, and every mother made sure that her daughter understood it thoroughly. Experience had shown that it was no good putting all the items in at once and letting them boil for the same length of time. Some melted on prolonged heating; others lost their taste or even acquired a positively nauseating taste. On the other hand meat and other items required prolonged boiling to bring out their taste and soften their texture. Timing therefore was most important. At this Okachi excelled and Ihuoma took after her.
> "Nne, where did you get this mushroom? It is a long time since I tasted it last. This soup will be really tasty."
> "Chikwe the hunter brought some back from the forest. You will take

19) E. Amadi. *The Concubine*. African Writers Series. Heinemann Educational Books, 1966. Pp. 35-6. 이하 인용은 본서에 의하면 페이지 수만 기록함.

> some back with you."
>
> "Indeed I must. It is so rare. I wonder why we hardly ever see it at Omokachi."
>
> "Well, your men don't go far enough into the forest."
>
> "They do. Ekwueme is a good trapper, for instance."
>
> "Yes and he is good in many things. He sings so well. I rather like him" (47-8).

요리에 대한 대화는 버섯으로 옮겨가면서 Ekwueme에 대한 이야기로 넘어간다. 그리고 Omakachi 사회에 대한 파노라마를 동시에 볼 수 있기도 하다.

그러나 Amadi의 주요한 관심사는 비록 Omakachi 사회에 대한 묘사가 강력한 토운을 드러내고 있음이 사실이지만 사실은 Ihuoma에서 살아가는 사람들의 삶과 그 애환에 초점이 맞추어져 있는 것이다. 특히 신이 Ekwueme에게 부과한 잔인한 운명과 모든 마을 주민들로부터 존경을 받는 Ihuoma는 결혼한 후 얼마 되지 못하여 첫 남편을 여의고 곧 Madume라는 짐승 같은 인간이 그녀에게 접근한다. 그리고 그녀가 요리하기 위해 준비해 놓은 바나나를 훔치다가 발각되기도 한다. 아마디는 Ihuoma의 운명에 대해 더 많은 할애를 하고 있다. 첫 남편과의 우여곡절 끝에 이루어지는 사랑과 갈등이 상당한 부분을 차지하고 있다. 첫 남편은 어려서부터 어린아이와 같은 Ahurole와 결혼을 하도록 그의 부모님으로부터 강요를 받고 약혼을 하지만 파국으로 끝난다. 그 후 Ihuoma와의 결혼이 시작된 것이다. 그리고 첫 남편의 광기로 그녀와의 결혼이 있은 후 많이 진정이 되었다. 그러나 Ihuoma가 한때 강력한 바다 신의 아내였으며 인간으로 화신하길 원했고 그래서 인간 사회에 살아가고 있기 때문에 첫 남편과의 결혼도 파국으로 끝날 것이라는 사실이 예견된다. 바다의 신이 분노하긴 하였지만 바다 신은 그녀에게 접근하는 인간에 대한 보복보다는 그녀가 인간과 함께 살아가는 것을 허락한다. 그러나 이런 이유로 Emenike와 Madume의 죽음이 초래된다. 이는 첫 남편의 부모가 바다 신을 구속하여 인간에게 영향을 더 이상 미치지 못하게 하는 도전을 했기 때문이다. Ekwueme는 Ihuoma의 어린 아들이 쏜 화살에 의해 살해된다.

사실 완벽한 인물을 만들어 낸다는 것은 참으로 힘든 일이 아닐 수 없다. 아마디는 이를 성공적으로 해낸 작가인 것이다. Ihuoma의 선함과 겸손함, 그리고 용기와 순결함, 양식 있는 행동과 헌신적인 모습에다 아름다움은 다양한 모습으로 비추어 진다. 실제로 독자들은 그의 헌신적인 모습을 Ekwueme를 치료하는 모습에서 찾아 볼 수 있다. 그녀의 양식 있는 행동은 Ekwueme의 젊은 아내를 방문하는 모습에 나타나 있다고 할 수 있다. 그녀의 겸손함은 Wigwe의 부당한 방문과 제의와 관련하여 나타나고 있다. 그녀를 독자들이 비판한다면 비난의 구실은 그녀가 너무도 선량하다는 점 이외에는 결점을 전혀 찾아 볼 수 없는 점일 것이다. 그야말로 그녀는 바다의 여신과 다를 바가 없는 존재인 것이다.

비록 Ihuoma가 여 주인공이긴 하지만 Ekwueme는 소설의 중심적인 역할을 하고 있음도 사실이다. 이를 아마디는 심리학적으로 인간성을 분석하면서 보여주고 있는 것이다. 그는 강력한 젊은이도 아니고 성격적으로 상당히 모범적이다. 25세로 완전히 어른이 된 것도 아니다. 그는 항상 모든 가치판단의 기준을 자신의 어머니를 표준으로 하여 판단하고 있다. 그리고 무의식적으로 잠재의식 속에는 항상 자신의 어머니와 같은 여성과 결혼을 하기를 소원하는 것이다. 그는 20대의 어린아이일 뿐이다. 어머니로부터 잔소리를 들을 뿐만 아니라 꾸중을 듣고 훈계를 듣기도 하는 것이다. 그가 혹시나 넘어져 상처라도 나지 않을까 어머니는 노심초사이다. 그와 같이 여성적인 특질과 여성에 대한 무관심은 다음의 인용에서도 볼 수 있다.

> In his early years Ekwe was often jeered at by his fellow boys because he was slow and clumsy and could not do many of the things which boys in his age group could do. He could not make thatches, he was poor with bows and arrows; he was well beaten in the few fights he was ever involved in; he could not wrestle. Each time he came home crying, Wigwe would try to send him back into the streets to fight it out, but Adaku's pleading always prevailed. She was sure the child was not weak. It was because he was growing too fast. One day he would be able to beat back his assailants. Wigwe accused his wife of trying to make a woman out of a man. She in turn accused him of setting too high a standard for a very young child. She pointed out to Wigwe's amusement that at Ekwe's age he himself could not even walk, let alone talk of wrestling and fighting (171).

그는 자신의 어머니에 대한 존경심이 너무도 확고하여 무슨 일을 하던지 어머니를 떠올리는 것이다.

> Ekwueme grew to be good in many things. but all his efforts were directed towards pleasing his mother, to justify her confidence in him. He valued her praise more than anything else. His relationship with

> his father was cordial but he preferred his mother's company to his father's. He would sit in the kitchen with her after his trapping and watch her cook. He would chat with her for hours in the evening while his father dozed off by his lonely fire in the reception hall (172).

자신의 어머니에 대해서 그토록 헌신적인 남성들은 다른 여성과의 관계에서 문제가 발생되지 않을 수 없는 것이 사실이다. 왜냐하면 모든 여성들과 아내를 자신의 어머니와 비교해서 판단하고 수용하기 때문이다. 특히 Ekwueme는 아무리 아름다운 여성들이 자신이 살고 있는 곳에 있어도 다른 여성들과의 관계에서 성적인 감정을 불러일으키는데 항상 실패하고 있다. 다행히도 성적인 감정을 불러일으키는 여성은 유일하게 Ihuoma이다. 그녀는 23세로 나이든 여성들과 같은 언행을 하기 때문이다. 그녀는 마치 자신의 어머니와 같은 역할을 할 수 있는 유일한 여성인 것이다.

이런 와중에서 그는 엉겁결에 아무런 감정의 변화 없이 Ahurole와 결혼을 하는데 이는 자신의 부모님들이 그를 위해 선택한 여성이었기 때문이다. 그러나 처음부터 그의 결혼은 파국의 시작이었다. Ahurole는 성격이 좋지 못하고 짜증이 많으며 우울하여 사소한 일에도 눈물을 흘리는 것이다.

> Wonuma soothed her daughter, but not without some trouble. Ahurole had unconsciously been looking for a chance to cry. For the past year or so her frequent unprovoked sobbing had disturbed her mother. When asked why she cried, she either sobbed the more or tried to quarrel with everybody at once. She was otherwise very intelligent and dutiful. Between her weeping sessions she was cheerful, even boisterous, and her practical jokes were a bane on the lives of her friends, particularly Titi. But though intelligent, Ahurole could sometimes take alarmingly irrational lines of argument and refuse to listen to any contrary views, at least for a time. From all this her parents easily guessed that she was being unduly influenced by agwu, her personal spirit (128).

이처럼 이들의 결혼은 Ekwueme와 Ahurole를 변화시키지 못했다. 그는 변함없이 어머니를 맹종하고 따르는 아들로서 존재하였으며 항상 식사를 비롯하여 자신의 어머니가 없으면 살아갈 수 없을 정도로 밀착된 생활을 하며, 그의 부인은 남편을 한없이 괴롭히고 궁극적으로는 격분하게 만든다. 이들의 결혼 생활 자체가 아이들의 장난 같기만 하다. 요리 중에 연기가 날 때면 어린아이와 같은 유치한 마술로서 연기를 없애려고 시도하기도 하는 것이다.

> "Ah, it is annoyed with me," she said.
> "No, it likes you," her husband retorted.
> "I shall drive it towards you again."
> "Let's see you do it."
> "I shall employ a charm I used to know when I was a child"
> Ahurole said smiling.
> "And what are you now?"
> "An old woman of course."
> "Fine. Go ahead with your charm, anyway."
> Ahurole cleared her throat. "You see," she said, "it is in the form of a song."
> "Go on," Ekwueme urged. She half sang, half said the incantation.
> "Smoke go, go away,
> Smoke go, go away,
> I haven't got your broken pot,
> Ekwe has your broken pot;
> Smoke please go to him."
> "That is exactly what my little sister does when the smoke worries her," Ekwueme said (174-5).

이제 행복한 기분에 이들 부부는 침실에서 뒹굴며 장난을 친다. 이들 부부는 아직 완전히 성장하지 못한 부부인 셈이다. 서로 타협을 할 줄도 모르며 어른으로서의 역할을 제대로 하고 있는 것도 아니다. Ahurole의 입장에서는 자신의 괴팍하고 어린 부분을 충족시켜 주고 보살펴 줄 남성이 필요하고 Ekwueme의 입장에서는 어머니와 같이 자신을 돌보고 위해 줄 여성이 필요한 것이다.

> Ahurole expected far more gentleness than her husband could give. On the other hand, Ekweme's ideal wife was a composed stable woman who could get on without too much help from him. More, he wanted a woman who would not only receive praise and encouragement but also give them in return; a mature woman, soothing and loving. A woman who would act for him in an emergency if he were away. A woman...a woman...well, something like his mother (179-80).

그에게서 어머니와 같은 여성은 Ihuoma이다. 그의 결혼이 파국으로 치달을 때 그는 Ihuoma에게로 마음이 쏠린다. 그러자 Ahurole의 질투가 살아나고 그녀의 친정어머니의 충고로 남편에게 약을 먹여 정신 이상자가 되게 만든다. 이 장면은 본 작품에서 가장 강력한 목소리를 내고 있는 부분이기도 하다. 대화의 속도가 상당히 빨라지며 그의 부모님들은 ― Adaku와 Wigwe ― 괴로움에 빠지고 Ahurole는 심한 자책감에 빠진다. 그리고 마을에서는 훌륭한 젊은이가 그렇게 된 것에 대해 안타까워한다. 그러나 Amadi는 사태의 상황을 정확하게 알고 있었다.

> "What about your traps, Ekwe?" he asked.
> "Doing fine."
> "It doesn't look as if you have inspected them for some time."
> Ekwueme laughed outright. His father was terribly shocked.
> "What are you laughing at?" he asked timidly. His son looked at him and laughed still more.
> ....
>
> Wigwe turned round and sought for his wife. She had gone to the farm. He was nearly frantic. He went back to take another look at his son. He was still in his room, lying on his bed quietly. A contented smile, the remnant of the laughter that had frightened his father, still played on his face. He was facing the wall and gesticulating with his fingers, oblivious of his father's presence. He was mumbling to himself but much like someone having an interesting tete-a-tete with someone else (215).

그러나 Ihuoma의 영향으로 Ekwueme는 결국 치료된다. 그 후 그는 Ahurole와 이혼을 하고 모든 주위 사람들의 허락 하에 Ihuoma와 사랑을 나눈다. 아마디조차도 이들의 사랑을 아름답고 선한 것이라고 따뜻한 말로 칭찬을 아끼지 않는다. 그리고 Ekwueme는 처음으로 그의 사랑을 표시한다.

> "Ihuoma!" She turned and faced him.
> "I have something important to say to you."
> "Say on."
> "Let us go into your sitting-room."
> "Why not here?"
> "Too many sand flies here."
> Ihuoma led the way into her sitting-room...his arms folded across his breast.
> ....
> "I like your ways," Ekwueme began again.
> She said nothing.
> "You understand me, don't you?"
> Still no answer.

> "Ihuoma, are you ignoring me?"
> "No, I am listening."
> ....
> Ekwueme thought that perhaps sitting beside her might help him make his point. He made up his mind to cross over to her. As he drew in one leg preparatory to rising, Ihuoma raised her head and looked at him fully in the face. He winced, then tried to smile but failed. His attempt to talk ended in a stammer. Clumsily he stretched out his hand to hold her but in his confusion he misjudged the distance and his hands failed to reach her (59-60).

이 부분은 미숙하면서도 감수성이 예민한 한 젊은이가 자신이 진실로 사랑하는 여성에 대한 애정을 표시하는 장면으로 분명히 보여 진다. 그가 정신 이상으로 광란을 한 후에 이들 두 사람의 관계는 상당히 서정적이고 안정된 형태로 변화했음을 알 수 있다.

그러면 초자연적인 요소가 본 작품에 왜 등장했는지 어떤 의미를 지니는지 한번쯤 생각해 볼일이다. 우선 주의할 점은 우리가 작품을 읽으면서 초자연적인 요소를 독자들의 경험이나 상식에 맞추어 이해하려고 해서는 안 된다는 점이다. 그다음으로 당대 사회적인 요인도 무시해서는 안 될 것이라는 점이다. 흔히들 문학에 초자연적인 요소가 등장하지만 독자의 입장에서는 작가와 관련된 정보를 중요시하면서 그 수수께끼를 풀어 나가는 것이 바람직한 접근 방법이 될 것이다. 그러면 어떤 한 작품을 우리가 사회적 과학적인 요소에 한정해서 이해가 가능할 것인가? Ihuoma의 남편이었던 Emenike는 신의 저주로 죽었던 것이 아니라 Madume과의 싸움에서 상처를 입고 완전히 회복된 후 사망하였다. 5장이 시작되면서 알려지는 그의 죽음은 너무도 의외의 사건이었음이 사실이다. 그의 죽음을 둘러싼 신비는 이렇게 전해지고 있다. Ihuoma와 그녀의 어머니와의 대화를 들어보자.

> "Kaka, do you think that that fight caused his death?" Ihuoma in an undertone.
> "What else caused it?"
> "I thought it was 'lock-chest?'"
> "But what brought about the lock-chest?"
> "He worked too hard in the rain."
> "Was that the first time he had worked under the rain? No my child, we know what happened to him. Amadioha will kill them one by one" (27).

게다가 주민들도 그의 죽음에 대해 아는 바가 전혀 없이 당혹해 할 뿐이다. Madume는 코브라가 뿜어낸 독에 의해 눈이 멀어 버렸다. 그가 바나나 나무를 자르기 위해 몸을 숙이던 그 때에 코브라가 그 같은 장소에서 그를 기다리고 있었다는 사실은 너무도 우연이었다. 그렇다면 Ihuoma가 바나나 나무를 자르고 있었을 때 코브라는 공격을 하지 않았을까? 그러나 Madume의 죽음은 Ihuoma에 대한 그의 태도에 원인이 있을 수 있을 것이고 여러 신들도 그를 죽이려는 생각을 지니고 있었음이 사실이다.

그렇다면 사회적인 힘이 어떻게 Ekwueme를 죽이는데 원인을 제공했을까?

그의 죽음은 우연과 많은 관련이 있다. 그가 Ihuoma의 방을 떠날 때 Nwonna가 화살을 쏜 것 자체가 너무도 우연이었다. 그리고 절망의 힘이 그를 덮고 있었음도 사실이었다. 그가 Ihuoma와의 아름답고 서정적인 대화를 속삭일 때에도 비극적인 종말이 예견되기는 마찬가지였다.

> "Ekwe, I am sorry about all this trouble on my behalf," she said. Ekwueme suppressed his fears and put on a more cheerful expression. "Just tonight and then we shall be married" "Yes" (275).

이런 일이 있은 후 그가 죽었기 때문에 놀라운 일은 되지 않지만 클라이맥스 과정을 밟게 된 것이다. 그러나 바다 신과 관련된 문제를 회피하기 위해 작가가 먼저 그를 죽인 것은 아닐까? 그러나 작가는 왜 초자연적인 요소가 등장했는지에 대해서 어떤 언급도 없다. 그저 초자연적인 요소가 사실적으로 묘사되었다는 암시 이외에는 말이다.

그러면 작가의 테크닉을 간단히 알아보기로 하자. 그가 서술 형식으로 사실주의를 도입하고 있다는 사실은 이미 언급이 되었다. 그러면서도 주인공이 그의 여동생과의 갈등을 겪는 장면과 Ihuoma와의 관계에서 사물을 이해하는 심리적인 통찰력을 지니고 있다는 점을 지적할 수 있을 것이다. 그리고 작가의 산문 형식의 글은 명쾌함이 특징이며 신선한 느낌을 주기도 한다.

> Ihuoma received these attentions gracefully. She relaxed and let the gossips say what they would. At first people raised their eyebrows and whispered furtively but soon her growing intimacy with Ekwueme become a stale subject for gossip. She carried herself proudly and gracefully and a new radiant form of beauty suffused her face (249).

플롯의 구성은 비교적 안정되어 있으며 적절한 에피소드의 배치와 이야기는 균형이 잡혀 있다. 꼭 지적되어야 할 단점으로는 Ahurole의 갑작스런 도입으로 지적이 될 수 있을 것이다. 그러나 전체적으로 작가의 업적은 이런 사소한 약점과 비교할 때 비교가 되지 않는다는 점을 인식하는데 큰 어려움이 없을 것이다.

8

베씨 헤드(Bessie Head)와 집단 무의식

Bessie Head는 그녀의 주인공인 Elizabeth의 삶을 통해서 자신의 내적인 고통을 상상을 도입하여 강력하게 설명하고 있다. 텍스트의 구조를 통해서 개인과 우주의 정신적인 현실을 심리적으로 전달하려 하고 있음이 주목할 만하다. 개인과 집단의 상호 작용을 통해서 Head는 개개인의 단편성과 자아 개발, 그리고 영혼의 변화를 개인과 Jung이 말하는 집단 무의식의 개별화를 통해서 갖가지 상황을 설명하고 있다.[20] Frederic Jameson, Abdul JanMohamed, 그리고 Frantz Fanon같았으면 Jung과는 달리 아마도 이런 현상을 민족적인 알레고리로 접근하려 했을 것이다. 어쨌든 Head는 이런 상황을 통해서 그녀가 말하고자 하는 의도를 전달하고 있다.

> What is love?
> Who is God?
> If I cry, who will have compassion on me as my suffering is the suffering of others (70).

이런 문제는 그녀가 추구하는 모든 형태의 선과 악을 모두 포함하는 말이다. 어린 시절부터 스스로 경험하고 느낀 개인적인 삶에 바탕을 둔 그녀의 세 번째

---

20) Freud의 이론에 의하면 인간 정신에 있어서 무의식의 양상에 대한 강조를 한다. 인간의 대부분의 행동은 우리가 아주 제한된 지배력밖에 지니지 못하는 정신적인 힘에 의해서 유발이 되며 표면 아래 마음은 그 큰 무게와 비중이 의식면의 표면 아래 빙산처럼 놓여 있다고 한다. 대부분의 의식 과정마저도 짧은 동안에만 의식적이며 이것이 다시 의식화된다고 하더라도 그 의식은 곧 바로 잠재화함으로써 무의식의 상태가 된다고 함으로써 무의식의 중요성을 역설하고 있다. 무의식 상태의 ID는 정신 활력의 원천으로 흥분된 혼동의 상태와 같아 끓고 있는 가마솥과도 같으며 쾌락이 지배하는 본능을 말하고 전의식 상태의 Ego는 정신을 합리적으로 다스리는 현실로 내적인 세계와 외적인 세계를 중재하는 중재자이다고 한다. Superego는 도덕적으로 검열을 하며 양심과 긍지의 저장소로서 사회가 보호되는 바탕이 된다고 한다. 그러나 Jung의 경우는 사람이 타고난 정신의 구성 요소를 무의식적인 자아의 어두운 측면을 말하는 Shadow, 인간 생명의 근원이며 생명의 활력이며 자아와 외부 세계를 연결해 주는 가장 복잡한 이미지로 anima, 그리고 우리를 외부 세계에 나타내는 가면과도 같은 역할을 하며 가끔씩은 자신의 진실한 모습과 다른 그리고 제2의 자신으로 주로 화자를 칭하는 Persona로 구분해서 설명하고 있다.

소설인 본 작품은 Montabeng라고 하는 마을이 배경이다. 이곳에서 그녀는 자신의 정체성을 찾기 위해서 변신을 하며 때로는 신경 쇠약증에 걸려서 고통을 받는다. 그러나 이런 어려운 과정을 통해서 Elizabeth는 새로운 각성과 새로운 세계를 경험하게 되는 것이다. 그러나 이런 공동체적인 생활과 환경을 통해서 그리고 고통스럽고 암울한 시간을 통해서 Elizabeth는 마음의 평화를 얻는다. 칼 융의 방식으로 그녀는 스스로 개별화의 과정으로 나아간다. 그야말로 그림자(shadow)에서 가장 복잡한 영혼의 이미지인 애니머(anima)로의 진행은 아프리카인 들은 발이 피투성이가 되어 고함을 지르고 개같이 더러운 아프리카인들은 결국 여러분을 잡아먹어 치울 것이라는 진술로 더욱 분명해 진다. 우선 Head의 말을 들어보자.

> The man's name was Sello. A woman in the village of Montabeng paralleled his inner development. Most of what applied to Sello applied to her, because they were twin souls with closely-linked destinies and the same capacity to submerge other preoccupations in a pursuit after the things of the soul (11).

이런 단계에서 칼 융의 말을 빌리면 비개성적인 방법으로 개인과 집단 무의식을 연결해 주는 원형적인 이미지가 등장하게 된다. 등장인물은 처음에 반대의 성으로 나타나며 서서히 동일한 성으로 변화하고 궁극적으로는 자아라고 하는 발전단계로 나아간다. 자아란 전체의 원형을 나타내는 것이고 개개인의 영역을 동시에 초월한다. 이는 Head의 개념으로는 개인과 우주로 이해할 수 있다. 사람이 나이가 들어 현명해지는 것은 바로 이런 원형을 통해서 가능해진다. Elizabeth가 그녀의 부인된 자아에 이르게 될 때 그리고 그녀가 남성과 대면하여 평화로운 장소에 이르게 될 때에 내적인 어두운 터널을 지나게 되었을 때 우리는 이런 단계로 접어들게 된다.

개개인의 본능적인 행동과 더욱더 의식적인 자각은 원형이라는 정보의 제공을 통해서 가능해 진다. 이런 특별한 일체감은 엄청난 현실의 변화를 초래하게 되는데 Elizabeth가 그녀가 직면한 꿈을 사로잡고 있는 세력과의 투쟁을 하면서 인간의 도덕적인 면을 심리적으로 수용하게 되었을 때 이루어지고 있다. Elizabeth가 그녀의 사랑과 도덕적 진실에 대한 보다 고양된 의식을 지닐 수 있는 것은 곧 본능적이고 성적인 경험을 Dan과 함께 누림으로써 이다. 이것은 융이 말하는 자아의 변신에 해당하는 것이다. Sello가 사랑과 진실의 목소리를 대변하지만 Elizabeth가 그녀의 형편에 대해 끊임없는 불평불만을 하게 되는 사회적 도덕적 책임이라는 보다 심각한 쟁점과 대면하게 하는 것은 Dan이다. 하나님의 이미지와 Elizabeth

에 대한 신앙과 사랑을 보여주는 것도 Sello이다. 텍스트의 복잡성과 개인적으로 많은 목소리가 존재하고 또 사회적인 상호 작용이 다양하기 때문에 Head의 작품을 단순히 심리적인 영역의 구조로 단정 짖는데도 상당한 어려움이 따를 수밖에 없음이 현실이기도 하다. 그러나 Head가 추구하는 세계는 분명히 인간이 신과 하나가 될 수 있고 개인과 우주가 하나가 될 수 있는 세상임에는 틀림이 없다.

이와 같은 인간성에 대한 평등을 중시하는 관점은 내적인 고통이라는 세계에서 존재하며 이곳에서는 악마들은 Elizabeth의 무의식을 의식의 세계와 만나게 한다. 그러나 그녀는 외적인 구원의 손길에 더 많은 무게를 두고 있다. Kenosi라는 여성과의 우정을 나눔에 있어서 Elizabeth는 공생적인 경험을 나누게 되는데 이는 사랑과 서로에 대한 관심을 나눌 수 있다. Kenosi는 Elizabeth에게 그녀가 필요하기 때문에 정원을 떠나서는 안 된다고 한다. 이는 Kenosi, Eugene, Birgette, 그리고 Tom에 의해 표현된 개인적인 필요성을 말한다고 생각할 수 있으며 또 다르게는 불교에서 말하는 "Bodisattva"를 의미하는 것으로 이해 할 수도 있을 것이다. "Bodisattva"란 의미는 사랑과 진리의 상징을 말한다: "a spirit of love, openness, and freedom to every circumstance" (302). 더 나아가서는 인간에 대한 동정과 이해까지도 포함하는 말이다. Elizabeth의 정신적인 사랑이 단편화된 개인적인 증오나, 두려움, 탐욕, 그리고 악을 치료할 수 있는 유일한 길은 Kornfield의 "Bodisattva"와 Jung의 자아만이 가능하다.

그의 초기 작품들인 *When Rain Clouds Gather, Maru*에서처럼 Head는 신과 사랑 그리고 인간의 자유에 대해서는 보다 더 발전된 개념으로 다루고 있는 것이 본 작품이다. *Rain Clouds Gather*에서 한 여성은 종교와 정신적인 것에 대해 그녀가 주인공인 Makahaya에서 말을 할 때 상당히 현명하다. 이와 같은 현명함은 우주 공간에 있는 것이 아니라 남성과 여성들이 지니고 있는 의식인 것이다. *A Question of Power*에서 Elizabeth는 마지막에 다음과 같이 말한다: "There is only one God and his name is Man. And Elizabeth is his prophet" (206). 인간과 신은 사랑과 진리를 공유함으로써 하나가 되고 누구든지 진실한 사랑을 할 마음이 있을 땐 그것이 곧 신의 속성인 것이다. 우리는 Maru의 목소리에서 신의 목소리를 듣는다. Maru와 Margaret의 모습은 인간의 마음을 변화시킨다.

Elizabeth의 경우 이런 목소리는 백인 남성 지배 사회의 화법에 의존하는 왜곡된 언어와 관계가 있다. Sello의 말과 Dan은 흑인으로서 Elizabeth 자신의 주체성을 나타내는 수단이다. 그러나 상징적으로는 꿈의 기능과 의미는 아프리카인 들을 타락시키고 학대하는 권력의 체계를 나타낸다. 이런 타락과 학대는 주로 여성이 대상인 것이 작가의 경우 특징으로 볼 수 있다. 그녀의 꿈은 모성애에서 매춘으로 변신하게 됨으로써 인간의 잔인함으로 그녀를 끌고 가며 Sello는 자신의 그늘진 이미지에 있어서 Medusa를 만들어 내고 드디어 Elizabeth의 영혼을 직접 무시무시한 천둥 속으로 던져 버린다. 그러나 이런 모든 일들은 그녀의 정신 가운데서 발생한다. 이런 자아의 상실은 그녀가 기독교 학교에 보내지기 전에 그녀가 살았던 그 곳의 무관하지 않다. 그곳에서 그녀의 정신적인 위로는 일시적인 것이었다. 교사는 Elizabeth에게 정신적인 질환의 유전적인 속성을 설명해 주고 냉혹한 사회는 다음과 같이 말을 한다.

> We have a full docket on you. You must be very careful. Your mother was insane. If you're not careful you'll get insane just like your mother. Your mother was a white woman. They had to lock her up, as she was having a child by a stable boy, who was a native (16).

이상과 같은 정보를 통해서 Elizabeth는 그녀 자아의 중심으로부터 거리를 둘 수 있게 되고 그녀의 환경으로부터도 객관적일 수 있게 된다. 그러나 그녀의 부모님이 백인과 흑인이라는 사실로 인해 Elizabeth는 고민에 빠짐으로써 그녀의 흑백 이분법이 분명히 드러난다. 그러나 이런 혼란으로부터 그녀가 정상으로 돌아오는 데는 그녀의 내부로부터 모든 것을 전복하고 혼란하게 하는 악마들과 의 투쟁할 때 일어난다. 이런 그녀의 내적인 꿈과 이미지로 인하여 그녀의 여러 가지 단편적인 부분들이 그녀의 내적인 영혼으로 나아가 그녀 자신의 목소리를 들을 수 있게 되며 이를 통해 흑백이라는 피부색이 중시되는 사회적인 목소리에 저항을 하게 된다. 작가는 이 시점에서 인류의 형제애에 대하여 보다 진지하게 생각할 수 있는 기회를 가지게 된다. 그리고 Jung의 집단 무의식과 Jameson의 National allegory, JanMohamed와 Fanon의 이원론적인 Manichean 사조를 수용하기에 이른다. 그리하여 작가는 개인이 자아와 사회와 분리될 수 있도록 하는 사회, 정치적인 구조와 관련하여 기독교, 불교, 힌두교에 대해 강조함으로써 어느 정도 마음의 안정을 찾게 한다.

작품을 심리적인 차원으로 국한 시켜 생각해 보면 Elizabeth의 내적인 마음 상태는 황폐하게 하는 꿈으로 되어 있다. 이런 이미지들은 Dan과 Sello에게 내재한 선악의 원형에서 볼 수 있었던 바와 같이 아프리카 문화의 성적인 신화로 작용하고 있는 것이다. 이런 꿈의 이미지는 그녀의 내적인 갈등과 영혼을 더욱 암울하게 만들게 된다. 그녀가 신과 사랑 그리고 영혼의 여행에 대해 유독히 선입관을 가지게 된 것은 Jung에 있어서 자아로의 여행에서와 같이 그가 내적인 영혼의 투쟁을 할 때에 더욱 분명해 진다. 다른 한편으로는 흑인 여성의 경험에 전적으로 초점을 두고 이해를 할 수 있을 것이다.

그러나 작가가 여성 중심의 자세를 지키면서도 남성의 관점을 유지하고 있는 것은 Jung, Kornfield, Jameson, JanMohamed와 Fanon을 통해서 가능했을 것이다. Elizabeth의 내적인 의식과 무의식의 세계는 선과 악의 힘을 나타내고 있으며 이런 힘은 사회로 그대로 침투하여 사회 속에 내재한 비인간적인 속성을 보여준다. 기독교적 관점에서 볼 때 진리란 백인들만의 진리였으며 Elizabeth같이 인간적인 취급을 제대로 받지 못한 경우는 인간의 정서적 경제적인 착취를 통해서 가능했다. 따라서 Elizabeth는 남아프리카에서 흑인들의 인간 조건을 다음과 같이 고발하고 있다.

> It was like living with permanent nervous tension, because you did not know why white people there had to go out of their way to hate you or loathe you. They were just born that way, hating people, and a black man or woman was just born to be hated. There wasn't any kind of social evolution beyond that, there wasn't any lift to the heart, just this vehement vicious struggle between two sets of people with different looks (19).

드디어 Elizabeth는 Montabeng에서 인간을 타락시키고 비인간화하게 하는 차별에 대해서 인종적인 편견과 증오를 불식시키기 위해 결단을 내리게 된다. 그녀는 개인의 운명에 관한 이야기는 제3세계의 문화와 사회의 운명에 관한 사항이라고 하는 Jameson의 National allegory를 다시 강조하게 된다: "the story of the private individual destiny is always an allegory of the embattled situation of the public third-world culture and society" ("Third-world literature" 69). 달리 말해서 이는 곧 제국주의와 식민주의에 대한 경험을 지적하는 부분이기도 하다.

이처럼 Head의 텍스트는 Jameson이 그의 *Political Unconscious*에서 말하는 정치적 무의식("political unconscious")으로서 알레고리의 속성을 지니고 있음이 사실이다. Sello는 사회구조의 내부에서 선과 악을 나타내는 인물이다. 그 자신의 악을 대변하는 Medusa는 Elizabeth를 고통스럽게 하며 아프리카 문화 속에 스며들어 인간을 타락시키는 알레고리를 대변한다: "in his country, South Africa. There they said the black man was naturally dull, stupid, inferior, but they made sure to deprive him of the type of education which developed personality, intellect, skill" (57). 작가는

이제 아프리카의 문화는 모든 것들이 평등한 떠오르는 문명이라고 강조한다. 그러나 그의 주장은 Jameson, JanMohamed, Fanon에서와 같이 정치적이라기보다는 다소 개인적이고 사적인 발언으로 보인다.

Stratton은 흑인 여성 작가의 위치를 평가하면서 여성들이 정치적으로 아니면 남성들의 삶이 공적인 활동인 것 같이 공적이지 못함을 지적한다. 따라서 여성들의 글로 쓰여진 문학은 항상 남성들에 의해서 이미 쓰여진 세계를 다시 쓰는 것이라고 한다 (10). 그러나 분명히 말하자면 여성 작가들은 백인들이 원주민들을 착취하는 상황에서 식민지의 부패와 타락을 가장 절실하게 체험하고 느낀 장본인들이다. 당대를 살면서 그 사회가 지니고 있는 부패로부터 자유로울 수 있는 사람은 아무도 없는 것이 사실이다. 이는 백인들이 흑인들에게 부과한 정신적인 짐이 사회악이나 다름이 없었음을 말하는 것이다. Elizabeth의 말을 들어보기로 하자.

> ...the evils overwhelming her were beginning to sound like South Africa from which she had fled. The reasoning, the viciousness were the same, but this time the faces were black and it was not local people. It was large, looming soul personalities (57).

독자들의 입장에서는 위와 같은 내용을 개인적으로 아니면 알레고리 컬한 상황으로 이해를 할 수 있음은 분명하다. Jameson이 지적하듯이 National allegory는 궁극적으로 개인적이고 사적인 차원이지만 보다 제3세계 텍스트와 같이 보다 넓은 의미로 확대되어 이해 될 수 있는 것이다. 이는 Fanon이 자신의 글에서 흑인이 백인 세계와 접촉을 하게 될 때에 흑인들의 자아에 대한 정체성이 허물어진다는 개념과 상당히 상응하는 부분들을 많이 찾아 볼 수 있다. Elizabeth가 Dan과 Sello의 이미지 속에서 백인 문명을 마주하게 되었을 때 그녀의 자아는 원래 보다 더 많이 부풀어진 상태였다. 이는 작가의 의식이 백인의 작품에서 볼 수 있는 경향을 다분히 띠고 있음을 부인할 수 없는 부분으로 그녀의 백인 어머니와 흑인 아버지라는 혼혈의 배경을 알고 나면 보다 이해하기가 수월해 진다. 그렇기 때문에 인간의 해방이란 어느 한 종족이나 인종에게 한정하는 것이 아니라 모든 인간은 평등하기 때문에 전체 인류에 대한 해방을 의미하는 것이다.

정신적인 혼란으로부터 그녀가 제정신으로 돌아왔을 때 그녀의 아들이 시에서 지적한 데로 함께 여행을 했음을 알게 된다.

> The man, he wrote. The man
> Can fly about the sky,

Sky butterflies can fly,
Bees can make honey,
And what else can fly?
Sky birds, sky aeroplanes, sky
helicopter,
Sky jets, sky boeings can fly,
A fairy man and a fairy boy
Can fly about the sky (205).

이런 일련의 해방 적인 요소는 Elizabeth가 3년이란 긴 세월 동안에 많은 변화의 과정을 경험했음을 입증하고 있는 것으로 이해가 가능하다. 그녀가 이 기간 동안에 성숙하게 된 마음과 정신은 그녀가 살고 있는 공동체적인 삶의 결과였다. 개인의 삶은 곧 공동체의 삶이었기 때문에 더욱 그러하다. 작가는 서로 사랑하고 이해하는 인간상을 그리고 있는 것이다.

9

가브리엘 오카라(Gabriel Okara)와 공허한 물질만능주의

Okara의 *The Voice*는 작품이 지니는 가치에 비해서 그렇게 많은 주목을 끌지 못했음이 사실이다. 100여 페이지 속에 나이지리아 출신의 작가는 너무도 많은 문학적인 영향과 생생한 현장 묘사를 비롯하여 인물 묘사를 하고 있다. 그러나 불행하게도 작가의 이런 경향 때문에 더 많은 냉대(disservice)를 받아 왔음이 사실이다. 작품과는 거리가 멀게 어떤 평자들은 Okolo라는 학생이 슬프게도 추상적인 교육을 받고 20세기로 원주민들을 강제로 몰아넣고 있는 고통스런 교육에 관한 이야기로 단정 짖기도 하였다. 그러나 작품의 어느 곳에서도 그와 같은 성향은 찾아 볼 수 없는 것이 현실이다. 게다가 Okolo의 파국도 그가 교육을 제대로 받지 못해서 야기되었다는 주장도 설득력이 없다. Panther판 서문에서는 Okolo는 전통적인 생활양식에 구속을 받지 않으려는 삶에 대한 의지로 가장 가까운 도시의 사치스런 생활을 위해 강을 거슬러 올라간다고 간단하게 논평을 하고 있다.[21] 그는 분별력이 없어서 전통 사회에서 금기(taboo)하는 것을 지키지 않았다는 것이다. 좀 더 자세히 읽어보면 분별력이 모자란다는 점을 세상에 물들지 않은 인간의 순수함이 세속적인 악에 의해 오염이 된 것으로 이해 할 수도 있을 것이다. 그러나 보다 더 정확한 이해는 종교적 도덕적인 측면이지 결코 사회적 기술적 정치적인 의미를 지니고 있지 않다는 점이다.

1967년 Stockholm에서 열린 아프리카계 스칸디나비아 작가 모임에서 Wole Soyinka는 아프리카 작가들이 이젠 과거에 너무 집착하는 경향을 버려야 한다는 주장을 하

21) O. R. Darthorne. "The African Novel: Document to Experiment," *Baale*, no. 3, 1965. Pp. 18-39. 그리고 S. O. Anozie. "The Theme of Alienation and Commitment in Okara's *The Voice,*" *Baale*, no. 3, Pp. 54-67.를 참고로 할 것. 참고로 blurb: 간단한 호평, fleshpot 사치스런 생활, 고기 냄비 또는 고기 가마.

면서 현재 아프리카 대륙이 분열되는 위급한 상황에 눈을 돌려야 한다는 것이다. Chinua Achebe, Mongo Beti, Armah의 경우에도 Soyinka와 똑 같은 주장을 하고 있음을 우리는 알 수 있다. Okara의 경우에도 1964년 이미 지난 과거에 작가들이 파묻혀 있어서는 안 되며 이제는 아프리카 대륙의 정치, 사회적 부패에 관심을 돌려야 한다고 선언을 했던 것이다. Okara의 경우 아프리카 사회의 분열로 정신적인 부패와 해이함, 그리고 물질주의에 지나친 집착을 지적하면서아프리카의 보편주의를 강조하였다. Okara의 경우 매우 구전의 전통에 치우치고 있음이 사실이며 그의 글들은 민담이나 발라드 형식을 취하고 있다. 이와 같은 경향은 고대 신화를 연상시킬 만큼 분위기에 있어서 많은 작가들과는 차이가 있다.

> The engine canoe against the strong water pushed and slowly, slowly it walked along the wider river with the tall iroko trees, kapok trees, palm trees, standing on its banks, the sky's eye reaching. Soon, the day's eye became bad. It became so bad and black and closed that it could not be looked at. And soon lightning flashed in the day's eye and the thunder sounded like the sound of one hundred cannons going off near your ears. All the passengers woke up with a shout. Thunder had torn their sleep and deafened their ears. Then they feared and shouted and spike, not hearing each other.[22)]

다음의 글에서는 독자들이 Izongo의 움직임을 묘사하는 장면에서 화자의 억양을 그대로 느낄 수 있을 정도이다.

> As Izongo was thinking thus his eyes were moving from Abadi to Otutu and from Otutu to Abadi. Then as Otutu sat down muttering to himself he got up and spoke standing straight (126).

이미지와 유추 그리고 속담에서 드러나는 특이한 도시의 전경은 구전의 전통을 그대로 적용하고 있음을 드러내 주는 부분으로 이해가 된다. 플롯이나 구조상으로 볼 때는 원형적인 성격을 지니는데 이는 일련의 모험이 떠나는 장면과 서서히 개안하는 상황 그리고 다시 원상태로 돌아오기 때문이다.[23)] 여행을 하는 도중에 화자는 정서적인 안정과 성숙을 스스로 터득하게 된다. 구체적으로 Okolo는 Amatu를 떠나

---

22) G. Okara. *The Voice*. Heinemann Educational Books, 1970. P. 61. 이하 인용문은 본서에 의하며 페이지 수만 기록할 것임.

23) J. Campbell. *The Hero With a Thousand Faces*. Pantheon Books, New York, 1949.을 참고 할 것.

고 Sologa에서 머무르는가 하면 궁극적으로는 Amatu로 다시 돌아와서 시작하는 곳에서 여행을 종결하고 있다.

본 작품은 상징성에서 볼 때 종교적인 우화를 포함하고 있다. Bunyan의 *Pilgrim's Progress, Everyman*을 연상시키는 부분이 여러 곳에 있다. 주인공이 구원을 향해 많은 고난과 수난을 당하듯 Okolo의 경우에서도 궁극적으로는 정신적인 가치를 찾아 나서는 것이 목적이다. 이외에도 모든 등장인물들은 상징적인 역할을 하고 있으며 이는 Big One, The Listener, the Watchers와 같은 상징적인 이름을 비롯하여 배경이 모호한 틀 속에 있기 때문에 더욱 상징성을 강화하고 있는 효과를 내고 있다. 배경에 대한 묘사가 없는 것은 정신적인 불모를 전달하기 위한 시도로 보이며 배경에 대한 모호함이 있어도 작가는 인물들을 보다 사실적으로 상상력 속에서 여과시켜 제시하여 구체적인 상황을 부여하고 있기 때문에 크게 문제가 되는 것이 아니다.

정신적인 탐색 행위는 중심이 되고 있으며 T. S. Eliot의 *The Waste Land*의 경우에서처럼 소설과 작품 간의 유사성도 만만치 않다. Okolo는 정신적으로 불모지나 다름이 없는 사회를 방황하고 이곳에서 정신적인 가치를 찾기란 불가능하다. 그리고 그 사회를 지배하고 있는 것은 물질주의이다. 마치 황무지를 정화하기 위한 수단으로 성배(Holy Grail)를 찾아 나서는 순례자처럼 Okolo의 상황은 너무도 흡사한 것이다. 그는 Sologa에서 박해를 받기도 하고 적대감으로 사람들이 그를 맞기도 하지만 Amatu에서는 Kafka의 영웅들을 연상시킬 만큼 절박하다. 또 다른 장면들은 음울하고 악몽과도 같은 체험을 경험하는 것이다.

> The people snapped at him like hungry dogs snapping at bones. They carried him in silence like the silence of ants carrying a crumb of yam or fish in bone. Then they put him down and dragged him past thatch houses that in the dark looked like pigs with their snouts in the ground; pushed and dragged him past mud walls with pitying eyes; pushed and dragged him past concrete walls with concrete eyes; pushed and dragged him along the waterside like soldier ants with their prisoner. They pushed and dragged him in panting silence, shuffling silence, broken only by an owl hooting from the darkness of the orange tree in front of Chief Izongo's house (38-9).

이렇게 해서 Okolo는 마치 Cervantes의 어리숙한 악동과 같은 주인공인 Don Quixote와 같이 부패하고 물질 위주의 세계에서 순수한 이상주의자가 된다. 사람들이 보기에도 그는 정신 이상자처럼 보이는 것이다. 세상은 그를 순수하게 보지만 그의 순수함은 다시 그를 위선자로, 정신적인 볼모로, 그리고 그가 만나는 모든 대상을 물질주의적인 개념으로 몰아세우는 촉매제 역할을 하고 있기 때문이다. 전체적으로 세상을 바라보는 관점과 메시지의 토운은 상당히 절망적이고 부정적이며 회의적이다. 따라서 인간이 지닌 정신적인 불모지와 비인간적인 면 그리고 물질주의에 대한 저항적인 목소리이다. 이런 정신적으로 황량한 세상에서 Okolo는 전통 사회의 정직함과 순수함을 회복해야 한다는 점을 강조하고 있는 것이다.

> "If you put a black paint over a white paint, does it mean there is no white paint? Under the black paint the white paint is still there and it will show when the black paint is rubbed off. That's the thing I am doing-trying to rub off the black paint. Our father's insides always contained things straight. They did straight things. Our insides were also clean and we did the straight things until the new time came. We can still sweep the dirt out of our houses every morning" (50).

전체적인 분위기는 Okolo가 무엇인가를 찾아 나서는데 매우 집착하고 있는데서 고조된다. 그것은 인간의 진실과 정직함, 정신적인 가치 아니면 신에 대한 믿음과 인간에 대한 신뢰감이 될 수도 있을 것이며 아니면 신의 은총일 수도 있을 것이다. 그러나 한 가지 분명한 것은 이런 일련의 추구 대상은 물질 위주의 부패한 사회와 인간성과는 정반대가 된다는 점이다.

> "All I want to do in my search," Okolo spoke out at last, "is to revitalize my flagging faith, faith, in man, belief in something," he said with all his inside and his shadow. "Belief and faith in that something we looked up to in times of sorrow and joy have all been taken away and in its stead what do we have? Nothing but a dried pool with only dead wood and skeleton leaves. And when you question they fear a tornado is going to blow down the beautiful houses they have built without foundations" (88-90).

그러나 이런 분쟁과 문제점은 일부 비평가들이 지적하는 바와는 달리 전통사회와 현대화된 사회 사이에서 오는 갈등만은 아니라고 할 수 있다. 오히려 정신적인 불모와 현대화된 사회의 물질주의 그리고 도덕적인 가치판단이 더욱더 절실한 느낌을 다가오는 것이다. Okolo가 정신적인 재생과 부활을 강조하는 것은 바로 그가 속한 사회의 무도덕과 가치에 심각한 경종을 울리는 셈이기 때문이다. 물론 화자가 정치적인 의도는 없었다고 하더라도 역시 정치적인 색깔을 완전히 비우고 있지는 않음도 주목할 만하다. 하지만 Okolo는 마치 선지자나 예수와 같이 자신이 스스로 혁명과 같은 커다란 변화를 요구하고 있음이 분명하다. 이와 같은 양상은 일찍 Okolo의 태도에서 분명히 나타나고 있다.

> To the window he went once more and looked at the night. The moon was an about-to-break moon. A vague circle of light surrounded it, telling a dance was going on up or down river. Across the moon's face and the dance circle, menacing dark clouds idled past, casting shadow after shadow on the river. Larger and darker clouds, some to frowning faces, grimacing faces changing, were skulking past without the moon's ring, suffocating the stars until they too lost themselves in the threatening conformity of the dark cloud beyond (26).

여기서 달과 별들은 Okolo와 그를 따르는 자들을 상징하며 시커먼 구름은 Izongo를 암시하고 있다. Okara는 Izongo사회의 정신적인 불모를 특히 강조하고 있다. 자신이 속한 사회에서 가장 강력한 인물로 인식되는 Tuere는 Okolo에게 다음과 같이 모든 사람의 양심(the inside)이 눈이 멀었는데 어떻게 해서 당신이 찾고자 하는 것을 찾을 수 있느냐는 의미심장한 말을 건네고 있다: "How do you expect to find it when everybody has locked up his inside?" 이와 관련하여 일련의 대화는 정신적인 공허함을 암시하고 있다. 다음에서 보는 바와 같이 정신적인 황량함은 더욱더 확실하게 암시되고 있다.

> So his inside many questions asked. Faith and faithlessness adding up to nothing. Belief and unbelief adding up to nothing. Man has no more shadow, trees have no more shadow. Nothing has any more meaning but the shadow--devouring trinity of old, iron, concrete (89).

현대화된 사회에서는 모든 것이 가치관을 상실하고 있으며 믿음과 불신마저도 그 뿌리째 기반을 상실하고 있음을 비추어 볼 때 마치 E. M. Forster가 *A Passage to India*에서 동굴 속의 메아리가 모든 것을 더럽고 추악한 것을 암시하고 있는 듯한 상황을 연상시킨다. 단지 의미를 지니고 있는 것은 영적으로 공허한 물질주의만이 의미를 지니고 있기 때문에 더욱 그러하다고 할 수 있다. 다시 말해서 물질주의는 인간이 소중히 여겨야 할 모든 것들을 대치시킨 것이다. Amatu사회 역시 물질적인 사회이다. Izongo는 뇌물로 혼탁해진 사회를 상징한다. 이들 사회는 정치 사회적으로 부패한 것은 물론 사회가 전체주의적인 획일성을 지니고 있음도 두드러진다. 이들 사회의 구성원들인 개개인들은 이미 세뇌되어 맹종을 하고 있는 것이다. Izongo가 성공을 한 것도 이들의 맹목적인 복종과 전략적인 무관심의 결과라고 할 수 있다.

> "As for me (shrugs his shoulders), if the world turns this way I take it; if it turns another way I take it. Any way the world turns I take it with my hands. I like sleep and my wife and my one son, so I do not think" (25).

물질 위주의 삶은 사람들로 하여금 머리로 생각할 수 있는 모든 기능을 말살시켰으며 단지 이들은 무위도식하면서 즐기는 삶만을 생각하고 있는 것이다. 독자들의 입장에서는 Okolo와 그의 과거에 대해서 아는 바가 전혀 없다. 어디서 태어나 어떻게 자랐으며 어떤 모습을 하고 있는지 알 수 가 없는 예수 같은 선지자 이미지를 전하는 인물이다. 사람들은 Okolo를 정신 이상자로 본다. 그렇다면 그는 정말 정신 이상자일까? 아니면 정신이상자에 대한 보다 정확한 정의가 어떤 것인지를 알아보기로 하자.

> A person is sane who is socially adapted in his time and his place, in tune with his culture, furnished with the mental and moral means to meet contingencies, accepting the values that his society accepts, and collaborating in their preservation.[24)]

Okolo는 사회적으로 적응을 제대로 하지 못하는 인물이기 때문에 자신이 속한 사회의 가치관을 수용하는데도 문제가 있음이 사실이다. 게다가 사회에 적극적인 협력을 하는 입장도 아니기 때문에 자신이 속한 사회에서는 그를 당연히 정신 이상자라는 낙인을 찍었던 것이다. 그러나 정상적인 인간의 기준으로 볼 때에 그는 전혀 정신적으로 문제가 있는 환자가 아니라 너무도 정상적이다. 종종 사회는 개인이 사회 체제에 순응하지 않을 땐 그 개인이 도덕적으로 아무리 완벽한 인격을 지니고 있어도 여지없이 문제아로 분류해 왔던 것이 사실이다. Tuere는 진실을 Izongo에 했다는 이유로 마녀로 몰렸으며 Ukule는 불구자가 되었던 것이다.

작품의 세 부분 가운데 첫 부분에 해당하는 Amatu장면에서는 Okolo가 사회에

---

24) Dorothy Van Ghent. *The English Novel: Form and Function.* Harper and Row, New York. 1953, P. 38.

적응하지 못하는 상황이 제시되고 궁극적으로는 그가 사회에서 추방이 된다. 두 번째 부분에서는 Cervantes와 Kafka의 영향이 두드러진다. Okolo는 수치를 당하고 박해를 당하며, 자신이 처한 환경에 압도되고 만다. 그러나 이런 어려움에도 불구하고 자신이 스스로 성장해 가며 궁극적으로 Amatu에게 돌아올 때에는 보다 더 현명한 사람이 된다. 그의 순수함은 사람들로부터 비웃음의 대상이 되었지만 세상의 악과 암시적으로 비교가 되어 나타날 때에는 그 아름다움이 빛났던 것이 사실이기도 하다. 두 번째 부분에 첫 에피소드에서 이와 같은 Okolo의 자기 인식이 분명하게 제시된다.

> Okolo opened his eyes and looked in front of him. The people were sleeping. He looked towards his left. The people were sleeping. He looked towards his right. The people were sleeping. A man was snoring, nad saliva flowing like an Okra soup out of his mouth's corner. A woman, wearing an accra suit, though sleeping, held firmly her playing child sitting astride her lap. She was going to Sologa to meet her husband. A fat man with a belly like an oil puncheon, was breathing like a man blowing a fire, with his mouth open wide. He wore a dark singlet reaching down to only his navel and the sides were bursting. His boasting gone, by sleep taken. He was a whiteman's cook, so he said. He had told everybody loudly that he had, with his cooking, sent his son to college. His son would soon finish and join the Council and then money "like water flow" he had said, rubbing his hands, and laughed a laugh which made the groaning engine sound like the feeble buzz of a mosquito. Okolo at the rising, falling, rising, falling cheeks, looked. They were rising, falling, rising, falling like the cheeks of a croaking frog. He was returning to Sologa from leave to meet his master. Okolo remembered the whiteman's cook's spoken-out words (58-9).

Canoe는 Amatu와 Sologa사회를 대변하는 소우주나 다름이 없다. 이곳에서 잠을 자고 있는 승객들은 정신적으로 무력함을 대변하고 있다. 그러나 Okolo와 16세의 소녀는 말이 없이 이들의 요란하고 거만한 행태를 그대로 보여주고 있는 것이다. 이 사회의 병폐는 평소에는 잘 드러나지 않지만 거센 폭풍우가 몰아칠 때에는 마치 Shakespeare의 『리어 왕』에서처럼 사회의 추한 악들이 그대로 비춰지기도 하는 것이다. 이때 Okolo의 순수함과 선량함은 세상의 악한 모습과 생생하게 대조되기도 한다. Okolo는 16세의 소녀를 비바람으로부터 보호하며 그녀를 동정한다. 게다가 이 소녀의 백인 요리사와 시어머니 그리고 경찰은 이렇게 순수하고 선량한 Okolo를 마치 소녀를 강간한 치한과도 같이 의심을 하여 인간성의 대조를 보여주고 있기도 하다. 이렇게도 보트는 작가의 입장에서는 세상의 선악이 제대로 평가되고 있지 못하다는 부정적인 이미지를 던지고 있는 것이다. Okolo가 경찰과 만나는 장면은 다음 장면에서 제시되고 있다.

> Okolo found himself standing in daylight in a street, hither and thither turning his eyes. He stood turning his eyes this way and that way in the street. Thus he stood with the crowd passing him by: cars honking, people shouting, people dying, women delivering, beggars begging for alms, people feasting, people crying, people crying, people laughing, politicians with grins that do not reach their insides begging for votes, priests building houses, people doubting, people marrying, people divorcing, priests turning away worshippers, people hoping, hopes breaking platelike on cement floors. Thus Okolo stood watching the crowd pass him by until he saw a constable approaching with eyes that nothing saw and feet that did not touch the ground (77-8).

이 장면에서 Okolo는 그의 도덕성과 정신적인 순수함에도 불구하고 Sologa에서 또 다른 도덕성을 찾아보기를 원한다. 그러나 그가 찾기를 원하는 윤리와 정직함은 찾을 수 없고 오히려 타락과 부패 편견과 시기만이 만연했다는 사실을 알게 된다. 길거리 장면은 세상은 요지경임을 보여주고 음식점은 세상이 온통 정상적인 사람들이 아닌 이상한 사람들로 가득 찼음을 암시하고 있다.

> As he who owned the eating house said this they stopped eating and laughed aloud, some with food dropping from their mouths, others with drink going down the wrong side of their throats, choking, coughing, tears in their eyes appearing. The floor held Okolo's feet and he tried to run out. He who owned the eating house held him and into his ear spoke (81-2).

이 사회의 관습과 사람들의 행태는 Okolo가 정상적이고 선량한 인간이지만 오히려 비정상적이고 정신이상자나 다름이 없는 대상이 Okolo가 되어 버리는 아이러니를 범하고 있는 것이다. 음식점은 물질주의로 넘치지만 절망과 세상에 대한 비관과 자포자기하는 사람들로 가득하다: "Even the white man's Jesus failed to make the world fine. So let the spoilt world spoil." 음식점 주인까지도 Okolo에게 물질주의로 넘실대는 식당을 운영하고 있지만 정신적인 가치는 어디에서도 찾을 수 없음을 호소하고 있는 실정이다. 다른 한편으로는 Okolo가 찾아 헤매는 가치관은

이 세상에 존재하지 않으니 포기하고 이 물질주의와 타락으로 가득 찬 사회의 일원이 되는 것이 어떠냐고 회유를 하지만 그는 단호하게 거절한다. 그러나 나무를 조각하며 살아가는 목수를 만나서 Okolo는 희미한 희망을 찾게 된다. 목수는 하나님에 대한 신뢰와 믿음 그리고 마음의 평화를 가져다 준 사람이기 때문이다.

마지막 장면에서 그는 백인 관리를 만난다. 이제 Okolo는 자신이 속한 사회에 살아가는 백인이 아닌 다른 사회에서 온 백인이기 때문에 정직함과 도덕성을 지녔을 지도 모른다는 생각을 가지게 되었지만 사실은 그 백인 역사 사회의 편의주의로 살아가는 똑 같은 인간이었음을 발견하자 그는 커다란 충격에 휩싸이게 된다.

> "Look, my son, life isn't that way," the whiteman started with a quiet teaching voice. "Life's like playing checkers. If you make the wrong move you are finished. There are some to whom you can tell the truth, however unpleasant, about them to their faces and you get away with it. But the same won't be true of others. They may make things very, very unpleasant for you. See?"
>
> "You don't believe in truth and honesty, then?"
>
> "Look, my lad, these things simply don't exist in real life, if you want to get anywhere, if you want to make good. But mind you, I am not saying I do not believe in them. All I am saying is, you have to be judicious" (88).

더 이상 Okolo는 자신이 찾고 있는 이상이 어느 사회에서도 존재하고 있지 않다는 확신이 들자 이제는 자신의 이상을 찾아 헤맬 것이 아니라 타락하고 모순된 사람들 마음속에 이상을 심어야겠다는 생각을 하게 되고 다시 떠난다: "If the masses haven't got it, he will create it in their insides. He will plant it, make it grow in spite of Izongo's destroying words." 그러나 그의 이런 결심은 만약에 그것도 실패하면 어떻게 할 것인가 라는 스스로의 질문에 풀이 죽고 두려움을 느끼기까지 한다. 그리고 때가 아직 이르지 않았음을 합리화시키기까지 하며 밖을 내다보지만 밖은 아직도 암흑과도 같은 상태다.

다시 Amatu로 돌아가는 그는 이전에 Sologa로 가던 때와 병치를 이루고 있다. 이번에는 Okolo는 더 이상 순수한 인간이 아니라 여행을 통해서 너무도 많은 사실을 깨닫고 자신의 원칙을 세우고 밀고 나아갈 수 있는 성인이 된 것이다. 그리고 자신의 말과 철학은 영원히 사라지지 않고 사람들의 마음속에서 살아 움직일 것이라는 확신을 가지게 된다. 커누 여행을 통해서 인간이 저지르는 전쟁과 탐욕 그리고 분쟁은 다른 사람에 대한 배려가 부족한데서 야기된다는 사실을 상기하게 된다. 그리고 각각의 개개인들은 서로 다른 삶의 목적과 이상이 있음을 알게 되며 Amatu로 돌아왔을 때 그는 자신의 말이 이미 그곳에서 뿌리를 내리고 있음을 알게 된다. 어떤 사람은 다른 사람들이 맹목적으로 추구하는 물질 중심의 사회를 거부하고 있으며 또 다른 사람들은 뇌물에 대한 거부 의식을 지니고 있었음을 알게 된다. 그러나 이 마지막 장면에서는 끔찍한 일이 벌어지게 된다. 마치 Golding의 『파리 대왕; *Lord of the Flies*』에서 선량한 아이를 악의에 찬 사회 모든 구성원들이 희생의 제물로 파멸시키는 것과 같이, 이곳에서는 Okolo를 Izongo가 파멸시키기 위해 행동에 들어가는 것이다. 비관주의와 좌절감은 마지막 문장에서 두드러진다: "And the water rolled over the top and the river flowed smoothly over it as if nothing had happened." 이처럼 언젠가는 그의 참된 의식과 행동이 그 사회에 뿌리를 내려 결실을 맺을 수 있을지 알 수 없지만 어쨌든 그는 지금 이 시간 악의에 찬 사회 속에서 존재하고 있지 않음을 느낄 수 있는 것이다. Okara가 구사하는 말은 그야 말로 시적인 속성을 지니고 있으며 그 이미지는 너무도 생생하게 전달되는 것이 특징이다.

> When Okolo came to know himself, he was lying on a floor, on a cold floor lying. He opened his eyes to see but nothing he saw, nothing he saw. For the darkness was evil darkness and the outside night was black black night. Okolo lay still in the darkness enclosed by darkness, and he his thoughts picked in his inside. Then his picked thoughts his eyes opened but his vision only met a rock-like darkness. The picked thoughts then drew his legs but his legs did not come. They were as heavy as a canoe full of sand. His thoughts in his inside began to fly in his inside darkness like frightened birds hither, thither, homeless.... Then the flying thoughts drew his hand but the hands did not belong to him, it seemed. So Okolo on the cold cold floor lay with his body as soft as an over-pounded foo infoo. So Okolo lay with his eyes with his eyes open wide in the rock-like darkness staring, staring (76-7).

우선 반복되는 어구와 리듬을 지닌 산문체 그리고 여러 가지 이미지로 가득 찼음을 목격할 수 있다. 특히 물의 청결한 이미지들은 마을의 활동과 구전의 전통, 속담

들이 돋보인다: "[Okolo's head] was clear and his inside was unruffled as water in a glass." 나중에 Okolo가 Amatu로 돌아올 때 상황은 그의 발자국이 물방울이 종이 위에 떨어지는 것과 같이 들렸다: "like water dropping fast on paper"라고 적고 있다. 악취와 같은 냄새는 나쁜 이미지로 나타난다. Izongo의 분노함이 그랬고 백인 요리사가 커누 위에서 다툴 때도 그랬으며 강물에 고기가 죽었을 때에도 그러했다. 이처럼 작가의 사실주의적인 배경 묘사와 생생한 이미지는 독자들로 하여금 한 편의 영화를 감상하는 듯한 느낌을 강하게 전달한다. 늙은 사람들은 마치 인형과 같이 조정하고 있기도 하고 길거리 위에서 만난 사람들의 모습, 음식점의 모습들 모두가 그러했다. 인물을 묘사하는 부분들에서도 세밀하지만 묘사의 남용은 없다. 플롯과 구성에서도 결함은 보이지 않는다. 보편적인 인간의 공감대를 무리 없이 이끌어내고 있는 것도 작가로 하여금 돋보이게 하는 원천인 것이다.

10

치누아 체베(Chinua Achebe)세미나: 인류학적 평가와 심미적 세계

실제로 구전의 전통이 강한 아프리카 문학이 글로 쓰여진 역사는 그리 오래되지 않았다. Chinua Achebe의 *Things Fall Apart*는 1958년에 원주민 아프리카인에 의해서 쓰여진 최초의 중요한 소설이다. 이를 계기로 아프리카 문학에 대한 세계인들의 관심이 증폭되면서 첫째로 아프리카 문학과 역사적인 맥락이 지니는 중요성과 문학의 도구로서 이들의 글쓰기에 중요성을 더하게 된다. 더 나아가서 아프리카의 문학이 서구의 문학과 함께 지니는 공통점들을 서서히 인식하기도 하였다. 그렇다면 아프리카의 문학은 유럽 문학에서 파종된 것인가 아니면 독자적인 정체성을 지닌 문학일까? 대부분의 학자들은 유럽의 관점에서아프리카 문학을 바라보는 경우와 아프리카인들의 경험에 근거한 문학으로 보는 경우 둘로 구분 지워 접근하는 것이 사실이다. 특히 전자의 경우 아프리카 문학은 서구 유럽의 세력에 대한 저항과 비판에 큰 무게를 두고 있고 후자의 경우는 그들만의 정체성을 강조하는 것이 크게 구분이 된다. 그러나 아프리카 문학이 유럽의 식민지 지배를 통해서 나타났음을 부인하기 어렵지만 그렇다고 해서 유럽문학의 지류는 아님을 바로 인식해야 할 것이다. 특히 전자의 경우 아프리카의 소설은 영국 소설을 전례로 나온 것임을 강조한다. Adrian Roscoe는 전자의 경우에 해당하는 예이다: “If an African writes in English his work must be considered as belonging to English letters as a whole, and can be scrutinized accordingly” (x). G. D. Killam은 Achebe의 경우도 영국 소설의 영향을 많이 받았음을 강조한다: “[African novel] follows the main historical development of the English novel” (2-3). 아프리카 문학은 유럽의 장르와 문학 군에서 그 기원을 두고 있음을 부인할 수 없는 것이 사실이다. John Povey는 Achebe의 글쓰기는 Conrad와 Hardy의 전통을 이어받았다고 한다: “the satisfying sense that the African writer can be conveniently set within the context of the much wider field of English language writing” (97).그러면서도 Achebe의 작품을 유럽의 문학의 한 분야로 격하시킬 수 없음을 경고하기도 하는 것이다. 이들 작가들은 유럽의 장르에 동화되기도 하고 유럽의 모델을 그대로 사용하기도 했다. 그러나 이들은 그들만의 구전 문학이 있었고 그들만의 역사가 있었음을 부인해서는 곤란하다는 이야기이다. Roscoe는 이를 잘 뒷받침해 준다: “[African novelists limited by the] pull of their indigenous [oral short story] tradition. The sooner they appreciate this...the sooner they will produce [a short] work of a consistently high quality” (77).

그러나 아프리카의 문학도 유럽의 문학만큼이나 보편성을 지니고 있음이 사실이다. Larson은 아프리카 작가인 Lenrie Peters같은 경우 몇몇 장면과 언어만 바꾸면 미국이나 프랑스 아니면 이태리에서 일어 날 법한 글이라고 칭찬을 아끼지 않는다. 또한 아프리카 문학의 특성으로는 우선 이국적인 정서로 유럽 문학에서 찾아보기 힘든 그런 요소들이 많이 있음을 지적할 수 있다. 도깨비나 난쟁이 그리고 지나치게 교훈적인 속성 등은 유럽과는 거리가 있다. 이들 아프리카 작가들은 자신들의 글을 통해서 철저하게 정체성을 찾고자 노력하고 있음은 주목할 만하다. Achebe의 경우 유럽의 보편주의를 정면에서 거부하고 글을 사회 양심을 선언하는 수단으로 하고 있다. 그는 작가로서 유럽의 보편주의를 거부하는 이유로 이원론적인 견해를 지니고 있다. 모든 것은 상대가 있기 마련이고 하나의 진리는 항상 또 다른 진리로 모순을 불러일으킨다고 생각하고 있기 때문이다.

주의해야 할 사항으로 Achebe가 아프리카인들의 경험을 글로 쓰는데 관심이 있다고 해서 전적으로 유럽의 전통과 벽을 쌓는 다는 의미는 아니라는 점이다. 그는 상당히 성숙한 태도를 보이고 있다. 아프리카 문학의 특성과 이를 감상하고 인지하는 세계인들의 균형을 강조하고 있기 때문이다: “aim at fashioning out an English which is at once universal and able to carry his peculiar experience” (*Morning Yet* 100). 유럽의 비평가들이 작가의 글을 인류학적인 차원으로 보고 있었을 때 그는 이에 대해 글쓰기는 개개인의 특유한 경험을 반영하는 것이라고 이에 반박하고 있다. 특히 작가는 개개인의 정체성에 상당한 관심을 부여하고 있다. 인간으로서 개인의 존엄과 인격을 인정하려는 의도에서이다. 더 나아가서아프리카인들은 과거 오랜 세월에 걸쳐 엄청난 고통을 당해 온 것이 사실이다. 따라서 그는 글을 통해서아프리카인들이 상실했던 자신의 정체성과 가치관을 회복하도록 도움을 주는데 큰 의의를 찾는다고 한다: “disaster brought upon the African psyche in the period of subjection to alien races” (*Morning Yet* 70).

더 나아가 작가의 중요한 의무는 과거로 되돌아가 과거의 잘못된 점들을 바로 잡아 새로이 인식시키고 이를 회복하는 일이라고 한다: “look back and try to find out where we went wrong, where the rain began to beat us" (*Morning Yet* 70). Achebe의 두 작품은 이와 같이 과거의 왜곡된 역사와 사실을 바로 잡는 데 할애되고 있는 반면에 다른 두 권의 책은 나이지리아의 엄청난 부패에 초점이 맞추어 진다. 그는 자신의 첫 작품에서 과거의 문화를 재 복원시키는 문제를 다룬다. 그러나 후기 작품에서는 현대 나이지리아인 들의 삶에 초점이 맞추어 진다. 나이지리아 내전 동안에 그는 작가로서 사회문제에 앞장섰으며 70대에는 시, 단편 소설, 아동문학, 그리고 수필 등을 통해서 사람들을 교화시키기도 했다. 어떤 형태로든지 작가의 문학 활동은 사회와 분리되어 질 수 없는 것이었다. 그의 첫 소설인 *Things Fall Apart*는 나이지리아 인들이 과거 자신들이 풍부한 역사를 지니고 있었음을 망각하고 자신감을 상실한 그들에게 희망을 북돋우어 주는 것이 주목할 만하다. 그는 자신의 수필인 『작가의 역할: *The Role of the Writer*』에서 다음과 같이 언급하고 있다: "[African people] did not hear of culture for the first time from Europeans; that their societies were not mindless but frequently had a philosophy of great depth and value and beauty, that they had poetry and, above all, they had dignity"(8).

작가 자신은 글을 쓰지만 항상 문화를 가르치는 교사로 생각했으며 과거를 낭만화 하는 대신에 사람들을 가르치는 교육자로서 역할을 사냥하지 않았다. 그러면서도 그는 과거 자신들의 조상들이 신생아들과 쌍둥이가 태어나면 숲 속에 내버려둬 죽게 하는 의식이 있었음을 그대로 각색 없이 사람들로 하여금 알게 한다. 1966년에 출판이 된 *A Man of the People*는 정치적인 주제를 다루고 있다. 작가는 고위직의 공적인 부패를 사회 비평가로서 비난하고 있다: "If you're an African, the world is upside down. We[writers] can't conceal our dissatisfaction. It is impossible to be neutral" (Trueheart 18). Achebe의 경우 모든 글들은 의도적이던지 아니면 비의도적이던지 정치적인 의미를 지니고 있으며 이를 위해 아프리카 작가들의 적극적인 노력이 필요함을 지적한다.

Achebe의 소설은 공통적으로 식민지 경험이 두드러진 현상이다. 그리고 주인공들은 모두 과거 전통 사회에 대한 가치를 많이 부여하고 있다. 그러면서도 주인공들은 자신의 필요함에 사로 잡혀 의도하는 목적을 이룰 수 없는 것이 현실이다. 반면에 전통적인 권위에 대한 실질적인 도전 또한 무시할 수 없는 현실이다. 식민주의의 영향과 세력은 전통 사회가 하나로 될 수 있는 길을 가로막고 있으며 식민지 이전의 사회는 의식적인 행동이 주된 경향이었다. 수치감과 부패는 나이지리아 인들을 제2류의 시민들로 만들었으며 백인들에게 종속물로 추락하고 말았던 것이 사실이다. 따라서 사회는 결국 위기를 맞이하게 되는 것이다. 개인적인 경험과 더불어 사회적 위기는 더해 가고 주인공들은 사회가 부여하는 새로운 질서를 거부한다. 전통 사회가 식민사회의 충돌이 일어나고 개인의 필요성은 사회가 요구하는 필요성 보다 중요시 되게 된다.

*Things Fall Apart*에서 Okonkwo, *Arrow of God*에서 Ezeulu는 영국의 영향으로 전통이 상실되어 가는 모습을 지켜보면서 낙심한다. Okonkwo는 식민지 주체 세력인 영국과의 일전을 선언하고 Ezeulu는 과거 그들의 전통이 얼마나 훌륭한 것이지를 국민들에게 인식시킨다. *No Longer at Ease*의 Obi와 *A Man of the People*에서 Odili는 자신들의 사회가 중요한 것들을 잃어 가고 있다는 사실과 개개인의 정직함을 통해서 잃어 가고 있는 전통을 바로 잡기 위해 애를 쓴다. 그러면서도 네 등장인물들은 개인의 이익이 사회의 이익 보다 항상 우선되는 것을 경험한다. 이들의 집단적인 행동을 통한 노력에도 불구하고 사회 개혁은 미온적이다.

Nigeria는 1993년 기준으로 볼 때 9000만 명 이상의 인구를 가진 아프리카에서는 인구 밀도가 가장 높은 나라이며 약 357,000평방 마일을 지니고 있어서 영국과 프랑스를 합한 크기를 약간 능가할 정도의 가장 큰 나라들 가운데 하나이다. Nigeria는 서아프리카에 위치하고 있으며 북으로는 Niger, 동쪽으로는 Chad와 Cameroon, 그리고 서쪽으로는 Benin에 의해 둘러 싸여져 있다. 500마일 길이의 남해안은 Guinea만과 접경해 있으며 Niger-Benue강은 세 개의 다양한 구역으로 분리시켜 놓고 있다. 뜨겁고 건조한 북쪽은 해발 1500피트 이상에 위치한 Savannah로 농사를 짓고 있으며 그들의 식수 원이나 다름이 없는 물이 마르지 않는 Chad 호수는 철 따라 강우량이 변화무상하며 북동쪽에 위치해 있다. 남서 지역은 분지 형태의 해안 평야와 내륙 평원으로 되어 있으며 남동 지역은 Niger강으로 인하여 삼각형으로 되어 있고 열대 우림의 산림으로 덮여 있다. Nigeria의 풍부한 석유 자원은 이 지역이 중심지 역할을 하고 있으며 이 나라의 중앙에 위치한 Abuja 신도시는 1991년 수도가 되었다. 1992년 Abuja의 인구는 약 30만 명이었으나 계속 증가 추세에 있다. Nigeria의 가장 큰 도시는 이전의 수도인 Lagos이며 아직도 행정과 경제의 중심지 역할을 하고 있다. 인근의 Ibadan도시는 1992년 통계를 보면 거의 130만 명이 살고 있으며 상업과 지적인 활동이 중심이 되는 도시이기 도하다.

Nigeria에서는 영어가 공식적인 언어로 행정, 상업, 교육 분야에 폭넓게 사용되고 있다. 일상생활에서 많은 거주자들은 일종의 혼합어에 해당하는 "pidgin"영어를 지역의 문화적인 현상에서 오는 영향으로 많이 변질된 형태의 영어를 사용하고 있다. 250인종적인 집단들이 각기 제 나름 데로의 토착어를 사용하고 있기도 하다. 이들 원주민에 해당하는 집단으로 북쪽에서는 Hausa와 Fulani, 남서쪽에서는 Yoruba, 남동쪽에서는 Igbo집단이 살고 있다. 약 인구의 절반 정도가 북쪽에 Muslim으로 살고 있으며 약 인구의 3분의 1은 남쪽에서 Christian으로 살고 있다. 전체 인구의 약 절반 정도가 영어로 글을 읽고 슬 수 있는 정도이며 Nigeria의 경제는 대개 농업이다. 노동력의 절반이 농업에 종사하며 다양하게 호밀, 땅콩, 목화, 옥수수, 쌀, 고구마, 얌, 카카오 등의 갖가지 곡물을 재배하고 염소, 양, 그리고 가축을 기르기도 한다. 그럼에도 불구하고 주기적으로 닥치는 가뭄 때문에 농업 생산은 음식을 수입할 정도로 척박한 실정이고 가령 mahogany또는 흑단의 목재인 ebony 같은 경목들이 열대 우림 지대에서 생산이 되기도 하며 도시 지역에서도 약간의 산업이 발전되고 있고 제조품은 수입에 주로 의존하는 실정이다. Nigeria는 천연 자원 ― 철, 석유, 망간, 주석, 납, 아연 등 ― 은 풍부하지만 주요 천연자원은 석유로 아프리카에서는 최대 생산국이기도 하다.

남부 Nigeria는 15세기말 유럽과 폭넓은 교류를 유지하고 있으며 그 지역의 역사는 15세기 훨씬 이전까지 거슬러 올라갈 정도의 풍부한 역사적 배경을 지니고 있다. 우선 중앙 집권적인 도시 지역으로 Kanem-Bornu가 있는데 A. D. 8세기에 세워진 곳이다. Oyo와 Benin은 14세기에 세워져 예술의 중심지로서 역할을 했으며 18세기에 와서는 수백만 명의 Nigeria인들이 유럽의 노예 거래 업자들에 의해 팔려 간 잔인한 노예시장의 중심지였으며 이들 노예들이 미국으로 끌려간 곳이기도 하다. Arab의 노예 거래 업자들까지도 이 지역을 휩쓴 역사가 있다. 19세기 초에는 노예 거래가 폐지되었으나 유럽의 거래 업자들은 계속 이곳을 찾아와서 제조품들을 그 지역 농산물과 바꾸기도 했고 아프리카에서는 영국의 식민지 가운데 가장 중요한 위치를 차지한 곳이기도 했다. 1884-1885년 Berlin회담에서 영국의 통제로 넘어간 이곳은 19세기말까지 영국 선교의 본산지이기도 했다.

영국 식민지 통제는 1900-1920년까지 막대한, 일종의 게릴라 진압이라고 볼 수 있는 "pacification" 프로그램의 일환으로 확고했으며 또 자체로 분리되었던 Nigeria가 1914년에는 단일한 식민지로서 통합이 되고 조정이 되기도 했다. 이 식민지 탄압 프로그램에서 영국은 중요한 문화적인 중심지 ― Aro의 Igbo부락민들까지 포함(영국의 식민지에 저항을 하였음) ― 를 파괴하고 식민지 정치에 반대하는 Aro 지역을 군사적인 힘으로 정복하여 대량 학살을 하는 것도 서슴지 않았다. 이는 Achebe의 *Things Fall Apart*에서 등장하는 소설 상의 Abame라고 하는 도시도 영국이 1905년 Ahiara 주민들을 학살한 것을 모형으로 하고 있음은 더욱 주목할 만한 사실이기도 하다. 이 학살 사건은 J. F. Stewart 라고 하는 영국인이 자전거로 이 지역을 여행하다가 흑인에 의해 살해되어 야기된 경우로 엄청난 파장을 일으키며 동시에 보복의 속성을 지닌 탄압을 불러일으킨 경우이다.

우수한 병기와 군사력으로 원주민들이 영국 식민지 정부에 투항하도록 하기 위해서 영국은 간접적인 전략으로 아프리카인들을 첩자로 고용하고 공무원이나 정부 관료들도 영국의 꼭두각시로서 흑인들을 고용했다. 영국의 지배로 기간산업과 도로, 철도가 발달하였지만 역시 부패와 주민을 학대하는 부작용을 초래하기도 했다. 가령 Igbo의 문화는 노년층으로 구성된 것 이외에도 한 사람을 그 부락을 지배하는 체제로 만들어 놓았기 때문에 분쟁의 갈등이 항상 있기도 했다. 사실, 잘 설립된 Igbo의 사회 관습과 전통이 영국 식민지 자들에게는 익숙하지 않았기도 했지만 기본적으로 사회적인 조직이나 구조가 없이 살아가는 야만인들이나 하는 문화라고 생각하고 갖가지 만행을 자행하기도 했다.

사실 Achebe작품들 가운데 상당한 부분은 야만적이고 원시적인 문명이 아니라 세련된 문명과 문화가 있었던 식민지 이전 Nigeria의 과거를 되찾는데 있다. Achebe는 그의 영향력 있는 글인 "The Novelist as Teacher,"에서 다음과 같이 기록하고 있다.

> Here then is an adequate revolution for me to espouse — to help my society regain belief in itself and put away the complexes of the years of denigration and self-abasement. And it is essentially a question of education, in the best sense of the word.... I would be quite satisfied if my novels (especially the ones I set in the past) did no more than teach my readers that their past — with all its imperfections — was not one long night of savagery from which the first Europeans acting on God's behalf delivered them. (Morning 44-5)

Achebe의 후기 소설, 특히 *Man of the People*과 *Anthills of the Savannah*는 역사에 관한 이야기 형식으로 1960년 10월 1일 영국으로 부터 공식적인 독립을 한 이후, Nigeria에서 탈식민지 시대를 조명하고 있다. 독립을 이룩한 국가로서 Nigeria는 북부, 서부, 그리고 동부로 행정구역이 구분되었고 최초의 탈식민지 정부는 Northern People's Congress (NPC) 그리고 National Council of Nigeria and the Cameroons (NCNC) 양당 연합으로 이루어 졌다. 1963년에는 NCNC의 Nnamdi Azikiwe가 최초의 대통령이 됨으로써 공화국이 되었다. 독립 초기에는 정치적인 혼란이 지속되었고 1966년에는 Igbo 군사장교들에 의해서 쿠데타가 성공하여 Johnson T. U. Aguigy-Ironsi가 장군으로 군사 정부를 이어가게 되었다. 1966년 7월까지 Ironsi는 다른 쿠데타 세력인 Hausa에 의해 살해되었고 Yakubu Gowon에 의해 지배되는 신

정부는 민간 정부로 이양할 생각을 하고 있었으나 Hausa가 지배 세력으로 있는 북부에서 여러 명의 Igbo거주자들이 살해됨으로써 내부 갈등을 겪고 또다시 불안정한 국면으로 치닫게 되었고 Chukwuemeka O. Ojukwu에 의해 동부 지역이 Nigeria에서 탈퇴하기까지 이른다. 그리고 Ojukwu는 1967년 5월 30일에 이 지역을 "the Republic of Biafra"라고 선포하게 되었다. 동족상잔의 피비린내 나는 전쟁이 계속되었고 결국 1970년 1월 15일에 Biafra는 항복을 한다. 이를 계기로 백만 이상의 Igbo주민들이 사망한 것으로 추정이 된다는 보고가 있기도 했다.

1970년대에 들어서 기름 값의 상승으로 Nigeria는 한때 번영 일로를 맞이하면서 Abuja를 수도로 새로 지정하지만 산업화와 대규모 정부의 건설 촉진 계획의 일환으로 막대한 부가 외부로부터 유입이 되고 엄청난 부패를 경험하게 된다. 1975년까지 Gowon은 여전히 민간 통치로 완전히 복귀하는데 많은 어려움을 겪었으며 그의 정부는 Murtala Muhamad와 그의 군 장교들에 의한 쿠데타로 정부를 전복 당하게 된다. Muhamad는 일 년 후 쿠데타 실패로 암살되고 Olusegun Obasanjo장군이 다시 정권을 맡게 되었다. 그러나 1970년대 말에는 정부가 미국과 밀접한 관계를 유지하면서 Alhaji Shehu Shagari가 대통령직을 이어받고 미국식 민주주의를 답습하게 된다. 새로운 연방 체계는 역시 부패와 사회의 혼란으로 고통을 받게 되지만 Shagari는 1983년 다시 대통령에 선출되지만 몇 달 후 군사 쿠데타로 다시 전복을 당한다. 1985년에 있은 쿠데타로 1993년까지 군사 정부가 권력을 떠맡게 되었으며 군사—민간정부 형태의 혼합정부가 들어서게 되었다. 그러나 1993년 Sani Abacha는 무혈 쿠데타로 Moshood K. O. Abiola가 최근 선거에서 당선된 것이 무효라고 주장하게 된다. Abiola는 대통령에 당선되고 1년 후에 감옥으로 가고 Abacha가 권력을 잡고 독재적인 정치를 펼친다. 최근 그는 1998년에 Nigeria를 민간정부로 이양한다는 새로운 계획을 발표하기도 했다.

Chinua Achebe는 Africa뿐만 아니라 전 세계적으로 가장 잘 알려진 소설가이다. 1930년 동부 Nigeria에서 태어났으며 세례명은 Albert Chinualumogu Achebe이다. 그의 아버지는 기독교복음주의자로서 교사로서 독실한 신앙을 가졌다고 한다. 그럼에도 불구하고 많은 Igbo사회에 사는 주민들은 전통적인 관습과 종교에 의존하고 있다. Achebe는 어려서부터 탈식민지 문학이 가지고 있는 일종의 이질적이면서도 다양한 복합성 hybridity를 지녔음을 볼 수 있다. 사실 그의 자서전적인 글 "Named for Victoria, Queen of England"에서 Achebe는 그의 어린 시절이 여러 문화를 경험하면서 보냈음을 "문화의 교차로" ("the crossroads of cultures")로 묘사하고 있다.

> On one arm of the cross, we sang hymns and read the Bible night and day. On the other, my father's brother and his family, blinded by heathenism, offered food to idols. That was how it was supposed to be anyhow. But I knew without knowing why that it was too simple a way to describe what was going on. (Morning 119-20)

Achebe는 그의 부모님들이 기독교를 지지하지 않는 이교도들을 무시하였다고 회상한다. 어쨌든, Achebe는 20세기 Igbo사회에서 그가 개인적으로 체험한 사회적 문화적 배경을 바탕으로 글을 썼으며 그가 추구하는 이질적이고 복합적인 속성은 마찬가지로 그의 작품의 성격을 결정하는데 상당히 영향을 미쳤음을 보여주고 있다. 나이가 들어감에 따라서 그는 그의 부모님 집에서 독서를 많이 했으며 이를 계기로 유럽 문학의 우수성에 관한 그의 막연한 느낌을 강화시켜 주는 계기가 되었다. 그의 회고록에 의하면 이들 작가들은 모두 유럽 출신의 유럽인들이었음을 말하고 있다: "the same Europeans who made all the other marvelous things like the motorcar. We did not come into it at all. We made nothing that wasn't primitive and heathenish" (Morning 123). Achebe의 교육적인 배경으로는 그가 Nigeria가 영국 식민지 통치하에 있을 때 학교교육을 받았으며 지방 기독교 학교에서 교육을 받기도 했으며 Umuahia에 위치한 Government College 그리고 Ibadan에 위치한 University College에서 1953년 학사학위를 받았다고 전해진다.

Achebe는 대학시절 문학에 몰두했으며 영국의 작가들—Shakespeare, Milton, 그리고 Wordsworth, 더 나아가서는 영국의 아프리카에 대한 식민지 작가들인 Joseph Conrad, Graham Greene, 그리고 Joyce Cary같은 작가들을 비롯하여—에 관한 책들을 많이 탐독한 것으로 전해진다. 그러나 점차적으로 이들 작가들이 Achebe의 관점이 아닌 서구인들의 관점에서 시종일관된 글을 쓴다는 사실을 깨닫고 있었음을 그는 다음과 같이 서술하고 있다: "At the university I read some appalling novels about Africa (including Joyce Cary's much praised Mister Johnson) and decided that the story we had to tell could not be told for us by anyone else, no matter how gifted or well-intentioned" (Morning 123).

University College를 졸업하자 Achebe는 Nigeria 방송국에서 프로듀서로서 잠시 일을 하게 되고 영국의 BBC에서 수업을 쌓았던 London으로 여행을 하면서 이때부터 서서히 글을 쓰기 시작한다. 이 당시는 단지 유럽인들의 아프리카인들에 대한—*Mister Johnson*—일반화된 편견에 대한 반응의 글들로서 단편 위주의 소설들이었다. 그의 첫째 소설인 *Things Fall Apart*는 1958년에 출판이 되었고 영어로 된 현대 아프리카 소설로서는 바탕이 된 경우이기도 하다. 이 소설의 초점은 영국이 Nigeria를 정복하는 동안 서방의 기독교를 가장한 선교와 식민지 통치가 식민지 이전의 Igbo사회가 지닌 문화를 비롯한 갖가지 전통을 파괴하는 양상을 생생하게 묘사하고 있다. 그의 두 번째 소설인 *No Longer at Ease* (1960) Nigeria가 영국으로부터 독립한 해에 출판이 되었고 특히 두 번째 소설의 주인공은 첫 소설의 주인공의 손자임이 특이하다. 그리고 1950년대 Nigeria사회가 영국으로부터 독립해 가면서 겪는 갈등을 주로 묘사하고 있다.

Achebe는 Nigeria방송국에서 계속 일을 하면서 1961년에는 Director까지 된다. 이 기간 동안에도 글을 계속 쓰면서 동아프리카를 비롯하여 영국 브라질 등지며 여러 곳을 여행하기도 하였다. 1964년에는 *Arrow of God*를 출판하고 1020년대 ─ *Things Fall Apart*보다는 약간 늦지만 ─ Igbo사회가 영국의 식민지가 된 이후에도 여전히 유럽의 문화에 대한 접촉이 거의 없는 상태에서 식민지화된 Nigeria를 묘사하고 있다. 이들이 아프리카의 전통적인 관습과 신앙을 중요시 하면서도 식민지 개척을 위해 일하는 영국인들에 대한 관심을 갖게 되는 모습이 그 중심이 된다.

1966년 Achebe는 *A Man of the People*를 출판하고 신생국가가 겪는 엄청난 부패를 정치적인 풍자로 묘사하고 있다. *A Man of the People*은 Achebe로서는 과거를 재창조하는 분위기에서 현실 참여라는 갈등을 겪어야 하는 전환기를 맡는 작품으로 정치 사회적인 동요와 불안으로 그는 Lagos를 떠나 동부의 Igbo사회로 피신을 하게 된다. 잇달은 갈등으로 그는 Biafra에서 엄청난 재난이 몰아 칠 것을 염려하면서 장편보다는 단편 위주의 소설을 쓰게 되었다. *Beware, Soul Brother*는 시집으로 1971년에 출판이 되었다. 1972년에는 Achebe는 처음 권위 있는 Commonwealth Poetry Prize를 받게 된다. 그의 단편집인 *Girls at War and Other Stories*는 1972년에 역시 출판되었다.

Achebe는 1987년이 되어서야 *Anthills of the Savannah*를 출판하게 된다.

이 작품은 그에게선 가장 복잡한 작품으로 서구 모더니즘 소설을 연상시키는 복잡한 narrative form을 추구하고 있지만 아프리카의 oral form을 벗어나지 않고 있는 작품이다. 부분적으로는 사회 속에서 storytelling의 힘과 기능에 대한 명상을 도입하고 있는 이 책은 탈식민지 정치에 대한 또 다른 풍자이며 소설 상의 아프리카 국가로 묘사되는 Kangan에서 군사 독재를 묘사하고 있다. Nigeria의 Civil War에 영향을 받은 이 작품은 많은 아프리카 국가들이 신음하는 폭력과 부패를 비난하고 있다. 이와 같이 Achebe의 다섯 권의 책들은 19세기 말 영국의 식민지를 개척하면서 부터

20세기말까지 아프리카의 원한을 쌓아 왔던 권력의 남용에 이르기까지 광범위하다. 그의 네 번째 소설과 다섯 번째 소설이 나오는 20년간 그는 미국의 대학에서 상당한 시간을 대학에서 강의하면서 보낸다. 1983년에는 대통령 후보로 요청을 받고 거절하였으며 이를 계기로 그는 국제적인 명성을 더욱더 얻게 된다. 1975년 그는 흔히 MLA (Modern Language Association of America)에서 명예회원 Honorary Fellow로 지명이 된다. Nigeria인으로는 처음으로 Nigerian National Merit Award를 두 차례 받았으며 더욱더 놀라운 사실은 그가 아프리카, 유럽, 그리고 미국의 대학으로부터는 20차례 이상 명예 학위를 받았다는 점이다. 한편 Achebe의 강연과 글들은 수집이 되어 *Morning Yet on Creation Day* (1975) *Hopes and Impediments* (1988)라는 이름으로 출판이 되기까지 하면서 유럽인들에 의한 전형적인 아프리카인의 모습을 쇄신하는 계기가 된다. 현재 그는 그이 처와 함께 New York의 Annandale에서 살면서 Bard College에서 가르치고 있다.

사실 미국 대학의 어떤 도서관을 둘러보아도 아프리카 작가들 가운데서 특히 Achebe에 관한 비평 서적들이 압도적으로 많음을 파악하는데 그리 시간이 많이 소요되지 않는다. 1990년까지 Achebe에 관한 쓰여진 책의 목록을 보아도 1,453가지이며 이중에서 Achebe자신이 쓴 글이 287가지이다. 중요한 Achebe 연구서로는 *Achebe's World*로서 Achebe 작품의 역사적인 배경을 다루고 있다. 이외에도 David Carroll, Simon Gikandi, C. L. Innes, G. D. Killam, Benedict Chiaka Njoku, Umelo Ojinmah, 그리고 Arthur Ravenscroft등이 있다. 대부분의 책들이 Achebe의 작품을 비롯하여 아프리카 소설에 관한 일반적인 연구를 다루고 있다. 비평서로는 Obiechina의 *Culture, Tradition and Society in the West African Novel*, JaMohamed의 *Manichean Aesthetics*, 그리고 Gikandi의 *Reading the African Novel*이 있다. 최근에는 MLA에서는 Bernth Lindfors가 편집을 맡아 갖가지 접근 방법을 친절하게 설명하는 글이 나오기도 하였으며 대개는 대학원 박사과정의 학생들이 학부 학생들을 가리킬 때 사용하도록 하는 일종의 방법론으로 이해하면 수월하다.

1. 『더 이상의 평안은 없다: *No Longer at Ease*』

그의 두 번째 소설인 『더 이상의 평안은 없다』(1960)에서 Achebe는 식민지 통치로부터 독립을 준비하는 나이지리아 인들에 초점을 맞춘다. 소설은 젊고 총명한 대학원생인, *Things Fall Apart*에서는 Okonkwo의 손자인, Obi가 그리는 세계를 묘사하고 있다. 종족들은 이미 무력해 졌으며 부패로 하나가 되는데 많은 어려움을 겪는다. 그들은 이미 농사를 짓는 일을 포기하고 그들의 부락을 떠나 새로운 곳에서 일자리를 찾고 돈을 벌기 위해 혈안이 되어 있다. 뇌물과 같은 악성 부패는 거의 모든 거래 행위를 하는데 까지 침투하게 되고 Obi는 스스로 교육을 받은 사람으로 자부하지만 부패의 고리 앞에 너무도 무력한 풋내기 공무원일 뿐이다.

작품이 시작되면서 Obi는 스스로 뇌물을 받은 것에 대한 죄책감을 느끼는 동시에 과거에 대한 회상 형식으로 플래쉬백 기법을 도입하고 있다. Obi는 4년간 영국의 대학에서 공부를 했으며 윤리적인 책임감을 키웠다고 자부하며 또 그가 사랑하는 여성으로 Clara를 만났다. 나이지리아로 돌아와서 Clara와 함께 부패를 방지할 의무감을 가지고 Clara와 함께 공무원 일을 맡기로 했다. 곧 그는 자신이 사랑하는 Clara가 자신의 전통으로는 결혼을 할 수 없는 노예 (osu)의[1] 딸임을 알게 되지만 약혼을 한다. 그의 부족은 약혼을 허락하지 않고 그는 분노하지만 부족에서는 그의 밀린 학비 지불 연기 문제로 그에게 고통을 준다. 공무원으로 일을 하면서 이제 뇌물을 거절 할 수 없는 입장에서 Clara가 돈을 대출해 주겠다는 제의를 거절하고 부족들이 반대한 다는 사실을 알고 그녀는 약혼을 파기한다. 그러나 그녀는 이미 임신을 한 상태이고 Obi는 낙태를 할 수 있는 의사를 찾는데 도움을 준다. Obi의 어머니는 사망하고 그는 어머니의 장례식에 참석을 하지 못한다. 재정적인 어려움이 가중되자 그는 뇌물을 받기 시작한다. 그러나 자신의 정직함을 끝까지 지키지 못하고 체포된다.

Obi가 이상적으로 생각했던 정직한 사회는 나이지리아 사회의 부패로 이루어 질 수 없는 꿈이 된다. 영국의 관료주의 적인 사회가 그 영향을 확대하는 가운데 전통적인 사회구조의 고수는 어려운 일이 된다. 이런 와중에서 기회주의적인 삶의 구조를 벗어나 독립적으로 정직한 삶을 산다는 것은 어려운 일이 된다. 이런 부패의 원인들 가운데 하나는 종족들이 전통적인 가치관을 상실하게 됨으로써 비롯된다. Umuofia종족들은 항상 과거의 가치관에 많은 중요성을 두어 왔다. Obi가 종족들의 규칙을 거부할 때에도 또 잠을 잤다는 이유로 종족들이 해고당할 때에도 종족들이 할 수 있는 일이란 없다. 부패가 판을 치는 상황에서도 이를 방지할 힘도 없었고 변화하는 세상을 그냥 이방인처럼 쳐다보고 방관을 하는 것이 전부였다: "We are strangers in this land. If good comes to it may we have our share" (14).

---

1) 나이지리아 전통에 의하면 osu는 노예보다 신분이 낮은 계급으로 노예가 아닌 평민들과는 결혼을 할 수 없도록 되어 있다. 보다 자세한 내용은 Wren 39-40을 참고하기 바란다.

종족들은 공무원이 되면 좋은 차를 타고 좋은 옷을 입고 부자가 된다는 생각을 하고 있다. 공무원이 된 흑인들은 백인들의 가치관과 그들이 원하는 정도의 삶의 방식을 지녀야 한다. 이런 생활이 가능한 유일한 방법은 뇌물을 받는 것이다. 나이지리아 사회의 도덕이 무너지는 것은 결국 부패가 고개를 들기 시작하는 발단이 된다는 점이다. 식민지 관료주의 사회에서 뇌물을 받지 않는다는 것은 상상조차 할 수 없는 일이다. Obi가 체포당했을 때 사람들이 생각하는 것은 뇌물 그 자체가 아닌 뇌물을 수수함에 있어서 체포당할 만큼 부주의했다는 점이 놀라울 뿐이다.

교육과 경제적인 발전 또한 부패와 무관하지 않다. 교육을 엘리트와 하층인들은 만들었으며 평범한 사람들은 대학 학비를 마련하기 위해 돈이 필요하게 되고 공무원으로서 아이들을 학교에 보내기 위해서는 학교 장학 위원회 임원들을 뇌물로서 이용하지 않을 수 없게 된다. 부패는 종교적인 영역까지 포함이 되어 진행된다. 기독교에서는 모든 사람들이 평등하다고 설교를 하지만 Obi의 아버지는 osu와 결혼을 하려는 자신의 아들의 뜻을 받아들이지 않는다: “We are Christians.... But that is no reason to marry an osu” (126). 사회 모든 곳곳에서 부패는 피할 수 없는 운명처럼 보인다. 사람들은 도덕의식은 아랑곳하지 않고 자신의 이익만을 챙기기에 바쁘다.

Obi가 자신은 정직하게 살겠다고 다짐을 하지만 그의 생각은 현실과 너무 동떨어진 것이었고 이를 계기로 자신의 이상은 이상으로 끝나고 말게 된다. 사실 그의 삶은 영국에서의 교육에 상당한 영향을 많이 받게 되고 그의 교육은 나이지리아의 부패를 척결하는데 많은 도움이 될 것으로 생각했다. 실제로 그는 세무 공무원이 뇌물을 받는 것을 보고 경찰을 부르겠다는 의지를 보인다. 더 나아가 Obi는 자신이 Okonkwo의 후손임을 자랑스럽게 여기고 있다. 그가 집으로 돌아오면서 버스 운전사가 경찰에게 뇌물을 주는 것을 목격하지만 그는 이를 제지할 방법이 없다. 그리고 자신이 정직한 사람으로 남겠다는 의지를 보이지만 그가 자동차 보험을 갱신하면서 지불해야 할 돈을 내지 못할 상황에서 그의 의지는 힘을 잃어 가는 것이다.

Obi는 그의 할아버지였던 Okonkwo의 도전적인 기질을 물려받은 인물로서 상당히 독립적이며 개성이 강한 인물이다. 그의 할아버지는 자신의 의견이 대중들로부터 지지를 얻는 것이 중요하다고 생각했지만 Obi의 경우는 자신의 부모님을 생각한다. 그의 부모님들로부터 결혼에 대한 반대에 부딪히자 그는 처음으로 가족의 지지를 필요조건으로 내세우지 않는다. 대신 그는 잠시 후에 다음

과 같이 생각한다: “If I could convince my mother...all would be well” (76). 두 번째로 그는 만약 자신의 어머니가 허락을 하지 않으시면 어려움이 많게 될 것임을 잘 알고 있다.

이런 그의 행동들은 궁극적으로 부모님들과의 알력을 나아가고 그가 뇌물을 받아들이지 않으면 안 되는 재정적인 위기를 맞이하게 된다. 비록 그가 자신의 도덕적인 정직함을 이룩하겠다는 의지를 보이고 있지만 그의 재정적인 문제를 해결할 수 있는 수단은 그가 뇌물을 포기할 수 없게 만들고 있는 것이다. 심지어 그는 어느 여성으로부터 성적인 관계를 가짐으로서 어떤 일을 보장하는 성적인 관계를 전제로 한 뇌물까지 제의를 받게 되고 부패의 고리가 모든 곳곳에 산재해 있음을 현장감 있게 목격하고 경험하게 된다.

Obi가 이와 같은 그의 정직함을 수정하지 않으면 안 되는 결정적인 사건은 가족들로부터 재정적인 외면을 받기 시작하면서이다. 특히 그의 어머니가 결혼을 반대함으로써 더욱더 심각해진다. 그의 어머니는 심지어 Obi가 osu와 결혼을 하게 되면 자살까지 하겠다는 단호한 의지를 보이자 그는 Clara와 결혼을 하는 문제와 뇌물을 받아들이는 문제로 더욱 고민을 하게 되며 자신감마저도 상실하게 된다. 결국 그는 첫 번째로 범죄행위를 하게 된다. Clara가 낙태를 할 수 있도록 도움을 주는 것이다. 그리고 그가 그녀를 자신 옆에 두고자 하는 노력이 사실은 무용함을 이제야 깨닫게 된다.

이제 사랑하는 여성을 내 보내고 또 부모와의 갈등으로 받은 상처는 Obi로 하여금 또 다른 형태의 행동으로 내 몰게 된다. 애인이 떠나고 그는 자가 자신의 이기적인 본능을 되찾는다. Obi어머니의 죽음은 더욱 그를 사회로부터 소외시킨다. 그리고 더 이상은 뇌물을 거부할 힘이 없어지게 된다. 정직함과 도덕성을 강조한 자신은 이미 죽었음을 알게 된다: “beyond death there are no ideals...only reality” (156). 그의 어머니가 사망하자 자신이 끝까지 지키기로 했던 도덕의식과 정직함은 괘도 수정을 하지 않으면 안 되게 되었고 또 다른 행동으로 이끌어 간다. 이렇게 해서 여러 사람들은 그를 찾아와서 자신의 아이들이 장학금을 받을 수 있도록 해 달라고 추천을 하고 뇌물을 제공하자 그는 이제 도덕을 위해 저항하고 정직하게 살고자 했던 의지를 꺾게 된다.

심지어 그는 그의 이상은 자신의 어머니가 사망하면서 함께 죽었다고 선언을 하게 된다. 그러나 그의 결단은 서서히 그 모습을 잃어 가지만 그의 이상은 완전히 포기된 상황이 아니다. 그는 20파운드의 뇌물을 받은 것에 대해서 죄책감을 느끼고 법정에서는 그가 교육을 받은 인물이며 장래가 촉망이 된다는 힐책을 하게 된다. 그가 만약 그 정도의 타락한 인물이었다면 그 이상의 뇌물을 그가 받을 수도 있었을 것이다. 그러나 그가 받은 돈은 겨우 20파운드였다. 궁극적으로 Obi는 자신과 자신의 사회에 대한 인식 부족으로 실패하는 인물이 되어 가고 있다. 그가 osu와 결혼을 하고 뇌물을 받지 않겠다는 결의를 보였던 것은 그가 전통에 대한 저항을 나타낸 부분이었지만 자신의 의지가 사회에 미치는 영향에 대해서는 그렇게 많은 생각을 하지 않은 것이다. 자신의 계속되는 이상에도 불구하고 그는 범죄자로서 자신을 조소하며 엄청난 도전에 직면해 있는 것이다.

2. 『신의 화살: *Arrow of God*』

*Things Fall Apart*가 나온 이래로 10년이란 세월이 흘러 『신의 화살』이 1964년에 세 번째로 발표된 이래로 노벨문학상에 강력한 후보로 선정되기도 했던 작품이며 전 세계적으로도 유명한 상을 휩쓸었다. 1920년대 나이지리아의 이보 마을(Igbo), 우무아로(Umuaro)를 배경으로 하고 있다. 영국의 영향으로 전통의 권위와 종교적인 전통까지도 상당히 많은 피해를 입게 된다. 주인공인 Ezeulu는 Umuaro의 대사제(Chief Priest)는 물리적인 힘보다는 지성을 중시하며 전통의 영향이 약화되어 가는 원인으로 영국보다는 자신의 종족에 그 원인을 돌리고 힐책을 한다. 도전적인 그는 자신의 종교를 고집하며 다른 신을 섬기는 사람들과 마찰을 일으킨다. 한동안 평안하게 지내던 이들은 서로 토지에 대한 분쟁을 다시 불러일으키고 험악한 전쟁을 하자 백인이 군대를 데리고 와서 전쟁을 중지시키고 토지는 되돌려 준다. 이후 지방에 교회가 세워지고 행정관서가 들어서며 백인들은 엄청난 힘으로 정복을 일삼으며 점점 더 자신들의 영역을 확장시킨다. 백인들은 이들 원주민들의 종교의식을 배우기 위해 사람들을 보내기도 하지만 원주민들이 섬기는 비단뱀을 궤짝에다 가두어 죽임으로서 이들의 신을 모독하게 된다. 이런 와중에서도 백인들의 영향으로 원주민들 가운데 상당히 많은 사람들은 자본주의와 근대화의 유혹에 빠져들기 시작하고 있었다. 그럼에도 불구하고 최고 사제는 자신의 종교를 끝까지 지킨다. 곧 사제의 아들이 추수감사절에 죽으며 많은 이들은 장례를 위해서 교회로 몰려든다. 아들이 죽은 것은 신의 저주였을까? 아니면 처음부터 존재하지도 않았던 신을 가장한 원주민들의 의식이었을까? 어쩌면 급속하게 변화하고 있던 사회의 걷잡을 수 없는 사회 분위기이었을까? 이렇게 원주민들은 그들이 소중히 여겨 오던 전통과 문화가 서서히

그 발판을 상실해 가고 있음을 느낄 수 있었다. 등장인물들의 심리적인 갈등을 통해서 식민지 백인들의 행정을 비난하고 있으며 불길한 예감이 작품 전체를 흐르고 있으며 원주민들의 저항도 만만치 않다.

이들 종족의 권위는 처음으로 위협을 받게 된다. Okperi는 Umuaro에게 땅의 소유에 대해 소유권을 주장하면서 도전한다. 이를 계기로 두 종족 간에 전쟁이 일어나고 Umuaro는 많은 피해를 입게 된다. Ezeulu는 Ulu신을 섬기는 자로 종족을 보호하는 사람이었지만 전쟁에서 지지를 보내지도 않고 땅의 소유에 대한 불씨를 일으킨 인물로 종족들로 부터 비난을 받는다. Umuaro가 기독교로 개종하지 않은 것은 그의 전통에 대한 고수를 의미한다. 그러던 어느 날 종족들 가운데 금기로 여겨져 온 python 뱀을 주일날 죽임으로서 새로운 상황을 맞이한다. Ezeulu는 자신의 성스런 임무를 더 이상 행하지 못하는 처벌을 받고 2개월간 감옥에 갇힌다. 감옥에서 그는 보복을 결심하게 되고 그가 Okperi감옥으로부터 되돌아오자 그의 아들인 Obika는 죽는다. 이는 자신이 섬겨 오던 Ulu신이 그를 포기한 것을 의미한다. 많은 종족들은 아사하는 것이 두려워 기독교로 개종을 하고 Ezeulu또한 전통적인 권위를 유지하기 힘이 들어진다.

영국의 Umuaro에 대한 압력은 거세지고 Umuaro와 Okperi와의 분쟁이 일어난다. 영국은 이들 분쟁에 개입하고 총기를 모두 없앤다. 이를 계기로 그들은 스스로 치욕감을 느끼게 된다. 이런 수치감이 가져온 궁극적인 결과는 종족들의 화합을 해치게 되고 곧 부족들은 서로 서로를 불신하게 되고 의심을 한다. 이를 계기로 이들의 공동체 사회는 파국으로 치닫게 된다.

영국인들은 돈으로 이들 종족들이 전통 사회로부터 이탈하도록 조장하며 이들에게 돈을 벌 수 있는 일자리를 제공하기도 한다. 이를 계기로 상당수의 부족들은 자신의 전통 사회를 포기하고 영국의 관료주의 조직으로 가담하자 부족의 와해는 시간문제가 된다. 공동체적인 부족 사회는 그 명맥을 유지하기가 어려워지는 위기를 맞이하게 된다. 이들이 부족장의 명령을 신의 명령으로 따르고 복종했지만 이제 스스로 선택을 하게 됨으로써 놀라운 변화를 경험하는 것이다. 과거 이들이 전통적인 권위를 거부하게 되었을 때는 굶어 죽는 위험이 있었지만 이제 전통 사회의 권위는 그 힘을 상실하게 된 것이다. 간단히 말해서 전통 사회의 Umuaro는 영국이 종족들에 개입하게 됨으로써 치명적인 결과를 초래하게 된 것이다.

이들이 경험하게 된 치욕스런 상황과 공동체 사회의 와해로 부족들은 전통적인 권위에 회의를 느끼기 시작했으며 영국에 대해 가지고 있었던 적대감을 서서히 누그러뜨리기 시작한다. 이렇게 해서 전통 사회와 기독교 사회는 영원한 분열의 길을 걷게 된 것이다. Ezeulu는 평생 그의 삶을 자신의 종족들을 위한 헌신적인 삶이었기 때문에 전통적인 사회의 틀이 허물어지는 것에 깊은 염려를 한다. 그는 자율적이고 독립적인 삶을 선호하고 있는 것이다. 종족들이 전통에 대한 회의감을 지니게 된 것에 대해서 그는 분개하고 있다. 이제 그는 종족들에 대한 헌신이나 협조는 잊은 지 오래고 이들에 대한 보복의 칼날을 갈고 있다.

여러 가지 방식에 있어서 Ezeulu는 Okonkwo와 상당히 반대되는 인물이다. Okonkwo는 무사로서 문제의 해결을 자신의 물리적인 힘에 의존을 했지만 Ezeulu는 종교적인 인물로 지성에 의존하는 경향이 강하다. 그는 육체적인 힘을 과시할 필요가 없었다. 그의 개인적인 권위가 위협을 받게 되었을 때 그는 분개해 하는 것이다. 그는 영국의 식민지가 도착하자 이에 대하여 폭력적인 행동으로 저항하는 Okonkwo와는 달리 계산된 행동을 하기 시작하고 자신의 아들인 Oduche를 기독교 학교에 보내어 영국에 대해서 배우도록 하기까지 한다. 이들은 모두 자신의 전통을 소중히 여겼으며 종족을 보호하는 인물들이었다. 반은 인간으로 그리고 다른 반쪽은 신의 역할을 동시에 수행한 인물들인 것이다.

게다가 그가 자신의 신인 Ulu와 부족들에 대해서 그토록 헌신적인 관심을 보여 온 것은 자신의 독립적인 행동에서 그 원인을 찾을 수 있을 것이며 자신을 다음과 같이 묘사하고 있다: "I have my own way and I shall follow it. I can see things where other men are blind"(149). 그는 지도자로서 상당히 사려 깊은 인물로 결코 Okonkwo와 같이 경솔한 행동을 하지 않았다. 그의 주된 관심은 독립된 삶과 자치였기 때문이다. 그는 과거의 경험을 통해 자신의 위치와 앞으로 부족을 통치하는 힘을 얻었고 앞날에 대한 확신은 비교적 적은 인물이다. 그는 자신의 사회적인 신분을 이용하여 개인주의적인 힘을 강조하고 있으며 Okperi와의 전쟁에서 공동체 사회 구성원들의 의견을 중시하지 않고 개인적인 판단에 따라 모든 조치를 하게 한다. 더 나아가 Oduche를 기독교 학교에 보냄으로써 공공의 여론을 잠재우기도 한다. 다른 여론이 있어도 자신이 한 조치에 대해서는 변경할 의지가 없는 인물이기도 하다. 그가 부족들과의 떨어져 있었을 때는 마치 어린아이와 같은 존재임을 느끼게 된다: "[Being separated from his office and his god makes him feel like a] child whose stern parent had gone on a journey" (181). 다시 말해서 그가 종족들과 분리되어 존재할 때는 삶의 목적이 없게 된다는 점이다.

아이러니컬하게도 그의 자율적이고 독립적인 행동은 오히려 Ezeulu가 그의 부족들로부터 의심을 가지게 하는 원인이 되고 있다는 점이다. 더 나아가 그의 아들을 기독교 학교에 보내는 점과 Okperi와의 전쟁을 반대하는 점, 그리고 영국인 전초 기지에 자주 방문한 점들은 오히려 자신의 부족들로 하여금 그가 영국인들과의 무슨 거래가 있지나 않은 가하는 의심을 가지게 했던 것이다. 그러나 Ezeulu에게서 모든 일들을 처리하고 통제하는 것은 Ulu신이라고 생각하는 것이다. 따라서 그의 부족들은 더욱더 자신에게 존경을 표함으로써 Ulu 신의 뜻을 헤아려야 한다고 한다. 그는 너무도 격분해서 감옥에 있는 동안에도 다른 생각은 없이 출감해서 부족들을 처벌하고 보복하는 문제에만 집착하고 있다. 그가 자신들의 부족들과 더 오래 떨어져 있을수록 보복하기에는 더욱더 적합하다는 잔인한 생각을 지니게 된다. 이런 분노 속에서 그는 자신의 생각이 자신이 섬겨오던 Ulu신의 뜻이 아님을 도저히 깨달을 수가 없는 것이다.

그가 부족들을 처벌하겠다고 결심하자 그것이 곧 Ulu신의 의지인 것으로 생각이 된 것이다. 그는 부족의 원로들이 하는 말을 듣기를 거부하고 오직 보복을 하는 방법에만 열중한다. 자신의 신변에 어떤 불행한 일이 일어나는 것은 Ulu 신이 자신의 뜻을 거역하는 행위라고 하지만 가장 중요한 시기에 자신의 아들이 죽음으로서 Ulu신의 뜻이 아님을 경고하고 있다. 이런 상황에서 그의 권위는 실추하고 그는 거의 미친 지경이 된다.

그의 부족 가운데 미치는 영향에도 불구하고 자신의 뜻만을 고집함으로서 그는 어려운 상황에 처한다. 결국 자신의 종족을 거역하고 그에게 남은 것은 아무것도 없게 된 현실이다: "no man ever won judgement against his clan" (261).

3. 『사람들: *A Man of the People*』

Achebe의 네 번째 소설인 *A Man of the People*는 1966년에 출판이 되었고 식민지 통치로부터 독립을 쟁취하기 위해 애쓰는 사회에 초점을 두고 있다. 이제 부패는 사회에 만연이 되었고 주인공인 Odili는 학교 교사로서 부패를 방지하기 위해서 최선을 다한다.

이야기가 시작되면서 Odili는 사람들에 둘러 싸여져 있다. 삶이란 더욱더 폭력적이고 불안하다. 영국이 물러나면서 Odili는 부족의 부패한 정치인 Chief Nanga가 부족을 방문할 때마다 그의 분노는 엄청나다. 그러나 그가 Nanga를 직접 만나자 그의 인품에 사로잡히고 그의 집에 초대까지 받게 된다. 방문 중에 그는 부패 정치인이라는 생각을 잊게 되고 그의 부와 권력에 경외심을 지니게 된다. 결국은 그를 돕기로 하고 적극적으로 활동한다. 그러나 Nanga가 자신의 여자 친구인 Elsie를 강간하자 그의 생각은 혼란스럽게 되고 Nanga의 두 번째 아내가 될 사람인 Edna를 유혹함으로써 대항한다. 그의 단순한 동기에서 시작된 그녀의 유혹은 그 범위를 능가하고 상황은 더욱 어려운 지경이 된다.

Odili는 Nanga로 부터 뇌물을 제의 받고 그를 위한 선거 캠페인을 그만 둘 것을 요청 받고 심지어 미움을 받지만 그는 계속 선거 운동을 계속 펼친다. 선거 결과는 패배로 끝나고 Odili는 구타를 당하고 Max는 살해된다. 군사 쿠데타로 Nanga와 그의 정부가 전복이 되자 Edna는 Odili와 약혼을 한다. 이들 사회에 부패는 곳곳으로 퍼지고 도덕은 그 뿌리를 잃어 가고 있게 된다. 전통적인 가치관과 의식은 찾을 수 없고 모두가 떠돌아다니는 상황이다. 부분적으로는 가치관이 상실되지 않고 살아 있는 경우를 보기도 한다. 그러나 이런 도덕의식은 공동체 사회를 하나로 통합하기에 역부족이다: “in the affairs of the nation there was no owner, the laws of the village became powerless” (140).

부족의 사람들은 가난하고 그들의 생활환경을 개선하기 위해서는 정치가들을 지지하지 않으면 힘들다. 그들이 아무리 부패했다고 해도 자신들의 생계를 위해서는 어쩔 수 없는 지지를 해야 할 실정이다: “We know they are eating...but we are eating too” (117). 다른 말로 해서 정치가들은 부패를 저질러서 축재한 돈으로 이들에게 부분적으로 돌아가게 함으로써 부패의 고리를 단절한다는 것이 불가능함을 암시하고 있는 것이다. 더 나아가 서민들은 정치가들의 부패를 대항하기가 두렵다. 왜냐하면 그들의 생활환경을 언제든지 파괴할 수 있는 힘이 그들에게 있기 때문이다. Odili에 의하면 부패한 정치가들은 자신들의 사회에서 인기가 있기 때문에 그들을 심판한다는 것이 어렵다는 사실을 암시한다: “... as long as men are swayed by their hearts and stomachs and not their heads the Chief Nanga of this world will continue to get away with anything” (62).

그러나 Nanga의 세력이 군사 쿠데타로 감옥행을 한 이후로 대중의 여론은 정치적인 부패에 대한 한 목소리를 내기 시작한다. 이제 까지 부패는 피할 수 없는 운명적인 것으로 자연적인 것이었다. 사람들은 거대한 정치력과 대항해서 싸움을 꺼려했으며 이를 계기로 국가의 도덕은 땅에 떨어진 것이다. Odili의 경우 개인의 이익보다는 개개인들은 국가에 대한 관심을 더 많이 가져야 한다는 생각을 지니고 있는 인물이다. 그러나 그도 처음에는 그의 신조를 지키지 못했다. 그럼에도 불구하고 정치 선전에 동원이 되어 활동하는 가운데 그는 서서히 자신의 존재와 정치적인 속성을 인식하게 된 것이다.

Odili가 스스로 독립적이고 자율적인 모습을 지니고 있다는 것은 전임자들과 많이 일치하는 점이다. 그는 자신의 아버지에게도 큰 도시로 이사를 하지 않겠다고 저항을 했으며 그는 정치적인 권력에 결탁을 하지 않기 위해서 노력하기도 하였다. 그의 두 번째 특성은 결정을 성급하게 한다는 점이다. Edna를 통해서 Nanga에게 복수를 하려 했을 때에 그런 모습을 모여 준다. 정치에 참여하는 그의 모습도 즉흥적이며 친구인 Max가 속해 있는 정당에도 의도와 성격을 알아보지도 않은 채 가입한다. Edna와의 관계도 깊지 않으며 전통과도 깊이 있는 연관을 맺고 있는 것도 아니다. 그는 권력형 부패와 투쟁하고 싸우기보다는 그런 비리로부터 스스로 피해 가는 인물이기도 하다. 그의 도덕의식은 높지만 이를 실천하기에 너무도 허약하다: “applying standards to politics that didn’t belong to it” (8).

그러나 Nanga가 뇌물을 제의했을 때 그의 제의를 거절함으로써 그의 도덕의식은 증명이 된 셈이다. 그는 결과를 바라보지 않은 채 단지 투쟁을 위한 투쟁을 하는 인물이기도 하다. 그가 정치와 정당에 가입할 때에도 뚜렷한 목적의식이 없었기 때문에 궁극적으로 실패한 인물의 전형을 보여주고 있는 것이다. 정치적인 부패와 대립하여 투쟁을 하지만 부분적인 결과만을 볼 수 있었고 전반적으로는 실패작이나 다름이 없었다.

이들은 모두 개인과 사회와의 관계를 통해서 그들이 추구하는 이상이 얼마나 이루는데 많은 어려움이 존재하고 있는 지를 보여주고 있다. Okonkwo와 Ezeulu는 자신의 전통 사회를 포기하지 않으며, Obi와 Odili는 개인의 정직함과 도덕성을 무척 강조하고 있다. 이들은 어떤 형태로든지 보복을 계획하기도 하며 타협을 하지 않고 사회 조직 내부에서 권력형 비리와 부패를 일소하는 것이 어렵다는 점을 제대로 인식을 하지 못하고 있기도 하다. 이들은 사회와 정면에서 끝없는 투쟁을 하고 남을 위해 헌신하는 모습을 보이기도 하지만 궁극적으로 자신의 이기적이 목적을 제대로 인식하지 못하는 아이러니를 보이기도 한다. 결국 작가는 20세기 아프리카를 비롯하여 세계 제3세계 국에 소속된 모든 사람들에게 새롭고 신선한 시각을 보여주고 있는 것이다.

4. 『모든 것이 허물어지다: *Things Fall Apart*』

Things Fall Apart (1958)는 미국의 독자들이 즐겨 읽는 그리고 미국의 대학에서 가장 흔하게 가르쳐지는 순수한 아프리카인이 쓴 소설이다. 아프리카 문학에서는 중요한 교과과정일 뿐만 아니라 세계 문학이나 비교 문학에서도 많이 강의되는 작품이기도 하다. 마찬가지로 아프리카 문화, 사회, 역사에 관한 입문서로도 많이 활용이 되며 유럽의 독자들에겐 맨 처음 마주치게 되는 아프리카의 중요한 최초의 소설로 간주되기도 한다. 특히 이 소설은 중요한 방식으로 서구의 독자들이 직면하게 되는 문제점들을 보여주고 있다. 이 책의 가장 인상적인 부분은 영국이 20세기 초에 식민지를 Igbo사회에 도입하면서 이들 당사자들 간의 갈등이다. 사실 Achebe는 아프리카 독자들에게 식민지 이전의 과거에 대한 사실주의적인 묘사를 통해 유럽이 지닌 아프리카인들에 대한 고정관념에 반기를 들고 있다. 사실 Achebe는 작품을 통해서 아프리카인들이 원시적인 야만인이 아니라 세련된 사회 속에서 사는 평범한 인간임을 보여주고 있는 것이다.

> in which life is rounded and intricate and sensitively in correspondence with a range of human impulses. It admits both the aristocratic and the democratic principles. It is a life lived by a dignified clan of equals who meet together in an Athenian way. (Walsh 49)

Achebe의 작품은 식민지 이전의 아프리카 사회를 세련된 방법으로 묘사하고 있으며 그의 글은 아프리카의 독자들뿐만 아니라 유럽 및 전 세계 독자들로부터 그 가치를 인정받을 만한 자질을 지니고 있는 작가임이 사실이다. 한편 이 작품에서 보여주는 Igbo사회에 관한 자세한 묘사를 통해서 작가는 서구인들이 이 작품을 문학적인 관점에서 인정하려 하기보다는 인류학적인 관점에서 이 작품을 대하려는 경향이 있음을 지적하고 있기도 하다. 그리고 Ato Quayson은 작품이 가지고 있는 심미적인 부분에 관심을 갖고 아프리카인들이 처한 현실에 대한 분명하고도 직접적인 묘사를 의식해야 한다고 다음과 같이 주장한다.

> In order that African novels, be they realist or counter-realist, are not rapidly incorporated into an anthropological representationalist reading of African reality, it is important to regard them all as symbolic discourses that continually restructure a variety of subtexts: cultural, political, historical and at times even biographical. (123)

그러나 *Things Fall Apart*는 이처럼 세련된 형태로 쓰여진 작품이기 때문에 최소한 이 작품이 지닌 심미적인 가치와 그 장점은 인정되어야 할 것이다. 그리고 유럽인들이 통념상 지닌 아프리카에 대한 원시성과 야만성은 그들이 자신들의 관점에서아프리카를 판단함으로써 전통적으로 그들이 지닌 이들에 대한 편견과 그릇된 신화를 강변하는 것으로밖에 볼 수 없으며 이는 반드시 바로 이해되어져야만 할 필요성이 있다고 할 것이다. 게다가 독자들이 Achebe의 작품을 혹 인류학적인 차원에서 평가를 한다고 하더라도 이 작품이 지니고 있는 강렬한 미적인 요소를 부인하기는 어려울 것이다: "Achebe's greatness lies in his ability to recreate a people's life, cultures and traditions into exquisite artistry, that is, his ability to interweave his themes and the form of presentation into an artistic whole" (Njoku 7). 사실 Obiechina가 지적하듯이 Achebe의 *Things Fall Apart* 그리고 *Arrow of God*에서 보여주는 통합 기법은 narrative action과 잘 조화되어 그의 위대함을 더해 주고 있다고 할 수 있다: "the integrative technique in which background and atmosphere are interlaced with the action of the narrative must be regarded as Achebe's greatest achievement" (142).

Achebe가 전통적인 Igbo 사회에 대한 묘사를 한 것에 대해 지적하면서 Solomon Iyasere는 Achebe가 Igbo 사회의 묘사에 치중한 것은 작품의 세련된 복잡함을 경감한다고 지적하고 있다: "On closer examination, we see that it is provocatively complex, interweaving significant themes: love, compassion, colonialism, achievement, honor, and individualism" (93). Donald, Weinstock, 그리고 Cathy Ramadan은 이와 같은 구조적인 복합성을 지적하면서 Achebe가 사실주의적인 요소와 상징적인 요소를 서구의 모더니스트들인 James Joyce, Joseph Conrad, 그리고 D. H. Lawrence와 유사한 방법을 도입하고 있다고 한다(126-7). 더욱 분명한 것은 *Things Fall Apart*에서 도입하는 공식적인 방식은 너무도 복잡하고 세련되어 서구의 모더니즘을 연상케 한다는 사실이다. 그러나 그런 이유만으로 비평가들이 그의 작품이 지닌 정치 사회적인 요소를 무시한다면 작품이 지니는 심미적인 가치를 평가하는데 있어서 공정한 자세로 보기 힘들 것이다.[2] 사실 그런 유럽인들의 전형적인 접근법은 이 책이 극복하고자 하는 실체를 못 본 채 그들의 식민지적인 모순을 영속화하려는 의도로 밖에 볼 수 없을 것이다. 따라서 이 책은 서구의 독자들이 아프리카 문학을 보는 유럽인들의 시각에 변화가 있어야 함을 중요한 방식으로

2) Irele는 서구 독자들의 형식주의 비평이 아프리카 소설에는 적합하지 않음을 지적하고 있다. African Experiences xiii를 참고하기 바란다.

보여주고 있음을 볼 수 있다: "[African literature] must cultivate the habit of humility appropriate to his limited experience of the African world and be purged of the superiority and arrogance which history so insidiously makes him heir to" (Morning 8).

이 작품의 독자들과 비평가들은 이 책이 지닌 스타일과 내용에 세심한 주의를 기울여야 하며 이들 작품 속에서 진행되고 있는 복합적인 사건의 상호 관계에도 신경을 써야 할 것이다. 가령 이 책의 첫 부분에서 전통적인 Igbo사회에 대한 묘사가 두드러진다. 한편 전체적으로 볼 때 이 책의 구조와 스타일은 Igbo사회의 입으로 전해 오는 전통 oral cultural tradition이 세련된 형태로 작품 속에서 구조적인 상황과 통합되어 있음을 볼 수 있다. 여러 평자들이 이미 지적한 바대로 Achebe는 세련된 방식으로 oral tradition을 그의 작품에 도입하고 있다. Iyasere는 Achebe가 Igbo사회의 oral culture를 통해서 narrative technique를 효과적으로 도입한다고 지적하고 있다. 마찬가지로 JanMohamed는 oral과 written의 전통의 차이점을 지적하면서 다음과 같이 결론을 짓고 있다: "[*Things Fall Apart* manages to remain] delicately poised at the transition from the epic (oral) to the novel (chirographic)" ("Sophisticated" 34).

Achebe가 스타일과 내용에서는 분명히 Igbo전통을 따르고 있으며 아프리카를 야비하고 원시적이며 천한 모습으로 묘사하는 유럽의 Joseph Conrad의 Heart of Darkness 아니면 Joyce Cary의 Mr. Johnson같은 유럽의 소설에 대한 반기로서 글을 쓰고 있음을 볼 수 있다. Innes는 광범위하게 Achebe의 작품이 전형적으로 왜곡된 아프리카인들에 대한 이미지를 쇄신하려는 의도 이외에도 Cary가 아프리카 등장인물인 *Mr. Johnson*을 통해 아프리카인들은 개인적으로 고립된 생활을 하고 가족들과의 유대가 없음을 지적한 것은 아프리카인의 관점에서 볼 때 상상도 할 수 없는 잘못된 편견임을 지적한다 (24-41).

다른 한편으로는 *Things Fall Apart*는 어느 정도 Fanon의 관점을—"the colonial world is a Manichean world" (41)—분명한 형태로 보여주고 있기도 하다. 이 책에서 유럽과 아프리카 사회는 급격한 차이점을 지닌 채 함께 공존한다. 서로간의 이해가 부족한 상태에서 이질적인 문화가 서로 만나고 유럽은 군사와 정치적으로 전혀 비교가 되지 않을 만큼 강력한 힘으로 아프리카에서 엄청난 혼란과 무질서의 격동기를 초래하게 만든다. 물론 아프리카와 아프리카인들에 대한 부정적인 묘사가 *Heart of Darkness*에서 볼 수 없는 것은 아니지만 *Things Fall Apart*에서 최소한 유럽의 독자들에겐 아프리카인들의 관점에서 유럽과 아프리카의 문화적인 이질감과 소외 현상은 두드러진다. Achebe는 Igbo사회를 단지 관습에만 초점을 두는 것이 아니라 종합적으로 독자들이 이해할 수 있는 화법 narrative를 통해 보여주고 있다. 한편 이 작품 속에 등장하는 유럽인들은 이해심이 부족하며 유별난 그리고 심지어 괴팍스럽게 묘사되어 있어 서로 다른 이질적인 문화를 대하는 사람들의 관점이 얼마나 중요한 것인가를 간접적으로 나타내고 있다.

다른 한편으로 생각해 볼 사항은 *Things Fall Apart*가 유럽과 아프리카 문화 사이의 다양한 관점을 설정하고 있다는 관점과 Achebe는 아프리카 사회를 전적으로 서구의 독자들에게 낯선 것으로 묘사하지 않고 있다는 점 일 것이다. 사실 어떤 비평가들도 Achebe의 작품 속에서 식민지 이전의 Umuofia와 고대 Greece의 유사점을 찾는데 그리 큰 어려움은 없을 것이다. Achebe 그 자신도 Charles Rowell과의 인터뷰에서 그리스의 문화가 아프리카의 문화로부터 상당한 영향을 받았음을 지적하고 있다. 재미있는 현상은 *Things Fall Apart*를 대개 그리스의 비극에 비교해서 이해하는 평자들이 있다는 점이다.[3] Michael Valdez Moses는 이 작품을 호머의 대 서사시에 비교하면서 "strikingly Homeric quality"를 지니고 있음을 강조하며 호머의 Achilles (110)에 비교하고 있다. 역시 종종 자신의 아버지를 살해한 것에 대해 처벌을 받는 Oedipus를 Okonkwo가 닮았음은 그가 동료를 우연히 살해하고 Umuofia를 탈출하는 경우를 통해 볼 수 있을 것이다. Sophocles의 *Oedipus Rex*에 익숙한 유럽의 독자들은 Okonkwo의 친구인 Obierika가 Okonkwo의 운명에 대해 명상을 하면서 다음과 같이 말할 때 윤리적인 진퇴양난에 봉착하게 될 것이다: "Why should a man suffer so grievously for an offense he had committed inadvertently?" (125) 이와 관련하여 Moses는 전통적인 Igbo사회와 고대 그리스 사회의 유사점을 찾을 수 있음을 강조하고 Achebe가 서구와 제3세계라는 이원론을 근원적으로 타파하고 있다고 말한다: "breaks down the Manichean dualism of the West and its Other" (112).

이런 맥락에서 Rhonda Cobham은 *Things Fall Apart*에서 Achebe는 식민지 이전과 이후를 동시에 그리고 전통적인 Igbo사회를 유럽의 기독교적 사회 가치관과 결부하여 제시하는 일원론적인 입장을 택하고 있다고 주장한다. Achebe자신도 주장한 바와 같이 아프리카를 이해하는 중요한 요건을 다음과 같이 지적하고 있다.

---

3) Achebe의 작품 속에서 비극적인 요소를 설명하는 글을 읽으려면 Irele의 "Tragic Conflict"를 참고하기 바란다. 다른 글로는 Killmam (13-4)을 참고하길 바란다.

> Africans are people in the same way that Americans, Europeans, Asians, and others are people. Africans are not some strange beings with unpronounceable names and impenetrable minds. Although the action of *Things Fall Apart* takes place in a setting with which most Americans are unfamiliar, the characters are normal people and their events are real human events. ("Teaching" 21)

가장 중요한 점은 물론 책에 등장하는 인물이겠지만 Achebe는 유럽이나 아니면 다른 지역의 독자들이 인식할 수 있는 등장인물들을 제시하는데 크게 성공적이라고는 단정하기는 무리가 있음도 사실이다. 구체적인 이유를 들어보라고 하면 등장인물이 남성 위주이고 여성의 등장인물들은 막연하고 추상적인 방식을 취하고 있음을 지적하지 않을 수 없다는 말이다. Okonkwo의 부인들은 실제로 가정 밖에서는 그들의 주체적인 존재로서 가치를 인정받지 못하고 있으며 게다가 그의 딸인 Ezinma는 남성적인 특질을 지닌 가장 강력한 여성 인물로서 묘사되어 있음도 사실이다. 게다가 그녀는 본질적으로 작품의 마지막에는 사라지고 이제는 가정에 안주하면서 전통적인 주부와 어머니로서의 역할을 좇는다. 이에 반하여 가부장적인 권위를 지닌 Okonkwo는 끝까지 작품을 지배하고 있다. 사실, 만약 이 작품이 아프리카 사회의 붕괴에 관한 이야기라면 이는 마찬가지로 개인적인 비극에 관한 이야기일 수 도 있을 것이다. 더 나아가서 Okonkwo는 이런 공동체적인 사회를 통합하는 인물이기 때문에 더욱 그러하다. 또 Obiechina는 설득력 있게 Achebe가 Okonkwo를 등장시키는 동기로서 전통적인 Igbo사회의 문화적인 가치를 개인이 지닌 약점을 보여주기 위한 것으로 보고 있다(204).

Achebe가 Okonkwo를 한 개인으로서 그리고 전체 사회를 나타내는 우화적인 인물로서 앞세운 것은 아마도 이 작품이 가장 풍성한 구조적인 결실을 가져온 결과일 것이다. 구체적으로 이 책의 처음 시작 부분에서는 남동부 Nigeria의 19세기 말에 속한 Igbo 사회에 속한 9개 마을인 Umuofia의 일상적인 삶을 잘 나타내 주고 있다. 그러나 마찬가지로 Umuofia의 Iguedo 마을을 이끄는 주인공인 Okonkwo를 도입하는 데는 상당한 주의를 기울이고 있는 것이다. 그러나 독자들은 Okonkwo가 그의 아버지인 Unoka에 의해서 그에게 남겨진 일들을 제대로 성취하기 위해서 어려움을 겪는 상황을 비롯하여 그의 배경은 쉽게 이해할 수 있는 것이다. 왜냐하면 상당한 어려움을 극복하고 Okonkwo가 그의 마을을 이끄는 지도적인 위치에 오르기까지 그의 성실함이 잘 묘사되어 있기 때문이다. 또한 독자는 Okonkwo의 신체적인 우람함과 그가 유명한 레슬링 게임에서 승리하고 명성이 자자한 챔피언 Amalinze the Cat을 물리치며 다시 명성을 얻게 되는 상황도 눈으로 볼 수 있으며 더 나아가 Okonkwo가족에 대한 설명이 비교적 자세하다. 가령 세 명의 아내와 8명의 아이들, 그리고 Okonkwo자신의 움막과 세 명의 아내가 따로 거처하는 움막 그리고 아이들의 움막에 관한 묘사는 이미 사실주의의 한계를 극복하고 있는 부분이기 때문이다.

*Things Fall Apart*에서 Okonkwo는 이 가정을 폭력("with a heavy hand")로서 다스리고 아내들과 아이들을 구타하는 잔인함을 상당히 광범위하게 묘사할 뿐만 아니라 그의 권위주의적인 묘사까지도 비교적 자세히 제시된다(13). Okonkwo의 이러한 폭력적인 행동이 일어나게 된 주요한 동기는 그의 아버지가 나약하였던 것에 주로 원인이 있었으며 그의 아버지가 실패한 것을 다시 성공시켜 보려는 의도가 내재한 것이기도 한 것이다. 그러나 그의 동기는 그의 나약함에서 기인하는 것으로 Narrator의 설명을 통해서 알 수 있다: "His whole life was dominated by fear, the fear of failure and weakness.... It was the fear of himself, lest he should be found to resemble his father" (13).

천부적으로 이야기를 글로 쓰는데 능숙한 소설가로서 storyteller의 천재인 Achebe는 Okonkwo의 인격에 관한 묘사를 다양하게 극화하여 Ikemefuna의 이야기에서 Okonkwo의 역할을 현저하게 돋보이도록 한다. Mbaino 이웃 마을 출신의 한 소년이 어린 여자 아이와 함께 Mbaino에 있는 Umuofia출신의 한 여성이 죽음으로서 그 자리를 메우기 위해 Umuofia로 보내진다. 반면에 Ikemefuna는 Okonkwo의 집에서 그 아이의 운명이 결정 지워 질 때까지 거처하게 된다. Ikemefuna는 Okonkwo와 3년을 함께 가족처럼 살고 특히 Okonkwo의 장남인 Nwoye와 가깝게 자란다. 그러나 이들의 생활 관습상 지켜 온 규정에 따라 the Oracle of the Hills and Caves는 이 아이를 제물로서 살해해야 함을 통고하고 Okonkwo는 Umuofia의 지도자로서 이러한 결정을 내키지 않지만 지켜야 하는 입장에 있다. Ogbuefi Ezeudu가 이 살해 의식에 참여하지 말도록 경고하지만 Okonkwo는 날이 넓은 칼로서 아이를 내리친다. 자신이 그 지역을 통괄하는 책임자이기 때문에 살인 의식을 지키지 않을 경우 닥칠지도 모를 위험과 자신의 약점이 두려워서 결국 그렇게 한 것이다("he was afraid of being thought weak" (61)). Okonkwo는 그의 사회가 존경하는 인물이 되기 위해서 많은 사람들의 비난에도 불구하고 행동으로 옮긴다. 특히 그의 친구인 Obierika는 Okonkwo의 Ikemefuna 살인 의식에 참여하는 행동에 엄청난 충격을 받으며 만약 법이 자신의 아들을 죽여야 한다고 하더라도 자신은 법에 복종하지는 않을 것이라고 한다: "If the Oracle said that my son should be killed, I would neither dispute it nor be the one to do it" (67).

여러 가지 이유로 *Things Fall Apart*에서 Ikemefuna의 살해에 관한 이야기가 중심이 된다. 우선 이 살해 의식은 현대 유럽인들의 관점에서 보면 야만스러운 Igbo사회를 Achebe 자신이 극적인 기법으로 올려놓고 있다고 할 수 있다. 다시 말해서 Achebe는 유럽의 독자들에게 감동을 주기 위해서 작품을 낭만적으로 이끌고 가기를 거부한다는 점으로 이해하면 크게 도움이 될 것이다. Oladele Taiwo는 이와 관련하여 다음과 같이 덧 붙여 설명하고 있다: "Besides the strengths in tribal society he gives the weakness. We therefore have a true and complete picture in which the whole background is fully realized" (112). 그러나 유럽인들을 경악하게 하는 Ikemefuna의 살해는 반드시 Igbo 사회의 약점이 아님을 주의하는 것이 작품의 중요한 부분을 놓치지 않는 접근 방법이 될 것이다. Igbo 사회의 관점에서 보면 이런 행위는 합법적인 것이다. Moses는 범죄와는 전혀 상관이 없는 Ikemefuna를 살해하는 의식을 다음과 같이 지적하고 있다: "[This sacrifice] is cruel and violates liberal norms of justice [and it] does serve to prevent a war between the two clans and therefore helps to ensure the long-term security of both villages." Moses는 이런 행동이 Igbo사회의 안정을 위한 것이었음을 지적한다: "suggests not the absence of ethical standards among the Igbo people, but the existence of a strict premodern morality that values the welfare of the clan and tribe above that of the individual" (115). 이와 같이 이 부분은 Okonkwo의 인격에 관한 설명일 뿐만 아니라 개인의 이익보다는 전체의 이익을 우선 생각하는 Igbo 사회와 철저한 개인주의의 틀 속에서 사회가 존립하는 서구의 가치관이 얼마나 큰 차이가 있는지를 보여주고 있는 것이다.

사실, 서구의 독자들이 *Things Fall Apart*에서 가장 깊은 관심은 개인주의적인 관점으로 이 작품을 이해한다는 관점일 것이며 유럽의 사회정의가 실현되는 기준은 아프리카인들과는 전혀 다르다는 사항을 쉽게 인정하지 않는데 문제가 있다고 볼 수 있다. 그러나 Achebe는 유럽의 전통인 개인주의가 절대적으로 집단적인 사회의 이익에 우선해야 한다는 관념에 회의적인 질문을 던지고 있는 셈이다. 보다 구체적으로 Achebe는 그의 생각을 여러 가지로 설득력 있게 제시하고 있다. 가령, 이 작품의 상당한 부분은 사회 집단의 행동, 가령 the Week of Peace/ the Feast of the New Yam같은 활동에 의해서 이루어진다. 보다 극적인 장면으로—Ikemefuna 아니면 Okonkwo가 Ezeudu의 아들을 우연히 살해한 이유로 Umuofia에서 추방된 것—Achebe는 서구 사상의 축이 되는 개인의 이익과 아프리카 사상의 축이 되는 공동의 이익 사이에서 오는 대립을 잘 설정하고 있음을 볼 수 있는 것이다. 이러한 양상을 Catherine Innes는 유럽의 독자들이 개인주의적인 입장에서 이 책을 읽는다는 사실과 전통적인 Igbo사회에서 터져 나오는 섞인 목소리를 다음과 같이 지적하고 있다:

> As in other tales developed from oral sources, such as The Illiad or Beowulf, history, myth and legend are closely connected; poetry and history are intertwined. The narrative voice is primarily a recreation of the persona heard in tales, history, proverbs and poetry belonging to an oral tradition; it represents a collective voice through which the artist speaks for his society, not as an individual apart from it — he is the chorus rather than the hero. (32)

보다 세련된 방식으로 Achebe는 Okonkwo의 사회관계를 그가 속한 사회의 가치관과 비교해서 문제화함으로써 Ikemefuna의 살해 의식을 Igbo 사회에서 개인과 사회 상호간의 관계로 무게 중심을 옮겨가고 있는 것이다. Innes는 개인주의 그리고 사회적인 맥락에서 이 작품을 설득력 있게 설명하고 있다: "Perhaps one of the most significant things about *Things Fall Apart* is the way in which it demonstrates the intricate relationship between a man's individual psychology and the social context in which he has grown up" (24). 그러나 개인과 사회의 이런 관계는 유럽의 중산계급이 중심이 되는 사회구조에서 볼 수 있는 현상과는 달리 Igbo 사회가 지닌 고유의 속성이기도 하다. Frederic Jameson은 Marxist의 관점에서 서구 자본주의 체제하에서 삶의 속성은 개개인을 철저하게 사회로부터 소외시켜 공동체와는 거리가 멀게 만들었다고 주장하면서 오늘날 제 3세계의 사회에서는 여전히 개인과 공동체의 밀접한 연관이 있음을 강조하고 있다. 특히 Jameson은 제 3세계 문학의 풍성한 결실을 인정하면서 이를 "national allegories"로 보고 있기도 하다. Jameson에게선 제 3세계 문학에서 개인과 사회의 관계를 개인과 그들이 살고 있는 사회와의 관계에서 분명한 한계가 결여되었음을 지적하는데도 소홀히 하지 않는다: "*the story of a private individual destiny is always an allegory of the embattled situation of the public third-world culture and society*" ("Third-World" 69, 밑줄 친 부분은 Jameson의 강조임).

Jameson의 "national allegories"는 *Things Fall Apart*에서 쉽게 볼 수 없는 탈식민지 국가를 건설하는 이야기에 초점을 두는 경향이 있다. 그러나 Okonkwo가 어느 정도 전통적인 Igbo사회를 대변하는 기능을 하고 있음은 사실이다. 그의 개인적인 운명은 확실히 영국 식민주의의 여파 아래서 그의 사회가 처한 암울한 현실에 있을 것이다. Jameson의 영향을 많이 받은 JanMohamed는 Achebe가 그의 등장인물들을 그들 사회와 문화를 대표하는 보다 구체적인 대상으로 취급하고 있음을 지적하고 있다 (*Manichean* 161). 사실 Okonkwo와 그의 사회는 Jameson이 설정하는 national allegory와는 그 폭에 있어서 훨씬 더 광범위하고 복잡한 것이다. 우선 Jameson의 주장에서 보듯이 유럽 세계에서 쉽게 보기 힘든 문학과 사회의 하나 됨은 Georg Lukacs가 *The Historical Novel*에서 말하는 쇠퇴하는 중산층 문학과 직접 연관이 있으며, Jameson이 말하는 제 3세계 문학에서의 이러한 문학과 사회의 밀접한 관계는 19세기 유럽의 역사 소설 — Balzac — 에서 볼 수 있는 등장인물들의 성격 묘사와도 관련이 있다고 볼 수 있다. 구체적으로 Jameson의 national allegory는 Lukacs의 전형적인 인물과 그렇게 많은 차이가 있는 것이 아니다. 사실, Moses는 분명하게 Okonkwo가 Lukacs의 개념에서 보는 전형적인 인물임을 지적하지만 Jameson의 관점에서 보는 national allegory에서 처럼 이런 등장인물들의 성격 묘사는 서구 문학의 분석적인 범주에 속하는 부분들이 아프리카문학에 투영된 것임을 부인하기는 어려울 것이다 (104).[4]

Okonkwo와 그의 사회가 이제까지 많은 비평가들의 서로 상이한 의견을 불러일으킨 것이 사실이다. Eustace Palmer는 Okonkwo를 "the personification of his society's values.... if he is plagued by a fear of failure and of weakness it is because his society puts such a premium on success" (53)이라고 본다. 그리고 Palmer는 Okonkwo가 맞는 궁극적인 비극은 Igbo사회가 지니고 있는 결함에서 오는 것으로 이해하고 있다. 다른 평자들은 Okonkwo의 파멸은 Igbo 사회의 특징에서 오는 것이 아니라 영국의 식민주의에서 야기된 이 사회의 파멸로부터 온다는 것이다. Killam은 Okonkwo는 Igbo주민들의 가장 값진 가치관을 공고하게 한다고 보면서도 그이 파멸은 식민주의가 Igbo사회의 가치관을 말살시킴으로 해서 온다고 주장한다 (16).

보다 구체적으로 Killam의 관점은 확실히 Palmer의 관점보다 설득력이 있다. 우선 Palmer는 분명히 작품을 순수하게 서구인들의 개인주의적인 관점에서 본다는 점이다. 특히 개인이 그 전체사회의 흐름을 결정 짓는다는 논리는 좀 결함이 있는 것으로 인식되어질 수 있다. Killam의 관점에서 보면 Okonkwo는 벌써 Umuofia가 영국의 식민지 자들을 의식하기 이전에 자신이 개인적인 성공을 목적으로 야심을 가졌으므로 동료 주민들 보다 훨씬 더 개인주의적인 결심이 있었

4) 보다 구체적인 Jameson의 글을 읽기 위해서는 Ahmad을 보기 바람. Ahmad는 서구 문학과 제3세계 문학의 구분을 반대하고 있으며 제3세계 문학은 모두 탈식민지와 독자적인 국가 건설에 관심을 지니고 있음을 지적한다.

음을 생각하면 그의 주장에 설득력을 감소된다. 여러 번에 걸쳐서 그는 그가 속한 사회의 규칙을 위반했으며 궁극적으로 Umuofia에서 추방되는 것이다.[5)] 많은 평자들은 Okonkwo의 파멸은 그가 그의 사회를 대변해서가 아니라 사회의 규칙으로부터 벗어났기 때문이라고 강변을 하고 있다. Biodun Jeyifo는 Okonkwo가 자신의 문화에 대한 잘못된 인식과 추상적인 논리를 가지고 대했기 때문에 파멸한다고 주장한다 ("For Chinua Achebe" 58). 마찬가지로 Carroll은 Okonkwo의 성공은 주로 그의 목표 설정에 융통성이 없음을 지적하고 Ravenscroft와 Ojinmah는 Achebe가 묘사하는 Igbo사회는 남성과 여성의 대립된 견해를 병치시켜서 보여준다고 지적한다 (41). 이들의 주장에 따르면 Okonkwo는 분명히 남성적인 편견을 가지고 있으며 그렇기 때문에 궁극적으로 균형을 깨고 파멸한다는 관점에서 설명되어지고 있는 것이다 (Ravenscroft 13; Ojinmah 15-6).

Okonkwo에 관한 한 이를 이해하는데 있어서 남/여의 성적인 측면에서 이 작품을 보는 시각을 지닌 평자들이 의외로 많이 있음은 흥미롭다. JanMohamed의 Okonkwo의 성격 묘사는 "an emblem of the masculine values of Igbo culture"로 보고 있다. 그러나 그의 포인트는 문화 그리고 남성과 여성을 병치시키고 있다는 점이다. Okonkwo가 그의 문화를 여성적인 관점으로 받아들이기를 거부하는 것은 사회적으로 경험이 부족한 푸네기이기 때문이라고 지적한다: "[Okonkwo's rejection of the feminine aspects of his culture thus make him seem] rigid, harsh, and unfeeling in his pursuit of virility" (Manichean 164). Innes는 마찬가지로 Igbo 사회에서 남/여의 성적인 가치에서 오는 균형을 중시하고 Okonkwo의 경우에는 여성의 가치관과 존재에 대한 편견이 있음을 지적한다 (25-6). 많은 여권 신장 비평가들은 Achebe자신이 묘사한 사회 그 자체가 남성 중심의 사회이며 여성의 가치관과 관점이 지배하는 경우에도 남성에 미치지 못하는 경우로 이해하고 있다. 게다가 Igbo 사회의 권력 구조는 많은 형태로는 민주적이지만 전적으로 남성 위주의 사회임을 강조하고 있다. 가부장적인 권위로 Okonkwo가 가정을 지배하는 것도 그가 속한 사회의 축소판이라고 볼 수 있다.

Umuofia를 지배하는 계층도 모두 남성이며 이들 지도자들까지도 가끔씩 여성들을 상대로 무모한 폭력과 권력을 휘두르기도 한다. Umuofia에서 여성에 대한 정의를 볼 수 있는 대목은 Mgbafo가 9년 동안 구타하는 남편인 Uzowulu를 피해 도주하는 것이다. 모든 결정도 남성이 하고 이 결정 과정에 여성이 개입하거나 참석하는 것도 철저하게 제한되어 있다. 사실 여성이 그런 결정에 참석한

5) Okonkwo의 범법 행위와 처벌에 관한 초점에 관심이 있으면 Obiechina (214-5)를 참고할 것.

경우가 한 번도 없었고 차라리 그런 결정에 대한 질문을 하는 편이 오히려 더 좋을 것임을 작품을 통해 독자들은 느낄 수 있는 것이다 (88). Uzowulu는 그의 아내 Mgbafo가 돌아오도록 명령하도록 요청을 하지만 Mgbafo의 brothers는 구타하는 남편과 떨어져 살도록 허용하도록 주장하고 있다. 그러나 이곳의 원로들은 Mgbafo가 남편에게 돌아오도록 명령을 하고 Mgbafo's brothers에게 술 한 병을 건네준다.

Stratton은 Achebe가 Igbo 사회를 남성 중심화 "masculinization"하는 것은 영국의 Cary, Conrad, Rider Haggard, 그리고 많은 식민지 작가들이 아프리카 여성들의 권익에 대한 반발로서 의도적인 남성 중심의 글을 쓰고 있다고 주장한다. 그리고 Stratton은 Achebe가 양성의 편견을 통해서 인종적인 편견의 고리를 엮어놓고 있다고 강조하고 있다 (37). 독자들의 입장에서는 Achebe가 단순히 Igbo사회에 권력과 이해관계를 사실주의적인 수법으로 묘사했다고 말할 수도 있을 것이다. 그러나 Stratton이 생각하는 이것 이상의 내용이 함축되어 있음은 이 작품을 왜곡하지 않고 제대로 이해할 수 있는 방법이 될 것이라는 느낌을 지워 버릴 수 가 없다.[6] 결국 Achebe는 식민지 아프리카에서 인종—백인과 흑인—들 간의 계급적인 개념을 해체시키는 훌륭한 작업을 하고 있을 뿐만 아니라 영국의 Cary가 쓴 *Mr. Johnson*과 같은 작품에서 합리화되고 있는 "racial romances"를 부단히 해체시키며 식민지 이전의 Umuofia사회가 지녔던 이상주의적인 면을 부각시키고 있는 것이다. 사실 Achebe의 작품은 가끔씩 식민주의가 지닌 부작용을 지적하고 있음을 부인하기 어려우며 또 Umuofia에서 남/여 양성간의 계급이 지닌 문제점들을 보여주고 있다. 구체적으로 마을의 주민들이 그들 이웃들의 낯선 관습에 대한 이야기를 할 때에도 Okonkwo는 어떤 부족들은 자식을 부권 사회의 아버지 재산으로 생각하는 것이 아니라 어머니의 재산으로 생각하는 유별난 생각을 지니고 있음을 볼 수 있기 때문이다. 그러나 그의 친구인 Machi는 그건 생각할 수도 없는 일이라고 다음과 같이 지적하고 있다: "[Such a practice would be as inconceivable as a situation in which] the woman lies on top of the man when they are making the children." Obierika는 직접 이런 성적인 도치 현상을 다음과 같이 비교해서 설명하고 있다: "[Such a sexual inversion would be] like the story of white men who, they say, are white like this piece of chalk" (74).

---

6) Achebe가 Igbo 사회를 제시하는 것이 반드시 사실주의적인 차원이 아니다. Ifi Amadiume는 Achebe가 주장하는 이상으로 그 사회가 처한 상태는 여성의 가치에 많은 무게 중심이 실려 있음을 지적하고 있다.

이 책의 2부에서 Okonkwo가 Umuofia에서 추방이 되어 그의 어머니 집으로 보내지는 것을 보면 — 유럽이 Igbo 사회에 식민주의로 뿌리를 내리고 유럽의 문화를 침투시킨 이래로 그가 보여준 활동과 행동으로 보아 — 그가 여성적인 색조를 지니고 있음도 부인하기 어려울 것이다. 게다가 2부에서는 서구의 기독교 선교사들이 Igbo 사회에 철저하게 침투하게 되어 Okonkwo로서는 그의 identity에 위기를 느끼는 차원이 되는 것이다. 기독교가 침투하게 됨으로 가장 큰 변화가 일어나는 것은 Okonkwo아들인 Nwoye에서 이다. 그는 자기 아버지인 Okonkwo 을 나약한 여성과 같은 인물로 생각한다. 기독교는 Igbo 사회에 엄청난 영향을 주고 전통적인 사회의 계급과 질서를 와해시킨다. 이런 경향은 Achebe에 의해서 Igbo 사회의 문화와 연관이 되어 제시된다. Igbo 사회에서 개인의 identity는 서구 사회에서 보다 비교가 되지 않을 정도로 공동체의 참여와 밀접한 관련을 맺고 있음을 주목해야 할 것이다. 따라서 Okonkwo가 그의 사회로부터 분리되는 것은 더욱 힘든 일이고 그에게선 유럽인들보다도 그만큼 더 큰 타격이 될 수 있는 것이다.

이 부분에서 Okonkwo는 Umuofia로 다시 돌아가겠다는 강한 결의를 보이며 그가 7년 동안 추방 생활을 하면서 보낸 Mbanta 주민들에게 감사의 연회를 개최한다. 이런 공동체적인 행사는 이 작품이 보이는 장점이 될 수도 있지만 서구의 개인주의와 기독교가 침투함에 따라서 이런 전통적인 행사들이 부식되었음을 상기시킬 필요는 있을 것이다. 이 마을의 원로는 Okonkwo의 친절에 다시 감사해 하지만 젊은 층에서 Igbo사회의 전통을 잊고 혈연간의 끈끈한 유대감도 사라져 감을 다음과 같이 탄식하고 있다.

> You do not know what it is to speak with one voice. And what is the result? An abominable religion has settled among you. A man can now leave his father and his brothers. He can curse the gods of his fathers and his ancestors, like a hunter's dog that suddenly goes mad and turns on his master. I fear for you; I fear for the clan. (167)

이런 우울한 예감은 제3부에서 Okonkwo가 Umuofia로 돌아가서 그곳의 지도자가 되겠다는 생각에 찬물을 끼얹는 느낌이 든다. 영국의 Nigeria에 대한 식민정책과 기독교 문화가 깊이 침투하고 또 확고하게 뿌리를 내리게 됨에 따라서 이런 Igbo 사회의 전통적인 관습은 실제로 실패하게 되어 있었다. 이런 계기로 Okonkwo는 Umuofia를 이끄는 현대의 지도자와 대화를 중단시키려는 영국 식민지 체제하에서 일하는 사신(messenger)을 살해하게 된다. 그리고 영국 식민지 지방행정관이 Okonkwo를 체포하기 위해 오지만 Okonkwo 는 이미 목을 매고 자살을 한 후였다. 그는 스스로 마지막 삶의 길을 택한 것이다. 지방행정관은 그의 죽음을 놓고 자신이 책으로 쓸 책의 한 단락에 기록될 만한 하찮은 사건일 뿐이라면서 조소하고 있다. 이 책은 *The Pacification of the Primitive Tribes of the Lower Niger*로서 Achebe가 Okonkwo를 앞세워 그의 *Things Fall Apart*에서 오도된 아프리카인들을 바로잡는 계기로 보는 것과 상반된 내용이다.

*Things Fall Apart*는 지방 행정관이 쓰겠다는 게릴라 진압이나 평화적인 화해의 몸짓인 Pacification과는 정반대의 반론서이고 특히 유럽인들이 아프리카를 문명화시키려 왔다고 하지만 실제로는 아프리카의 문화와 전통을 파괴하고 혼란을 가져왔음을 강렬하게 비판하는 내용의 고발서인 것이다. 3부에서 묘사된 영국 식민지 행정은 이전의 Brown과는 달리 전혀 타협을 할 줄 모르는 선교사 Smith를 묘사하면서 아프리카인들의 전통적인 그들이 원하는 삶을 파괴시킨 유럽의 식민주의에 대한 날카로운 비판의 공격을 늦추지 않고 있음은 주목할 만하다. Ernest Emenyonu는 Achebe의 식민주의에 대한 생생한 묘사를 지적하면서 다음과 같이 지적한다: "no matter how couched in proverbs, images and innuendoes, the intensive virulence of Achebe's indictment of colonial diplomatic tactlessness and absurd human high-handedness cannot be lost on the perceptive reader" (83-4). 그러나 Achebe는 보다 정교하고도 복잡한 형태로 Igbo 사회를 묘사하고 있다는 점이다. *Heart of Darkness, Mr. Johnson*과는 달리 *Things Fall Apart*는 복잡한 문학적인 대화로 시작되어 합리주의자들이나 개인 주의자 더 나아가서 역사학자들이 주장하는 소위 텍스트란 만들어진 것이다 는 주장에 정면으로 공격하고 있는 것이다. Margaret Turner는 Achebe가 유럽의 인습적인 사실주의를 배격하고 있음을 다음과 같이 지적하고 있다: "Chinua Achebe's trilogy, Things Fall Apart, Arrow of God, and No Longer at Ease, refutes Western standards of literature and Western ideology, in this case Hegel's universal and homogeneous state, by showing that both constitute aspects of the new colonialism"(32).

그러나 Moses가 지적하는 바와 같이 식민주의를 비판하고 있는 Achebe의 입장이 당연하지만 Hegel의 전체 세계는 조화를 향해 나아간다는 사상에 근본적으로 동의하고 있음을 보는 것도 어렵지 않다. 다시 말해서 역사가 궁극적으로는 현대화라는 필연적인 결과를 거부할 수 있는 입장이 아니라는 것이다. Achebe가 식민주의로 인해 문화와 전통적인 가치관이 파멸하고 사회가 와해된 결과를 놓고 성토를 하고 있긴 하지만 기독교와 현대 문명이 유입됨으로써 일어난 긍정적인 일면을 전적으로 부정하고 있지 않다는 것이 사실이다.[7] 사실

---

7) 혹 독자들은 여성과 관련하여 생각할 수 있을 것이다. Achebe의 입장에서는 남성 중심의

Igbo 사회에 부정적인 영향을 미친 문명화된 사회가 가져온 긍정적인 면들을 이 책이 소홀히 하지 않음을 기억할 필요가 있을 것이며 궁극적으로는 Igbo 사회의 부정적인 결과들도 크게는 전체적으로 유기적인 총체의 한 부분으로 이해될 수 있을 것이다. 이와 같이 이 책은 문학의 성격과 기능에 대한 깊이 있는 질문을 던지고 있을 뿐만 아니라 인간 사회의 속성이나 인간 문화가 지닌 속성에 대해서도 복잡하고 상호의존적인 면들을 다양한 모습으로 투사해 주고 있다는 느낌을 지울 수 없다.

---

igbo 사회가 지닌 결함을 굳이 끌어들이지 않는다는 점은 흥미롭다.

11

아이 케이 알마(Ayi Kwei Armah)의 공동체의 삶과 해방 이데올로기

Ayi Kwei Armah는 1939년 영국 식민지의 Takoradi라는 곳에서 태어나 Achimota 대학에 있는 Accra에서 중등교육을 받고 Kwame Nkrumah로부터 크게 영향을 받았으며 그의 작품에도 많은 영향을 받은 것으로 전해진다. 1959년 Armah는 미국을 여행하였고 1960년 Harvard대학에 입학을 하고 문학을 전공하지만 사회학에 많은 관심이 있었던 것으로 전해지며 콩고의 반식민지 지도자인 Lumumba가 1961년 살해된 것에 큰 충격을 받고 정치적으로는 과격한 성향을 지닌 인물로 변하게 된다. 이 시기에 Malcolm X 와 Marcus Garvey같은 인물들로부터도 많은 영향을 받은 것으로 전해지며 1963년까지 Armah는 Harvard에서 학위를 받지 않고 Ghana로 돌아가서 반식민지 운동에 동참한다.

*The Beautyful Ones Are Not Yet Born*은 Armah의 첫 소설로 1968년에 출판이 되었고 이 당시 그는 Ghana에서 탈식민지 이후의 전망에 깊은 관심을 가졌으나 독립에는 큰 기대가 없었던 것으로 전해진다. 사실 Armah의 첫 번째 3권의 작품 — *The Beautyful Ones, Fragments* (1970), *Why Are We So Blest?* (1972) — 들은 한결 같이 탈식민지 가나 사회의 병폐를 지적하고 있다. Fragments는 Baako Onipa라는 젊은 가나의 지식인이 미국에서 교육을 받고 돌아와 가나 사회에 만연된 부패와 서구 유럽식의 상품 문화를 접하고 이에 실망한 나머지 미국에서 돌아오지 않고 TV를 제작하는 사람이 되어 신경쇠약으로 고통을 받는다. 이 작품에서 묘사된 가나의 사회는 — Baako의 할머니 Naana 묘사를 비롯해서 — 음울하다. *Why Are We So Blest?*는 더욱더 음울하기 짝이 없다. 가나 사회의 부패와 부정이 적나라하게 묘사되며 미국에서 교육을 받은 Modin Dofu는 그의 백인 여자 친구와 함께 가나로 돌아와 반 식민주의 운동에 동참한다. 그러나 대부분의 이야기는 Solo Nkonum이라는 지식인이 반 식민주의 운동의 성공에 냉소적인 태도를 취하는데 모아진다.

Armah의 세 번째 소설로 1960년대 Algeria를 배경으로 하고 있다. 당시 프랑스로부터 막 독립을 한 알제리는 사회적으로 정치적으로 혁명의 시기였으며 이런 혼란 가운데 그들은 마르크스주의에 심취하는 사람들이 늘어났던 것이 사실이다. 사회적 경제적인 요인이 비교적 분명하게 드러나 있으며 지배 계층의 배신적인 행동들이 고발되고 있다. 더 나아가서 유럽은 식민주의와 경제적 자원의 착취를 통해 원주민들을 고통으로 몰아온 장본인들임으로 이런 고통에 동참하고 책임을 져야 한다는 사실을 분명히 말하고 있다. Solo와 Modin의 경험을 통해서 유럽의 문화와 교육이 얼마나 원주민들의 문화와 사회 그리고 국민 의식을 황폐하게 만들었는지를 보여주고 있다. 미국의 경우 자신들의 이데올로기를 원주민들에게 심어 줌으로써 더 심각한 문제를 야기했음을 고발하고 있기도 하다. 제1세계는 엘리트층들을 길러 냄으로서 이들로 하여금 자신들의 전통적인 가치관을 저버리게 하고 유럽의 가치관을 선택하게 함으로써 이들을 다스려 왔음을 지적하고 있다.

주요 등장인물들은 우선 두 명의 아프리카인들과 Solo그리고 소외된 포르투갈 출신의 아프리카 지식인으로 유럽에서 교육을 받은 사람, 가나인으로서 미국의 하버드 대학에서 공부를 하고 있는 Modin, 그리고 Modin의 미국인 여자 친구인 Aimee이다. 이들 인물들은 모두 서로 다른 문화적인 배경을 지니고 있다. 이들은 모두 Algeria가 프랑스로부터 독립을 한 후 그곳에 모인다. 동시에 문화적 경제적인 지배에 대항해서 혁명적인 사회 활동을 하는 사람들이다. 그러나 이들의 행동은 자기 파멸 이외에는 아무런 효과가 없는 일임을 곧 알게 된다. 행동들 가운데 상당히 많은 부분들은 과거에 대한 회상 형식을 비는 플래쉬백 기법을 도입하고 있다. 서로 다른 인물들의 다른 경험들을 서로 비교해서 보여주기도 하며 병치시킴으로써 이곳의 혼란을 더 잘 보여주고 있다.

작품이 시작하면서 Solo는 과거에 대한 회상에 잠긴다. 그의 감정상 기분은 절망적이고 희망이 없다. 사회는 온통 거지들로 덮혀 있고 전쟁과 새로운 정부의 혼란된 정책으로 무질서하다. 관료 계급들은 외국과의 기업을 통해 자신의 이익을 챙기기에 혈안이 되어 있고 독립이 있기까지 온갖 노력을 기울이며 민중들의 편에 섰던 군인들은 이들 엘리트 계급의 부패를 무관심하게 지켜 볼 뿐이다. Solo의 복잡한 사회 상황에 대한 인식은 서서히 일어난다. 처음엔 정서적인 위기를 맞이하지만 정치 지도자들의 무책임한 행동과 부패로 자신은 스스로 죄의식을 느끼며 적극적으로 대처하지 못하는 자신에게 수치를 느낀다.

> Even before my death I have become a ghost, wandering about the face of the earth, moving with a freedom I have not chosen,

something whose unsettling abundance I am impotent to use. There is no contact possible. Life goes on around me, and with a clarity that has grown painful, I see it flow like a stream in slow motion.... Only there is no portion of the stream, no part of all this flowing life, into which I can fling myself and say: 'Here I belong. This is my home. Here I shall do the work of my life.' I am not able to see my way back into the stream, and now I do not know if there is left in me any desire to go back in. (11)

몇 페이지 뒤에 가면 Solo는 이런 상황을 자신이 한 경험과 다른 사람들과의 관계를 통해서 이해를 하게 된다.

There are those who for some inexplicable reason want to bring what they do and what is done around them into the same territory as what they think and what they dream. These are the losers, life's failures. We are easy to recognize. Our personalities are battlefields on which our subjective demands meet the harsher demands of life and time. While the battle goes on we are crippled by inactivity and depression. And the battle goes on seemingly forever. (14)

이번 단계에서 Solo는 다시 한 번 정신적인 피로감으로 고통을 받고 신경쇠약에 걸리게 된다. 그가 이전에 소중히 여겼던 공동체의 삶에 대한 가치관과 해방 이데올로기의 상충되는 양상은 삶에 대한 새로운 자각을 하도록 하며 외부 세계와의 단절과 삶에 대한 환멸을 느끼게 만들기에 족하다. 죄의식과 자기 비난으로 그는 더 이상 고통스런 현실을 이겨낼 방법이 없다. 알제리아의 상점과 길거리를 배회하면서도 자신의 삶이 지니는 모순투성이를 떨쳐 버릴 수가 없다.

They [beggars] have a strange effect on me whenever I go by them, unless somehow I can avoid looking directly into their eyes. Otherwise I immediately begin to identify with them: what seems to happen is that I split my personality in two, putting the stronger half in the beggar's place and making it judge the weaker, which is left as me. Whenever I do this the hypocrisy of between the things I once believed and the way I live now, comes to me all over again. (20)

인간이 처한 비참한 현실에서 오는 고통은 정부의 혁명적인 속성의 행정으로 가리어 졌고 이것이 현실적인 경험으로 다가왔을 때 Solo에게선 이를 극복한다는 사실이 너무도 힘겹게 된다. 그래서 그는 현실로부터 더욱더 물러서게 되며 이제

병원의 신세를 져야 할 정도로 상황이 악화된다. 요양생활을 하면서 외부 세계로부터 그는 보호를 받고 있으며 병원에서 프랑스 혁명으로부터 많은 재난을 감수해야 했던 한 사람을 만나고 그곳의 도서관에서 이와 관련된 책을 읽고 자신의 주장을 이렇게 되새긴다.

> The truck represents society. Heavy. With the corrupt ones, the opportunists, the drugged, the old, the young, everybody, in it. And then there are the militants, pushing the whole massive thing from the lower to the higher level. But they themselves are destroyed in the process. (27)

그 다음으로 중요한 장면으로는 혁명 운동을 주도한 인물들 가운데 한사람이 연루된 인민 연합 사무실에서 발생한다. Solo는 병원에서 나온 직후 이곳에 들른다. 그가 이곳에 들른다는 사실은 과거 식민 정부로부터 완전히 그 기반을 상실한 아프리카 해방 전선에 새로운 희망이 되고 있음을 알 수 있다. 형식적으로는 과거 식민지로부터 정치 경제가 독립이 되었다고 하지만 Solo의 눈에 비친 사회는 사회 경제적으로 달라진 곳을 찾을 수 없는 것이 현실이다. 유럽인들과 그들의 정부로 살아가는 여성들은 생활이 유복하고 부족함이 없지만 원주민들의 생활은 열악하기 그지없다. 이런 사실을 깨닫고 Solo는 다음과 같이 고백을 하고 있다.

> At times I just sat and thought of them, and all the slogans and the dreams of equality and justice dissolved in my imagination into an endless procession of masters and servants, men who would remain managers and workers even in moments when they were engaged in fighting some third oppressor. (52)

Solo가 알제리 전쟁의 피해를 입은 사람을 만나게 된 계기로 혁명의 진정한 의미에 대한 생각을 하게 된다. 그리고 미래의 사회가 과연 어느 정도로 사회 정의 실현을 위해 변화될 수 있을 것인가에 대한 회의에 잠긴다. 이런 시름으로 인하여 그는 삶의 부조리를 인식하기에 이른다.

> I wished I could have gone completely dead with the first loss of hope. To go on, capable of being moved and yet to have lost all sense of destination, to have no desired place, to have nowhere to direct the urge that rises and seeks a way out, that is an unending torture. (54)

이런 일련의 생각으로 Solo는 Modin과 Aimee를 처음으로 만난다. 이들과의 만남을 통해 그는 서서히 비교적인 관점에서 사회 문화를 생각하게 되고 Solo는 이들 두 사람을 자신의 아파트에서 한동안 머물 수 있게 해준다. Solo는 서구의 문화와 생활 방식이 원주민들에게 치명적이었으며 창조적이고 긍정적이었던 제3세계 문화를 파괴시키기에 족하였음을 환기시킨다. 그리고 이제까지 자신이 보다 적극적으로 자신의 문화와 사회를 위해 건설적인 행동을 하지 못하였음을 후회하고 죄책감까지 느끼는 것이다.

> My spirits paced uneasily the wide territory between the destroyed people I had left behind and their enslavers, those whose words and ideas and whose art had drawn me with an attraction strong enough at times to make me wish for deafness against the frightening cries of my own doomed people. (68)

작품 전체를 통해서 Solo가 자신의 삶에 대한 회상을 하는 장면과 Modin의 삶에 대한 회상을 하는 장면은 잘 균형을 유지하고 있어 인상 깊다. 자신이 정치적인 혁명에 대한 환멸과 Modin이 궁극적으로 죽음을 맞이하는 모습을 지켜보면서 많은 아프리카의 지식인들이 제3세계와 유럽의 파괴적인 관계를 통해서 얼마나 무능하게 수족이 잘린 상태로 남게 되었는지를 알게 된다. 이들은 서구의 문명과 힘 앞에서 몸이 뒤틀리고 맥을 추지 못하고 있다. 제3세계가 과거의 어두운 장면으로부터 탈피하지 못할 경우 앞날은 암담한 것이다.

> Our disease is ordained. With that resented suddenness, recurring in each of us waking and we see ourselves, competitors in the debilitating struggle to climb into easier stations in a world built on injustice.... A soothing, confusing fusion: the huge social fight to destroy injustice is swallowed in the petty private struggle to promote the isolate self into sharing privilege, oppression's fruit. Fiction so hollow, yet needing to believe it we fill it out, using all the force of youth's clever selfish righteousness.
>
> That creative ability also I have lost. Unable to deceive myself, I cannot aspire to others to deceive themselves. I should help myself survive by pretending my bathing in this present filth is a preparation, a sacred apprenticeship a getting ready for some larger purifying vacation, but I cannot. (83-4)

Solo의 경우에서 볼 때 아프리카 엘리트들은 사회로부터 소외되고 고통을 받음으로써 그들의 조건에 대해서 극히 병적인 강박관념으로 빠지게 되지만 그들이 대다수의 민중들의 고통과 권익을 위해 한 일이 없음을 고려해 볼 때 현재의 조건에 대해서 책임을 지어야 할 인물들임을 강조하기도 한다.

Armah의 정치적인 야망은 그의 초기 소설에서도 표현된다. "African Socialism: Utopian or Scientific?" (1967)에서 그는 그의 탈식민지 사회가 utopia와 같은 사회를 형성하는데 실패한 사실에 크게 실망하고 있으며 특히 가나에서 최근 면직된 Nkrumah와 세네갈의 시인 그리고 정치가들과 흑인노예 폐지 운동에 앞섰으며 더 나아가 그는 1960년에서 1980년 세네갈의 대통령을 지낸 지도적인 인사들을 포함하여 권력으로 부패한 이들을 비판하고 있다. Armah는 마찬가지로 그가 Karl Marx, Friedrich Engels에 의해 지지되는 사회주의적인 이상에 많은 기대를 가지고 있음을 보여주기도 한다. 그러나 그는 Frantz Fanon에 의해 상당한 영향을 받는 것으로 전해진다.

Armah의 다음에 나온 두 권의 소설은 Ghana의 과거와 앞으로의 전망에 관한 내용으로 이전의 3권보다는 상당히 긍정적인 태도로 묘사된다. *Two Thousand Seasons* (1973)는 대화체의 글이 이전의 Arab 노예 상인들과 유럽의 식민주의자들이 유입되면서 현재까지 이어져 온 oral narratives를 연상시키며 주로 이들의 유입이 아프리카 사회가 가지고 있는 전통적인 상호 협력과 이해를 말살시켰음을 지적한다. 그리고 앞으로 아프리카가 이상적인 사회로 발전될 것임을 은연중에 암시하고 있다. *The Healers* (1979)는 1980년대 Ashanti제국의 멸망을 주로 다루며 *Two Thousand Seasons*보다 훨씬 더 역사적인 이야기로 발전되고 있다. *Fragments*는 Armah의 두 번째 소설로서 현대 아프리카인들의 점증하는 소외라고 하는 주제를 다루고 있다. 현대 Ghana의 Accra 수도에서 사건이 발생한다. 가나의 사회정치적인 조건들은 지도층들이 기존에 주민들과 맹세한 약속들을 지키지 않음으로서 저항이 시작된다. 유럽의 식민지 주체들이 물러나자 가나의 기득권 층들은 식민주의자들과 더 악랄할 정도로 자신의 이익을 챙기기에 바쁘다. Baako는 외국에서 공부를 마치고 돌아와 가나의 독립을 위해 투쟁하게 된다.

소설은 Naana의 관점에서 시작하고 그의 관점으로 종결된다. Baako의 역사적 문화적 맥락에서 투쟁을 하는 모습을 보여주고 해설하는 인물이 Naana이다. 그녀가 비록 나이는 들었고 앞을 볼 수 없는 맹인이긴 하지만 그녀가 죽을 때 자신을 둘러싼 세상을 이해 할 수 있게 되며 현재의 도덕적 정신적인 상황을 말하게 된다. 전통적인 공동체적인 삶의 가치를 소중히 여기며 아프리카의 문화적인 정체성을 외부의 침략적인 행동에 맞서게 하고 있다. 작가의 관점은 Naana로 하여금 앞으로 아프리카의 미래를 맡길 도덕적 정신적 기반을 이념적으로 대표할 수단이 될 것임을 암시하고 있다. 시골 농부와 도시의 엘리트들을 그녀는 비교시키고 있으며 도시의 부패와 타락을 비웃고 있는 것이다.

시작부터 Naana는 사회의 붕괴 원인이 되었던 그리고 독립적인 가나를 파고든 부패를 도덕적, 정신적인 관점에서 밝히고 있다. 서구의 세계에 의해서 노예화된 가나의 외적인 모습과 현실에 얼마나 모순이 많은 지를 보여주고 있기도 하지만 주인공은 종교적인 것과 세속적인 것 그리고 정신적인 것과 물질적인 것에 구별을 두지 않는다. 게다가 Naana는 개개인과 자신이 살고 있는 사회는 분리되어 존재할 수 있는 것으로 보지 않는다. 따라서 공동체 사회가 추구하는 행사나 의식에 스스로 참여하지 않으면 자기 파멸을 스스로 초래하는 것으로 보고 있다. Naana가 세상을 보고 자신의 가치관을 중시하는 모든 척도는 바로 이와 같은 의식에서 발생하는 것이다.

사실 Armah는 아프리카의 중요한 문인들 가운데 한 사람으로 인정을 받고 있으며 그의 작품 또한 폭넓은 비평의 대상이 되고 있다. 그에 대한 깊은 관심을 가진 독자들을 위해서 중요한 자료들을 잠시 소개해 보면 다음과 같은 것들을 지적할 수 있을 것이다. Robert Fraser의 책은 아마도 Armah연구에 관한 입문서 역할을 할 것이다. Derek Wright의 Ayi Kwei Armah's Africa: The Sources of His Fiction은 더 광범위하고 특히 전통적인 아프리카 문화에 관한 근원을 탐색하고 있다. Neil Lazarus의 *Resistance in Postcolonial African Fiction*은 아마도 가장 세련된 Armah에 관한 책이 될 것이다. 이 책에서는 반식민지 저항과 이 후의 후유증을 적나라하게 묘사하고 있다. Fraser의 책은 Armah에 관해 긍정적이나 Lazarus는 부정적인 면이 없지 않다. Armah의 단편과 각종 글을 모아서 출판한 적이 있는 Wright는 완전히 부정적인 입장에서 Armah를 평한다. 그러나 모두가 인정하는 공통된 조항은 Armah가 재능 있는 작가라는 점이다.

Ghana는 1902년 영국이 세 곳의 따로 떨어진 지역을 구입하고 그 지역을 Gold Coast라는 영국의 식민지로 선포함으로써 생겨난 국가이다. 1902-1947년까지 영국은 식민지로 이곳을 통제했으며 가나의 내부 문제에 한하여 그들이 스스로 결정할 수 있는 권리를 조금씩 허용을 하였다고 한다. 2차 세계 대전 이후부터 가나인들은 점차적으로 자신들의 목소리를 내기 시작했으며 정부에 대해서 불만을 가지게 되고 2차 대전에서 돌아온 많은 젊은이들은 일자리를 찾지 못하는 상황이 되자 불황이 겹치고 정부에서는 물가를 통제하게 되고 국민들의 불만은 더욱더 심화되고 급기야는 Kwame Nkrumah가 독자적인 정치 세력을 규합하고 얼마 되지 않아 공화국 대통령이 된다.

Ghana공화국은 1990년 통계자료에 의하면 1500만 명 이상이 살고 있는 국가로 약 92,000 평방 마일의 총 면적에 대부분의 경우 쓸 만한 토양이 많지 않을 뿐만 아니라 관목으로 덮인 Guinea만에 접경하는 서아프리카에 위치하고 있다. 수도는 남부 해안에 위치한 Accra로서 백만 명이 살고 있는 도시이다. 공식적인 언어는 영어로 지역에 따라서는 다른 5개 국어를 함께 사용하고 있다고 한다. 인구의 절반 정도가 Akan어를 쓰고 있으며 ⅔가 소규모 시골에서 살고 있으며 인구의 60%가 기독교이다. 전체 인구의 약 20%가 아프리카 전통 민간 신앙을 지니고 20%는 회교도를 믿고 있다. 성인 인구의 30%가 글을 읽고 쓸 수 있으며 대부분이 영어가 이에 해당한다. 대부분의 물건들이 외국에서 수입되며 자체 산업은 미미한 것으로 파악이 된다. 코코아, 커피, 목재, 바나나, 야자수 오일 등등이 기간산업으로 자리 잡고 있으며 금, 다이아몬드, 망간, 석유 따위가 산출이 된다. GNP는 1989년을 기준으로 보면 약 $380정도 인 것으로 파악된다.

이전의 영국 식민지였던 Ghana는 1957년 3월 6일 독립을 얻었으며 그 결과로 독립 운동의 지도자였던 Kwame Nkrumah가 첫 대통령이 되고 Ghana는 아프리카의 탈식민지 국가들 가운데 독립을 이룬 어떤 모형이 된다. Ghana의 이름은 Sahara사막과 Niger/ Senegal 강 사이의 4세기에서 13세기까지 번성한 아프리카 제국이었다고 한다. 13세기에서 19세기까지는 부와 권력을 누리면서 존재한 Ashanti제국이 영국의 침략으로 패하고 영국이 Ghana를 1901년 식민지로 편입하면서 사실상 새로운 전환을 맞이하였다. 게다가 Ghana는 아프리카 문학에서 상당히 중요한 공헌을 한 작가들을 배출하였을 뿐만 아니라 식민지 지배에서 벗어나 작가로서 투쟁을 한 많은 문인들에게 다양한 소재를 제공하기도 하였다. 이런 Ghana의 오랜 역사적 배경은 Armah가 쓴 *Two Thousand Seasons and The Healers*에서 잘 묘사되어 있다. 사실 Armah는 그의 글에서 역사의 중요성을 다음과 같이 역설한다.

> [one of the main virtues of all literature is that] apart from letting us see the way things happen to be now, it also opens our vision to the way things were in the past, and the way they might be in the future. ("Teaching" 994)

*The Beautyful Ones*의 역사적인 배경 가운데 중심이 되는 인물은 1950년대 아프리카의 반식민지 정책과 독립을 추진하는데 주도적인 역할을 한 Kwame Nkrumah이

다. 그는 1909년에 Gold Coast Colony에 위치한 Nkroful에서 태어났고 부친은 대장장이, 어머니는 마을을 돌아다니면서 물건을 파는 보따리 장사꾼이었다고 한다. 기독교에서 운영하는 학교에서 그가 교육을 받았으며 1930년에는 Achimota 대학을 졸업한 후 교사가 되었다고 한다. 1935년에는 그의 능력을 인정받아 미국으로 유학을 가게 되었고 Pennsylvania에 위치한 Lincoln 대학에서 1939년 석사 학위를 받았다. 그러나 미국에서 그가 받은 교육은 또 다른 시각을 갖게 해 주었다. 오랫동안 흑인들이 백인 사회에서 생존하기 위해 투쟁해 온 사실을 알게 되었고 그 후 런던에서 다시 경제학을 공부하면서 과격한 인사들과 잦은 교류를 하면서 많은 것들을 배웠다고 한다. 그가 1947년 Ghana로 돌아가기까지 Nkrumah는 아프리카에서 유럽의 식민지 통치를 종식시키기 위해서 헌신하며 Marxist-socialist에 깊이 몰입한 것으로 알려진다. 1949년에는 Convention People's Party를 결성하고 1950년 영국 식민지 정부에 의해 투옥되기까지 한다. 1951년에는 그가 감옥에서 풀려나 총선 에서 많은 의석을 차지하고 비폭력으로 식민지 통치를 반대하는 운동을 펼쳤으며 1952년에는 식민지 통치하에서 수상 자리에 오르기도 한다. 1957년에는 그가 독립된 Ghana에서 최초의 지도자가 되며 1960년에는 Ghana를 하나의 사회주의 정당으로 합치고 이를 이끌어 가는 대통령이 되었다.

탈식민지 Ghana의 지도자로서 Nkrumah는 아프리카의 통합을 주장하였으며 부패와 가난으로 찌들은 Ghana사회를 강력하게 이끌어 가기 위해 독재적인 통치를 하다가 1964년에는 종신 대통령이 되어 그의 위대함을 우상화하기 이른다. *The Beautyful Ones*의 구성에 있어서 Nkrumah는 1966년 2월 24일 군사 쿠데타로 면직이 되고 Guinea로 추방이 되며 그 후 Romania로 가서 1972년 죽게 된다. Ghana는 혼미를 거듭하다가 민간 정부가 1969년 들어서지만 사회적 불만과 경제의 쇠퇴로 1972년에는 또 다른 쿠데타가 일어나고 1979년에는 정부를 전복하지만 1981년에 또다시 쿠데타가 일어나게 된다. 1980년대에는 경제 성장이 주목할 만 했으며 1992년에는 Rawlings가 대통령 후보에서 승리를 거둔다.

1. 『우러러 볼만한 사람이 아직 태어나지 않았다: *The Beautyful Ones Are Not Yet Born*』

서아프리카에서 가장 많이 알려져 있는 Chinua Achebe는 『우러러 볼만한 사람이 아직 태어나지 않았다』와 관련하여 다음과 같은 논평을 하고 있다.

> It is a well-written book. Armah's command of language and imagery is of a very high order indeed. *But it is a sick book. Sick, not with the sickness of Ghana, but with the sickness of the human condition....* Ultimately the novel failed to convince me. And this was because Armah insists that this story is happening in Ghana and not in some modern existentialist no man's land. He throws in quite a few realistic ingredients like Kwame Nkrumah to prove it. And that is a mistake. (필자의 강조임, 41)[1)]

Achebe가 주장하는 것은 아프리카 작가들이 작품을 쓸 때에는 유럽의 보편주의자들을 위한 글을 쓰지 말 것을 주장하고 있으며 아프리카의 사회 정치적인 상태를 말하고 있기도 하다. 사회 지도층의 배신적인 행위와 결탁이 그 원인이기 때문이다.

> The struggle needs leadership. Those who lead seclude into an "elite." The elite betrays inevitably, no matter where it will have climbed from. Today's revolutionaries are tomorrow's reactionaries. The struggle falls irremediably to courting the status quo, destroying its own raison d'etre. (3)[2)]

Armah의 첫 소설로서 도덕적인 부패와 타락을 제어해 보려는 한 남성의 노력이 중심 내용이다. 1966년 쿠데타 직전 Ghana를 배경으로 하며 독립 이후에도 국민들은 백인이 지배했던 식민주의 시대보다 더 개선된 방식으로 국가를 이끌어 가지 못함을 보여주고 있다. 가나의 탈식민주의 시대에 정치 사회적인 난관은 시작하면서 그대로 드러난다. 대지는 쓰레기로 덮여져 있고 사회 전체는 부패로 가득하다. 주인공은 그의 어린 시절을 회상한다. 어린 시절 생활이 힘이 들었어도 희망은 현재와 같이 절망적이지는 않았음을 강조하고 있다.

> How horribly rapid everything has been, from the days when men were not ashamed to talk of souls and of suffering and of hope, to these low days of smiles that will never again be sly enough to hide the knowledge of betrayal and deceit. (62)

---

1) Chinua Achebe. *Morning Yet On Creation Day: Essays.* Garden City, New York: Anchor Press/Doubleday, 1975.

2) Atta Britwum. "Hero Worshipping in the African Novel." *ASEMKA*. 3 (September, 1975).

*The Beautyful Ones Are Not Yet Born*은 탈식민주의 가나 사회의 부정적인 면을 조명하고 있다. 주인공은 매일 아침 버스로 시내 출퇴근하는데 버스 운전사와 차장 그리고 승객들은 모두 정신적 육체적인 부패의 상징이다. 착취와 착취당하는 원주민들 간의 모습도 볼 수 있다. 승객과 버스 차장의 관계를 통해서도 당시의 시대상을 엿볼 수 있다. 하루의 일과가 끝나고 차장은 번 돈을 센다.

> Not many passengers needed change...mostly people held out the exact fare and tried not to look into the receiver's face with its knowledge of their impotence. Collecting was certainly easier, but at the same time not as satisfactory as in the swollen days after pay day.... True, people were still only bodies walking in their sleep. But what could a conductor take, even from a body that has yet to wake, when all this waking corpse holds out is the exact fare itself, no more, no less? Much better the days after pay day, much, much better. Then the fullness of the month touches each old sufferer with a feeling of new power. The walkers sleep still, but their nightmares in which they are dwarfs unable to run away and little insects caught in endless pools, these fearful dreams are gone. The men who dreamed them walk like rich men, and if they give a fifty-pesewa coin they look into the collector's eyes to see if he acknowledges their own importance. They do not look in their palms to see how much change is there. (2)

특히 Kwame Nkrumah의 지도 아래서 유토피아의 꿈을 이루기 위한 희망을 가지고 살아가는 이들에게 결론적으로 가나가 식민지로부터 독립을 하더라도 크게 달라질 것이 없다는 입장에서 서술하고 있다. 식민지로부터 독립할 경우 가나가 어떻게 옛 사회를 새로운 사회가 떠맡아 갈 것인가라고 반문하면서 화자는 "The sons of the nation were now in charge" (10)라고 말한다. 사실 이 책은 신 식민주의의 이미지를 많이 가지고 있으면서 식민지로부터 독립이 가나를 유토피아의 땅으로 만드는 것이 아니라 새로운 형태의 식민지 지배가 형성될 것임을 암시하고 있는 것이다. 이 책이 유토피아의 꿈에 관한 실망스런 태도로 많이 기울어지고 있음을 볼 때 유럽의 dystopian소설의 장르에 상당히 근접하고 있음을 알 수 있다.[3] 재미있는 현상으로 S. A. Gakwandi는 Armah의 토운과 분

---

3) Dystopian 장르에 관심이 있으신 독자들은 Booker의 *The Dystopian Impulse in Modern Literature*를 참고하기 바란다. Booker는 현재 University of Arkansas에 영문학과 교수로 있으며 이 분야에서 상당한 권위를 지닌 많이 알려진 학자이다.

위기를 George Orwell의 *Nineteen Eighty Four*에 비교하면서 dystopian 소설을 설명하고 있다(102-3). Armah는 여러 가지 이미지와 모티프를 통해서 이런 분위기를 유도하고 있으며 탈식민지 가나에 있어서 일상생활의 모습이 부패와 쓰레기 그리고 배설물의 이미지로 특징 지워지고 있음은 보다 구체적인 증거로 제시할 수 있는 것들이다. 더 나아가 Nkrumahism의 위선적인 약속이며 유럽의 상품 문화는 부패 아래 숨겨진 형태로 더욱더 아이러닉하게 조명되고 있다.

이런 부패의 주요 이미지를 통해 그가 제시하고자 하는 의도는 가나의 주민들이 정직하게 생활해서는 평생 한 번도 맛볼 수 없는 부와 화려함을 부패를 하고 정직하지 않는 삶을 통해서 경험하도록 하며 대체로 이런 암울한 현실을 제시하는 방법은 희미한 빛이나 섬광과 같은 "gleam"의 형태로 묘사되고 있다. 어느 정도 섬광이나 번쩍임은 문학적인 그리고 물리적인 현상이라고 할 수 있을 것이다. 그러나 유럽의 물질적인 부가 상징하는 것은 이 책에서 이처럼 번쩍거리는 섬광의 형태로 묘사된다. 그러나 이런 찬란함은 빈곤함으로 만연된 가나 사회에서 그런 부의 형태를 용인하는 착취와 부정함에 있음을 암시하는 방법이라고 할 수 있다.[4] 다시 말해서 도덕적인 부패와 물질적인 부패가 복잡하고도 혼란스럽게 얽히어져 있다. 빛의 이미지란 결국 실체를 희석시켜서 현실을 잘 보지 못하게 하는 복잡하고 이념적인 대상으로 생각되어 진다. 가령 장래에 잘 살 것이라는 희망에 찬 군중들에게 초점을 맞추면서 빛은 이들의 관심을 현재의 극심한 고통으로부터 다른 곳으로 분위기를 환기시키는 것이다: "Armah suggests that they continue in bondage because the gleam now prevents them from seeing their manacled condition for what it is" (Lazarus 62).

*The Beautyful Ones*의 구성은 대게 주인공—"the man"이라고 불려 짐—이 가족과 친구들을 굴복하도록 하는 강력한 빛에 대한 저항을 하고 있다.

작가는 그 빛이 매력적임을 다음과 같이 묘사하고 있다: "The gleam, in moments of honesty, had a power to produce a disturbing ambiguity within. It would be good to say that the gleam never did attract. It would be good, but it would be far from the truth" (10). 이 빛에 대한 유혹은 대단한 것이어서 가나 사회의 모든 것을 굴복하도록 한다. 심지어 그의 가족까지 굴복하게 되고 자신은 이방인처럼 느껴진다. 그러나 책의 마지막에서는 주인공의 아내인 Oyo는 빛의 존재 앞에서 자신의 깨달음을 얻고 가나 사회는 은폐된 빛을 맹목적으로 따라

---

4) 이런 맥락에서 보면 Armah는 Jonathan Swift의 풍자에 비교할 만한 작가이다. 더 구체적인 접근을 하고자 하면 Quinlan을 참고하기 바란다.

가면서 천하고 부패한 정부의 올가미에 잡혀 있음을 알게 된다.

이 작품은 정치 사회적인 쟁점에 초점을 맞추지만, 다른 한편으로 조명되는 주인공의 가족들이 살아가는 모습은 이 사회에서 한 개개인들이 살아가는 삶의 모습일 것이다. 특히 이름이 없는 주인공은 — Fraser는 주인공을 상당히 긍정적인 인물로 평가함 — 단호한 자제를 취하고 있음을 텍스트를 통해서 볼 수 있다: "acute and sensitive... stubborn refusal to compromise on basic principles, an integrity of intention which exposes him to general obloquy and familial contempt" (16). Lazarus는 유사하게 주인공을 평가하면서 "moral perspicacity," "social integrity," "self-discipline"로 묘사하고 있다. 그러면서도 Lazarus는 주인공이 부패에 저항하는 노력은 헛된 것임을 지적하고 있으며 이에 반하여 소설이 제시하는 음울한 분위기 가운데서도 조금씩 엿보이는 희망의 줄기는 긍정적임을 강조한다(74). 다른 비평가들의 경우 부정적이지만 Wright의 경우 Armah가 인간을 묘사하는데서 낙관적인 양상을 볼 수 없음을 지적한다. Leonard Kibera는 주인공이 부패에 성공적으로 저항하지 못함을 강조하며 S. A. Gakwandi는 주인공이 나약하고 자신의 생존을 도덕적인 정직성보다 우선시 한다고 공격을 하고 있다.

반면에 Armah가 주인공을 "man"으로만 묘사하는 것은 탈식민지 시대에는 전형적인 현상으로 특히 Fredric Jameson이 말하는 소위 "national allegories"로도 이해하는 것이 가능할 것이며 구체적인 의미로는 한 개인이 탈식민지 문화와 정치적인 실체 곧 identity를 대표한다고 볼 수 있다는 의미이다. 대부분의 등장인물들이 그 사회의 부패에 동참하지 않겠다고 하는 결심이라든가 아니면 그들 주변에 있는 사람들이 보이는 행동을 탈선한 사람들이 보이는 불량한 모습으로 보는 것도 특이하다. Fraser는 주인공이 일종의 Everyman figure로 인식되어지지만 부패한 인물은 주인공이 아니라 목사인 Koomson이라는 것이다. Koomson은 부정적인 인물로 묘사된 목사로서 Jameson이 말하는 national allegories에 반하는 유형이라고 할 수 있다. 주인공이 이름을 갖지 않았음은 그가 혼자만이 정직하고 순수한 인간으로서의 가치를 지님을 암시한다고 볼 수 도 있을 것이다. Richard Priebe는 주인공을 다음과 같이 묘사한다.

> [the man] carries a tragic potential, for we are made to feel the dignity of this struggle with forces that overwhelmingly contrive against human dignity. He is... the only person in the context of the novel who is struggling to maintain his humanity. (72)

어쨌든 주인공의 등장은 의미심장한 것으로 Armah의 작품에 생명감을 불어 넣어 주는 역할을 한다. 사실 이름이 서아프리카 문화에서 지니고 있는 의미는 상당히 중요하다고 할 수 있다: "The name has an ontological significance in the thinking of traditional Africans. The name is the man and the man is the name" (Obiechina 82). 이들에게서 이름이 없다는 사실은 곧 자신의 실체가 없음을 말하는 것이다. Wright는 주인공이 이름이 없는 것과 관해서 "his anonymity has less to do with any generic significance than with his society's refusal to grant an identity to one estranged from its values" (*Armah's Africa* 112)라고 한다. 마찬가지로 Anyiodoho는 주인공의 이름 없음을 주인공의 주체성과 관련 지워 설명하고 있다: "[the man] is no Everyman type of character. His lack of a name is more a symptom of his near-lack of any image of himself as a being with some control over his life and the world around him" (37). 이런 관점에서 Armah가 가나 사회의 위선적인 면을 지적하면서 갖가지 이름을 사용하고 있음은 주목할 만하며 또 이를 서구 유럽의 소비문화와 밀접한 관계를 가지고 묘사하고 있음은 더욱 흥미로운 일이 아닐 수 없다. 구체적으로 아프리카의 중산층 국민들이 화려한 유럽인 들이 차지했던 집으로 이사를 하고 그들의 이름을 다시 유럽식 소리나는 이름으로 바꾸는 현상은 이에 대한 구체적인 예시가 될 수 있을 것이다.[5)]

*The Beautyful Ones*에서 또 다른 인물로 이름이 없이 등장하는 인물은 주인공의 친구인 Teacher로서 이전의 좌절된 지식인으로 이제는 부패한 사회를 등지고 은둔의 생활을 하고 있다. 실제로 Teacher와 주인공은 Armah의 등장인물 중에서 반개인주의적인 속성을 지니고 있는 인물들의 전형이라고 할 수 있다. 그렇기 때문에 Teacher는 부단히 "the naked man"으로 불리어 지고 있는 것이다. 사실 많은 독자들이 이 두 인물들이 하는 말을 구분하는데 어려움을 느끼는 경우가 있음은 이와 관련하여 주목할 필요가 있는 대목일 것이다. 6장에서는 Teacher가 자신의 경험을 길게 독백 형식으로 도입하고 이에 대한 절망감을 보여주고 있다. 특히 이 장에서는 Teacher와 주인공의 관점이 오고 가 고한다. 그러나 마지막에서 주인공이 해변에서 한 여성을 만나는데 Teacher는 그녀가 이제까지 한 번도 만나지 못한 옛 친구임을 알게 된다.[6)]

---

5) 실제로 문패에 나타나는 이름들이 유럽 화된 이름들이다: "Plange-Hayford," "Plange-Bannerman," "Attoh-White," "Kuntu-Blankson," "Acromond," "Grantson," "Fentengson," 그리고 "Binful." 따위를 작품에서 확인할 수 있다. 언어적인 측면에서 Obiechina는 Koomson이 아프리카의 전통적인 격언을 저속하거나 적절하지 못한 형태로 사용하고 있음을 설명하고 있다 (180).

6) Griffiths (82)를 참고하기 바란다.

Teacher는 사실 탈식민지 사회에서 볼 수 있는 소외되고 절망에 찬 많은 지식인들의 전형적인 모습일 수가 있을 것이다. 특히 Armah의 작품 속에서 이런 소외와 절망은 중요한 요소임을 기억해 둘 필요가 있다. 더 나아가서는 Teacher가 Armah자신을 대변하는 인물일 수도 있을 것이다. Teacher의 견해는 6장에서 비교적 길게 강화되었고 탈식민지 가나의 폐단을 진단하면서 부패를 보다 구체적으로 부각시키고 있는 것이다. 아프리카 사회가 이전의 식민지를 통해서 분열이 되었고 시골 인구의 빈곤과 도시의 빈민굴은 전통적인 공동체 사회를 불가능하게 만든다. 이제 교사는 분노와 환멸을 느끼는 것이다.

> This anger came out in the blood of those closest to themselves, these men who had gone without anger to fight enemies they did not even know; they found anger and murder waiting for them, lying in the bosom of the women they had left behind. All that the young eye could see then was the truth; that the land had become a place messy with destroyed souls and lost bodies looking for something that could take their pain and finding nothing but those very people whose pain should have learned to fight, if there had been any reason left anywhere.
>
> Those who were able picked up the pieces of shattered worlds and selves, swallowed all the keen knowledge of betrayal, and came with us along wharves to search for some humiliating work that could give meaning to the continuing passage of unwelcome days; a hundred or so men waiting with eyes that had gotten lost in the past or in the future, always in some faraway place and time, any faraway place and time, provided it was not the horrible now and here, a hundred men waiting too quickly to fill places enough for seven. (75-6)

Griffiths도 비슷한 의견을 말하고 있다: "[This chapter] dramatizes by images and scene Fanon's analysis of bourgeois corruption and psychic disturbance" (84).

Lazarus는 *The Beautyful Ones*가 Fanon의 소설, *The Wretched of the Work*을 따르고 있음을 강조한다: "[Armah's] most Fanonian novel" (41). 그러나 Teacher는 Fanon이 주장하는 입장의 대변인만은 아님이 분명하다. 그의 풍자와 비웃음 속에서 Fanon이 탈식민지 사회의 부패를 경고하는 메시지를 느낄 수가 있는 것이다. 특히 그의 사회로부터 은둔생활은 탈식민지 사회에서 지식인들이 흔히 택하는 일상적인 삶을 거부하는 쪽을 택하고 있는 것이다. Fanon에게서 지식인은 반드시 보통 사람들과 하나가 되어 탈식민지 이후의 제국주의를 방지하는데 있다. 따라서 Fanon의 1959년 Rome에서 있은 흑인 작가 모임에서의 연설은 이를 뒷받침하는 것이다.

> [The intellectual] must be an element of that popular energy which is entirely called forth for the freeing, the progress, and the happiness of Africa. There is no place outside the fight for the artist or for the intellectual who is not himself concerned with and completely at one with the people in the great battle of Africa and of suffering humanity. (qtd. in Fanon 206)

간단히 말해서 Lazarus가 지적하듯이 *The Beautyful Ones*를 자세히 읽으면 Teacher가 은둔 생활을 위해 사회를 도피하는 것이 바람직한 태도가 아니며 이는 살아 있지만 죽은 것이나 다를 바 없는 삶 곧 “living death”(72)라는 것이다. Teacher는 자신을 죽은 자들 가운데 한사람 “one of the dead people, the walking dead”(61)이라고 표현을 한다. 삶 속의 죽음이라는 이미지는 Armah의 소설에서 흔히 볼 수 있는 현상으로 T. S. Eliot의 경우 현대 도시의 삶이 불모의 형태로 나타나고 많은 영혼들이 런던의 뒷골목을 한없이 방황하는 The Waste Land를 연상케 하는 것이다. Armah의 경우 가난에 찌들어 희망이 없는 가나의 군중들을 묘사하면서 살아 있지만 죽은 것이나 다를 바가 없다고 다음과 같이 묘사하고 있다:

> living dead [who could perhaps] take some solace in the half-thought that there were so many others dead in life with them. So many, so frightening many, that maybe in the end even the efforts one made not to join them resulted only in another, more frustrating kind of living death. (22)

특히 미국의 경우에서 볼 수 있는 이런 악몽과도 같은 이미지의 체험은 아마도 “Night of the Living Dead”같은 영화에서나 볼 수 있을 법한 것들이다. 이처럼 탈식민지 가나 사회의 관한 악몽과도 같은 이미지는 *The Beautyful Ones*의 중심적인 위치에 있다. 특히 가나 사회가 쓰레기, 배설물로 더럽혀진 상태로서 서술되고 있지만 이 책의 전반부에서 “KEEP YOUR COUNTRY CLEAN BY KEEPING YOUR CITY CLEAN” (7)이라는 슬로건은 실제로 Nkrumah행정부의 입으로만 외쳐 대는 위선적인 상투어임을 금방 알 수 있다. 국민들은 열심히 청소를 하고 쓰레기를 치우지만 정부에서는 쓰레기 용기를 한 번도 비우지 않고 썩은 쓰레기들은 온 사방으로 넘쳐흐르는 것이 현실이다.

주인공은 이제 자신이 일하는 철도 사무실을 찾아간다. 그 건물이 한때는 아름다웠던 건물처럼 보이지만 지금은 조잡하기 이를 데 없다. 벽돌들 사이로 꽃잎들이 새겨져 있고 더 자세히 보면 더러운 흔적을 감추기 위해서 덧칠을 거듭하여 보기가 흉할 정도로 험하기만 하다(10-11). 건물 내부는 말할 필요가 없으며 주인공이 계단을 오를 때 보이는 난간의 묘사는 이 책에서 가장 적나라한 그리고 효과적인 이미지로 여겨진다. 작가는 썩은 목재들을 "[looks like] a very long piece of diseased skin"이라고 묘사하고 있다(12).

이런 모습은 탈식민지의 Ghana 사회가 새로운 정책을 제시하고 있지만 사실은 식민지의 썩은 잔재를 눈가림으로 페인트만 칠하여 숨기고 있는 현실을 고발하고 있는 마음일 것이다. 게다가 이 난간은 이들의 절망과 세월의 무상함을 나타낸다고 볼 수 있을 것이다. 아무리 페인트칠을 하고 윤기가 나도록 광택 약을 칠해도 추한 모습을 감출 수 없는 것과 같이 화자는 회의적인 자신의 생각을 다음과 같이 밝힌다.

> the wood underneath would win and win till the end of time. Of that there was no doubt possible, only the pain of hope perennially doomed to disappointment.... In the natural course of thins it would always take the newness of the different kinds of polish and the vaunted cleansing power of the chemicals in them, and it would convert all to victorious filth (12).

물론 이런 이미지가 반드시 Ghana에서 어떤 발전도 가능하지 않음을 나타낸다는 표현으로 보기 어렵지만 그 만큼 많은 문제점들이 내재해 있음을 말해 주는 것임을 짐작하기란 어렵지 않다. 목재가 썩는 것은 세월이 흐르면 자연적인 현상으로 일어나는 현상이다. 그리고 가나 사회의 일부 썪지 않는 정신은 계속 지속되며 유럽의 식민지 정부의 경우 때가 되면 이들이 썩은 목재처럼 썩어지고 결국은 아프리카 문화 앞에서 무릎을 꿇고 사라질 것임을 암시하기도 한다. 어쨌든 이런 목재의 이미지는 Nkrumah아래서 나아가는 가나정부에 변화가 있음을 말하며 Armah도 자신의 글인 "African Socialism: Utopian or Scientific?"에서 다음과 같은 지적을 하고 있다.

> In the colonial situation, the Europeans occupied the apices, the seats of power. The primary aim of post-World War II nationalist agitation

> was not to overturn or to break down this structure, but to push the white occupiers out of their commanding positions and to install Africans in their place. It may be argued that this was a necessary step towards the restructuring of the ex-colony, but the point here is that the first objective was the removal of the white top from the colonial bottle. (26)

아프리카의 사회주의란 진정한 의미에서의 혁명적인 변화를 가져오지 않는 형식적인 것이고 슬로건으로 사용하는 일종의 속임수에 불과하다고 Armah는 말한다: "sloganeering gimmick" (27). 사실 탈식민주의 시대의 아프리카 통치는 사회주의의 혁명을 따랐지만 조기에 몰락하는 "arrestingly vulgar, premature decadence" 모습을 보여주었다 (28). 글의 마지막에서 Armah는 Fanon의 작품을 구체적으로 권고하고 있음을 주의할 필요가 있을 것이다.

그러나 이런 Armah의 권고는 그리 놀라운 일이 아니다. 그의 사회주의에 대한 관점도 상당히 Fanon에게서 직접 영향을 받은 것이기 때문이다. Lazarus는 *The Beautyful Ones*가 Fanon의 관점에서 읽어져야 한다고 주장한다: "[It] needs to be read in light of Fanon's classic essay on 'The Pitfalls of National Consciousness'" (55). 이 글에서 Fanon은 탈식민지 아프리카 국가들의 잠재적인 재난에 대한 경고를 하고 있다. 다시 말하여 아프리카 국가들은 단지 유럽의 식민지 세력을 몰아내고 그들이 건설할 수 있는 사회의 한계점을 인정해야 한다는 말이다. Fanon에 의하면 아프리카인들은 역사적인 힘이 결여되어 있어서 유럽의 세력을 몰아내기엔 한계가 있다는 논리이다. 더 나아가 아프리카의 중산층은 유럽의 중산층을 모방한 자들임을 지적한다. Fanon의 아프리카 중산층에 대한 의견을 들어보기로 하자.

> follows the Western bourgeoisie along its path of negation and decadence without ever having emulated it in its first stages of exploration and invention.... It is already senile before it has come to know the petulance, the fearlessness, or the will to succeed of youth. (153)

Fanon에 의하면 중산층은 결코 아프리카를 이끌어 갈 수 없으며 반드시 어떤 희생을 치르고서라도 교체해야 한다고 주장한다.

Teacher는 이런 조기 몰락 현상을 지적하면서 다음과 같이 재미있는 비교를 하면서 설명하고 있다: "black men... who were to lead us out of our despair [but who] came like men already grown fat and cynical with the eating of centuries of power they had never struggled for, old before they had even been born into power and ready only for the grave"81). 이런 현상은 7살 난 아이가 이미 조기 노령화되어 있는 장면에서 두드러진다: "This] old manchild... had been born with all the features of a human baby, but within seven years it had completed the cycle from babyhood to infancy to youth, to maturity and old age, and in its seventh year it had died a natural death"63). 이런 썩어 가는 목재를 난간을 통해서 도입하는 것은 아마도 작가가 보다 구체적인 건물이라는 틀 속의 난간을 통해서 썩어 가는 모습을 지닌 가나 사회의 부패상을 구체적이면서도 추상적인 형태로 도입하고자 하는 의도가 깔린 것으로 독자들은 이해를 할 수 있을 것이다.

이런 과거의 가나 사회가 가지고 있었던 꿈이 소멸하는 이미지는 유럽의 dystopian소설을 다시 한 번 연상시키고 있다. Wright는 Armah의 *The Beautyful Ones*를 음울하고 염세주의 적인 관점에서 보면서 "no Utopias, prospective or retrospective" (*rmah's Africa* 135)라고 말하고 있다. 많은 비평가들도 Armah가 Ghana에 대해 가지고 있는 태도를 부정적으로 평하고 있는 것이 사실이다. 이런 맥락에서 볼 때 Armah는 V. S. Naipaul과 Ngugi의 *A Grain of Wheat*에 비교할 만한 하다.

Kibera는 *The Beautyful Ones*의 주요한 두 가지 비평 방법에 대한 언급을 하고 있다. 우선 정치적인 독단으로 희망이라고는 전혀 없는 상황과 이에 반대되는 긍정적인 상황이다. 부정적인 상황으로 Fraser는 1960년대 이후 역사적인 관점에서 오랜 부패와 절망의 악순환을 지적하고 있다: "a backdrop of centuries of oppression, a recurring cycle of despair"26). 그러나 Fraser는 Ghana의 정치, 사회적인 탄압과 부패가 마치 전부 인양 잘못 생각되어지는 것을 막기 위해서 주인공인 "he man" Teacher의 역할에 많은 신경을 쓰고 있음을 지적한다: "They are able to] discern the original wholesomeness that lies somewhere beneath the festering refuse"27). 이와 같은 모티프는 Armah의 후기 소설인 *Two Thousand Seasons*에서도 주요한 모습으로 나타난다. *The Beautyful Ones*라는 제목이 의미하는바 와 같이 앞으로 암담한 가나의 사회에 정말로 the "eautyful ones" 태어날 것임을 확실히 암시하고 있으며 이는 전통적으로 탄생과 부활의 상징인 아름다운 꽃으로 둘러싸인 버스의 뒷좌석에 주인공이 앉아 있는 모습을 상기하면 더욱 그러하다.[7] Lazarus는

7) Teacher가 일찍 "out of the decay and the dung there is always a new flowering"85)라고 한 말을 비교하면 더 재미있게 읽을 수 있을 것이다.

*The Beautyful Ones*를 utopia적인 요소에 dystopia적인 요소를 결합시킨 작품이라고 강조한다. 그에게선 본 작품은 일종의 절망감 a sense of hopelessness같은 분위기를 전한다는 것이다. 특히 Lazarus는 결론적으로 Armah가 Bertolt Brecht와 같은 계열의 작가로 간주하며 다음과 같은 설명을 덧붙여 설명하고 있다.

> [Armah seeks in the book] to describe the preconditions of and prevailing constraints to change. The novel is formulated upon the premise that it is only by knowing one's world, by seeing it for what it is, that one can ever genuinely aspire to bring about its revolutionary transformation. (48)

여러 가지 경우 *The Beautyful Ones*에서 배설물 이미지를 자주 사용하는 것은 이 책이 지니고 있는 부정적인 의도로 이해될 수 있다. Harold Collins는 Armah가 배설물 이미지를 도입하는 것은 혐오감에서 온 것이라고 한다: "of all man's works and creations his excrement is most disgusting"42). 그러나 Armah가 배설물의 상징적인 도입을 하고 있는 의도는 확실히 복잡하다. 특히 이 책에서 배설물은—자연적인 현상일 수도 자연적이지 못한 현상일 수도 있지만—유럽의 상품을 소비함으로써 오는 쓰레기와 병치시켜서 보여준다는 사실을 유념할 필요가 있을 것이다. Bakhtin의 경우 신체와 외부 세계의 상호 역동적인 작용을 강조하며 역사의 가치에는 그렇게 큰 비중을 두지 않는다. 다시 말해서 세상의 모든 사물과 인간은 서로 밀접하게 혼합되어 존재하고 있을 뿐이라는 점이다. 이는 인간의 몸속에 있는 물질이 밖으로 배설되던지 아니면 반대의 경우에도 인간은 서로 다른 세계의 한 부분이지 따로 떨어져 존재하지 않는 것으로 Kant의 2분법적인—주체와 객체—입장을 부정하고 있음을 입증하는 것이다.

게다가 Bakhtin은 전통적으로 사람의 몸을 "high"/ "Low" 분류해서 생각하는 것은 계급 사회의 현상으로 나타나는 폭력이며 사람의 신체에서 일어나는 모든 현상은 동시적으로 존재하고 진행되는 것으로 보는 것이다. Armah의 배설물의 이미지는 그가 성서에서 말하는 소위 "저 된 자가 나중 되고" "he last shall be first" (42)라고 말하듯이 이와 같은 계급적인 서열을 해체하고자 하는 의도가 깔려 있음을 알 수 있다. 그러나 사실 탈식민지의 삶에 관한 문학적인 표현을 놓고 정치적인 요소를 배제한다면 무책임할 뿐만 아니라 현실성이 없는 탁상공론에 불과함을 잊어서는 안 될 것이다. 그러나 가장 중요하게 독자들이 생각할 점은 그리고 Armah가 Ghana에 있어서 신 식민지의 부패와 탄압에 대해서 지니고 있는 기본적인 태도를 제대로 이해하려면 우선 *The Beautyful Ones*를 읽어보아야만 할 것이다. 그러나 좀 억지스럽게 보일지 모르지만 유럽인 들이 이 작품을 어떤 사실을 은폐하고 왜곡하려는 것에 대한 풍자로 읽으려 한다면 이것 또한 작품의 흥미로움을 그리 경감하지는 않을 것이다. 결국 Armah에게서 정치적인 쟁점은 그의 작품 속에서 간단히 나타난다고 보기는 어렵지만 정치적인 것에 기본적인 관심을 지니고 있음을 틀림없는 사실이다. 결론적으로 한 가지 더 추가할 것은 Armah는 전통적인 가나에서의 전통적인 학대 행위에 대하여 격렬한 공격을 하고 있으며 적대자들을 묘사할 때에는 색깔을 많이 도입하는 것이 특징이며 때로는 심하게 과장해서 사실을 묘사하는 경우가 있음을 잊어서는 안 될 것이다. 그러나 대개 이러한 학대는 도덕적이거나 지적인 결함에서 오는 것으로 보여 진다. 구체적인 예를 들어보면 Armah가 Koomson의 비만함을 묘사할 때 몸에서 나는 지독한 냄새를 정치적인 부패와 도덕적인 타락으로 묘사하고 있다. 작품이 마지막에서 Koomson을 바다로 데리고 가서 물에 뛰어들어 수영을 하는 것은 일종의 앞으로 있을 일들에 대한 재생과 같은 긍정적인 인식의 회복으로 보여 진다.

> The man let himself drop deep into the water.... He held his breath so long inward feeling that he was perhaps no longer alive. But then it became impossible to hold on any longer and involuntarily he gasped and let in a gulp of water that tasted unbelievably salty. The surface seemed so far up that he thought it would never come, but suddenly the pressure around his neck and in his ears was no more and he opened his eyes again. (209-10)

> When he reached the beach he was very tired even though his movements had been gentle....He had begun to feel much colder, too. But at the same time even the cold feeling gave him a vague freedom, like the untroubled loneliness he had come to like these days, and in his mind the world was so very far away from the welcoming sand of the beach beneath him. (210)

The Man이 자신의 집으로 돌아오기 전에 그는 승객들로 붐비고 혼잡한 트럭을 길가에 앉아서 유심히 지켜본다. 그가 이런 장면을 지켜보고 있었을 때 새로운 모습의 광택이 빛나는 그리고 페인트칠이 된 짐차가 검문소에 도착한다. 시간이 많이 걸리기 때문에 이 차의 운전사는 뇌물을 경찰에게 주고 차를 수색하는 절차를 밟지 않고 그대로 통과한다. 그리고 주인공은 다음과 같이 느낀다.

> Behind it, the green paint was brightened with an inscription carefully lettered to form an oval shape:
>
> The Beautyful Ones
>
> Are Not Yet Born
>
> In the center of the oval was a single flower, solitary, unexplainable, and very beautyful. As he got up to go back into the town he had left in the night, the man was unable to shake off the imprint of the painted words. In his mind he could see them flowing up, down, and round again. After a while the image itself of the flower in the middle disappeared, to be replaced by a single, melodious note. (183)

주인공의 입장에서는 사회의 부패를 수용해야 하는지 결정하지 못한 채 난관에 빠진다. 그에게 유일한 희망은 "우러러 볼 사람들"이 아직 태어나지 않았다면 새로운 세대가 그런 양심적이고 정직한 사람들을 데려와야 할 대상이라고 생각한다. 그것만이 현재의 절망을 희망으로 바꿀 수 있는 유일한 희망이기 때문이다.

어쨌든 *The Beautyful Ones*를 유럽의 풍자로 보든 아프리카인들의 관점에서 보던지 모두 단순한 철학적 사색이 아닌 거친 정치적인 공격임을 알아야 할 것이다. 결국은 작가는 정치적인 형태를 통해서 심미적이고 강력한 형태의 작품을 성공적으로 내 놓았던 것이다.

2. 『영원한 세월: *Two Thousand Seasons*』

이전의 작품들과는 스타일과 묘사에 있어서 경향이 많이 다르다. 전형적인 유럽풍의 기법은 찾아 볼 수 없고 아프리카의 구전 전통이 두드러지기 때문이다. 개개인의 복잡한 심리적인 상태와 전통적인 공동체 사회의 목소리 그리고 공동체 사회의 가치관이 상당히 중시되고 있다. 아프리카와 사회 경제적인 그리고 정치적인 힘의 역사적인 대립이 정치적인 압력과 사회의 붕괴로 그 모습을 드러내고 아랍과 유럽의 개입이 더욱더 적극적이다. 아프리카의 공동체 사회는 유럽에 의해 조정 당하고 원주민들은 노예 상인들의 말을 듣지 않으면 생존에 위협을 받게 되는 상황이다. 아랍에 이어 유럽의 진출이 본격화되자 아프리카인 들은 직감적으로 위협을 느끼게 된다. 유럽의 문화가 들어오기 시작하면서 여성을 강간하고 약탈하는 일들이 벌어지고 엄청나게 많은 사람들은 노예로 팔려가기까지 한다. 아랍인들은 자원의 착취와 물질적인 축재에 정신이 없고 내부의 갈등으로 사회는 무질서하다. 법의 집행과 정의는 찾기 힘들고 파괴와 환경의 오염은 피할 길 이 없게 된다.

잘 훈련된 민병대들이 유럽의 세력과 힘 겨누기를 하지만 결과는 없다. 화자는 이들 원주민들의 이주와 대 추방은 고난의 연속이다. 이들의 이주는 심지어 정신적인 지도자들까지도 올바른 판단을 하지 못하는 상황에서 극도로 혼란스럽다. 이런 가운데 이들은 해변가에서 그들만의 사회를 건설하기 위해 노력해 본다. 이때 유럽의 식민지 세력이 침입하고 사회는 급속도로 붕괴되어 가고 유럽의 노예 상인들은 착취와 이용을 하여 아프리카 엘리트들을 포섭하여 그들의 노선에 따르도록 유도한다.

아랍과 유럽의 노예 상인들은 지역 사회의 구조를 모조리 파괴하고 약탈자로서 기생충들과 같은 속성으로 끝없는 착취를 한다. 이에 대항하는 아프리카인들의 저항은 성공적이지도 효과적이지도 못하다. 그럼에도 불구하고 생명의 위협을 무릅쓰고 비인간적인 대우와 착취에 저항하는 모습은 그치질 않는다. 작가는 아프리카인들의 저항을 통해서 그들의 미래에 대한 긍정적인 암시를 던지고 있다. 그리고 아프리카인들의 현재와 과거 그리고 미래에 대한 의미를 다음과 같이 보여주고 있다.

> We are not a people of yesterday... Our clearest remembrances begin with a home before we came near the desert of the falling sun. Thousand upon thousands the seasons that have passed since the heavy time of parting, countless those among us who have rejoined the ancestors since we left, but the knowledge has come surely down of the skirting of great waters, kin to the sea, lacking only salt....
>
> Yes, there was motion. The surrounding soil, the air, the rivers called our younger blood. Generation after generation, growing groups journeyed a day, three days from our outer reaches looking not for escape but for greater space in an open land. Disasters there were, but the land was always larger than any calamity. It absorbed them. We continued, mothers, brothers, spreading over this land. (2-4)

이처럼 발전해 가는 아프리카인들의 역사 인식은 소설에서 상당히 중요한 부분을 차지하고 있음이 사실이다. 왜냐하면 현재와 미래 그리고 과거는 역사를 통해 조명할 수 있기 때문이다. 시간이 흘러감에 따라 더욱더 많은 사람들은 사회의 부정부패와 도덕적인 타락에 서서히 물들어 가기 시작했으며 가치관의 상실을 가져왔으며 공동체의 결속은 급속도로 허물어지지 않을 수 없는 운명을 맞게 되었다. 아프리카인들에게서 투쟁도 절망적이지만 그래도 희망을 절대로 포기하지 않음이 주목할 만하다: "Connected thought, connected action: that is the beginning of our journey back to our self, to living again the connected life, travelling again along our way, the way" (209).

『치료자』에서 작가는 아프리카 전통 사회의 가치관을 중요시하고 있으며 신 식민지 사회에 살고 있는 이들의 억눌린 삶을 보여주고 있다. 비참한 인간의 삶과 사회의 붕괴와 황폐화는 외부의 지배와 외국의 가치관을 수용하면서도 저항하는 이중적인 모습을 동시에 보여줌으로써 일종의 아이러니를 경험하게 한다. 아프리카인들은 스스로 힘을 길러 문화적인 정체성을 찾고 착취를 일삼는 유럽과 아랍을 대적하겠다고 하지만 그들의 이상이 실현되는 적은 한 번도 없다. 도덕적인 타락으로 많은 이들은 기존의 문제가 많은 사회를 벗어나 이제 스스로 치유할 수 있는 사회로 빠져나가고 자신들만의 가치 있는 삶이라도 찾고자 한다. 실망과 좌절 가운데서 이들은 스스로 치유 자가 되길 원하는 것이다.

"I am not trying to discourage you," Damfo said. "But I must let you know the things a healer turns his back on are innumerable." These are things of the world. Not only things of the flesh, but also things touching the spirit. There's comfort. Wealth. There's also love, the respect of distant people. Power among men. The satisfaction of being known wherever you go. These are the things that sweeten life for men. The healer must turn his back on all of them. (110)

치료자의 입장에서 스스로 희생을 필요로 하면 그에 대한 보상도 있다. 개인적인 차원에서 볼 때 공동체 사회는 개인이 스스로 자신의 정체성을 찾음으로써 치유의 효과를 얻는 셈이다. 사회적인 차원에서 오는 치유는 다른 사람으로 하여금 변화를 하도록 하는 것이다. Araba Jesiwa는 Damfo로 부터 죽기 직전에 구출되어 치유의 마을로 오게 된다. 이곳에서 그녀는 자신이 속임을 당하고 조정 당하면서 스스로 자신의 정체성을 상실하였음을 인식하게 된다.

> For years her soul had sunk into a deep, horrifying hole...trapped there at the bottom, unable to crawl out. How she had found strength and help to climb out of the long depression.... She talked to him of

despair — the bottomless loss of hope that could turn a vibrant human being into something less than inanimate flesh and bones.... She talked to him of renewal — the purging of falsehood out of the abused self. (82-3)

그러나 이들은 공동체 사회에서 계급 구조를 인위적으로 만듦으로써 계급이 스스로 좌충우돌하여 불만을 가지고 결집력을 약화시키는 우를 범하게 된다. 유럽과 아랍의 착취와 약탈은 날이 갈수록 더 심해지고 이제 도덕적으로 사회적으로 부패하지 않은 곳이 없게 되고 누구든지 심한 상처를 받을 수밖에 없는 허약한 상황으로 남게 되는 것이다. 이들에게서 미래에 대한 희망은 공동체 사회를 통해서 결집하는 길밖에 없는 것이다. Damfo가 하는 말을 보기로 하자.

If we healers are to do the work of helping bring our whole people together again, we need to know such work is the work of a community. It cannot be done by an individual. It should not depend on any single person, however heroic he may be. And it can't depend on people who don not understand the healing vocation — no matter how good such people may be as individuals.

The work of healing is work for inspirers working long and steadily in a group that grows over the generations, until there are inspirers, healers wherever our people are scattered, able to bring us together again. (328)

이들은 시행착오를 거치면서 어려움을 겪지만 외부로부터 오는 힘에 저항하여 부패하고 타락한 사회로부터 벗어나 그들 나름 데로 의 사회를 만들고 공동체적인 삶을 영위함으로써 그들의 인내심을 보여주고 있다. 다소간의 여담이 있는 것이 결함이라면 결함이 될 수 있겠으나 영국의 집요한 영향력 아래서 해안가에서 이들이 모여 사는 모습을 그대로 보여주기 위해서는 필요한 묘사라고 생각할 수도 있을 것이다. 심각한 역사적 대립을 통해서 제3세계의 과거를 다시 볼 수 있다는 점에서 그 중요성이 있을 것이다.

12

포올 마샬(Paule Marshall)의 스테레오타이프와 정체성의 위기

Marshall은 그녀의 첫 단편인 “The Valley Between”을 1954년에 출판하였으며 가장 최근에는 *Daughters* (1991)를 발표하여 많은 관심을 끌고 있다. 그녀는 1959년 *Brown Girl, Brownstones* 소설을 첫째 발표함으로써 작가로서의 새로운 시작을 하였다. 이어서 그녀는 단편 모음집으로 *Soul Clap Hands Sing* (1961)에 출간을 하였고 1966년에는 “Reena”를, 1968년에는 “To Da-duh in Memoriam”을 그리고 이어서 1969년에는 *The Chosen Place, The Timeless People*를 출판하였고 1971년에는 “Some Get Wasted”를 출판하였고 1983년 *Praising for the Widow*를 세상에 내놓은 후 1991년까지 작품 활동을 중단하기도 하였다. 50-60년대는 Ellison, Wright, Baldwin의 명성에 가리어 빛을 보지 못하다가 그 이후 서서히 많은 이들의 관심을 끌기 시작했다.

특히 그녀는 완전히 미국 흑인들의 경험과 고통을 묘사하는데 자신의 글을 한정시키는 것이 아니라 상당히 폭이 다양하고 넓다. 그는 흑인들의 비참한 삶과 인종적인 쟁점을 쓰고자 하려는 의도도 없으며 서인도 제도 연안이나 아프리카 여성들의 삶, 정체성의 위기, 인종 문제, 흑인 여성들이 지녀야 할 전통의 중요성 그리고 인간관계들을 적나라하게 전하기도 한다. 그녀의 작품들은 분열된 자아로부터 주변의 공동체 사회와의 조화로운 관계를 통해서 자신의 정체성을 되찾는데 무게를 두고 있음이 주목할 만하다. 자신의 과거와 대립을 통해서 끝없이 전통, 가족, 그리고 자신의 정체성을 찾기 위한 모든 관계로부터 오는 소외를 극복하려는 메시지를 잊지 않고 사실주의적인 관점에서 전한다.

그녀의 첫 소설인 *Brown Girl, Brownstones*는 오늘날 미국 흑인 여성 문학의 시금석이나 다를 바 없는 작품이다. 어린 흑인 소녀의 정신적인 성장에 관한 이야기로 그녀가 미국의 New York에서 인종적인 편견의 고리로 고통을 받으면서 어떻게 자신의 사회와 관련을 맺고 살아가는가를 보여주고 있다.

첫 장에서는 이주민의 딸인 10대의 주인공인 Selina가 그녀의 부모님들과 사회와 관계를 보여준다. 그녀가 주변의 물질주의, 특히 어머니를 비롯한 이웃들이 물질주의에 빠져 있는 상황을 목격하고 이를 거부하고자 할 때 한없는 소외감을 느끼게 된다. 그러나 물질주의를 혐오하는 아버지로부터 그녀는 한없는 애착을 갖고 있다. Marshall은 여기에서 인간의 소외와 물질주의에 대한 포커스를 집중시킴으로서 주인공 자신의 정체성에 위기감을 경험하게 하고 있다. 특히 젊은 시절의 꿈과 정체성의 위기를 잘 그리고 있는 *Brown Girl, Brownstones*[1)]의 첫 장인 "A Long Day and a Long Night"에서는 주인공인 Selina Boyce가 개인을 하는 모습을 보여준다. Marshall은 주인공이 장차 8년 동안 그녀가 직면하게 될 가족과 친구들 그리고 복잡한 쟁점들을 소개한다. 겉으로 보기엔 10살 난 주인공은 한 여름 백일몽에 빠져 있는 것이 전부이다. 그러나 소설 전체로 볼 때에는 상당히 중요한 의미를 지닌다. 백일몽에 빠진 주인공은 아득히 먼 옛날에 빠져 잠꼬대를 하고 있으며 너무도 순수하기만 하다. 그러나 앞으로 그녀가 성숙하면서 직면하게 될 어려운 일들은 가혹하기만 하다.

우선 주인공은 자신과 자신의 가족에 대해서 따로 떨어져 나온 듯한 느낌을 받는다. 과거 부유한 백인이 소유했었던 Brownstone에서 그녀 가족의 삶을 기억 속에서 소중히 간직하고 있으며 또 말없이 그곳의 고독을 마음껏 즐기는 스타일이기 때문이다. 그녀는 자신이 더 이상 흑인이 아님을 상상하지만 곧 그녀는 자신으로 돌아온다: "she was no longer a dark girl alone and dreaming at the top of an old house, but one of them, invested with their beauty and gentility....[Quickly, the mood breaks, for Selina poignantly realizes that] she did not belong here. She was something vulgar in a holy place" (5-6). 어린 흑인 소녀의 마음속에서 백인이 되고자 하는 욕망은 있지만 주인공인 Selina의 회상은 그녀가 자신의 동료들과 부모님들 그리고 자신이 속해 있는 Barbadian사회와 단절되어 살아가고 있음을 설득력 있게 보여주고 있는 것이다. 그녀는 백인 사회의 일원이 되고자 하는 욕망과 부모님들과 동료 그리고 자신이 속한 사회가 배척하는 가치관 사이에서 한없이 방황하고 있는 인물이다. 어린 그녀에게서 자신의 문제 해결은 백인 사회에 대한 소속감에 두고 있지만 사실은 Deighton과 Miss Suggie 그리고 Silla Boyce와의 관계에 많은 원인이 있음을 보여주고 있다.

한 어린 인간이 성숙해 감에 따라 동료들과 주위 환경은 자신이 정체성을 확립해

---

1) Paule Marshall. *Brown Girl, Brownstones.* New York: Feminist Press, 1959.
______________. *Daughter.* New York: Penguin, 1991.

가는데 엄청난 영향을 미침을 알 수 있다. Selina가 그녀의 또래들과 관계에 문제가 있었을 때 그리고 이들로부터 상당히 많은 소외감을 느끼게 됨으로써 그 충격은 지대했던 것이다. 처음 보기엔 Selina가 자신의 절친한 친구인 Beryl Challenor와 질투를 느끼게 되었을 때 10대들의 흔한 현상으로 그렇게 큰 문제로 보이지 않았다. 그러나 이들이 사춘기로 접어들면서 "Pastorale"장에서는 Marshall은 Selina가 신체적인 변화를 경험하게 되는 Beryl로 부터 소외감을 느끼기 시작하고 그녀의 생각도 감상적이고 고통스럽게 변화한다: "She closed her eyes to hide the tears and was safe momentarily from Beryl and Ina and all the others joined against her in their cult of blood and tears" (67). 이런 현상은 사춘기 이전에는 볼 수 없는 현상이다. 게다가 Marshall은 우리들에게 Selina의 성격 묘사를 보여주고 있다. Selina는 Beryl이 자신을 동반하지 않고 극장에 가는 사실에 대해서 분개해 하고 있으며 사춘기에 접어들어 신체적인 변화를 경험하는 Beryl은 Selina를 어린아이로 간주하고 있음에도 크게 실망해 한다. Beryl과의 관계가 악화됨으로써 Selina는 그녀의 또래들과도 관계가 소원해 진다. 더 나아가 Selina는 Beryl이 어린아이로서 그녀 부모님들이 추구하는 물질주의와 그 가치관을 선호하면서 그런 생활 방식에 빠져 있다는 생각으로 더욱 더 싫어하게 된다.

Selina는 점점 나이가 들어감에 따라 Beryl과의 접촉은 Selina 그녀 자신의 가족 관계에서 발생된 문제들 때문에 점점 더 제한이 된다. Selina는 그녀 자신과 같은 또래의 친구들과 어울리는 것이 더욱 어려워진다. "Selina"장에서 Marshall은 십대인 Selina와 그녀의 또래들과 Beryl의 생일 파티에 초대받았을 때 강하게 대조시켜 보여주고 있다. Selina의 모습은 자신의 친구들 신체와 구분이 될 정도로 다르다. 어린아이와 같이 왜소한 Selina의 모습은 육체적으로 풍만해져 대학생들과 함께 어울리는 Beryl과 그녀의 다른 친구들과는 현저하게 대조적이다. Selina의 아버지가 체중이 많이 나가서 얼마 전 사망한 후 그녀는 항상 울적하고 소외된 느낌을 받는다. 그녀는 친구들의 수다에도 동참할 수 없게 된다: "she, had, in her mind withdrawn from them to stand--invisible and critical--in a shadowy area outside their warm pink circle" (195). Selina는 Beryl을 힐책하면서 파티장을 떠나고 Beryl의 아버지의 존재와 재정적으로 안정된 삶을 하는 모습에 질투를 느낀다. 친구와 동료들로부터 소외되었다는 느낌에서 벗어나지 못하는 Selina는 이제 내적인 소속감 같은 것을 원하는 것이다. Selina는 경제를 활성화하기 위한 모임인 Barbadian Association에 첫 번째로 참석하고 이곳에서 Selina의 생각을 밝힐 기회를 가지자 그녀는 다른 젊은이들에 대해 비난을 서슴지 않는다. 이는 그녀의 두 가지 속성을 그대로 보여주는 순

간이기도 하다: “What was it that made them so unreal? Why should she feel such loneliness and alienation among them when, after all, they were her people?” (227). 더 나아가 Selina는 이 경제 활성화 위원회가 자신의 아버지의 생각과 다른 입장이다는 이유로 그리고 자신의 또 다른 다정한 친구인 Miss Suggie의 생각과 다르다는 이유로 쉽게 인정하려 하지 않는다.

Selina가 점점 자라면서 그녀는 안락한 생활과 Suggie Skeete, Miss Thompson, 그리고 Miss Mary와 같은 친구들과의 교제를 원한다. 이들 인물들은 그녀에게 물질적인 것에서부터 문화적인 이해에 이르기까지 모두 만족시킴으로서 그녀가 변화하는데 큰 영향을 미친다. 특히 Suggie Skeete는 항상 집안 청소로 찌들은 생활을 하고 성생활도 만족스럽지 못하지만 Marshall이 만든 가장 기억에 남을 만하면서도 기분 좋은 인물이다. Suggie는 삶을 열정적으로 살아가는 여성이다. 그녀는 물질에도 크게 신경을 쓰지 않고 다른 Barbadian 사회에서 열심히 물질을 모으면서 살아가는 사람들로부터 게으르다는 비판을 받으면서 까지 물질에 관심을 두지 않는다. Suggie가 Selina집에 세를 살게 되었을 때 Selina에겐 큰 위로가 되는 사람이 된다. 그녀의 존재를 통해서 Selina는 삶의 웃음과 정열을 배우게 되었고 그녀가 토요일 밤 그녀의 연인을 유혹하는 모습을 지켜볼 뿐만 아니라 Selina자신의 아버지인 Deighton Boyce와 같이 삶의 즐거운 양상들—춤과 술, 그리고 댄스와 요리—에 대해 많은 것들을 알게 해 준다. Selina 아버지가 사망하자 Suggie는 그녀에게 큰 위로를 주면서 보다 긍정적으로 세상을 살도록 권유한다: “stop thinking about death...take off the blasted black clothes and start having fun” (209). 그녀의 충고는 그저 간단하기만 하지만 Selina에게선 그녀가 행복을 추구하도록 하는 큰 힘이다. Selina의 어머니인 Silla Boyce는 Suggie의 생활 방식에 분노하여 그녀를 셋방에서 내 보낸다. Selina는 이에 분개하고 그녀의 어머니에 대해서 복수까지 할 결심을 하게 된다.

Suggie Skeete가 Selina에게 여성으로서의 역할 모델이었다면 Miss Thompson은 분명히 비극적인 인물이다. Selina에게 따뜻한 애정을 주고 밤낮 할 것 없이 죽어라 일만하면서도 가정이 없다. 그녀는 미국 남부 출신으로 자신의 Barbadian사회로부터도 소외되어 있다. 그러나 Silla Boyce와는 달리 그녀는 항상 사랑과 친절로 Selina에게 대한다. Miss Thompson은 어렸을 때 인종 차별 사건으로 다리에 심한 상처가 있으며 Selina는 성숙해 지면서 흑인 사회 속에서 자신의 삶을 살아간다. 어느덧 그녀가 대학에 입학하면서 그녀는 적대적인 백인들의 시선 속에서 인종차별을 느낀다. 그런 가운데 Miss Thompson은 Selina에게 보람찬 생활을 하라고 충고

한다. 그리고 그녀의 지역 사회 모임에도 참석하여 그녀의 역할에 대해서 생각해 보라는 충고의 말도 한다.

Suggie나 Miss Thompson과는 달리 Miss Mary는 Selina에게 항상 부정적인 인물이다. 백인으로 늙어 병든 Mary는 그녀의 결혼하지 않은 딸과 함께 Selina 집에 세를 들어 살아간다. 백인인 그녀는 Selina에게선 그녀의 죽은 아버지에 대한 기억과 어머니에 대한 적대감의 많은 원인이 되는 대상이기 때문에 항상 괴롭다. 그러나 Miss Mary가 죽자 Selina의 삶에 큰 변화가 일어난다:

> She might never find a way out, but like Miss Mary, move from one death to another.... It was not so much a thought as something deeply felt. To flow out of herself into life, to touch and know it.... and be touched by it. (204)

이처럼 Mary는 그녀의 삶에 어떤 영감 같은 느낌을 부여한 것이다.

이런 경험이 있은 후 Selina는 Barbadian모임에 참석한 후 나오다가 자신의 생각과 많이 공감을 하는 Clive라는 남성을 만난다. 그는 그녀가 알고 있는 남성들과 다른 점이 많이 있다. 예술가이면서도 크게 물질에 얽매이지 않는 유형의 인물이다. 아버지의 생활 방식과 많이 유사한 이 남성에게 Selina는 마음이 끌린다. 그러나 그녀의 어머니는 자신의 딸이 그 남성과 교제하는 것을 원하지 않는다. Clive는 그녀와의 육체적인 관계를 원하고 그녀는 대학 생활에 열중함으로써 이 남성과의 관계를 끝맺는다. 왜냐하면 그는 그녀가 정신적으로 성장하는데 크게 도움이 되지 못한다고 생각하기 때문이다. John Cook은 그녀의 속성을 다음과 같이 언급하고 있다:

> Selina's life ceases to be dominated by nostalgia for her father after an affair with an ineffectual artist similar to him, and she finally rejects the dichotomy — the linkage of her father and Barbados with love and gentleness, her mother and America with unfeeling power — which had informed her earlier life. (7)[2)]

Clive는 Suggie, Miss Thompson, 그리고 Miss Mary와 같이 Selina가 좋아하는 소외된 인물 유형으로 그녀의 어머니가 지니고 있는 가치관이나 또 Barbadian 사회가 추구하는 것과는 판이하게 다른 성향을 지니고 있다. Selina가 진정으로 성숙

---

2). John Cook. "Whose Child? The Fiction of Paule Marshall." *CLA Journal* 24 (1980): 1-5.

하는 것은 그녀의 아버지가 지니고 있는 진정한 모습을 찾아내는 것과 그녀 자신이 어머니인 Silla로 부터 물려받은 감정을 스스로 인식하는 일이다.

Silla Boyce는 자신의 남편인 Deighton Boyce를 현실성이 없는 인물로 묘사하고 있다: "That's one man who don know his own mind. He's always looking for something big and praying hard not to find it" (22). 그녀는 남편이 수고하고 땀 흘려 물질적으로 부유한 꿈을 꾸고 사는 지역사회 남성들과는 달리 헛된 꿈을 좇는 몽상가라고 한다. 그러나 Clive와 Suggie와 마찬가지로 Deighton은 세속적인 꿈을 가지고 살아가는데 만족을 얻을 수 없다. Deighton에게서 가장 큰 꿈은 Barbados로 돌아가 자신의 누이가 그에게 남겨 준 땅에서 멋있는 집을 짓고 살아가는 것이다. 그러나 Silla의 꿈은 남편이 물려받은 그 땅을 팔아서 고급 건축물에 사용되는 사암으로 된 지어진 집을 구입해서 살아보는 것이 꿈이다. 그녀는 남편의 희망을 꺾고 그 땅을 팔기까지 한다. 그래서 남편은 현실에서 자신의 꿈을 이룰 수 없기에 사회로부터 소외되고 사회를 저주하며 현실을 도피할 목적으로 종교에 심취하게 된다. 궁극적으로 Silla는 자신의 남편을 Barbados로 보내 버린다. 배가 Barbados에 가까워지자 Deighton은 바다에 스스로 뛰어 들어 생을 포기한다.

Selina로서는 그녀의 아버지는 그녀가 현실을 넘어 설 수 있는 유일한 희망이었고 Deighton의 입장에서는 또 다른 딸인 Ina와 아내를 멀리하고 특별히 신뢰하고 신임하는 관계를 유지함으로써 현실의 만족을 구할 수 있는 출구 역할을 했던 것이다. Selina는 아버지의 존재를 통해서 어머니로부터 사회로부터 끝없이 경험할 수 있었던 소외를 극복하는 큰 힘이 된다. 그렇기 때문에 어머니의 냉혹한 현실적인 가치관에 담을 쌓고 아버지의 이상적인 꿈에 가까이 다가갈 수 있었던 것이다. 그리고 아버지의 존재가 위태롭다는 사실과 생각보다는 아버지가 연약한 입장임을 느끼게 된다. 그녀가 자라면서 어머니와 사회가 그녀의 아버지에 대해 부정적임을 알게 되고 그녀는 더욱더 아버지의 사랑으로 사회에 대한 증오가 더해 간다. 어머니에 대해서는 그녀가 아버지의 땅을 강제로 팔았으며 아버지를 쫓아내기까지 했다는 사실에 적의를 버릴 수 없다. John Cook은 다음과 같이 Selina의 가치관을 언급한다: "throughout her early adolescence Selina perceives her options to be the adoption of his [Deighton's] values, which she equates with Barbados, or her mother's, which she sees as American" (5). Selina의 눈에는 어머니의 가치관은 그녀가 속한 사회의 가치관으로 딸인 자신이 이를 배척하지 않으면 안 되는 힘든 상황이다. 그녀의 아버지에 대한 사랑은 절대적이다.

Selina가 성장할수록 그녀의 어머니와 사회를 거부하는 결심은 약간의 변화가 일어난다. 때로는 그녀의 결심이 단호하다가도 자신이 속한 사회의 일원이 되기를 원하며, 아버지의 존재를 떠올리면 자신이 속한 사회를 배척할 필요성을 다시 느끼는 것이다. Agatha Steed의 딸이 결혼하는 장면은 Selina가 끝없는 난관에 봉착하고 있음을 그대로 전해 준다. 결혼식장에서 그녀의 생각은 자신의 사회로부터 소외와 결혼하는 그녀에 대한 존경심으로 얼룩이 진다.

그녀의 두 번째 소설인 *The Chosen Place, The Timeless People*에서도 정체성과 소외 그리고 물질주의에 대한 쟁점을 다루고 있으면서도 큰 무게는 물질주의보다는 중년의 여성이 자신의 과거를 이해하려는 노력이다. 이 소설은 많은 비평가들로부터 관심의 대상이 되고 있으면서 흑인 여성 문학과 카리브해 연안의 문학과 많은 비교를 하고 있다. 배경은 상당히 복합적이며 다양한 등장인물들로 구성된 장편 소설이다.

Marshall은 이야기를 상상 속의 카리브해 어느 섬에 위치시키고 있으며 미국과 영국, 그리고 아프리카를 이야기 속에 개입시키고 있음이 우선 흥미롭다. 두 명의 중심인물은 미국인이고 주인공은 카리브해 섬의 원주민인 중년의 Merle Kinbona로서 영국에서 교육을 받았고 소설의 결말엔 아프리카로 돌아간다. Merle은 과거에 가족들과 그리고 한 여성으로서 자신과 많은 소외를 경험했으며 자신의 삶은 가치관의 부정과 많은 실수로 점철이 되어 있다. 궁극적으로 주인공이 아프리카를 배경으로 자신의 정체성을 되찾게 되는 상황과 진정한 전통이 어떤 것인가에 대한 얽힌 갈등을 보여주고 있기도 하다. 다시 말해서 Merle Kinbona를 비롯하여 여러 인물들이 경험하게 되는 정체성의 위기에 중심 무게가 실려 있다.

그녀의 세 번째 소설인 *Praisesong for the Widow*는 1983년 전미 도서 상을 수상하기도 했으며 이를 계기로 그녀의 문학적인 명성은 확고한 자리 매김을 하게 된다. 가장 기본적인 골격은 비교 문학적인 관점이며 미국의 흑인 여성과 제3세계 여성들이 경험한 고난과 정복의 역사를 기반을 두고 있다. 특히 과부인 주인공 여성을 통해 ─ 카리브해 연안과 아프리카를 비교 연구하는데 상당히 많이 이용이 됨 ─ Marshall이 문화적인 연결고리를 제공하고 있으며 지역적으로 시간과 공간적으로 다른 삶을 살고 있는 이들 아프리카인들을 연결하고 인종적인 과거의 기억을 하나로 융화할 수 있는 힘이 있다는 것이 가장 설득력 있는 주장일 것이다. 기법 면에서 볼 때 그녀는 이전의 모든 재능 ─ 정체성, 물질주의의 함정, 아프리카 전통의 연결 고리, 그리고 인간의 소외 ─ 을 한 곳에 결집시켜 놓은 듯한 느낌을 받는다.

그러나 이들 세 주인공들인 10대, 중년, 그리고 과부인 여성들은 서로 다른 경험을 하면서 자신의 정체성을 찾는다. Marshall의 소설은 시기적으로 발표되긴 했지만 주제적으로 볼 때 시간적인 개념은 존재하지 않는 것이 특징이다. *Brown Girl, Brownstones*는 전후 시대의 환멸에 직면하여 개인이 자신의 행복을 탐색하는 50대에 출판이 되었지만 이 당시는 *The Invisible Man*이나 *Catcher in the Rye*가 남성 작가들에 의해 출판이 된 시기이기도 하다. *The Chosen Place, The Timeless People*은 1969년에 출판이 되었고 당시 과격한 행동과 투쟁이 극에 달한 시대이기도 하며, *Praisesong for the Widow*는 급격히 미국의 가치관이 동질화되어 감으로써, 소위 1940년대 말에서 1950년대 전반에 출생한 베이비 붐 후반 세대로 산업계에서의 활약과 우아한 생활양식을 선호하는 대도시의 화이트 컬러, 곧 "Yuppies"들이 성숙해서 판을 친 1980년대의 정신을 잘 나타내고 있다. 그러나 Marshall이 자신의 글을 통해 분명히 전달하고자 하는 메시지는 전통을 알고 자족한 생활과 자신의 소외를 벗어나 과거와 직면하여 자신의 정체성을 찾으라는 것이다.

Henry Louis Gates는 그의 *Reading Black, Reading Feminist*라는 책에서 오늘날 문학의 흐름은 범 국제화하는 현상을 보여주고 있다고 한다: "we are in the midst of a major international literary movement" (3).[3] 특히 흑인 여성들의 작품에 관한 많은 비평가들의 견해에 관심을 기울임으로써 과거 50-60년대 흑인 여성들의 글쓰기에 대해 상당히 부정적이었던 분위기가 많이 변해 가고 있음을 반영하는 부분으로 이해해도 무리가 없음을 알 수 있다. 그러나 70-90년대 이후 Alice Walker와 Toni Morrison같은 흑인 여성들이 미국에서 전미 도서 상을 휩쓸고 노벨문학상을 수상함으로써 과거 분위기는 말끔히 씻어 진 셈이었다. 이들 여성들의 문학적인 관심사는 공통적으로 제3세계 문학과 공동보조를 취함으로써 더 주위의 시선을 끌게 된 것이다. 이러한 흑인들의 문학적인 전통에 앞장을 선 인물이 Paule Marshall이다.

1. 『전통을 고집하는 사람들: *The Chosen Place, The Timeless People*[4]』

여성주의 문학, 또는 여성주의의 실천을 위한 비평의 기본적인 입장을 남성

3) Henry Louis Gates. Introduction. *Reading Black, Reading Feminist*. Ed. Henry Louis Gates. New York: Meridian, 1990. 1-15.

4) Paule Marshall. *The Chosen Place, The Timeless People.* New York: Harcourt, Brace & World, 1969.

중심사회의 제반 여건을 극복하고 여성의 사회참여를 확대하기 위한 방안으로 첫째, 여성자신의 의식변화의 추구이며, 둘째, 여성에 대한 교육기회의 균등화가 정책적 차원에서 수행되고, 여성 취업의 기회와 정치적, 정책적 분야의 여성 참여의 확대 폭을 넓혀야 하며, 셋째, 여성의 역할과 특성에 대한 근본적인 이해와 협조가 사회구조의 총체적 전체에서 형성되도록 하여야 하며, 생활에 대한 남녀의 동일한 책임분담과 상호보완적 남녀역할의 조화가 행복한 가정과 사회를 이끌어 나갈 수 있다고 하였다. 그 동안의 역사가 남성중심 이었고, 그 동안의 문학사가 남성 우월주의에서 비롯된 것이라면 분명 여성의 해방은 쟁취되어야 하는 것이다. 그러나 과거에 있어서 여성에 대한 존재인식은 남녀공동의 엄격한 생활윤리, 세계질서의 엄연한 방식으로 인정되었던 것이기 때문에 그것은 어쩔 수 없는 과거의 사실일 수밖에 없다. 사실 부권주의나 가부장제는 결코 의도적인 것이 아니라 생존 불가피한 선택일 수 있는 것이다. 사실 과거의 삶은 그것이 농경생활이든, 유목생활이든 생계를 위해서는 남성들이 앞장설 수밖에 없었으며, 생리적으로 볼 때, 임신과 육아라는 여성의 기능과 본능적인 모성애의 정서는 여성의 역할을 남성보다 안전한 쪽을 택하게 했던 것이다. 따라서 그것은 가족이라는 한 집단의 생존을 위한 역할분담이었을 것이다. 그러나 문제는 산업사회로 전환하고, 시장경제, 화폐경제가 생기면서 달라진 것이다. 자본의 위력은 생태적인 역할분담을 조정하고 군림하고, 지배하기에 이른 것이다. 거기다가 제도적으로 현실적으로 남성들이 경제력을 독점하면서 대등한 역할분담의 균형은 여지없이 무너지고 남성 중심사회로 고착된 것이 그 동안의 역사였다.

그러나 이제는 사정이 달라졌다. 고도의 산업사회는 남상만이 산업의 주역이 아니라 여성도 산업의 주역으로 생산을 담당할 수 있게 된 것이다. 여성의 경제력, 여성의 사회적 역할 등이 현저히 증가된 시대가 된 것이다. 따라서 여성주의 문학은 두 가지 문제를 감당해야 한다. 하나는 그 동안의 자본주의 구조 속에서 평가 절하된 여성에 대한 정당한 평가와 인식의 전환을 남성에게 그리고 여성에게 공히 일깨워 주는 일이다. 그러나 마무리 일깨운다 해도 경제력이 주도하는 사회에서는 인식만으로는 불가능하고, 여성도 경제적인 동등권을 행사할 수 있는 제도적인 현실적인 문제해결이 있어야 할 것이다. 말하자면 자본이 지배하는 사회를 개혁하든지, 남성의 우월주의를 불식시키든지, 여성의 이미 길들여진 순종의 윤리를 개선하든지, 경제력을 확보하든지, 제도적인 보장을 받든지, 이러한 난제들을 해결하는 데서 진정 여성주의의 의미가 정당화 될 것이며 여성주의 문학이나 비평도 가치 있는 노력이 될 것이다.

그러나 신중해야 할 부분은 첫째로 행복에 대한 기본적인 생존의 권리를 공유할 수 있다는 신념이 전제되어야 할 것이다. 독신주의도 좋고, 가정주의도 좋다. 문제는 어떤 삶의 방식이 보다 양질의 행복을 보장할 것인가에 심각한 검토가 있어야 할 것이다. 둘째로 이데올로기적인 페미니즘에 대한 검토가 요구된다. 남성중심주의니, 여성 중심주의니 하는 성대결의 논리는 필연적으로 독선을 강요하게 되고 그것은 마침내 평화라는 공존의 윤리를 파괴하기 마련이다. 오늘날 남성주의 도그마가 비극적인 덫이었다면, 여성적인 도그마도 비극을 내포하고 있는 것이다. 이것이 이데올로기의 속성이다. 그런데 최근의 페미니즘엔 급진주의니 사회주의니 하는 이념적 관형사가 붙는다. 이것은 대단히 불안한 조짐이라고 생각한다. 그냥 순수한 여성주의일 것이지 사회주의적 페미니즘이 무엇인가. 이미 사회주의가 남성적 이데올로기인 것을 이것으로 여성해방의 방편을 삼는다는 것은 출발부터가 모순이다. 남녀평등이니 공동노동, 공동분배라는 원칙이 여성도 남성과 같이 선반공장이나 집단농장에서 남성과 동일한 노동을 하는 것으로 이해된 이데올로기나, 여성을 또 다른 계급으로 인식하고 계급투쟁을 벌여야 한다는 논리는 검토되어야 하는 것이다. 셋째로, 최근 데리다의 해체주의가 기존의 말 중심주의나 이성 중심주의에 근본적인 회의를 품고 새로운 가치 질서를 모색하고 있는 것이 사실이다. 이러한 논리에 편승하여 여성주의도 이들의 이항 대립적 논리의 모순을 남녀의 불평등한 성차별에서 찾고 있는데, 주목할 일은 오히려 자연, 즉 디페랑의 진의를 감지해야 할 것 같다. 우리는 진리를 관계 속의 차이에서만 찾으려 하고 있다. 그러나 진리는 결코 주어져 있는 것이 아니라 끊임없이 연기된다는 사실에 주목해야 한다. 따라서 우리가 할 수 있는 것은 절대적인 진실에의 확신보다는 최선을 다하는 인간적인 노력의 과정인 것이다. 따라서 페미니즘 비평도 끝내는 디페랑의 노력이라는 것을 겸허하게 인정해야 할 것이다.

여성을 주제로 한 문학이나 영화, 드라마 등은 너무나 많다. 그 속에서 우리는 옛날 우리의 모습이나 삶의 방식, 특히 사회상(시대상)을 그대로 느낄 수 있었다. 이처럼 여성을 주제로 한 문학이나 영화는 대중매체를 통해서도 널리 알려져 있지만, 여성작가가 쓴 문학이나 또 그 작가는 훌륭한 작품이 많음에도 불구하고 명성을 떨치지 못하고 있다. 문학을 중심으로 볼 때 여성작가들과 독자들은 언제나 불리한 입장일 수밖에 없었다는 현실에 대한 자각을 페미니즘의 출발점으로 본다. 페미니즘 비평은 문학이 인간의 실존적인 삶을 떠나 존재할 수 없기 때문에 문학과 여성은 문학의 생산자로서, 문학의 수용자로서, 문학의 내용으로서 긴밀하게 관계를 맺고 있다고 보고 있는 것이다. 따라서 페미니즘은 다음 세 가지의 관점에서 여성을 인식하는 것이다. 첫째, 여성의 개인적 집단적인 독자성, 특수성, 주체성을 인정하여 생산물의 가치로서가 아닌 하나의 독립된 존재로서 인정받으며 여성의 고유한 역할이 이해되어야 한다는 것이다. 둘째, 여성의 인간적 존엄성과 권리를 왜곡하는 문화적 편견 및 오류를 거부한다. 셋째, 사회 구조 및 여러 가지 조건들이 여성의 삶을 억압해 왔음을 인식하고 억압의 조건들이 변화됨으로써 여성의 지위에 변화가 일어나며, 또한 여성은 그 변화가 가능하며 주체적 능동적인 노력으로 실현될 수 있다고 믿는 것이다.

그러므로 페미니즘 비평은 문학비평이 일차적으로 문화체계 속에 감추어진 선입견을 드러내며, 이차적으로 그러한 현상의 객관적이고 근본적인 원인을 분석한다. 그럼으로써 제한된 영역 속에서 보수성을 유지했던 문화 및 문학을 해체하여 새로운 지식과 관심을 이끄는 추진력으로 작용할 수 있다고 믿는다. 우리의 문학 작품 속에서 만나는 남자와 여자의 모습, 그리고 남자와 여자가 함께 꾸려가고 있는 세계는 자연스러운 감동의 형태로 남아 우리의 의식을 지배하며, 우리는 이 자연스러운 감동의 질서에 따라 우리의 삶과 경험을 해석하고 정의 내린다. 페미니즘 비평가들은 이러한 문학의 장치들이 남성 위주로 만들어 짐으로써 여성들은 늘 순응하도록 만든다고 파악하는 것이다. 따라서 그들은 지금까지 보편적 기준으로 이해되어 왔던 작품의 평가기준이 보편적인 것이 아니라 남성 중심적 편견에 불과했음을 발견한다. 이러한 기존의 보편적인 기준에 저항하는 독자가 되고자 한다.

1969년에 출판이 된 이 소설에서 Marshall은 한 여성이 처한 상황을 가정의 복잡한 상황으로 끌고 들어간다. 이는 작가 자신의 시각에 변화가 있음을 알리는 부분이기도 하다. 작가의 시각은 한 여성에서 한 장소로 그리고 사람들로 이완이 되면서 발전되어 가는 유형을 보이고 있다. 미국에서 카리브해 연안으로 시간과 공간을 이동시키면서 이전 작품의 Barbados의 모형으로 보이는 Bourne Island에 있는 Bournehills 지역 사회로 초점을 맞추고 있다. 이곳에서 살아가는 사람들의 특성, 일상생활, 그리고 문제점들을 자세히 매 페이지마다 전하고 있기 때문이다.

서로 다른 인물들이 한 곳에 모이는 것이 소설의 전개이다. 중심인물로서 미국인 Saul Amron 그리고 남편 Saul Amron의 연구를 도와주는 Allen Fuso와 함께 섬으로 오는 Saul의 부인 Harriet이 있다. 화려하면서도 수수께끼 같은 Merle Kinbona은 미국인이 점령하고 있는 곳에서 객실을 운영하는 원주민이다. 이들은 서로 서로 이웃들과의 상호 관계를 통해서 많은 것을 배우며 살아가고 있다. Allen과 Saul이 연구를 거의 마칠 즈음 미국인들은 Bournehills라는 곳으로 와서 영국의 식민지로 인하여 경제적으로 어려움을 겪는 이들에게 도움을 주려고 한다. 원주민들은 사탕수수를 재배하면서 살아가고 외부에서 온 미국인들의 눈에는 거의 원시적이다. 외부와 완전히 단절된 삶을 살아가고 있기 때문에 시간과 공간을 전혀 의식하지 못하는 무시간의 사람들로밖에 보이지 않는다. Saul Amron의 입장에서 풀어야 할 수수께끼는 왜 이들 원주민들이 그렇게 어렵고 가난한 삶을 살면서도 자신들의 생활 방식과 관습을 고수하려고 하는지 그리고 왜 이들 원주민들의 눈에는 미국인들의 현대화된 삶이 남의 일처럼 느껴지고 낯설게 받아들여지는 지를 알아내는 일이다. 유태계 미국인으로서 Saul은 원주민들이 경계하는 인물이다. 이런 상황에서 Saul은 Merle의 도움으로 간신히 살아갈 수 있게 된다. 이런 가운데 작가인 Marshall은 독자들이 소설에 나오는 방문객들과 함께 여행을 하면서 그 섬의 상황을 스스로 느끼고 새로이 인식할 수 있는 공간을 마련해 두고 있는 것이다.

카리브해 쪽으로 늘어진 섬은 New Bristol수도를 중심으로 여행의 중심지이다. 육지에 비해 카리브해 섬은 잔잔한 바다가 한결 미국인들을 향해 손짓을 하는 듯하다. 그러나 그곳에는 노예제도와 폭동 그리고 과거의 아픔이 숨겨져 있다. 육지는 작고 험준한 언덕과 악조건 가운데서도 이곳을 살아가는 사람들은 시간이 없이 존재하는 자신들만의 고유한 영역을 지키기를 원하는 것이다. 작품을 통해서 Bournehills와 카리브해 섬 바다는 이야기를 움직이게 하는 동력과도 같은 역할을 한다. 작가가 이런 바다를 바라보는 전경을 보기로 하자.

> It was the Atlantic this side of the island, a wild-eyed, marauding sea the color of slate, deep, full of dangerous currents, lined with row upon row of barrier reefs, and with a sound like that of the combined voices of the drowned raised in a loud unceasing lament — all those, the nine million and more it is said, who in their enforced exile, their Diaspora, had gone down between this point and the homeland lying out of sight to the east. This sea mourned them. Aggrieved, outraged, unappeased, it hurled itself upon each of the reefs in turn and then upon the shingle beach, sending up the spume in an angry froth which the wind took and drove in like smoke over the land. Great boulders

> that had roared down from Westminster centuries ago stood scattered in the surf; these, sculpted into fantastical shapes by the wind and water, might have been gravestones placed there to commemorate those millions of the drowned. (106)

Marshall은 처음부터 다분히 파노라마 풍의 정치적인 인상을 제시한다. 흑인과 백인, 가난한 삶과 부유한 삶, 그리고 식민주의와 경제적인 독립이 바로 그런 요소이다. 그러나 가장 핵심이 되는 주제는 역시 자신의 정체성을 찾는 노력이다. Marshall의 경우 이런 정체성의 위기는 특히 성인의 경우에 더욱더 상징적인 형태로 난해하게 제시된다. 정체성의 폭이 그만큼 좁은 곳에서 넓은 곳으로 옮겨가기 때문이다. 인종, 편견, 전통, 그리고 역사적인 요소가 모두 이에 포함이 되기 때문이다. Saul과 Harriet Amron 그리고 Merle Kinbona는 서로 서로 자신의 정체성에 영향을 주고받는다. Saul의 경우 Bournehills에서의 경험을 통해서 그리고 Merle과의 관계를 통해서 과거의 아픔을 잊을 수 있는 계기를 마련하며 Harriet의 경우 이런 일련의 여행을 통해서 뿌리 깊이 내재한 인간이 지닌 편견을 인식할 수 있는 기회가 되었고, 궁극적으로 그녀 자신이 다른 사람을 다룰 수 있는 능력이 없다는 판단을 내렸을 때 자살로 몰고 간다. 이처럼 모든 인물들은 과거를 다시 직면하고 자신의 잘못과 심리적인 부담으로 점철된 잊혀지지 않는 기억으로 부터 새로운 자신을 위한 발견을 시도하게 되는 것이다.

기본적으로 Bourne Hills에 관한 이야기 그리고 픽션을 바탕으로 한 섬에 관한 이야기 그리고 Merle Kinbona에 관한 이야기는 전체 이야기의 틀이 될 것이다. 우리 자신은 미국과 카리브 연안의 섬들의 배경이 다른 만큼 서로 다른 인물들을 만나게 되지만 이들은 공히 자신의 미래와 진정한 자아 그리고 행복을 위해 과거를 극복하고 이해하며 새로운 자아를 만나기에 여념이 없다. 더 나아가 작가는 인간의 소외와 물질주의에 대한 쟁점에도 소흘리 하지 않는다.

Merle이 처음 소개 될 때에 그가 중년의 나이에 성적으로 문제가 있는 인물임이 그대로 전해진다. Marshall은 이 시점에서 전적으로 전지 작가적인 관점을 견지하는 것이 아니라 부분적으로 전지 작가적인 관점을 유지한다. 때로는 독자들이 Merle의 마음속으로 들어가기도 하며 때로는 다른 사람들이 하는 말을 통해서 Merle의 심정을 읽고 해독해야만 한다. Merle의 의상 또한 자신의 성격과는 잘 어울리지 않는다.

> the dress with its startling print, the strange but beautiful earrings that

> had been given to her years ago in England by the woman who had been, some said, her benefactress; others her lover; the noisy bracelets, the shoes — all this could be easily taken as an attempt on her part to make herself out to be younger than she was. But there was more to it than that, one sensed. She had donned this somewhat bizarre outfit, each item of which stood opposed to, at war even, with the other, to express rather a diversity and disunity within herself, and her attempt, unconscious probably, to reconcile these opposing parts, to make them a whole. Moreover, in dressing in this manner, she appeared to be trying to recover something in herself that had been lost: the sense and certainty of herself as a woman perhaps. (5)

Merle은 Selina와는 달리 물질주의도 그리고 현실성이 없는 이상도 배척한다. 그러나 물질주의에 직면하지 않을 수 없는 상황에서 그녀는 남편과 딸을 잃고 만다. Marshall은 이 시점에서 물질주의는 식민주의의 한 형태로 제시하며 Merle은 물질주의에 직면하면서 어머니로서의 부담을 느끼며 자신의 과거가 수치스러우며 한 여성으로서 자신의 정체성을 발견해야 하는 것이다.

Merle은 부유한 영국인 지주인 Ashton Vaughan의 소유인 섬에서 태어났으며 그녀의 어머니는 2살 난 딸의 목전에서 무참하게 살해되었다. 살인자는 잡히지 않았으나 그 살인자는 지주인 Vaughan의 아내로 의심이 간다. 그녀의 아버지와 어머니의 관계는 그곳 섬이라는 지역적인 공간을 두고 생각할 때 백인들이 이곳 섬을 점령한 것은 원주민인 자신들을 강간한 것과 다를 바 없다고 생각하고 있다. Vaughan이 살인자의 규명을 조사하기를 거절하는 장면은 이들이 원주민들의 삶에 대해 애당초부터 관심이 없음을 보여주는 것이며 원주민들은 죽고 섬은 백인들이 마음대로 처분할 수 있는 땅임을 증명하는 부분이다. Merle은 이렇게 해서 어머니가 없이 자라며 아버지는 그의 딸이 13세가 되어 학교에 들어가기까지 관심조차도 없다. Merle은 누구를 막론하고 남성은 증오의 대상이 되고 학창시절 카리브 출신의 Aunt Tie라고 불려지는 여성과 함께 살게 되면서 Merle에게는 어머니와 아버지와 같은 역할을 한다 (357). 20세가 되어 영국에 있는 대학에 입하하게 된 그녀는 부유한 영국의 여성이 재정적인 도움을 받지만 자신이 조정 당하고 있음을 인지하자 그녀와의 관계를 단절한다. 심지어 결혼을 한 후에 Merle의 남편은 그녀를 돈의 목적으로 이용하며 드디어 자식까지 데리고 그녀를 떠난다. 그리고 신경쇠약으로 고통을 당하며 Merle은 Bournehills로 돌아온다. 소설은 그녀가 돌아 온 후 8년이 지나서 시작하는 것이다.

Merle의 생애에 대한 우리의 시각은 소설이 진행되면서 서서히 드러나게 된다. 왜냐하면 그녀는 자신에 대해 절대로 이야기하지 않는다. 단지 삶의 고통스런 현실을 통해 그 감정이 간접적으로 전해지기만 하는 것이다. 그러나 아이러니컬하게도 Saul Amron과 Merle은 서로 서로 자신의 생각과 고민을 털어놓은 관계가 된다. Merle이 Saul과의 관계를 맺고자 할 때 근본적인 동기는 자신의 과거 경험을 함께 나눌 수 있다는 확신이 있었기 때문이다. 더 나아가서 Saul은 과학적인 연구영역을 벗어나 Bournehills를 잘 이해 할 수 있는 포용적인 인물임이라고 느낀 것이 그 원인으로 지적될 수 있다.

어느 날 Saul은 Merle을 찾아와 자신이 주위의 사탕수수 주인인 Sir John이 일년 마다 한 번씩 방문해서 조사하는 모습은 마치 18세기 자신의 식민지를 다스리는 것과 같은 인상을 준다고 격분해 한다 (225). 여기에 동감을 한 Merle은 자신의 문제와 고민을 Saul에게 털어놓는 계기가 된다. Saul은 Merle의 고민에 전적으로 동정을 표하고 Merle은 Saul에게 자신이 그 섬으로 돌아온 이유를 설명하게 된다.

> I even thought it might do me good, being back here. It would give me a chance I told myself, to try and sort out my life and perhaps come to some understanding of myself. Because I don't understand me you know. I haven't a clue... why I lived as I did in England... I hoped I might be able to sort it out once I was back — and not only everything that happened those years away, but when I was a child. I wanted to go all the way back and understand. To come to some understanding! To have it make sense! (228-9)

그녀 자신은 섬으로 돌아온 것이 오히려 자신의 발전을 위해서는 걸림돌이 되었지만 서서히 이를 극복한다고 한다. 그녀는 다른 사람에 대한 분노하는 마음에서 점차 이해하고 수용하는 자세로 바뀌어 간다. 그녀가 Bournehills에서 살아가는 사람들에게 도움의 손길을 내밀 수 있기 이전에 그녀가 할 수 있는 일은 자신의 과거의 고통과 슬픈 상실을 극복하는 일이다.

Saul은 Merle에게 East Africa로 가서 그녀의 딸과 남편을 찾도록 충고한다. Saul의 제안은 극히 개인적인 관심에서 비롯되었고 Merle은 이에 답하여 언제가 그녀 자신은 아이를 찾아 Bourne Island를 즐거운 마음으로 떠날 것이라고 한다. 이런 Merle의 감정은 항상 동전의 양면적인 속성을 지니고 있는 것이다. 자신의 마음속에 진심을 겉으로 표출하는데 상당히 꺼려하고 있기 때문이다.

이런 그녀의 이중적인 성격은 남편과 아버지로부터 배신이 그 원인으로 지적될 수 있을 것이다. 이처럼 Marshall은 Merle를 끊임없이 독자들로부터 거리를 유지하도록 의도적으로 조정하고 있는 것이다. 우리는 Merle의 내면의 그리고 현실의 방안을 절대로 들어갈 수가 없다. 그녀가 분노하여 며칠을 방에 들어가 두문불출할 때에도 우리는 그 속을 들여다 볼 수가 없는 것이다. 왜냐하면 그녀의 방은 그녀 자신에 대한 상징적인 이미 이상의 공간이기 때문이다. Merle이 스스로 방문을 열고 들어오도록 초청을 하지 않는 한 Saul을 비롯해 아무도 출입할 수 없는 곳이다.

Merle의 입장에서는 Saul이 이해심이 깊은 사람임을 확신하기 전에는 자신의 과거를 말할 수 있는 입장이 못 된다. 매년 Bournehills에 거주하는 사람들은 Cuffee Ned가 몇 년 전에 폭동을 일으킨 상황을 재연하고 이에 Merle은 많은 영향을 받는다. Saul은 Bournehills에 살아가는 사람들과 외부 세력의 정복에서 오는 원주민들의 저항은 수동적이면서도 평화적인 방법이 되어야 함에 동의를 하지만 때로는 과거 Cuffee Ned의 폭동과 같은 행동들이 대안이 될 수도 있음을 암시한다. 그리고 Saul은 인간 역사에 관한 새로운 인식을 갖게 된다.

> It's that people...who've been truly wronged — like yours, like mine...must at some point, if they mean to come into their own, start using their history to their advantage. Turn it to their own good. You begin...by acknowledging...all of it, the bad as well as the good.... And then, of course, you have to try and learn from all that's gone before... Use your history as your guide...because many times what one needs to know for the present...has been spelled out in the past. (315)

Saul의 역사에 대한 현실 인식은 물론 자기 자신의 개인적인 인식의 단계이지만 본 작품이 기본적으로 제기하고 있는 현실의 역사적인 문제임을 완전히 부인할 수 없는 면도 있다. Saul이 연설 도중에 자신의 첫 번째 아내가 아이를 낳다가 불행하게 죽은 일을 개인적으로 가슴에 아픔을 묻은 채 이제껏 살아왔지만 Merle이 보는 앞에서 그런 개인적인 슬픔을 고백하면서 눈물을 흘리면서 Merle은 더욱더 Saul과 관계에 보이지 않는 벽을 허물고 자신의 과거를 그에게 모두 털어놓게 된다.

Merle은 자신의 아버지와 어머니의 죽음에서 오는 상처의 흔적을 아직도 지니고 살며 그녀의 어린 시절 이후의 삶을 다음과 같이 고백한다.

> Good little brainwashed West Indian that I was, I though it quite something to have a rich English woman taking such an interest in me, an almhouse child, who couldn't even remember her mother and whose so-called father had for years passed her by on the road without so much as a word. (328)

Merle은 사랑과 관심이 그만큼 중요함을 강조한다. Merle은 물질주의가 얼마나 인간의 삶을 파멸시킬 수 있는지를 보여주고 있기도 하다. Merle은 그녀의 아버지가 자신이 대학을 그만둔 후로 재정적으로 더 이상 도움을 주지 않기 때문에 백인 여성으로부터 재정적인 도움을 받으면서 비정상적인 관계를 유지한다. Merle은 자신의 남편이었던 Ketu와 한동안 행복한 가정을 꾸리며 살았지만 물질주의는 그녀를 더욱 현실적인 삶을 불가능하게 한다. 그리고 Ketu는 자기 딸을 데리고 떠난다. Merle이 자신의 과거 결혼 생활을 이야기할 때에는 다분히 감상적이며 자신의 잃어버린 과거의 감정을 무의식적으로 그리워하고 있음을 알 수 있다.

> We had only the two years together, scarcely any time worth speaking of, but in a way you know they made up for all the others before-and since... Let's just say I became a different person with him. Softer for one... and I didn't talk near as much... But most of all, he made me know I was a woman. (332)

Merle은 자신의 아픈 과거를 Saul에게 모두 털어놓고 자신의 실수와 남편에 대한 분노를 토로한다. 이를 듣고 있던 Saul의 관심은 그녀에게 어느 정도의 위로가 됨이 사실이다. 그 일이 있은 후 이들 두 남녀는 함께 동침을 하고 성관계를 가짐으로서 Merle은 자신이 다시 여성의 성을 회복하게 되었음을 확신할 수 있게 된다. 이들의 관계를 통해서 그녀는 과거 자신을 되찾을 수 있는 힘이 생긴 것이다.

Merle의 Saul과의 관계는 그녀로 하여금 삶을 긍정적으로 바라볼 수 있는 촉매제와도 같은 효과를 낳게 되지만 이들의 관계 때문에 Saul의 아내인 Harriet은 죽게 된다. Harriet은 처음에 시도는 해 보지만 궁극적으로 Bournehills에 사는 사람들의 삶의 일부가 될 수 없었음으로 서구 세계를 대변하는 그녀의 죽음은 Bourne Island와 같은 제3세계에 서구의 파괴적인 영향력이 부정적임을 간접적으로 나타내는 부분이기도 하다. Harriet은 Merle과 Saul의 관계를 알고 있었으며 돈을 Merle에게 제공함으로써 그녀를 계속 조정하려는 욕구를 멈출 수 없다. 그리고 Harriet은 영국에서 Merle의 옛 연인을 만난다. Merle이 Harriet의 돈을 거절하는 장면은 Merle이 과거의 아픔을 극복하고 이제는 자신의 삶을 살 수 있는 자신의 정체성을 확립할 수 있는 힘이 있음을 증명하는 부분이기도 하다.

> I can't be bought. Or bribed...And I don't accept handouts. Not anymore at least. I used to...And because of it lost the two people who meant life itself to me. But not anymore. I've grown wise in my old age. And proud. Poor as the devil, but proud. (441)

Merle은 어느 정도 과거의 혼란으로부터 정상으로 돌아왔지만 Harriet은 Saul과 Merle을 조정하려는 의도를 심지어 Saul이 미국으로 돌아간 뒤에도 버리지 못하고 있다. 그녀는 과거를 반성할 의지도 없고 미래를 위한 결심도 없는 정체적인 여성으로 모두를 잃게 된다.

결론 부분에서 Saul과 Merle은 각자 자신들의 최종 목적지로 떠나기 전에 마지막으로 한 번 만나게 된다. Saul은 미국으로 돌아가고 Merle은 Uganda로 그녀의 남편과 딸을 찾아 떠난다. Merle의 모습은 있는 그대로 자신의 모습이다. 그녀는 영국 여성이 그녀에게 주었던 귀걸이도 팔아 버렸고 그녀의 아버지가 준 가구도 팔아 버렸다. 이제까지 그녀가 자신의 외모에 치장을 하고 화장을 했던 의식을 그만 둔 것은 그녀가 자신의 정체성을 찾기 위한 행동이었으며 자신이 아프리카로 돌아가기 위해 필요한 조처였던 것이다. 아프리카는 그녀에게 힘과 생명을 주는 곳이기 때문이다 (468). 그녀가 이런 외적인 치장들을 포기한 것은 과거의 나약했던 자신과의 결별이기도 하며 이제 그녀는 자신의 딸의 삶의 한 부분이 되기로 한다. 이처럼 작가는 주인공에 대한 보다 더 희망적이고 낙관적인 미래를 예시하고 있다. Merle은 Bournehills로 완전히 달라진 사람으로 돌아갈 것이며 ("This is my home," 468), 그곳에서 다시 가르치는 직업을 다시 갖게 될 것이다. 그리고 그곳의 사람들에게 사랑과 희망을 심어 주는 정열적인 여성으로 다시 태어날 것이다.

『과부찬가: *Praisesong for the Widow*[5)]』는 *The Chosen Place, The Timeless People*보다 14년 늦게 출판이 된 Marshall이 작가로서의 힘을 과시한 작품이다. 노년의 여성인 Avatara Johnson의 이야기가 중심이 되며 수년간 그녀는 정신적인 생명력을 포기하면서 지낸다. Avey의 작품상의 Carriacou라고 불리는 카리브

5) Paule Marshall. *Praisesong for the Widow.* New York: E. P. Dutton, 1984.

해 섬으로의 여행이 핵심 내용으로 이곳에서 그녀는 인종적인 정체성을 되찾게 된다. 중년의 Avey Johnson의 위기에서 오는 고뇌를 이해할 수 있는데 이는 모든 사람이 나이가 들면 늙기 때문이다. 작가는 Avey의 감정과 생각을 계속해서 이끌고 가면서 이를 독자들에게 보여주고 있는 형식을 취한다. 단면적으로는 Avatara Johnson의 일주일간의 삶을 통해서 현재에서 과거로, 현실에서 이상으로, 어린 시절에서 성년으로 변화해 가는 모습을 볼 수 있다. Barbara Christian도 상당히 공감이 가는 의견을 다음과 같이 전하고 있다: "Marshall develops Avey's journey to wholeness by juxtaposing external reality with memory, dream, hallucination-disjointed states of mind-in which the past and present fuse" (75).[6] 소설의 결론에 이르면 독자들은 Avey Johnson이 현재 누구인지, 과거에는 어떤 사람이었는지, 그리고 앞으로는 어떤 사람으로 변해 갈 것인지를 알 수 있다.

Avatara Johnson은 수년간 미국인의 꿈을 쫓기 위해 애를 쓰면서 비극적인 소외를 경험하게 된다. 자신이 가족과 친구 그리고 자신의 지역사회로부터 이질적인 존재로 인식이 되지만 그녀는 인종적인 유대를 되찾게 된다.

첫 장 "Runagate"에서는 Avatara Johnson은 그녀의 두 친구와 함께 카리브해 순항 선을 비싼 돈을 지불하고 떠나기 위해 급히 짐을 꾸린다. 외형적으로 볼 때 그녀가 짐을 꾸리는 행위는 그녀가 여행을 이제 끝냈음을 상징하지만 또 하나의 여행이 시작됨을 암시하기도 한다. 또 그녀가 비이성적인 여행을 떠날 인물로도 보이지 않는다. 평상시에도 옷을 깔끔이 입듯이 6개나 되는 가방 속에는 그녀의 세련된 그리고 유행에 걸맞은 옷으로 가득하다: "[Avey always dresses in a] well-cut suit, coat or ensemble depending on the season...everything in good taste and appropriate for her age" (48).

첫 장에서 이미 작가는 인물의 정체된 모습을 보여주고 있다. Avey는 이어서 자신의 샌들을 꾸리면서 과거 Jerome Johnson과 신혼 초에 살았던 허름한 아파트를 기억한다: "[she] used to kick off her shoes the moment she came in from work, shed her stockings, and start the dusting and picking up in her bare feet" (11). 그리고 유명한 흑인 노래를 부르면서 마루를 청소하지만 그 마루는 과거 그녀가 수십년을 무관심했다고 한다: "Avey Johnson hadn't thought of that floor in decades" (12). 마루는 그녀에게선 과거 그녀의 삶을 상징하기도 하고 잃어버린 세월을 의미하기도 한다. Avey가 시작하려는 여행은 고통스러운 현실이지만 이

6) Barbara Christian. "Ritualistic Process and the Structure of Paule Marshall's Praisesong for the Widow." *Callaloo* 6 (1983): 74-84.

여행을 통해서 그녀는 정신과 마음이 하나가 될 수 있는 기회이기도 하다: "a journey toward integration of body and spirit and self-reaffirmation through identification with a racial heritage" (94).[7)]

그녀의 소란스런 이번 여행은 간략한 형태이지만 강력한 토운으로 전달된다. 첫날밤 유람선 위에서 그녀는 과거를 잊고 살았던 기억이 되살아난다.

> As a rule she seldom dreamed. Or if she did, whatever occurred in her sleep was always conveniently forgotten by the time she awoke. It had been like this ever since the mid-sixties. (31)

60대의 나이에 Avey는 흑인의 인권 운동이 한창이던 때에 흑인들에게 가해진 무시무시한 학대 행위에 대한 기억을 꿈속에서 되살리며 괴로워한다. 그렇다고 해서 과거에 대한 기억을 의도적으로 잊기도 힘들다. 선상에서 그녀는 어릴 적 여름이면 종종 방문하던 숙모 Aunt Cuney를 생각하고 그 조그만 마을에서 Benitha Grant 의사 분이 약초를 이용하여 사람들의 질병을 치료하던 모습까지도 꿈에서 되살려 낸다. 꿈속에서 Aunt Cuney는 그녀에게 Ibo Landing으로 걸어오라고 손짓을 하고 우아하게 차려입은 숙모와 Avey는 손을 마주 잡고 잡아당기면서 장난을 치기도 한다. 그리고 과거 노예들이 어떻게 그곳까지 오게 되었는지도 알려 준다. 이런 일련의 꿈을 통해서 Avey는 그녀가 이제까지 신경을 써 온 외모와 물질적인 부 그리고 자신의 뿌리로부터 소외된 것에 대한 선입관을 독자들에게 보여주고 있는 것이다. 이런 꿈속에서의 혼란스런 경험을 한 후 그녀는 유람선 선상을 떠나게 된다.

Aunt Cuney에 대한 꿈을 꾼 후에 Avey는 선상의 가장 호화롭고 비싼 음식점인 Versailles실에서 음식을 시켜 먹는다. 그러나 그 풍요로움이 Avey에겐 혼란스러운 감정을 가지게 한다. 서서히 자신이 위치한 현실을 깨닫기 시작하면서 정신적인 혼란을 경험한다. 아이스크림에 과일을 섞은 파르페 (parfait)를 주문하지만 먹을 수 없다. 작가의 의도는 Avey가 자신을 둘러싼 호화찬란한 분위기와 음식으로부터 뛰쳐나와야만 자신의 과거를 인식할 수 있고 또 단순화된 삶을 통해서만 자신의 정신적인 힘을 되찾을 수 있다는 메시지이다. 그녀가 육체적인 질병으로 고통을 당할 때 이는 곧 정신적인 고통을 의미하며 그녀가 거울로 둘러싸여져 있음을 깨닫지 못했을 때 이는 그녀의 진정한 자아가 자기 위선의

7) Barbara Frey Waxman. "The Widow's Journey to Self and Roots: Aging and Society in Paule Marshall's *Praisesong for the Widow*." *Frontiers: A Journal of Women's Studies*. 9 (1987): 94-9.

가면으로 가려져 있음을 보여주는 장면이기도 하다.

Avey가 선상을 떠나 부두에 혼자 앉아 있었을 때 원주민들의 무리가 그녀 주위로 몰려와서 그녀가 알 수 없는 말로 웅성거린다. 이들로 매년 연례적으로 자신들의 섬인 Carriacou에 순례를 목적으로 온 것이다. 이들 원주민들은 자신의 조상과 전통적인 의식을 통해서 자신의 존경심을 나타내고 있었지만 그녀와는 의사소통이 전혀 이루어지지 않는다. 그 후 그녀는 과거를 사로잡고 있는 악한 영을 내 몰고 자신의 남편을 생각하며 눈물을 흘린다. 이런 개인적인 정화 행위는 앞으로 그녀 삶의 변화를 예견한다. “Sleeper’s Wake”에서 그녀는 과거를 회상하고 과거 그녀에게 일어났던 일들을 기억한다. 그녀의 기억을 통해서 자신과 남편 Jerome은 물질적인 안정을 목적으로 모두 자신들의 영혼을 살해한 사람들이나 다를 바 없음을 알게 된다. 이들 두 사람은 모두 자신들과 가족들과 전통으로부터 소외된 채로 살았던 것이다.

Avey의 결혼 첫 해는 전원적이었음을 그녀의 눈을 통해 우리는 알 수 있다. Avey와 Jerome은 가난하지만 힘든 일을 잘 참으면서 살아간다. 저녁이면 Duke Ellington, Lester Young, Mamie Smith의 음악을 들으면서 피로를 풀기도 하며 (“the fatigue and strain of a long day” 94), 함께 춤을 추기도 하며 마침내 서로의 불같은 사랑은 그들을 침실로 들어가게 했던 것이다. 일요일이면 아파트가 떠나갈 정도로 찬송가를 부르는가 하면 흑인들의 시를 읽기도 했다. 여름이면 이들은 Tatem에 위치한 Aunt Cuney의 집으로 가서 Harlem의 옛 친구들을 만나기도 하였지만 임신을 세 번하고 힘든 일을 하면서 이들의 사랑은 급속히 식어간다. 어느 날 밤 Avatara는 Jerome을 잘못 비난하고 이를 계기로 이들의 관계는 전환점을 만난다. 남편은 돈을 벌지만 모두 써 버린다: “evening things that had once been important to him, that he needed, such as the music, the old blues records that had restored him at the end of the day, found themselves abandoned on the sidelines, out of his line of vision” (115).[8] 그러나 Jay의 근면함으로 모은 돈으로 이들은 다시 중산층이 밀집해 사는 Halsey Street로 이사를 가게 된다.

---

8) Keith Sandiford는 다음과 같이 이때의 상황을 지적한다: “The expansion of material prospects is inversely proportional to the contraction of ceremony. The secular forces that drive Jay to attain wealth through the pursuit of academic and professional success, also cause the disjunction of his unconscious from his conscious life; similar forces estrange Avey from herself and her mythic past” (381). “Paule Marshall’s Praisesong for the Widow: The Reluctant Heiress; or, Whose Life Is It Anyway?” Black American Literature Forum 20 (1986): 371-92.

이런 과거의 아름다운 추억으로 Avey는 고통스러워한다. 과거 그토록 아름답게 살려고 노력했던 일이며 부부가 등을 돌리면서 그 과거를 묻어야 했던 일들이 이젠 고통스러울 정도의 귀한 기억으로 다가선다. 이는 Avey가 자신의 존재에 대한 새로운 인식을 깨우친다는 의미이다: “[The Avey Johnson who emerges from this grief-stricken night of bitter realizations is like a] tabula rasa upon which a whole new history could be written [because] her mind had been emptied of the contents of the past thirty years during the night” (151). 이렇게 해서 작가는 그녀가 평상시 같으면 옷치장에다 외모에 많이 신경을 쓰는 그녀이지만 호텔을 있는 모습 그대로 나서게 함으로써 그녀의 물질에 대한 가치관의 변화를 보여주고 있다. 구겨진 옷에다 화장도 하지 않고 이제 그녀는 과거 자신의 삶에 스스로 다시 접목하여 제2의 여행을 시도하고 있는 것이다.

작가는 까다롭고 고립된 한 여성에서 서서히 타자를 이해하고 수용하는 여성으로 변화를 보여주고 있으며 호텔을 떠난 후 무더운 여름 햇살 아래 해안가를 거닌다. 그늘을 피해 휴식을 취하면서 그녀는 Lebert를 만나게 된다. 그는 외모로만 상대방을 꿰뚫어 보는 능력이 있다. 그의 눈에 비친 Avey는 정신적인 치료를 받아야 할 정도의 여성임을 금방 알게 된다. Lebert는 Avey에게 배를 타고 Carriacou Excursion을 권한다. 보트를 타고 Carriacou에 가서 원주민들과 함께 춤을 추는 것은 곧 Avatara Johnson을 되찾는 길임을 주장하고 있다. 보트를 타고 Carriacou에 가는 것은 현재와 과거를 왕래하는 행위로서 그녀가 보트 위에서 만난 Carriacou여인으로부터 그녀가 Mount Olive Baptist를 주재한 여성임을 회상시키자 이때부터 Avey는 어린 시절 교회 주일학교에서 설교를 듣던 자신을 되찾고 작가의 의도대로 Avey의 과거와 현재는 하나가 된다. 그리고 그녀는 낯선 사람들이 보는 가운데 배를 움켜잡고 토한다.

Avey가 남편에 대한 기억으로 슬픔과 고통을 받는 것과 보트 위에서 토하는 행위는 모두 그녀 자신을 정화시키는 행위이다. 이런 와중에서 잠에 떨어진 그녀는 깨어나자 그녀 자신이 Lebert Johnson의 딸인 Rosalie Parvay집에 있음을 알게 된다. Rosalie는 그녀의 몸을 씻기고 마사지 해 준다. Barbara Christian은 Rosalie의 이런 행위를 다음과 같이 설명하고 있다.

> The bathing ritual also takes Avey through childhood to womanhood. Rosalie kneads her thighs creating the sensation that radiates into her loins. It is only then that her body becomes thoroughly alive. (8)

이처럼 Rosalie의 Avey를 위한 행위는 Avey를 위한 마지막 정화 의식인 것이다.

Avey를 위한 마지막 여행은 "Big Drum"으로 주말 축제에 Carriacou 원주민들이 벌이는 의식으로 절정에 달한다. 의식이 시작이 되자 Avey는 처음에는 머뭇거리지만 곧 동참하게 되고 "Beg Pardon"에 오면 자신의 잘못을 고백하는 순서를 거치지만 Avey는 조금도 거부 의식이 없다. 이런 일이 있은 후 그녀는 Aunt Cuney에 대한 기억과 가족들이 어려서 Hudson강을 여행하던 기억을 되살린다. 음악에 맞추어 Avey는 마취 당한 것과 같은 상태에서 춤을 즐긴다.

> Avey Johnson smiled but she neither smiled nor saw them clearly. Because it was a score of hot August nights again in her memory, and she was standing beside her great aunt on the dark road...and under the cover of the darkness she was performing the dance that wasn't suppose to be dancing, in imitation of the old folk shuffling in a loose ring inside the church... The Ring Shout. Standing there she used to long to give her aunt the slip and join those across the road... She had finally after all these decades made it across. (248)

이제 과거를 회복하게 된 Avey는 원주민들과의 춤 의식과 소외 받음으로써 고통당한 현실을 많이 완화시킨다. 그리고 그녀는 Carriacou를 떠나 Aunt Cuney가 있는 곳으로 가서 그녀와 함께 시간을 보낼 것을 다짐한다. 이제껏 그녀가 백인들과의 동화된 삶을 회개하고 이제 미국의 흑인, 아프리카의 흑인, 그리고 카리브해에 살고 있는 흑인들을 이해하고 자신의 힘으로 도움을 줄 수 있는 것이면 무엇이든지 하겠다는 확신 감으로 차 있다.

참고문헌

Achebe, Chinua. *Anthills of the Savannah.* 1987. NY: Anchor-Doubleday, 1988.

______________. *Arrow of God.* Rev. Ed. 1974. NY: Anchor-Doubleday, 1989.

______________. *Beware, Soul Brother.* Rev. ed. London: Heinemann, 1972.

______________. *Hopes and Impediments: Selected Essays 1965-87.* London: Heinemann, 1988.

______________. *A Man of the People.* 1966. NY: Anchor-Doubleday, 1989.

______________. *Morning Yet on Creation Day.* London: Heinemann, 1975.

______________. *No Longer at Ease.* 1960. NY: Anchor-Doubleday, 1994.

______________. "Teaching Things For Apart." *Lindfors* 20-24.

______________. *The Trouble with Nigeria.* London: Heinemann, 1984.

Abel, Elizabeth, Marianne Hirsch, and Elizabeth Langland, eds. *The Voyage In: Fictions of Female Development.* Hanover: UP of New England, 1983.

Abrahams, Cecil, ed. *The Tragic Life: Bessie Head and Literature in Southern Africa.* New Jersey: Africa World Press, Inc., 1990.

Adewoye, Sam A. "The Strength of the Rhetoric of Oral Tradition in Ngugi wa Thiong 'o's *Devil on the Cross.*" *Commonwealth Novel in English* 5.1 (1992): 11-19.

Ahmad, Aijaz. "Jameson's Rhetoric of Otherness and the 'National Allegory.'" *Social Text* 17 (Fall 1987): 3-25.

____________. *In Theory: Classes, Nations, Literatures.* London: Verso, 1992.

Aidoo, Ama Ata. *"An Angry Letter in January" and Other Poems.* Coventry, England: Dangaroo P, 1992.

______________. *Changes, A Love Story*. 1991. NY: Feminist P at the City U of New York, 1993.

______________. "*The Dilemma of a Ghost" and "Anowa": Two Plays*. 1965, 1970. White Plains, N.Y.: Longman, 1995.

______________. "*The Eagle and the Chickens" and Other Stories*. Enugu, Nigeria: Tana, 1987.

______________. Introduction to *The Beautyful Ones Are Not Yet Born* by Ayi Kwei Armah. NY: Collier, 1969.

______________. *No Sweetness Here*. 1970. White Plains, NY: Longman, 1994.

______________. "To Be an African Woman Writer--an Overview and a Detail." *Criticism and Ideology: Proceedings of the Second African Writers' Conference, Stockholm 1986*. Ed. Kirsten Holst Petersen. Uppsala: Scandanavian Institute of African Studies, 1988. 155-72.

Allen, Tuzyline Jita. *Womanist and Feminist Aesthetics*. Athens: Ohio UP, 1995.

Amadiume, Ifi. *Male Daughters, Female Husbands: Gender and Sex in an African Society*. London: Zed, 1987.

Amuta, Chidi. "Ideology and Form in the Contemporary Nigerian Novel." *Commonwealth* 7.1 (Autumn 1984): 94-104.

Andrade, Susan Z. "Rewriting History, Motherhood, and Rebellion: Naming an African Women's Literary Tradition." *Research in African Literatures* 21.1 (1990): 91-110.

Anyidoho, Kofi. "Literature and African Identity: *The Example of Ayi Kwei Armah." Critical Perspectives on Ayi Kwei Armah*. Ed. Derek Wright. Washington, D. C.: Three Continents P, 1992. 34-47.

Armah, Ayi Kwei. "African Socialism: Utopian or Scientific." *Prescence Africaine* 64 (1967): 6-30.

______________. *Fragments*. Boston: Houghton Mifflin, 1970.

______________. "Masks and Marx: The Marxist vis-a-vis African Revolutionary Theory and Praxis." *Presence Africaine* 131 (1967): 35-65.

______________. "One Writer's Education." *West Africa* (August 26, 1985): 1752-53.

______________. *The Beautyful Ones Are Not Yet Born*. London: Heinemann, 1969.

______________. *The Healers*. London: Heinemann, 1979.

______________. "The Teaching of Creative Writing." *West Africa* (May 20, 1985):

994-95.

________________. *Two Thousand Seasons.* Chicago: Third World P, 1979.

________________. *Why Are We So Blest?* Nairobi: East African Publishing House, 1974.

Asiegbu, Johnson U. J. *Nigeria and Its British Invaders, 1851-1920: A Thematic Documentary History*. NY: NOK International, 1984.

Ba, Mariama. *So Long a Letter*. 1981. Trans. Modupe Bode-Thomas. London: Heinemann, 1989.

Bakhtin, Mikhail. *Problems of Dostoevsky's Poetics*. Trans. and ed. Caryl Emerson. Minneapolis: U of Minnesota P, 1984.

________________. *Rabelais and His World.* Trans. Helene Iswolsky. Bloomington, Indiana: Indiana UP, 1984.

________________. *The Dialogic Imagination.* Ed. Michael Holquist. Trans. Caryl Emreson and Michael Holquist. Austin: U of Texas P, 1981.

________________. *Speech Genres and Other Late Essays*. Trans. Vern. W. McGhee. Ed. Caryl Emerson and Michael Holquist. Austin: U of Texas P, 1986.

Balogun, F. Odun. "Ngugi's *Devil on the Cross*: The Novel as Hagiography of a Marxist." *Ufahamu* 16.2 (1988): 76-87.

Bamgbose, Ayo. *The Novels of D. O. Fagunwa*. Benin City: Ethiope Press, 1974.

Bannet, Eve Tavor. "Rewriting the Social Text: The Female Bildungsroman in Eighteenth-Century England." *Reflection and Action: Essays on the Bildungsroman*. Ed. James Hardin. Columbia: U of South Carolina P, 1991. 195-227.

Bascom, William R. *African Dilemma Tales*. The Hague: Mouton, 1975.

Bazin, Nancy Topping. "Venturing into Feminist Consciousness." *The Tragic Life: Bessie Head and Literature in Southern Africa*. Ed. Cecil Abrahams. Trenton, N.J.: Africa World P, 1990. 45-58.

Ben-Amos, Paula. *The Art of Benin*. NY: Thames and Hudson, 1984.

Benson, Eugene and L. W. Conolly, eds. *Encyclopedia of Post-Colonial Literature in English*. 2 vols. London: Routeledge, 1994.

Bernstein, Michael Andre. *Bitter Carnival: Resentment and the Abject Hero*. Princeton, N. J.: Princeton UP, 1992.

Bertoncini, Elena Zubkova. "An Annotated Bibliography of Swahili Fiction and Drama Published between 1975 and 1984." *Research in African Literatures* 17. 1-2 (1971): 525-62.

Biko, Steve. *I Write What I Like: Steve Biko, a Selection of His Writings*. Ed. Aelred Stubbs. NY: Harper and Row, 1978.

Bois, Marcel. "Arabic-Language Algerian Literature." *Research in African Literatures* 23.2 (1992): 103-111.

Booker, M. K. "African Literature and the World System: Dystopian Fiction, Collective Experience, and the Postcolonial Condition." *Research in African Literature*. 26.4 (1995): 58-75.

____________. *Colonial Texts, Colonial Power: India in the British Novel*. Ann Arbor: U of Michigan P, 1996.

____________. *The Dystopian Impulse in Modern Literature: Fiction as Socialism Criticism*. Westport, Connecticut: Greenwood P, 1994.

Boone, Catherine. *Merchant Capital and the Roots of State Power in Senegal, 1930-1985*. Cambridge: Cambridge UP, 1992.

Boyers, Robert. "Public and Private: On *Burger's Daughter*." 62-92.

Bretton, Henry L. *The Rise and Fall of Kwame Nkrumah: A Study of Personal Rule in Africa*. New York: Praeger, 1967.

Brown, Lloyd W. *Women Writers in Black Africa*. Westport, Connecticut: Greenwood P., 1981.

Burnham, Clint. *The Jamesonian Unconsciousness: The Aesthetics of Marxist Theory*. Durham, North Carolina: Duke UP, 1995.

Busia, Abena. "Rebellious Women: Fictional Biographies--Nawal el Sa'adawi's Woman at Point Zero and Mariama Ba's *So Long a Letter*." *Motherlands: Black Women's Writing from Africa, the Caribbean, and South Asia*. Ed. Susheila Nasta. New Brunswick, N. J.: Rutgers UP, 1992. 88-98.

Cancel, Robert. "African-Language Literatures: Perspectives on Culture and Identity." *Owomoyela* 285-310.

Carroll, David. *Chinua Achebe: Novelist, Poet, Critic*. 2nd Ed. London: Macmillan, 1990.

Cary, Joyce. *Mister Johnson*. 1939. NY: New Directions, 1989.

Caryl Emerson and Michael Holquist. Austin, Texas: U of Texas P, 1981.
Case, Frederick Ivor. "Aesthetics, Ideology, and Social Commitment in the Prose Fiction of Ousmane Sembene." *Gadjigo*, et al. 3-13.
Cesaire, Aime. *Discourse on Colonialism*. Trans. Joan Pinkham. NY: Monthly Review P, 1972.
Cham, Mbye Baboucar. "Ousmane Sembene and the Aesthetics of African Oral Tradition." *Africana* 13.1-4 (1982): 24-40.
Chetin, Sara. "Reading from a Distance: Ama Ata Aidoo's *Our Sister Killjoy*." *Black Women's Writing*. Ed. Gina Wisker. NY: St. Martin's, 1993. 146-59.
Clark, Andrew Francis. *Historical Dictionary of Senegal*. 2nd. Ed. Metuchen, N.J.: Scarecrow P, 1994.
Clingman, Stepehn. *The Novels of Nadine Gordimer: History from the Inside*. Johannesburg: Ravan, 1986.
Cobham, Rhonda. "Making Men and History: Achebe and the Politics of Revisionism." *Lindfors* 91-100.
Collins, Harold. "The Ironic Imagery of Armah's *The Beautyful Ones Are Not Yet Born*: The Putrescent Vision." *World Literature Written in English* 20 (November 1971): 37-50.
Conrad, Joseph. *Heart of Darkness*. 1902. Norton Critical Edition. 3rd Ed. Robert Kimbrough. NY: Norton, 1988.
Cook, David and Michael Okenimpke. *Ngugi wa Thiong'o: An Exploration of His Writings*. London: Heinemann, 1983.
Cooke, John. *The Novels of Nadine Gordimer: Private Lives/ Public Landscapes*. Baton Rouge: Louisiana State UP, 1985.
Christian, Barbara. *Black Feminist Criticism: Perspectives on Black Women Writers*. New York: Pergamon, 1985.
Cohen, David William. *The Combing of History*. Chicago: U of Chicago P, 1994.
Cook, David and Michael Okenimkpe. *Ngugi wa Thiong'o: An Exploration of His Writings*. London: Heinemann, 1983.
Coquery-Vidrovitch, Catherine. *Africa: Endurance and Change South of the Sahara*. Trans. David Maisel. Berkeley: U of California P, 1988.
Crowder, Michael. *Nigeria: An Introduction to Its History*. London: Longman, 1979.

______________. *Senegal: A Study of French Assimilation Policy*. Rev. Ed. London: Methuen, 1967.

______________. *The Story of Nigeria*. 4th Ed. London: Faber, 1977.

D'Almeida, Irene Assiba. *Francophone African Women Writers*. Gainesville: UP of Florida, 1994.

______________. "The Concept of Choice in Mariama Ba's Fiction." *Ngambika: Studies of Women in African Literature*. Ed. Carole Boyce Davies and Anne Graves. Trenton, N. J.: Africa World P, 1986. 161-71.

Dathorne, O. R. *The Black Mind: A History of African Literature*. Minneapolis: U of Minnesota P, 1974.

Davidson, Basil. *Black Star: A View of the Life and Times of Kwame Nkrumah*. Boulder, Colorado: Westview P, 1989.

Davidson, Basil and Paul Strand. *Ghana: An African Portrait*. Millerton, N. Y.: Aperture, 1976.

Davies, Carol Boyce and Anne Adams Graves, eds. *Ngambika: Studeis of Women in African Literature*. Trenton, N.J.: Africa World P, 1986.

Davies, Carole Boyce. "Feminist Consciousness and African Literary Criticism." *Introduction to Ngambike: Studies of Women in African Literature.* Ed. Carole Boyce Davies and Anne Adams Graves. Trenton, N.J.: Africa World P, 1986. 1-23.

______________. "Motherhood in the Works of Male and Female Igbo Writers: Achebe, Emecheta, Nwapa and Nzekwu." *Ngambika: Studies of Women in African Literature.* Ed. Carole Boyce Davies and Anne Adams Graves. Trenton, N.J.: Africa World P, 1986. 241-56.

Dejeux, Jean. "Francophone Literature in the Maghreb: The Problem and the Possibility." *Research in African Literatures* 23.2 (1992): 5-19.

Diamond, Larry Jay. *Class, Ethnicity, and Democracy in Nigeria: The Failure of the First Republic.* Basingstoke: Macmillan, 1988.

Dickson, Keith A. *Towards Utopia: A Study of Brecht*. Oxford: Clarendon, 1978.

Diop, Samba. *The Oral History of the Wolof People of Waalo, Northern Senegal: The Master of the Word (Griot) in the Wolof Tradition*. Lewiston, N. Y.: Mellen, 1995.

Edgerton, Robert B. *The Fall of the Asante Empire: The Hundred-year War for Africa's Gold Coast.* New York: Free P, 1995.

Ekwe-Ekwe, Herbert. *The Biafra War: Nigeria and the Aftermath.* Lewiston, NY: Mellen, 1990.

Ekwensi, Cyprian. *Jagua Nana.* 1961. London: Heinemann, 1975.

Emecheta, Buchi. *The Bride Price.* New York: Braziller, 1976.

______________. *Destination Biafra.* 1982. London: Heinemann, 1994.

______________. *Double Yoke.* New York: Braziller, 1983.

______________. *The Family.* New York: Braziller, 1990.

______________. "Feminism with a Small 'f'." *Criticism and Ideology: Proceedings of the Second African Writers' Conference, Stockholm 1986.* Ed. Kirsten Holst Petersen. Uppsala: Scandanavian Institute of African Studies, 1988. 173-81.

______________. *Head Above Water.* 1986. London: Heinemann, 1994.

______________. *In the Ditch.* 1972. London: Heinemann, 1994.

______________. *The Joys of Motherhood.* 1979. London: Heinemann, 1988.

______________. *Kehinde.* London: Heinemann, 1994.

______________. *The Moonlight Bride.* New York: Braziller, 1983.

______________. *Naira Power.* London: Macmillan, 1982.

______________. *The Rape of Shavi.* New York: Braziller, 1985.

______________. *Second-Class Citizen.* 1974. New York: Braziller, 1983.

______________. *The Slave Girl.* New York: Braziller, 1977.

______________. *Titch the Cat.* London: Allison and Busby, 1979.

______________. *The Wrestling Match.* New York: Braziller, 1983.

Emenyonu, Ernest N. "Chinua Achebe's Things Fall Apart: A Classical Study in Diplomatic Tactlessness." *Petersen and Rutherford* 83-8.

Ettin, Andrew V. *Betrayals of the Body Politic: The Literary Commitments of Nadine Gordimer.* Charlottesville: UP of Virginia, 1993.

Evans, Jennifer. "Mother African and Heroic Whore: Female Images in Petals of Blood." *Contemporary African Literature.* Washington, D. C.: Three Continents Press, 1983.

Fanon, Frantz. *The Wretched of the Earth.* 1961. Trans. Constance Farrington. New

York: Grive Press, 1968.

Fatunde, Tunde. "Images of Working People in Two African Novels: Ouologuem and Iyayi." *Marxism and African Literature*. Ed. George M. Gugelberger. Africa World Press: Trenton, 1985. 110-18.

Fetzer, Glenn W. "Women's Search for Voice and the Problem of Knowing in the Novels of Mariama Ba."

Fishburn, Katherine. *Reading Buchi Emecheta: Cross-Cultural Conversations*. Westport, Connecticut: Greenwood P, 1995.

Fitch, Robert and Mary Oppenheimer. *Ghana: End of an Illusion*. New York: Monthly Review P, 1966.

Foley, Barbara. *Radical Representations: Politics and Form in U. S. Proletarian Fiction*, 1929-1941. Durham, North Carolina: Duke UP, 1993.

Foucault, Michel. *Discipline and Punish: The Birth of the Prison*. Trans. Alan Sheridan. NY: Vintage-Random House, 1979.

Frank, Katherine. "The Death of the Slave Girl: African Womanhood in the Novels of Buchi Emecheta." *World Literature Written in English 21.2* (1982): 476-97.

_____________. "Women without Men: The Feminist Novel in Africa." *African Literature Today* 15 (1987):14-34.

Fraser, Robert. *The Novels of Ayi Kwei Armah: A Study in Polemical Fiction*. London: Heinemann, 1980.

Fredrickson, George M. *White Supremacy: A Comparative History of Black Ideologies in the United States and South Africa*. NY: Oxford UP, 1995.

Freud, Sigmund. *Civilization and Its Discontents*. Trans. James Strachey. New York: W. W. Norton & Company, 1961.

_____________. *On Dreams*. Trans. James Strachey. New York: W. W. Norton & Company, 1952.

Gadjigo, Samba, Ralph Faulingham, Thomas Cassirer, and Reinhard Sander. *Ousmane Sembene: Dialogues with Critics and Writers*. Amherst: U of Massachusetts P, 1993.

Gakwandi, S. A. "Freedom as Nightmare: Armah's *The Beautyful Ones Are Not Yet Born." Critical Perspectives on Ayi Kwei Armah*. Ed. Derek Wright. Washington, D. C.: Three Continents P, 1992. 102-15.

Galey, Matthieu. "Un grand roman african." *Le Monde* (October 12, 1968).

Geesey, Patricia, ed. Special issue on North African Literature. Research in African Literatures 23.2 (1992).

Gellar, Sheldon. *Senegal: An African Nation between Islam and the West*. Boulder, Colorado: Westview P, 1982.

Gerard, Albert. *African Language Literatures: An Introduction to the Literary Heritage of Sub-saharan Africa*. Washington, D. C.: Three Continents P, 1981.

Gerard, Albert. *Contexts of African Literature*. Amsterdam: Rodopi, 1990.

Gerard, Albert. *Four African Literatures: Xhosa, Sotho, Zulu, Amharic*. Berkeley: U of California P, 1971.

Gikandi, Simon. *Reading the African Novel*. London: James Currey, 1987.

____________. *Reading Chinua Achebe*. Portsmouth, N.H.: Heinemann, 1991.

Gold, Michael. *Jews Without Money*. 1930. NY: Carroll and Graf, 1984.

Gordimer, Nadine. *The Black Interpreters: Notes on African Writing*. Johannesburg: Spro-Cas/Ravan, 1973.

______________. *The Conservationist*. 1974. NY: Penguin, 1975.

______________. *Burger's Daughter*. 1979. NY: Penguin, 1980.

______________. *The Essential Gesture: Writing, Politics, Places*. 1988. NY: Penguin, 1989.

______________. *Face to Face: Short Stories*. Johannesburg: Silver Leaf, 1949.

______________. *Friday's Footprint and Other Stories*. NY: Viking, 1960.

______________. *A Guest of Honour*. NY: Viking, 1970.

______________. *July's People*. 1981. NY: Penguin, 1982.

______________. *Jump and Other Stories*. NY: Penguin, 1991.

______________. *The Late Bourgeois World*. 1966. NY: Penguin, 1982.

______________. *Livingston's Companions*. London: Jonathan Cape, 1972.

______________. *The Lying Days*. NY: Simon and Schuster, 1953.

______________. *My Son's Story*. 1990. NY: Penguin, 1991.

______________. *None to Accompany Me*. NY: Farrar, Straus and Giroux, 1994.

______________. *Occasion for Loving*. NY: Viking, 1960.

______________. *Selected Stories*. 1975. NY: Penguin, 1983.

______________. *Six Feet of the Country: Short Stories*. London: Gollancz, 1956.

__________. *The Soft Voice of the Serpent and Other Stories*. London: Gollancz, 1954.

__________. *Something Out There*. Harmondsworth, Middlesex: Penguin, 1986.

__________. *A World of Strangers*. London: Jonathan Cape, 1958.

__________. *Writing and Being*. Cambridge, Massachusetts: Harvard UP, 1995.

Gramsci, Antonio. *Selections from the Prison Notebooks*. Ed. Quintin Hoare and Geoffrey Nowell Smith. NY: International Publishers, 1971.

Griffiths, Gareth. "Structure and Image in Kwei Armah's *The Beautyful Ones Are Not Yet Born*." *Critical Perspectives on Ayi Kwei Armah*. Ed. Derek Wright. Washington, D.C.: Three Continents P, 1992. 75-91.

Gurnah, Abdulrazak, ed. *Essays on African Writing 1: A Re-evaluation*. London: Heinemann, 1994.

__________. *Essays on African Writing 2: A Re-evaluation*. London: Heinemann, 1995.

Halil, Karen. "Travelling the 'World Round as Your Navel': Subjectivity in Nadine Gordimer's *Burger's Daughter*." *Ariel* 25.2 (1994): 31-45.

Hamilton, Russell G. "Portuguese-Language Literature." *Owomoyela* 240-84.

Head, Bessie. *A Question of Power*. London: Heinemann, 1974.

Holquist, Michael. Prologue. *Rabelais and His World*. By Mikhail Bakhtin. Bloomington: Indiana UP, 1984. xiii-xxiii.

Horkheimer, *Max and Theodor W. Adorno. Dialectic of Enlightenment*. Trans. John Cumming. New York: Seabury P, 1972.

Harrow, Kenneth. "Sembene Ousmane's Xala: The Use of Film and Novel as a Revolutionary Weapon." *Studies in Twentieth Century Literature* 4.2 (1980): 177-88.

Harrow, Kenneth W., ed. *Faces of Islam in African Literature*. Portsmouth, N. H.: Heinemann, 1991.

Head, Dominic. *Nadine Gordimer*. Cambridge: Cambridge UP, 1995.

Hernadi, Paul. "Dual-Perspective: Free Indirect Discourse and Related Techniques." *Comparative Literature* 24 (1972): 32-43.

Hill-Lubin, Mildred A. "The Relationship of African-Americans and Africans: A Recurring Theme in the Works of Ata Aidoo." *Presence Africaine* 124 (1982):

190-201.

____________________. "The Storyteller and the Audience in the Works of Ama Ata Aidoo." *Neohelicon* 16.2 (1989): 221-45.

Howe, Irving and Louis Coser. *The American Communist Party: A Critical History* (1919-1957). Boston: Beacon, 1957.

Hymans, Jacques L. *Leopold Senghor: An Intellectual Biography*. Edinburgh: Edinburgh Up, 1971.

Innes, C. L. and Bernth Lindfors, eds. *Critical Perspectives on Chinua Achebe.* Washington, D.C.: Three Continents P, 1978.

Innes, C. L. *Chinua Achebe*. Cambridge: Cambridge UP, 1990.

__________. "Mothers or Sisters? Identity, Discourse and Audience in the Writing of Ama Ata Aidoo and Mariama Ba." *Motherlands: Black Women's Writing from Africa, the Caribbean, and South Asia*. New Brunswick, N. J.: Ruters UP, 1992. 129-51.

Irele, Abiola. *The African Experience in Literature and Ideology*. Bloomington: Indiana UP, 1990.

__________. "The Tragic Conflict in the Novels of Chinua Achebe." *Innes and Lindfors* 92-110.

Irele, Abiola. "Narrative, History, and the African Imagination." *Narrative* 1.2 (1993): 156-72.

Isichei, Elizabeth. *A History of the Igbo People*. London: Macmillan, 1976.

_______________. *A History of Nigeria*. London: Longman, 1983.

Iyayi, Festus. *Violence*. Harlow, Longman. 1979.

Jackson, Kathy Dunn. "The Epistolary Text: A Voice of Affirmation and Liberation--*So Long a Letter* and *The Color Purple*." *Griot* 12.2 (1993): 13-20.

Jad, Ali B. *Form and Technique in the Egyptian Novel, 1912-1971*. Oxford: Ithaca P, 1983.

James, C. L. R. *Nkrumah and the Ghana Revolution*. London: Allison and Busby, 1977.

Jameson, Frederic. *The Political Unconsciousness: Narrative as a Socially Symbolic Act*. Ithaca, NY: Cornell UP, 1981.

_______________. "Third-World Literature in the Era of Multinational Capitalism."

Social Text 15 (1986): 65-88.

JanMohamed, Abdul R. *Manichean Aesthetics: The Politics of Literature in Colonial Africa*. Amherst: U of Massachusetts P, 1983.

__________. "Sophisticated Primitivism: The Syncretism of Oral and Literate Modes in Achebe's *Things Fall Apart*." *Ariel* 15.4 (1984): 19-39.

Jaggi, Maya. "Changing Her Tune." Interview with Ama Ata Aidoo. *The Guardian* (April 2, 1991): 17.

James, C. L. R. *Nkrumah and the Ghana Revolution*. London: Allison and Busby, 1977.

Jeyifo, Biodun. "For Chinua Achebe: The Resilience and the Predicament of Obierika." *Petersen and Rutherford* 51-70.

__________. *Ngugi wa Thiong'o*. London: Pluto, 1990.

Jones, Trevor. *Ghana's First Republic, 1960-1966: The Pursuit of the Political Kingdom*. London: Methuen, 1976.

Julien, Eileen. *African Novels and the Question of Orality*. Bloomington: Indiana UP, 1992.

Jung, C. G. *Modern Man In Search of a Soul*. Trans. W. S. Dell and Cary F. Baynes. New York: Harcourt, Brace & World, Inc., 1933.

__________. *Memories, Dreams, Reflections*. Trans. Richard and Clara Winston. New York: Vintage Books, 1961.

__________. *The Undiscovered Self*. Trans. R. F. C. Hull. Boston: Little, Brown and Company, 1957.

Juraga, Dubravka and M. Keith Booker. "Literature, Power, and Oppression in Stalinist Russia and Catholic Ireland: Danilo Kis's Use of Joyce in A Tomb for Boris Davidovich." *South Atlantic Review* 58.4 (November, 1993): 39-58.

Kauffman, Linda. *Discourses of Desire: Gender, Genre, and Epistolary Fictions*. Ithaca, N. Y.: Cornell UP, 1986.

__________. "Special Delivery: Twenty-first Century Epistolarity in *The Handmaid's Tale*." *Writing the Female Voice: Essays on Epistolary Literature*. Ed. Elizabeth C. Goldsmith. Boston: Northeastern UP, 1989. 221-44.

Kaye, Jacqueline. *Maghreb: New Writing from North Africa*. York: Talus, 1992.

Kellner, Douglas. *Kwame Nkrumah*. New York: Chelsea House, 1987.

Kenyatta, Jomo. *Facing Mount Kenya: The Tribal Life of the Gikuyu*. NY: Vintage-Random House, 1962.

____________. *Suffering Without Bitterness: The Founding of the Kenya Nation*. Nairobi: East African Publishing House, 1968.

Kibera, Leonard. "Pessimism and the African Novelist: Ayi Kwei Armah's *The Beautyful Ones Are Not Yet Born*." *Critical Perspectives on Ayi Kwei Armah*. Ed. Derek Wright. Washington, D. C.: Three Continents P, 1992. 92-101.

Killam, G. D. *An Introduction to the Writings of Ngugi*. London: Heinemann, 1980.

___________. *The Writings of Chinua Achebe*. London: Heinemann, 1977.

King, Brude, ed. *The Later Fiction of Nadine Gordimer*. London: Macmillan, 1993.

Klein, Marcus. Foreigners: *The Making of American Literature 1900-40*. Chicago: U of Chicago P, 1981.

Kornfield, Jack. *A Path with Heart*. New York: Bantam Books, 1993.

Kristeva, Julia. *Desire in Language: A Semiotic Approach to Literature and Art*. Trans. Thomas Gora, Alice Jardine, and Leon S. Roudiez. Ed. Leon S. Roudiez. NY: Columbia UP, 1980.

Landrum, Roger L. "Chinua Achebe and the Aristotelian Concept of Tragedy." *Black Academy Review* 1 (1970): 22-30.

Lazarus, Neil. *Resistance in Postcolonial African Fiction*. New Haven: Yale UP, 1990.

Leeuwenburg, Rina. "Nadine Gordimer's *Burger's Daughter*: Why Does Rosa Go Back?" *New Literature Review* 14 (1985): 23-31.

Lenin, Vladimir Ilich. *Imperialism: The Highest Stage of Capitalism*. "Imperialism" and "The State and Revolution." NY: Vanguard, 1926.

Lewis, Maureen Warner. "The African Impact on Language and Literature in the English-Speaking Caribbean." *Africa and the Caribbean: The Legacies of a Link*. Ed. Margaret E. Crahan and Franklin W. Knight. Baltimore: Johns Hopkins UP, 1979. 101-23.

Lindfors, Bernth, ed. *Approaches to Teaching Achebe's "Things Fall Apart"* NY: Modern Language Association, 1991.

Lukacs, Georg. *Essays on Realism*. Trans. David Fernbach. Cambridge: MIT UP, 1981.

____________. *History and Class Consciousness: Studies in Marxist Dialectics*. Trans. Rodney Livingstone. Cambridge: MIT UP, 1971.

____________. *The Historical Novel*. Trans. Hannah Mitchell and Stanley Mitchell. Lincoln: U of Nebraska P, 1983.

____________. *The Theory of the Novel*. Trans. Anna Bostock. Cambridge, Massachusetts, MIT P, 1971.

____________. *The Meaning of Contemporary Realism*. London: Merlin, 1963.

Madubuike, Ihechukwu. *The Senegalese Novel: A Sociological Study of the Impact of the Politics of Assimilation*. Washington, D. C.: Three Continents P, 1983.

Mandela, Nelson. *Long Walk to Freedom: The Autobiography of Nelson Mandela*. Boston: Little, Brown, 1994.

Maina, Paul. *Six Mau Mau Generals*. Nairobi: Gazelle Books, 1977.

Makward, Edris. "Marriage, Tradition and Woman's Pursuit of Happiness in the Novels of Mariama Ba." *Ngambika: Studies of Women in African Literature*. Ed. Carole Boyce Davies and Anne Admas Graves. Trenton, N. J.: Africa World P, 1986. 271-81.

Miller, Christopher. *Theories of Africans: Francophone Literature and Anthropology in Africa*. Chicago: U of Chicago P, 1990.

Marable, Manning. *African and Caribbean Politics: From Kwame Nkrumah to the Grenada Revolution*. London: Verso, 1987.

Marx, Karl and Friedrich Engels. *Manifesto of the Communist Party. The Marx-Engels Reader*. 2nd. Ed. Robert C. Tucker. New York: Norton, 1978. 469-500.

Maja-Pearce, Adewale. *A Mask Dancing: Nigerian Novelists of the Eighties*. London: Hans Zell Publishers, 1992.

McHale, Brian. "Modernist Reading, Post-Modern Text: The Case of *Gravity's Rainbow*." *Poetic Today* 1 (1979): 85-110.

Miller, Christopher. *Blank Darkness: Africanist Discourse in French*. Chicago: U of Chicago P, 1985.

________________. *Theories of Africans: Francophone Literature and Anthropology in Africa*. Chicago: U of Chicago P, 1990.

Millar, Heather. *The Kingdom of Benin in West Africa*. NY: Benchmark, 1996.

Mitchison, Naomi. *A Life for Africa: The Story of Bram Fischer*. London: Merlin P,

1973.

Mortimer, Mildred P. *Journeys through the French African Novel.* London: James Currey, 1990.

Moser, Gerald M. "African Literature in Portuguese: The First Written, the Last Discovered." African Forum 2.4 (1967): 78-96.

Moses, Michael Valdez. *The Novel and the Globalization of Culture.* New York: Oxford UP, 1995.

Mudimbe, V. Y. *The Invention of Africa: Gnosis, Philosophy, and the Order of Knowledge.* Bloomington: Indiana UP, 1988.

Murphy, James F. *The Proletarian Moment: The Controversy over Leftism in Literature.* Urbana: U of Illinois P, 1991.

Ngara, Emmanuel. *Art and Ideology in the African Novel: A Study of the Influence of Marxism on African Writing.* London: Heinemann, 1985.

Newman, Judie. *Nadine Gordimer.* London: Routeledge, 1988.

Ngara, Emmanuel. *Art and Ideology in the African Novel: A Study of the Influence of Marxism on African Writing.* London: Heinemann, 1985.

Ngara, Emmanuel, ed. Ngara, Emmanuel, ed. *New Writing from Southern Africa: Authors Who Have become prominent Since 1980.* London: Heinemann, 1995. London: Heinemann, 1995.

Ngate, Jonathan. *Francophone African Fiction: Reading a Literary Tradition.* Trenton, N. J.: Africa World P, 1988.

Ngugi wa Thiong'o. *Barrel of a Pen: Resistance to Repression in Neo-Colonial Kenya.* Trenton, New Jersey: Africa World P, 1983.

________________. *Decolonising the Mind: The Politics of Language in African Literature.* London: James Currey, 1992.

________________. *Detained: A Writer's Prison Diary.* London: Heinemann, 1981.

________________. *Devil on the Cross.* Trans. from the Gikuyu by the Author. London: Heinemann, 1988.

________________. *A Grain of Wheat.* London: Heinemann, 1986.

________________. Homecoming: *Essays on African and Caribbean Literature, Culture and Politics.* NY: Lawrence Hill, 1972.

________________. *Matigari.* Trans. Wangui wa Goro. London: Heinemann, 1989.

Ngugi wa Thiong'o and Ngugi wa Mirii. *I Will Marry When I Want.* Translated from the Gikuyu by the authors. London: Heinemann, 1988.

________________. *Moving the Centre: The Struggle for Cultural Freedoms.* London: James Currey, 1993.

________________. *The River Between.* London: Heinemann, 1965.

________________. *Petals of Blood.* London: Heinemann, 1977.

________________. *Petals of Blood.* New York: Penguin Books, 1991.

________________. *Secret Lives and Other Stories.* London: Heinemann, 1975.

________________. *Weep No, Child.* London: Heinemann, 1987.

Ngugi wa Thiong'o and Micere Githae Mugo. *The Trial of Dedan Kimathi.* London: Heinemann, 1977.

________________. *Writers in Politics.* London: Heinemann, 1981.

Njoku, Benedict Chiaka. *The Four Novels of Chinua of Achebe.* NY: Lang, 1984.

Nkosi, Lewis. *Tasks and Masks: Themes and Styles of African Literature.* Harlow, Essex: Longman, 1981.

Nkrumah, Kwame. *Class Struggle in Africa.* NY: International Publishers, 1970.

_______________. *Consciencism: Philosophy and Ideology for Decolonization and Development with Particular Reference to the African Revolution.* New York: Monthly Review P, 1965.

_______________. *Ghana: The Autobiography of Kwame Nkrumah.* New York: International Publishers, 1968.

_______________. *Neo-colonialism: The Last Stage of Imperialism.* New York: International Publishers, 1966.

Nwachukwu-Agbada, J. O. J. "'One Wife Be for One Man': Mariama Ba's Doctrine for Matrimony." *Modern Fiction Studies* 37.3 (1991): 561-73.

Nwankwo, Chimalum. "The Feminist Impulse and Social Realism in Ama Ata Aidoo's *No Sweetness Here* and *Our Sister Killjoy. Ngambika: Studies of Women in African Literature.* Ed. Carole Boyce Davies and Anne Adams Graves. Trenton, N. J.: Africa World P, 1986. 151-59.

Nwankwo, Chimalum Moses. *The Works of Ngugi wa Thiong'o: Towards the Kingdom of Woman and Man.* Okeja: Longman Nigeria, 1992.

Obiechina, Emmanuel. *Culture, Tradition and Society in the West African Novel.*

Cambridge: Cambridge UP, 1975.

__________________. *Language and Theme: Essays on African Literature.* Washington, D. C.: Howard UP, 1990.

O'Brien, Rita. *White Society in Black Africa: The French in Senegal.* Evanston, Illinois: Northwestern UP, 1972.

Odamtten, Vincent O. *The Art of Ama Ata Aidoo: Polylectics and Reading Against Neocolonialism.* Gainsville: UP of Florida, 1994.

Ogbalu, F. Chidozie and E. Nolue Emenanjo. *Igbo Language and Culture.* Ibadan: Oxford UP, 1975.

Ogundipe-Leslie, Molara. "The Female Writer and Her Commitment." *Women in African Literature Today.* Ed. Eldred Durosimi Jones, Eustace Palmer, and Marjorie Jones. Trenton, N.J.: Africa World P, 1987. 5-13.

Ognunjimi, Bayo. "Language, Oral Tradition and Social Vision in Ngugi's *Devil on the Cross.*" *Ufahamu* 14.1 (1984): 56-70.

Ojinmah, Umelo. *Chinua Achebe: New Perspectives.* Ibadan: Spectrum, 1991.

Ojo-Ade, Femi. "Still a Victim? Mariama Ba's *Une si longue lettre.*" *African Literature Today* 12 (1982): 71-87.

Okpaku, Joseph. "Culture and Criticism: African Critical Standards for African Literature and the Arts." *New African Literature and the Arts.* Ed. Joseph Okpaku. New York: Crowell, 1970. 13-23.

Olaniyan, Richard, ed. *Nigerian History and Culture.* Harlow, Essex: Longman, 1985.

Owomoyela, Oyekan, ed. *A History of Twentieth-Century African Literatures.* Lincoln: U of Nebraska P, 1993.

Owusu, Kofi. "Canons Under Siege: Blackness, Femaleness, and Ama Ata Aidoo's *Our Sister Killjoy.*" *Callaloo* 13.2 (1990): 341-63.

Oyono, Ferdinand. *Houseboy.* Trans. John Reed. 1966. London: Heinemann, 1990.

Palmer, Eustace. *An Introduction to the African Novel.* NY: Africana, 1972.

_____________. "The Feminine Point of View: Buchi Emecheta's *The Joys of Motherhood.*" *African Literature Today* 13 (1983): 38-55.

Peck, Richard. "One Foot before the Other into an Unknown Future: The Dialectic in Nadine Gordimer's *Burger's Daughter.*" *World Literature Written in English* 29.1 (1989): 26-43.

Petersen, Kirsten Holst and Anna Rutherford, eds. *Chinua Achebe: A Celebration.* Oxford: Heinemann, 1990.

Peters, Jonathan. "English-Language Fiction from West Africa." *Owomoyela* 9-48.

Pfaff, Francoise. *The Cinema of Ousmane Sembene.* Westport, Connecticut: Greenwood P, 1984.

Priebe, Richard. "Demonic Imagery and the Apocalyptic Vision in the Novels of Ayi Kwei Armah." *Yale French Studies* 53 (1976): 102-36.

Quayson, Ato. "Realism, Criticism, and the Disguises of Both: A Reading of Chinua Achebe's *Things Fall Apart* with an Evaluation of the Criticism Relating to It." *Research in African Literatures* 25.4 (1994):117-36.

Quinlan, Maurice J. "Swift's Use of Literalization as a Rhetorical Device." <u>PMLA</u> 82 (1967):516-21.

Ravenscroft, Arthur. *Chinua Achebe.* Ed. Ian Scott-Kilvert. London: Longmans, 1969.

Riemenschneider, *Dieter and Frank Schultze-Engler, eds. African Literatures in the Eighties.* Amsterdam: Rodopi, 1993.

Riesz, Janos. "Mariama Ba's *Une si longue lettre*: An Erziehungroman." *Research in African Literature* 22.1 (1982): 27-42.

Robinson, Cedric. "Domination and Imitation: *Xala* and the Emergence of the Black Bourgeoisie." *Race and Class* 22.2 (1980): 147-58.

Robson, Clifford B. *Ngugi wa Thiong'o.* London: Macmillan, 1979.

Rodney, Walter. *How Europe Underdeveloped Africa.* Dar es Salaam: Tanzania Publishing House, 1972.

Rooney, Caroline. "'Dangerous Knowledge' and the Poetics of Survival: A Reading of *Our Sister Killjoy* and *A Question of Power.*" *Motherlands: Black Women's Writing from Africa, the Caribbean, and South Asia.* New Brunswick, N. J.: Rutgers Up, 1992. 99-126.

Rowell, Charles. "An Interview with Chinua Achebe." *Callaloo* 13.1 (1990): 86-101.

Sackey, Edward. "Oral Tradition and the African Novel." *Modern Fiction Studies* 37.3 (1991): 389-407.

Savan, Charles Ponnuthurai. "Feminism and African Fiction: The Novels of Mariama Ba." *Modern Fiction Studies* 34. 3 (1988): 453-64.

Schipper, Mineke. *Beyond the Boundaries: African Literature and Literary Theory.*

London: Allison and Busby, 1989.

______________. "Mother African on a Pedestal: The Male Heritage in African Literature and Criticism." *African Literature Today* 15 (1987): 35-54.

Sellin, Eric. "Ouologuem's Blueprint for Le Devoir de violence." *Research in African Literatures* 2.2 (1971):117-20.

Sellin, Eric. "The Unknown Voice of Yambo Ouologuem." *Yale French Studies* 53 (1976): 151-57.

Sembene, Ousmane. *Black Docker*. Trans. Ros Schwartz. London: Heinemann, 1987.

______________. *God's Bits of Wood*. Trans. Francis Price. 1962. London: Heinemann, 1970.

______________. *L'Harmattan*. Paris: Presence Africaine, 1973.

______________. *The Last of the Empire*. Trans. Adrian Adams. London: Heinemann, 1970.

______________. *Man is Culture/L'Homme est culture*. The Sixth Annual Hans Wolff Memorial Lecture. Bloomington: Indiana U African Studies Program, 1979.

______________. *The Money Order and White Genesis*. Trans. Clive Wake. London: Heinemann, 1972.

______________. *Niiwam and Taaw*. Trans. Catherine Glenn-Lauga. London: Heinemann, 1992.

______________. *O Pays mon beau peuple!* Paris: Amiot-Dumont, 1967.

______________. *Tribal Scars and Other Stories*. Trans. Len Ortzen. London: Heinemann, 1974.

______________. *Xala*. Trans. Clive Wake. Chicago: Lawrence Hill, 1976.

Senghor, Leopold Sedar. *On African Socialism*. London: Pall Mall, 1964.

Sichermann, Carol M. *Ngugi wa Thiong'o: The Making of a Rebel: A Source Book in Kenyan Literature and Resistance*. London: Hans Zell, 1990.

Smith, Rowland, ed. *Critical Essays on Nadine Gordimer*. Boston: G. K. Hall, 1990.

Spivak, Gayatri Chakravorty. "Can the Subaltern Speak?" *Marxism and the Interpretation of Culture*. Eds. Cary Nelson and Lawrence Grossberg. Urbana: U of Illinois P, 1988.

Spleth, Janice S. *Leopold Sedar Senghor*. Boston: Twayne, 1985.

Steady, Filomina Chioma. *The Black Woman Crossculturally*. Cambridge, Mass.: Schenkman, 1981.

Stratton, Florence. *Contemporary African Literature and the Politics of Gender*. London: Routeledge, 1994.

Susheila Nasta. New Brunswick, N. J.: Rutgers UP, 1992. 129-51.

Taiwo, Oladele. *Culture and the Nigerian Novel*. NY: St. Martin's, 1976.

Tsabedze, Clara. *African Independence from Francophone and Anglophone Voices: A Comparative Study of the Post-Independence Novels by Ngugi and Sembene*. New York: Peter Lang, 1994.

Turner, Margaret E. "Achebe, Hegel, and the New Colonialism." *Peterson and Rutherford* 31-40.

Uchendu, V. C. *The Igbo of Southeast Nigeria*. NY: Holt, Rinehart, and Winston, 1965.

Umeh, Marie, ed. *Emerging Perspectives on Buchi Emecheta*. Trenton, N.J.: Africa World P, 1995.

Vaillant, Janet G. *Black, French, and African: A Life of Leopold Sedar Senghor*. Cambridge, Massachusetts: Harvard UP, 1990.

Van Allen, Judith. "'Aba Riots' or Igbo 'Women's War'?: Ideology, Stratification, and the Invisibility of Women." *Women in Africa: Studies in Social and Economic Change*. Ed. Nancy J. Hafkin and Edna G. Bay. Stanford, California: Stanford UP, 1976. 59-85.

Wagner, Kathrin M. *Rereading Nadine Gordimer*. Bloomington: Indiana UP, 1994.

Walsh, William. *A Manifold Voice: Studies in Commonwealth Literature. NY*: Barnes and Noble, 1970.

Wanyee, Patricia. "Kenya: Moi Tightens His Grip." *NewsNotes* 19.6 (Nov.-Dec. 1994): 10-11.

Warwick, Peter. *Black People and the South African War, 1899-1902*. Cambridge: Cambridge UP, 1983.

Weinstock, Donald and Cathy Ramadan. "Symbolic Structure in *Things Fall Apart*." *Innes and Lindfors* 126-34.

Wendt, Albert. "An Interview with Festus Iyayi." *Landfall* 44.4 (1990): 412-23.

Westley, David. "Choice of Language and African Literature: A Bibliographic Essay." *Research in African Literatures* 159-71.

Wilks, Ivor. *Forests of Gold: Essays on the Akan and the Kingdom of Asante*. Athens: Ohio UP, 1993.

Williams, Eric. *Capitalism and Slavery*. NY: Putnam, 1944.

Wolitz, Seth I. "L'art du plagiat, ou une breve defense de Ouologuem." *Research in African Literatures* 4.1 (1973): 130-34.

Woolf, Virginia. *Orlando*. New York: Harcourt Brace Jovanovich, 1928.

____________. *A Room of One's Own*. New York: Harcourt Brace Jovanovich, 1929.

Wren, Robert M. *Achebe's World: The Historical and Cultural Context of the Novels of Chinua Achebe*. Washington, D. C.: Three Continents P, 1980.

Wright, Derek. "Ayi Kwei Armah and the Significance of His Novels and Histories." *International Fiction Review* 17.1 (1990): 29-40.

____________. *Ayi Kwei Armah's Africa: The Sources of His Fiction*. London: Hans Zell, 1989.

____________. *Critical Perspectives on Ayi Kwei Armah*. Washington, D. C.: Three Continents P, 1992.

____________. "'Dystopia' in the African Novel: A Critical of Armah's Language in *The Beautyful Ones Are Not Yet Born*." *Commonwealth Novel in English* 5.2 (1992): 26-38.

찾아보기

영문색인

(A)

A Grain of Wheat • 184, 207
A Guest of Honour • 237
A Man of the People • 365, 371, 379
A Passage to India • 355
A Petals of Blood • 60
A Proper Marriage • 65
A Question of Power • 71, 260, 345
A Ripple from the Storm • 65
A Week on the Concord and Merrimack Rivers • 89
A World of Strangers • 72, 237
Abdul JanMohamed • 18, 343
About Chinese Woman • 18
Age of Iron • 73
Ahmadou Kourouma • 77
Aidoo • 55
Alan Paton • 72
Alice Walker • 19, 24, 43, 119, 143
Althusser • 19
Ama Ata Aidoo • 267
Ambiguous Adventure • 75
Anaya • 19
Anthills of the Savannah • 371
Antonio Gramsci • 244
Armah • 53
Arrow of God • 371
Ayi Kwei Armah • 12, 267

(B)

Bakhtin • 17, 46
Batouala • 74
Beautiful Feathers • 51
Beloved • 119
Ben Okri • 12
Bessie Head • 12, 260, 343
Beware, Soul Brother • 371
bildungsroman • 188
Bless • Me 19
Booker • 314
Bound to Violence • 76
bourgeois • 243
Brown Girl, Brownstones • 423
Buchi Emecheta • 12, 247
Bunyan • 353
Burger's Daughter • 237

(C)

Caitaani Mutharaba-ini • 60
Camara Laye • 223
Cameroon • 75
Cape Cod • 93, 101
Carcase for Hounds • 60
Caribbean • 74
Chaucer • 226
Chavez • 19
Cheikh Hamidou Kane • 75
Children • 20
Chinua Achebe • 11, 16, 48, 363
Chinua Chebe • 21
Christopher Clausen • 24
Cixous • 10
Classic • 68
classical capitalism • 27
Close Sesame • 65

Coetzee • 73
comedy • 51
Conrad • 16
Counter-cultural shock • 52
Cry, the Beloved Country • 72

(D)

D. M. Zwelonke • 70
Dambudzo Marachera • 65
Dan Jacobson • 72
Daughter of Mumbi • 60, 62
Daughters • 423
Deconstruction • 17
Derrida • 18
Devil on the Cross • 60, 185
Diachronicity • 36
Dialogic • 238
dialogics • 17
Discipline and Punish • 245
Divine Comedy • 35
Donald Duck • 19
double-consciousness • 119
Down Second Avenue • 68
Drum • 68

(E)

E. M. Forster • 355
E. Said • 17
Elaine Showalter • 9
Elechi Amdi • 53
Emecheta • 55
Entering Fire • 19
Es'kia Mphahlele • 68
Eurocentrism • 16
Everyday Use • 143
Evidence of Love • 72

(F)

F. Jameson • 18
Fanon • 309, 347
Farah • 64
female bildungsroman • 66
feminine establishment • 18
Feminism • 18
feminist • 55
Ferdinand Oyono • 75
Festus Iyayi • 307
Five Poems • 143
Flowers and Shadows • 58
folk tales • 48
Formalist • 35
Forster • 19
Foucault • 17
fragmentation • 315
Frankenstein • 18
Frantz Fanon • 16, 343
Frantz Kafka • 20
Frederic Jameson • 27, 240, 343

(G)

gay literature • 29
Gayatri Chakravorty Spivak • 18
Georg Lukacs • 240
Germinal • 20
Girls at War and Other Stories • 371
globalisation • 28
Gloria Naylor • 19
God's Bits of Wood • 289
Golding • 360
Good Night Willie Lee • 143
Gordimer • 72
Gramsci • 10, 17

(H)

Hama Tuma • 82
Head • 71
Heart of Darkness • 16
hegemony • 17
Heroes • 307

hybridity • 37
Homi Bhabha • 18
homogenization • 29
Hopes and Impediments • 372
House Made of Dawn • 19
Houston A. Baker • 21

(I)

I Know Why the Caged Bird Sings • 125
Imperialism • 27
In Corner B • 68
In Love and Trouble • 143
In Search of Our Mother' Gardens: Womanist Prose • 148
In the Ditch • 248
Incidents at the Shrine • 58
In the Fog of the Seasons End • 69
I'll See You in the Morning • 143
Irigaray • 11

(J)

J. M. Coetzee • 12
Jack Cope • 72
James Baldwin • 159
James Joyce • 20, 139
Jameson • 18, 27, 347
JanMohamed • 347
John Steinbeck • 139
Joyce Cary • 16
Jung • 347

(K)

Karl Marx • 27
Kehinde • 252
Kenya • 181
Kipling • 19
Kofi Awoonor • 52
Kornfield • 347
Kristeva • 10, 18
Kwame Nkrumah • 243

(L)

La Guma • 69
Lacan • 18
Land Without Thunder • 60
Landlocked • 65
Langston Hughes • 159
late capitalism • 27
Le vieux negre et la medaille • 75
Leslie Fiedler • 21
Lewis Nkosi • 70
Lord of the Flies • 360
Love Medicine • 19
Lukacs • 45
L'adventure ambique • 75
L'Harmattan • 297

(M)

Madame Bovary • 35
Magical Realism • 59
Maps • 65
Mariama Ba • 12, 78, 319
Mario Vargas Llosa • 20
Marshall • 423
Martha Quest • 65
Marxist • 18, 240
masculine establishment • 18
Matigari • 208
Matigari ma Njiruugi • 60
Mating Birds • 70
Mau Mau • 183
Maya Angelou • 125
McCall • 167
Meridian • 143
Michel Foucault • 245
Mine Boy • 67
Mongo Beti • 215
Morning Yet on Creation Day • 372
Moses Dlamanini • 70
Mr. Johnson • 16
multiple genre • 62

My Mercedes Is Bigger Than Yours • 51

(N)

Nadine Gordimer • 11, 26, 237
Naguib Mahfouz • 11, 20, 26
National Allegory • 18
Neil Lazarus • 403
Nelson Mandela • 236
Nervous Conditions • 20, 66
Ngugi wa Thiong'o • 12, 16, 183
No Longer at Ease • 16, 371
Nuruddin Farah • 12

(O)

Obiechina • 51
Occasion for Loving • 72, 237
Okara • 52, 351
Okot p'Bietek • 61
Old Goriat • 20
One Hundred Years of Solitude • 20
oral narrative • 48
Ordeal in the Forest • 60
Orientalism • 17
Oronooko • 20
Orwell • 19
Ouologuem • 76
Our Sister Killjoy • 55
Ousmane Sembene • 12, 59, 281
Out of Africa • 43

(P)

Petals of Blood • 195
Peter Abrahams • 67
Pilgrim's Progress, Everyman • 353
Potent Ash • 60
power and knowledge • 17

(R)

Rain Clouds Gather • 345
Ralph Ellison • 159
Rene Maran • 74
Renewal Time • 68
Resistance in Postcolonial African Fiction • 403
Revolutionary Petunias and Other Poems • 143
Richard Wright • 159
Robben Island • 70
Robben Island, Hell-Hole • 70

(S)

Salman Rushdie • 21
Sarah Philips • 19
Sardines • 65
Scott • 19
Scott Momaday • 19
Season of Anomy • 52
Sembene • 80
Serowe: Village of the Rain Wind • 71
Shakespeare • 17, 24, 88, 357
So Long a Letter • 78, 319
Song of Lawino • 61
Song of Solomon • 120, 122
Song of the City • 67
Soul Clap Hands Sing • 423
Soviet criticism • 35
Soyinka • 30, 52
Stars of the New Curfew • 58
Strong Horse Tea • 143
Sula • 122
Sweet and Sour Milk • 65
Sylvia Walby • 9
Synchronicity • 36

(T)

T. S. Eliot • 353
Tar Baby • 120
Taste of Death • 60
The African Child • 223

The African Image • 68
The Beautyful Ones Are Not Yet Born • 53, 267, 397
The Black Book • 120
The Black Docker • 281
The Bluest Eye • 120, 122
The Bride Price • 55, 249
The Canterbury Tales • 226
The Case of the Socialist Witchdoctor and Other Stories • 82
The Chosen Place • 423
The Color Purple • 24, 43, 143
The Concubine • 53, 333
The Conservationist • 237
The Contract • 307
The Dark Child • 74
The Dawn Came Twice • 72
The Example of Richard Wright • 167
The Famished Road • 58
The Gunny Sack • 65
The Healers • 53
The Historical Novel • 45
The House of Hunger • 65
The Interpreters • 52
The Island of Tears • 60
The Joy Luck Club • 20
The Joys of Motherhood • 55, 247
The Landscapes Within • 58
The Last Harmttan of Alusine Dunbar • 59
The Last of the Empire • 80, 283
The Last of the Menu Girls • 19
The Late Bourgeois World • 237
The Lesson of the Master • 22
The Life and Times of Michael K • 73
The Living and the Dead • 68
The Long Goodbye • 19
The Lying Days • 72, 237
The Master of Petersburg • 73
The Old Man and the Medal • 75
The Only Son • 54
The Other Woman • 60
The Path of Thunder • 67
The Promised Land • 60
The Rape of Shavi • 251
The Revenge of Hannah Kemhuff • 143
The River Between • 59
The Role of the Writer • 365
The Slave Girl • 55, 249
The Suns of Independence • 77
The Tempest • 17
The Third of Grange Copeland • 145
The Timeless People • 423
The Tongue of the Dumb • 65
The Unbearable Lightness of Being • 20
The Unbroken Song • 68
The Voice • 52, 351
The Waste Land • 353
The Woman Warrior • 20
The Wretched of the Earth • 16
Things Fall Apart • 16, 49, 363
Time of the Butcherbird • 69
Toni Morrison • 19, 119, 159
trickster figure • 51
Tsitsi Dangarembga • 66
Two Thousand Seasons • 53, 418

(U)

Ultima • 19
Un si longue lettre • 321
Une si longue lettre • 78

(V)

Variations on the Theme of an African Dictatorship • 64
vernacular language • 63
Violence • 307
Vladimir Lenin • 27
Voice in the Dark • 60
Voices in the Whirlwind • 68

(W)

W. Faulkner • 139

Waciuma • 62
Waiting for the Barbarians • 73
Walden • 89
Walking • 85
Walter Benjamin • 19
Weep Not Child • 59, 202
When Rain Clouds Gather • 70
When Rain Clouds Gather, Maru • 345
White Man, Listen! • 171
White Noise • 19
Wild Conquest • 67
Winter in the Blood • 20
Wole Soyinka • 11, 20, 26
Womanist • 147
Wretched of the Earth • 309

(X)

Xala • 296

(Y)

Yoruba • 50
You Can't Keep a Good Woman Down • 143, 147

(Z)

Zora Neale Hurston • 159

국문색인

(ㄱ)

고유한 전통 • 15
공시성 • 36
국제화 • 12
그람시 • 10
근대화 • 15

(ㄴ)

남성 지배체제 • 18
노벨문학상 • 12

(ㄷ)

다국적 기업 • 28
다문화 • 13, 14
단테(Dante) • 35
동질화 • 29
듀보이스(DuBois) • 119

(ㄹ)

러스킨(Ruskin) • 22
레비스트러스(Levistrauss) • 36
로만 제이콥슨(Roman Jakobson) • 32
롤랑 바르츠(Roland Barthes) • 36
르낭(Ernest Renan) • 22
리어 왕 • 357

(ㅁ)

마르크스 • 10
마지막 제국 • 283
마티가리 • 208
무산계급 • 17
무카로브스키(Jan Mukarovsky) • 32
문화적인 정체성 • 14
문화적인 제국주의 • 27
미국문학 • 23
민권운동 • 11, 15, 23
민족문화 • 15
민족의 정체성 • 14
밀튼(Milton) • 88

(ㅂ)

바흐친(M. Bakhtin) • 36
발자크 • 23
범세계화 • 12
베른슈타인(Bernstein) • 32
보들레르 • 23
보바르(Beauvoir) • 10
보바리 부인 • 35
보편주의 • 15
부르조와 • 21

(ㅅ)

사르트르(J. P. Sartre) • 36
사이드(E. Said) • 36
사회주의 • 317
서사시 • 30
세계화 • 12, 28
세이머스 히니 • 14
셰익스피어 • 88
순수문학 • 35
순수예술 • 35
슈크로브스키 • 33
스승의 교훈 • 22
스펜서(Spencer) • 88
스피박(Spivak) • 10

시민운동 • 11
식민주의 • 14
식민주의자 • 13
식민지 • 11
식수스 • 10
신곡 • 35
신비평 • 34
신식민주의 • 208
신의 나무 조각 • 289
심미주의 • 33
쏘로우(Thoreau) • 85

(ㅇ)

아프리카 • 11
아프리카 소설 • 30
아프리카 아이 • 223
앨리스 워커(Alice Walker) • 119
어니스트 게인스(Earnest Gaines) • 119
여권신장 • 23
여성 지배체제 • 18
역사 • 40
영미소설 • 30
영원한 세월 • 418
예술을 위한 예술 • 31
우리 어머니들의 정원을 찾아서 • 148
의식적인 특성 • 119
이데올로기 • 10
이리가레이 • 11
인디언 • 11
인류학 • 30
일리아드(Iliad) • 88

(ㅈ)

작가의 역할 • 365
잡종성 • 37
정체성 • 9
제1세계 • 19
제2세계 • 19
제3세계 • 12, 19
제국주의 • 9, 14, 21
중심을 해체 • 9
지배/피지배 • 9
지배문화 • 17

(ㅊ)

초서(Chaucer) • 88

(ㅋ)

카알라일(Carlyle) • 22

(ㅌ)

타잔(Tarzan) • 43
탈식민주의 • 16, 34
토니 모리슨(T. Morrison) • 10, 119
토착문화 • 11
토착어 • 63
톨스토이 • 32
톰린슨 • 12
통시성 • 36

(ㅍ)

파리대왕 • 360
팽창주의 • 16
페미니즘 • 9
포스트모던 시대 • 28
포스트콜로니얼리즘 • 16
푸코(M. Foucault) • 36
프로이드(Sigmud Freud) • 36

프롤레타리아 • 23
플로베르 • 23
플로베르(Flaubert) • 35

(ㅎ)

하류계층 • 20
하위 주체 • 10
하위문화 • 14
해체이론 • 17
허무주의 • 33
헨리 제임스(Henry James) • 22
회교도 • 295
획일적인 문화 • 16
후기 자본주의 • 27

저자약력

김의락

- 현) 용인대학교 교수
- 전) KICS Oklahoma 주립대학교 교수
- California State University(SB) MFA
- University of Arkansas (Fayetteville) MA/ Ph.D.

【저서】

- 『전환기의 영미문학』, 『탈식민주의』, 『American Nature, American Novel』
- 『Today's Western Culture』을 비롯하여 50여권의 저서 및 역서

영미문학과 탈문화

2012년 7월 13일 초판 1쇄 인쇄
2012년 7월 17일 초판 1쇄 발행
저자 / 김의락
발행인 / 고우용
발행처 / 우용출판사
등록일 / 1997년 11월 25일
출판등록 / 제 313-1997-139호
주소 / 서울특별시 마포구 망원1동 338-53
전화번호 / 02)324-6577
팩시밀리 / 02)324-6177

정가 / 23,000원

ISBN / 978-89-6249-031-2